O² n
176

L'EMPIRE
DU MILIEU

IMPRIMERIE L. TOINON ET C°, A SAINT-GERMAIN

L'EMPIRE DU MILIEU

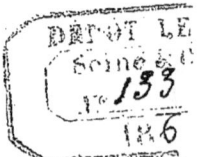

DESCRIPTION GÉOGRAPHIQUE
PRÉCIS HISTORIQUE
INSTITUTIONS SOCIALES, RELIGIEUSES, POLITIQUES
NOTIONS SUR LES SCIENCES, LES ARTS
L'INDUSTRIE ET LE COMMERCE

PAR

LE MARQUIS DE COURCY

ANCIEN CHARGÉ D'AFFAIRES DE FRANCE EN CHINE

PARIS
LIBRAIRIE ACADÉMIQUE
DIDIER ET Cⁱᵉ, LIBRAIRES ÉDITEURS
35, QUAI DES AUGUSTINS

—

1867
Tous droits réservés
1866

PRÉFACE

Présenter au public un résumé fidèle et succinct des notions générales que les peuples occidentaux ont recueillies sur l'Empire du Milieu, depuis qu'ils sont entrés en relations avec lui : tel est le but que j'ai voulu atteindre en écrivant cet ouvrage. Il m'a paru qu'il pouvait être publié avec quelque profit, au moment où les armes victorieuses de la France et de l'Angleterre, habilement secondées par les négociations de leurs diplomates, viennent de briser, d'un seul coup, les obstacles séculaires qui séparaient la Chine de l'Europe.

Ces obstacles, si absolus et si persistants qu'ils commençaient à désespérer nos patients efforts, la juste méfiance d'une monarchie semi-barbare, naturellement jalouse de son pouvoir et de son prestige, l'ignorance à la fois présomptueuse et timide de ses sujets, la rigueur et l'injustice des procédés dont on usa d'abord envers la Chine, — les avaient fait naître. Ils s'étaient maintenus, pendant plus de deux cents ans, par la force de l'habitude et de la tradition. Les circonstances odieuses d'où sortit, en 1840, la guerre de l'opium les avaient fortifiés. A peine parurent-ils fléchir sous l'impulsion du nouveau régime qu'inaugurèrent les traités de 1842 et de 1844. Ils ont aujourd'hui disparu pour ne plus se relever si nous savons ne point abuser de notre victoire, si notre modération, notre fermeté, notre vigilance en développent les conséquences, en maintiennent et en complètent les résultats.

Les traités de Tien-Tsin et les conventions qui leur servirent de corollaires ont réalisé une des plus grandes et des plus nobles conquêtes de la civilisation moderne, en ouvrant aux entreprises du négoce étranger, à la libre propagande des missionnaires chrétiens, aux investigations du voyageur et du savant, la plus riche, la plus industrieuse, la plus féconde, la plus populeuse, la plus curieuse contrée de l'univers. Désormais il n'est plus un port important des côtes chinoises qui n'admette les navires de toutes les nations du globe, il n'est pas un lieu de l'empire chinois qui ne puisse être visité par les Européens; il ne s'y rencontre pas une ville, pas un village où le prêtre chrétien ne puisse enseigner ouvertement sa doctrine. Nos ambassadeurs résident à Péking. Aucune humiliation ne leur est imposée. Ils interprètent directement les griefs de leur pays et de leurs nationaux, et traitent d'égal à égal avec les conseillers intimes de l'empereur. Que de belles et brillantes promesses dans ces conquêtes! Déjà nos marchands se sont établis, sous la protection de nos consuls, dans les grandes villes que baigne le Yang-tze-Kiang, la principale artère de la Chine. Les intelligentes populations du vaste et fertile bassin qu'arrosent le fleuve Bleu et ses tributaires, profitent, avec empressement, des avantages de notre industrie. Sa supériorité éclate à leurs regards. Elles en partagent avec nous les bénéfices. Eclairées par l'intérêt, le guide irrésistible de leur race, elles ouvrent les yeux à la lumière. Le vieux préjugé chinois est frappé au cœur. Quels magnifiques triomphes attendent notre civilisation, quels gains immenses sont réservés à notre commerce si ce préjugé vient à disparaître entièrement, si, mettant à profit la science de nos ingénieurs aussi bien que l'expérience de nos industriels, et nous abandonnant la part de bénéfice et d'influence qui serait due légitimement à notre concours, la nation chinoise vient à multiplier la puissance de ses ressources nationales, par la construction de chemins de fer et de télégraphes qui relient entre elles ses grandes cités, par l'établissement d'un service régulier de steamers sur les innombrables rivières qui sont les routes commerciales de l'empire, avant tout, par l'exploitation des richesses inouïes que recèlent ses mines d'argent, de cuivre, de fer et de houille.

Une transformation si magnifique et si féconde n'est point improbable. Nous avons vu la valeur *approximative* du négoce étranger que représentait en Chine, pour l'année 1855, la somme de 300 millions de francs y atteindre, neuf ans plus tard, sans tenir compte du trafic de l'opium, le chiffre énorme de 1 milliard 200 millions de francs [1], bien que les districts producteurs du thé et de la soie eussent été, en partie, dévastés par les rebelles, bien que la terreur qui régnait autour de Shang-haï, au temps où l'insurrection cernait, de toutes parts, ce grand emporium des échanges maritimes, en eût banni, pendant plusieurs années le crédit et la confiance. Que de si rapides progrès, accomplis dans des conditions défavorables, nous servent de leçons et d'encouragements! La formidable muraille qui abritait les soupçons et l'ignorance de l'Empire du Milieu n'existe plus. Nous contemplons maintenant face à face cette civilisation antique dont l'éclat émerveillait les regards de nos voyageurs, alors que l'Europe sortait à peine des ténèbres du moyen âge. Elle est restée immobile dans son égoïste isolement, et son immobilité l'a fatalement conduite à la décrépitude. La civilisation occidentale, que ses origines chrétiennes et les instincts naturels de notre race ont faite, au contraire, essentiellement expansive, est maintenant aux prises avec elle; elle doit la vaincre en la régénérant.

Ce prodigieux triomphe est-il assuré, est-il prochain? Nul doute pour moi, que les destinées so-

[1]. On ne peut affirmer, avec une entière certitude, que les progrès de ce négoce aient été réellement aussi rapides. En 1855, la contrebande était beaucoup plus active qu'aujourd'hui. D'un autre côté, les évaluations consulaires ne peuvent être ni aussi complètes ni aussi exactes que les relevés de l'inspectorat des douanes. Si la somme de 1,200,000,000 de francs représente, aussi fidèlement que possible, pour 1864, la valeur totale du commerce étranger en Chine, il est probable que cette valeur, en 1856, a dépassé de beaucoup 300,000,000.

ciales, industrielles et mercantiles du peuple chinois n'appartiennent désormais à l'Europe. Nul doute aussi qu'elle ne parviendra point à les transformer sans subir les épreuves d'une lutte incessante et laborieuse. Les erreurs souvent déplorables de notre passé, les enseignements parfois douloureux de notre expérience guideront, en Chine, nos futurs efforts. Nous n'oublierons pas que nous y avons des fautes, des crimes même à racheter par des services et des bienfaits. Nous opposerons constamment aux méfiances du gouvernement chinois, à son mauvais vouloir que déguisent mal ses protestations affectées, à ses ruses artificieuses qui sont les armes naturelles de sa faiblesse, la loyauté et la courtoisie de nos allures, la dignité et la fermeté de notre attitude. Nous essaierons de le contraindre au maintien de la paix en le faisant notre obligé et notre débiteur, en appelant, par exemple, au secours de son trésor appauvri, les capitaux de nos financiers ; nous nous garderons de ces précipitations imprudentes, de ces ingérences téméraires, de ces inutiles provocations qui compromettent les meilleures causes ; nous saurons maintenir résolûment, fût-ce même au prix de quelques sacrifices, l'union des quatre grandes puissances qui, seule, protége efficacement à Péking les intérêts solidaires des peuples civilisés, qui seule protége la Chine contre les ambitions rivales des deux puissants empires dont les frontières lui sont communes ; nous protégerons, avec une stricte impartialité, l'admirable dévouement de nos missionnaires ; désireux de témoigner, en toute circonstance, notre amour pour la justice, nous ne craindrons point de réprimer, avec éclat, les actes coupables que commettraient nos nationaux ou les tentatives illégales de notre commerce; nous lui rappellerons, s'il le faut, que, sans la bonne foi et la patience, il risque son honneur et sa fortune.

Ce n'est pas sans dessein que j'ai fait précéder cet ouvrage des réflexions qu'on vient de lire. Elles en feront comprendre le sens et l'intention. Mes loisirs m'ont permis d'étudier la plupart des recueils anecdotiques, scientifiques, édifiants, statistiques, pittoresques ou littéraires que les Européens ont écrits sur l'Empire du Milieu [1]. Les plus sérieux et les meilleurs, si l'on excepte les excellentes études de nos sinologues et les volumineux travaux de nos anciens missionnaires, sont dus, sans contredit, aux publicistes anglais ou américains. Il m'a été facile de comparer leurs valeurs respectives pendant mon séjour en Chine, où j'ai pris une part active et directe aux affaires diplomatiques et passé six ans de ma vie.

J'ai cru qu'en coordonnant les notions que j'avais puisées dans ces recueils, en les complétant par mes propres souvenirs et par les informations qui me sont parvenues depuis mon retour, en écrivant, d'après ces données authentiques et consciencieuses, un volume simple et impartial, sobre

---

[1]. De tous ces livres, le *Middle Kingdom*, composé en Chine, il y a vingt ans environ, par un missionnaire américain, M. Wells-Williams, m'a paru le plus méthodique et le plus complet. C'est l'ouvrage que j'ai le plus souvent et le plus utilement consulté.

de réflexions, d'autant plus facile à consulter qu'il fût plus concis et plus méthodique, je pourrais être utile à ceux de mes compatriotes qu'intéressent les grandes choses de l'extrême Orient. Je n'ai pas eu d'autre ambition.

L'ouvrage que j'ai intitulé « l'Empire du Milieu, » est divisé en six livres dont les cinq premiers traitent successivement de *la géographie, de l'histoire naturelle, des mœurs et des religions, du gouvernement et de l'administration, des sciences et des arts, de l'agriculture, de l'industrie, du commerce et de l'histoire de la Chine*. Le sixième présente un exposé chronologique des événements les plus remarquables et des faits les plus intéressants auxquels les peuples civilisés ont pris part, dans l'empire chinois, jusqu'à la fin de l'année dernière. Il est suivi de quelques pièces justificatives.

Paris, 1ᵉʳ octobre 1866.

L'EMPIRE DU MILIEU

LIVRE PREMIER

GÉOGRAPHIE

CHAPITRE PREMIER

NOTIONS GÉNÉRALES

Noms qui désignent l'empire du Milieu et ses habitants. — Son étendue; ses limites. — Ses montagnes, ses fleuves, ses lacs. — La grande muraille et le grand canal. — Aspect général du pays et des côtes. — Différentes races de l'empire. — Divisions administratives et politiques.

La portion du continent asiatique à laquelle les géographes donnent ordinairement le nom de Chine et qui est gouvernée, de nos jours, par la dynastie des Tsing, constitue un des plus vastes empires qui ait jamais été soumis au sceptre d'un seul homme. On y trouve tous les sols et tous les climats. Les grands fleuves qui l'arrosent et qui reçoivent de puissants tributaires, la fertilisent, l'assainissent et offrent à ses habitants des moyens de communication qu'on ne retrouve en aucun pays, aussi nombreux, aussi faciles. Les Chinois n'ont eu, pour ainsi dire, à demander aux autres nations du globe rien de ce qui alimente, embellit et charme l'existence de l'homme. Leur civilisation s'est formée et développée d'elle-même. Ils ont inventé leur gouvernement. Ils possèdent une littérature complétement nationale. Leur langue se distingue de tous les autres idiomes du monde par ses signes, sa syntaxe et son antiquité. Enfin ils forment, à l'est du continent asiatique dont ils occupent une grande partie, un peuple immense, unique entre tous les peuples de la terre par l'ancienneté de ses origines, la pureté de ses traditions, le caractère particulièrement remarquable de ses mœurs, de ses instincts, de ses aptitudes. Aucune région du monde n'offre un champ plus vaste ou plus fécond à la propagande du missionnaire, aux investigations de la science, aux entreprises de l'industrie et du commerce.

ORIGINE PROBABLE DU NOM QUE LES ÉTRANGERS DONNENT A LA CHINE.

On n'a pu former encore que des conjectures sur l'origine du nom par lequel les étrangers désignent aujourd'hui la Chine et qui est inconnu de ses propres habitants. L'opinion la plus vraisemblable l'attribue à la familles des *Tsin* dont le chef, vers l'an 250 avant Jésus-Christ, étendit sa domination sur tous les petits princes qui gouvernaient alors le pays et s'illustra, dans toute l'Asie, par ses exploits guerriers. Il y avait déjà longtemps, à cette époque, que les *Tsin* dont les possessions occupaient les territoires qui forment, de nos jours, la partie N.-E. de l'Empire, portaient un nom célèbre. Si l'on en croit le R. P. Vizdelou qui s'est occupé spécialement de leur histoire, la splendeur de la famille *Tsin*, dont l'auteur serait *Ta-yé*, fils de l'empereur *Tchouen-hou*, n'aurait pas duré moins de mille ans et, pendant cette longue période, elle aurait presque égalé l'éclat de la dynastie souveraine. Un des membres de cette famille, *Feitze*, surintendant des haras de l'empereur *Hiao-ouang*, avait reçu, en récompense de ses services, l'investiture du petit royaume tributaire de *Tsin-tchao* qui fut érigé, cent vingt ans plus tard (770 av. J.-C.), en souveraineté indépendante au nom de *Siang-kouan*, l'un de ses descendants. Celui-ci avait puissamment aidé son souverain *Ping-ti* à se venger des Tartares, vainqueurs et meurtriers de son père. *Ping-ti* ayant, quelques années plus tard, quitté sa capitale Singan-fou[1], pour transporter le siège de son empire à *Loyang*, dans le Honan, aurait abandonné à son sauveur ses anciens États qui forment aujourd'hui le *Chen-si*. Devenu plus puissant, *Siang-kouan* voulut conserver à la nouvelle souveraineté le nom de la ville de *Tsin-tchao*, qui avait été l'origine de sa grandeur[2].

A l'époque où s'accomplissaient les événements que raconte le savant jésuite, la dynastie des *Tchao* occupait encore le trône de la Chine. Le premier pays que rencontraient, au sortir des solitudes du *Gobi*, les caravanes venant des régions occidentales par la vallée de Yarkand, était précisément le royaume des *Tsin* qui avait alors pour capitale, ainsi que nous venons de le voir, l'ancienne résidence des empereurs. Il était donc naturel que les étrangers prissent ce royaume pour l'empire lui-même. Plus tard, lorsque les *Tchao*, ayant été renversés par les *Tsin*, l'un des chefs de cette race puissante[3], se fût rendu fameux par ses conquêtes en Cochinchine et au Tong-king, son implacable cruauté envers tous les lettrés de l'empire et la construction de la grande muraille, le nom de sa famille devint encore plus illustre. Il est constant que les Malais, les Hindous,

---

1. Aujourd'hui capitale de la province de Chen-si.
2. Voir d'Herbelot, bibliothèque d'Orient, t. IV.
3. L'empereur *Tchi-hoang-ti*.

les Perses, les Arabes et les autres peuples de l'Asie, désignaient les régions que nous appelons la Chine, par les termes *Jinn, Tchinn, Sinn, Sinæ, Tzinistæ*, et d'autres semblables. Tout porte donc à croire que Vizdelou ne s'est pas trompé dans ses conjectures et, peut-être, doit-on y voir l'explication de l'obscure prophétie dans laquelle Isaïe parle de la terre mystérieuse de Sinim et de sa tardive conversion au culte du vrai Dieu.

EXPRESSIONS PAR LESQUELLES LES CHINOIS SE DÉSIGNENT EUX-MÊMES.

Les Chinois ont employé, à toutes les époques de leur histoire, des expressions diverses pour distinguer leur pays et ses habitants. Les plus anciennes sont *Tien-hia* (la contrée située sous le ciel, ou le monde) et *Sz-haï* (la région que bordent les quatre mers); les plus communes, *Tchoung-kouoh* (royaume du milieu, ou le centre du monde), *Tchoung-kouoh-jin* (hommes du royaume du milieu). Les Égyptiens, les Grecs, les Romains ne se sont montrés ni moins ignorants, ni moins ambitieux dans le choix des noms qu'ils ont donnés à leurs empires, et cependant l'étendue de leurs plus vastes possessions n'a jamais dépassé celle de la Chine proprement dite, qui n'est elle-même qu'une partie de l'empire chinois. L'un des souverains de la maison des *Tsin* introduisit la coutume, suivie jusqu'à nos jours, d'appeler le peuple du nom de la famille régnante et la reconnaissance des sujets les a identifiés ainsi à leurs plus illustres monarques. Les dynasties des *Han* et des *Tang* ont occupé le trône pendant une période de sept cents ans, que les Chinois considèrent comme la plus glorieuse de leur histoire[1]; les expressions : *Hang-jin* (hommes de Han), *Han-tze* (fils de Han), *Tang-jin* (hommes de Tang), *Tang-chann* (montagnes de Tang) sont encore, de nos jours,

1. Les *Han* ont régné depuis l'année 202 avant le Christ jusqu'au commencement du IIIe siècle de notre ère, les *Tang* depuis 620 jusqu'à 907 après J.-C.

d'un très-fréquent usage parmi les habitants de la Chine qui les emploient pour désigner leur race ou leur pays.

Désignations officielles.

Sous la dynastie des *Tsing* actuellement régnante, les noms officiels de l'empire sont : *Ta-tsing-kouoh* le grand royaume pur), *Tsing-tchao* (la dynastie pure) ; mais, bien qu'en ait dit Klaproth qui aura pris, sans doute, à cet égard, une coutume tartare pour un usage chinois, celui de *Tsing-jin* (hommes des Tsing) n'a point encore cours parmi le peuple. Outre les termes *Han-jin* et *Tang-jin* que nous avons déjà cités, il s'attribue ceux de *Li-min* (la race aux cheveux noirs), de *Noui-ti* (la terre du milieu, le centre des nations barbares), de *Houa-hia* (les glorieux Hia), du nom de la fameuse dynastie Hia, la première qui ait régné sur la Chine. *Tchong-houa-Kouoh* (le royaume fleuri du milieu), *Houa-hien* (le langage fleuri) sont également des expressions en usage, pour désigner la nation ou sa langue écrite. Ce singulier peuple se croit encore le plus civilisé et le plus policé de l'univers. Quant aux termes *peuple céleste*, *céleste empire*, si fréquemment employés par les habitants des pays occidentaux, elles sont uniquement de fabrique étrangère. Les Chinois n'en comprennent point le sens. Il faut supposer, sans doute, qu'ils ont été, à l'origine, une interprétation erronée des mots *Tien-Tchao* (dynastie céleste) qui signifient, à proprement parler, la famille désignée par le ciel pour le gouvernement du pays et qui ont cours dans le langage officiel.

L'empire chinois ne fut jamais aussi vaste qu'il l'est aujourd'hui. D'après les calculs de Mac-Culloch, qui l'a curieusement et patiemment étudié, il ne comprendrait pas actuellement moins de 13,000,000 de kilomètres carrés. Sa plus grande longueur, depuis la pointe sud de l'île de *Haïnan* (Lat. N. 18°, 10), jusqu'à la chaîne la plus septentrionale des monts Yablonoï (Lat. N. 56°, 10), est

ÉTENDUE ET BORNES DE L'EMPIRE.

d'environ 3,400 kilomètres, tandis que sa largeur, à partir de la frontière sud-ouest de l'Ili (Long. E. 65), jusqu'à la mer d'Okhotsk (Long. E. 140), n'en développe pas moins de 5,400. Sa forme est celle d'un rectangle irrégulier. Une immense étendue de mers que les cartes européennes désignent à partir du sud, sous les noms de mer de la Chine, canal de Formose, mer Jaune, mer du Japon, golfe de Tartarie, mer d'Okhotsk, la bordent au sud-est et à l'est. La Cochinchine et les Birmans lui confinent au sud. Les hautes chaînes de l'Himalaya et du Karakoroum ou *Tsoung-ling* séparent le Boutan, le Nepaul, le Poudjab, le Ladack des frontières méridionales et occidentales du Thibet. En remontant vers le nord-ouest, dans la direction des monts Bélour, jusqu'aux pays soumis à la domination russe, les limites un peu indécises de l'empire chinois touchent successivement aux régions que les géographes appellent le Lahore, le Cachemire, le Badakchan, le Kokand, et les tribus des Kirghiz. Au nord, les chaînes immenses de l'Altaï, du Daour, et des Yablonoï qui vont aboutir à la mer d'Okhotsk, séparent la Sibérie de la Chine sur une longueur de 5,300 kilomètres. Le circuit de l'empire est de 20,000 kilomètres, égalant ainsi la demi-circonférence du globe. Ses côtes maritimes mesurent 5,360 kilomètres. Il renferme le tiers de l'ancien continent et comprend la dixième partie des régions habitables du globe terrestre [1].

On jugera mieux de ses vastes dimensions par les comparaisons suivantes. La Russie mesure environ 10,000 kilomètres dans sa plus grande longueur, 2,400 dans sa plus grande largeur, et 19,000,000 au moins de kilomètres carrés. Les Etats-Unis ont 4,800 kilomètres de longueur, depuis le Pacifique jusqu'aux limites nord-

---

[1]. Les cessions que la Chine vient de faire à la Russie ont amoindri notablement ces dimensions.

est du Maine, sur 2,700 de large, depuis le lac des Bois jusqu'à la Floride, et leur superficie égale 6,000,000 de kilomètres carrés. Celle de l'empire britannique dépasse 11,000,000 de kilomètres, mais il est vrai de dire que plusieurs de ses frontières, aux Indes et dans l'Afrique méridionale, sont toujours indécises et que quelques-unes des possessions russes, anglaises, chinoises sont encore inhabitées, tandis que la plus grande partie du territoire des Etats-Unis est susceptible de culture et pourrait nourrir d'innombrables populations.

La Chine possède beaucoup de montagnes qui hérissent son sol en tous sens, particulièrement au sud et à l'ouest, et fixent, en grande partie, ses limites naturelles. Il convient de définir, en quelques lignes, les principales de ces vastes chaînes jusqu'à présent bien peu connues, afin de pouvoir ensuite déterminer plus aisément les trois grands bassins qui se partagent le territoire de l'empire du milieu. {MONTAGNES DE L'EMPIRE CHINOIS.}

Les monts *Altaï* qui terminent, au nord, le grand plateau de l'Asie centrale, prennent naissance au bord de la mer d'*Okhotsk*, non loin de l'embouchure du fleuve Amour, par le 56° de latitude et courent vers l'ouest, jusqu'au pays des *Kirghiz*, où ils disparaissent dans les steppes désertes. Leur longueur totale est de 3,200 kilomètres, mais ils changent plusieurs fois de dénominations. A partir de la mer d'Okhotsk, jusqu'au confluent du fleuve *Amour* et de la rivière *Soungari*, les Russes leur donnent le nom de *Yablonoï-khrebet*, et les Chinois de *Hing-an* extérieurs; jusqu'au lac *Baï-hal* qui est séparé de la mer par une distance de 960 kilomètres, ils deviennent, en russe, les monts *Daour*, pour prendre ensuite le nom d'*Altaï* (montagnes dorées), en chinois *Kin-chan*, qu'ils conservent jusqu'aux plaines des Kirghiz. Ils projettent en Sibérie et en Mongolie plusieurs chaînes {Altaï.}

dont la principale est celle des *Tang-nou*, où l'on rencontre plusieurs plateaux élevés et qui va rejoindre, au sud, les montagnes célestes. L'altitude moyenne des Altaï ne paraît pas dépasser 1,600 mètres. Quelques pics isolés y atteignent seulement la hauteur des neiges éternelles.

Bélour-tag.

Les *Belour-tag*, également appelés *Tartasch-ling* et *Tsoung-ling* (montagnes aux oignons), apparaissent vers le 40° (latitude nord), où ils forment un angle droit avec les Montagnes célestes, s'avancent vers le sud, séparent l'Ili du Badakchan, et comprennent plusieurs chaînes très-élevées, mais fort peu connues, dont la principale, le *Karakoroum*, aboutit, dans le sud du Turkestan chinois, au fameux groupe montagneux connu sous le nom de *Pouchti-kour*. A ce groupe viennent se souder également les *Koulkoun* qui traversent le grand plateau central et les *Himalaya*, les plus hautes cimes du monde.

Tien-c'han.

Les Montagnes célestes, *Tien-chan*, en mongol *Tengki-ri* et *Alack*, suivent, à travers l'Ili qu'ils divisent en deux parties (la Soungarie et le Turkestan chinois), la direction du 42° de latitude. L'une de leurs chaînes, le *Bogdo-oula*, renferme les plus hauts pics de l'Asie centrale, bien que les *Tien-chan* n'atteignent pas en général la hauteur des neiges éternelles. Un peu à l'ouest du *Bogdo-oula*, se trouvent le *Pi-chan*, le seul volcan en activité de la Chine, et, au delà du *Pi-chan*, un fort remarquable glacier que traverse la route de Yarkand, par le célèbre défilé de Mouzdaban. Les Tien-chan qui, selon l'opinion de Humboldt, vont rejoindre, à l'est, les montagnes de Mongolie, se prolongent, vers l'ouest, sous les noms de *Mouz-tag*, *Ak-tag* et *Afterah-iag*, qu'ils portent successivement à partir du défilé de Mouzdaban, bien au delà des frontières de la Chine. Un peu après avoir franchi ces frontières, ils se couvrent de neiges perpétuelles.

Dans une direction presque parallèle aux Tien-chan, *Nan-chan.*
s'étendent, à partir du fameux groupe *Pouchti-kour*, les
monts *Nan-chan*, appelés aussi *Koulkoum* ou *Kouenloun*.
Après avoir formé les communes frontières du Thibet et
de l'Ili, ils se divisent en deux chaînes vers le 78° de
longitude. L'une, le *Bayan-kara* ou *Sioué-ling* (montagnes
neigeuses), s'avance dans le sud-est, à travers le *Koko-
nor* et le *Se-tchouen*, où elle va rejoindre le *Youn-ling*
(monts nuageux), par le 33° de latitude. L'autre, nommée *Kihlien-chan*, *In-chan* et *Ala-chan*, s'infléchit dans
la direction du nord-est, non loin de la source du fleuve
Jaune, et va se réunir, à l'est du Kan-sou, aux *Hingan*
intérieurs. Toute la région comprise entre les *Tien-chan*
et les *Nan-chan*, à l'exception du versant méridional
des Monts célestes où l'on rencontre quelques grandes
villes et de riches cultures, est occupée par les plaines
désertes du Gobi. On présume que les flancs des *Nan-
chan* recèlent beaucoup de pierres précieuses. La légende
chinoise peuple ces pays arides et désolés de ses merveilles, de ses monstres et de ses génies. *Youn-ling.*

Aux *Bayan-kara* viennent se rattacher, au centre du
Ko-ko-nor qui n'est lui-même, comme le *Pouchti-kour*,
qu'un vaste réseau montagneux, quatre grandes chaînes
très-rapprochées l'une de l'autre et convergeant, dans
la direction du sud-est, vers le *Se-tchouen* et le *You-nan*.
La plus remarquable est le *Youn-ling* (monts nuageux),
qui constitue la frontière occidentale du *Se-tchouen*,
traverse le *You-nan*, le *Koueï-tchéou* et le *Hounan*,
projette vers le nord deux bras jusqu'au fleuve bleu,
sépare le *Kouang-toung* et le *Fo-kien* du *Kiang-si* et
du *Tcheh-kiang*, tourne ensuite au nord-est et vient
aboutir à la mer Jaune, en face des îles *Tchousan*, après
avoir pris successivement les noms de *Nan-ling*, *Meï-ling*
et *Ou-i-chan*. A partir des *Bayan-kara* jusqu'à la mer,
le *Youn-ling* s'abaisse par une pente insensible et ne

renferme qu'un très-petit nombre de pics neigeux.

Pe-ling.

Le *Ko-tsing-chan* ou *Pe-ling* (montagnes du nord) vient se réunir également aux *Bayan-kara* dans le Ko-ko-nor. Il forme une chaîne peu élevée qui court vers l'est et le nord-est, entre le fleuve Bleu et le fleuve Jaune, borde, à l'ouest, le *Ngan-hoeï* et constitue, avec les ramifications du *Youn-ling*, un système montagneux qui embrasse tout l'occident de la Chine proprement dite.

Hing-an.

Il faut encore mentionner, dans le nord de la Chine : 1° les *Hing-an* intérieurs, appelés aussi *Sial-koï* ou *Soyorti*, qui prennent naissance dans le *Chen-si*, à la suite des monts *Ala-chan*, côtoient le fleuve Amour, entrent en Mongolie, puis en Mandchourie, et vont rejoindre, par le 56° de latitude nord, les *Hing-an extérieurs* ou *Yablonoï-krebet*;

Sih-hi-tih.

2° les *Sih-hi-tih*, qui partent des bouches du fleuve Amour ; longent, dans la direction du sud-ouest, le golfe de Tartarie et la mer du Japon ; étendent vers l'ouest, dans la Mandchourie, une grande chaîne nommée en tartare *Kolmin-chang-hin-alïn*, et en chinois *Tchang-pe-chan* (longue montagne blanche) ; pénètrent ensuite en Corée, et se terminent à la pointe méridionale de cette presqu'île. Ces montagnes n'ont jamais été explorées par aucun voyageur européen. On sait seulement que, du côté du désert, les *Sial-koï* présentent un aspect stérile et désolé, tandis que leur versant oriental est boisé et fertile. Entre les *Sial-koï* et les *Sih-hi-tih*, se trouvent deux autres chaînes de moindre importance, qui forment le bassin de la rivière *Non-ni*.

Himalaya.

Pour achever la description du système montagneux de l'empire chinois, il nous reste à parler des monts *Himalaya*, des *Gan-dis-ri* et des *Karakoroum* déjà mentionnés plus haut. Les *Himalaya* forment la frontière méridionale du Thibet ; ils renferment, comme on sait, les plus hauts sommets du globe, et appartiennent plutôt aux Indes qu'à la Chine. — Les *Gan-dis-ri*, appelés aussi

Zang ou *Kaï-la-sa,* traversent le Thibet dans toute sa lon- — Gan-dis-ri.
gueur. Cette grande chaîne, que bien peu de voyageurs
ont visitée et qui possède des pics d'une prodigieuse
élévation, n'est séparée, à l'est, des monts *Youn-ling*, que
par l'étroite vallée du *Yang-tze-kiang*. Elle se rattache
aux *Himalaya* par de hauts plateaux où se trouvent les
lacs *Manesa-roua* et *Ravanbrad*, ainsi que les sources de
l'Indus et du Gange. — Les *Karakoroum*, considérés, en — Karakoroum.
général, comme un prolongement des *Tsoung-ling*, séparent le *Thibet* du *Ladack* qui a cessé de payer tribut à la
Chine, en sorte que ces montagnes constituent, en réalité, une partie des frontières de l'empire. Le Ladack où
est situé le pays de Kachemire, a été souvent visité et décrit; on ne sait absolument rien des vastes espaces qui
s'étendent sur le versant oriental des *Karakoroum*.

 Entre les Monts célestes au nord-ouest, les Belour- — GRAND DÉSERT
tag à l'ouest et au sud-ouest, et les Sialkoï au nord-est, DE GOBI.
se développe, sur une longueur totale de 2,800 kilomètres
et une largeur moyenne de cent quatre-vingts lieues, le
grand désert de *Gobi* ou *Cha-moh* (mer de sable). Sa
superficie comprend au moins 3,000,000 de kilomètres
carrés et n'est pas partout infertile. Les districts mahométans, situés aux pieds des Monts célestes, sont cultivés et populeux, et l'aridité du *Gobi* paraît tenir plutôt
à la grande élévation qu'à la nature même du sol. Le
méridien de *Hami* et la route qui unit cette ville à celle
de *Kiao-kouan*, séparent réellement le grand désert en
deux parties qui ont chacune une physionomie particulière. La largeur du *Gobi*, à cet endroit, n'a pas beaucoup plus de 200 kilomètres.

 A l'ouest, les plaines immenses que bordent les Tien-
chan, les Tsoung-ling et les Koulkoun, et dont la hauteur moyenne est de 4,500 pieds au-dessus de la mer,
présentent de violents contrastes. Tandis que les dis-

tricts septentrionaux, le *Han-haï* (mer du Mirage) où se trouvent les villes mahométanes de *Kachgar*, *Oksou* et *Hami*, les rivières de *Yarkand* et de *Tarim*, le lac *Lop-nor* qui recueille leurs eaux, et la route de *Yarkand* à *Lassa*, ne constituent pas, à proprement parler, un désert, le sud qui comprend une partie du *Tsing-haï* ou *Ko-ko-nor* ne possède ni habitation ni culture. On y rencontre des montagnes de sable mouvant, des rochers de formes bizarres et hideuses, une température excessive en toute saison, des pierres dont l'éclat, sous ce ciel presque toujours sans nuage, éblouit les yeux. Dans ces régions, dit un auteur chinois, « il n'y a ni eau, ni herbe, ni être vivant, ni vapeur d'aucune sorte; c'est l'empire du néant. »

La partie orientale comprise entre le méridien de Hami et le 118º degré de longitude est, porte plus particulièrement le nom de grand *Gobi*. Sa largeur, depuis les monts Altaï jusqu'aux Inchan, varie de 800 à 1,100 kilomètres. Une vallée sablonneuse, dont la largeur moyenne est de 60 lieues et dont le niveau le plus bas dépasse d'environ 3,000 pieds celui de la mer, en occupe le centre. Cette vallée, qui constitue le *Cha-moh* proprement dit, n'est pas dépourvue de végétation. On y rencontre quelques prairies, mais elle ne possède que des eaux saumâtres. Au nord et au sud du *Cha-moh*, le sol du grand Gobi est plus rocailleux et moins stérile. Il s'y trouve des arbres d'une belle venue, de bons pâturages où séjournent les troupeaux des Kalkas, et, vers les frontières, quelques champs isolés de millet, de froment et d'orge. Le Gobi n'a pas de grands cours d'eau; cependant plusieurs affluents de l'Amour prennent leur source au nord-est du désert. En résumé, les solitudes du Gobi sont moins affreuses que celles du Sahara, mais elles sont plus désolées que les pampas d'Amérique ou les steppes de la Sibérie.

GÉOGRAPHIE

Les fleuves de la Chine sont sa gloire et sa richesse. Aucun autre pays du globe ne possède un aussi grand nombre de larges et puissants cours d'eau, navigables presque jusqu'à leur source, alimentés par de profonds affluents et portant à toutes les régions qu'ils arrosent l'abondance et la fertilité. Le *Hoang-ho*, le *Yang-tze-kiang*, l'*Amour* et le *Tarim* sont les plus grands de tous ses fleuves. Le *Hoang-ho* en est le plus fameux et le *Yang-tze* le plus utile.

FLEUVES DE L'EMPIRE CHINOIS.

Aux pieds des Bayan-kara, par le 35° de latitude nord et le 94° de latitude est, se trouve une vaste plaine marécageuse : le *Sing-suh-haï* (mer Constellée), renfermant un grand nombre de sources et d'étangs qui alimentent deux lacs jumeaux : les *Ala-nor*. Le trop-plein des *Ala-nor* donne naissance au *Hoang-ho* ou fleuve Jaune, qui se dirige successivement vers le sud, l'est et l'ouest; contourne l'extrémité orientale des Bayan-kara; coule au nord-ouest, puis à l'est jusqu'à *Lan-tchao*, capitale du Kan-sou. A partir de cette ville, il côtoie la grande muraille, entre dans le Gobi où ses eaux rapides, entraînant les sables du désert, prennent la couleur jaune qui lui donne son nom; tourne à l'est près du lac *Teng-ki-ri* et par le 41° degré de latitude et ensuite au sud; sépare le *Chen-si* du *Chan-si*; reprend la direction de l'est près de la ville de *Tong-tchao-fou* où il reçoit la rivière *Oueï*, le plus grand de ses tributaires; arrose le *Ho-nan* et le *Kiang-sou*, et se jette dans la mer Jaune par le 34° de latitude, après un cours d'environ mille lieues. — On calcule approximativement que le bassin du fleuve Jaune n'occupe pas moins de 1,500,000 kilomètres carrés. Le niveau de son lit est supérieur, dans une partie de son cours, à celui des plaines qu'il traverse, en sorte qu'il a fallu, pour contenir ses impétueux caprices, élever de puissantes digues dont la surveillance est confiée à un des hauts fonctionnaires de l'empire. Il arrive souvent, à la

Hoang-ho.

fonte des neiges, que ces digues sont rompues et que d'effroyables inondations désolent les pays voisins. Le cours du *Hoang-ho* est si rapide qu'en beaucoup de points on ne le traverse qu'avec les plus grandes difficultés. Comme le Nil, ce fleuve célèbre reçoit très-peu d'affluents. Ses principaux sont, dans le *Chen-si*, le *Lou* et le *Oueï* qui traverse toute cette province de l'ouest à l'est, le *Feun* dans le *Chan-si* et le lac *Hong-tsih* dans le *Kiang-sou*.

Yang-tze-kiang. Les sources du *Yang-tze-kiang* que les Chinois nomment aussi *Ta-kiang*, le grand fleuve, ou simplement *Kiang*, le fleuve, n'ont pu être encore déterminées. On sait toutefois qu'il est formé par la réunion de deux rivières qui mêlent leurs eaux au sud de la province du Se-tchouen. L'une, le *Mourous-oussou* (en chinois, *Mouh-lou-sou*) [1], sort des flancs du Bayan-kara et des plaines désertes du Ko-ko-nor, coule à l'est, puis au sud à travers les gorges du Youn-ling. L'autre, le *Yah-loung-kiang*, que les géographes chinois regardent comme la branche principale, prend naissance dans le Bayan-kara, non loin du *Sing-suh-haï* d'où se déverse, comme nous l'avons vu, le fleuve Jaune et pénètre ensuite dans le Se-tchouen. Ces deux rivières coulent parallèlement sur une longueur de près de deux cents lieues ; elles ne sont pas assez profondes pour porter bateau, mais elles charrient de grands radeaux construits en bois de charpente. A partir du lieu où elles se confondent, le fleuve qu'elles ont formé prend le nom de *Ta-kiang* jusqu'à Ou-tchang-fou et de *Yang-tze-kiang* (fleuve, fils de l'Océan) depuis cette ville jusqu'à la mer. Il arrose les districts sud-est du Se-tchouen et le *Houpé*, borde le *Kiang-si* au nord, baigne le *Ngan-hoeï* et le *Kiang-sou* et va se jeter dans la mer Jaune par deux larges embouchures qui forment la grande île basse de *Tsoung-ming*. Ses principaux affluents sont, au sud : le *Kan-kiang* qui parcourt le

---

1. Appelé aussi Kin-cha-kiang (la rivière aux sables d'or).

Kiang-si dans toute sa longueur et se jette dans le lac Po-yang dont les eaux communiquent avec le grand fleuve ; le *Siang* et le *Youen* qui descendent des Nan-ling, fertilisent le *Ho-nan* et alimentent le lac Toung-ting [1] ; et, au nord : le *Grand-canal*, une des principales artères de l'empire, qui unit Peking à la mer ; le *Han-kiang* qui arrose, par ses affluents, le sud du *Chen-si*, le *Ho-nan*, le *Hou-pé* ; enfin le *Min-kiang* et le *Kia-ling* dans le Se-tchouen. Le *Yang-tze-kiang* est un des plus beaux fleuves du monde. Navigable par bateaux à partir de *Toung-tchouen-fou* dans le *You-nan* et sur une longueur de sept cents lieues, il peut porter de gros navires, ainsi que l'ont prouvé les expéditions récemment entreprises, bien au delà de Nanking. Dans la partie inférieure de son cours, et partout où son lit n'est pas resserré par des collines ou des rochers, il coule constamment à pleins bords, large, profond, lent et majestueux. Il ne déborde presque jamais et ressent encore les effets de la marée à cent soixante lieues de son embouchure, ce qui est une précieuse ressource pour la navigation. Dans beaucoup d'endroits on ne trouve pas le fond de son lit à vingt brasses et il mesure encore plus de dix brasses à quelques mètres de ses rives. Il renferme une variété infinie de poissons de toute grosseur. Ses affluents sont les routes commerciales des plus florissants districts de la Chine. Le bassin qu'il arrose, qu'il fertilise, qu'il enrichit et dont il substante, en partie, les habitants, mesure 1,200,000 kilomètres carrés. Les Chinois le nomment avec orgueil la *Ceinture de l'Empire*, et ils le considèrent comme divisant leur pays en deux régions distinctes : le nord et le sud de la rivière.

Un grand fleuve que les Chinois et les Mandchoux appellent *Heh-long* et *Sagalien* (Dragon noir), et qui se nomme aussi *Onon*, *Chilka*, *Amour* et *Kouen-toung* dans

Amour.

---

1. Le Toung-ting est également en communication avec le Yang-tze.

diverses parties de son cours, baigne le pays situé au nord des monts Sialk-hoï et des Hing-an intérieurs. Il sort des monts Daour, près des frontières communes de la Sibérie et de la Mongolie, par le 50° de latitude nord et le 110° de longitude est, coule en Sibérie à l'est, puis au nord-est, puis au nord sous le nom de rivière *Onon*, reçoit celui de *Chilkha* après sa jonction avec l'*Ingoda*, arrose Nertchinsk, tourne à l'est et fait son entrée en Mandchourie aux pieds du fort *Baklanova* par le 121° de longitude. Il se dirige alors, vers le sud, parallèlement aux Hing-an, s'infléchit au nord-est après avoir mêlé ses eaux à celles du *Soungari* et se jette dans la mer de Tartarie par une large embouchure qui forme le golfe de *Saghalien*. Cette embouchure est située près du 53° degré de latitude nord. A partir du fort Baklanova, le grand œstuaire des pays mandchoux est appelé *Amour*, *Saghalien*, *Heh-loung*; un peu avant d'entrer dans la mer, il devient le *Kouentoung*; les géographes lui donnent communément le nom d'*Amour* depuis sa source jusqu'à son embouchure.

Le fleuve *Amour* a de nombreux affluents. Ce sont, au nord et à partir de sa source : 1° l'*Ingoda* dont nous avons déjà parlé et qui descend aussi des monts Daour; 2° la *Nertscha*; 3° la *Zoya* formée des eaux de plusieurs rivières qui sortent des Yablonoï; 4° l'*Argoun* qui rejoint le fleuve près de son embouchure; et au sud : 1° le *Kerlon* qui est le plus puissant de tous ses tributaires; il prend sa source non loin de celle de l'Amour dont il forme, dans l'opinion de plusieurs géographes, la branche principale, contourne la chaîne des Hing-an de l'ouest, traverse le lac *Kouloun* et reçoit ensuite le nom d'Argoun jusqu'à son embouchure; 2° la *Soungari* qui naît dans le *Ghirin*, coule au nord-ouest, puis au nord-est, reçoit la rivière Non-ni et est elle-même un grand fleuve; 3° l'*Ousouri* qui verse dans le Saghalien les eaux des monts Sih-hi-tih. Le bassin de l'Amour renferme au moins 1,400,000 kilomètres carrés. Dans ces derniers temps, les Russes ont exploré son cours avec soin. Sa navigation, que l'on peut comparer à celle du Danube, est interrompue, principalement vers l'ouest, par de nombreux rapides et de dangereux récifs.

La plus grande partie du territoire que les Chinois appellent le *Tien-chan-nan-lou* [1], et qui est situé au sud de l'Ili, constitue le bassin du fleuve *Tarim*. Le *Tarim* est formé par la réunion de quatre rivières, sortant du Belour-tag et portant chacune le nom de la ville mahométane qu'elle arrose. Ce sont les rivières de *Yarkand*, de *Kachgar*, d'*Oksou* et de *Khoten*. Le grand fleuve auquel ces quatre affluents donnent naissance, coule de l'ouest à l'est, traverse d'abord une région stérile et froide, reçoit le *Kaï-dou* qui descend des monts Célestes et qui alimente le lac Bostang, pénètre ensuite dans de vastes marécages et se jette dans le Lop-nor, par le 42° de latitude après un cours de 400 lieues. Les lacs *Lop* et *Bostang* sont situés sur le confin oriental du désert. Au nord du Bostang, le Kaï-dou et ses affluents fertilisent la contrée qu'ils arrosent.

Tarim.

Pour achever l'énumération des principales rivières de la Chine, il nous reste à mentionner : 1° le *Tchou-kiang* (fleuve des perles), qui entre dans la mer près de Canton et dont le bassin, d'environ 300,000 kilomètres carrés, embrasse les provinces du *Kouang-si* et du *Kouang-toung*. Il réunit les eaux de trois affluents qui viennent des Nanling et auxquels on a donné les noms de rivières de l'ouest (*Si-kiang*), du nord (*Pe-kiang*), de l'est (*Toung-kiang*), suivant les directions de leurs cours ; de ces trois affluents, le *Si-kiang* qui baigne le Kouang-si, de l'ouest à l'est, et sur lequel sont situées des villes importantes, est le plus considérable ; — 2° le *Ming*, qui arrose *Fou-*

Rivières de second ordre.

---

1. Districts situés au sud des monts Célestes.

tchao-fou, capitale du Fo-kienn; — 3º la rivière *Tsih*, qui se jette dans la mer près de Ningpo; — 4º le *Tsien-tang*, dont l'embouchure forme la fameuse baie de *Hang-tchao-fou* où les navires sont si nombreux et les marées si redoutables; — 5º le *Peï-ho*, que nos dernières expéditions ont rendu si célèbre; il prend sa source en Mandchourie, coule vers le sud-est, passe à quelques kilomètres est de Peking, reçoit les eaux du grand canal et entre dans le golfe de Petchili par le 39º de latitude; — 6º Le *Léao-ho*, qui traverse la province de *Léao-tong* du nord au sud et va rejoindre le golfe du même nom par le 41ᵉ parallèle; — 7º le *Yahou-yen*, venant des monts Shih-i-tih et baignant le nord de la Corée; — 8º en Mongolie, la *Selenga*; elle sort des monts *Kou-kou-daban*, se dirige vers le nord-est, reçoit l'*Orkon*, pénètre en Sibérie par les gorges de l'Altaï et se déverse dans le lac Baïkal; — 9º enfin les rivières qui baignent la province du Younan et qui toutes sont tributaires des grands fleuves de Cochinchine.

LACS DE L'EMPIRE CHINOIS.

Les lacs de l'empire chinois sont, en général, d'une médiocre étendue et ceux dont on a pu déterminer la position ont été si incomplétement explorés qu'il devra presque nous suffire de mentionner les principaux. Ce sont :

Lacs des dix-huit provinces.

1º Dans la Chine proprement dite (les 18 provinces) : le *Toung-ting*, environ 80 lieues de tour, au nord du Hou-nan, reçoit le Hiouen-kiang, et le Hen-kiang qui descendent des Nan-ling et arrosent toute la province, communique avec le Yang-tze-kiang auquel il apporte le tribut de ces deux rivières; environs plats et marécageux; — le *Po-yang*, à l'est du précédent et au nord du Kiang-si, se déverse également dans le grand fleuve, reçoit le Kan-kiang qui vient des Meï-ling et traverse le Kiang-si du sud au nord; 30 lieues de long sur 8 de large; abondantes pêcheries; îles nombreuses et peuplées ; beauté pittoresque des rives ; — le *Taï-hou* (grand lac) dans le Kiang-sou, à l'ouest de Sou-tcheou ; il communique avec la mer et le Yang-tze-kiang par plusieurs canaux navigables ; — le *Tsao-hou*, dans le Ngan-ho-eï, au sud de Lou-tchao, mêle également ses eaux à celles du Yang-tzé ; — le *Hong-tsih*, dans le Kiang-sou, reçoit le *Hou-hi-ho* dont il restitue les eaux au fleuve Jaune ; rives basses ; navigation importante. — Toute la contrée qui s'étend à 30 ou 40 lieues de la mer, entre le Hoang-ho et le Yang-tze-kiang, est plate et marécageuse, remplie d'étangs et de petits lacs. On croit que les deux grands fleuves avaient autrefois une commune embouchure et que cette basse région s'est successivement formée du limon charrié par leurs eaux. Le Tchih-li, le Chan-toung et la province méridionale du You-nan possèdent quelques lacs de peu d'étendue.

Lacs de Mandchourie.

2° En Mandchourie : le *Hinkhaï*, dans la province du Ghirin, une des sources de l'Ousouri, situé par le 44° de latitude ; — les lacs *Houroum* et *Pir* dans le bassin du fleuve *No-ni*, entre le 47° et le 50° parallèle. Ils sont unis par un cours d'eau, l'*Oursoun*, et donnent le nom d'*Houron-pir* à la partie du Tsi-tsi-kar où ils se trouvent. Le *Hou-roum* est traversé par le Kerlon, l'un des affluents du fleuve Jaune. — Au sud du Ghi-rin, entre deux chaînes des monts Shi-i-tih, est un petit lac célèbre dans les fastes chinois. La légende raconte qu'un jour, il y a deux siècles, trois femmes de race divine se baignaient dans ses eaux et que la plus jeune ayant mangé un fruit qu'une pie lui avait apporté, devint la mère du chef de la dynastie des *Tsing* qui gouverne aujourd'hui l'empire.

Lacs de l'Ili.

3° Dans l'Ili : le *Lop-nor* où se décharge le *Tarim*, et le lac *Bostang* ; une rivière, le *Kaïdou*, les fait communiquer ; ils sont situés au sud des monts Célestes entre les 40° et 43° parallèles ; — le *Djaï-zang*, le *Kisilbasch*, et le *Issikoul*, au nord des monts Célestes, entre les 45° et

50° degrés de latitude nord, plus étendus que les précédents. Tous ces lacs sont salés, bien qu'ils soient alimentés par des courants d'eau douce. On attribue ce phénomène qui n'a pu être, jusqu'à ce jour, suffisamment étudié, à la nature du terrain et aussi à la rapide évaporation qui a lieu sur ces plateaux élevés et découverts.

<small>Lacs du Ko-ko-nor.</small>

4° Dans le *Ko-ko-nor* : le *Dzaring* et l'*Oling*, près du 35ᵉ parallèle, entre deux chaînes des Bayan-kara, au centre d'une vallée marécageuse ; — le *Sing-suh-haï* (mer constellée) où le fleuve Jaune prend sa source ; — puis le *Tsing-haï* ou *Kokonor* (mer d'Azur) qui donne son nom à la contrée ; un des plus grands lacs de la Chine ; situé sur la frontière sud-ouest du Kan-sou, et le 37ᵉ parallèle. On a pensé longtemps que le Yang-tze-kiang sortait de la mer d'Azur et, par suite de cette erreur, les géographes l'ont appelé le fleuve Bleu. Les lacs du Tsinghaï, dont nous n'avons cité que les principaux, sont très-nombreux : on les croit tous salés comme ceux de l'Ili.

<small>Lacs du Thibet.</small>

5° Dans le Thibet : le *Teng-kiri*, au nord-ouest de Lassa, dans un pli des monts Gandisri, le lac le plus étendu de l'empire ; — le *Palti* ou *Yamorouk*, un peu au nord des Himalaya, remarquable par sa forme régulière qui est celle d'un vaste anneau entourant une grande île. La partie du Thibet que l'on nomme Thibet ultérieur, renferme beaucoup d'autres lacs à peu près inconnus, dont les plus remarquables sont le *Tarok*, le *Paka* et le *Yih*, situés tous trois près des frontières du Gobi, dans la vallée déserte qui sépare les Gandisri des Koulkoun.

<small>CONFIGURATION DES CÔTES.</small>

Baignées successivement, à partir du nord, par la mer du Japon, le golfe de Léaotong, le golfe du Petchili (Péhaï, mer du Nord), la mer Jaune (Toung-haï ou Hoanghaï, mer de l'Est ou mer Jaune), le canal de Formose, la mer de Chine et le golfe de Tonking, les côtes de l'empire chinois qui atteignaient, avant les cessions faites à la Russie, le 54° degré de latitude nord, s'étendent maintenant, sous la forme d'une demi-circonférence, entre les 43° et 20° degrés de latitude, les 105° et 130° degrés de longitude est. Une ceinture d'îlots entoure le rivage escarpé de la presqu'île Coréenne. A partir du cap que les navigateurs anglais ont nommé «l'Épée du Régent», les côtes fléchissent insensiblement et deviennent si basses, si unies que, dans le golfe de *Pe-tchili*, on les confond presque avec la mer. Elles se relèvent en contournant le promontoire du Chan-tong, pour s'abaisser de nouveau particulièrement entre les embouchures du Hoang-ho et du Yang-tze-kiang. Depuis le cap *Kitti*, situé près de Ningpo dans le Tché-kiang, jusqu'au Tonking, elles prennent une physionomie très-différente. Les îles, les baies, les anses reparaissent aussi nombreuses qu'en Corée. Le rivage présente une suite de collines âpres et hardies, dépouillées de toute végétation par les pluies qui mettent à nu leurs sommets quartzeux et granitiques, en ravinant leurs bases, et par les incendies périodiques qu'allument, chaque année, les pasteurs chinois, après la récolte des herbages, afin de féconder leurs flancs stériles. Le versant occidental de ces rivages arides et tourmentés, qui ressemblent à ceux de la Calabre ou de la Grèce, est le pays le plus populeux et le mieux cultivé du monde.

Aux principales époques de leur histoire, les Chinois ont exécuté de grands travaux d'utilité publique qui ont dû coûter de prodigieux efforts en raison de leur étendue ou de leur masse, mais qui font honneur bien plutôt à la courageuse et infatigable industrie qu'au génie artistique de la nation. Les plus remarquables sont la grande muraille et le grand canal. {TRAVAUX D'UTILITÉ PUBLIQUE.}

Élevée, 220 ans avant l'ère chrétienne, par l'empereur {Grande muraille.}

Tsin-tchi pour protéger ses États contre les incursions des tribus tartares, la grande muraille, *Ouan-li-tchang* (mur aux dix mille lis), a été construite presque tout entière en matériaux si résistants et sur de si solides bases que, pendant 20 siècles, elle a résisté aux injures du temps. Elle commence, sur les bords de la mer, à la pointe nord-est du Tchi-li près du bourg de *Chanhaï-kouann* (la porte des montagnes de l'Océan) et aux pieds d'une haute falaise. On la voit courir d'abord sur les sommets abrupts de la côte parallèlement au rivage, puis se diriger vers le nord-ouest, escaladant, sans dévier de la ligne directe, les collines les plus escarpées. L'aspect de cette construction hardie qui témoigne, dans ces régions sauvages, de la puissance humaine, est pittoresque et grandiose. La grande muraille borde, au nord, le Tchi-li, le Chan-si, le Chen-si et une grande partie du Kan-sou. Elle traverse deux fois le fleuve Jaune par les 40° et 39° degrés de latitude et forme avec lui un grand quadrilatère irrégulier qui comprend tout le pays des *Ordos*. Tournant ensuite vers le sud-ouest jusqu'à Lan-tchéou, capitale du Kan-sou, puis au nord-ouest, elle se termine, dans cette province, par le 96° longitude est, près de la ville de Kiao-kouan qui est située sur la grande route de l'Asie centrale. Depuis la mer jusqu'au fleuve Jaune, la grande muraille est très-solidement assise. Elle présente un massif de terre et de cailloux revêtu de forts parements de maçonnerie, ayant 25 pieds d'épaisseur à sa base et d'une hauteur moyenne de 17 pieds. Le sommet a 15 pieds de largeur; il est recouvert en briques et défendu par un parapet crénelé. De distance en distance, mais à des intervalles irréguliers, cette vaste construction est munie de tours carrées en maçonnerie ayant 40 pieds de hauteur, 40 pieds de largeur à leur base et 20 à leur sommet. Au delà du fleuve Jaune, la grande muraille n'est plus qu'un mélange de terre durcie et de pierres; elle n'a plus de parements; sa hauteur moyenne s'abaisse à 16 pieds et ses tours, bâties en briques, deviennent plus rares. Dans toute sa longueur, mais principalement entre le Hoang-ho et la mer, le mur aux dix mille lis est percé de portes fortifiées dont quelques-unes sont, en même temps, des postes militaires et des centres de commerce assez importants. On laisse les autres tomber en ruine, en sorte que ce gigantesque ouvrage qui, d'ailleurs, n'a jamais contenu les incursions tartares, n'est plus maintenant qu'une frontière géographique.

Deux autres fortifications de moindre importance élevées, l'une par la dynastie *Ming*, l'autre par les Mandchoux, se relient à la grande muraille dont ils complétaient le système. La première traverse la partie nord-est du Tchili, à 20 lieues environ de Pe-king, et forme ensuite la frontière occidentale de cette province jusqu'au 38° de latitude. La seconde est un mur de pieux, munie de douze portes fortifiées, qui borde, à l'ouest, le Léaotong et s'avance ensuite, dans la direction du nord-est, jusqu'à la rivière Soungari. Le mur de pieux a un embranchement qui longe la frontière septentrionale du Léaotong. Mac-Cullock calcule que la grande muraille et les fortifications dont nous venons de parler se développent sur une longueur approximative de 500 lieues. *Murs de pieux.*

De tous les travaux publics accomplis en Chine pendant les siècles passés, le canal, en chinois *Tcha-ho* (rivière des écluses) où *Youn-ho* (rivière Youn), qui unit le Hoang-ho au Yang-tze-kiang et fait communiquer la capitale, par le moyen de leurs affluents, avec les principales villes de l'empire, est, sans contredit, le plus important et le plus utile. Sa longueur est d'environ 260 lieues et sa largeur, constamment irrégulière, varie de 20 à 60 mètres. Il commence, au sud, près de Hang-tchao, capitale du Tché-kiang, par le 30ᵉ degré de lati- *Grand canal.*

tude nord, se dirige vers le nord-ouest, contourne le *Ta-hou* (grand lac), entre dans le Yang-tze-kiang, par plusieurs bouches dont la principale est située, à l'est de Tchin-kiang-fou, non loin de l'île d'Or, passe près du lac Hong-tsi avec lequel il communique, côtoie un instant le fleuve Jaune après l'avoir traversé, s'infléchit vers le nord-est, à Lin-tsing-tchao où il reçoit la rivière Youn-ho et aboutit au Peï-ho, près de Tien-tsin, par le 39e parallèle. Son cours, dans le Chan-tong et le Tchi-li, est tortueux; et sir John Davis qui l'a remonté, en se rendant à Pé-king, n'hésite pas à croire qu'il suit, pendant plus de 100 lieues, le thalweg agrandi et contenu d'une ancienne rivière. Il baigne des régions accidentées, en sorte que son niveau est fort inégal et qu'on a dû, pour le rendre navigable, le munir de nombreuses écluses. Rien de plus primitif que leur construction. Dans des coulisses de pierre on superpose des madriers, munis de câbles à chaque bout, que les éclusiers soulèvent, l'un après l'autre, à force de bras, pour livrer passage aux bateaux. Tantôt le lit du grand canal a jusqu'à 70 pieds de profondeur; tantôt il assainit des campagnes noyées et se confond avec les marécages; tantôt au contraire, principalement entre les deux grands fleuves, il domine de plus de 30 pieds les pays environnants, et son cours, qui menace des villes importantes, comme Hoaï-ngan-fou, de continuels périls, a dû être renfermé dans de puissantes digues de 100 pieds de largeur. Elles sont revêtues d'un épais parement de pierres de taille et construites en argile battu dont on maintient la cohésion en y mêlant les tiges desséchées d'une sorte de millet gigantesque qui croît en abondance dans le pays. Les eaux du canal ne sont pas stagnantes; elles obéissent à des courants continuels dont la direction n'est pas identique et dont la vitesse, entre les hautes berges de Hoaï-ngan-fou, atteint trois nœuds à l'heure.

Près de Ling-tsing-tchao, dans le Chang-tong, elles acquièrent leur niveau le plus élevé. C'est là qu'elles reçoivent le Youn-ho et que l'on a construit un temple en l'honneur du dragon *King*, le génie du grand canal. Au pied même de ce temple, se forment, en sens inverse, deux courants dont le *Youn-ho* est la source commune et qui se dirigent, l'un vers le nord-est, l'autre vers le sud-ouest. Ce fut *Hong-vou*, le premier des Ming, qui conduisit, à grands frais, les eaux de la rivière *Youn* dans le canal impérial pour débarrasser son lit du limon qui l'obstruait. On raconte que cette vaste entreprise fut terminée en 7 mois et qu'il y employa 300,000 hommes.

La construction du canal lui-même a été l'œuvre de plusieurs dynasties. Au VIIe siècle de notre ère, les empereurs *Tang* unirent les deux grands fleuves; au XIIIe les souverains mongols firent creuser la partie de la rivière, qui fait communiquer le Hoang-ho avec Tient-sin; la dynastie *Ming* acheva cet immense travail dans le XIVe; en le prolongeant vers le sud, depuis le Yang-tze-kiang jusqu'à Hang-tchao.

La Chine est sillonnée d'un grand nombre de canaux qui servent en même temps, pour la plupart, à l'assainissement des marais, à l'irrigation des rivières, au transport des voyageurs et des marchandises. Les routes de terre y sont rares et elles consistent uniquement, au centre et sud de l'empire, en d'étroits sentiers pavés de dalles qui relient entre eux les canaux et les villages et où deux palanquins ont souvent peine à passer de front. En deçà du fleuve Bleu, l'usage des chariots ou des voitures est à peu près inconnu. Au nord, les routes sont plus larges et quelquefois plantées d'arbres. On les a dallées dans le voisinage de Pékin. Toutefois, on peut dire qu'elles sont partout fort mal entretenues. Véritables fondrières pendant la saison des pluies, elles deviennent, en été, des fleuves de poussière où on ne

Routes.

peut voyager sans danger de perdre la vue. De Guignes, dans ses relations de voyage, les apprécie avec assez d'indulgence; mais il ne faut pas oublier qu'au temps où il visita la Chine, celles du continent européen n'étaient point meilleures. Ce n'est pas que, dans l'origine, les routes chinoises aient été construites avec négligence ou sans art. Celles qui traversent les monts Peh-ling dans le Se-tchouen, et les Mei-ling dans le Kouang-toung, ont exigé des travaux qui égalent en hardiesse ceux du Simplon. La première gravit une haute montagne par un immense escalier taillé dans le roc, œuvre de plusieurs générations. Seulement, il n'est rien en Chine qui n'obéisse, depuis un siècle, à la loi fatale de la décadence et de la ruine.

<small>UNIFORMITÉ DES ASPECTS.</small> Pittoresques et quelquefois grandioses dans les districts montagneux, les paysages chinois présentent, en général, un remarquable caractère d'uniformité. Les plaines ressemblent toutes à de vastes échiquiers aux cases irrégulières et profondes, dont chacune forme un champ cultivé. Elles n'ont pour clôture ni murs, ni haies, ni palissades; mais elles sont entourées de levées en terre ayant partout la même hauteur et munies, çà et là, de portes en bois placées à des niveaux différents pour ménager l'entrée et la sortie des irrigations. Des bornes en pierre, à peine saillantes, indiquent les limites de ces levées qui servent de sentiers agricoles. Dans toutes les parties basses, elles sont coupées par des canaux dont on a calculé la profondeur de manière à prendre et à restituer leurs eaux fécondantes, selon les besoins de la terre. Le mode de culture est presque toujours le même. L'eau des torrents, habilement retenue, arrose les casiers des montagnes, comme celle des canaux fertilise les plaines. Nulle habitation isolée ne se montre dans la campagne. Les paysans ont la coutume de se grouper

pour la défense commune. Un temple, dont le toit ondulé apparaît au milieu de grands arbres au luisant feuillage, quelque pagode élancée s'élevant, solitaire, au sommet d'une colline ou à l'entrée d'une gorge étroite, une voile glissant, silencieuse, entre des berges profondes, relèvent parfois cette monotonie; mais nulle part on n'assiste aux scènes animées et bruyantes, nulle part on ne voit ces aspects variés qui égayent nos campagnes villageoises. La même uniformité règne dans les villes et dans les villages. Les maisons sont bâties sur le même plan et avec les mêmes matériaux. Un toit ne dépasse pas l'autre. Les rues ont la même largeur; les temples, qui sont les seuls monuments publics et qui servent, en même temps, de théâtres et d'hôtelleries, se ressemblent tous. Partout les conditions de la voirie sont détestables; les immondices encombrent les rues des villes ; les enfants et les cochons se roulent pêle-mêle dans la poussière, sous les grands arbres qui abritent la place publique des hameaux. On sent qu'en Chine tout est trop bien prévu et fixé de longue date et que la régularité des coutumes supplée, de temps immémorial, à l'initiative de l'individu.

Les habitants de l'empire chinois se divisent en cinq races principales, dont les caractères distinctifs sont si nettement définis qu'il n'est pas possible de les confondre. Ce sont :

DES RACES QUI PEUPLENT L'EMPIRE.

1° *La race chinoise* proprement dite qui semble former le trait d'union entre la race européenne et la race hindoue. Formes correctes et symétriques, un peu plus grêles seulement que les formes européennes; extrémités fines et petites; teint pâle, mat et tirant un peu sur le jaune, sensiblement plus foncé dans le sud où l'exposition constante aux ardeurs du soleil rend le paysan chinois, qui travaille presque nu, aussi noir que

Race chinoise.

l'habitant des rives du Gange; stature un peu moins élevée que la nôtre ; pommettes des joues fortes et saillantes; nez court, épaté, lèvres épaisses; visage remarquablement arrondi; yeux toujours noirs ; paupières peu ouvertes, ce qui donne au regard une apparence d'obliquité très-particulière ; cheveux constamment noirs, épais et luisants; barbe peu abondante, celle du menton, ainsi que les moustaches, étant tardive et rare et les favoris faisant entièrement défaut; aptitudes très-remarquables pour l'industrie et le commerce; mémoire facile et fidèle; humeur douce, paisible et enjouée. Les femmes chinoises sont proportionnellement un peu plus petites que les hommes de leur race. Elles ne se flétrissent pas, quoi qu'on en ait dit, beaucoup plus tôt que les nôtres. Rien ne paraît, sans doute, plus éloigné de notre type idéal que les traits ronds et aplatis de leur visage. Cependant, le caractère riant de leur physionomie, l'air de jeunesse et de santé qui l'anime en général jusqu'au moment du mariage, la beauté de leurs dents petites, brillantes et admirablement rangées, la gentillesse de leurs manières, la finesse exquise de leurs extrémités, et la correction de leurs formes dont le funeste usage du corset ne gêne pas le développement harmonieux, constitue un ensemble fort agréable qui n'est exempt ni de grâce ni même d'une certaine beauté.

Miao tze. 2° Les *Miao-tze* (enfants du sol) habitent les régions montagneuses du Nan-ling et du Mei-ling qui séparent le Kouang-si du Kouei-tchéou. On les considère comme formant une race tout à fait distincte de la race chinoise et beaucoup plus ancienne. Ils se divisent en *soumis* (chouh-miaostze) : ceux qui ont reconnu l'autorité de l'empire, et *insoumis* (seng-miaostze) : ceux qui ont conservé, jusqu'à ce jour, leur indomptable indépendance au milieu des sommets abrupts des Nan-ling. Leurs mœurs sont peu connues et on ne comprend pas leur langage.

Plus trapus que les Chinois, ils ont ordinairement des formes moins régulières et plus anguleuses.

3° Peuple agricole et chasseur, les *Mandchoux*, qui occupent toutes les régions situées au nord-est de l'empire, en constituent peut-être la race la plus intelligente et la mieux douée. Ils se rapprochent beaucoup des Chinois par leurs traits physiques, bien qu'ils soient, en général, plus robustes, qu'ils aient plus de barbe, que leur nez soit un peu moins aplati, leur peau un peu plus blanche et que la teinte de leurs yeux ou de leur chevelure ne soit pas exclusivement noire. Moins civilisés que leurs voisins sur lesquels ils ont établi leur domination, il y a deux siècles, ils sont aussi moins corrompus et se sont montrés, depuis qu'ils sont maîtres de le Chine, soit par leur système intérieur de gouvernement, soit dans leurs relations avec les étrangers, plus capables de conceptions élevées et de vastes desseins.

<small>Mandchoux.</small>

4° Les *Mongols*. Cette race puissante, qui fonda, au XIIIᵉ siècle, un des plus vastes empires du monde, qui, descendue des plateaux de l'Asie centrale, a successivement envahi les Indes, la Chine, la Syrie, l'Égypte, l'Europe orientale et qui n'a pas perdu, après tant de conquêtes, ses caractères primitifs, n'occupe point des régions bien déterminées. Répandue à l'orient de l'empire, dans les pays appelés Mongolie intérieure et extérieure, Ili et Koko-nor, elle se divise en plusieurs tribus nomades ou *Aïmaks*, gouvernées par des Khans, parlant et écrivant une langue à peu près semblable, obéissant aux mêmes coutumes superstitieuses, et dont les principales sont les *Kalkas*, les *Ortous*, les *Tsakars*, les *Eleuths*, les *Tourgouths*, les *Hochoïts*, les *Tourbeths*, les *Choros*, les *Khoïts*. Dans la partie de l'Ili que l'on nomme le Turkestan chinois, les Mongols sont mêlés et soumis à des tribus mahométanes d'origine turque. En résumé, ils occupent, dans l'empire, toute la région com-

<small>Mongols.</small>

prise entre les steppes des Kirghis et les monts Sialkhoï et c'est à eux que paraîtrait convenir plus spécialement la dénomination de *Tartares* étendue, à tort, par plusieurs géographes aux Mandchoux, si, sous ce nom inconnu d'ailleurs dans le pays, on a voulu désigner une seule et même race. Les Mongols ont à peu près la même taille que les Européens; mais leur aspect, sans être repoussant, est beaucoup moins agréable que celui des Mandchoux ou même des Chinois. Leur peau est brune; ils ont les épaules larges et beaucoup trop hautes, le cou énorme, les mains osseuses, les jambes trop courtes, le nez épaté, le menton proéminent et pointu, les dents longues et écartées, les cheveux plats, les yeux noirs et clignotants.

Thibétains.

5° *La race thibétaine*. Aussi civilisés que leurs voisins, les Birmans, remarquables surtout par leur attachement traditionnel à la religion nationale, les *Thibétains* tiennent le juste milieu, pour leur conformation physique, entre les Mongols et les Hindous. Ce sont des hommes courts, trapus, aux épaules larges, aux traits anguleux; leur barbe est rare, leurs yeux sont petits, noirs et mobiles. Bien que doux et indolents, les Thibétains paraissent doués d'un caractère singulièrement énergique; malgré de nombreuses tentatives, jamais ils n'ont laissé conquérir ni occuper par l'invasion étrangère les hauts plateaux de leur pays [1].

DIVISIONS ADMINISTRATIVES

Les territoires soumis au gouvernement chinois sont partagés administrativement en divisions et subdivisions désignées par des termes communs qui indiquent leur importance relative. Ce sont le *Seng*; le *Fou*, le *Ting-*

---

[1]. Ces peuples divers sont considérés en général comme autant de rameaux distincts de la grande branche asiatique connue sous le nom de race jaune.

chili ou le *Tchao-tchili;* le *Ting*, le *Tchao* ou le *Hien;* et le *Sz*, le *Tchin* ou le *So* que l'on peut traduire par les mots : *province, département, arrondissement, canton.* Rigoureusement observé dans la Chine proprement dite, ce système subsiste à peine dans les possessions coloniales et tributaires où la combinaison des rouages administratifs est très-simplifiée par les pratiques du gouvernement militaire.

Le *Fou* ou département est administré par un fonctionnaire civil qui relève directement des hautes autorités provinciales. Il en est de même des *Tchao-tchili* et des *Ting-tchili* (*Tchao* et *Ting* indépendants ou immédiats) qui diffèrent des *Fou* par la moindre importance de leur étendue. Les *Ting* et les *Tchao*, qui ne sont pas *Tchili*, dépendent des *Fou*. Les *Hien*, moins peuplés ou moins étendus que les *Ting* et les *Tchao*, dépendent des *Fou* ou des *Ting-tchili* et des *Tchao-tchili*. Toutes ces subdivisions administratives ont des capitales murées qui portent le même nom qu'elles. *Shang-haï-hien*, par exemple, est la capitale du Hien (arrondissement) qui s'appelle Shang-haï. Les *Ting*, les *Tchao* et les *Hien* importants renferment quelquefois plusieurs cantons dont la capitale est aussi murée et que l'on désigne sous les noms de *Tchin*, *So*, et *Sz*, ou bien sous ceux de *Tchaï* ou de *Ouei* dans les territoires militaires.

Ainsi, au sommet de la division administrative se trouve placé le *Seng* (la province) ; au-dessous du *Seng:* le *Fou*, le *Tchao-Tchili*, le *Ting-tchili;* au-dessous du *Fou:* le *Tchao*, le *Ting*, le *Hien*, qui se subdivisent quelquefois en *Tchin*, *So* ou *Sz*.

Les *Fou* renferment toujours un ou plusieurs *Hien* dont le magistrat supérieur (que nous pouvons appeler sous-préfet) est astreint à résider dans la capitale du département. Les *Ting-tchili* et les *Tchao-tchili* sont souvent dépourvus de *Hien* ; ils n'en possèdent jamais qu'un seul dont le magistrat n'est pas tenu de résider au chef-lieu départemental.

Les districts montagneux du You-nan, du Kouëi-tchéou, du Kouang-si et du Se-tchouen renferment des départements auxquels on a donné le nom particulier de *Tou-sz*. Ils se subdivisent également en *Fou*, *Tchao* et *Hien* et sont régis par des officiers dont la charge est héréditaire.

Les *Tao* (ou cercles) constituent des réunions de plusieurs départements nécessitées par les conditions particulières où se trouvent certaines parties de l'empire. Ils sont administrés par des fonctionnaires appelés *Tao-taï* (intendants de cercle) dont les pouvoirs, à la fois civils, politiques et militaires, représentent, dans le *cercle* soumis à leur juridiction, la pleine autorité du gouverneur de la province. Toutefois, ils paraissent plus spécialement chargés de la collection des impôts et de la perception des douanes.

<small>DIVISION POLITIQUE DE L'EMPIRE.</small>

L'empire chinois est divisé en trois parties principales, suivant le mode de gouvernement adopté pour les régir. Ce sont : 1° les dix-huit provinces, ou Chine proprement dite, qui renferment les régions conquises par les Mandchoux en 1664;

2° La Mandchourie, le berceau de la race conquérante, qui s'étendait, avant les cessions faites à la Russie, depuis les monts Yablonoï jusqu'aux frontières de la Chine propre.

3° Les possessions coloniales, comprenant la Mongolie, l'Ili (Songari et Turkestan oriental), le Koko-nor et le Thibet.

CHAPITRE II

LA CHINE PROPREMENT DITE OU LES DIX-HUIT PROVINCES

Étendue. — Limites. — Divisions naturelles. — Divisions politiques. — Notions géographiques. — Climat. — population.

Des trois grandes divisions politiques de l'empire que nous avons indiquées à la fin du premier chapitre de cet ouvrage, la première, *Chih-pah-seng*, est la seule que l'on connaisse en Occident sous le nom de Chine et qui soit habitée par des peuples de race purement chinoise. Elle est située sur le versant oriental du grand plateau de l'Asie et occupe toute la partie sud-est de l'ancien continent. Pour l'abondante fertilité de son sol, la variété de ses productions, la salubrité de son climat, le nombre et l'étendue de ses fleuves, l'admirable variété et la beauté pittoresque de ses aspects, elle n'est surpassée par aucun autre pays du monde. Les géographes chinois lui donnent, en y ajoutant les contrées désertes qui forment la partie septentrionale du Kan-sou et du Tchih-li, une surface qui ne comprendrait pas moins de 5,000,000 de kilomètres carrés. Mais si l'on adopte les calculs de Mac-Culloch et de Malte-Brun, en réduisant ces deux provinces à leurs limites naturelles, on trouve que la Chine proprement dite forme un immense rectangle qui a 2,300 kilomètres de hauteur sur 2,480 de largeur, dont les deux diagonales, du sud-ouest au nord-est et du sud-est au nord-ouest, mesurent, l'une 2,680 kilomètres, l'autre 2,480, et dont la superficie, sept fois plus étendue que celle de la France, quinze fois plus grande que celle de l'Angleterre, à peu près égale à la moitié de l'Europe, renferme environ 4,500,000 kilomètres carrés. L'Amérique du Nord n'a pas une étendue beaucoup moindre et, pour peu qu'on la compare à la Chine, qu'on étudie leurs configurations respectives, leurs productions et leurs climats, on est frappé des ressemblances géographiques qui existent entre ces deux vastes régions.

LIMITES. La Chine proprement dite est bornée, au nord, par le pays des Mandchoux et des Mongols dont elle est séparée, en partie, par la grande muraille; l'Ili, le Tsing-haï, le Thibet la limitent à l'ouest; au sud-ouest, elle confine à l'empire des Birmans, au pays de Laos et au Tonkin; la mer de Chine, le détroit de Formose, la mer Jaune, les golfes de Pé-tchi-li et de Leaotong la baignent au sud et à l'est. Elle est comprise, en y ajoutant les districts occidentaux du Kan-sou qui s'avancent dans le désert du Gobi plus de 100 lieues au delà des frontières naturelles de cette province, entre les 90 et 120° longitudes est, les 20 et 45° latitudes nord.

DIVISIONS NATURELLES. Les deux chaînes de montagnes qui la traversent de l'est à l'ouest (les Nan-ling et les Pe-ling mentionnés au précédent chapitre) forment trois bassins de configuration très-irrégulière, arrosés par trois grands fleuves, le Hoang-ho, le Yang-tze-kiang et le Tchou-kiang. Mais, si l'on considère l'aspect général des dix-huit provinces, si l'on étudie leur sol et leurs productions, on voit qu'elles se divisent naturellement en trois parties, les *montagnes*, les *collines*, la *plaine*, dont la première renferme tout le pays situé à l'ouest du méridien de Canton (le 111ᵉ degré de latitude); la seconde, les provinces comprises entre ce méridien à l'ouest et le Yang-tze-kiang au nord, tandis que la troisième embrasse tout le nord-est de la Chine. De ces trois divisions, la première est la plus étendue; la dernière est, sans contredit, la plus prospère. La *plaine* s'étend, sur une hauteur moyenne de 100 lieues, entre la grande muraille au nord, le méridien de Canton à l'ouest, la mer à l'est et le Yang-tze-kiang au sud. Sa superficie, sept fois plus grande que celle des pays lombards, dont le climat et les produits ont quelque analogie avec les siens, mesure 340,000 kilomètres carrés. Le grand canal la traverse dans toute sa largeur. Il assainit les parties basses situées entre les deux grands fleuves, et fertilise les plateaux du nord-est. Au sud-ouest, le Kiang-sou et le Ngan-hoeï produisent la soie, le coton, le blé, le tabac. Dans les districts du nord-est qui comprennent le Pe-tchi-li et le Chantoung, dont le climat est plus froid, le sol moins humide et plus léger, on cultive en abondance le millet, l'orge, les plantes légumineuses. La plaine est, eu égard à son étendue, le pays le plus fécond et le plus peuplé du monde; on y compte 177 millions d'habitants, les deux tiers de la population européenne.

Nous avons indiqué plus haut les grandes divisions politiques de l'empire chinois, et nous avons fait connaître le système des distributions administratives. La Chine proprement dite se subdivise politiquement, d'après les dispositions adoptées, il y a un siècle, par l'empereur Kien-loung, en dix-huit provinces qui sont classées par les géographes officiels de l'empire dans l'ordre suivant : le *Tchi-li*, le *Chan-toung*, le *Chan-si* et le *Ho-nan*, au nord; le *Kiang-sou*, le *Ngan-hoeï*, le *Kiang-si*, le *Tché-*

DIVISIONS ADMINISTRATIVES

kiang et le *Fo-kien*, à l'est; le *Houpé* et le *Hou-nan*, au centre; le *Chen-si*, le *Kan-sou* et le *Sé-tchouen*, à l'ouest; le *Kouang-toung*, le *Kouang-si*, le *You-nan* et le *Kouei-tchéou*, au sud. Antérieurement à Kien-loung, deux de ces provinces, le *Kiang-sou* et le *Ngan-hoeï* n'en formaient qu'une seule sous le nom de *Kiang-nan*; le *Hou-kouang* comprenait tout le pays que renferment aujourd'hui le *Houpé* et le *Hou-nan*; le *Kan-sou*, qui ne fut qu'un démembrement du *Chen-si*, n'existait pas. Il n'y avait en tout que quinze provinces.

TRAVAUX GÉOGRAPHIQUES DES CHINOIS.

Dans leur complète ignorance de tout ce qui concerne les nations étrangères et leur prétention à la science universelle, les Chinois se sont forgé sur le monde occidental les idées les plus ridicules [1]. Mais ils ont étudié, avec un soin admirable, leur propre pays, décrit, avec une minutieuse exactitude, leurs villes, leurs fleuves, leurs montagnes, leurs vallées, recueilli et enregistré d'âge en âge, avec une patience infinie, tous les récits, toutes les traditions qui s'y rapportent. C'est par milliers de volumes qu'il faut compter les œuvres de leurs historiens et de leurs géographes. Certes, ce n'est point une

1. On les trouve exposées dans un petit nombre d'ouvrages dont les plus remarquables sont intitulés : *Recherches sur l'Orient et l'Occident* (six volumes écrits au XVIe siècle et illustrés de cartes grossières); — *Études sur les mers* (un volume composé par Yang-Ping-nan, d'après les relations d'un matelot chinois naufragé); — *Récits sur les nations étrangères* (deux volumes imprimés, il y a un peu plus d'un siècle, et accompagnés d'une curieuse carte des côtes chinoises); — *Notes sur les tribus étrangères* (quatre volumes publiés du vivant de l'empereur Kien-loung); — *Cartes descriptives du ciel* (ouvrage plus sérieux et plus méthodique écrit sur la géographie et l'astronomie par le cantonnais Tsing-laï, d'après les indications fort incomplètes, d'ailleurs, que lui ont fournies ses entretiens avec les missionnaires). Lin-tsé-tsu, qui a rempli à Canton, en 1809, les hautes fonctions de commissaire impérial, a fait traduire en chinois et imprimer, à ses frais, une partie des œuvres géographiques de Murray. (Voir Wells Williams, vol. 1, chap. 2.)

tâche facile que de chercher à découvrir la sobre vérité au milieu de ces innombrables informations souvent contradictoires et presque toujours confuses, ou parmi ces puériles légendes. Toujours est-il qu'en y puisant avec prudence et en les soumettant au contrôle des appréciations plus véridiques de nos voyageurs et de nos missionnaires, on peut, sans doute, en tirer des notions assez exactes sur la géographie de l'empire. Nous allons résumer ici ces notions en commençant par les dix-huit provinces qui forment la Chine proprement dite.

La province où se trouve située la capitale de l'empire se nomme *Tchi-li* (gouvernement immédiat) et s'appelait autrefois *Pé-tchi-li* (Tchi-li du Nord), lorsque la cour, sous les premiers empereurs de la dynastie Ming, résidait dans le Kiang-nan. L'empire avait alors deux capitales, *Pe-king* (la ville principale du nord), *Nan-king* (la ville principale du sud). Le *Tchi-li* est plat, principalement du côté de la mer. Il renferme quelques collines de peu d'élévation qui le sillonnent vers le nord et l'ouest ; avant la réorganisation politique dont nous avons déjà parlé et qui eut lieu il y a un siècle, il était borné, au nord, par la grande muraille. Kien-loung lui fit franchir cette limite en réunissant à son territoire le pays des *Mongols-tsakars*, peuplade guerrière, particulièrement dévouée à la dynastie régnante.

TCHI-LI.

Limites. — Au nord, la Mandchourie et la Mongolie, à l'est, le golfe de *Tchi-li* ou de *Pé-tchi-li*, à l'ouest, le *Chan-si*, au sud le Honan.

Rivières et lacs. — Plusieurs lacs sans importance, dont le principal, le *Pe-hou*, situé dans la partie méridionale de la province, communique avec le *Peï-ho* (fleuve Blanc) par un de ses tributaires, le *Hu-ti*. Le Peï-ho et ses affluents qui coulent de l'ouest à l'est, arrosent tout le Pé-tchi-li ; il reçoit les eaux du grand canal, passe à quelques

Peï-ho.

lieues de Pé-king qu'il relie à toutes les villes importantes de l'empire, et se jette dans le golfe de Tchi-li par plusieurs embouchures dont la plus profonde n'a pas plus de trois pieds sur la barre à marée basse. Près de la mer, ses rives sont plates et fangeuses; mais plus au nord, son cours lent et paisible domine parfois, comme celui du grand canal, les régions arides qu'il traverse. Les approches du Peï-ho sont protégées par plusieurs forts dont les principaux qui défendent la petite ville de Ta-kou, ont été brillamment enlevés par les troupes anglo-françaises en 1858 et 1860. Le *Djé-ho* (rivière chaude), qui coule du nord au sud et baigne la résidence d'été des empereurs, se jette également dans le golfe de Pé-tchi-li, un peu au nord de Ta-kou.

Djé-ho.

Villes principales. — *Pé-king*, capitale de l'empire, nommée d'abord *Choun-tien* (ville soumise au ciel), lorsque Koublaï-khan y établit sa cour en 1282, puis, sous ses successeurs, Khan-palik (ville du Khan), dont on a fait Cambalu, puis enfin, au temps des empereurs *Ming, Pé-king* (capitale du nord)[1].

Pé-king.

Cette grande ville s'élève au milieu d'une plaine sablonneuse, par la latitude de 39° 54' nord, et la longitude 114° 20' est. Son enceinte mesure environ 40 kilomètres et renferme près de 2,000,000 d'habitants. Une des branches du Peï-ho alimente les vastes fossés qui l'entourent et les canaux qui la traversent. Ses murs, revêtus de briques, ont 10 mètres de hauteur, 8 mètres d'épaisseur à leur base, 4 seulement à leur sommet, à cause de la grande inclinaison de leur face intérieure. Ils sont flanqués, tous les 60 mètres, de tours carrées qui forment des saillies de 36 pieds sur le parement extérieur de la muraille. Chacune des seize portes de la ville est défendue par deux tours semblables; ces

Son enceinte extérieure.

---

1. Les géographes chinois la désignent souvent par les termes *King-sz* (capitale de la cour).

portes, qui sont voûtées et fort épaisses, constituent autant de petites forteresses semi-circulaires surmontées d'une construction en bois à plusieurs étages et munies de canons. Le front est plein ; on pénètre dans l'enceinte par un des côtés du fort. A l'est de la ville coule le *Peï-ho,* auquel vient aboutir une route pavée et assez bien entretenue, de 3 lieues de longueur, qui unit *Tong-tchéou* à *Pé-king.* Rien n'indique au voyageur qui la parcourt l'approche d'une grande ville. Les murailles de Pé-king, plus hautes que ses maisons et au-dessus desquelles ne se montre aucun monument public, en dissimulent pour ainsi dire l'existence. On dirait de loin un vaste campement établi au milieu d'une grande forêt, tant les jardins de plaisance qui environnent la ville sont nombreux et boisés. L'intérieur de Pé-king n'offre rien de remarquable sous le rapport de l'architecture. De grandes voies droites, larges de 100 pieds, non pavées, affreusement boueuses l'hiver, couvertes pendant l'été d'une abominable poussière, communiquent entre elles par des rues étroites et sont bordées de maisons basses dont les façades se ressemblent toutes. Les couleurs brillantes et variées des toitures, les mâts ornés de flammes qui indiquent l'entrée des résidences officielles, les enseignes éclatantes des magasins, quelques beaux groupes d'arbres relèvent un peu cette monotonie qui donne à la capitale de l'empire l'apparence d'un immense village. Pé-king est formé de deux grandes enceintes à peu près égales : la cité tartare au nord, la cité chinoise au sud, dont chacune a la forme d'un rectangle, avec cette différence, toutefois, que la première est beaucoup plus large que longue, et la seconde, au contraire, plus longue que large. La cité tartare (*Noui-tching*) a neuf portes, deux au nord, deux à l'est, deux à l'ouest, et trois au sud. Celles-ci ont accès sur la cité chinoise. Le *Noui-tching* renferme une troi-

Son aspect.

Ses enceintes intérieures.

sième enceinte, la ville impériale ou ville Jaune (*Houang-tching*) qui en comprend, elle-même, une quatrième appelée la Ville interdite (*Kin-tching*).

Ville interdite.

La *Kin-tching* se trouve divisée par deux murs qui la coupent parallèlement, du nord au sud, en trois parties à peu près égales. Celle du milieu où on pénètre par la porte dite du *Méridien* et par une suite de ponts en marbre ornés d'assez riches sculptures, est spécialement affectée à la résidence impériale. On y voit un beau monument de marbre dédié à la *Paix universelle*, sorte de plate-forme à laquelle on monte par cinq escaliers et où le souverain, dans les occasions solennelles, reçoit les hommages de ses courtisans; — les palais de l'empereur et de l'impératrice; — le harem et son jardin de fleurs; — les différentes salles où l'empereur traite les ambassadeurs, reçoit les candidats aux fonctions élevées de l'empire, préside son conseil, inspecte tous les ans, aux époques fixées, les instruments agricoles.— Dans la partie de l'est, se trouvent les bureaux de la maison impériale; — la trésorerie du palais; — la salle des *Pensées profondes*, où l'on sacrifie à Confucius et aux autres sages de l'empire; — la bibliothèque impériale; — les palais des princes; — le *Foung-sien*, où l'empereur honore les mânes de ses ancêtres. Celle de l'ouest comprend plusieurs édifices publics et aussi quelques résidences privées. On y rencontre la salle dite des Souverains, hommes d'État et lettrés illustres; — l'imprimerie; — les bureaux chargés du contrôle des dépenses de la cour; — et le *Tching-ouang-miao* (temple protecteur de la cité). La ville interdite s'étend sur un espace d'environ 3 kilomètres carrés. Le mur qui l'entoure est presque aussi épais que l'enceinte extérieure de Péking. Il est flanqué de quatre tours et muni de quatre portes surmontées chacune d'un petit fort. Les briques vernissées qui revêtent ses parements et les tuiles jaunes qui le recouvrent lui donnent, quand il est frappé par les rayons solaires, un aspect resplendissant. La population du *Kin-tching* est presque exclusivement mandchoue.

La *Ville impériale* (Houang-tching), qui renferme la *Ville interdite* et qui est elle-même comprise dans la cité tartare, affecte, comme cette dernière, la forme d'un carré plus large que long. Elle a quatre portes : une sur chaque face du carré, et son mur d'enceinte, haut de 20 pieds, mesure environ 10 kilomètres. Personne n'y peut pénétrer sans autorisation. La porte du sud, appelée « *Porte du repos céleste*, » est précédée d'un vaste espace de forme régulière, clos de murs et où il n'est pas permis d'entrer à cheval sans une licence particulière. Il communique, vers le midi, avec la ville tartare, par la porte dite de « *la grande pureté*. » Une large avenue le traverse d'un bout à l'autre. Le long de cette avenue, à l'est et à l'ouest, se trouvent situés le *Taï-miao* (grand temple des ancêtres impériaux), où les membres de la famille régnante rendent hommages aux mânes de leurs parents, et dont l'enceinte n'a pas moins de 1,000 mètres ; — le *Chieh-tsi-tan* (autels des divinités de la terre et des céréales), curieux monument de forme bizarre devant lequel l'empereur accomplit seul, chaque année, à l'automne et au printemps, les antiques cérémonies destinées à fléchir ces divinités ; — le ministère de la justice et ses dépendances ; — les bureaux de cinq autres départements ; — le collége des censeurs et celui des médecins employés au service du gouvernement ; — le *Han-lin-youen* (académie nationale) ; — le ministère des colonies et beaucoup d'autres édifices publics d'une moindre importance. La partie orientale du *Houang-tching* renferme de vastes magasins militaires, — le collége russe, — les spacieux établissements des lamas, — quelques temples dédiés

Ville impériale.

aux divinités inférieures de la mythologie chinoise, — et la résidence de l'évêque catholique[1]. Au nord est la *Montagne artificielle* (King-chan), sorte de Jardin des Plantes, entouré de murs, comprenant cinq collines hautes de 150 pieds et surmontées de pavillons d'où l'on domine toute la cité. Ces collines sont ornées de beaux arbres et peuplées d'animaux de toute espèce. On considère le *King-chan* comme une des merveilles de Pé-king. Il a été construit avec la terre et les pierres extraites des fossés de la ville. A l'ouest de la ville impériale on remarque le *Si-youen* (parc occidental), grands jardins arrosés par deux bras du *Tong-houi* et qui renferment un beau lac ayant 2 kilomètres au moins de longueur, une végétation magnifique, des grottes et des bosquets d'une fraîcheur charmante, des parterres de fleurs, des ponts de marbre, des collines et des rochers artificiels, une résidence d'été pour l'empereur, la salle où ont lieu, en présence du souverain lui-même, les examens militaires, le temple où l'impératrice offre tous les ans des sacrifices à *Youenfi*, la femme illustre qui découvrit le ver à soie, enfin une immense statue de Boudha, en cuivre doré, ayant cent bras et soixante pieds de haut. Le *Si-youen* présenterait un ensemble vraiment curieux si la funeste négligence avec laquelle on l'entretient, ne lui donnait un aspect misérable qui attriste le regard.

1. Ce prélat habite une assez vaste maison entourée d'un beau jardin. Il y avait autrefois à Péking, dans la cité tartare, quatre églises catholiques appelées temples de l'Est, de l'Ouest, du Nord et du Midi (Tong-tang, Si-tang, Pe-tang, Nan-tang), en raison de leurs situations respectives. Les trois premières ont été détruites à la suite des persécutions. Le *Nan-tang* fut conservé et devint plus tard l'église portugaise. En vertu des nouveaux traités, le gouvernement chinois a restitué aux missions la demeure actuelle de l'évêque, ainsi que les terrains sur lesquels s'élevaient les quatre églises et les emplacements des deux cimetières catholiques situés dans la campagne, un peu à l'ouest de Péking. Le Nan-tang a été restauré en grande partie aux frais de notre gouvernement.

Parmi les édifices publics de la cité tartare, il convient de faire remarquer, à l'est, l'observatoire dont Kang-hi avait confié autrefois la direction à des missionnaires catholiques; — la salle des examens littéraires; — l'église russe de l'Assomption; — le temple de *la Paix éternelle*, le plus vaste de Pé-king, appartenant aux lamas qui y ont établi un collége où ils enseignent le thibétain; — les palais des ambassadeurs étrangers; — au nord, les quartiers du général mandchou, dit *général des Neuf-Portes*, chargé spécialement de maintenir le bon ordre dans la cité tartare, et, non loin de ces quartiers, une tour fort élevée munie d'une grosse cloche pesant 120,000 livres et d'un vaste tambour avec lesquels on annonce les heures de la nuit; — à l'ouest, la *Mosquée*, centre d'un quartier important où réside toute la population mahométane de Pé-king; — *l'église du Seigneur du Ciel*, construite autrefois par les Jésuites, tombée plus tard presque en ruines et restaurée, depuis 1860, par les soins des missionnaires catholiques, avec le concours du gouvernement français; — le temple dans lequel sont suspendues les tablettes des plus célèbres souverains de la Chine et de leurs plus illustres ministres auxquels l'histoire a donné le nom de *Kouoh-tchou* (Piliers de l'État); — le temple de la *Pagode Blanche*, construit par Koublaï au XIIIe siècle et rebâti en 1819; — au sud, l'enceinte murée qui précède la porte de la *Grande Pureté*; — les temples et les ministères qui bordent l'avenue par laquelle on pénètre dans la ville impériale, et que nous avons déjà mentionnés.

<small>Cité tartare.</small>

La cité chinoise, dont l'étendue égale, à peu près, celle de la ville tartare, est, en général, moins bien construite. Le *Tien-tang* (temple du Ciel) et le *Sien-noung-tang* (temple dédié à l'agriculture) sont ses principaux édifices. Ils occupent, avec leurs dépendances, un espace très-considérable, et sont situés en face l'un de l'autre,

<small>Cité chinoise.</small>

le premier à l'est, le second à l'ouest de la grande rue qui conduit à la porte sud de la cité tartare. Le *Tien-tang*, où l'empereur offre lui-même des sacrifices annuels aux divinités célestes, à l'époque du solstice d'hiver, consiste en une terrasse ronde à trois étages, haute de 30 pieds, entourée de balustrades et pavée de marbre. A quelques pas de son enceinte murée, qui a près d'une lieue de tour, se trouve le temple de l'*Abstinence*. C'est là que le souverain doit résider trois jours avant de sacrifier au Ciel. Le *Sien-noung-tang* renferme quatre autels dédiés à la terre, à certaines divinités célestes, spécialement à la planète Jupiter et à l'empereur *Chin-nong* qui passe pour l'inventeur de l'agriculture. Chaque année, à l'équinoxe du printemps, l'empereur, accompagné des membres du ministère des rites, laboure lui-même une des enceintes du temple. Un peu à l'ouest de cet édifice, on voit le lac du Dragon Noir (*He-loung tan*), près duquel les souverains accomplissent différentes cérémonies expiatoires aux époques d'inondation ou de sécheresse.

Youen-ming-youen — Une des merveilles de l'empire, le palais et le délicieux parc du *Youen-ming-youen* (le brillant jardin à la forme arrondie) que les flammes, allumées par l'ordre de lord Elgin, ont presque entièrement détruit en 1860, est situé au nord-ouest de Pékin, à trois lieues environ de l'enceinte tartare. Les récits de nos diplomates et de nos soldats ont fait connaître les richesses qu'ils renfermaient et dont nous avons pu voir, nous-mêmes, la plus grande partie exposée en Angleterre ou en France, au retour de notre glorieuse expédition. Un grand parc bien planté et dessiné avec un art infini; des accidents de terrain et de nombreux contrastes habilement ménagés; de beaux groupes d'arbres; une infinité de ruisseaux, de bassins, de cascades, de ponts, de rochers; un palais construit pour l'empereur sur une base de granit, entouré d'un large péristyle à colonnes, ayant cent pieds de long sur quarante de large, orné de découpures charmantes et bizarres et renfermant les plus magnifiques produits de l'art chinois; une trentaine de jolies maisons disséminées sous les ombrages du parc où elles formaient comme autant de kiosques charmants, — tout ce remarquable ensemble eût fait du *Youen-ming-youen* une des plus ravissantes résidences que l'on pût imaginer, s'il avait été entretenu avec plus de soin que le Si-youen.

L'administration de Péking est l'objet d'une des plus vives sollicitudes du gouvernement impérial. Les fonctionnaires qui l'exercent ne sont nullement subordonnés aux autorités provinciales et relèvent directement de l'empereur. La ville est divisée en deux arrondissements, dont les magistrats fonctionnent sous les ordres d'un des ministres d'État et d'un maire (*Fou-youen*). La police est nombreuse et sévère. Tous les soirs, les principales rues sont fermées et chaque quartier forme ainsi une sorte de forteresse. Dans ce vaste empire, si puissamment centralisé, la tranquillité des provinces dépend, avant tout, de la paix qui règne dans la capitale, et ce n'est point chose aisée que de maintenir le bon ordre dans une ville immense où résident des populations de mœurs et de religions distinctes, rivales ou même hostiles, et parfois turbulentes, qui ne possède aucune fabrique, aucun établissement industriel, et où pullulent, pendant l'hiver, quand les travaux des champs sont interrompus, des bandes de misérables, mourant de faim ou de froid, toujours prêtes à mettre au pillage les greniers publics.

Pao-ting-fou, sur la grande route du Chan-si, à cent trente kilomètres sud-ouest de Péking, capitale du Tchi-li, résidence des autorités provinciales, chef-lieu d'un département populeux et fertile, abondamment arrosé par plusieurs tributaires du Peï-ho.

<small>Police.</small>

<small>Villes principales du Tchi-li.</small>

Tien-tsin (préfecture), à cent kilomètres sud-est de Péking, située à l'embranchement du Peï-ho et du grand canal. L'un des ports les plus fréquentés de la Chine, malgré la barre qui obstrue en partie l'embouchure du Peï-ho, Tien-tsin est l'entrepôt de la capitale de l'empire. Sa population est active et industrieuse. Cette grande ville, que les troupes anglo-françaises ont occupée, à deux reprises différentes, en 1858 et 1860, a un aspect misérable, bien qu'il faille la considérer, en raison de sa situation et de son important commerce de transit, comme une des riches cités de la Chine. Elle est située au milieu d'une plaine fangeuse et stérile qui s'étend à perte de vue. Ses maisons sont construites en terre durcie et en bois. Ses rues boueuses ne sont pas pavées. On lui donne cinq cent mille habitants. Elle est ouverte, depuis 1858, au commerce européen.

Tong-tchéou, sous-préfecture, sur le Peï-ho, à quinze kilomètres est de Péking, auquel on l'a relié par une route pavée suffisamment entretenue. Tong-tchéou est, à proprement parler, le premier port de la capitale. C'est là qu'eut lieu, en 1860, le combat qui ouvrit aux alliés les portes de Péking.

Siouan-hoa, cent trente kilomètres nord-ouest de Péking, préfecture sur le *Sang-kan*, un des affluents du Peï-ho, ville fortifiée avec toutes les ressources de l'art chinois et peu peuplée. Timkowski, qui l'a visitée en 1820 et décrite dans ses relations de voyage, raconte que l'aspect de ses hautes murailles crénelées et de ses triples portes bastionnées ressemble un peu à celui du Kremlin.

Production.

Le sol du Tchi-li, principalement dans la partie orientale de la province où il contient beaucoup de nitre, est en général assez pauvre. Il produit du millet, de l'orge, beaucoup de plantes légumineuses, plusieurs variétés de fruits et un peu de riz. On y trouve de la houille[1] que les habitants emploient pour leur chauffage, en la mélangeant avec une sorte d'argile; du marbre; du granit; quelques pierres précieuses; de la terre propre à la fabrication de la brique et de la porcelaine.

Population et gouvernement.

Le *Tchi-li* renferme vingt-neuf millions d'habitants, d'après le recensement de 1812, dix-sept départements et cent quarante-quatre arrondissements. La province est administrée par un vice-roi résidant à Paoting.

CHAN-TOUNG.

Le *Chan-toung* (pays à l'est des collines) passe pour une des plus illustres provinces de l'empire, soit parce qu'elle a été le théâtre de grands faits historiques, soit parce qu'elle a donné naissance aux deux plus célèbres philosophes de la Chine, Confucius et son disciple Mencius. Le tombeau de Confucius, qui mourut à *Kiu-fao* (quatre cent soixante-dix-neuf ans avant le Christ), est un beau monument construit au milieu d'un bois touffu. Il n'est pas un habitant du Chan-toung qui ne s'enorgueillisse d'être le compatriote du fameux philosophe.

Configuration et limites.

Bornée à l'est par la mer Jaune, au nord par le golfe de Pé-tchi-li, à l'ouest par le Tchi-li, au sud par le Ho-nan et le Kiang-sou, cette province forme, en s'avançant dans la mer, un cap immense qui a toute l'étendue d'une presqu'île. Ses côtes, trois fois plus longues que celles du Tchi-li, offrent de nombreux et assez bons mouillages, mais ne possèdent aucun port de quelque importance, si ce n'est *Tang-tchéou*, dont nous parlerons plus bas. Au reste, le commerce maritime du Chan-toung est à peu près nul. La presqu'île orientale est très-accidentée; elle renferme un des plus hauts pics de la Chine, le *Ta-chan* (la Grande Montagne), dont les

---

[1]. Les bassins houillers du Tchi-li paraissent très-riches et s'étendent au nord-est de Péking, sur une longueur considérable. Leurs produits, dont le gouvernement se réserve l'exploitation, sont d'excellente nature.

flancs sont couverts de temples et de bonzeries, et qui est un lieu de pèlerinage célèbre dans tout l'empire. La partie occidentale de la province que traverse le grand canal, du sud-est au nord-ouest, est plate, basse et insalubre, principalement vers le nord. Le Chan-toung est arrosé par plusieurs affluents du grand canal, par un grand nombre de petites rivières qui coulent du nord au sud dans le fleuve Jaune et la mer Jaune, ou du sud au nord dans le golfe de Pé-tchi-li. La plus importante, le *Ta-tsing-ho*, prend sa source à l'ouest de *Tsi-nan-fou* et se décharge dans le golfe de Pé-tchi-li.

Tsi-nan-fou, capitale de la province, près du Ta-tsing-ho, peu connue des étrangers; grossières étoffes de soie, verreries imitant la serpentine, le jade et autres pierres précieuses.

Tsi-ning-tchao, vingt-cinq lieues sud de Tsi-nan, sur le grand canal, ville commerçante et riche.

Lin-tsing-tchao, dix-huit lieues ouest de Tsi-nan à la jonction du Youn-ho et du grand canal. Entrepôt important, aspect riche et fertile du pays. Belle pagode de cent cinquante pieds de haut, bâtie sur une base de granit et recouverte de briques vernissées.

Tang-tchao-fou, soixante lieues est de Tsi-nan, port de mer sur le golfe de Pé-tchi-li; commerce de quelque importance avec la Corée et le Léaotong[1]. Enceinte trop grande pour la population. L'entrée du port est fermée par une barre qui ne peut être franchie qu'à marée haute. La partie de la côte qui s'étend vers l'est, de Tang-tchao à *Oueï-haï*, a été décrite par MM. Medhurst et Stevens, qui l'ont visitée en 1835, comme renfermant des sites d'un aspect charmant et d'une fraîcheur délicieuse. On remarque sur les montagnes un grand nombre de forteresses tombant en ruines; sans doute

---

[1]. Le port de Tang-tchao porte le nom de Tché-fou. Il a été ouvert par les traités de 1858.

parce que la situation paisible du pays n'exige plus leur entretien. Les populations, uniquement adonnées à l'agriculture, sont très-denses, mais paraissent bornées et misérables. Elles sont chétives, logées, nourries et vêtues pauvrement.

En général, le sol du Chan-toung n'est pas riche, et répond assez mal au patient labeur du paysan. On y cultive le riz, le froment, le maïs, principalement le millet, plusieurs espèces de fruits, et, entre autres, des poires d'une grosseur extraordinaire. La houille et le fer y sont abondants. Les rivières renferment beaucoup de poissons et toute sorte de gibier d'eau. Le jambon de chien est un des produits du pays. {Productions et cultures.}

Le Chan-toung, dont la superficie mesure environ 100,000 kilomètres carrés, contient 28,958,000 habitants d'après le recensement de 1812. Il comprend 19 départements et 107 arrondissements, et est administré par un gouverneur résidant à Tsinan-fou, dont les pouvoirs relèvent directement de l'autorité impériale. {Population et gouvernement.}

La province appelée *Chan-si* (pays à l'ouest des collines) passe pour avoir été le berceau de la race chinoise, et elle joue naturellement un grand rôle dans les antiques légendes qui en racontent les origines. Elle est bornée, au nord, par la grande muraille, à l'ouest et en partie au sud, par le fleuve Jaune, au sud-est par le Honan, à l'est par le Tchi-li. Rude et accidenté, le sol du Chan-si, qui occupe les confins occidentaux de la plaine, diffère essentiellement de celui des deux provinces que nous venons de décrire, et ses habitants sont moins civilisés que leurs voisins. Le Chan-si est arrosé par de nombreuses rivières qui sont presque toutes des affluents du fleuve Jaune, et dont la principale, le *Feun-ho*, coule du nord au sud à travers toute la province, sur une longueur de près de 100 lieues. {CHAN-SI. Configuration et limites. Rivières. Ville principale.}

Les missionnaires catholiques sont les seuls Européens qui aient visité les villes du Chan-si, et les descriptions qu'ils en ont données sont en général fort incomplètes. La principale est *Taï-youen-fou*, capitale de la province, dont elle occupe à peu près le centre, sur le Feun-ho, cité malpropre et populeuse, possédant plusieurs manufactures de tapis de feutre. On y voit les curieuses ruines des palais où résidaient, il y a bien des siècles, les anciens souverains du pays.

<small>Productions et cultures.</small>
Le sol est cultivé avec soin, principalement dans les vallées, et l'on observe de très-notables différences, dues sans doute à la diversité des sites ou des climats, entre les produits du sud et ceux du nord de la province. Froment, millet, légumes et fruits en abondance, raisins. Les minéraux, dont le Chan-si possède une grande variété, sont la principale richesse du pays. On y trouve de la houille, du fer, du cuivre, du cinabre, du marbre, du jaspe, de la lazulite, du sel.

<small>Population et gouvernement.</small>
La province renferme 14,000,000 d'habitants, 19 départements et 94 arrondissements. Elle est administrée par un gouverneur résidant à Ta-youen et qui relève directement de l'empereur.

<small>HO-NAN.</small>
Le *Ho-nan* (pays au sud de la rivière), nommé aussi *Tchoung-houa* (fleur du milieu) à cause de son abondante fertilité et de sa position centrale, est compris entre le Chan-toung, le Tchi-li et le Chan-si, au nord; le Chensi, à l'ouest; le Hou-pé, au sud; le Ngan-hoeï, à l'est. Un

<small>Configuration et limites.</small>
prolongement de la chaîne des Péling (les monts Maling et Tansia) borde cette province au sud et la coupe ensuite dans la direction du sud-ouest, mais tout le reste de son territoire, qui forme une partie de la Plaine, n'est pas accidenté. Le *Hoang-ho* traverse la

<small>Rivières.</small>
partie septentrionale du Ho-nan; un grand nombre de rivières, dont quelques-unes sont tributaires de ce

fleuve, et qui prennent naissance, pour la plupart, dans les Tan-sia, l'arrosent et la fertilisent. La principale, le *Jou-ho*, coule vers le sud-ouest et se jette dans le *Houaï* qui, comme nous l'avons vu, alimente le lac *Hong-tsi*, situé dans le Kiang-sou. — Le Honan ne renferme aucun lac.

La ville principale est *Kaï-foung-fou*, l'une des plus illustres cités de la Chine. Ancienne capitale des États du prince Fou-hi, qui vivait, il y a quarante-sept siècles, et qui passe pour le fondateur de la monarchie chinoise, Kaï-foung a été inondée quinze fois, et a soutenu onze siéges. Cette ville fameuse, aujourd'hui bien déchue de son antique splendeur, est située un peu au sud du fleuve Jaune, dont le niveau surpasse celui de la plaine où elle est bâtie. Une digue fort épaisse, souvent renversée, la protége assez mal contre les fureurs du Hoang-ho. On dit qu'à l'époque de l'invasion mandchoue, le général qui défendait Kaï-foung, la fit rompre pour ne point livrer une si riche proie aux barbares, et que les eaux du fleuve engloutirent 300,000 personnes. Kaï-foung est la capitale de la province.

<small>Ville principale.</small>

Fertile et bien cultivé, le sol du Ho-nan produit en abondance la soie, le coton, le lin, le chanvre, toutes sortes de grains et de légumes dont on exporte la plus grande partie pour les autres provinces de l'empire. On y trouve des micas, du cinabre, et on y fabrique beaucoup de toutenague. Les montagnes de l'ouest renferment de belles forêts riches en bois de construction.

<small>Productions et culture.</small>

13 départements et 103 arrondissements; 23,000,000 d'habitants, administrés par un gouverneur qui relève immédiatement de l'autorité impériale. Kaï-foung est sa résidence officielle.

<small>Population et gouvernement.</small>

La province que bordent, au nord le Chan-toung, à

<small>KIANG-SOU.</small>

l'ouest le Ho-nan et le Ngan-hoeï, au sud le Tché-kiang, à l'est la mer Jaune, est désignée par deux syllabes (*kiang* et *sou*), empruntées aux noms de ses deux plus grandes villes : *Kiang-ning-fou* et *Sou-tchéou-fou*. Le *Kiang-sou* renferme de vastes plaines, sillonnées de loin en loin par de petites collines, traversées, dans toute leur largeur, de l'ouest à l'est, par le *Hoang-ho* et le *Yang-tsé-kiang*, qui se jettent tous deux dans la mer Jaune, et dans toute leur longueur, du sud au nord, par le grand canal, coupées en tous sens par de petites rivières, des lacs, d'innombrables canaux, basses et marécageuses aux environs de la mer, et principalement entre les embouchures des deux grands fleuves, quelquefois inondées, extrêmement riches, fertiles et populeuses. Ses plus grands lacs sont, au nord du Yang-tze-kiang, le *Hong-tsi*, qui reçoit la rivière *Houaï*, et communique avec le fleuve Jaune ; le *Kao-you* et le *Pao-ying*, au sud du précédent, situés sur la même latitude, l'un à l'ouest, l'autre à l'est du canal Impérial, — et au sud du Yang-tze-kiang, le *Ta-hou* (grand lac), dont les rives sont renommées pour leurs beautés pittoresques.

Kiang-ning-fou, sur le Yang-tze-kiang, à 60 lieues environ de la mer. Elle portait à l'époque où le chef de la dynastie Ming, *Hong-vou*, la fonda et en fit sa capitale, le nom de Nan-king (capitale du midi), sous lequel les Européens la désignent encore aujourd'hui. Kiang-ning est, après Péking, la ville la plus célèbre de l'empire. Ses hautes murailles crénelées qui ont 7 lieues de tour, ses triples portes voûtées, bâties comme des forteresses ; sa vaste enceinte qui renferme, comme celle de Rome, des jardins et des collines, et qui est aujourd'hui trois fois trop grande pour ses habitants ; les fossés profonds qui la protègent ; les quatre rues principales qui la divisent, voies immenses, parallèles, toutes droites, aussi larges et mieux entretenues que celles de

Péking; le curieux cimetière connu sous le nom de
« Tombeaux des Rois, » que l'on voit un peu à l'est de
la ville et qui renferme des statues en pierre de taille
colossales, représentant des guerriers revêtus de leur
armure, des chevaux, des éléphants, sont d'imposants
vestiges de son antique splendeur. On croit qu'avant de
tomber entre les mains des rebelles qui l'emportèrent
d'assaut le 19 mars 1853, et en firent le siége de leur
empire, elle pouvait avoir 500,000 habitants. A cette
époque, elle était la résidence du fonctionnaire qui
porte le nom de gouverneur général du *Liang-kiang*
(Liang-kiang-tsong-tou) et qui concentre dans ses mains
l'administration de trois des plus florissantes provinces
de l'empire : le *Kiang-sou*, le *Ngan-hoeï* et le *Kiang-si*,
régnant ainsi, au nom de l'empereur, sur plus de
80,000,000 d'hommes. Elle possédait d'importantes
manufactures de coton, de satin et de crêpe, des fabriques d'encre et de papier renommées dans toute la
Chine, de nombreux magasins de libraires, toute une
armée de fonctionnaires, d'étudiants et de lettrés. Ses
habitants, aussi bien que ceux du reste de la province,
passaient pour les plus intelligents et les plus studieux,
ses artisans, pour les plus habiles et les plus fins de l'empire. C'était une ville de lettres et d'industrie. Le chef
de l'insurrection en a fait, pendant son règne de douze
années, un camp et une ruine [1]. Cette grande cité
s'élève sur la rive orientale du Yang-tze-kiang. Ses
hautes murailles viennent tomber en pointe sur le
grand fleuve. Un canal profond, qui communique avec
le Yang-tze, court parallèlement à son enceinte du côté
du sud-ouest, et double ainsi son large fossé sur une
longueur de 2 lieues. On trouve encore les fondations

1. Nous avons eu l'occasion de visiter Nanking en 1854, à la suite
du ministre de France, M. de Bourboulon, lorsque cette ville était
occupée par les rebelles.

d'un mur extérieur qui probablement n'a jamais été achevé et qui n'aurait pas mesuré moins de 50 kilomètres.

Un peu au-dessus de Nanking se trouvait un monument que les rebelles ont détruit, et qui passait pour un des plus curieux du monde. C'était le temple de la « Faveur Rémunératrice, » la fameuse tour de Porcelaine, fondée, 372 ans après Jésus-Christ, par l'empereur *Kien-ouan*, brûlée par les Mongols, rebâtie par Yong-loh en 1411 lorsqu'il transporta sa cour à Péking, achevée par son fils, et dont l'entière construction ne coûta pas, dit-on, moins de 17 millions de francs. Elle s'élevait à une hauteur de 261 pieds, au milieu d'un vaste monastère dont l'enceinte a une lieue de tour. On y montait par cent quatre-vingt-dix marches. Elle se composait d'une large base en briques de dix pieds de haut et de neuf étages d'égale hauteur, dont le diamètre se rétrécissait successivement en forme de pyramide. Un mât, haut de quinze pieds et surmonté d'une grosse boule de cuivre, la terminait. Elle était de forme octogonale et revêtue de briques vernissées rouges, vertes, jaunes et blanches. Des tuiles vertes recouvraient les toits de ses neuf étages auxquels étaient suspendues de petites clochettes que faisait tinter la moindre brise. Vue de loin, au milieu des arbres du monastère et des riantes campagnes qui environnent Nanking, la tour de Porcelaine charmait le regard par sa grâce et son élégance.

Sou-tchéou-fou, capitale de la province, à 30 lieues sud-est de Nan-king, sur le grand canal et près des rives orientales du *Ta-hou*, la ville la plus riche, la plus industrielle, la plus peuplée et la plus raffinée de l'empire. On lui donne 2,000,000 d'habitants. La cité proprement dite n'a que 4 lieues de tour, mais ses faubourgs et sa population flottante sont immenses. Traversée en tous sens par des canaux, Sou-tchéou est la Venise de la Chine. Elle possède de nombreuses manufactures de toiles de coton et de lin, de papier, de soieries très-renommées et très-belles ; des fabriques de curiosité et d'objets d'art en fer, en ivoire, en bois, en corne sculptée, en verre ciselé et en laque. Plusieurs canaux la font communiquer avec le Yang-tze-kiang, mais ils sont peu profonds et les bâtiments de fort tonnage, dont les cargaisons sont destinées à la capitale du Kiang-sou, s'arrêtent à Shang-haï d'où elles remontent par bateaux plats jusqu'à Sou-tchéou. « Pour être heureux, dit un proverbe chinois, il faut naître à Sou-tchéou, vivre à Canton et mourir à Liao-tchéou. » C'est qu'en effet Sou-tchéou est célèbre dans tout l'empire pour la beauté classique de sa race, Canton pour l'élégante facilité de ses plaisirs, Liao-tchéou pour la forme correcte et gracieuse de ses cercueils. Occupée par les rebelles en 1860, Sou-tchéou a été reprise par les impériaux le 5 décembre 1863.

Tchin-kiang-fou, cité populeuse et florissante, située à l'embranchement du grand canal et du Yang-tze-kiang, sur la rive méridionale de ce fleuve ; position pittoresque, port très-fréquenté ; campagnes environnantes riches et fertiles ; célèbre par la bataille qu'y livrèrent les Anglais en 1842 et par la vaillante résistance de sa garnison mandchoue ; assiégée et prise, en 1853, par les rebelles qui l'ont ravagée et détruite en partie [1]. Non loin de Tchin-kiang-fou, le cours du grand fleuve embrasse deux îlots de forme conique, tout couverts de pagodes aux toits vernissés, aux gracieuses sculptures, de jolis jardins et de maisons d'été, de petits temples ombragés par de beaux arbres et soutenus sur des terrasses de granit où veillent les statues de pierre d'animaux fantastiques. Ce sont l'île d'Or et l'île d'Argent (*Kin-chan* et *Sioung-chan*) qui étaient,

---

[1] Tchin-kiang a été ouvert au commerce étranger en vertu des traités de 1858.

avant l'insurrection, la résidence de moines boudhistes. Rien ne paraissait plus riant que cette confusion bizarre lorsqu'on la contemplait, à quelque distance, en naviguant sur les eaux du fleuve; la rage iconoclaste des rebelles a fait de ces îles charmantes un monceau de ruines.

Shang-haï-hien, 55 lieues sud-est de Nan-king, à la jonction du *Vou-song* et du *Houang-pou* et à 22 kilomètres de l'embouchure du Vou-song qui se jette dans le Yang-tze-kiang; relié par des rivières ou des canaux avec les villes les plus importantes du Kiang-sou et du Tché-kiang; devenue depuis 1844, en raison de sa position centrale, du voisinage de Sou-tchéou ainsi que des districts qui produisent principalement la soie et le thé, le grand entrepôt du commerce étranger avec la Chine. Port profond, très-fréquenté par les navires européens et les jonques chinoises, mais d'un accès dangereux à cause des bancs de sable qui encombrent l'embouchure du Yang-tze et de l'extrême platitude de ses rives qui n'offrent aucun point de repère au navigateur. *Shang-haï* est entouré de campagnes très-fertiles, mais basses, humides et malsaines. Elle se compose actuellement de deux villes : la ville chinoise renfermant, avec ses faubourgs, 200,000 habitants, ayant une enceinte murée de cinq kilomètres, des rues étroites, malpropres, tortueuses, ne possédant d'ailleurs aucun monument remarquable, et la ville européenne occupée, en partie, par des résidents étrangers, avec un beau quai, des rues larges, droites, bien plantées, tirées au cordeau, de jolies maisons accompagnées de jardins, un champ de course, des promenades publiques. Cette dernière forme trois quartiers, construits sur les terrains auxquels on a donné le nom de concessions françaises, anglaises et américaines [1] et

---

1. On appelle ainsi trois terrains contigus dont la délimitation a été faite officiellement en vertu des traités de 1844, et dont les différentes

que protégent les pavillons nationaux des trois pays. Chacun d'eux possède une maison consulaire et constitue une commune administrée par un conseil municipal que préside un maire électif. La faiblesse et l'indolence des fonctionnaires chinois, le besoin de se protéger contre les attaques toujours imminentes de l'insurrection, avant tout, sans doute, le désir de fonder un établissement solide et durable dans ce lieu si admirablement propice au commerce, ont conduit successivement les résidents étrangers à en revendiquer l'unique jouissance, à le neutraliser en face des insurgés et des impériaux belligérants, à s'y administrer eux-mêmes, à fonder en un mot, sous les murs mêmes de la ville chinoise qui confine à la concession française, une sorte de colonie indépendante. En face de l'embouchure du Vou-song et au milieu de Yang-tze-kiang dont elle divise en deux bras les eaux puissantes, est située l'île basse de *Tsoung-ming*, grand delta fangeux de 1,400 kilomètres carrés, qui s'accroît chaque année des alluvions que lui apporte le fleuve. Tsoung-ming forme un arrondissement très-populeux et très-bien cultivé, mais ne possède aucune rade assez profonde pour qu'un navire y puisse aborder.

Hoaï-ngan-fou, dans l'angle sud-ouest formé par le grand canal et le Hoang-ho, à 35 lieues nord-est de Nan-king, populeuse et commerçante. Le cours du grand canal domine les plaines basses où elle est construite, en sorte qu'elle se trouve en danger perpétuel de submersion.

Vou-song, petit port à 5 lieues nord de Shang-haï, près de l'embouchure de la rivière à laquelle il donne son nom.

parcelles sont susceptibles de devenir successivement (par la voie légale de l'expropriation) les propriétés des trois gouvernements de France, d'Angleterre, d'Amérique ou de leurs sujets.

Productions et cultures.

Abondamment irrigué par les fleuves, les rivières, les canaux qui le baignent dans tous les sens, le sol du Kiang-sou est, en général, d'une grande fertilité. Il produit le thé, le coton, le mûrier, le riz et toutes sortes de céréales. L'industrie y est riche, variée, et les objets qu'elle fabrique sont renommés, dans toutes les autres provinces, pour leur finesse et leur perfection.

Population et gouvernement.

Le Kiang-sou renferme 38,000,000 d'habitants, 12 départements et 65 arrondissements. Elle est administrée par un gouverneur qui relève du vice-roi résidant à Nan-king.

NGAN-HOEI.

Configuration et limites.

Cette province, ainsi appelée des noms de ses deux villes principales *Ngan-king-fou* et *Hoeï-tchéou* dont on a réuni les deux premières syllabes pour former le sien, est un peu plus étendue que la précédente dont elle se rapproche beaucoup par sa configuration, la nature de son sol et de son industrie. Une chaîne des *Ma-ling* qui la traverse dans la direction du nord-ouest et qui ne renferme que des collines peu élevées, la divise en deux parties. Au nord de cette chaîne coule la rivière *Hoaï* qui prend sa source dans le Ho-nan, reçoit de nombreux tributaires presque tous navigables, baigne la partie septentrionale du Ngan-hoeï, pénètre dans le Kiang-sou et se déverse dans le lac Hong-tsi. Au sud se trouve le bassin du Yang-tze-kiang, contrée basse et marécageuse, arrosée par de petites rivières, renfermant beaucoup de lacs et d'étangs qui communiquent en général avec le grand fleuve. Le plus considérable de ces lacs est le *Tchao-hou*, situé dans le district de *Lou-tchéou*, vers le centre de la province. Les limites du Ngan-hoeï sont comprises entre le Kiang-sou à l'est et au nord-est, le Ho-nan et le Hou-pé à l'ouest, le Kiang-si et le Tché-kiang au sud.

GÉOGRAPHIE

Ngan-king-fou, capitale de la province, sur le Yang- — Villes principales tze-kiang, à 60 lieues ouest de Nan-king. Sir John Davis en fait une description peu séduisante. Ses rues sont étroites, tortueuses, malpropres. Elle ne possède aucun édifice remarquable. Ses magasins ont une misérable apparence ; les plus beaux ne renferment que des porcelaines assez médiocres et des lanternes faites en corne. Ngan-king a été occupé par les rebelles en 1853. Le pays que traverse le grand fleuve, entre cette ville et Nan-king, est pittoresque, fertile et paraît très-peuplé.

Hoeï-tchéou-fou, quarante lieues sud-ouest de Ngan-king, grande ville renommée pour ses manufactures de laque. L'encre de Chine qu'on y fabrique passe pour la meilleure de l'empire.

Fong-yang-fou, soixante-cinq lieues nord de Ngan-king. Le fondateur de la dynastie Ming, le célèbre Hong-vou, l'avait choisie, au début de son entreprise, pour devenir la capitale de son naissant empire. Pour indiquer le rôle glorieux qu'il lui destinait et qui devait échoir à Nan-king, il lui donna le nom de *Fong-yang* (le Phénix naissant) qu'elle a conservé jusqu'à nos jours.

Vou-hou, chef-lieu d'arrondissement, sur le Yang-tze-kiang, 30 lieues est de Ngan-king ; rues larges, beaux magasins ; cité commerçante, peuplée de 500,000 habitants et considérée comme la sous-préfecture la plus importante qu'il y ait en Chine. Les rebelles l'ont prise en 1853 et occupée pendant plusieurs années.

Toutes sortes de céréales, de fruits et de légumes. — Cultures Beaucoup de soie, de coton et de chanvre. La culture productions. du thé est répandue dans tout le Ngan-hoeï. La plupart des districts qui produisent le thé vert se trouvent au sud-est de la province, dans les environs de *Hoeï-tchéou* ; mines d'or, d'argent et de cuivre.

Gouvernement et population.

Un gouverneur dépendant du vice-roi de Nan-king, et résidant lui-même à Ngan-king, administre la province. Le Ngan-hoeï est divisé en 13 départements et 54 arrondissements. Le recensement de 1812 lui donne 34,000,000 d'habitants.

KIANG-SI.

Configuration et limites.

Le *Kiang-si* (pays à l'ouest de la rivière) est borné au nord par le Ngan-hoeï et le Houpé, à l'est par le Tché-kiang et le Fo-kien, au sud par le Kouang-toung. Les Nan-ling et les différentes chaînes qui s'y rattachent, sous les noms de Meï-ling, You-ling, Sia-kia-ling, constituent ses frontières naturelles à l'ouest, au sud et à l'est. Ces montagnes forment le bassin du beau fleuve *Kan*, qui descend des Meï-ling, traverse le Kiang-si dans toute sa longueur, du sud au nord, arrose des campagnes pittoresques, riches et très-peuplées, baigne des villes considérables, reçoit à l'est et à l'ouest de nombreux affluents, et se jette dans le lac Po-yang, par plusieurs embouchures, après un cours de 130 lieues. Le Po-yang, dans lequel se déversent plusieurs autres rivières de moindre importance et qui communique lui-même avec le Yang-tze-kiang, occupe une grande partie du nord de la province. Ses rives sont plates et marécageuses; mais, en général, le sol du Kiang-si est accidenté et ses habitants ont des mœurs plus rudes que ceux des plaines du Ngan-hoeï ou du Kiang-sou.

Villes principales.

Les villes principales du Kiang-si sont: *Nan-tchang-fou*, capitale de la provice à l'embranchement du Po-yang et du fleuve Kan. Deux lieues et demie de tour; port très-important, brûlé au temps de la conquête des Mandchoux et rebâti depuis. Les rebelles tentèrent vainement de s'en emparer en 1853.

Kih-ngan-fou sur le Kan, à 40 lieues sud de Nan-tchang. Environs très-pittoresques. Le fleuve, dont le cours est interrompu par de gros rochers, y forme plusieurs cascades connues sous le nom de *Chih-pa-tan* (les dix-huit rapides). Le *Camelia-oleifera*, qui croît en abondance sur les jolies collines de ses rives, donne à leur sommet, au moment de la floraison, un aspect neigeux.

Kan-tchéou-fou, également sur le Kan, 30 lieues sud de Kih-ngan, ville riche et port important.

Nan-gan-fou, à 20 lieues sud-ouest de la précédente, près des sources du Kan-kiang et des passes du Meï-ling. Entrepôt naturel du commerce de la province et d'une partie de l'empire avec le sud de la Chine.

Yao-tchéou, sur les rives orientales du lac Po-yang, 25 lieues nord-est de Nan-tchang; prise par les rebelles en 1853. Les manufactures de porcelaine que renferme le département dont cette ville est la capitale, sont les plus considérables et les plus renommées de l'empire. On dit qu'elles occupent plus d'un million d'ouvriers, et que cinq cents fourneaux y fonctionnent jour et nuit. Elles furent fondées, en l'an 1004 après Jésus-Christ, par un empereur de la dynastie *Soung*. *King-teh-tching*, où elles sont établies, appartient à l'arrondissement de *Fao-liang*. C'est une grande ville, bâtie sur la rivière *Tchang*, un des tributaires du Po-yang, dans une large vallée que bordent de belles montagnes. La nuit elle présente l'aspect d'une immense fournaise. Les porcelaines que produisent les fabriques de King-teh sont transportées par le *Tchang* à Yao-tchéou, qui les expédie dans tout l'empire.

Nang-kang-fou, à 25 lieues nord-ouest de Nan-tchang, sur la rive occidentale du lac Po-yang. Non loin de cette ville et au milieu des montagnes de *Lu*, se trouve la vallée du *Daim-blanc*, dont la beauté solitaire a été chantée par les poètes de la Chine. C'est là que vivait, au XIIe siècle, le grand commentateur de Confucius, *Tchou-hi*, dont les écrits philosophiques sont entre les mains et dans la mémoire de tous les savants de l'empire. Cette vallée célèbre est un lieu de pèlerinage pour les lettrés chinois. On y voit une statue de marbre représentant le Daim blanc, et un vaste temple destiné au logement des pèlerins.

Kiou-kiang, un peu au nord de la précédente, sur un cap élevé qui se développe entre le *Yang-tze* et le lac Po-yang; port important dont la rébellion s'est emparée en 1853, et qui est ouvert aujourd'hui au commerce des nations étrangères.

<small>Productions et culture.</small>

Sol généralement fertile; riz, froment, soie, coton, indigo, thé, sucre. Nombreuses fabriques de cotonnades; célèbres manufactures de porcelaine. Les montagnes du sud renferment beaucoup de camphriers, d'arbres à vernis de Chine, de sapins, de ficus; celles de l'ouest sont riches en bois de construction qui ne sont pas exploités.

<small>Population et gouvernement.</small>

Trente millions d'habitants; 14 départements, 78 arrondissements administrés par un gouverneur qui relève du vice-roi de Nan-king.

<small>TCHÉ-KIANG.</small>

<small>Configuration et limites.</small>

Ainsi appelée du nom de la rivière *Tché* (rivière tortueuse) qui arrose ses départements méridionaux, cette province est située entre la mer Jaune, à l'est le Fo-Kien au sud, le Kiang-si et le Ngan-hoeï à l'ouest, le Kiang-sou au nord, et limite elle-même la Plaine au sud-ouest.

<small>Montagnes et rivières.</small>

Les *Sia-kia-ling*, prolongation des monts Nan-ling, la séparent du Fo-kien et la couvrent de leurs ramifications. Ils donnent naissance à quatorze rivières presque toutes très-rapides, dont la plus considérable, le *Tsien-tang*, prend sa source près des frontières du Kiang-si, coule vers le nord-est, baigne plusieurs cités importantes, entre autres *Kin-tchéou, Yen-tchéou, Hang-tchéou*, capitale du Tché-kiang, et forme, à son embouchure, la fameuse baie qui porte le nom de cette dernière ville. Les marées y sont si rapides et si violentes qu'elles atteignent souvent la vitesse de 12 milles à l'heure, et que parfois elles ont lancé, à une grande distance, sur le rivage, de gros navires dont elles avaient brisé les ancres. C'est à *Hang-tchéou* que vient aboutir le canal impérial qui ne communique pas d'ailleurs avec le *Tsien-tang*. Les mœurs du Tché-kiang, sont en général douces et polies, mais, dans les districts méridionaux où le sol est très-tourmenté, le climat plus sévère et les cultures plus rares, elles participent un peu de la rudesse proverbiale des habitants du Fo-kien.

Hang-tchéou, capitale de la province, résidence officielle du gouverneur, ainsi que du vice-roi chargé de l'administration du *Tché-kiang* et du *Fo-kien*, située dans une vaste plaine à 3 kilomètres environ au nord de l'embouchure du *Tsien-tang*, une des plus illustres et des plus importantes cités de la Chine, rivalisant avec *Sou-tchéou*, la célèbre capitale du Kiang-sou, pour le luxe, l'élégance et la richesse de ses habitants, mais l'emportant sur elle par l'étendue de son industrie et la beauté de ses sites. Rues larges, bien pavées, ornées de riches tablettes et de beaux magasins; importantes manufactures de soieries; garnison Mandchoue de 7,000 hommes, dont les quartiers occupent une partie de la cité; nombreux édifices publics, et entre autres une haute mosquée surmontée d'une belle coupole, construite dans le style arabe, et où on lit cette inscription : « Temple destiné aux voyageurs qui désirent consulter le Coran »; population musulmane assez considérable; faubourgs très-étendus et presque aussi peuplés que la ville elle-même. Hang-tchéou fut la métropole de la Chine sous les princes de la dynastie *Soung*, à l'époque où les Tartares *Kin* occupaient encore les provinces du nord. Sa splendeur, qu'elle conserva au temps

Villes principales.

de la domination mongole, commença à décroître lorsque *Hong-vou*, le chef des *Ming*, établit sa capitale à Nan-king. Le fameux voyageur vénitien Marco Paulo, qui remplit au XIIIe siècle, pendant plusieurs années, les fonctions de gouverneur du *Kian-gnan*, décrit *Hang-tchéou*, comme la plus grande, la plus belle, la plus riche ville du monde, et le proverbe chinois la compare, aussi bien que Sou-tchéou, sa rivale, à un vrai paradis[1]. Les environs de la capitale du Tché-kiang sont célèbres dans toute la Chine pour leur pittoresque magnificence. Le fameux lac de l'ouest, avec ses eaux profondes et transparentes, ses capricieux contours que bordent de charmantes collines unies entre elles par des ponts de pierre, ses temples et ses villas aux découpures gracieuses que de frais jardins encadrent; les hautes montagnes hardiment dessinées, qui apparaissaient au second plan, et que couvrent de beaux arbres à feuilles persistantes de couleurs brillantes et variées; les monuments funéraires ombragés de cyprès qui occupent le sommet des collines ou qui dorment au fond des vallées, et dont quelques-uns, ornés de colonnes, sont d'une architecture vraiment remarquable; — tous ces aspects, tantôt grandioses et austères, tantôt gais et délicieux, remplissent l'âme des spectateurs, au dire des voyageurs modernes qui les ont visités, d'un charme et d'une mélancolie indéfinissables. Le plus remarquable des temples qui avoisinent le lac de l'ouest est le *Loui-foung-ta* (la tour des vents foudroyants), monument à quatre étages, de forme pyramidale, haut de 120 pieds, et construit aux bords du lac, sur un promontoire élevé qui surplombe.

Ning-po-fou, à 25 lieues S.-E. de *Hang-tchéou*; un des ports les plus commerçants de la Chine, situé à

[1]. Occupée par les rebelles en 1862, Hang-tchéou a été reprise au mois de mars 1864.

l'embouchure du fleuve *Ta-tsieh* qui est formé par la réunion de trois rivières ; 300,000 habitants environ, y compris ceux des faubourgs ; bâtie en amphithéâtre sur la rive occidentale du fleuve, au milieu de campagnes riantes et fertiles. Murailles hautes de 25 pieds, larges de 22 à la base et de 15 au sommet, ayant environ 2 lieues de tour, munies de six portes entourées partout, excepté du côté de la rivière, d'un canal profond et bien entretenu, dont la largeur atteint parfois 35 mètres. Un pont de bateaux, long de 200 mètres, large, solidement construit, couvert de boutiques et d'échoppes, constamment encombré de passants et d'acheteurs, unit la cité au faubourg de l'est qui renferme la douane, des docks, des entrepôts et divers établissements publics. Ce pont s'ouvre, vers le milieu, pour donner passage aux nombreuses embarcations qui descendent ou remontent le cours du *Tahtsié*. Ning-po, dont les rues, généralement propres et bien pavées, sont interrompues çà et là par des arcs de triomphe construits en l'honneur des hommes illustres de la Chine, est traversée par plusieurs canaux qui alimentent deux grands bassins, les lacs de la Lune et du Soleil, destinés aux amusements publics. Parmi les édifices qu'elle possède, les plus remarquables sont : le *Tien-foung-tah* (présent de la faveur céleste), tour hexagonale de 7 étages et de 160 pieds d'élévation, bâtie il y a onze siècles, ruinée et reconstruite plusieurs fois, considérée comme le talisman de la cité ; et le temple élégamment orné, solidement construit, paré de riches ex-voto que la piété des marins du Fo-kien consacra, au XIIe siècle, à la déesse *Ma-stou-pou*. Ruiné vers 1650, il fut réédifié en 1680. Ningpo est une des plus anciennes cités de l'empire et ses archives renferment des documents précieux pour l'histoire de la Chine. On sait que les traités de 1844 l'ont ouvert au commerce européen. La chaleur y est insupportable pendant l'été. On remarque aux environs et principalement sur les bords des affluents du Tahtsié un grand nombre de glacières destinées à la conservation des comestibles, pendant les chaleurs de la canicule. Ce sont des bâtiments de forme conique, construits à fleur de terre et consistant en un mur circulaire de 12 pieds de haut que protége, contre les variations de la température, une épaisse couverture de chaume [1].

Tchin-haï-hien, à 5 lieues N.-E. de Ning-po, construit à l'embouchure du *Tahtsié*, au pied d'un étroit promontoire. Sur la roche escarpée qui le termine, on a bâti une citadelle; deux de ses batteries commandent entièrement l'entrée de la rivière. La ville, qu'une épaisse digue de granit protége contre les marées et les tempêtes, est entourée d'une muraille haute de 20 pieds; elle a une lieue de tour. Ses faubourgs bordent la rive nord du fleuve sur une longueur d'environ 5 kilomètres. *Tchin-haï* peut être considéré comme le premier port de Ningpo. Les troupes anglaises y remportèrent, en 1841, une sanglante victoire sur l'armée impériale.

Thao king-fou, à neuf lieues sud-est de Hang-tchéou. Le département dont cette ville est la capitale, possède un des ports les plus fréquentés et les plus florissants de la Chine, *Tcha-pou*, situé au nord de la baie de Hang-tchéou, à vingt lieues N.-E. de la capitale du Tché-kiang. Tcha-pou s'élève au fond d'une anse étroite, environnée de campagnes fertiles et munie de bons travaux de défense. Ses faubourgs sont étendus et populeux. Une route bien entretenue la relie à Hang-tchéou dont elle est le véritable port. On croit que sa population égale au moins celle de Shang-haï, bien

---

[1]. Ningpo est tombé au pouvoir de la rébellion en 1862 et a été reconquis l'année suivante.

qu'elle n'occupe même pas le rang d'une sous-préfecture. Elle sert d'entrepôt à tout le commerce du Japon avec la Chine. L'importance de Tcha-pou est relativement de date assez récente. Au IXe siècle, lorsque les voyageurs arabes visitèrent la Chine, et au XIIIe siècle, lorsque Marco Polo administrait le Kiang-nan, la vieille cité de Can-fou, que les Chinois appellent Can-pou, était le port de Hang-tchéou et la ville la plus florissante de la côte. Ruinée pendant une de ces insurrections qui dévastent périodiquement l'empire, elle n'est plus aujourd'hui qu'un village situé un peu à l'ouest de Tcha-pou. On peut supposer que, par le nom de « Portes de la Chine » dont il est fait plusieurs fois mention dans leur récit, les Arabes ont voulu désigner la passe étroite comprise entre la pointe Kitto et l'île aux Buffles qui ferme l'entrée de la rade de Canpou.

Au sud-est de la baie de Hang-tchéou, et à peu de distance des côtes du Tché-kiang, s'étend un archipel composé d'une centaine de petites îles qui font partie du département de Ningpo. Ces îles forment plusieurs groupes dont les principaux sont les *Kiou-chan* au sud et les *Fausses selles* au nord. Elles sont divisées administrativement en vingt-quatre cantons et ne forment qu'un arrondissement dont *Ting-haï* est la capitale. *Tinghaï* est un bon port de 30,000 habitants, situé dans l'île Tchou-san (l'île du bateau) qui donne son nom à tout l'archipel. La ville murée a plus d'une lieue de tour; elle ressemble à un pentagone irrégulier. Sa muraille d'enceinte est percée de quatre portes bien fortifiées; un canal circulaire, large de 30 pieds, la protége; une chaussée bien entretenue, longue d'environ 800 mètres, relie Ting-haï au grand faubourg de *Tao-tao* où se trouve la douane et s'effectuent les débarquements. Les rues de la ville sont pavées de granit, mais étroites et malpropres. Les édifices publics, qui ont la plus mes-

Iles Tchou-san.

quine apparence, sont construits en brique; le reste des maisons est en bois. Le port est admirable, large, profond, bordé de montagnes qui le protégent contre tous les vents. On y pénètre par quatre entrées toutes navigables. La différence entre les hautes et basses marées y est, en moyenne, de 6 à 7 pieds, quelquefois de 12. Les *Tchousan* sont montueuses et renferment quelques pics de peu d'élévation. La nature du terrain est volcanique; un lit de rochers constitue presque partout le sous-sol. La culture y est l'objet d'un soin assidu. Les vallées que baignent de nombreux et étroits canaux creusés pour l'irrigation, produisent le riz et l'orge. Les pois, les ignames, les patates croissent, en abondance, sur les collines que l'on arrose au moyen de roues hydrauliques, jusqu'à leurs sommets. L'aspect de cette végétation luxuriante est vraiment enchanteur. La plus grande île de l'archipel, celle qui lui donne son nom, a 20 lieues de tour sur 8 de large. Elle renferme plusieurs chaînes dont la plus haute mesure 200 mètres. Les arbres y sont très-rares, la culture des céréales et des végétaux y paraît très-développée. L'île entière contient 200,000 habitants, on en donne 300,000 à tout l'archipel [1].

La plus curieuse des Tchousan est, sans contredit, la petite île de *Pou-to*, située un peu à l'est de Ting-haï. Pou-to qui est fort étroite et n'a guère qu'une lieue et demie de longueur, ne dépend pas administrativement du sous-préfet de Ting-haï. Elle est indépendante et gouvernée despotiquement par le supérieur des moines boudhistes, lesquels, au nombre de 2,000, constituent son unique population. Omito-fouh (amida boudha) dont le nom est inscrit sur tous les rochers de l'île et répété cent fois par jour par ses habitants, est le prin-

---

1. Ting-haï a été occupé par les Anglais en 1840 et par les forces anglo-françaises en 1860.

cipal objet de leur culte, bien qu'ils honorent aussi la déesse de la miséricorde. Leurs couvents et leurs temples, décorés d'ornements bizarres, couvrent littéralement l'île entière dont ils embellissent encore les aspects riants et pittoresques. Les plus anciens furent fondés l'an 550 après Jésus-Christ; la plupart tombent maintenant en ruines. Aucune femme ne peut débarquer à *Pou-to*; ces moines fainéants se recrutent en achetant de jeunes garçons. Le loyer des fermes qui dépendent de leurs monastères, les quêtes qu'ils vont faire sur le continent, les aumônes des nombreux pèlerins qui visitent Pou-to, ainsi que les munificences impériales, composent toutes leurs ressources. On dit pourtant que, depuis un demi-siècle, ils s'adonnent à l'agriculture.

Eu égard à son étendue, le *Tché-kiang* est peut-être la plus riche province de la Chine. Elle produit le riz et toutes les espèces de céréales, la soie et le coton ; possède beaucoup d'arbres à fruits et de belles essences forestières, des manufactures considérables de soieries et de cotonnade, des fabriques de laque, de faïence, d'encre, de papier. Le camphrier, l'arbre à suif, plusieurs espèces de sapin, le mûrier, l'arbre à vernis et l'arbre à thé croissent sur ses montagnes, principalement au sud.

Productions et culture.

La province renferme 11 départements, 78 arrondissements, 26 millions d'habitants, et est administrée par un gouverneur qui dépend du vice-roi résidant à Hang-tchéou.

Le *Fo-kien* (établissement fortuné) est circonscrit, à l'est par le détroit de Formose, et au sud par le Kouang-tong; à l'ouest et au nord, la chaîne des You-ling et des Sia-kia-ling (prolongement des Nan-ling) qui renferme des pics élevés, le sépare du Kiang-si et du Tché-kiang. Le sol de cette province, particulière-

FO-KIEN.

Limites et configuration.

ment vers le nord, est hérissé, en tous sens, de montagnes, de collines et de rochers. Les côtes, en général très-élevées et très-abruptes, hardiment découpées, bordées de nombreuses îles qui forment elles-mêmes autant de petites montagnes, présentent un aspect formidable de plages sablonneuses et désolées, de falaises à pic et d'anses profondes où l'on pénètre par des passes tortueuses, de détroits inextricables, de caps hardis défendus par des récifs dangereux, et ont été, de temps immémorial, infestées par les pirates.

Rivières. Les deux principaux fleuves sont le *Min* au nord, et le *Loung-kiang* au sud. Le *Min* est formé de trois rivières qui descendent des monts *Bohéa* et se réunissent près de *Yen-ping-fou*; il coule vers le sud-est, arrose 27 villes importantes et se jette dans le canal de Formose, un peu au-dessus de *Fou-tchéou-fou*, la capitale du Fo-kien. Son cours, qui mesure environ 120 lieues, est presque partout navigable et traverse un pays très-tourmenté et très-pittoresque. Près de *Min-ngan-hien*, à 6 lieues de la mer, il se resserre brusquement entre deux montagnes hautes de 1,800 pieds, cultivées jusqu'à leur sommet d'où l'on embrasse un horizon admirable, couvertes d'arbres odoriférants, couronnées par des forts et hérissées de batteries. Dans cette passe étroite, le *Min* a une profondeur moyenne de 20 brasses. Cette belle et utile rivière est malheureusement d'un accès difficile, à cause des rochers nombreux qui se trouvent près de son embouchure et des grandes marées si fréquentes sur ces côtes. Le *Loung-kiang* (rivière du Dragon) prend sa source près des frontières du Kouang-toung, se dirige de l'ouest à l'est, se déverse, comme le Min, dans le canal de Formose, et embrasse, à son embouchure, l'île d'Amoy. Son cours est de 80 lieues. Les Fo-kiennois constituent une population rude et turbulente. La plupart enroulent leur queue sous un turban. On dit que cet usage, introduit vers l'époque de l'invasion mandchoue, fut, à l'origine, une protestation courageuse contre la tyrannie des conquérants qui imposèrent la queue à tous les Chinois comme un gage de servitude.

Fou-tchéou-fou (la cité heureuse) appelée *Hok-tchéou-hou* par ses habitants, capitale de la province, située sur la rive septentrionale du Min, à 9 lieues de son embouchure et à 15 kilomètres de l'île Pagode, près de laquelle viennent jeter l'ancre les bâtiments de fort tonnage; bâtie dans une plaine fertile d'environ 50 lieues carrées qu'environnent de belles montagnes dont quelques-unes ont 1,000 mètres de hauteur; entourée de murailles qui ont 30 pieds d'élévation, 12 pieds d'épaisseur à leur sommet et sur lesquelles on a construit, de distance en distance, de petites fortifications en bois défendues par des canons; percée de sept portes que surmontent de hautes tours. Maisons basses et mal construites; déplorable état de la voirie; quartier militaire entouré de murs et renfermant une garnison de 8,000 Mandchoux. Parmi les édifices ou les établissements publics très-rares et très-mesquins que renferme Fou-tchéou, il faut citer : un grand temple, le *Tching-ouang-miao* ; ceux qui sont dédiés au dieu de la guerre et à la déesse de miséricorde; le *Kiou-sien-chan* (colline des neuf génies), orné de nombreuses et jolies pagodes; les bains publics qu'alimentent plusieurs sources d'eau chaude et qui renferment cinq ou six citernes larges de 6 pieds, profondes de 4, où tout le monde se plonge pêle-mêle pour le prix modique de 2 centimes; la tour de la porte du Nord qui domine toute la côte et qui s'élève au bord d'un précipice de 100 pieds de profondeur. Le faubourg de *Nan-taï* fait communiquer Fou-tchéou avec le *Min*. Il se déploie parallèlement sur ses rives et occupe,

Villes principales.

au milieu de la rivière, une petite île que deux ponts de pierre, bordés par des boutiques, relient à la terre ferme. Une nuée d'embarcations de toutes grandeurs, ornées de fleurs ou de plantes au gai feuillage, encombre le cours du *Min*. On donne à Fou-tchéou 600,000 âmes. Le langage des habitants est rude comme leurs mœurs, particulièrement guttural, et diffère, sous ce rapport, de celui qu'on parle à Ning-po ou aux environs d'Amoy. Ils s'adonnent un peu au négoce, fort peu à l'industrie et beaucoup au funeste usage de l'opium [1].

Amoy ou *Hia-moun*, 45 lieues S.-O. de Fou-tchéou, située sur l'île du même nom qui est formée par l'embouchure du Loung-kiang et qui fait partie du département de *Tsiouen-tchéou-fou*. Port fréquenté, ouvert aux Européens par les traités de 1844. Les faubourgs, l'enceinte murée et la citadelle qu'une large route bien dallée, courant sur la crête des collines, relie à la cité, ont ensemble 2 lieues de tour. Une ligne de montagnes très-âpres, où l'on remarque de vastes tombes creusées dans le roc et ornées d'épitaphes, se développe derrière la ville qui est construite sur une langue de terre assez étroite. D'un côté de ce petit cap, se trouve le port intérieur protégé par les collines environnantes; de l'autre, s'étend la rade extérieure bordée en partie, vers l'est, par la petite île de *Koulang-sou* dont les batteries commandent entièrement la ville. Koulang-sou, qui mesure environ 1,600 mètres de longueur sur 1,200 de large et contient une population rurale de 3,500 âmes, fut occupée, pendant quatre ans, par les troupes anglaises, à l'époque de la première guerre de Chine. L'île d'Amoy a 16 lieues de tour et possède, avec la ville qui porte son nom, 400,000 habitants. De nombreux îlots l'accompagnent. Le plus considérable est, au nord-est, *Que-*

---

1. Ainsi que nous le verrons plus loin, Fou-tchéou est devenu, depuis quelques années, le centre principal du commerce des thés noirs.

moy ou *Kin-moun* (la rade d'or) dont les côtes basses contrastent singulièrement avec les montagnes voisines. La différence entre les hauteurs des marées dans le port d'Amoy est de 14 à 16 pieds. A marée basse, le Loung-Kiang est souvent à sec. Il y a deux siècles, Amoy était le principal entrepôt du commerce étranger avec la Chine.

Tsiouen-tchéou-fou, 35 lieues sud de Fou-tchéou, capitale d'un département riche et peuplé, qui renferme l'importante sous-préfecture de *Toun-ngan* et l'île d'Amoy. Un peu à l'est de Tsiouen-tchéou, on voit les collines d'*An-koï* où l'on récolte un thé noir d'une saveur particulière.

Tchang-tchéou-fou, sur le Loung-kiang, 52 lieues S.-O. de Fou-tchéou, 12 lieues ouest d'Amoy, au centre d'un bassin de 12 lieues de long sur 8 de large qu'environne de tous côtés un amphithéâtre de montagnes stériles aux sommets hardis et dénudés; bien bâtie et bien pavée, entourée de splendides cultures, de beaux arbres et d'innombrables villages. Pont de 800 pieds sur le fleuve; industrie active et variée; importantes manufactures de soieries; population intelligente qui s'élève, croit-on, à près de 700,000 âmes. *Tchang-tchéou* est une des villes importantes de la Chine.[1]

Hing-houa-fou, 16 lieues S. de Fou-tcheou, capitale d'un département populeux où l'usage de l'infanticide est, dit-on, très-répandu.

De nombreuses îles, grandes et petites, dépendent, pour la totalité ou pour une partie seulement de leur territoire, de la province du Fokien. Ce sont, entre autres, *Formose* et le groupe des *Pescadore*. Formose est séparée en deux parties bien distinctes par une chaîne

Formose.

---

[1]. *Souatao*, dont les traités de Tien-tsin ouvrent l'accès au commerce étranger et qui fut, avant l'époque de leur conclusion, le centre d'une contrebande très-active, est, à proprement parler, le port de Tchang-tchéou.

de montagnes, les *Mou-kan-chan*, qui traverse l'île du nord au sud et qui renferme plusieurs grands pics dont quelques-uns ont une altitude de 4,000 mètres. La partie occidentale, fertile, riante, bien cultivée, a 400 kilomètres de longueur sur 130 de largeur, et forme un département dont la capitale, *Taï-ouan*, est située au sud-ouest de Formose, à peu près sur la latitude de Canton. C'est une assez grande ville possédant une belle rade. *Tan-choui*, à 40 lieues au nord, et *Ki-loung*, bon port assez fréquenté, sur la côte septentrionale de l'île, à 15 lieues nord-est de Tan-choui, sont, après Taï-ouan, les villes les plus importantes de Formose. Les *Mou-kan-chan* et leur versant oriental sont habités par plusieurs tribus turbulentes et rivales, aux membres grêles, au teint olivâtre, qui n'ont pas toutes reconnu la juridiction des autorités chinoises. Elles portent les cheveux longs et se noircissent les dents. Honnêtes dans leur trafic et assez douces dans leurs mœurs, elles sont ardentes à la vengeance et très-portées aux idées superstitieuses. Elles paraissent, d'ailleurs, n'avoir point de culte et ne pas connaître l'écriture. On les suppose d'origine malaise ou polynésienne. Ce fut seulement au xve siècle que les Chinois visitèrent Formose, et en 1683, qu'ils y formèrent une colonie sérieuse après que le célèbre pirate Ko-ching-a en eût chassé les Hollandais. On évalue à 3,000,000 d'habitants la population actuellement soumise à l'autorité impériale. Beaucoup de riches Chinois du Fo-kien et du Kouang-toung achètent des terres à Formose, et ces deux provinces y déversent un perpétuel courant d'émigration. Cette grande île doit son nom européen à la beauté de ses côtes occidentales qui excita l'admiration des navigateurs portugais. Les Chinois l'appellent *Taï-ouan*, comme la première ville qu'ils y ont fondée [1].

1. Formose possède des mines de houille et de soufre encore inex-

Entre Formose et le Fo-kien, à 30 lieues sud-est d'Amoy, les *Pescadore* (en chinois, *Peng-hou-ting*) forment un groupe de 24 îlots qui constituent un arrondissement sous la juridiction du préfet de Taï-ouan-fou. La plus grande donne son nom à tout l'archipel. Elle en occupe le centre et possède un excellent port. Elle a environ 9 lieues de tour. Les Pescadore renferment 10,000 habitants, tous pêcheurs ou pirates. Elles produisent des ananas, du millet, des patates et des légumes destinés à la consommation de Formose. Les arbres y font presque complétement défaut.

<small>Iles Pescadore.</small>

Parmi les îles innombrables qui bordent les côtes du Fo-kien, il faut citer, outre Amoy et Quémoy, dont nous avons parlé plus haut, *Namoh*; *Na-nao*, célèbre dépôt d'opium; les groupes des *Lamyt*; les *Ockséou*; *Haïtan*, entre le Loung-kiang et le Min, et, au nord de cette rivière, les *Chiens-blancs*; *Ma-tsou-chan*; les *Sam-sah*; *Toung-young*; *Pih-siang*; *Pih-kouan*. Les pics que renferment quelques-unes de ces îles atteignent une altitude de 1,500 pieds.

Le Fo-kien étant très-accidenté et les sommets de ses montagnes ou de ses collines ne se trouvant point, en général, propres à la culture, le sol de cette province ne produit pas assez de céréales pour la nourriture de ses habitants. On y importe beaucoup de riz de Siam et de Formose. Le sucre, la porcelaine, le grass-cloth [1], le thé noir qui croît abondamment sur les monts *Vou-hi*, au sud-ouest de la province, sont les principaux objets d'exportation. Quelques montagnes sont bien boisées.

<small>Productions et cultures.</small>

12 départements subdivisés en 65 arrondissements;

<small>Gouvernement et population.</small>

ploitées. Tous ses ports : *Taï-ouan-fou, Tan-choui, Kiloung* et *Takao* admetttent librement aujourd'hui les navires de commerce étrangers.

1. On donne ce nom à des toiles très-fines fabriquées avec les fibres de deux espèces d'ortie.

15 millions d'habitants administrés par un gouverneur sous la juridiction du vice-roi du *Min-tché* qui réside à Hang-tchéou.

<small>HOU-PEH.</small>

<small>Limites.</small>

Réuni autrefois à la province voisine, le *Hou-nan*, sous le nom de *Hou-kouang* (les grands lacs), le *Hou-pé* (pays au nord des lacs) a pour limites, à l'est et au nord-est, le *Ngan-hoeï* et le *Ho-nan*, dont le sépare la chaîne des *Ma-ling*; au nord, le *Chen-si*; à l'ouest, le *Se-tchouen*; au sud, le *Hou-nan* et le *Kiang-si*. Le

<small>Rivières et lacs.</small>

Yang-tze-kiang baigne toute la partie méridionale de la province et le *Han-kiang* ou *Han-choué*, qui se jette dans le grand fleuve près de Vou-tchang-fou, la traverse du nord au sud; cette rivière prend sa source dans le Chen-si, entre la chaîne des *Peh-ling* et celle des *Ta-pa-ling*, reçoit quelques tributaires et se déverse dans le Yang-tze-kiang par un grand nombre d'embouchures, après avoir alimenté plusieurs lacs qui s'étendent dans une immense plaine de 80 lieues carrées, la plus fertile, dit-on, de toute la Chine, parallèlement au grand fleuve. Les principaux de ces lacs ont reçu les noms de *Lac au Millet, Lac de la Hache, Lac du Cheval rouge*. Le reste de la province est accidenté; la haute chaîne des *Ta-pa-ling* qui sépare, vers le nord-ouest, les bassins du *Han* et du *Yang-tze*, renferme plusieurs pics toujours neigeux.

<small>Villes principales.</small>

Vou-tchang-fou, capitale de la province, sur la rive orientale du grand fleuve qui la sépare de *Han-yang-fou*. Ces deux villes, en y comprenant les vastes faubourgs de Vou-tchang, qui forment eux-mêmes, au bord du Yang-tze, une vaste cité connue sous le nom de *Han-kéou*, constituent, au dire des statistiques chinoises, le plus grand centre commercial de tout l'empire. La largeur du fleuve auquel vient s'unir, près de Han-yang-fou, la rivière *Han*, est au moins de

4 kilomètres, bien que Han-yang soit situé à 200 lieues de son embouchure. Plus de 10,000 bateaux, de toute grandeur et de toute forme, reposent à l'ancre près des quais de *Han-kéou*, dont la longueur atteint, dit-on, 4 lieues. L'aspect misérable de la ville ne répond pas à ces conditions de prospérité. Les rues sont sales, bourbeuses, infectes, et beaucoup de maisons tombent en ruines. *Han-kéou* a été occupée plusieurs fois par les rebelles depuis le commencement de l'insurrection. Les traités de Tien-tsin l'ont ouvert au négoce étranger.

Kin-tchao-fou, sur le Yang-tzé, 45 lieues ouest de Vou-tchang. Position militaire importante; nombreuse garnison.

Siang-yang-fou, sur la rivière Han, célèbre dans les annales historiques de la Chine.

Céréales, soie, coton, thé, cire, bois de charpente, nombreuses fabriques de papier et de toiles. Pêcheries abondantes.

Productions.

27,000,000 d'habitants, 11 départements, 67 arrondissements; un gouverneur administrant sous les ordres du vice-roi du *Liang-hou*. Ces deux fonctionnaires résident à Vou-tchang.

Population et gouvernement.

Entre le Hou-pé, au nord; le Se-tchouen et le Koueï-tchéou, à l'ouest; le Kouang-si et le Kouang-toung, au sud; le Kiang-si, à l'est, se trouve compris le *Hou-nan* (pays au sud des lacs) dont le sol est plus montueux encore que celui du Hou-pé. La partie sud-est de la province que parcourt un prolongement des Nan-ling, renferme des plateaux élevés et stériles où une population éparse et misérable trouve à peine sa subsistance. Au sud-ouest, les Nan-ling, qui séparent le Hou-nan du Kouang-si, sont habités par plusieurs tribus de *Miaotze* insoumis, dont les fréquentes révoltes à main armée causent beaucoup de soucis aux autorités indi-

HOU-NAN.

Configuration et limites.

Rivières et lacs. gènes. La province est arrosée par trois grandes rivières, le *Siang*, le *Tsé* et le *Youen* [1], qui prennent naissance dans les Nan-ling, coulent du sud au nord et se jettent, toutes trois, dans le lac *Toung-ting*. Ces rivières reçoivent plusieurs affluents et sont reliées entre elles par des canaux, en sorte qu'il n'y a point en Chine de province où les voies de communication et de transport soient plus nombreuses qu'au Hou-nan. Nous avons dit plus haut que le *Toung-ting* était le plus grand lac de la Chine propre et qu'il communiquait avec le Yang-tze-kiang. Sur ses rives, que bordent des plaines extrêmement fertiles, sont situées les villes les plus considérables de la province. On dit que ses eaux sont infestées de pirates qui mettent souvent à contribution les villages de la côte.

Villes principales. *Tchang-tcha*, capitale de la province, sur le Siang-kiang, ville importante, très-peu connue des étrangers, reliée, par des canaux, avec toutes les autres préfectures de la province.

Yoh-tchéou-fou, sur la rive orientale du Toung-ting, vaste entrepôt de commerce.

Culture et productions. Le sol, en général bien cultivé, excepté dans les départements du sud-est, où sa grande élévation le rend infertile, produit des céréales et particulièrement du riz. On trouve sur les montagnes des pins, des cassiers et d'autres bois de charpente qui remontent, sous forme de radeaux, jusqu'au grand fleuve. Elles renferment du charbon, du fer, du plomb et de la malachite.

Population et gouvernement. 12 départements, 67 arrondissements, 19,000,000 d'habitants administrés par un gouverneur qui réside à Tchang-tcha et qui relève du vice-roi du Liang-hou.

---

1. Ce sont les noms indiqués par les cartes chinoises. Nous ne savons sur quelle autorité s'appuie du Halde lorsqu'il donne les noms de *Hen-kiang* et de *Lo-kiang* au Siang-Kiang et au Tsé-kiang.

Le *Chen-si* (défilés de l'occident) est limité, au nord, par la grande muraille ; à l'est, par le *Kan-sou* ; au sud, par le Sé-tchouen et le Hou-pé ; à l'est, par le Ho-nan et le fleuve Jaune qui le sépare du Chan-si. Population rude et laborieuse. Sol très-inégal, surtout dans l'ouest et le sud, mais s'abaissant et s'aplatissant vers l'est. Nombreuses rivières, dont les principales sont : au centre, le *Loh*, le *King* et le *Oueï*, venant toutes trois du Kan-sou et toutes trois tributaires du fleuve Jaune, et, au sud, le *Han*, grand affluent du Yang-tze, dont nous avons parlé plus haut. Les bassins de ces rivières, principalement celui du *Oueï-ho*, dont le cours a 160 lieues de longueur, sont bien cultivés et fertiles. Les montagnes les plus élevées du Chen-si se trouvent dans la chaîne des *Peh-ling* qui, traversant la province de l'ouest à l'est, forme la commune limite des bassins du *Hoang-ho* et du *Yang-tze*. Les deux routes qui conduisent de Péking au *Kan-sou* et au *Sé-thouen*, passent par le Chen-si. Leur construction, dans cette région montueuse, a exigé des travaux d'art coûteux et difficiles.

Si-ngan-fou, sur le *Oueï-ho*, capitale de la province. Résidence des empereurs sous la dynastie *Tang*, Sig-nan a conservé des vestiges encore imposants de son antique magnificence. Elle est aujourd'hui la ville la plus considérable et comme la métropole de la Chine occidentale. On y remarque un monument fort curieux, revêtu d'une longue inscription latine et que l'on attribue aux missionnaires nestoriens qui pénétrèrent en Chine au vi[e] siècle de notre ère. Le vice-roi, chargé de l'administration du Chen-si et du Kan-sou, réside à Si-ngan. Un corps de troupe considérable, destiné à maintenir la sûreté des frontières, est placé sous ses ordres.

Hang-tchong-fou, sur le Han-kiang, 50 lieues sud-ouest de Si-ngan, ville considérable.

CHEN-SI.

Limites et configuration.

Rivières.

Villes principales.

Yu-lin-fou, située près de la frontière septentrionale du Chen-si, à 100 lieues nord de Si-ngan; poste militaire important.

<small>Culture et productions.</small>

Orge, millet, coton; point de riz ni de mûriers, à cause de la rigueur du climat. Rhubarbe, cire, musc. Mines d'or et de houille. On trouve des parcelles d'or dans plusieurs rivières du Chen-si. Grands troupeaux de chèvres, de moutons et de bêtes à cornes. Nombreux haras; beaucoup d'animaux sauvages dans les forêts qui couvrent le nord de la province.

<small>Population et gouvernement.</small>

Douze départements, 83 arrondissements; 10 millions d'habitants administrés par un gouverneur résidant à *Si-ngan,* et placé sous la juridiction du vice-roi du *Chen-kan.*

<small>KAN-SOU.</small>

La conformation de cette province, l'une des plus vastes de l'empire, est extrêmement irrégulière. Elle a été formée par l'annexion de deux territoires dont l'un faisait partie autrefois du *Chen-si,* tandis que l'antre a été emprunté aux solitudes mongoles. D'une étendue à peu près égale, ils sont unis par un défilé compris entre la chaîne des *Ki-lian* et le désert, en sorte que la forme du Kan-sou imite assez bien celle du chiffre *huit.* La grande muraille et la Mongolie le bornent au nord et à l'est, l'*Ili* à l'ouest, le *Ko-ko-nor* au sud-ouest, le *Sé-tchouen* au sud, le *Chen-si* à l'est. Les premières syllabes des noms qui désignent deux de ses principales villes *Kan-tchéou* et *Sou-tchéou,* forment le sien. Il renferme de hautes montagnes dont quelques-unes ont une altitude de 10,000 pieds. Ce sont les *Ki-lian,* situés vers le nord-ouest, et les *Loung-chan,* qui se détachent des Péh-ling, dans la partie méridionale de la province, courent vers le nord-est et séparent le bassin du *Ouëi-ho* de celui du fleuve Jaune. Ce dernier entre dans le *Kan-sou* par la latitude de *Lan-tchéou,* sa capitale, le tra-

<small>Limites et configuration.</small>

<small>Rivières.</small>

verse dans la direction du nord-est et y reçoit plusieurs tributaires, entre autres le *Ta-toung*, au nord, qui descend des Kilian, et le *Tchao-ho*, au sud, qui prend sa source dans les Pé-ling. D'autres rivières de moindre importance prennent naissance au nord des Ki-lian et coulent du côté du désert. Le climat de la province est encore plus rude que celui du Chen-si, et les habitants, dont une partie appartient à la race mongole, se revêtent de fourrures pendant l'hiver, selon la mode tartare.

Lan-tchéou-fou, capitale, sur la rive méridionale du Hoang-ho, près du coude que forme ce fleuve en tournant brusquement vers le nord. Villes principales.

Si-ning-fou, 40 lieues nord-ouest de Lan-tchéou; résidence du fonctionnaire qui administre le *Ko-ko-nor*. Commerce important.

Ning-hia-fou, à 60 lieues nord-est de *Lan-tchéou*, un peu à l'ouest du fleuve Jaune. La plus grande des villes chinoises situées sur les confins du désert.

Kiao-kouan, à l'extrémité ouest de la grande muraille et près du défilé qui porte le même nom. Garnison nombreuse; commerce d'échange considérable entre la Chine civilisée et les peuplades du désert.

Au nord-ouest du défilé *Kiao-kouan*, s'étend le pays de *Barkoul* qui forme la partie occidentale du Kan-sou et dont l'administration est confiée à des chefs de tribus sous la surveillance immédiate de fonctionnaires chinois. Il renferme plusieurs villes dont les plus importantes sont : *Barkoul*, *Hami* et *Oroumtsi*. — *Barkoul* (en chinois *Tchin-si-fou*), un peu au sud du lac qui porte son nom, est une grande ville dont les environs sont assez bien cultivés. Elle a une garnison de 1,000 Mandchoux et de 3,000 Chinois. *Hami*, au sud de Barkoul, possède un dépôt très-considérable d'armes et de munitions de guerre. Elle est le centre d'un commerce im- Barkoul.

portant entre les tribus mongoles qui habitent le Barkoul et le *Dzassactou*. De toutes les cités appartenant à la Chine propre, *Oroumtsi*, que les Chinois appellent *Ti-oua-tchéou*, est la plus éloignée de Pé-king ; 800 lieues la séparent de la capitale de l'empire. En réunissant au *Kan-sou* le pays de Barkoul, occupé jadis par des tribus de Mongols nomades, la politique du cabinet de Péking a fait preuve d'une sage prévoyance dont elle a déjà recueilli d'heureux résultats. La guerre d'extermination soutenue en 1770 contre les Eleuths révoltés, avait dépeuplé les campagnes qui environnent Oroumtsi. Le gouvernement impérial y établit 10,000 soldats avec leurs familles, en fit un lieu d'exil pour ses sujets criminels et ne cessa d'y encourager, par des cessions de terrain, l'immigration des paysans chinois. Plusieurs établissements militaires et agricoles furent ainsi fondés, et les peuplades voisines, attirées par l'appât des bénéfices qu'elles retirent de leurs relations commerciales avec ces colonies naissantes, commencèrent à se fixer au sol. On assure que la dynastie actuelle applique, avec succès, cet habile système sur plusieurs points des immenses frontières qui séparent la Chine propre des régions mongoles. *Hami*, *Barkoul* et *Oroumtsi* sont situées sur la grande route qui relie Péking à Kachgar et traverse ainsi toute l'Asie centrale.

Cultures et productions. On cultive le froment, l'orge, le millet et une grande variété de légumes dans la partie du Kan-sou située à l'est du fleuve Jaune. Les Tartares, qui habitent le nord-ouest de la province, élèvent de nombreux troupeaux. Les montagnes sont riches en métaux et en minéraux ; on y trouve de l'or, de l'argent, du cuivre, du jade.

Population et gouvernement. Quinze millions d'habitants, 15 départements, 65 arrondissements ; un gouverneur résidant à Lan-tchéou et administrant sous la juridiction du vice-roi du *Chen-Kan*.

GÉOGRAPHIE

Le territoire du Sé-tchouen (pays des grandes rivières) la plus étendue des dix-huit provinces, a pour limites, au nord, le Kan-sou et le Chen-si ; à l'ouest, le Ko-ko-nor et le Thibet ; au sud, le Kouëi-tchéou et le You-nan ; à l'est, le Hou-pé. Les Youn-ling le bornent à l'ouest et étendent leurs puissantes ramifications par toute la province dont le sol, à l'exception de la grande plaine où est située la capitale, est sillonné de hautes montagnes, de vallées profondes, de défilés étroits et dangereux. Le *Yang-tze* contourne toute la partie méridionale du Sé-tchouen, coulant d'abord vers le sud-est, à partir du point où il y pénètre par ses frontières occidentales et se relevant ensuite près du You-nan, pour prendre la direction du nord-est, jusqu'au moment où il entre dans le Hou-pé. Il reçoit, dans la province, quatre principaux affluents qui l'arrosent toute entière. Ce sont à l'ouest, le *Ya-loung-kiang*, dont le cours rapide et à peine navigable a 250 lieues de longueur : il passe, aux yeux de plusieurs géographes, pour la principale branche du grand fleuve ; — au centre, le *Min*, qui baigne *Tching-tou-fou*, capitale du Sé-tchouen et que les gros bateaux remontent jusqu'à cette ville ; — à l'est, le *Kia-ling* qui vient du nord de la province et qui, alimenté par un grand nombre de petits tributaires, rejoint le Yang-tze à *Tchoun-king-fou*. Ces rivières descendent des *Youn-ling* ou des *Pé-ling* ; leurs bassins, encaissés par de hautes chaînes, sont en général larges, unis et bien cultivés. On utilise principalement leurs cours pour le transport des bois de charpente que l'on exploite dans les montagnes. Le climat du Sé-tchouen passe pour très-sain. Les habitants, qui appartiennent à plusieurs races et qui ont souvent, comme ceux du Kan-sou, à souffrir de la famine, sont de mœurs rudes et turbulentes. Les brigandages, les meurtres, les insurrections sont très-fréquentes dans cette vaste province, et les tribus qui peuplent les montagnes

Marginalia : SE-TCHOUEN. — Configuration et limites. — Rivières.

de l'ouest se montrent particulièrement indisciplinées.

<small>Villes principales.</small> *Tching-tou-fou* : capitale de la province, sur la rivière Min, située au centre d'une vaste plaine très-fertile. Résidence du vice-roi qui administre la province. Cette ville, autrefois très-importante, souffrit beaucoup de l'invasion mandchoue. Elle a été visitée par le Père Huc qui l'a décrite dans la relation de son voyage.

Tchong-king-fou : également sur le grand fleuve, près de l'embouchure du Kialing.

Su-tchao-fou : à l'embranchement du Min et du Yang-tze.

<small>Cultures et production.</small> Fertilisé par d'abondantes irrigations, le sol des vallées produit beaucoup de céréales. On cultive aussi, dans la province, le mûrier, le thé, la rhubarbe. Elle exporte du musc et des pelleteries, et possède une race de chevaux petits, mais durs à la fatigue et très-estimés. Ses montagnes possèdent des richesses minérales dont une exploitation intelligente pourrait tirer un grand parti.

<small>Population et gouvernement.</small> Vingt-six départements, 125 arrondissements, 21 millions d'habitants. Le Sé-tchouen, en raison de son étendue, de sa situation politique et des difficultés excessives que présente son administration, est placé sous la juridiction directe d'un vice-roi qui réside à *Tching-tou-fou*.

<small>KOUANG-TOUNG.</small> Le *Kouang-toung* (grand pays de l'est), est compris entre le Fokien à l'est, le mer de Chine au sud, le Kouang-si à l'ouest, le Hou-nan et le Kiang-si au nord. Les <small>Configuration et limites.</small> *Nan-ling* la séparent de ces deux dernières provinces. On a donné des noms différents aux principales montagnes de cette grande chaîne. Le Mei-ling, que franchit, par un défilé célèbre, la route du Hou-nan, est la plus connue. La hauteur moyenne des Nan-ling, dont les ramifications s'étendent, en tous sens, jusqu'aux bords de la

GÉOGRAPHIE 85

mer, ne dépasse pas 1,500 pieds dans le Kouang-toung.

Formé, comme nous l'avons vu, par la réunion de trois rivières, le Si-kiang (fleuve de l'Ouest) qui prend sa source dans le You-nan et traverse tout le Kouang-si, le Pé-kiang (fleuve du Nord) qui descend des Meï-ling, et le Toung-kiang (fleuve de l'Est), dont l'embouchure est située près de Whampoa, le fleuve des Perles (*Tchou-kiang*) baigne Canton, capitale de la province, et se jette dans la mer de Chine entre Hong-kong et Macao. Une autre rivière, beaucoup plus petite, le *Han-kiang*, arrose la partie orientale du Kouang-toung. Elle sort également des Nan-ling, coule vers le sud et se déverse dans la baie de *Tchao-tchao*. Les navires européens peuvent remonter le fleuve des Perles jusque sous les murs de Canton, à 30 lieues de son embouchure, et les rivières de l'ouest, du nord, de l'est, particulièrement la première, sont navigables, dans la plus grande partie de leurs cours, pour les bateaux du pays. Le *Si-kiang* a 200 lieues de longueur, le *Pé-kiang* et le *Toung-kiang* environ 80.

Rivières.

Un peu moins âpres, mais non moins découpées que celles du Fo-kien, les côtes du Kouang-toung possèdent quelques rades excellentes. Leur développement entre le Fo-kien et la Cochinchine ne mesure pas moins de 240 lieues. Plus de 300 îles, en général fort peu connues, les accompagnent. *Haï-nan* dont nous parlerons plus tard est la plus grande. En face de Haï-nan est située la presqu'île de Lou-tchéou dont l'extrémité, que traverse la 20e latitude, est le point le plus méridional du continent chinois.

Côtes.

Kouang-tchéou-fou que les Portugais ont appelé *Kamtom*, du nom même de la province (Kouang-toung) et les Anglais *Canton*, par imitation des Portugais, capitale du Kouang-toung, située sur la rive septentrionale du *Tchou-kiang*, par la même latitude que Calcutta et la Havane. Les légendes la désignent sous le nom de

Villes principales.

Canton.

ville des Béliers ou ville des Génies que lui donnent quelquefois ses habitants. Elle a 4 lieues de tour y compris ses faubourgs et se développe, le long du fleuve, sur une longueur d'au moins 6 kilomètres. Son enceinte mesure 2 lieues et demie et les maisons y touchent de si près, du côté de la ville ou des faubourgs, que parfois elles la dissimulent complétement. La hauteur de cette enceinte varie de 25 à 40 pieds. Revêtue de briques et appuyée sur des fondations de grès, elle a 20 pieds d'épaisseur. Un fossé, aujourd'hui entièrement à sec du côté du nord, l'entourait dans l'origine. Elle est percée de douze portes que l'on ferme tous les soirs, et dont la surveillance est confiée à une garde nombreuse. Un mur longitudinal allant de l'est à l'ouest et muni de trois portes, sépare Canton en deux cités intérieures, la vieille ville et la nouvelle. Une multitude de jonques et d'embarcations, de toutes formes, de toute destination, de toutes couleurs, rangées symétriquement les unes à côté des autres, formant des rues et des places, occupent une grande partie de la rivière sous les murs de la ville. Les plus ornées sont ces fameux bateaux de fleurs, séjour des courtisanes de Canton, lieux de délassement, de réunion et de plaisirs faciles pour les riches habitants de la cité. On évalue à 1,000,000 d'âmes la population cantonnaise. Elle passe pour une des mieux douées, des plus vives et des plus turbulentes de l'empire. Les rues de Canton sont, en général, propres et bien pavées. Parmi les édifices publics qu'elle renferme et dont on compte plus de 150, il faut citer : près de la porte occidentale de la vieille ville, deux pagodes dont l'une, bâtie il y a mille ans et haute de 60 mètres, sert de temple aux mahométans, et l'autre, vieille de treize siècles, est une fort belle tour à neuf étages qui s'élève à 180 pieds; — une grande pagode de cinq étages, construite sur une éminence près de la porte du nord et qui domine toute la cité; — un très-grand temple de Boudha, le *Haï-tchouang-sze*, situé sur l'île de Ho-nan, en face de Canton; précédé d'un assez beau portique que gardent deux statues de formes colossales et bizarres; consistant en un temple carré d'assez vaste dimension où l'on voit trois images dorées de Boudha (le Boudha passé, le présent et le futur) et qu'entoure une suite interminable de cellules, de cours, de jardins; il sert d'asile à plus de 160 prêtres qui y possèdent une bibliothèque et une imprimerie, y chantent à toute heure du jour les louanges de leur dieu et se chargent d'entretenir, dans une enceinte consacrée, les cochons offerts à Boudha par la piété des fidèles; le Haï-tchouang-tzé occupe, avec ses dépendances et le mur qui les entoure, un espace de 4 hectares; — deux autres temples de Boudha qui se trouvent dans la ville vieille dont l'un, le *Kouang-hiao-sze*, habité par 200 prêtres, possède plus de 1,800 hectares de terrain en toute propriété; — trois autres édifices religieux consacrés au culte de *Tao*; — le *Tching-houang-miao*, temple protecteur de la cité, que l'on retrouve dans toutes les villes chinoises et qui est à Canton d'une grande richesse; — le *Koung-youen* (salle des examens littéraires), édifice spacieux situé au sud-est de la ville vieille et contenant plus de mille cellules où sont enfermés, quelques jours avant l'examen, les candidats qui se disposent aux luttes académiques. La ville vieille renferme les résidences officielles des principaux fonctionnaires de la province. Le palais du vice-roi des deux Kouangs se trouvait dans la ville neuve. Il a été presque entièrement détruit lors de la prise de Canton par les alliés en 1857, et, sur ses ruines, ont été jetés les fondements d'une église catholique. Un peu au nord de la capitale du Kouang-toung s'étendent les collines des *Nuages blancs* dont la hauteur moyenne est de 1,200 pieds;

elles sont arides, pelées et couvertes de sépultures. Une route bien dallée les relie à la ville. Au sud, entre l'enceinte murée et le fleuve, resserrées à l'est et à l'ouest par les faubourgs, étouffaient, il y a huit ans encore, les factoreries européennes. Réunies au jardin commun construit à grands frais par les négociants étrangers, elles occupaient un peu moins de 8 hectares ; elles ont été incendiées au début de la guere qui a brisé nos humiliantes entraves. En face du jardin des Factoreries, l'île basse et fertile de *Ho-nan* divise le Tchou-kiang en deux bras dont le plus étroit, qui est aussi le plus profond, la sépare de Canton. A l'ouest de Ho-nan, sur la rive septentrionale du fleuve, se trouvent les jardins de fleurs dont la culture, très-admirée des amateurs chinois, est aujourd'hui bien inférieure à celles de nos parterres européens. Ils fournissent des plantes au Kouang-toung et aux provinces voisines. Au sud-est et en descendant le fleuve, on rencontre successivement : une petite île dominée par un fort qu'entourent de beaux arbres et de jolies maisons aux formes gracieuses ; les Anglais l'appelle *Dutch-Folly* et les Chinois lui ont donné le nom de Perle de la mer ; — l'île basse de *Whampoa*, à 5 lieues de Canton, avec ses deux pagodes et sa petite ville devant laquelle mouillent tous les navires étrangers de fort tonnage qui ne peuvent remonter le fleuve jusqu'à la capitale du Kouang-toung ; — un peu au delà du Whampoa, les *Iles française* et *danoise*, où se trouvent des cimetières consacrés à la sépulture des marins étrangers. A 12 lieues plus au sud, entre deux rochers armés de batteries, un étroit et pittoresque défilé que les Chinois appellent *Fa-moun* (la Bouche du tigre), forme la principale embouchure du fleuve des Perles. En sortant du Fa-moun, il se développe en une baie vaste et profonde dont le pic majestueueux de Lantao occupe à peu près le centre.

C'est la baie de *Lin-tin*, à laquelle une petite île munie d'un assez bon mouillage a donné son nom. Lin-tin est célèbre par la contrebande d'opium qui s'y faisait autrefois.

Fondée deux siècles avant Jésus-Christ et parvenue rapidement à une très-grande prospérité, ruinée par les Mandchoux qui s'en emparèrent après un siége opiniâtre de onze mois et firent périr, si on en croit les annales indigènes, 700,000 de ses habitants, sortie, comme par enchantement, de ses ruines pour devenir l'unique entrepôt du commerce étranger avec la Chine, jusqu'au moment où les traités de 1844 lui eurent ouvert de nouveaux débouchés, Canton était une des plus industrielles et des plus opulentes cités de l'empire. Les conséquences naturelles des graves événements qui se sont accomplis en Chine depuis trente années, le développement de notre influence et de nos relations sur des points plus rapprochés des districts qui produisent le thé, la soie et le coton, la translation à Péking des ambassades étrangères ont affaibli progressivement l'importance commerciale et politique[1] de la capitale du Kouang-toung sans la faire déchoir entièrement du rang illustre qu'elle occupait, depuis un temps immémorial, parmi les plus grandes villes de la Chine. Canton fabrique beaucoup de soieries et de cotonnades; on évalue à plus de 50,000 le nombre de ses ouvriers tisseurs.

Chao-king-fou : 25 lieues ouest de Canton, sur le Si-kiang, dans une position magnifique; capitale d'un département qui produit beaucoup de thé; ancienne résidence du vice-roi des deux Kouangs et une des villes les mieux bâties de la province.

Nan-hioung-fou : sur une des branches du Pé-

---

[1]. On sait que le vice-roi des deux Kouang, résidant à Canton, était muni de pleins pouvoirs qui l'autorisaient à traiter les affaires de l'empire avec les représentants des puissances étrangères.

kiang; 60 lieues nord de Canton. Entrepôt très-actif des marchandises que le Kouang-toung et principalement Canton expédient, à travers le Kiang-si, pour le nord de la Chine. Elles sont transportées à dos d'hommes par une route qui franchit le Meï-ling et qui relie *Nan yong* avec *Nan-gan-fou*. A partir de cette dernière ville, elles descendent le cours de la rivière Kan jusqu'au lac *Po-yang*. On dit que 50,000 coulis sont continuellement occupés à ce transport.

Chao-tchéou-fou également sur le Pé-kiang, à 35 lieues nord de Canton. Les voyageurs européens qui ont remonté le fleuve du nord, vantent beaucoup, dans leurs récits, la beauté sauvage de ses rives que bordent particulièrement, entre Nan-hioung et Chao-tchéou, des montagnes abruptes et nues dont les sommets arides semblent se toucher. Ce sont des masses compactes et calcaires de couleur sombre sous lesquelles s'étendent de vastes bancs de grès et qui recèlent des mines de houille. On remarque sur les bords du Pé-kiang, cinq rochers de formes bizarres que l'on a surnommés les Cinq-Têtes-de-chevaux, et un temple dont les sanctuaires, les cellules, les autels et les statues ont été taillés dans un rocher à pic de 500 pieds de haut. C'est un lieu de pèlerinage fameux dans tout l'empire et dédié à la déesse *Kouan-Yin*.

Fou-chan ou *Fat-chan* ville considérable, située sur le Si-Kiang à 4 lieues sud-ouest de Canton, et renfermant de riches manufactures de soieries.

Parmi les îles très-nombreuses qui bordent les côtes du Kouang-toung, il faut citer particulièrement : *Haï-nan*, *Hiang-chan*, *Chang-tchouen*, *Hong-kong*.

Séparée de la péninsule de *Loui-tchéou* par un étroit bras de mer que sèment de dangereux récifs, l'île de *Haï-nan*, deux fois grande comme la Sicile, forme un département subdivisé en treize districts. Les mers qui l'environnent sont infestées de pirates, et soulevées, pendant la saison chaude, par de fréquentes tempêtes. Elle renferme 1,500,000 habitants, et possède plusieurs ports dont *Kioun-tchéou*, situé sur la côte septentrionale est le meilleur [1]. Le centre de l'île est occupé par la chaîne des *Li-mou* où résident plusieurs tribus encore insoumises. Un pic gigantesque, le *Vou-tchi-chan* (la Montagne des cinq doigts), se dresse à l'extrémité occidentale de la chaîne qui donne naissance à plusieurs rivières. La plus considérable, le *Limou-ho*, coule vers le nord et se jette dans la mer près de *Kioun-tchéou*. Les côtes de Haï-nan ont été peuplées, en grande partie, par des émigrants Fokiennois qui y ont fondé une colonie commerçante, agricole et maritime. Elles produisent le palmier, le cocotier et d'autres plantes tropicales qu'on ne trouve pas sur le continent chinois. On récolte aussi à Haï-nan, du riz, des patates, du sucre, du tabac et une espèce de cire blanche fort estimée. De beaux bois de charpente croissent sur les montagnes.

Entre les deux bras principaux du Tchou-kiang, et au sud de Canton s'étend, sur une longueur d'environ 25 lieues, l'île fertile et pittoresque de *Hiang-chan*. Plate et coupée, vers le nord, par de nombreux canaux, qui font communiquer les deux bras du fleuve, gracieusement accidentée vers le sud, très-peuplée et admirablement cultivée dans presque toutes ses parties, elle se termine, au sud-ouest, par une presqu'île longue et étroite, sur laquelle est située la ville portugaise de *Macao*. La petite colonie dont elle est la capitale a été fondée en 1680. Ses côtes sont élevées, arides et rocheuses, le centre de la presqu'île étant seul propre à la culture. Son territoire, qui n'a pas plus de 3 lieues de

Macao.

---

[1]. En vertu des traités de Tien-tsinn, le port de Kioun-tchéou est ouvert aujourd'hui aux étrangers.

tour, vient aboutir, vers le nord-est, à un isthme très-étroit qui forme le trait d'union entre la colonie portugaise et le sol chinois de Hiang-chan. Il y a quelques années, un mur épais dont la porte était gardée par un détachement de troupes chinoises, formait la limite commune ; un magistrat chinois, placé sous la surveillance du sous-préfet de Hiang-chan, administrait les habitants chinois de Macao, et les gouverneurs portugais payaient au vice-roi des deux Kouang une redevance annuelle, que celui-ci ne manquait pas de revendiquer comme un impôt. La persistance souvent héroïque des habitants et des autorités de la colonie l'ont successivement affranchie de ces pesantes entraves. La barrière chinoise, a été renversée en 1845, à la suite de l'assassinat du courageux gouverneur Amaral, et l'indépendance de Macao qui existait, en fait, depuis ce tragique événement a été définitivement consacrée par le traité conclu récemment entre le Portugal et la Chine [1]. La ville de Macao occupe l'extrémité sud du territoire de la colonie. Au nord, se trouvent le bazar chinois et le port intérieur qui constitue lui-même une des bouches du Tchou-kiang, et que borde, vers le nord-ouest, l'île pittoresque de Mackérara. Il renferme un charmant îlot, (Ilha-verde), lieu de promenade et de récréation pour les habitants de la ville. Au sud-est, s'étend la cité portugaise, et se développe, en face de la rade extérieure, un quai magnifique, demi-circulaire, la Praya-grande. Macao est, sans contredit, la ville la mieux bâtie de la Chine ; elle ne possède aucun édifice remarquable, mais ses maisons européennes, vastes, largement construites, reposant sur des assises de granit qui défient les ravages du temps, ses hautes églises, ses trois forts dont le plus grand cou-

[1]. Certaines difficultés s'étant produites au sujet de l'interprétation de la clause qui stipulait, dans ce traité, l'indépendance de Macao, les deux gouvernements n'en ont point encore échangé les ratifications.

ronne la cité, tout cet ensemble offre un aspect imposant et grandiose qui frappe les regards du voyageur lorsqu'il franchit le seuil de la Chine, et qui fait rêver aux grandeurs déchues du Portugal. Macao est devenu port libre depuis 1846. Délivrée deux ans plus tôt des entraves que les exigences de sa douane apportaient au développement du commerce européen, la colonie portugaise n'eût pas vu grandir, à quelques lieues de ses côtes, *Hong-kong* sa rivale, dont la prospérité à peine naissante en 1844, a, depuis longtemps déjà, fait pâlir la sienne; les produits de sa ferme des jeux ne seraient pas actuellement sa principale branche de revenus ; elle eût dégagé l'entrée de son port intérieur des vases qui l'obstruent, et creusé un large chenal dans sa grande rade où les gros navires ne peuvent jeter l'ancre à moins de 2 lieues du rivage; rafraîchie par les brises de mer qu'elle reçoit de tous côtés, et jouissant d'un climat exceptionnellement salubre sous ce ciel de feu, elle fût restée le premier port européen de la Chine. La ville chinoise de Macao fut presque entièrement détruite par un incendie au mois de décembre 1855, et rebâtie, sur un plan nouveau, par les soins du gouverneur Don Isidoro Guimaraêns, qui fit construire un beau quai sur le port intérieur. On sait que le grand poëte Camoëns fut exilé à Macao, pour avoir écrit des vers satiriques sur le vice-roi de Goa, et qu'il y composa sa Lusiade. Dans un des jardins de la ville, sous de grands arbres touffus, dont le soleil des tropiques ne perce jamais l'épais feuillage, se trouve une grotte d'une fraîcheur délicieuse, où, selon la légende macaïste, il venait chaque jour, méditer ses strophes immortelles. On compte à Macao 30,000 âmes, dont 24,000 Chinois. Les négociants étrangers dont les comptoirs sont établis à Canton ou à Hong-kong, ont presque tous, dans la colonie portugaise, des habitations de plaisance où ils vont passer les jours les plus chauds de l'année. Un service de steamers entretient des communications régulières et fréquentes entre Hong-kong, Canton et Macao.

Hong-kong. *Hong-kong* ou *Hiang-kiang* (ruisseaux odorants), dont la cession définitive a été faite, en 1842, au gouvernement anglais par le traité de Nanking [1], est une petite île de 8 lieues et demie de circonférence, située dans l'embouchure du *Tchou-kiang*, par le 22e de latitude nord et le 112e de longitude est, à 16 lieues est de Macao, et à 30 lieues sud de Canton. Elle est hérissée de montagnes arides, que séparent des vallées très-étroites, et dont la plus élevée, Victoria Peak, mesure environ 600 mètres. Ses côtes sont des falaises abruptes, et il a fallu conquérir en partie, sur la montagne, par d'immenses tranchées, la plage étroite et malsaine où s'est élevée la grande ville de Victoria. Mais la rade près de laquelle on l'a construite, et que protègent, au sud, les collines de Hong-kong, au nord, les grandes chaînes du continent, est une des plus vastes, des plus profondes, des plus sûres et des plus pittoresques du monde. La situation de Victoria, au nord de l'île et aux pieds même d'un grand pic, qui arrête, pendant la saison chaude, le souffle bienfaisant de la brise du sud-ouest, est malheureusement insalubre. Avant le traité de Nanking, Hong-kong renfermait une population misérable de 2,000 ou 3,000 Chinois, vivant à grand peine, des produits de leur pêche et de leur culture : on n'y compte pas aujourd'hui moins de 120,000 habitants. Sa capitale possède de nombreux édifices, un palais pour le gouverneur, des églises pour les différents cultes, des casernes, des hôpitaux, de nombreuses écoles pour les étrangers et les Chinois, un

---

1. Ki-chen l'avait cédée provisoirement au capitaine Elliot par la convention de janvier 1841.

beau club. A mesure que Victoria s'embellit, elle cherche des sites plus agréables et plus sains en s'étendant sur les collines environnantes que les brises d'été peuvent atteindre et rafraîchir. En même temps sa population chinoise, composée, aux premiers temps de la colonie, de vagabonds et de pirates, s'augmente et s'épure; ses comptoirs deviennent plus nombreux et plus riches; ses relations commerciales s'accroissent avec une rapidité prodigieuse; on construit un champ de course, des routes magnifiques, un beau quai. Enfin, le traité de Tien-tsin cède aux Anglais un territoire fertile, situé sur le continent, au fond de la baie de *Kaoulong*, et un peu au nord-est de Victoria, complétant ainsi la colonie de Hong-kong, une des belles créations du génie maritime de la Grande-Bretagne. L'administration de cette colonie est confiée à un gouverneur, un grand-juge et un conseil législatif. Avant les traités de 1858, le gouverneur était investi des fonctions diplomatiques actuellement confiées au ministre anglais qui réside à Péking.

Les îles *San-tchouen*, nommées par les Portugais Saint-Jean, sont situées à 20 lieues sud-ouest de Macao. On voit dans la plus grande, le tombeau du grand apôtre des Indes, saint François-Xavier, qui y mourut en 1552, au seuil de la Chine, où son zèle allait porter l'Évangile. Les îles *Saint-Jean*, *Coukok*, *San-tchéou*, *Ladrone*, comme en général toutes celles qui bordent les côtes du Kouang-tong, sont des nids de pirates.

Le Kouang-tong produit le riz, la canne à sucre, le tabac, le mûrier, et renferme de nombreuses mines de plomb, de fer et de houille. On y cultive beaucoup d'arbres à fruits et de légumes. Les montagnes qui sillonnent la province sont généralement arides, mais sur les rives des fleuves s'étendent des plaines admirablement fertiles.

Cultures et productions.

96   L'EMPIRE DU MILIEU

Population et gouvernement. 19,000,000 d'habitants, 15 départements, 89 arrondissements administrés par un gouverneur qui relève du vice-roi des deux Kouang. Ces deux hauts fonctionnaires résident à Canton.

KOUANG-SI. Le *Kouang-si* (grand pays de l'ouest) est compris entre le Kouang-toung, au sud et à l'est, le You-nan et le Ton-king, à l'ouest, et la chaîne des Nang-ling qui le sépare, au nord, du Hou-nan et du Kouëi-tchéou.

Limites. Plus montueuse encore que le Kouang-toung, cette province est une des moins fertiles de l'Empire. Elle est arrosée par le Si-kiang qui la coupe, dans toute sa longueur, de l'ouest à l'est, et les nombreux affluents de ce

Rivières. beau fleuve qui descendent tous des Nan-ling. Le Si-kiang met toutes les villes importantes du Kouang-si en communication avec Canton qui leur envoie du sel ou des articles de luxe, et reçoit, en échange, leurs produits, ainsi que les bois de charpente coupés sur les monts Nan-ling. Cette grande chaîne atteint, au nord-ouest du Kouang-si, la hauteur des neiges éternelles.

Villes principales. *Kouëi-lin-fou* (forêt de cassiers), située sur la rivière des Cassiers, un des affluents du Si-kiang, dans la partie la plus accidentée de la province dont elle est la capitale. Entourée de montagnes incultes, mal construite et peu commerçante, elle présente, dit-on, un aspect fort misérable.

Vou-tchéou-fou : 43 lieues sud de Kouëi-ling, la ville la plus peuplée et la plus riche du Kouang-si. Située à la jonction du Si-kiang et de la rivière des Cassiers, et près de la frontière du Kouang-toung, Vou-tchéou est l'entrepôt naturel du commerce des deux provinces.

Montagnards aborigènes. Les montagnes du Kouang-si sont habitées par des tribus à demi-indépendantes, gouvernées par des chefs héréditaires sous la surveillance de fonctionnaires chinois. On les croit originaires du pays de Laos.

La statistique officielle les divise en 24 arrondissements, et les régions qu'ils occupent sont indiquées sur les cartes de l'empire ; mais on ne connaît exactement ni leur population, ni leur langage, ni leurs mœurs. Il ne faut pas les confondre avec les Miao-tze, indigènes dont nous avons parlé au premier chapitre de cet ouvrage, et qui résident dans les hautes chaînes des Nang-ling, sur les frontières communes du Kouang-si et du Kouéï-tchéou.

Le Kouang-si possède des mines d'or, d'argent et de mercure. Les plus riches sont exploitées sous le contrôle du gouvernement. Il est impossible d'évaluer, d'après les documents que nous avons entre les mains, l'importance de leur produit. On cultive dans les bassins du Si-kiang et de ses tributaires, particulièrement vers l'est de la province, le riz et l'arbre à casse. De beaux bois de construction et d'industrie croissent sur les montagnes.

Productions et cultures.

12 départements, 66 arrondissements, 7,000,000 d'habitants, administrés par un gouverneur qui réside à Kouéï-lin, et qui relève du vice-roi des deux Kouang.

Population et gouvernement.

Coupée en tous sens par les hautes ramifications des Nan-ling, possédant un sol rebelle à la culture, habitée par une population, rude, pauvre et turbulente, la province du *Kouéï-tchéou* (noble région) s'étend entre le Hou-nan, à l'est ; le Se-tchouen, au nord ; le You-nan, à l'ouest ; le Kouang-si, au sud. Ses principales rivières, dont aucune d'ailleurs n'est navigable, sont : le *Si-kiang*, qui prend sa source près des frontières du You-nan, et baigne le sud-ouest du Kouéï-tchéou, et le *Vou-kiang* qui le traverse du sud-ouest au nord-est avant d'entrer dans le Sé-tchouen, où il rejoint le grand fleuve. — D'autres petits tributaires du Yang-tze arrosent le nord de la province.

KOUEI - TCHEOU.

Kouéï-yang-fou : capitale du Kouéï-tchéou, dans une

Villes principales.

7

région très-montueuse et au centre de la province. Comme toutes les autres préfectures du Kouëi-tchéou, *Kouëi-yang* n'est guère qu'une ville de garnison. Son enceinte fortifiée mesure à peine une lieue, c'est la plus petite de toutes les capitales de province.

Miao tze. Au sud du Kouëi-tchéou et sur les pentes septentrionales des Nan-ling, s'élèvent plusieurs postes militaires destinés à contenir l'humeur belliqueuse des *Miao-tze*. Nous avons déjà parlé, dans le précédent chapitre, de cette race singulière qui peuple les confins montagneux du Kouang-toung, du Hou-nan, du Kouang-si et du Kouëi-tchéou. On n'a pu faire que des conjectures sur ses origines. Les géographes chinois la divisent en quarante-trois tribus, dont les unes ont reconnu la domination impériale, tandis que les autres sont encore insoumises, et ils ont minutieusement recueilli toutes les observations qui ont pu être faites sur leurs langues, leurs habitudes, leur mode de culture, leurs coutumes religieuses. Toutes ces notions sont malheureusement invraisemblables ou au moins confuses. On sait toutefois que les Miao-tze ont des mœurs très-bizarres et très-diverses, qu'ils guerroient souvent entre eux, et qu'ils attaquent rarement les habitants de la plaine, mais qu'ils repoussent avec une féroce énergie les tentatives envahissantes de la civilisation chinoise. Ils font un petit commerce d'échange avec le bas pays. Les *Yao-jen*, qui forment une des quarante-trois tribus, habitent l'arrondissement de *Li-po.* Ils portent les cheveux longs, ramassés en touffes sur le sommet de la tête, et les habitants de Canton croient fermement qu'ils ont de petites queues comme les singes. En 1832, plusieurs tribus de Miao-tze prirent les armes contre les autorités provinciales et formèrent entre elles une ligue guerrière qui défia ensuite, pendant plusieurs années, tous les efforts du gouvernement chinois. On croit généralement la grande insurrection qui dévaste, depuis 1851, les plus belles provinces de l'empire, originaire des montagnes de Kouang-si.

Mines de plomb, de cuivre, de mercure et de fer ; riz, froment, tabac, bois de charpente, musc. Beaucoup de chevaux et d'animaux domestiques. *Productions.*

Un peu plus de 5,000,000 d'habitants, 16 départements et 52 arrondissements. Un gouverneur provincial résidant à Kouëi-yang et soumis à l'autorité supérieure du vice-roi du *Youn-kouëi*. *Population et gouvernement.*

Le *You-nan* (pays situé au sud des montagnes nuageuses) a pour limites le Sé-tchouen au nord, le Kouëi-tchéou et le Kouang-si à l'est, le Ton-king et le pays des Laos au sud, l'empire Birman à l'ouest. De nombreux plateaux formés par les chaînes puissantes des Youn-ling et des Nan-ling, atteignant au nord la hauteur des neiges perpétuelles, mais s'abaissant en vastes ondulations vers le sud ; de grandes et belles rivières coulant presque toutes dans la direction du sud-est, traversant parfois des gorges étroites et sauvages ; quelques vallées bien unies, larges, fertiles, occupées en parties par des lacs, tel est l'aspect topographique de la province. Ses principales rivières sont : le Yang-tze-kiang qui, sous le nom de *Kin-tcha-kiang*, baigne l'extrémité septentrionale du You-nan, avant d'entrer dans le Sé-tchouen ; — le *Nou-kiang* ou *Salouen* ; — le *Nan-ting* ou *Meï-nam* ; — le *Lan-tsan* ou *Meï-kong* et le *Sang-koï*. Toutes ces rivières prennent naissance dans les Youn-ling, non loin des frontières du Thibet, et sont navigables jusqu'à une grande distance de leur embouchure. — Le Nou-kiang se jette dans le golfe de Martaban ; le Meï-nam dans le golfe de Siam, après avoir traversé, du nord au sud, le royaume du même nom ; le Meï-kong dans la mer de Chine près de Saï-gong, après avoir arrosé les *YOU-NAN.*

Limites et configurations.

Rivières.

plus fertiles provinces de l'empire annamite; le Sang-koï, qui est formé par la réunion de trois affluents, dans le golfe de Ton-king. On croit que le Meï-nam et le Meï-kong communiquent entre eux par un canal naturel. Les plus grands lacs de la province sont, à l'est : le *Sien* et le *Tchin*, situés tous deux un peu au sud de sa capitale ; le premier a 30 lieues de longueur sur 8 de large, le second est un peu moins étendu; et, au nord-ouest, près de *Ta-li-fou*, le *Our-haï*, qui a plus de 40 lieues de longueur. Ce dernier est alimenté par le Yang-tze-kiang. Plusieurs tribus de Laos nomades, soumises de nom, indépendantes de fait, habitent le sud et l'ouest du You-nan. Cette province entretient avec les Birmans, par plusieurs des tributaires de l'*Irraouady*, avec les Annamites par le Meï-nam et le Meï-kong, ou par caravanes, des relations commerciales très-actives et très-importantes. Le poste fortifié de *Tsan-tah*, situé à l'extrémité occidentale du You-nan, dans l'arrondissement de *Tengyoué* et la ville birmane de *Bamo*, sur une des branches de l'Irraouady, sont les principaux centres de ce commerce qui porte sur la soie et les soieries, le thé, le cuivre, les tapis, l'orpiment, le mercure, le vermillon, la droguerie, le coton brut, l'ivoire, la cire, les cornes de rhinocéros, les pierres précieuses, les nids d'hirondelles, les plumes de faisans. On calcule que la valeur annuelle des objets échangés ne monte pas à moins de 20 millions de francs.

Ville principale. *You-nan-fou*, capitale de la province, un peu au nord du lac Tchin, résidence du vice-roi du Youn-Kouéï, grande ville, centre commercial important.

Cultures et productions. Cultures productives, mais peu étendues ; grandes richesses minérales mal exploitées et fort peu connues. Très-âpre vers le nord de la province, le climat du You-nan se rapproche beaucoup, vers le sud, de celui des Indes anglaises. Ses forêts et ses jungles sont peuplées d'éléphants, de rhinocéros, de tigres, de tapirs, de sangliers et d'oiseaux au brillant plumage.

Les assertions toujours un peu naïves des géographes et des physiciens chinois, les remarques plus sérieuses mais un peu vagues des voyageurs européens, nous permettent de supposer qu'en général le climat des dix-huit provinces est plus sain que celui des autres régions du globe occupant les mêmes latitudes, que les sécheresses, les inondations, les épidémies y sont moins fréquentes, que la température y est mieux réglée et plus en équilibre, les étés étant moins ardents et les hivers moins glacés, qu'enfin les variations atmosphériques, excepté peut-être sur les côtes, y sont décidément plus rares et surtout moins dangereuses parce qu'elles sont moins brusques. A Péking, il fait froid, pendant l'hiver, comme à Stockholm ou à Boston et chaud, pendant l'été, comme à Naples ou à Washington. Le printemps est humide et orageux, l'automne doux, calme, serein; la température varie entre 40 degrés centigrades au-dessus de zéro et 12 au-dessous. Les épidémies sont peu communes. La température de la Plaine qui comprend les provinces orientales de l'empire, est plus égale, plus douce, mais certainement moins salubre. Elle engendre dans les régions basses que baignent le grand fleuve et ses tributaires, particulièrement aux environs de Nanking, des maladies de peau fort graves, des fièvres paludéennes dangereuses et tenaces qui dégénèrent facilement en typhus.

Shang-haï, bâtie sur les rives plates et fangeuses d'une grande rivière, sous la 31ᵉ latitude et à quelques lieues seulement de la mer, souffre de tous les inconvénients de sa position; chaleur lourde et particulièrement accablante en été, brume froide et pénétrante en hiver, fièvres intermittentes, phthisies pulmonaires, rhuma-

CLIMAT
DE LA
CHINE PROPRE

tismes. La température y varie entre 37° centigrades au dessus de zéro et 4° 5/10° au dessous. Elle change quelquefois de 11 degrés en moins de quelques heures.

A Ning-po et dans les Tchou-san, le climat est plus salubre, le froid plus vif et la chaleur moins suffocante; les variations, moins fréquentes, sont cependant aussi brusques; il y tombe quelquefois de la neige.

L'air que respirent les habitants d'Amoy est, pendant l'été, l'automne et l'hiver, remarquablement pur. Les chaleurs y sont un peu moins fortes qu'à Ning-po, mais de plus longue durée. La température est moins variable. Le retour de la mousson du sud-ouest y amène, pendant la saison du printemps, de fréquentes tempêtes.

Canton, Macao et Hong-kong, situés entre les 22e et 23e parallèles, jouissent d'un climat relativement tempéré. La chaleur ne dépasse guères 32 degrés à Macao et 34 à Canton ou à Hong-kong et le thermomètre y descend quelquefois à zéro. Une mince couche de glace recouvre, pendant les froides matinées d'hiver, la surface tranquille des bassins de Canton et on y a vu tomber un peu de neige en février 1835, à la grande stupeur des habitants. Rafraîchie, à Macao, pendant l'été par les brises de mer, l'atmosphère est sensiblement plus lourde à Canton et particulièrement suffocante à Hong-kong où le pic Victoria arrête le souffle bienfaisant de la mousson du sud-ouest. De fréquents orages, souvent très-prolongés, rarement redoutables, des pluies quelquefois torrentielles et qui engendrent, sous l'action puissante du soleil, des exhalaisons fiévreuses, des brumes chaudes, épaisses, et si humides qu'elles font germer, en une seule nuit, une épaisse moisissure, font du printemps, au sud de la Chine, une saison malsaine, désagréable et débilitante.

Habiter des maisons vastes et bien aérées, ne jamais s'exposer directement aux rayons du soleil, éviter avec le plus grand soin les refroidissements et porter sur la peau, même pendant l'été, des vêtements de flanelle, user, en tout temps, d'une alimentation légère et fortifiante, telles sont les règles d'hygiène dont l'observation suffit toujours pour protéger, pendant quelques années, la constitution des Européens contre les atteintes anémiques de ce climat brûlant. Toutefois, après un séjour prolongé dans les provinces méridionales de la Chine, leur santé s'altère visiblement. Les transpirations continuelles, les nuits sans sommeil usent progressivement la vigueur de leurs organes, une molle et fade langueur s'impose à leur énergie et la domine, leur appétit disparaît, leurs muscles s'amaigrissent, leur sang s'appauvrit, et leur visage, pâle d'abord, prend bientôt une teinte bilieuse. La nature les invite, par d'évidents symptômes et des avertissements sévères, à rejoindre sans retard leur pays natal.

Effets produits par le climat sur les constitutions européennes.

Les provinces du Kouang-si, du Kouang-tong et du You-nan sont réputées les plus insalubres de l'empire et le gouvernement chinois a coutume d'y interner, de temps immémorial, une certaine classe de malfaiteurs et de condamnés politiques. Les provinces centrales, au contraire, plus éloignées des côtes ainsi que des hautes chaînes de l'ouest, et moins exposées, en conséquence, aux soudaines variations de l'atmosphère, passent, aux yeux des Chinois, pour jouir d'un climat sain et magnifique.

C'est pendant l'automne et le printemps que soufflent, sur les côtes de Chine, les brises périodiques des parages indiens, appelées *Moussons* par les navigateurs [1]. Leur action ne se fait guère sentir au nord de la 35e parallèle. Celle du N.-E. commence en octobre et finit en février. Elle est la plus constante et aussi la plus

Moussons.

---

[1]. Du mot arabe *mouson* (saison).

égale des deux. La mousson du sud-ouest commence vers le mois d'avril et l'atmosphère ne la produit pas sans de violents efforts. Pendant le mois de mars, une sorte de trêve a lieu entre les deux rivales. La nature est calme à la surface terrestre et l'on voit distinctement deux couches de nuages se mouvoir, en sens divers, dans les régions supérieures. L'une plus haute et aussi plus légère descend, avec rapidité, vers le sud; l'autre plus basse et plus épaisse, s'avance vers le nord avec une majestueuse lenteur, s'attache aux flancs des montagnes, ou reste parfois immobile et menaçante. C'est le moment des orages, des brouillards, des pluies torrentielles. Quand ces grandes luttes sont apaisées, le ciel devient pur, l'air plus respirable; la mousson du sud-ouest souffle quelques jours régulière, fraîche et légère. Fréquemment interrompue, en été, par des calmes ou des tempêtes, elle expire, vers la fin d'octobre, pour faire place, sans efforts, à la mousson du nord-est.

Typhons. Comme toutes les régions tropicales, les parages méridionaux des mers de Chine sont visités quelquefois par des ouragans que les Chinois appellent simplement *ta-foun* (grand vent) [1] et qui produisent, chaque année, de lamentables désastres. Le typhon se déchaîne en général pendant les mois les plus chauds de l'année, il dure trente-six heures au plus; les phénomènes qui le précèdent et l'accompagnent sont à peu près invariables. Deux jours avant la tempête, l'atmosphère s'assombrit, il prend une teinte blafarde sans que le soleil cesse de briller; la chaleur devient lourde et suffocante; les animaux paraissent inquiets, la mer est parfaitement unie; le temps est calme, seulement quelques bouffées d'une brise chaude et folle, venant du nord, traversent l'air à

---

[1] Les étrangers ont fait du mot *Ta-foun* celui de *Typhon*.

des intervalles inégaux sans l'agiter ou le rafraîchir ; la colonne barométrique subit progressivement une baisse très-forte. Le jour même où le typhon éclate, une houle d'abord insensible, bientôt longue et profonde, gonfle lentement la surface de la mer, quoique la tranquillité atmosphérique ne soit pas encore troublée. C'est le signe précurseur et certain de l'ouragan. Le soleil s'obscurcit et finit par se voiler, il commence à pleuvoir. Les bouffées de la brise se rapprochent, le vent se forme décidément au nord, souffle pendant quelques heures du nord-est avec une incroyable furie et des redoublements parfois irrésistibles, passe ensuite à l'est et va mourir au sud-ouest ou au sud. L'influence de ce redoutable fléau ne s'étend pas ordinairement au delà d'un rayon de deux cents lieues. Les jonques chinoises qui se trouvent au centre de la région maritime où il sévit, sont infailliblement submergées, les navires européens qui n'ont pu fuir assez tôt la tempête courent risque d'y périr.

Depuis l'avénement des Ming, en 1368, jusqu'à nos jours, le gouvernement impérial a pris soin, en diverses circonstances, sous les dynasties chinoise et mandchoue, de faire le recensement de ses sujets, soit pour assurer la répartition exacte des impôts fonciers et des taxes de capitation, soit afin de recueillir dans les greniers publics et de distribuer aux populations, en temps de famine, des ressources suffisantes. La loi veut, sous des peines sévères édictées par le code pénal, que chaque habitation renferme un tableau [1] où soient inscrits, par le chef de famille, les noms de toutes les personnes qui

RECENSEMENT DE LA POPULATION DES DIX-HUIT PROVINCES.

1. Ce tableau est appelé en chinois *Noun-paï*, tablettes de la porte, parce que les fonctionnaires qui ont le droit de le consulter, doivent l'examiner à la porte de la maison, lorsque la présence des femmes de la famille interdit aux étrangers le seuil du foyer domestique.

la composent. Ce tableau doit être mis, à la première réquisition, sous les yeux des fonctionnaires compétents et comme, dans les villes et les bourgs, chaque dizaine de maisons est confiée à la surveillance spéciale d'un homme de la police, il semble qu'il a dû être facile d'évaluer fidèlement la population de l'empire. Toutefois, les différences énormes qui existent, à des époques relativement rapprochées, entre les divers dénombrements officiels dont le premier, celui de Hong-vou (1393), donne seulement 60,000,000 d'habitants à la Chine, tandis que le dernier, celui de 1812, en compte 362,467,183 ; la prodigieuse élévation de ce dernier chiffre; l'incertitude où nous sommes sur la question de savoir si les chefs de famille enregistrent exactement les personnes qui habitent sous leur toit et si la méthode dont ils font usage, pour cet enregistrement, n'admet pas aisément les doubles emplois ; avant tout, les tendances manifestes des habitants de la Chine à exagérer, aux yeux des barbares, l'importance de tout ce qu'ils possèdent dans le but de les éblouir, feraient douter, à première vue, de l'exactitude que peuvent présenter ces calculs statistiques. On pourrait, ce nous semble, objecter raisonnablement à ce doute : 1° que les informations émanées du gouvernement chinois sont toujours ponctuelles, en ce qui concerne la topographie des villes et des campagnes, la description des montagnes, des fleuves, l'appréciation des distances, quoiqu'il ait pu prendre tout aussi bien fantaisie à la vanité chinoise de vanter, au delà du vrai, la magnificence et la grandeur de l'empire que d'accroître, sur le papier, sa population ; 2° que la plupart des recensements, antérieurs à la dernière moitié du xviii° siècle, ont été faits dans des circonstances où la domination impériale était partiellement assise sur les dix-huit provinces, ce qui peut expliquer leurs énormes disproportions ; 3° quelés autorités chinoises redoutent, en général, beaucoup plus qu'on ne le veut croire en Europe, le contrôle souvent dangereux de l'opinion publique et que ce contrôle garantit, dans de certaines limites, l'exactitude des données officielles. Au reste, la population des dix-huit provinces, en admettant qu'elle s'élève à 362 millions d'hommes, n'est pas plus dense, toute proportion gardée, et ne s'est pas plus rapidement accrue, que celle de plusieurs pays européens [1]. Cependant les terres y sont mieux cultivées qu'en Europe, fertilisées par des stimulants plus actifs, par conséquent beaucoup plus fécondes, et leurs produits sont presque exclusivement consacrés à la nourriture de l'homme, les pâturages y étant fort rares, les maisons, les jardins, les monuments, les cimetières n'y occupant qu'un espace relativement très-limité ou tout à fait infertile. Il faut ajouter qu'un certain nombre de faits authentiques confirment encore la justesse de ces observations, et entre autres les efforts que le gouvernement ne cesse de faire pour conjurer les périls de la famine, malgré la fertilité naturelle du sol, l'adresse, l'industrie, la frugalité de ceux qui le cultivent; l'art de la pisciculture et de la pêche qui supplée, par des ressources très-abondantes, à l'insuffisance des produits de la terre; l'émigration qui déverse, au mépris des lois de l'empire et malgré l'amour passionné du Chinois pour son pays, le trop-plein de sa population sur les régions environnantes ; le déshonneur qui s'attache au nom de l'homme devenu vieux sans avoir un fils dont les pieux regrets consolent ses mânes, dés-

---

[1]. La Belgique et la Lombardie sont proportionnellement plus peuplées que la Chine. On compte, en Angleterre, un hectare de terre cultivé par chaque habitant. La Chine proprement dite, d'après le rapport présenté à l'empereur Kien-loung en 1745, renferme 325 millions d'hectares en culture. Or, le sol de cette vaste région produit annuellement, sous la féconde influence de l'humidité et de la chaleur, jusqu'à trois récoltes, dans plusieurs provinces.

honneur qui est un encouragement moral à la paternité; enfin le mépris que le gouvernement chinois fait de la vie de ses administrés comme d'une chose vile et commune, — de telle sorte que, dans notre opinion, aucun motif vraiment sérieux ne doit nous porter à mettre en doute l'exactitude, au moins approximative, du chiffre officiel de la population chinoise.

Tableau des divisions administratives et de la population des dix-huit provinces.
Les indications synoptiques renfermées dans le tableau suivant, résument les notions que nous avons données dans ce chapitre sur les divisions et subdivisions administratives de la Chine proprement dite en même temps qu'elles font connaître, d'après le recensement de 1812, les populations respectives des dix-huit provinces.

TABLEAU des divisions administratives et de la population des dix-huit provinces.

PROVINCES	DÉPARTEMENTS			ARRONDISSEMENTS			CAPITALES	POPULATION	GOUVERNEMENTS
	FOUS	TING	TCHAO	TING	TCHAO	HIEN			
Provinces du Nord.									
Tchi-li.	11		6	3	17	124	Pao-ting.	27,990,871	Un Tsong-tou ou vice-roi.
Chan-toung.	10		2		9	96	Tsi-nan.	28,958,764	Un Fou-youen ou gouverneur provincial.
Chan-si.	9		10	3	6	85	Ta-youen.	14,004,210	Idem.
Ho-nan.	9		4		6	97	Kaï foung.	23,037,171	Idem.
Provinces de l'Est.									
Kiang-sou.	8	1	3	2	3	62	Kiang-ning.	37,843,501	Chacune de ces trois provinces est gouvernée par un Fou-youen placé sous la juridiction du Liang-kiang-Tsong-tou, résidant à Kiang-ning (Nan-king).
Ngan-hoeï.	8		5		4	50	Ngan-king.	34,168,059	
Kiang-si.	13		1	2	1	75	Nan-tchang.	23,046,999	
Tchè-kiang.	11		2	1	1	76	Hang-tchéou.	26,256,784	Chacune de ces deux provinces est administrée par un Fou-youen placé sous la juridiction du Min-tchè-Tsong-tou, résidant à Hang-tchéou.
Fo-kien.	10		2	3		62	Fou-tchéou.	14,777,410	
Provinces centrales.									
Hou-pé.	10		1		7	60	Vou-tchang.	27,370,098	Chacune de ces deux provinces est administrée par un Fou-youen placé sous la juridiction du Liang-hu-Tsong-tou, résidant à Vou-tchang.
Hou-nan.	9	3	4		3	64	Tchang-cha.	18,652,507	
Provinces du Sud.									
Kouang-tong.	9	2	4	3	7	79	Kouang-tchéou.	19,174,030	Chacune de ces deux provinces est administrée par un Fou-youen placé sous la juridiction du Liang-kouang-Tsong-tou, résidant à Kouang-tchéou (Canton).
Kouang-si.	11		1	3	16	47	Kouei-lin.	7,318,895	
You-nan.	14	3	4	5	27	39	You-nan.	5,561,320	Chacune de ces deux provinces est administrée par un Fou-youen placé sous la juridiction du Youn-kouei-Tsong-tou, résidant à You-nan.
Kouei-tchéou.	12	3	4	5	13	34	Kouei-yang.	5,283,219	
Provinces de l'Ouest.									
Chen-si.	7		5	5	5	73	Sin-gan.	10,207,256	Chacune de ces deux provinces est administrée par un Fou-youen placé sous la juridiction du Chen-kan-Tsong-tou, résidant à Lan-théou.
Kan-sou.	9		6	7	7	51	Lan-tchéou.	15,193,125	
Sé-tchouen.	12	6	8	3	11	111	Tching-tou.	21,435,678	Un Tsong-tou.
TOTAUX	182	18	67	45	143	1285		360,279,897	

CHAPITRE III

LES PAYS DISTRIBUTAIRES ET LES COLONIES

Limites, divisions administratives, mœurs, gouvernements, climats de la Mandchourie, de la Mongolie, du Ko-ko-nor, de l'Ili et du Thibet. — Notions historiques sur l'Ili et le Thibet.

Les immenses régions bordées au nord par la Sibérie, à l'ouest par les Belour Tag (voir chap. 1er), au sud par le Thibet et la Chine propre, à l'est par les mers du Japon, reconnaissent la souveraineté réelle ou au moins nominale de l'empire et occupent, sur le globe terrestre, un espace presque égal à la superficie totale de l'Europe. Leurs populations ne sont pas homogènes. Elles se composent de tribus nombreuses, souvent nomades, qui n'ont parfois entre elles aucune affinité d'origine, de mœurs, de langages, bien qu'elles habitent le même territoire, et dont les perpétuelles rivalités font seules la force de leur commun maître. Nos géographes ont coutume de les confondre sous la dénomination beaucoup trop vague de *Tartarie chinoise*. Elles comprennent, sur les cartes officielles de la Chine, quatre grandes divisions qui portent les noms un peu moins arbitraires de *Mandchourie*, *Mongolie*, *Ili* et de *Tsing-haï* ou *Kokonor*. Nous résumerons, dans ce chapitre, les notions très-incomplètes et probablement très-inexactes que l'on a pu recueillir sur la Tartarie chinoise et le Thibet.

La Mandchourie, qui occupe toute l'extrémité orientale du grand plateau asiatique, s'étend, depuis les cessions de territoire faites par la Chine à la russie[1], entre les 42° et 53° degrés latitude nord, les 118° et 133° longitude est. Elle est bordée au nord et à l'est par l'Amour et l'Ousouri qui la séparent du territoire russe, à l'ouest par la province d'Irkoutsk, la Mongolie et le Tchi-li; au sud par le golfe de Léaotong, la mer Jaune et la Corée. Elle renferme une population presque exclusivement nomade, que l'on peut évaluer approximativement à deux cent mille habitants. Ses principales rivières déjà citées plus haut (page 15) sont : l'*Amour*, qui forme sa frontière septentrionale;—la *Soungari*, dont l'immense bassin semi-circulaire occupe une grande partie de son territoire;—l'*Argoun* et l'*Ousouri*, tributaires de l'Amour comme la Soungari; — le *Léao-ho*, qui arrose la province du Léao-tong et se jette dans le golfe du même nom. Nous avons cité ses trois plus grands lacs : le *Houroun*, le *Pir* et le *Hin-kaï* (voir page 19), et nous connaissons également les noms de ses montagnes : les *Si-hi-tih* à l'est ; les *Kolmin-chan-guin*, en chinois *Tchang-pe-chan* (longues montagnes blanches), au sud ; les *Soyortsi* et les *Hin-gan* intérieurs ou *Sialkoï* à l'ouest. Ces grandes chaînes, parfaitement inconnues des Européens ou même des Chinois, étendent leurs ramifications à travers la Mandchourie. L'une d'elles prolonge vers l'est les monts Sialkoï et limite, au sud, le bassin du fleuve Amour. Une autre, qui porte le nom de Petites Montagnes Blanches, relie les Soyortsi aux *Tchang-pé-*

MANDCHOURIE.

Limites.

Rivières.

Montagnes.

---

[1]. Elles ont été successivement consacrées par les conventions de 1857 et de 1860.

chan. Elle renferme un pic de quinze cents pieds de haut, le mont *Picha*, situé près de *Kirin-otoun*.

<small>Climat, culture, produits.</small>

Ce vaste système de montagnes et de vallées offre un ensemble de terrains généralement arides et déserts, soit que les bras fassent défaut à la culture, soit plutôt en raison de la nature du sol et du climat. Il fait froid en Mandchourie comme à Moscou ; il n'est pas rare, au dire de nos missionnaires, que le thermomètre y descende à trente degrés au-dessous de zéro. La neige y séjourne pendant six mois de l'année. Les districts méridionaux du *Chin-king* et du *Ki-rin* produisent du froment, de l'orge, du millet, du sarrasin et quelques légumineuses. Ils nourrissent beaucoup de chevaux et de bêtes à cornes. Les grandes forêts du nord, à peine entamées jusqu'à ce jour par la hache du bûcheron, sont riches en bois de charpente de toutes sortes. Elles sont peuplées de bêtes fauves[1], de grands oiseaux de proie et de nombreux rongeurs dont les précieuses fourrures constituent la principale richesse du pays. On trouve dans les lacs et dans les rivières beaucoup d'excellents poissons : de la carpe, de l'esturgeon, du saumon, du souchet. Le gouvernement se réserve le monopole de la pêche des perles qui abondent près des côtes ; il y emploie ses soldats qu'il charge également de recueillir, pour son propre compte, deux plantes dont la pharmacie chinoise fait un grand usage, la rhubarbe et le fameux *ginseng*. La vigne est cultivée en Mandchourie ; elle produit du raisin en abondance si on a le soin de la garantir contre les froids de l'hiver ; le breuvage qu'on en obtient par la fermentation est plat et très-pauvre en alcool. Le mûrier ne pousse point sur ce sol glacé ; mais les habitants connaissent de temps immémorial le ver à soie du chêne. Ils filent ses cocons et on dit même qu'ils

---

1. On y rencontre le tigre, la panthère, l'ours, le loup, le cerf, le daim, l'aigle, le faucon, le condor.

le mangent. Le Mandchoux est, en général, grand chasseur, gourmand et indolent par caractère; moins industrieux, moins actif, moins rusé que le Chinois, il a l'intelligence plus vaste et les instincts plus nobles. Depuis l'inauguration de la dynastie des *Tsing*, plusieurs Mandchoux se sont illustrés par leur dévouement au trône, leur capacité administrative, leur sens vraiment politique et leur grand caractère.

La Mandchourie renferme trois provinces : le *Chin-king*, le *Kirin* et le *Tsitsikar*, sur lesquelles nous donnerons successivement quelques informations géographiques.

Division administrative.

Le *Chin-king*, qui comprend l'ancienne province appelée Léaotong, s'étend entre le Tchi-li et la Mongolie à l'ouest, le golfe de Léaotong et la mer Jaune au sud, la Corée à l'est. Une barrière de pieux dont les 12 postes sont gardés par des soldats, forme sa limite occidentale. La rivière *Ya-lu* le sépare de la Corée. Il renferme deux départements dont les capitales sont *Moukden* et *Kin-tcheou*.

Chin-king.

Villes principales : Moukden (ville florissante), en chinois *Foung-tien-fou*, située sur une des branches du Léao, par la 41° latitude nord, à environ 200 lieues nord-est de Péking, capitale de la province et de toute la Mandchourie. La ville est construite sur le même plan que Péking. Son enceinte, qui mesure environ 16 kilomètres, renferme une cité intérieure où se trouve la résidence impériale. Ancienne capitale du royaume mandchou, Moukden est restée la ville favorite des empereurs Tsing qui l'ont embellie, à diverses reprises, par des travaux considérables. L'empereur Kien-Long a célébré sa magnificence dans une ode célèbre qu'il a fait imprimer sous les soixante-six formes différentes que présente l'écriture chinoise.

Ses villes principales.

Hin-king, 24 lieues est de Moukden, près de la barrière de pieux qui sépare le Chin-king du *Kirin;* garnison nombreuse dont le chef commande les 12 postes fortifiés de la barrière ; climat très-salubre ; population considérable. Hin-king est l'ancienne résidence de la famille mandchoue qui règne actuellement sur la Chine. Les sépultures impériales occupent les flancs de la montagne *Tzioun*, située un peu au nord de la ville.

Kin-tchéou, 40 lieues sud-ouest de Moukden, préfecture ; port très-fréquenté, bien qu'il soit peu profond et peu sûr, commerce considérable de bestiaux, de légumes et de droguerie. La ville est solidement construite en pierres. Le département dont Kin-tcheou est la capitale, occupe une partie du territoire compris entre le golfe de Léaotong et la barrière de pieux. Il est assez bien cultivé, principalement sur les bords du golfe, par des Chinois du Chan-toung. Le gouvernement a fait, depuis un siècle, de fréquentes tentatives pour encourager l'établissement des colonies chinoises dans les rudes et infertiles provinces qui furent son berceau.

Niéou-tchouang, au nord-ouest du golfe de Léaotong, un des ports récemment ouverts par les traités ; trafic important de légumes secs et de pelleteries.

Les autres villes du Chin-king ne sont que des bourgades fortifiées où le gouvernement entretient des garnisons de soldats mandchoux. La plus considérable est *Foung-houang*, à 30 lieues sud-est de Moukden, près de l'embouchure du Ya-lou-kiang, et non loin des frontières de Corée. Plusieurs foires où les deux peuples échangent leurs produits, ont lieu annuellement, sous la stricte surveillance de la police, à Foung-houang et à *Ki-ou-ouan*, petite ville coréenne située sur la frontière. Les Chinois vendent des chevaux, des mulets, des ânes, du cuivre, des cornes de cerf, du cuir, des chiens, des chats, des pipes aux Coréens, qui leur fournissent du riz, du blé, des bêtes à cornes, des cochons, des pelleteries, du papier, des nattes, des paniers et des ustensiles de cuisine. Les opérations commerciales sont limitées à de certaines heures. Tous les soirs les négociants des deux pays se retirent en deçà de leurs frontières respectives.

L'immense province de Kirin, qui prolongeait ses limites, avant le traité de 1857, jusqu'aux monts Yablonoï et au golfe de Tartarie, est comprise aujourd'hui entre le Sagalien au nord, le Tsi-tsi-kar, la Mongolie, le Chin-king à l'ouest, la Corée au sud, la rivière Ousouri à l'est. Elle se divise en trois *ting* ou départements militaires dont les capitales sont : *Kirin*, *Petuné*, *Tchang-tchoun*, et renferme de nombreuses peuplades à demi sauvages que les géographes chinois, dont elles sont d'ailleurs complétement inconnues, appellent du nom générique de *You-pi-ta-tsi* (Tartares à la peau de poisson). Indépendantes les unes des autres, parlant des langues distinctes, évitant tout contact avec les Chinois dont elles abhorrent la civilisation, ces peuplades vivent uniquement des produits de leurs pêches et de leurs chasses. Elles sont répandues dans les vallées de l'Ousouri, de la Soungari et de l'Amour, ainsi que dans les régions cédées par la Chine à la Russie. On assure qu'en hiver elles habitent des huttes souterraines hermétiquement closes où elles vivent, plus de six mois, des provisions qu'elles ont amassées pendant la saison chaude. Il est douteux qu'elles payent aucun tribut au gouvernement impérial.

Kirin, sur la Soungari, chef-lieu des trois départements militaires et métropole de toute la province, peu peuplée et misérablement bâtie. Le département de *Kirin* renferme 8 arrondissements militaires et entre autres celui de *Ningouta* dont la capitale, située sur la rivière *Hourkha*, à 50 lieues est de Kirin, est la plus grande ville de la province. C'est à *Ningouta* que rési-

<small>Kirin.

Son gouvernement.

Ses tribus.

Ses villes principales.</small>

dait, avant 1857, le fonctionnaire chargé de l'administration de toute la vallée du fleuve Ousouri. Le général commandant à *San-sing* (100 lieues nord-est de Kirin), exerçait sa surveillance sur les villes chinoises de l'Amour jusqu'à la mer et sur la grande île de *Tarakaï*, qui appartient maintenant à la Russie.

Petuné, préfecture militaire sur la Soungari, 40 lieues nord-ouest de Kirin; garnison nombreuse. Lieu de déportation pour les criminels du sud de l'empire, centre d'un commerce assez important pendant la belle saison.

Tchang-tchoun, capitale du troisième département, est une petite ville située au sud de Petuné et à l'ouest de Kirin, non loin de la barrière de pieux.

Tsi-tsi-kar.

Réduit également à des limites beaucoup plus étroites par les traités de 1857 et de 1860, le *Tsi-tsi-kar*, qui s'étendait jusqu'aux Yablonoï-krebet, est bordé maintenant, au nord et au nord-est par l'Amour et les possessions russes, à l'ouest par l'Argoun, au sud par la Mongolie, au sud-est par la province du Kirin. Hérissée dans toutes les directions par les hautes chaînes des *Sialkoï* (Hingan intérieur), soumis aux alternatives d'un climat brûlant ou glacé, le sol de cette province est en grande partie stérile et désert. Les plaines méridionales qui prolongent les flancs des Sialkoï sont assez bien cultivées et contrastent brusquement avec les solitudes arides hantées par les tribus nomades des Tartares Mongols. La rivière Nonni, une des branches de la Soungari, traverse la province du nord au sud et baigne une vallée fertile habitée par les Mandchoux *Tagouri*, auxquels est venue se joindre, en 1687, une tribu de Sibériens *Yacoutes*. Le Tsi-tsi-kar est divisé en six préfectures militaires que les jésuites visitèrent et décrivirent au temps de l'empereur Kang-hi, mais où aucun voyageur européen n'a pénétré depuis cette époque. Leurs capitales sont *Tsi-tsi-kar*, métropole de la province, située sur la rivière Nouni, par le 47° degré de latitude et le 124° de longitude; fondée, en 1692, par l'empereur Kang-hi, qui la destinait à tenir en respect les tribus voisines; elle est devenue le centre d'un commerce assez important;— *Hou-lan*, au sud-est de la province, baignée par la rivière du même nom qui se jette dans la Soungari; — *Poutek* et *Mergouen*, sur le Nonni, au nord du Tsi-tsi-kar; — *Houroun-pir*, sur un affluent du Kerlon, séparé des précédentes par les Sialkoï; — *Sagalien* ou *Heloung-kiang*, sur la rive méridionale de l'Amour, poste militaire important et lieu de déportation pour les criminels.

Le gouvernement des trois provinces, confié exclusivement à des Mandchoux, a pour chef un dignitaire civil qui réside à Moukden et sous la direction duquel fonctionnent cinq ministères dont les attributions répondent exactement à celles des grands départements de l'empire. Ce dignitaire a sous ses ordres trois généraux qui administrent les trois provinces. Exercé dans le Chin-king par des autorités civiles et militaires, le pouvoir est purement militaire dans le Kirin et le Tsi-tsi-kar. Les postes les plus importants sont remplis en général par des membres de la famille régnante. Outre les trois grandes divisions administratives dont nous venons de parler, la Mandchourie renferme huit clans qui se distinguent entre eux par les couleurs de leur bannières. Tout Mandchou âgé de dix-huit ans est enrôlé de droit sous la bannière à laquelle il appartient par sa naissance.

<small>Gouvernement de la Mandchourie.</small>

La statistique officielle de l'empire donne à la Mongolie une longueur de 640 lieues d'orient en occident, sur une largeur de 400, une superficie de 2,200,000 kilomètres carrés et environ 2,000,000 d'habitants. Ses frontières s'étendent entre les 35° et 42° latitude nord, les

<small>MONGOLIE.</small>

Limites et configurations.

80° et 121° longitude est, et sont bornées par la Sibérie au nord et au nord-est, la Mandchourie à l'est et au sud-est, la Chine propre au sud et au sud-ouest, l'Ili à l'ouest. Elle comprend un immense plateau très-élevé dont le Gobi occupe la partie centrale (voir page 11), et dont le sol nu, desséché, tour à tour glacé ou brûlant, est presque partout rebelle à la culture. Les plaines mongoles qui avoisinent le Tchili-li sont particulièrement arides et improductives; celles que bordent, au nord, le grand désert de la Sibérie, que traversent des cours d'eau ou qui occupent des collines, produisent le millet,

Productions.

l'orge, le froment et pourraient devenir relativement fécondes si les tribus qui errent par ces vastes régions, dans les limites que leur a tracées le gouvernement chinois, ne tiraient vanité de leurs mœurs nomades et de leur dédain pour les soucis de l'agriculture. C'est particulièrement vers le nord, où le terrain est plus accidenté, la température moins sèche et moins extrême, que ces tribus résident, ne demandant à la terre qu'une nourriture chétive et promenant de pâturages en pâturages leurs immenses troupeaux. Hantées par des bêtes féroces de toute espèce et de grands oiseaux de proie, les solitudes effrayantes du Gobi, où il ne pleut presque jamais, où le froid est constamment très-vif pendant la nuit et la chaleur intolérable pendant le jour, sont quelquefois parcourues par des animaux carnassiers, mais ne nourrissent aucun animal domestique.

Montagnes.

Les Altaï qui projettent vers l'est, jusqu'aux rives de l'Amour et jusqu'au Yablonoï, plusieurs grandes chaînes auxquelles les géographes chinois donnent le nom de *Tang-nou*, de *Kou-kou-daban*, de *Khang-haï* et de *Kin-teh*, les *Ala-chan* et les *In-chan*, qui prolongent au sud-ouest, à travers le grand désert, les *Hingans* intérieurs, sont les principales montagnes de la Mongolie.

Rivières.

Elle est baignée par un grand nombre de rivières,

dont les principales sont : au nord, le *Selenga*, l'*Orkon*, le *Tola* qui sortent des *Kou-kou-daban*, se dirigent vers le nord-est et déversent leurs eaux, par une commune embouchure, dans le grand lac *Baï-kal* ; l'*Onon* et le *Kerlon*, qui descendent des monts Kin-teh et constituent les deux principales branches du fleuve Amour (voir page 16); l'*Irtisch*, dont la source est située dans la province orientale de Cobdo ; — à l'est, la rivière *Non-ni* et un de ses affluents, le *Toro* ; — au sud, le *Siro-mouren*, qui se jette dans la rivière *Léao*.

Les principaux lacs mongols se trouvent dans le Ko-ko-nor et le Cobdo. Ce sont, dans la première de ces provinces, le *Ko-ko-nor* ou mer d'Azur, qui lui donne son nom, l'*Oling* et le *Dzaring*, près des sources du fleuve Jaune (voir page 20); — dans la seconde, le *Kousso-gol* et l'*Oupsa-nor* à l'est ; le *Djaï-zang* et le *Kizilbasch* à l'ouest, l'*Iki-aral* au sud. {Lacs.}

Les cartes chinoises indiquent pour la Mongolie trois divisions principales, à savoir : 1º la *Mongolie intérieure*, au sud-est; 2º la *Mongolie extérieure*, au nord; 3º les pays de *Cobdo* et d'*Ouliang-haï*, au nord-ouest. {Divisions géographiques.}

La Mongolie intérieure (*Noui-moung-kou*) confine, vers le nord et l'est, à la Mongolie extérieure et à la Mandchourie, vers le sud et l'ouest, à la Chine propre. La barrière de pieux la sépare en partie du *Chin-king* et la grande muraille du Chen-si et du Kan-sou. Elle comprend 24 tribus subdivisées en 49 bannières ou *Koutchoun*. Chacune de ces bannières renferme environ 2,000 familles et est placée sous le commandement de princes héréditaires appelés *Djassaks*. Les plus considérables des 49 tribus sont : les *Eleuth* au sud-ouest, — les *Ortous* entre la grande muraille et le fleuve Jaune, — les *Toumets* dont les territoires s'étendent dans la partie septentrionale du Chen-si et que surveille un général résidant à *Soui-youen*, sur la rive orientale du {Mongolie intérieure.} {Ses principales tribus:}

Hoang-ho ; — les *Kortchin* répandus entre les monts Soyorti et les frontières de Mandchourie ; — les *Tsakars*, race essentiellement belliqueuse, dont les pâturages occupent le nord du Pé-tchili et que le gouvernement chinois a placés sous le contrôle du mandarin militaire qui commande à *Kalgan*, un des postes fortifiés de la grande muraille. Les souverains de la dynastie mandchoue ont toujours tenu en grande faveur ces peuplades guerrières qui les ont aidés de leur assistance à l'époque de la conquête. La plupart des princes qui les gouvernent ont contracté des alliances avec la famille impériale. Des relations fréquentes unissent la Mongolie intérieure aux 18 provinces, et, depuis deux siècles, la civilisation chinoise a jeté de profondes racines dans ce sol demeuré si longtemps sauvage.

Mongolie extérieure.

La Mongolie extérieure (*Ouaï-moung-kou*), bornée au nord par la Sibérie, à l'est par la Mandchourie, au sud-est et au sud par la Mongolie intérieure, au sud-ouest par la province de Kan-sou, à l'ouest par l'Ili, comprend quatre grandes divisions territoriales appelées *Lou*, dont l'administration intérieure est confiée à quatre princes ou *khans* qui prétendent descendre, en ligne directe, du fameux Gengis. Le khanat de *Tsitsen* occupe la partie orientale de la Mongolie extérieure; celui de *Dzassactou* est situé à l'ouest, près des frontières du *Cobdo* et du Kan-sou; ceux des *Kalkas-Sainoin* et de *Tou-tché-tou* occupent le centre, le premier confinant au *Dzassactou* et le second au *Tsitsen*.

Ses quatre khanats.

Son administration.

Cette vaste région, dont la partie méridionale est déserte et à laquelle les géographes donnent ordinairement le nom de pays des *Kalkas*, est placée sous la direction politique de deux mandarins mandchoux résidant dans le *Tou-tché-tou* à *Ourga* ou *Kouroun*. Indépendants quant à l'administration intérieure de leurs principautés respectives, les quatre khans relèvent de ces deux fonctionnaires pour tout ce qui concerne leurs rapports mutuels, leurs relations avec les pays voisins, le payement des taxes à l'empereur, l'appel de leurs décisions judiciaires. A vrai dire, l'autorité des khans est à peu près nominale et le pouvoir réside principalement entre les mains des prêtres boudhistes dont la hiérarchie puissante est dirigée par un conseil suprême, le *Koutouctou*, qui fonctionne, en permanence, à *Ourga*. Cette ville, située sur la rivière *Tola*, un des affluents du Selenga, est la capitale de toute la Mongolie extérieure. Elle renferme, dit-on, 7,000 habitants dont 5,000 prêtres. Les khans sont tenus d'y fixer leur séjour ou d'y entretenir des otages, afin que la surveillance des deux commissaires mandchoux et du koutouctou puisse les tenir constamment en bride. Un tribunal supérieur dont les décisions sont définitives pour toutes les matières civiles et criminelles, mais doivent recevoir la sanction des commissaires, réside également à Ourga, administre une justice prompte et impitoyable, les lois criminelles qui régissent les Mongols étant d'une horrible sévérité. Les khans payent un impôt annuel consistant en chevaux, chameaux, moutons, surtout en fourrures, et reçoivent en retour, de la munificence impériale, des présents souvent magnifiques, destinés à maintenir leur fidélité équivoque en flattant leur amour-propre et leurs passions rivales. On sait que les mœurs des Kalkas sont simples et nomades comme celles des peuples pasteurs. Ils n'ont aucune industrie. La Chine leur fournit les armes, les instruments de labourage, tous les ustensiles dont ils font usage. Ils ne cultivent leur sol aride que pour ne pas mourir de faim. Leurs tentes consistent en une carcasse d'osier que recouvre de grossiers tapis de feutre. Elles sont étroites et malpropres. Les quatre khanats sont subdivisés en 80 bannières ou tribus qui errent, avec leurs troupeaux, dans les limites assignées à chacune d'elles.

Kiachta et Maï-ma-tchin. — Avant les conventions qui ont modifié les frontières de la Russie et de la Chine, c'était principalement à *Kiachta* en Sibérie, et à *Maï-ma-tchin*, dans le khanat de Tou-tché-tou, que les négociants des deux pays se réunissaient, chaque année, à des époques fixes et sous les contrôles de leurs autorités respectives. Ces deux marchés ont sensiblement perdu de leur importance. On calcule que le chiffre total des échanges dépasse encore 30,000,000 de francs par an. Les six commissaires russes et mandchoux qui les surveillent déterminent, à l'avance, le prix de chaque denrée, laquelle est soumise à des droits de douane très-considérables. La Russie fournit aux Chinois des étoffes de drap, de velours et de toile, du cuir, des pelleteries et des fourrures de toute espèce, des armes à feu, de la coutellerie, des miroirs, et quelques articles de fantaisie. La Chine fournit aux Russes des laques, des cotonnades, des soieries, et principalement du thé [1].

Kiachta et *Maï-ma-tchin* sont deux misérables bourgades aux rues étroites et boueuses, bordées de maisons du plus misérable aspect. Petites, basses, et construites en bois comme des cabanes, ces maisons ne renferment jamais que deux chambres et n'ont d'autre ouverture que la porte d'entrée. L'intérieur de la chambre à coucher qui donne invariablement sur la cour et qui est faiblement éclairée par d'étroites fenêtres garnies de papier huilé ou de minces lames de mica, ne manque pourtant ni de propreté ni même d'élégance. Les marchands que

1. Une grande partie du thé expédié à Kiachta a subi préalablement une préparation très en usage chez les Tartares. Elle consiste à faire bouillir le thé dans du lait et à en composer une sorte de pâte que l'on pétrit en boules. Ces boules durcissent et se conservent indéfiniment. En les délayant, par parcelles, dans de l'eau bouillante, on obtient un breuvage qui a le goût de notre thé à la crème, mais plus de force et de saveur.

les foires attirent en nombre considérable, mènent en général joyeuse vie. *Mai-ma-tchin* est administrée par un fonctionnaire mandchoux, le *Dzargoutchi*, spécialement chargé de la police des marchés. On remarque dans les environs deux temples de Boudha qui renferment cinq statues de formes colossales.

Bornés à l'est et au nord par la Sibérie, au sud par le khanat de Dzassactou et le Kan-sou, à l'ouest par le Tarbagataï, les pays de *Cobdo* et d'*Oulianghaï* sont encore moins connus que les deux autres divisions de la Mongolie extérieure. On sait toutefois que les tribus Oulianghaï, qui occupent le pays situé au nord-est du Cobdo, entre les monts Altaï et Tang-nou, sont administrées par 24 résidents militaires; que les 11 tribus du *Cobdo* sont subdivisées en 31 bannières dont les chefs obéissent à un prince qui porte le nom d'*Amban*; que ce dernier, aussi bien que les résidents militaires d'Oulianghaï, sont soumis à l'autorité d'un commissaire impérial résidant à Ouliasoutaï; qu'enfin le gouvernement chinois observe, dans ces deux pays, les règles du régime administratif et judiciaire qu'il a fondé dans la Mongolie extérieure. *Ouliasoutaï* (bosquet de peupliers), capitale politique du Cobdo et des tribus Oulianghaï, est située en dehors de leurs frontières. Elle se trouve dans le khanat des Kalkas-*Sinoin*, sur la rivière qui porte son nom et qui le fait communiquer avec l'Ikiaral, un des grands lacs du Cobdo. La statistique chinoise lui donne 2,000 maisons. Elle est régulièrement bâtie dans une vallée agréable et fertile, et fait quelque commerce avec Ourga. *Cobdo*, un peu à l'ouest de l'Ikiaral, sur un des tributaires de ce lac, est le séjour de l'*amban*.

Cobdo et Oulianğ-haï.

Leurs villes principales.

Entre le Kan-sou et le Sé-tchouen, au nord et à l'est, l'Ili à l'ouest, le Thibet au sud, la 87° et 100° longitude

TSING-HAÏ.

est, la 32ᵉ et 38ᵉ latitude nord, s'étend une vaste contrée sauvage, aride et déserte, identique aux régions précédemment décrites, quant à la configuration de son territoire, la nature de son sol et de son climat, les mœurs de ses habitants, et que cependant les Chinois ne comprennent point parmi les régions mongoles. Leurs géographes l'appellent, sur leurs cartes, *Tsing-haï* ou *Ko-ko-nor* (mer d'azur), comme le plus grand des lacs qu'elle renferme ; mais ils la nomment en général, dans leurs ouvrages, *Sy-youh* ou *Si-yih* (confins occidentaux). Elle est désignée, par les auteurs qui ont écrit l'histoire de l'Asie centrale, sous les noms de *Tangout*, *Sifan*, *Tourfan*, etc. Les grandes chaînes des Bayankara, des Pé-ling, des Youn-ling, qui séparent les deux bassins du fleuve Jaune et du Yang-tzé-kiang, la traversent du nord-ouest au sud-est (voir page 9). Le Hoang-ho et le Mourous-ousou, l'une des deux grandes branches du Yang-tze, y prennent leurs sources. Elle possède plusieurs lacs presque tous salés (voir page 20) qu'alimentent de nombreux cours d'eau. Le plus vaste de tous est le *Ko-ko-nor* ou *Tsing-haï* (mer d'azur) dont les rives basses et unies sont, dit-on, bien cultivées. Les cartes officielles lui donnent une longueur de 76 lieues et une largeur de 24, mais aucun voyageur européen n'a encore pu vérifier par lui-même l'exactitude de ces vastes dimensions. De nombreuses peuplades dont les cantonnements sont très-arbitrairement désignés sur les cartes de l'empire, errent dans les solitudes effrayantes du Ko-ko-nor (voir p. 12). Les principales sont les *Tourgouths*, les *Hochoits* et les *Kalkas*, qui hantent principalement les environs de la mer d'Azur. Elles sont divisées en 29 bannières dont les chefs reconnaissent la juridiction d'un général mandchou qui réside à *Si-ning*, dans le Kan-sou (voir page 81). Le sol du Tsing-haï n'est pas complétement stérile. Plusieurs de ses rivières et de ses lacs ont des rives fertiles où l'on cultive des céréales. Ses maigres pâturages nourrissent des chameaux, des chevaux, des moutons, des buffles, des yaks. Quelques habitants de la Chine propre et du Turkestan chinois sont venus s'établir dans ses villes principales, où ils ont fondé des colonies industrielles et agricoles. *Si-ning-fou*, la capitale politique du Ko-ko-nor, est aussi le centre de ses relations commerciales avec les 18 provinces. Ses habitants échangent, contre les produits chinois, des pierres précieuses, des feutres grossiers, de la rhubarbe et des fourrures.

Presque aussi vastes que la Mongolie, les possessions coloniales qui portent, sur les cartes chinoises, le nom d'*Ili*, renferment environ 360,000 lieues carrées. Limitées par les 36e et 49e latitudes nord, les 69e et 94e longitudes est, elles confinent au Kan-sou et au Ko-ko-nor du côté de l'est, au Cobdo, à la Sibérie, au pays des Kirghis et au Kokand vers le nord et le nord-ouest, au Badakchan du côté de l'ouest, au Thibet vers le sud. Elles sont bornées, à l'ouest, par les monts Belour, au sud par la chaîne des *Koulkoun* (voir page 8), et traversées, de l'ouest à l'est, par les montagnes célestes (Tien-chan) qui les divisent en deux parties : le *Tien-chan-pé-lou* (districts situés au nord des monts célestes), et le *Tien-chan-nan-lou* (districts situés au sud des monts Célestes). L'Ili occupe à peu près le centre du plateau asiatique. La grande élévation de son sol, la nature de sa végétation, les mœurs de ses habitants qui sont presque tous d'origine mongole, la configuration des bassins de ses nombreuses rivières qui se déversent toutes dans de grands lacs d'eau saumâtre, lui donnent une physionomie très-semblable à celle du Cobdo et du Ko-ko-nor. Il est arrosé, au nord, par de petits cours d'eau qui alimentent le lac *Dzaï-zang*, d'où sort le

ILI.

Limites et configuration.

Rivières et lacs.

grand fleuve Irtish, et par l'*Imil*, tributaire de l'*Alak-Doukoul*, au centre et au sud par l'*Ili* qui coule de l'ouest à l'est et se décharge dans le lac *Balkach*, et par le fleuve *Tarim* dont le vaste bassin que baignent les rivières *Khoten*, *Yarkand*, *Kachgar*, *Oksou* et *Kaïdou*, occupe la plus grande partie du Tien-chan-nan-lou. Le *Tarim* se jette dans le *Lop-nor*, un des lacs de la Chine propre, et communique avec le Bostang par le Kaï-dou (voir page 19). Outre les lacs dont nous venons de parler et dont les géographes chinois ne connaissent guère que le nom, l'Ili renferme le *Timourtou* ou *Issikoul*, situé au nord-est, près des frontières kirghises.

Tien-chan-pe-lou. Le *Tien-chan-pe-lou*, appelé aussi *Soungari*, du nom de la puissante tribu qui y dominait avant 1775 (Soungars ou Eleuths), s'étend entre le Cobdo et la Sibérie au nord, la Mongolie et le Kan-sou à l'est, les Kirghis à l'ouest, le *Tien-chan-nan-lou* au sud ; il est subdivisé

Administration. administrativement en trois commandements militaires : l'Ili proprement dit au sud, le *Kour-kara-ousou* à l'est, et le *Tarbagataï* au nord. Sa population, qui s'élève à 2,000,000 d'hommes, est un mélange de Songars et de Tourgouths, de soldats mandchoux et mongols, de colons chinois et de criminels qu'on y exile de toutes les parties de l'empire. Son climat est froid et variable comme celui des contrées adjacentes. Il produit le froment, l'orge, le riz, le millet, le tabac, le coton, plusieurs espèces de fruits et de légumes. On y trouve des mines de charbon et ses rivières sont très poissonneuses.

Ses villes principales. Il renferme, outre la capitale de toute la région qui porte le nom d'*Ili*, 9 villes fortifiées où le gouvernement chinois entretient des garnisons et des établissements pénitentiaires. Ses villes principales sont *Kouldcha*, en chinois *Houi-youen*, au centre de l'Ili proprement dit et sur la rivière qui lui donne son nom ; fondée en 1775 par l'empereur Kien-loung, qui en fit la capitale politique de tout l'Ili après ses sanglantes victoires sur les Tartares *Taouats;* 50,000 habitants; hautes murailles de pierre; commerce considérable avec les cités du Bar-koul (voir page 81); — *Tougoutchouk* (en chinois Soui-Tching), capitale du Tarbagataï, située sur le versant méridional des montagnes de ce nom ; une des 9 villes fortifiées de la Soungarie; 600 maisons; garnison considérable de troupes mandchoues et chinoises; centre d'une région agricole; — *Kour-kara-oussu* (en chinois King-soui), capitale du gouvernement qui porte ce nom, située sur la rivière Kour et sur la route qui relie Oroumtsi à Kachgar (voir page 130), un des neuf postes fortifiés de l'Ili.

Le *Tien-chan-nan-lou* que Kien-loung avait appelé *Sin-kiang* (les nouvelles frontières) et que les géographes étrangers désignent par les noms différents de *Petit Bokhara, Turkestan chinois, Turkestan oriental, pays des huit cités mahométanes,* a pour bornes le Badakchan à l'ouest, le Thibet au sud, le Kansou à l'est et, au nord, les monts Célestes qui le séparent du Tien-chan-pé-lou. Il renferme quatre commandements militaires, *Harashar, Oushi, Yarkand* et *Khoten,* centralisés entre les mains du gouverneur mandchou de *Yarkand,* lequel relève lui-même du gouverneur général résidant à Kouldcha dans la Soungarie. Ces quatre commandements comprennent les huit cités mahométanes et leus territoires où réside une population nombreuse, plus sédentaire, par conséquent plus agricole et plus industrielle que les autres habitants de la Tartarie chinoise. Elle se compose exclusivement, si on en excepte les colons chinois et mandchoux, de tribus mahométanes, Kalmouks, Ousbecks, Eleuths, dont les mœurs sont féodales comme celles des Arabes du moyen âge.

Plus étendu, mais beaucoup plus aride que le sol de la Soungarie, le territoire du *Tien-chan-nan-lou,*

Tien chan-nan-lou.

Gouvernement.

Culture et productions.

dont la solitude du Gobi occupe toute la partie méridionale, est infiniment moins productif. Les régions que baignent le Tarim et ses affluents sont seules cultivées. Elles produisent tous les grains et presque tous les fruits de l'Europe méridionale, mais sont, au dire des voyageurs, entièrement dépourvues d'ombrages. Tous les animaux domestiques, excepté le cochon, y abondent. On y rencontre le chameau, dont les habitants mangent la chair et tissent le poil, le buffle, le cheval, l'âne, le mouton. Les flancs de ses montagnes ou les rives arides de ses lacs recèlent un peu d'or, de fer, de cuivre, et beaucoup de sel ammoniac, de salpêtre et de soufre. Un grand nombre d'animaux sauvages, des chacals, des tigres, des ours, des loups, des lynx, des cerfs et des daims hantent les grands sites déserts des montagnes septentrionales et les plaines du sud.

Cités mahométanes. Les huit cités mahométanes sont, en suivant l'ordre adopté par la statistique officielle de l'empire, *Harachar*, au nord-est du Nan-lou (42° latitude nord, 85° longitude est), grande ville fortifiée, sur la rive occidentale du lac Bostang, et sur la grande route de l'Asie centrale, chef-lieu d'un des quatre départements militaires, et capitale d'un district très-étendu dont les habitants, qui appartiennent aux tribus des *Ochoits* et des *Tourbeths*, sont plus adonnés à la chasse qu'à l'agriculture. Ce district possède deux villes importantes : *Kourli*, sur le Kaï-dou, entre le lac Bostang et le Tarim, centre d'une région fertile, dont la population cultive particulièrement l'art de la musique, et *Boukour* (à l'ouest de *Harachar*) sur la route de l'Asie centrale, « qui pourrait » devenir une si riche et délicieuse résidence, dit un » géographe chinois, si ces fainéants et ces vagabonds » de Turcs ne consacraient tout leur temps au vol et au » pillage. » Boukour fut presque entièrement détruite en 1775, par les troupes de Kien-long.

Koutché (42ᵉ, 37 latitude nord, 80ᵉ, 30 longitude est) située au point de jonction des deux principales routes de l'Ili, celle qui traverse l'Asie centrale et celle qui conduit à Kouldcha par la passe Mouzdaban (voir page 8); enceinte d'une lieue de tour, défendue par des forts et une garnison. Sa position, qui la fait considérer comme la clef du Turkestan chinois, lui donne une assez grande importance militaire, politique et même commerciale. Ses environs, naturellement arides, ont été fécondés par des soins et une culture assidus. Le district dont Koutché est la capitale, renferme la petite ville de *Chagar*, que baigne la rivière *Oueihan*, et qui est renommée pour la grande richesse de son territoire.

Oksou, traversée, comme la précédente, par la grande route de l'Asie, 20,000 habitants, garnison de 3,000 soldats; nombreuses manufactures de soieries, de cotonnades, de cuirs, de faïence ; commerce d'échange auquel prennent part les tribus de la Sibérie, du Bokara et du Kokand; pays bien cultivé ; mœurs douces et polies des habitants. *Baï* et *Sairim*, toutes deux fortifiées et munies de garnison, sont situées entre Kou-tché et Oksou.

Oushi, auquel Kien-loung avait donné le nom de Young-nang (cité de la paix éternelle), est situé sur la rivière Oksou, par la 41ᵉ,30 latitude et la 75ᵉ, 20 longitude est, au nord-ouest de la précédente; 10,000 habitants; chef-lieu de l'un des quatre départements militaires et d'un district renfermant six places fortes, dont les commandants sont chargés de la surveillance des tribus kirghis, qui errent sur les frontières. Ces tribus rendent hommage à l'empereur, mais ne payent pas d'impôts. L'expédition envoyée par Kien-long a fait un désert des régions fertiles, dont Ou-chi est le centre.

Kachgar, sur la rivière du même nom, par la 39ᵉ,25 latitude nord, et la 73ᵉ longitude est; garnison considérable casernée en dehors des murs; 80,000 habitants;

célèbres manufactures de bijouterie et d'orfévrerie, de tapis, d'étoffes d'or et d'argent, de soie et de coton ; riches cultures ; la situation de Kachgar sur les confins des régions caspiennes, à la jonction de quatre routes qui la relient au Kokand, à Cachmire, à la Chine propre et à la Soungari, avait fait de cette grande ville le principal entrepôt du commerce de toute l'Asie centrale. Depuis la révolte de 1807 que Tao-kouang a noyée dans des flots de sang, elle a cédé à Yarkand son importance politique, et a beaucoup perdu de sa prospérité industrielle ; sa population, dont les Chinois se plaisent à reconnaître l'urbanité et le savoir-vivre, est un mélange de musulmans, de Russes, de Thibétains, d'Afghans et de Sikhs. Deux villes de quelque importance, *Tachbalig* et *Yinkichar*, sont situées dans le district dont Kacohgar est la capitale.

Yarkand, baignée par la rivière qui lui donne son nom, au sud-est de Kachgar, par la 38e,20 latitude nord, et la 74e longitude est, capitale politique du Tien-chan-nan-lou, et la plus grande ville de tout l'Ili ; enceinte murée de 5 kilomètres ; nombreux monuments publics, maisons en général bien bâties ; la population excède 200,000 âmes, et la garnison renferme 7,000 soldats ; beaucoup de négociants chinois sont établis à Yarkand qui, placé comme Kachgar à la jonction de quatre grandes routes, est le centre d'un négoce très-actif ; on dit ses environs bien cultivés, ses manufactures riches et nombreuses ; les belles pierres de jade de toutes couleurs que l'on recueille dans le lit du fleuve Yarkand, sont expédiées dans tout l'empire.

Khoten (en chinois Il-chi) sur la rivière du même nom, au sud-ouest de Yarkand (37° latitude nord, 78° longitude est), chef-lieu d'un des quatre départements militaires, et capitale d'un vaste district qui s'étend vers le désert sur les flancs septentrionaux des

Koulkoun. La population de ce district est de 2,000,000 d'âmes, elle professe presque tout entière la religion boudhiste, et se distingue des autres habitants du Nan-lou, par ses mœurs sédentaires, ses habitudes industrielles. Le Khoten produit, de temps immémorial, beaucoup de coton, et on croit généralement que cette plante lui doit son nom. Il renferme six villes fortifiées, dont les plus importantes sont : *Karakach* sur la route qui unit Yarkand à Ilchi, plus importante elle-même que la capitale du Khoten ; *Goummi* sur la même route ; *Kirrea* au sud-est d'Ilchi, sur la rive méridionale du lac *Yetchilkoul*, entrepôt du commerce de l'Ili avec le Thibet, dont elle n'est séparée que par les Koulkoun.

Le gouvernement de l'Ili est confié à un général mandchou, résidant à Kouldcha, assisté de deux commissaires civils, et ayant sous ses ordres immédiats 34 commandants militaires ou *Ambans*, qui administrent ou surveillent les deux districts. Dans celui du nord, l'autorité est purement militaire. Les *Pikos*, chefs de tribu ou de clan, sont placés sous le contrôle immédiat des résidents. Ils professent presque tous la même religion que les Mandchoux, et, comme la loi du conquérant assujettit les dignités héréditaires dont ils sont revêtus à l'investiture impériale, leur soumission au gouvernement chinois est assurée. Dans celui du sud, au contraire, dont les mœurs, comme nous l'avons vu plus haut, sont généralement féodales, les *Begs* ou chefs de clans sont électifs ; ils jouissent de pouvoirs très-indépendants et les ambans ne font guère qu'en surveiller l'exercice. L'humeur des grands begs qui disposent de forces considérables, et qui commandent à des hommes dont le langage diffère entièrement de l'idiome mandchou ou chinois, étant agressive et turbulente, la tranquillité publique est souvent en péril. Les habitants de l'Ili abandonnent au gouvernement chinois le

Gouvernement de l'Ili.

dixième de leurs récoltes, et payent, en outre, une capitation mensuelle ; mais l'impôt, irrégulièrement perçu, est loin de suffire aux frais de l'administration, en sorte que les fonctionnaires impériaux, obligés d'ailleurs à des dépenses personnelles qui dépassent leurs traitements, commettent, suivant la coutume orientale, de fréquentes et déplorables exactions. On estime approximativement à 60,000 le nombre de soldats chinois ou mandchoux dont peut disposer le gouverneur général. De telles forces, disséminées dans les nombreuses garnisons que renferme l'Ili, seraient évidemment incapables de maintenir la soumission des deux districts, si la politique du cabinet de Péking n'y suppléait par les savantes intrigues qui entretiennent les rivalités des chefs de tribus, et surtout par l'établissement de colonies agricoles ou industrielles, destinées, comme dans le Barkoul (voir page 82), à modifier, par l'heureuse contagion de l'exemple, les mœurs des nomades habitants de ces régions, à les adoucir progressivement par le contact journalier d'une civilisation plus polie, à les fixer étroitement, par toutes les nécessités d'une existence plus douce et plus heureuse, au sol dont elle a fait, il y a 150 ans, l'habile conquête.

Conquête de l'Ili. — Ce fut en 1680, sous le 2ᵉ empereur de leur dynastie, que les Mandchoux commencèrent à établir leur domination au nord des monts Tien-Chan. Le khan ou galdan qui gouvernait les puissantes tribus des Eleuths et des Songars avait entrepris la conquête du pays des Kalkas. Trop faibles pour résister, ceux-ci reconnurent la souveraineté de l'empereur Kang-hi et invoquèrent son secours. La politique du cabinet de Péking fit naître à propos des prétextes de jalousie entre les Songars et les Eleuths qui se séparèrent. Les Songars se retirèrent vers le sud ; une armée mandchoue repoussa les Eleuths au delà du Barkoul ; le galdan mourut empoisonné. Son ambition servit à merveille les desseins de la nouvelle dynastie, qui se trouva maîtresse, presque sans coup férir, d'une partie de la Mongolie actuelle. Kanghi fut moins heureux contre le khan des Songars, *Arabdan*, qui s'empara de l'Ili septentrional, expulsa les Tourgouths du Cobdo, soumit les régions qui forment aujourd'hui le Tien-chan-nan-lou et jeta ainsi, au milieu de l'Asie centrale, les fondements d'un grand empire sur les débris des États du galdan. Mais l'empereur Kien-loung, fils de Kang-hi, prit une sanglante revanche sur les succeseurs du grand khan de la Songari. Il parvint à fomenter des divisions entre Amoursana et Taouats qui avaient usurpé le trône d'Arabdan après sa mort, sut amener Amoursana à implorer son assistance, puis, comme ce dernier ayant vaincu son rival refusait de reconnaître la suzeraineté de l'empire, il envoya contre lui une nombreuse armée, le battit et s'empara finalement, vers 1750, de tout son territoire, après une lutte d'extermination qui détruisit presque entièrement les deux grandes tribus des Songars et des Eleuths. Ces vastes régions une fois conquises et dépeuplées, il fallut leur donner des habitants; c'est ce que fit Kien-loung en y appelant la tribu des Tourgouths qui, chassée du Cobdo par Arabdan, s'était enfuie jusqu'aux rives du Volga, et en inaugurant, dans les deux districts, l'habile système de colonisation que la Chine a suivi, jusqu'à nos jours, avec persévérance et succès. Depuis la soumission définitive de l'Ili, la paix y a été troublée par les turbulentes rivalités des begs, mais le gouvernement impérial n'a eu qu'une seule insurrection sérieuse à y combattre. Le prince Jehangir, petit-fils du kojeh de Kachgar, en fut le chef. Soutenu par l'alliance de son grand-père et l'assistance du Kokand, il parvint à se rendre maître, en 1835, de la plus grande partie du Tien-chan-nan-lou. A force d'audace et d'intrigue, le gouverneur général Tchang-ling se rendit maître de la sédition.

Jehangir, trahi et livré par le nouveau khan de Kachgar, fut conduit à Péking, où il expira dans d'affreux supplices. Sa mémoire est restée chère à toutes les populations mahométanes de l'Ili, qui le regardent encore comme le martyr de l'indépendance nationale.

THIBET.

Séparé par d'immenses chaînes des régions circonvoisines et presque aussi vaste que l'Ili, le Thibet occupe la partie méridionale du grand plateau asiatique.

Limites.

Le Ko-ko-nor et le Tien-chan-nan-lou le limitent au nord, le Setchouen à l'est, les Indes au sud, le Ladak à l'ouest. Ses habitants lui donnent les noms de *Bod*,

Noms par lesquels on le désigne.

Bod-Youl (Terre de Bod), *Poué-ko-tchim* (Terre neigeuse du nord), *Tou-po* (pays des Tou)[1], d'où l'on a fait, par corruption, *Thoubet* et *Thibet*. Les Chinois l'appellent simplement Si-tsang (confins occidentaux).

Montagnes.

De nombreuses montagnes, dont quelques-unes, comme le mont *Kaï-la-sa*, qui a 25,000 pieds de hauteur, atteignent une prodigieuse altitude, ceignent de toutes parts et hérissent en tous sens le sol thibétain. Ce sont, au nord, à l'ouest et au sud-ouest, les *Koulkoun*, les *Tsoun-ling* (voir page 8), les *Himalaya*, qui bordent les plaines arides et désertes connues sous le nom de *Katsi* ou *Korkatchi*. Vers le centre du Thibet, prennent naissance plusieurs chaînes dont les masses imposantes, abruptes, toujours glacées, convergent vers l'est et se rapprochent, sur les frontières du You-nan et du Setchouen où elles prennent le nom de *Youn-ling*, au point de former les étroits bassins de quatre grands fleuves.

Rivières.

Ce vaste système montagneux dont la neige couvre perpétuellement les cimes, déverse sur les plaines de l'Annam et de l'Inde de puissantes masses d'eau qui alimentent les plus grandes rivières de l'Asie méridionale. L'*Indus* et son affluent la *Setledje*, le *Brahma-*

1. C'est le nom d'une nombreuse peuplade qui s'établit dans le Thibet au VIe siècle.

poutra, le *Gange*, le *Salouen*, l'*Irraouady* (voir page 99), le *Meï-kong* prennent leurs sources dans le Thibet ou près de ses frontières. Il est traversé, de l'ouest à l'est, dans toute sa partie méridionale, par le *Dzang-bou* ou *Yarou-dzang-bou*, qui sort des monts *Tam-tchouk*, une des chaînes de l'*Himalaya*, et se jette probablement dans le Brahmapoutra, après avoir reçu au nord plusieurs tributaires.

Ses principaux lacs, dont nous avons déjà parlé, sont : le *Teng-kiri*, le plus grand de tous, à 45 lieues nord de Lassa ; — le *Bouka* et le *Kara* d'où sort le Salouen, situé au nord du précédent ; — le *Yamorouk* ou *Yarbrokiou* (au sud-ouest de Lassa), qui enveloppe comme un anneau une grande île au centre de laquelle s'élève le temple de la Semence-Sacrée, le plus beau de tout le Thibet ; — le *Manassa-raoua* et le *Ravan-rad*, qui occupent un plateau très-élevé des monts Himalaya, et dont les eaux profondes sont les sources sacrées du Gange. Les cartes chinoises donnent à ces deux derniers lacs les noms de *Mapam-dalaï* et de *Langga-nor*.

Lacs.

Le Thibet jouit d'un climat tempéré dans les plaines et même chaud dans les vallées, bien qu'il soit toujours glacé sur les montagnes. Le ciel s'y montre constamment pur et serein, pendant le printemps et l'été ; mais l'influence des vents chauds qui soufflent du désert produit des effets semblables à ceux du simoun. Quand ils ont régné pendant quelques jours, la sécheresse devient telle que les feuilles des arbres tombent en poussière, les meubles craquent, les charpentes se fendent et se brisent si l'on n'a pris le soin de couvrir les toitures et les entrées des habitations d'une épaisse couche de coton mouillé ; aussi le territoire thibétain diffère-t-il essentiellement des riches campagnes du Népaul et du Boutan, où l'œil contemple, avec ravissement, la plus luxuriante végétation. Au Thibet, les arbres sont rares

Climat.

Productions.

et rabougris et le sol se montre, en général, rebelle à la culture. Les vallées produisent de l'orge, un peu de riz, quelques légumineuses, de la rhubarbe et de l'assa-fœtida, de la garance, du gingembre et presque tous les fruits de l'Europe méridionale; mais les grandes plaines qui occupent les plateaux ne renferment que de maigres pâturages. On y rencontre d'immenses troupeaux de moutons et de chèvres dont le fin pelage est envoyé aux Indes pour la fabrication des cachemires; des buffles; des chevaux dont le poil est si long qu'on les dirait revêtus d'une fourrure; et une précieuse espèce de ruminants, le yak, que l'on vient d'introduire en Europe; sa chair est excellente, son lait abondant; on l'emploie comme bête de trait et de somme; son poil long, épais et laineux sert à tisser une étoffe grossière. De nombreuses espèces de poissons peuplent les rivières et les lacs du Thibet. Beaucoup d'animaux sauvages, appartenant surtout à la race féline, de grands rapaces, des cerfs, des daims musqués, dont l'apparence ramassée et trapue ressemble beaucoup à celle du cochon, hantent les flancs déserts de ses montagnes. Son règne minéral est très-riche; l'or est commun dans ses rivières. Le plomb, l'argent, le cuivre, le soufre, les pierres précieuses abondent dans ses mines; le fer y est plus rare. On recueille du borax sur le bord de quelques-uns de ses lacs.

Industrie et commerce. Les Thibétains tissent, avec le poil de leurs moutons et de leurs chèvres, de très-belles étoffes de laine, et fabriquent, avec leurs pierreries, de charmants bijoux délicatement ciselés, qui sont en grande réputation dans l'extrême Orient. Ils font avec les Chinois, à *Si-ning*, dans le Kan-sou, et à *Pa-tang*, dans le Setchouen, un commerce d'échange assez actif. La Chine fournit des soieries, du thé, de la porcelaine, du tabac et des instruments de musique au Thibet qui lui vend des laines, des bijoux, de la poudre d'or, des pierres précieuses, du musc, des pelleteries. Il entretient aussi des relations commerciales de moindre importance avec le Ladack, le Boutan et les Indes.

Bien que divisés, d'après leurs géographes, en cinq peuples distincts [1], et un peu déviés de leur type primitif par suite de leurs relations séculaires avec les pays circonvoisins, les habitants du Thibet, trapus et musculeux, bruns de peau, anguleux de visage, indolents de caractère, appartiennent évidemment à la race mongole.

Race.

Aucune nation du monde n'a les instincts plus profondément religieux, n'est plus attachée à ses rites ni plus soumise à son clergé. Il n'existe pas une famille au Thibet qui ne fasse entrer deux ou trois de ses membres dans la puissante hiérarchie des lamas, dont le chef suprême, le dalaï, est en même temps le premier magistrat de la nation. Le boudhisme est la religion universelle. Toutefois, il se divise en deux sectes dont l'une porte des bonnets jaunes et l'autre des bonnets rouges. Cette dernière, de beaucoup la moins nombreuse, admet le mariage des prêtres. Les lamas gouvernent, jugent, administrent, instruisent le peuple et président aux cérémonies des funérailles, qui constituent le plus important de tous les actes civils et religieux du Thibet. On brûle les corps des lamas après les avoir placés dans l'attitude contemplative des statues de Boudha. Ceux des Thibétains qui n'appartiennent point à leur hiérarchie, sont simplement exposés dans des cimetières dont toutes les portes restent ouvertes et où les animaux sauvages viennent les dévorer. Les prêtres boudhistes n'interviennent pas dans les mariages. On ne séquestre point les femmes comme en Chine, et le choix

Mœurs et religion.

---

1. Ils résident dans le *Klam* ou Thibet antérieur, le *Tsang* ou Thibet ultérieur, les déserts du *Kor-Katchi*, le *Boutan* et le *Petit Thibet*.

des époux est laissé libre. Une fois entrée dans le lit conjugal, après l'échange des présents d'usage et l'accomplissement de quelques rites d'une grande simplicité, la jeune fiancée devient la femme de tous les frères de son mari; elle est obligée de tenir leur maison et ne peut repousser leurs tendresses. La décroissance de la population thibétaine, que les statisticiens chinois ont constatée, est due, sans aucun doute, à la polyandrie et au célibat des prêtres.

Heureusement doués pour les arts d'agrément, aimant avec passion la musique, dont le clergé fait une étude spéciale, la danse et les exercices du corps, les Thibétains ont, en général, peu de goût pour les études sérieuses. Leurs mœurs sont douces et polies, et leur civilisation, très-inférieure sous le rapport des sciences, de l'industrie, de la politique, à la civilisation chinoise, l'emporte de beaucoup sur celle des autres peuples asia-

Costume national. tiques qui appartiennent à la race mongole. De longues robes taillées suivant la mode chinoise et recouvertes d'étoffes de laine ou de fourrures, de grandes bottes en cuir, des bonnets de soie fort élevés, jaunes ou rouges suivant la secte religieuse, constituent le costume national qui varie très-peu pour les deux sexes. Les femmes se parent volontiers de bijoux, et ornent avec des perles leur longue chevelure dont elles forment trois tresses avant leur mariage; elles n'en portent plus que

Architecture. deux lorsqu'elles subissent le joug conjugal. Les habitations particulières sont à deux étages, grossièrement construites en pierres non cimentées, percées de fenêtres très-étroites, pavées de marbre ou de briques, recouvertes d'une toiture en chaume très-plate que surmontent de petits drapeaux ou des branches d'arbres destinées à défendre les habitants contre l'influence des mauvais esprits. Elles ont ordinairement l'apparence de grands fours à briques; mais les temples, les monastères, les tombeaux affectent des formes qui ne sont dépourvues ni de grâce ni de majesté, et l'architecture thibétaine est en réputation dans l'Asie centrale. On remarque principalement dans la ville de *Téchou-lambou* le mausolée d'un célèbre lama qui mourut à Péking. Ce beau monument, dont les parois intérieures sont tendues de riches étoffes et décorées de nombreux portraits représentant des moines boudhistes en prières, ressemble autant à une pagode chinoise qu'à un temple hindou. Le corps du moine boudhiste y repose dans un cercueil d'or massif. Il date de la fin du dernier siècle.

Le mouton, l'orge et le thé composent le fond de la nourriture du peuple thibétain. Les heures de ses repas ne sont point réglées; il mange lorsque la faim le lui conseille. La chair des animaux est simplement exposée à l'air et au soleil jusqu'à ce qu'elle soit parfaitement desséchée et ne subit en général aucune autre préparation culinaire. Le thé ne se boit jamais pur; on en prépare, à peu près comme dans la Mongolie, un mélange fortifiant et assez agréable en le faisant bouillir avec de la farine d'orge, du beurre et du sel. Les Thibétains fabriquent avec l'orge fermenté les boissons enivrantes dont ils font usage. L'hydropisie, les rhumatismes, la petite vérole et la syphilis sont les plus communes de leurs maladies. Ils redoutent surtout les deux dernières comme étant éminemment contagieuses, et il n'est pas rare qu'on laisse mourir d'inanition ceux qui en sont atteints, lorsque les premiers remèdes administrés par la médecine chinoise, ne les ont point guéris. Cette singulière nation parle plusieurs dialectes qui se rapportent au même idiome. Il est alphabétique, s'écrit de gauche à droite, et paraît être une des branches de la langue sanscrite, bien qu'il renferme un nombre de consonnes beaucoup plus considérable. Les signes conventionnels avec lesquels on l'exprime, sont de deux

Alimentation.

Langue.

sortes : ceux qu'emploie l'imprimerie se nomment *outchen;* on appelle *oumin* l'écriture courante. Un voyageur hongrois, Ksoma de Koros, qui a séjourné quelque temps dans la ville de Ladak, au commencement de ce siècle, a composé une grammaire et un lexique de la langue thibétaine. Les pittoresques récits du Père Huc et les savantes études des frères Schlagintweit ont complété les notions qu'il avait données à l'Europe sur les mœurs étranges du pays de Bod.

<small>Divisions administratives.</small>

<small>Villes principales.</small>

Le Thibet est divisé administrativement en deux provinces d'une étendue à peu près égale : le Thibet antérieur (Tien-tsang) à l'est, et le Thibet ultérieur (Hao-tsang) à l'ouest. Le Thibet antérieur a pour capitale Lassa (29° 30 latitude nord, 79° 20 longitude est), située sur la rivière *Dzang-tsou*, un des tributaires du *Yarou-tsang-bou*, au centre d'une vallée fertile qu'environnent de belles collines disposées en amphithéâtre; 25,000 habitants; garnison chinoise; séjour du dalaï-lama et de son grand conseil, le koutouctou dont relève toute la hiérarchie des prêtres boudhistes disséminés dans le Thibet et la Mongolie; beaucoup de couvents et d'établissements religieux dont les plus célèbres sont les quatre grands et riches monastères de *Séra, Breboung, Samyé* et *Galdan*. Le dalaï habite aux environs de la ville, sur le mont Botala, un beau et vaste palais dont le dôme principal a 317 pieds de haut. Lassa, où résident les commissaires chinois chargés de la surveillance du pape boudhiste et de son grand conseil, est la métropole de tout le Thibet. Elle fut prise et pillée par le khan des Songars, Arabdan (voir page 133), au commencement du dernier siècle. Ce fut Kang-hi qui restaura le pouvoir du dalaï-lama en lui prêtant l'appui de sa protection intéressée.

Téchou-loumbou ou *Zikatsé*, dans la vallée de Lassa, et à 10 lieues ouest de cette dernière ville, est la capitale du Hao-tsang et la résidence du téchou-lama qui occcupe, après le dalaï, le premier rang dans la hiérarchie boudhiste ; 300 ou 400 maisons ; beaucoup de couvents et de monastères ; magnifique tombeau du Téchou qui mourut à Péking en 1781. Le Thibet ultérieur renferme six départements dont le *Yarou-tsang-bou* baigne les capitales fortifiées.

Deux hauts commissaires chinois résidant à Lassa et surveillant, par un mutuel contrôle, les actes de leur direction suprême ; deux grands-prêtres, le dalaï et le téchou-lama, assistés chacun d'un conseil, administrant, sous la haute juridiction des commissaires, l'un le Thibet antérieur, l'autre le Thibet ultérieur, exerçant le pouvoir par l'intermédiaire d'officiers laïques (*deda*), de commandants militaires (*karpon*) et de certaines autorités locales (*vazir*), qui se prêtent un concours réciproque : telle est la forme extérieure du gouvernement thibétain. Les deba et les karpons reçoivent des deux grands prêtres l'investiture de leurs pouvoirs qui leur sont confirmés par les résidents. Ceux-ci administrent directement, sans l'intermédiaire des lamas et avec l'aide des karpons, les tribus nomades de l'ouest et les postes fortifiés que Kien-loung construisit après l'invasion de 1792, sur les frontières méridionales des deux Thibets, pour contenir l'humeur belliqueuse des habitants du Népaul. Doux et inoffensifs, les Thibétains sont faciles à gouverner.

<small>Système administratif.</small>

Les faits les plus saillants de l'histoire du Thibet, telle que nous l'ont fait connaître, très-incomplétement d'ailleurs, l'ouvrage de l'historien mongol *Sanang-setsen* et les récits des missionnaires catholiques, furent successivement, à partir du IVe siècle avant notre ère : la réunion de toutes les tribus nomades qui habitaient le pays sous le sceptre unique de *Seger-sandiloutou-kagan-toul-esen* et l'introduction des doctrines boudhistes parmi les

<small>Principaux faits de l'histoire nationale</small>

sujets de ce monarque ; — la fondation de Lassa, en 630, par *Srong-zan-gambo* et l'invention de l'alphabet sous son règne ; — la soumission, par la dynastie chinoise des Tang, de la plus grande partie du Thibet, qui ne tarda pas à secouer son joug ; — les luttes sanglantes que soutint, au commencement du xe siècle, contre les tentatives envahissantes de l'islamisme, le culte de Boudha qui resta définitivement victorieux ; — la conquête du Thibet par Gengis-khan au xiiie siècle (il resta soumis à la dynastie mongole des Youen, tant qu'elle régna sur l'empire chinois, recouvra son indépendance au moment de son expulsion, et se divisa alors en plusieurs principautés sur lesquelles régnèrent des souverains indépendants jusqu'à la chute de la dynastie chinoise des Ming) ; — la tolérance accordée par un de ces souverains, le prince de Cogoué, aux missionnaires catholiques qui furent favorablement accueillis en 1626 à sa cour et admis à discuter publiquement leurs doctrines avec les prêtres boudhistes ; — l'agrandissement progressif de l'influence des lamas dont le chef ou dalaï finit par s'emparer, vers le milieu du xviie siècle, de la souveraineté temporelle ; — la soumission du Thibet, à la même époque, au sceptre victorieux d'Arabdan, le grand chef des Songars (voir page 133) ; — les troubles qui divisèrent ses successeurs et d'où sortit la conquête de tout le Thibet par les premiers souverains de la dynastie mandchoue. L'un d'eux, Kien-long, après avoir noyé dans le sang une tentative de révolte qui eut lieu vers 1750, fit construire des forts dans toutes les parties du Thibet, auquel il donna l'organisation politique et militaire dont nous venons de parler.

PAYS TRIBUTAIRES DE L'EMPIRE.

Outre les vastes contrées que nous avons décrites, les géographes chinois, dominés par un sentiment de vanité nationale, comprennent encore dans les limites officielles de l'empire, la *Corée*, le *Ladak* et le *Beltistan* ou *Petit Thibet*. Ce n'est pas que les gouvernements de ces régions, très-peu connues des Européens et des Chinois eux-mêmes, reconnaissent la souveraineté ou même la suzeraineté de l'Empire du Milieu. Ils témoignent seulement de leur respect pour sa colossale puissance, soit par les présents qu'ils lui envoient chaque année, soit par les soins qu'ils prennent d'entretenir avec lui des relations de bon voisinage et par l'empressement avec lequel ils défèrent aux désirs émanés du cabinet de Péking.

La presqu'île coréenne que bornent le *Chin-king* et le *Ki-rin* au nord, la mer du Japon à l'est, la mer Jaune à l'ouest, le détroit de Corée au sud, est comprise entre les 122° et 128° longitude est, les 30° 09 et 43° latitude nord. Une grande chaîne de montagnes qui prolonge les monts Si-hi-ti (voir page 10) et qui porte, en chinois, les noms de *Pi-peh-chan* et de *Pouan-loung-chan*, la traverse dans toute sa longueur et donne naissance à plusieurs rivières qui coulent vers l'ouest, l'est et le sud. Une ceinture de petites îles très-nombreuses entoure ses côtes. Son climat, tempéré au sud-est, est très-froid vers le nord. Elle produit du riz et d'autres céréales et entretient avec la Chine un commerce assez actif. Ses mœurs sont à peu près inconnues des Européens. Elle a pour capitale *Kin-ki-tao*, en chinois *Hao-yang-thing*, située un peu au nord de la rivière Han. Les géographes chinois donnent à la Corée le nom de Kaoli.

CORÉE.

Le *Ladak* et le *Beltistan* ou *Petit Thibet* comprennent, au nord-ouest du Thibet, une contrée extrêmement montagneuse que traversent, en tous sens, des ramifications de l'Himalaya et du Tsoung-ling. Ils confinent vers l'ouest au pays de Kachmire et au Poundjab. Le

LADAK ET BELTISTAN.

Sindh et quelques-uns de ses affluents baignent leurs vallées étroites et profondes dont le sol, relativement fertile, produit un peu de froment, d'orge, de sarrasin et quelques légumes. Le climat, les mœurs, le langage, le caractère, le culte des habitants du Ladak sont semblables à ceux des Thibétains, mais le pays renferme plus de mahométans que le Thibet. Sa capitale est *Léh*, sur la branche principale du Sindh, située par le 44° 20 nord et le 75° 23 longitude est ; enceinte fortifiée défendue par des tours ; 700 maisons à deux ou trois étages, grossièrement construites et pauvrement meublées ; entrepôt du commerce considérable que font la Chine et la Russie, par Yarkand et Lassa, avec le Kachmire et l'Inde. Le Ladak est gouverné par un rajah, mais le clergé boudhiste y exerce en réalité le pouvoir. On donne à cette pittoresque région 200,000 habitants. Elle est divisée administrativement en quatre districts dont les capitales sont : *Léh*, *Noubra*, *Zanskar* et *Pitti* ou *Pourak*.

CHAPITRE IV

HISTOIRE NATURELLE

Notions générales sur la minéralogie, la zoologie et la botanique chinoises. — L'herbier chinois. — Sa méthode et ses divisions.

Si la Chine était mieux connue, si ce grand pays qui étend ses limites depuis les zones torrides des tropiques jusqu'aux confins glacés de la Sibérie, qui subit l'influence de tous les climats et qui présente tous les aspects, avait été exploré, depuis plusieurs siècles, par les savants Européens ; si les voyageurs qui l'ont parcouru avaient eu plus de science ou de loisirs, plus d'expérience ou moins de crédulité, il n'est pas douteux que leurs investigations eussent fait grandement progresser les sciences physiques. Ce qu'ils nous ont appris sur l'histoire naturelle de ces régions est si vague, si incomplet, quelquefois si invraisemblable, les classifications et les descriptions chinoises sont elles-mêmes si bizarres et si naïves que, pour rester sérieux et ne point abuser nos lecteurs, nous devons nous en tenir aux notions les plus générales sur ce vaste et intéressant sujet.

Les richesses minéralogiques que possède l'Empire   MINÉRALOGIE.

chinois, que recèlent les flancs de ses montagnes et les masses quartzeuses de ses rochers, que charrient ses rivières, que renferment les eaux salées de ses grands lacs ou les solitudes inconnues de ses déserts, sont assurément aussi variées qu'abondantes. Ignorant des procédés simples et puissants que la science applique, en Europe, à l'exploitation des mines, à l'extraction et l'affinage des métaux, à la fabrication des substances chimiques les plus utiles, routinier par principes, apathique par nature, le gouvernement impérial, auquel la loi attribue la propriété exclusive de ces richesses, les laisse enfouies pour la plupart dans le sol où les révolutions terrestres les ont lentement formées pour l'usage de l'homme et l'embellissement de son existence. Parmi celles que les étrangers se sont trouvés à même de connaître, il faut citer :

Richesses du règne minéralogique.

Pierres.

Les *granits*, dont les Chinois se servent, à Canton et à Amoy, pour le pavage de leurs rues, la construction et l'ornement de leurs demeures, de leurs ponts, de leurs monuments publics, et qu'ils excellent à tailler, à ciseler, à sculpter;

Les *grès* et les *micachistes*, employés aux mêmes usages dans d'autres parties de l'Empire;

Beaucoup de belles gemmes, et entr'autres des *quartz* merveilleux, du *cristal de roche* très-pur, des *agates*, des *serpentines*, des *lazulites*, des *opales*, des *diamants*, des *rubis*, des *améthystes*, des *grenats* et le fameux *jade* (yu), si estimé des Chinois, sorte de pierre très-dure, demi-transparente, dont la nuance varie du blanc laiteux au vert foncé[1]; la plupart de ces gemmes viennent

---

1. Le jade est un composé de silice, de chaux, de potasse et d'oxyde de fer. On le recueille principalement dans le lit des rivières du Younan et du Khoten. Cette pierre est assez commune dans plusieurs contrées, notamment à Java, mais les Chinois n'estiment que le jade de leur pays. Sa valeur varie beaucoup suivant qu'il est plus ou moins *sonore* et d'une nuance plus ou moins foncée.

des provinces ou des colonies de l'ouest et du sud-ouest; les lapidaires indigènes, qui sont fort patients et fort habiles, les polissent avec de la poudre de corindon que l'on extrait de certaines roches granitiques;

Plusieurs espèces de pierres calcaires, des *marbres* assez grossiers, dont on fabrique dans les jardins, aux environs de Canton, des rochers artificiels ou dans lesquels on taille de larges plaques destinées à l'ornementation des maisons et des temples; les Chinois ne font point de statues avec ces marbres qui sont peu susceptibles de poli; mais ils y impriment, à l'aide d'un acide très-mordant, des paysages fantastiques; ils ignorent d'ailleurs l'usage de la chaux;

Le *gypse cristallisé*, abondant dans le nord-ouest du Kouang-tong; on le réduit en poudre sous la meule et on en fait une grande consommation pour le calfatage des bateaux, la coloration du thé, la fabrication du sucre en poudre, la composition du fard dont les femmes se couvrent le visage et la fabrication de diverses substances dentifrices; la médecine l'emploie aussi comme réfrigérant;

Le *nitre*, que l'on obtient dans les provinces du nord en lessivant les couches superficielles de certains sols très-humides, et qui sert à la fabrication de la poudre à canon;

L'*alun*, très-commun et très-utile pour clarifier l'eau, fixer les couleurs et blanchir le papier;

Le *sel commun*, obtenu uniquement par l'évaporation des eaux de la mer; les Chinois ne connaissent pas le sel gemme, bien qu'ils en aient probablement des mines considérables;

Le *sel ammoniac*, que l'on recueille près des lacs Mongols;

L'*or*, que donne avec assez d'abondance, par le pro-

Métaux

cédé du lavage, le sable des rivières du You-nan et du Se-tchouen, notamment celui du Kin-tcha-kiang (rivière dorée), l'une des branches du grand fleuve (voir page 13); on en fabrique des bijoux et des décorations officielles et on le bat en feuilles très-minces, dont on se sert pour la dorure; le commerce l'emploie en lingots; on ne trouve pas en Chine d'or monnayé;

L'*argent*, que les mines du You-nan fournissent en grande abondance et dont il existe de nombreux filons dans d'autres provinces de l'Empire; on le fond, de temps immémorial, en lingots dont le poids fixe la valeur et dont le commerce fait usage; avant l'introduction en Chine des piastres espagnoles, ses habitants ne connaissaient pas l'argent monnayé;

Le *cuivre*, qui est aussi très-commun et qui constitue l'unique base de la monnaie indigène; on en fait des cloches ainsi que des ornements et il entre dans la composition de diverses espèces de bronze; lorsqu'il est à l'état pur, il prend le nom de *tsz-laï* (cuivre naturel); le You-nan et le Kouéï-tchéou renferment beaucoup de minerai d'où l'on tire un métal analogue au zinc, bien que plus dense; les Chinois l'appellent *pé-tong*; le pétong remplace, pour une foule d'usages, le cuivre naturel; il est susceptible de prendre un beau poli semblable à celui de l'argent;

Le *fer*, moins commun qu'en Europe; on ignore où sont situées exactement les mines d'où on l'extrait, et par quels procédés on l'obtient; les pays étrangers en fournissent beaucoup à la Chine;

Le *zinc*, dont il existe des mines au You-nan et dans le Hou-pé, mais qui est encore très-peu employé;

L'*étain*, encore plus rare et presque inconnu;

Le *plomb*, que l'on trouve à l'état de galène (plomb sulfuré); le prix en est élevé et l'usage très-restreint;

Le *mercure*, très-abondant au Kouéï-tchéou et au

Chen-si, employé en médecine et pour l'étamage des glaces;

Plusieurs *sulfures*, et entr'autres le *cinabre* (sulfure de mercure), dont on fait du vermillon; le sulfure de plomb (*galène*), dont nous venons de parler; l'*orpiment* (sulfure d'arsenic, dans lequel on taille des statuettes et des figurines); le *lazulite*, qui donne une couleur bleue avec laquelle on peint sur cuivre et sur porcelaine, on le tire surtout de l'île de Haï-nan;

La *houille*, qui existe en couches considérables dans plusieurs provinces et qui est employée comme combustible dans tout le nord de l'Empire, soit à l'état pur, soit mélangée avec de l'argile. Le Kouang-tong en possède des gisements très-riches qui occupent, sur une grande longueur, les rives du Pé-kiang; mais celle qu'on en extrait, dure, sèche, et renfermant beaucoup de soufre, ne brûle qu'avec difficulté en répandant une fumée insupportable. Les galeries où on la recueille sont horizontales, superposées et s'ouvrent en étages sur les flancs des collines. Si les Chinois connaissaient l'art de creuser, de ventiler, d'exploiter les mines et tous les avantages que l'industrie européenne retire du charbon de terre, les gisements houillers que recèle leur sol deviendraient pour eux la source d'une incalculable prospérité. {Combustibles.}

Pour terminer l'énumération des richesses minérales de l'empire, il nous reste à parler des curieuses pétrifications fossiles dont les auteurs chinois ont analysé, il y a déjà plusieurs siècles, les caractères extérieurs, et les eaux thermales qui jaillissent du sol dans les provinces du nord et de l'ouest. Quelques-unes de ces sources d'eaux chaudes, dont nous ignorons d'ailleurs les propriétés chimiques, sont en grande réputation par toute la Chine. L'une d'elles, qui se trouve à Jé-ho, près du palais d'été, est enfermée dans l'enceinte d'un hôpital {Fossiles.} {Sources d'eau chaude.}

où l'empereur fait soigner, à ses frais, un certain nombre de vétérans mandchoux. D'autres, les *ho-tsing* (puits à feu), que nos missionnaires ont vues au Se-tchouen, s'échappent d'ouvertures étroites, profondes de 1,500 pieds, creusées de main d'homme et ressemblant à nos puits artésiens. Leur chaleur est intense et leur jet puissant. Non loin du lieu où elles se trouvent, de nombreuses fissures dégagent un gaz sulfureux qui prend feu avec explosion et brûle, en longues flammes bleuâtres, au milieu d'un épais nuage de fumée.

ZOOLOGIE.

Les différents types zoologiques répandus dans les vastes régions torrides et glacées, peuplées et désertes, montagneuses et unies, fécondes et stériles, nues et boisées qui constituent le territoire de l'Empire offrent des variétés nombreuses. Pour ne nommer que les principaux, nous citerons :

Quadrumanes.

Premièrement, dans la famille des *quadrumanes*, le *douc* cochinchinois (simia nemœus), grande espèce de singe, très-remarquable par la diversité et l'éclat des couleurs de son pelage ; sa face plate, encadrée dans une longue paire de favoris, est jaune orange ; une bande sombre traverse son front ; il a le haut du corps et les avant-bras gris brun, le reste des bras blancs, les mains et les cuisses noires, les jambes d'un rouge brillant ; sa queue est blanche et prolonge une grande tache triangulaire de la même couleur, qui couvre une partie de ses reins ; il a deux à trois pieds de longueur ; — une autre espèce un peu plus grande, que les Chinois nomment *haï-tuh* et les Cochinchinois *ki-doc*, dont la queue est fourchue et le nez se prolonge en trompe ; — le *fifi*, sorte de chimpanzé qui a une longue crinière, et le *sing-sing*, dont l'apparence se rapproche beaucoup des formes humaines ;

Chéiroptères.

Deuxièmement, dans celle des *chéiroptères*, plusieurs espèces de chauves-souris, dont les plus grandes se trouvent au sud et atteignent jusqu'à deux pieds d'envergure; la description que donne l'herbier chinois de la chauve-souris est curieuse à plus d'un titre; elle mérite d'être citée comme une des plus fidèles et des plus sérieuses de ce volumineux et puéril recueil : « Cet animal, dit l'auteur, que nous appelons rat céleste, rat enchanté, rat volant, hirondelle nocturne, a la forme d'une souris; son corps est d'un gris cendré, ses quatre jambes et sa queue sont comme soudées les unes aux autres par des ailes minces et membraneuses; il fait son apparition en été, mais demeure engourdi pendant l'hiver; c'est pourquoi ne mangeant rien, durant cette dernière saison, et ayant d'ailleurs la faculté de se substanter en avalant sa propre haleine, il peut vivre très-longtemps; il a les habitudes d'un rôdeur de nuit, non qu'il ne puisse voler pendant le jour, mais parce qu'il redoute les poursuites d'une sorte de faucon qui en est très-friand; il se nourrit de moustiques et de moucherons et vole toujours la tête pendante, parce que son cerveau est très-pesant; »

Troisièmement, dans la famille des *plantigrades* : l'*ours brun*, assez commun sur les montagnes de l'ouest, et l'*ours blanc*, qui fréquente parfois les côtes de la Mandchourie; on fait sécher et on vend très-cher, sur les principaux marchés de l'Empire, des pattes d'ours, que les Chinois considèrent comme un mets exquis; — le *glouton*, dont la fourrure est recherchée et dont le poil soyeux sert à fabriquer des pinceaux à écrire; {Plantigrades.}

Quatrièmement, parmi les *digitigrades* : plusieurs espèces de *martres*, qu'on trouve en grande quantité dans les provinces du nord (leurs magnifiques fourrures font la principale richesse du pays); — la *loutre terrestre* et la *loutre de mer*; — la *belette*; — le *chien*, dont le type commun offre beaucoup d'analogie avec celui des animaux de la même race que l'on voit sur les côtes {Digitigrades.}

septentrionales des continents asiatique et américain; le chien chinois a le poil épais et rude, invariablement noir ou jaune clair, sans mélange d'aucune autre couleur; le corps haut d'un pied environ et long de deux; la queue longue, abondamment frisée et relevée en trompette; les jambes de derrière remarquablement droites, ce qui lui donne un aspect gauche et l'empêche de courir très-vite; les oreilles raides, pointues; la tête effilée, les yeux petits, noirs et perçants; la langue, les commissures et le palais d'un bleu noirâtre; il est sobre, doux et de bonne garde, quoique peu susceptible d'attachement et de mœurs assez sauvages; sa voix est éclatante et ses aboiements précipités; on dit sa chair comestible et même assez délicate; les dames chinoises de haut rang font grand cas d'une espèce très-rare de petits chiens au poil soyeux, aux yeux saillants, aux jambes torses, aux oreilles longues et pendantes qui paraissent venir du Japon et qui ont beaucoup de ressemblance avec nos king's-charles; — le *loup* et le *renard*, que l'on considère comme possédés de malins esprits et qui sont l'objet d'une terreur superstitieuse, ne sont pas très-communs; — le *lion* et le *tigre*, encore plus rares, si on en juge d'après les tableaux des peintres chinois, qui en font des animaux de fantaisie, comme si le type de ces deux grands carnivores n'était plus qu'une réminiscence du passé; il est probable toutefois qu'il existe encore aujourd'hui dans les jongles du You-nan; — une sorte de *petite panthère*, que l'on trouve dans les forêts mandchoues où les premiers empereurs de la dynastie actuelle, entre autres le célèbre Kang-hi, la chassaient avec un luxe de vénerie incroyable; — le *chat domestique*, à poil gris ou noir; — l'*angora*, très-aimé des dames de Péking, et qui a, dit-on, les oreilles pendantes; — une grande espèce de *chat sauvage*, très-féroce, très-carnassier, et dont la chair est en grande réputation ; les Chinois mangent aussi le chat domestique ; — le *lynx*, assez commun dans tout le pays ;

Cinquièmement, beaucoup de rongeurs, entre autres : le *rat du Bambou* (Tchou-chou), sorte de mulot des bois très-répandu dans les provinces méridionales, et le *rat noir* commun ; — la *souris ;* — le *porc-épic ;* — le *hérisson ;* — la *marmotte ;* — le *lièvre* et le *lapin* communs qu'on trouve dans le nord et qui diffèrent un peu des nôtres pour leurs formes ou leurs couleurs ; — une espèce de *grand lièvre*, dont parle Staunton, et qui foisonne en Mandchourie ; il a le pied remarquablement allongé et son poil, fauve en été, devient presque blanc pendant l'hiver ; — l'*écureuil* et l'écureuil volant ou *polatouche*, que la science chinoise classe parmi les oiseaux ;

Rongeurs.

Sixièmement, un *édenté* : le *manès* ou *pangolin*, dont les formes singulières et les habitudes amphibies ont fait la stupéfaction des naturalistes chinois, qui lui ont donné le nom de carpe de montagne ; il fréquente les rochers des côtes méridionales et la médecine compose avec diverses parties de son corps, plusieurs remèdes auxquels on attribue une grande efficacité ;

Édentés.

Septièmement, un grand nombre de *pachydermes* : l'*éléphant* et le *rhinocéros* qui hantent les grandes jongles du You-nan (on fait avec la corne du rhinocéros une poudre fréquemment employée par la médecine et on en fabrique des coupes habilement ciselées, qui purifient, selon la croyance du vulgaire, les breuvages empoisonnés) ; — le *tapir*, qui passe pour digérer les pierres et le cuivre ; — le *sanglier*, très-commun dans le Tché-Kiang, où il fait le désespoir du cultivateur en ravageant les rizières et les jeunes plantations de bambous ; — le *cochon*, dont les jambes sont courtes, le dos particulièrement ensellé, le corps très-arrondi, le groin tronqué et l'engraissement remarquablement facile (de tous les

Pachydermes.

animaux domestiques que renferme la Chine, le cochon est sans contredit le plus répandu et le plus utile ; cette précieuse espèce a été introduite en Angleterre vers la fin du dernier siècle) ; — le *cheval*, petit, osseux, trapu, peu gracieux de formes ; il a la tête grosse, la croupe ravalée et l'aspect misérable du poney des Schetland ; celui du nord est sensiblement mieux fait et plus vigoureux ; le gouvernement chinois entretient de misérables haras en Mandchourie et en Mongolie, mais il n'a jamais rien fait pour l'amélioration de la race chevaline dans la Chine proprement dite, où l'*âne* et le *mulet* sont beaucoup plus communs que leur noble congénère ;

Ruminants.

Huitièmement, dans l'ordre des ruminants : le *chameau d'Asie* à deux bosses ; il rend, dans les provinces du nord et du nord-ouest, particulièrement dans le Gobi, les mêmes services que le dromadaire aux Arabes, mais il n'est pas connu au sud de l'empire ; selon du Halde, il est moins léger et ses membres sont plus robustes ; on a vu cependant à Péking des chameaux dont les jambes sont grêles, les formes élancées et fines ; ceux-là sont spécialement consacrés au transport des dépêches et des marchandises légères ; on les nomme *Foung-kio-to* (chameaux aux pieds aériens) ; — des *bœufs à bosse et sans bosse*, pas plus hauts que des ânes, presque tous roux, ayant les cornes petites et mal faites, d'ailleurs assez rares ; — les *buffles*, beaucoup plus gros que les bœufs et employés à l'agriculture ; ce sont de beaux animaux, au poil gris foncé, doux, laborieux et dociles ; ils sont moins grands que le buffle des Indes et diffèrent essentiellement, comme formes et comme caractère, du bison américain ; leurs cornes sont longues et demi-circulaires ; pendant les ardeurs de l'été et dans l'intervalle des travaux, ils se couchent dans la boue liquide des rivières, où ils disparaissent tout entiers ne montrant que l'extrémité luisante de leurs museaux; — le *yak*, ou bœuf grognant du Thibet, récemment introduit en Europe par les soins de M. de Montigny, et qui rend, comme nous l'avons dit plus haut (page 136), de si utiles services à l'agriculture et à l'industrie; — la *chèvre*; — le mouton dont on distingue deux sortes, le *Yang-tsao* et le *Yang-ti*; le Yang-tsao (mouton des herbes) fréquente les pâturages tartares; le Yang-ti (mouton des terres), appelé par les naturalistes français *mouton à large queue*, et introduit récemment en Europe sous le nom probablement corrompu de *Ong-ti*, est répandu dans la Chine propre; la forme particulière de ses oreilles auxquelles manquent les rudiments de la conque, celle de son nez fortement busqué et de sa queue courte, grasse, large, très-aplatie à sa base, le distinguent de ses congénères; sa sobriété, sa rusticité, sa douceur et la précieuse fécondité de sa brebis qui peut donner, par an, deux portées de quatre à cinq agneaux chacune, le recommandent particulièrement à nos éleveurs; sa laine, un peu grossière et mélangée de longs poils, pourrait, sans doute, être améliorée par leur industrie; — une charmante espèce d'*axis*, au pelage fauve tacheté de blanc, au regard expressif et langoureux, qui fait l'un des plus agréables ornements des parcs chinois; — le *bubale*, sorte de grande antilope, qui erre par petites troupes dans les solitudes du Ko-ko-nor; son corps est pesant, ses cornes, longues de neuf à dix pouces, sont annelées, divergentes, émoussées et recourbées en arrière; le bubale chinois est caractérisé par la protubérance mobile et recouverte d'un bouquet de longs poils raides qui est placé sous sa gorge et qui devient monstrueux chez les vieux mâles; — deux ou trois autres espèces de *cerfs*, qui hantent les forêts et les montagnes du nord et de l'ouest; — enfin, le *chevrotin porte-musc*, objet d'une chasse ardente dans la région montagneuse qui s'étend depuis le Thibet jusqu'au lac Baï-kal ; le porte-musc est assez semblable au chevreuil, mais de plus petite taille ; ses jambes de devant sont fines et fléxibles, celles de derrière robustes et fortement arquées ; le musc se trouve, à l'état semi-fluide, dans une petite poche placée sous le ventre du mâle ;

Amphibies.

Neuvièmement, un amphibie : le *phoque*, que les navigateurs ont observé quelquefois sur les côtes du Léao-tong, mais dont les mœurs ne sont point connues des naturalistes chinois ;

Cétacés.

Dixièmement, dans la tribu des *cétacés* : une espèce de *marsouin*, assez commune dans le Yang-tze-kiang ; les indigènes lui donnent le nom de cochon de rivière ; — le *dauphin*, qui se montre souvent isolé ou en troupes à l'embouchure du fleuve des Perles ; c'est un gros poisson de six à sept pieds de long, dont la tête est allongée et la couleur gris-clair ; les pêcheurs chinois, qui l'appellent *paki-ki*, ont pour lui une sorte de respect superstitieux ; ils lui rendent sa liberté lorsqu'il se laisse prendre dans leurs filets ; — la *baleine*, principalement la baleine franche, qui hante quelquefois les eaux peu profondes du Haï-nan et du Tonquin. Dès que sa présence y est signalée, les pêcheurs de la côte s'associent pour sa capture et réunissent leurs barques au nombre de quarante ou cinquante afin de se prêter un mutuel secours. Ils se servent, comme nos baleiniers, de harpons fixés à de forts câbles, qui sont eux-mêmes attachés aux mâts des embarcations. Lorsque le monstre marin est épuisé par la perte de son sang, on le traîne sur la plage où il expire. Ses os cartilagineux, sa chair et sa graisse sont recueillis en commun et partagés ensuite par les capteurs. Les Japonais pêchent la baleine et aussi le cachalot dans la mer Jaune et sur les côtes orientales de la Mandchourie.

Aussi curieux et aussi variés, les oiseaux de la Chine

sont encore moins connus que ses mammifères, soit parce qu'étant moins utiles, ils n'ont pas été étudiés avec autant de soin, soit plutôt parce qu'un grand nombre d'entre eux, que l'on trouve seulement dans les forêts et sur les hautes montagnes du nord et de l'ouest, ont pour séjour des lieux à peu près inaccessibles aux investigations des naturalistes. On sait vaguement, d'après les récits des voyageurs, que l'ordre des *rapaces* diurnes et nocturnes doit être très-complet, mais il est impossible de répartir entre les différentes espèces classées par nos ornithologues, les individus dont l'herbier chinois renferme les descriptions bizarres. Il fut un temps où l'art de la fauconnerie que pratiquent encore quelques seigneurs japonais, était en grand honneur parmi les Mongols. Marco Polo parle, dans ses intéressantes relations, d'une espèce de beaux oiseaux de proie si forte et si courageuse qu'on la dressait à attaquer les loups, et qu'ils les pouvaient maîtriser dans leurs serres puissantes. Il est certain que les *aigles*, les *vautours* et les *faucons*, les *ducs*, les *chouettes* et les *hibous* de toute taille et de tout plumage sont communs dans les forêts de la Chine, sur ses montagnes ou parmi les rochers qui bordent ses mers, ses fleuves et ses marais. La fauconnerie n'y est plus aujourd'hui qu'un passe-temps fort peu estimé des Chinois eux-mêmes, mais encore en usage parmi les soldats mandchoux qui forment en grande partie les garnisons de l'Empire.

Rapaces.

Les individus les plus remarquables des autres ordres sont, autant qu'il a pu nous être donné de les connaître :

Dans celui des *pics* : les *perroquets* et les *coucous* ; la plupart des perroquets que l'on vend dans les rues de Canton viennent de l'archipel malais, mais le Younan en possède quelques espèces moins brillantes; les naturalistes chinois signalent les habitudes indépen-

Pics.

dantes du coucou auquel ils donnent le même nom que les Européens ; ils ont observé qu'il pondait dans le nid des autres oiseaux pour s'épargner en partie les embarras de la paternité;

Palmipèdes. Dans l'ordre des *palmipèdes*, qui est particulièrement très-riche : le *canard domestique* et le *canard sauvage*, dont on trouve plusieurs espèces, entre autres le canard *mandarin* [1], l'un des plus beaux oiseaux de la création, récemment introduit en Europe ; le mâle est orné des plus riches couleurs ; — l'*oie sauvage* et l'*oie domestique*, dont le plumage est également gris cendré (l'oie et le canard sont, aux yeux des Chinois, les plus frappants symboles de la fidélité conjugale ; il est d'usage d'en faire figurer dans tous les cortèges nuptiaux) ; — la *sarcelle*, très-commune et d'espèces très-variées ; — les *pélicans*, que l'on voit en troupes sur presque tous les fleuves de la Chine ; — le *cormoran*, que les habitants des provinces de l'est dressent à la pêche ; — les *mouettes* et d'autres oiseaux de mer; le gibier d'eau abonde sur tous les lacs, les rivières, les marécages et les marchés de la Chine ;

Échassiers. Parmi les échassiers : deux jolies espèces de *grues*, au plumage lisse et brillant, que l'on a observées dans les marais du Kouang-tong ; — la *cigogne*, respectée des Chinois qui la considèrent, aussi bien que le lapin et la tortue, comme l'emblème de la longévité [2] ; — le *héron*, le *courlieu*, le *pluvier*, très-répandus dans toute la Chine ; — la *bécasse*, aussi très-commune, et plusieurs sortes de *bécassines* ; — les *râles* ; — la *poule d'eau* et le gracieux *jacana*, cet oiseau singulier des régions tro-

---

1. Ce palmipède, auquel on donne le nom de mandarin, à cause de sa beauté, est originaire des provinces centrales.
2. Sur les cartes de visite qu'ils échangent à l'occasion du nouvel an, est peint ou imprimé un groupe assez gracieux qui réunit les trois emblèmes.

picales qui, ne pouvant nager longtemps à cause de la disposition de son plumage, se soutient à la surface des marais en fixant, dans les feuilles de lotus, les éperons crochus de ses ailes ;

Dans la tribu des *gallinacées* : la *poule domestique*, extrêmement répandue dans toute la Chine, dont elle nourrit en partie les habitants ; on en distingue deux espèces : la *poule commune*, très-sobre et bonne pondeuse, mais de taille médiocre et de difficile engraissement, et la *poule soyeuse*, remarquable par l'extrême ténuité de son plumage ; le noir est leur couleur la plus commune ; — le *dindon*, d'importation récente et encore peu connu ; — la *perdrix grise* ; — la *caille*, dont on dresse le mâle au combat et dont le plumage est orné de couleurs plus vives qu'en Europe ; — le *colin* et le *franc colin* ; — le *coq de bruyère* ; — diverses espèces de *pigeons* (les plus beaux sont le pigeon à cravate et le pigeon rose) ; — le *paon*, introduit en Chine depuis plusieurs siècles ; suspendues aux bonnets officiels des fonctionnaires, ses plumes servent à désigner leurs rangs et leur grades ; — plusieurs *faisans*, tous originaires de la Chine et tous parés des plus magnifiques ou des plus charmantes couleurs : le *faisan d'or* et le *faisan d'argent*, que l'on trouve de nos jours dans toutes les ménageries européennes ; le *faisan à queue barrée* (phasianus superbus), de larges bandes alternativement blanches et jaunes ornent les plumes de sa queue, qui atteignent jusqu'à six pieds de longueur ; le *faisan argus* connu aussi sous le nom de *paon argus*, les plumes de ses ailes et sa longue queue sont semées d'un grand nombre de taches arrondies, très-bien marquées et ayant la forme d'un œil ; le *faisan à collier*, qui doit son nom à une sorte de membrane placée sur le cou du mâle, elle resplendit, au moment des amours, de couleurs très-brillantes admirablement nuancées de rouge,

Gallinacées.

de pourpre et de vert ; on nomme quelquefois ce bel oiseau *faisan à cornes*, parce que sa tête porte deux petites touffes de plumes implantées derrière ses oreilles ; le *faisan vénéré*, dont le plumage est gracieusement tacheté de jaune et de noir ; il était resté inconnu jusqu'à ce jour en Europe, où M. Berthemy, notre ministre à Péking, en a rapporté dernièrement plusieurs exemplaires ;

Passereaux. Dans la nombreuse famille des *passereaux* : quelques espèces de *pies-grièches*, de *gobe-mouches*, de *fauvettes* et de *merles* ; parmi ces derniers, le *houa-mi* (sourcils peints), petit oiseau gris jaunâtre ; — la *grive violette* (*turdus violaceus*), bleue d'acier avec une belle tache blanche sur les ailes, et la *grive à lunettes*, ainsi nommée à cause des cercles noirs qui entourent ses yeux, sont très-estimées des Chinois qui les élèvent en cage et payent fort cher le plaisir d'entendre leurs chants harmonieux ; — l'*alouette*, dont ils prisent encore davantage la voix douce et mélodieuse ; — l'*hirondelle*, un de leurs oiseaux favoris ; — l'*engoulevent* ; — le *rouge-gorge* et la *fauvette* ; — le *moineau franc*, aussi commun et aussi importun qu'en Europe ; — le *corbeau* à collier blanc, que les habitants de la Chine révèrent comme un oiseau sacré et comme le symbole de la piété filiale ; — le *geai* et plusieurs sortes de *pies* ; la plus remarquable est la pie bleue au bec rouge, très-commune dans les environs de Ning-po où les voyageurs européens ont souvent admiré son vol léger et gracieux ; — un beau *martin pêcheur* (le *fi-tsoui*), qui habite les marais des provinces méridionales et qui est environ de la taille du moineau ; le rouge et le vert nuancés de bleu décorent ses plumes fines et lustrées avec lesquelles l'art chinois compose très-habilement, en les collant sur des planchettes, de petits paysages d'un joli effet.

La classe des reptiles n'est guère moins riche en Chine que celle des oiseaux. Elle renferme beaucoup de *tortues* d'eau douce et d'eau salée dont la chair est comestible, et plusieurs espèces de *serpents*, dont une seule, celle des *naja*, paraît être venimeuse ; le serpent naja hante les rochers et les broussailles des provinces méridionales ; ses écailles sont luisantes et rayées par de larges bandes alternativement noires et blanches, ce qui lui a fait donner le nom de *noir et blanc* ; on croit sa blessure mortelle ; — la *grenouille ordinaire*, dont les paysans font une grande consommation, et le *crapaud* commun abondent dans toutes les provinces. On a observé dans le sud la *grenouille mugissante*.

La tribu des *Sauriens* est particulièrement nombreuse : quantité de petits *lézards* d'espèces très diverses ont été décrits par les naturalistes indigènes, mais ils connaissent seulement de nom le redoutable *crocodile*, que l'on trouve cependant aux Indes sous les latitudes du Kouang-toung et du You-nan. La Chine ne possède pas non plus la *tortue caret*. Ce sont les îles Malaises qui lui fournissent les brillantes carapaces avec lesquelles on fabrique à Canton de si charmants objets de fantaisie.

Il n'y a pas de pays au monde dont les ressources ichthyologiques surpassent, égalent même celles de la Chine. Ses mers, ses rivières et ses lacs abondent en poissons de toutes sortes et de toutes grandeurs. On sait que les Chinois excellent dans l'art de la pêche qui leur fournit d'indispensables ressources, et qu'ils ont inventé bien avant nous la pisciculture. Il est constant qu'ils pratiquent, de temps immémorial, cette précieuse industrie avec intelligence et succès ; mais les procédés qu'ils appliquent à la fécondation artificielle nous sont trop vaguement connus pour qu'il soit possible de les comparer aux nôtres. Les meilleurs poissons des mers chinoises sont :

l'*esturgeon*, assez commun dans le nord et très-estimé des gourmets ; — deux espèces de *requins* : le *requin zébré* et le *requin marteau*, dont on vend la chair sur les marchés des villes du sud ; — une *raie* gigantesque, qui atteint quelquefois cinq pieds de longueur ; — plusieurs *serrans* et un *polynème* (*polynemus tetradactylus*), qui fournissent des mets d'une extrême délicatesse ; — un *stromatée* (*stromateus argenteus*) ; — plusieurs sortes de *soles* ; — de *maquereaux* ; — de *mulets*, — de *rougets* ; — l'*alose* et l'*anchois*. — Une espèce de *torpille* (*narcine lingula*), se débite aussi sur les marchés. On croit que la *morue franche* ne se trouve pas dans les mers de Chine.

Poissons d'eau douce. Les poissons d'eau douce sont très-nombreux et quelques-uns atteignent une grosseur vraiment prodigieuse. Le docteur Richardson, dans le rapport qu'il a présenté en 1845 à l'Association britannique, désigne jusqu'à 52 espèces de cyprynoïdes. Parmi les plus connus il faut citer : la *carpe commune* ; — le *hoang-yu* (poisson jaune), que l'on pêche dans le Yang-tze-kiang, et qui pèse jusqu'à 600 livres ; — deux ou trois sortes de *goujons*, que l'on voit ramper à marée basse dans la boue fétide des rivières qui reçoivent les égouts des grandes villes ; — le *pih-fan* (riz blanc), long de 6 à 7 pouces, dénué d'arêtes et presque diaphane ; on le considère comme le plus délicat de tous les poissons de la Chine ; — le charmant *poisson rouge*, qu'elle nous a donné et que ses habitants nourrissent dans tous les bassins de leurs parterres, dans tous les vases qui décorent leurs demeures. Les reflets métalliques de ces beaux cyprins ont tantôt l'éclat de l'or, tantôt celui de l'argent. Ils deviennent blanchâtres dans leur vieillesse ou quand ils sont malades. On en a vu qui pesaient jusqu'à 10 livres. Les eaux douces de la Chine renferment encore le *brochet* ; — différentes espèces de *chétodons* aux couleurs brillantes ; — un *ophicéphale* (*ophicephalus macu-*

latus), que les Chinois appellent *sang-yu* (poisson vivant) et qui a la vie si dure qu'on peut lui arracher les entrailles sans le faire mourir immédiatement.

Les crustacés et les mollusques de la Chine n'ont pas encore été classés scientifiquement. Les seconds, dont quelques amateurs étrangers possèdent déjà d'assez belles collections, sont très-abondants, mais imparfaitement connus. Nous citerons dans la classe des crustacés : l'*écrevisse*; — la *crevette* ; — plusieurs espèces de *crabes* tous comestibles, dont les deux plus grandes, le *long-haï* (*crabe dragon*) et celle que nos naturalistes appellent *crabe polyphème*, remplacent assez bien le homard et la langouste inconnus en Chine. On pêche des *huîtres* de bonne qualité près de Macao, et l'on trouve dans le limon des rivières ou sur le sable des grèves quantité de coquillages. Le docteur Cantor en a classé 88 genres différents qu'il a recueillis entre Canton et les îles Tchou-san. Les coquilles à perles ne sont pas rares sur les côtes orientales, et les Chinois assurent, ce qui paraît fort contestable, qu'ils connaissent le moyen de les reproduire artificiellement en introduisant dans certains coquillages un filament enlevé à la mère perle. Deux ou trois sortes de *sèches* ont été observées près des côtes méridionales. La *sangsue* est très-commune, et la médecine chinoise en fait un grand usage.

Crustacés et mollusques.

Les insectes de la Chine ne sont ni moins variés ni mieux connus que ses poissons ou ses mollusques. Le docteur Cantor en a classé 59 genres qu'il a trouvés, en 1840, aux environs de Tchou-san, mais ses recherches n'ont pas dépassé certaines limites et sa collection est naturellement très-incomplète. Celles que vendent à Canton les marchands chinois, assorties seulement d'après leurs nuances, préparées avec de mauvais ingrédients, conservées dans des boîtes mal closes, ne tardent pas à tomber en poussière et ne peuvent avoir

Insectes.

aucune valeur aux yeux de la science. L'*araignée*, dont il existe différentes variétés, les unes, revêtues des plus brillantes couleurs, les autres, velues, hideuses et si grosses qu'elles peuvent prendre les petits oiseaux; — une espèce de *scorpion* dont la piqûre n'est pas dangereuse; — la *sauterelle*, partout très-commune, et dont une espèce, le *criquet*, voyageant en bandes très-nombreuses, exerce parfois de grands ravages comme sa congénère d'Afrique; — le *grillon* commun; — deux sortes de *blattes*, l'une très-grande et ailée, le *cancrelat*, l'autre moindre et sans ailes, toutes deux infectes et très-incommodes; — la *courtillière*; — la *cigale* commune dont les chants stridents et infatigables retentissent pendant neuf mois de l'année; — deux autres *cicadaires* : la première (*cicada limbata*), qui se nourrit des feuilles du *peh-la-chou* (arbre à suif), et dont la larve produit elle-même l'utile substance que l'on recueille sur cet arbre précieux; la deuxième, le *fulgore porte-lanterne*, qui brille, pendant le jour, du vif éclat de ses élytres, tandis que, dans l'obscurité, l'appendice cornu placé sur le devant de sa tête, jette une lueur phosphorescente; — quelques grandes espèces de coléoptères, entre autres de très-remarquables *longicornes* [1]; — la venimeuse *scolopendre*, très-commune sous les pierres, les rochers, derrière les vieilles boiseries, longue quelquefois de 12 à 15 centimètres, et très-redoutée des indigènes; — le *termite*, fourmi blanche qui, sans produire d'aussi grands ravages qu'aux Indes, creuse, en troupes innombrables et avec une incroyable rapidité, sa demeure souterraine dans

---

[1]. L'un d'eux, que j'ai trouvé moi-même aux environs de Chang-haï et qui ne figurait pas alors dans les collections européennes, est un des plus gracieux insectes que l'on puisse voir. Il mesure de 04 à 05 cent. sans compter ses antennes. Ses formes sont fines et élégantes, ses élytres et sa tête d'un beau noir, son corselet est d'un rouge vif. Malheureusement cette dernière couleur se ternit très-vite après la mort de l'insecte.

les solives, les meubles, les arbres, les marchandises de toute sorte, dévore l'intérieur des charpentes sans manifester sa présence par aucun signe apparent et fait quelquefois écrouler les toitures ou les maisons construites en bois ; — l'*abeille*, dont on utilise la cire, mais dont on recueille assez rarement le miel ; — plusieurs sortes de *fourmis* ; — de brillants *lépidoptères*, dont le plus grand paraît être le *bombyx atlas* que produit la chenille de l'ailante (ses ailes brunes, semées de taches argentées, mesurent de 8 à 9 pouces [1]) ; — le *moustique annelé*, qui pullule partout et qui est un des fléaux du pays. Tels sont, sans compter la *puce*, la *punaise* et diverses espèces de *poux*, les principaux insectes que les Européens ont observés en Chine. Il faut ajouter à cette liste plusieurs vers à soie dont l'industrie chinoise utilise les cocons, celui du mûrier qu'elle connaît, si l'on en croit ses annales, depuis 4500 ans, et que deux moines ont apporté en Europe au vi[e] siècle de notre ère ; ceux de l'ailante du ricin et du chêne, dont l'industrie européenne cherche, depuis quelques années, à introduire l'éducation dans nos latitudes.

L'imagination superstitieuse et fantaisiste du peuple chinois a créé quatre types d'animaux fabuleux dont on retrouve de toute antiquité, dans les œuvres de ses artistes, de ses poëtes, de ses philosophes, la physionomie bizarre et légendaire. Ce sont l'*unicorne*, le *phénix*, le *dragon* et la *tortue*. Les premiers naturalistes qui ont divisé tous les êtres vivants en quatre classes, considèrent chacun de ces types comme réunissant, en lui seul et au plus haut degré, toutes les perfections que pos-

ANIMAUX FABULEUX.

---

1. On sait que de nombreux essais, encouragés par la Société d'acclimatation, ont été tentés en France, dans ces derniers temps, pour acclimater la chenille de l'ailante, dévider ses cocons et utiliser la soie un peu grossière qu'on en obtient.

sède chacune d'elles. Selon leur opinion, l'unicorne prime tous les animaux à poils, le phénix, tous les oiseaux, le dragon et la tortue, tous les animaux à écailles et à carapaces, de même que l'homme domine la famille des animaux nus. L'unicorne (ki-lin) a le corps d'un cerf, les sabots d'un cheval, la queue d'un renard. Il porte sur le front une corne unique dont l'extrémité est charnue. Les autres animaux le respectent et il leur témoigne, dans sa dignité, beaucoup de mansuétude. Il se montre seulement aux époques de prospérité, lorsque la Chine est gouvernée par des souverains pieux et justes comme Yao et Choun, ou enseignée par des sages comme Confucius.

Unicorne.

Non moins noble et doux que l'unicorne, le phénix (foung-houang) a des formes encore plus singulières. « Il ressemble par devant, dit l'auteur chinois qui en a donné la description la plus complète, au cygne sauvage, et par derrière au ki-lin ; il a la gorge d'une hirondelle, le bec d'une poule, le cou d'un serpent, la queue d'un poisson. Sa tête, conformée comme celle de la grue, est surmontée d'une couronne semblable à l'aigrette du canard mandarin ; son corps, qui a cinq coudées de hauteur, est rasé comme celui du dragon et il a le dos voûté d'une tortue. Son plumage est orné de cinq couleurs différentes auxquelles on a donné le nom des cinq vertus cardinales. Sa queue est étagée comme la flûte de Pan et son ramage imite les cinq mélodies que l'on tire de cet instrument harmonieux. » Cette belle description dont la naïveté ambitieuse nous fait sourire, mais qui charme les instincts littéraires et nationaux du peuple chinois, paraît convenir assez bien au faisan argus, dont nous avons parlé plus haut. On dit que le phénix n'a pas paru depuis la mort de Confucius.

Phénix.

Le loung (dragon) est plus populaire encore que le phénix et l'unicorne ; il est l'emblème par excellence du

Dragon.

fort, du puissant et du terrible ; aussi son image est-elle représentée sur les armes impériales. Les Chinois admettent trois sortes de dragons, celui du ciel, celui de la terre, celui des mers ; mais le premier est principalement l'objet de leur terreur superstitieuse. La légende lui donne la tête du chameau, les cornes du cerf, les yeux du lapin, les oreilles d'une vache, le cou d'un serpent, le ventre d'une grenouille, les écailles d'un poisson, les serres d'un aigle, de gros favoris et une longue barbe ornée d'une grosse perle brillante. Sa voix ressemble au son du tam-tam ; son haleine se change, suivant son caprice, en eau ou en feu. C'est lui qui produit en s'agitant dans l'espace, lorsqu'il descend vers la terre ou qu'il remonte au ciel, la pluie, le tonnerre, les ouragans.

La tortue a des formes moins extraordinaires et de moins puissants attributs, mais elle est en grande vénération. Les livres historiques, dont le vulgaire ne conteste pas l'authenticité, racontent qu'elle aida Pouan-kou, le premier homme, lorsqu'il cisela le monde dans les rochers du chaos. *Tortue.*

Si l'on considère l'immensité de l'Empire du Milieu, l'extrême diversité de ses latitudes froides, tempérées ou torrides, les prodigieuses inégalités de son sol qui constituent tantôt de hautes chaînes de montagnes, tantôt des vallées étroites et profondes, tantôt de vastes plaines arides ou noyées, peuplées ou désertes, on est convaincu que la flore chinoise est une des plus variées du monde. Les intéressantes études dont elle a été l'objet dans ces derniers temps, mais qui n'ont été dirigées que sur des points du territoire assez rapprochés des côtes, nous en ont fait entrevoir les abondantes ressources, sans nous en révéler toutes les richesses. Nous ne ferons qu'effleurer ce vaste sujet, et nous nous bornerons, pour ne point commettre d'erreur, à dresser la nomenclature des vé- *VÉGÉTAUX.*

gétaux les plus utiles et les plus connus de la Chine.

Conifères.

A la tribu des conifères appartiennent deux ou trois espèces de *pins*, qui croissent dans les Meï-ling (voir page 9) et que l'on emploie comme bois de charpente et de chauffage ; — plusieurs *cyprès*, *génévriers*, *ifs* et *thuyas*, auxquels les jardiniers excellent à donner des formes bizarres ; — le *mélèze* ; — un *cèdre* : le *nan-mouh* (bois du Sud), considéré comme incorruptible, et réservé pour la construction des bâtiments impériaux ;

Oliacées.

A celle des *oliacées* : l'*olivier commun* assez rare, et une espèce de *frêne*, le *melia azedarach* ;

Algues.

A celle des *algues* : plusieurs *varechs*, très-communs sur les côtes et dont les tiges ou les semences, particulièrement celles du *gigartina tenax*, offrent de précieuses ressources à l'industrie et à l'alimentation publique. On en fabrique une gelée connue sous le nom d'agar-agar, que vendent tous les marchands de comestibles, et un papier épais, ferme, transparent, avec lequel on garnit les croisées et les lanternes ;

Graminées.

A celle des *graminées* : le *riz*, cette précieuse céréale qui sustente presque tout l'Empire, et dont on distingue deux espèces principales, celle qui croît dans les terrains humides, et celle qu'on récolte sur les montagnes ; — le *blé*, l'*orge*, le *millet*, le *maïs*, l'*avoine*, plus communs dans le nord ; — la *canne à sucre*, cultivée principalement dans les provinces du centre, du sud et de l'est ; — le *larmille des Indes* (*coix lacryma*), dont la tige droite, élevée, flexible, assez semblable à celle du jonc, sert à fabriquer des nattes ; elle est l'objet, surtout dans le sud, d'une culture étendue et d'un grand commerce ; — plusieurs sortes de *roseaux*, d'*andropogones*, de *fétuques*, qui poussent naturellement sur les flancs arides des montagnes et dans les plaines de l'ouest et du nord, où ils forment de vastes et maigres pâturages ; — le célèbre *bambou*, que l'on peut considérer, après le riz, comme la plus utile de toutes les plantes de la Chine à cause des services vraiment innombrables que ses racines, sa tige, son feuillage rendent à ses habitants. Cette admirable graminée, que l'on cultive avec amour dans toutes les parties de l'Empire, où les froids de l'hiver ne la détruisent point, embellit le jardin du riche, ombrage le hameau du paysan, nourrit ses bestiaux et borde ses champs. Sa tige, creuse, droite, élancée, flexible comme celle du roseau quand elle est encore verte, dure comme le fer quand elle est desséchée, ornée d'un abondant feuillage, surmontée d'un riche panache que le plus léger souffle de la brise fait doucement onduler, atteint jusqu'à 50 pieds de hauteur. On en fabrique des tuyaux de toute dimension, des vases gracieusement ornés, des perches pour porter les fardeaux, des meubles et des ustensiles de toutes sortes, des mâts et des vergues, des instruments de musique, des pipes, des flèches, des pinceaux à écrire. Le ciseau de l'artiste fouille admirablement ses racines dont il sculpte toutes sortes d'objets charmants ou fantastiquement tourmentés. On fait avec ses feuilles des toitures ou des manteaux que portent les paysans pour se garantir de la pluie; on utilise ses moindres débris, qui sont cardés et réduits en étoupe grossière pour le calfatage des navires ou la confection des matelas. Les naturalistes indigènes comptent 60 espèces de bambous, dont la plupart croissent dans les provinces du sud et de l'est. La plus estimée est le *bambou noir*, employé spécialement pour la fabrication des meubles. Le bambou se multiplie de rejets que l'on repique dans un terrain humide et qui n'exigent plus aucun soin dès qu'ils ont pris racine. On mange ses jeunes drageons frais ou confits dans du vinaigre.

Nous citerons encore, dans la famille des *palmiers*, dont on a observé plusieurs genres sur les côtes méri-

Palmiers.

dionales : le *cocotier*, assez commun à Haï-nan ; — le *rhaphis*, dont les larges feuilles fournissent, quand elles sont desséchées, des éventails légers et solides, et dont les fibres, très-résistants, presque imputrescibles, servent à fabriquer des câbles, des cordes de toutes grosseurs, des balais, des chapeaux, des sandales ; — le *pandanus utilis*, dont on fait des clôtures infranchissables et dont on mange les cônes charnus ; — on croit que le *rotin*, dont les Chinois utilisent presque toutes les parties comme celles du bambou, et le *palmier arec*, dont ils mâchent le fruit, ne croissent pas sur le territoire de l'Empire ;

Aroïdées. Alismacées.
Dans celle des *aroïdées* et des *alismacées*, quatre plantes précieuses : le *caladium cuculatum* ; — l'*arum esculentum* ; — l'*arum indicum* ; — la *sagittaria sinensis*, dont les racines tuberculeuses, desséchées et réduites en poudre, fournissent un aliment léger, substantiel et très-estimé ; — le *calamus aromaticus*, dont la médecine fait grand usage ; — et une espèce de *jonc*, dont la moelle sert à fabriquer des mèches de lampe ;

Liliacées.
Dans la nombreuse tribu des *liliacées* : plusieurs végétaux aux fleurs charmantes et aux racines comestibles, entre autres : l'*agapanthe*, — quatre sortes d'*hémérocallis*, — la *tubéreuse odoriférante*, — huit ou dix espèces de *lys* magnifiques, — la gracieuse et modeste *commeline*, — l'*oignon*, — l'*ail*, — la *ciboule*, — le *dragonnier pourpre* (Dracœna) qui fournit le bois de fer, et l'*aloës*, très-commun dans les provinces du Sud ;

Dans celle des *Dioscorées* : la *patate* et l'*igname* de Chine (Dioscorea-Batatas) introduite en France, il y a dix ans, par M. de Montigny ; ses rhizômes qu'entoure une pellicule violacée et dont la pulpe est blanche et délicate, remplacent avantageusement ceux de la pomme de terre ;

Amaryllidées.
Parmi les *Amaryllidées* : plusieurs variétés de *crinole*,

de *narcisses* et d'*amaryllis*, cultivées pour l'ornement des parterres;

Parmi les *musacées* : de nombreuses espèces de *bananiers*, dont les fruits nourrissants, les uns juteux et d'un goût vraiment exquis, les autres un peu pâteux et moins estimés, sont une ressource précieuse pour le pauvre.

Musacées.

A la famille des *amomées* appartiennent diverses sortes de *cannas* (balisiers); — le *galanga officinalis* ou *alpinia* et le stomachique *gingembre*, qui croît dans toute la Chine où il est l'objet d'un grand commerce et d'une grande consommation;

Amomées.

A celle des *orchidées*, plus de dix-neuf espèces toutes indigènes et très-prisées des horticulteurs chinois; la vanille n'en fait point partie;

Orchidées.

A la vaste et féconde tribu des *amentacées : le saule*, favori du poëte et du peintre chinois, quelquefois très-gros dans le nord; — diverses sortes de *chênes* dont on fait usage pour la charpente et la tannerie; la médecine et la teinture utilisent la noix de Galles, et on retire une farine comestible, par la trituration, des glands que produisent certaines variétés ; les chênes abondent dans les provinces centrales, quelques-uns atteignent, au dire de nos missionnaires, jusqu'à cent pieds de hauteur, mais, ordinairement, ils n'en dépassent pas cinquante [1] ; — le *châtaignier*, le *noyer*, le *coudrier*, dont les fruits sont d'ailleurs médiocres.

Amentacées.

A celle des *urticées :* le *platane,* — plusieurs *figuiers*, dont les plus remarquables sont le *figuier-banian*, ce bel arbre qui se multiplie indéfiniment par les racines que projettent ses branches, au point de couvrir de vastes espaces, et dont le feuillage dense, épais, toujours vert,

Urticées.

---

1. M. Bowring a observé plus de vingt espèces différentes de chênes, dans la petite île de Hong-Kong. L'une d'elles, le *quercus densifolia*, signalé par Abel, a le feuillage épais et luisant du laurier.

ombrage les places publiques, les fontaines, les pagodes; et le *figuier rampant*, qui tapisse tous les vieux murs; — le *figuier commun* a été importé par les Portugais, mais ses fruits sont à peine mangeables; — l'*arbre à pain* (artocarpus), assez rare; — le *mûrier* dont on connaît la précieuse utilité et dont on a observé plusieurs espèces; l'une d'elles, le *morus broussonetia*, a l'aubier si tendre qu'on en forme aisément une pâte molle et onctueuse dont on fabrique du papier très en usage particulièrement au Japon; les Chinois mangent le fruit du mûrier commun et font, avec sa tige, du noir de fumée qu'ils emploient pour la composition de l'encre; — *le chanvre*, dont on tisse les fibres et dont les graines fournissent une huile très-utile;

Protéacées.
A celle des *protéacées* : la *dryandra cordata*, très-renommée pour la beauté de son feuillage, la résistance de son bois nerveux et serré, l'huile abondante que contiennent ses semences;

Euphorbiacées.
A celle des *euphorbiacées* : le *ricin*; — quelques variétés de *croton*; — le *jatropha*; — le majestueux *sterculier* à feuilles de platane, dont les graines sont également oléagineuses; — le célèbre *stillingia* (arbre à suif), dont le pâle et mobile feuillage rappelle beaucoup celui du tremble. L'huile de ricin est employée, suivant sa force, par la cuisine ou la pharmacie; l'âcreté des huiles de croton en rend l'usage dangereux, on s'en sert uniquement dans l'industrie et la médecine.

Hydrocharidées.
La tribu des *hydrocharidées* renferme la mâcre (trapa), châtaigne d'eau, dont la graine, séchée et bouillie, se vend comme substance comestible.

Pipéracées.
Parmi les *piperacées*, nous citerons le *poivre bétel*, dont la culture est très-répandue; on mâche ses feuilles en même temps que la noix d'arec; — le *tchoulan* (*chloranthus inconspicuus*) dont la fleur, très-odorante, sert à parfumer les thés médiocres; — plusieurs *népenthées*

assez communes aux environs de Canton ; — le poivre commun ne vient pas naturellement en Chine ;

Parmi les *rumex* : la *rhubarbe*, d'un usage très-répandu, et l'une des plantes dont s'honore la Chine ; — l'*épinard* ; — la *bette* ; — le *basilic* commun ; — le *sarrasin*, que les Chinois appellent blé triangulaire et avec lequel on prépare des pâtisseries ; — deux espèces de *renouées*, qui fournissent une substance tinctoriale bleuâtre qu'on extrait de leurs feuilles, comme l'indigo, par la macération ; — l'*amarante* (crête de coq), très-admirée des horticulteurs ;   Rumex.

Parmi les *ilicinées* : un assez grand nombre de *rhamnus* (nerpruns), à savoir : le *zizyphus*, qui produit la datte chinoise ; — l'*hovenia*, dont on mange les pédoncules charnus ; — le *rhamnus theezans*, dont les follicules ont un parfum qui rappelle celui du thé ; — le *piméléa*, sur lequel on récolte un petit fruit charnu assez semblable à l'olive et servant aux mêmes usages ; — enfin le *rhamnus utilis*, dont on extrait, par un procédé difficile et coûteux, le vert végétal (zo-ya).   Ilicinées.

La grande famille des *légumineuses* comprend beaucoup d'espèces très-répandues et très-utiles : diverses sortes de *pois* et de *fèves* ; — plusieurs *doliques*, dont l'une produit l'indigo et l'autre fournit le *soï*, sorte de pâte d'apparence caséeuse que les Chinois mélangent à la plupart de leurs préparations culinaires, que l'on débite partout et que l'on obtient en faisant bouillir dans de l'eau, avec un peu de plâtre, sa graine rôtie et broyée ; — une variété de *colutea* qui donne, dit-on, un vert végétal ; — la *réglisse*, dont la médecine fait le plus grand cas ; — l'*abrus precatorius*, joli arbrisseau qui produit ces belles graines rouges, tachetées de noir, dont on fait en Amérique des colliers et des chapelets ; — deux autres arbrisseaux charmants, la *poinçiana* et le *bauhinie* ; — l'*erythrine* aux belles fleurs pourpres ;   Légumineuses.

le *cassier*, si connu pour ses propriétés médicinales ; — l'*arachide*, dont les tiges chevelues et rampantes portent des semences comestibles et oléagineuses.

Rosacées.

Les tribus des *rosacées* et des *myrtacées* ne sont guère moins riches qu'en Europe. Outre une foule d'espèces charmantes, très-recherchées pour l'élégance et la beauté de leurs fleurs, telles que la *rose*, dont on compte vingt variétés, la *spirée*, — le *myrthe*, — le *henneh*, — la *lagerstrœmie*, — l'*hydrangée*, — le *passiflore* et le *tamaris* de la Chine, elle renferme plusieurs sortes d'*amandiers*, — le *grenadier*, — l'*eugenia* (pomme de rose), — le *loquat* et le *goyavier*, dont les fruits ont un goût acidulé assez agréable, — le *poirier*, — le *pommier*, très-commun dans le nord, — le *pêcher*, — l'*abricotier*, le *prunier*. Il faut reconnaître toutefois que les fruits de la Chine ont, en général, une saveur beaucoup moins fine et délicate que ceux d'Europe, soit que les espèces cultivées ne valent pas les nôtres, soit plutôt qu'ils atteignent trop vite leur maturité.

Crassulacées.

Citons encore, parmi les *crassulacées*, deux ou trois sortes de *joubarbe* et un grand nombre de splendides *cactus*;

Cucurbitacées.

Parmi les cucurbitacées : le *concombre*, — la *tomate*, — l'*aubergine*, — plusieurs sortes de *courges*, entre autres la *Benincaca cerifera*, dont le fruit se couvre d'une substance cotonneuse qui a la senteur de la rose, — la *calebasse* et la *pastèque*, — le *papayer* (arbre à melon), dont les Chinois connaissent les propriétés caustiques, — le *carambolier*, dont ils mangent volontiers le fruit; ils ne connaissent pas le melon terrestre;

Araliacées.

Parmi les *araliacées* : le *gin-seng*, qui croît naturellement en Mandchourie et dont le commerce est l'objet d'un monopole impérial; la racine de cette plante fameuse a la réputation de réparer les force, de ranimer l'esprit et de réveiller les sens ; le gouvernement la fait recueillir par ses soldats;

Parmi les *malvacées* et les *dianthées* : l'*althaea sinensis*; — plusieurs belles variétés d'*œillets*, de *lychnides* et d'*hibiscus*, entre autres l'*hibiscus rosa-sinensis*, dont les pétales fournissent un liquide noirâtre, employé pour teindre les sourcils, et l'*hibiscus ocra*, dont on mange les graines ; — deux espèces de *cotonnier* : le *cotonnier arborescent* et le *cotonnier herbacé* (*gossypium herbaceum*), dont une espèce, cultivée principalement dans les provinces orientales (le *gossypium religiosum*), fournit le duvet jaune avec lequel on fabrique le nanking ;

<small>Malvacées et Dianthées.</small>

Dans la tribu des *camelliers* : le *camellia japonica*, dont on cultive plusieurs sortes pour l'élégance de leurs fleurs ou les propriétés oléagineuses de leurs graines, mais que les fleuristes chinois n'ont pas encore su perfectionner comme leurs confrères européens ; — la *waltheria*, avec les fibres de laquelle on tisse des toiles très-fines ; — le *pentapetes phœnicia* (fleur de lune), très-commune dans les parterres ; — avant tout, plusieurs espèces de *thé*, qui croissent sur les collines des provinces orientales, et dont nous aurons soin plus tard d'énumérer les principales ;

<small>Camelliers.</small>

Dans le groupe nombreux des *renonculacées* : huit variétés de *magnolia* qui toutes produisent des fleurs magnifiques (l'écorce du magnolia youlan est employée comme fébrifuge ; — la *badiane* de la Chine (anis étoilé) au feuillage de laurier, aux fleurs odorantes, aux graines excitantes et toniques ; — l'*artabotryx odoratissimus* et l'*unona odorata*, aux fleurs parfumées ; — l'*actæa aspera*, qui donne des semences dures et rugueuses avec lesquelles on nettoie les vases d'étain ; — l'*épine vinette*, — la *clématite*, — la *digitale*, — le splendide *nelumbium*, que l'on considère comme une plante sacrée et dont la racine tuberculeuse fournit une alimentation très-estimée ; — la *pivoine* arborescente (maoutan), à laquelle on donne aussi le

<small>Renonculacées.</small>

nom de houa-ouang (reine des fleurs) à cause de sa beauté et des soins infinis que lui consacrent les jardiniers chinois ;

Papavéracées.

Dans celui des *papaveracées* : le *pavot*, qui fournit l'opium et dont la culture envahit, depuis quelques années, les provinces du Kouang-si et du You-nan ; — l'*argémone mexicaine*, qui croît au midi et dont la médecine fait usage ;

Crucifères.

Dans la famille des *crucifères*, beaucoup de plantes herbacées précieuses pour la cuisine : le *chou*, — le *cresson*, — la *moutarde*.

Aurantiacées.

Celle des *aurantiacées* comprend quelques variétés de *citronniers* et d'*orangers*, entre autres l'arbrisseau qui produit l'*orange mandarine* ; — le *cédratier* ; — le *pamplemousse*, commun dans le Fokien ; — le *houangpi* (*cookia punctata*), qui produit des fruits d'une saveur agréable ; — plusieurs arbustes très-odoriférants comme le *murraya exotica* et l'*aglaia odorata*.

Sapindacées.

Le *savonnier*, qui donne le savon végétal, tandis que les moines boudhistes font des chapelets avec ses noyaux, et les deux arbres indigènes, dont les fruits portent le nom de *loun-ngan* et de *li-tchi*, font partie du groupe des *sapindacées*.

Rubiacées.

A celui des *rubiacées* appartiennent quelques variétés de chèvrefeuille ; — une *viorne* très-odoriférante ressemblant à la boule de neige ; — la *serissa*, que l'on plante, comme le buis, en bordures dans les parterres ; — l'*ixora coccinea* et d'autres plantes peu connues en Europe ;

Composées.

A celui des *composées* : plusieurs genres d'*asters* et de *chrysanthèmes* ; — le *carthamus tinctorius*, qui fournit une belle teinture rouge ; — la *chicorée* ; — la *laitue* ; — le *pissenlit*, et d'autres chicoracées qui entrent également dans la consommation publique ; — deux ou trois espèces d'*armoises*, dont les graines sont employées comme caustiques ;

A celui des *solanées* : la *pomme de terre* commune ; — la *stramoine* ; — plusieurs *piments*, dont la cuisine fait grand usage, et le *tabac* que fument tous les habitants de la Chine, hommes et femmes. On croit qu'il y a été importé du Japon, bien que les Chinois le cultivent de temps immémorial [1]. La préparation du tabac à fumer est des plus simples ; on le coupe en tranches très-minces après l'avoir fait sécher au soleil, et on l'arrose d'une substance huileuse pour le préserver de l'extrême sécheresse. Le tabac à priser est plus gros et a moins de saveur que le nôtre.

Solanées

Les *labiées* sont nombreuses ; on en cultive quelques-unes pour l'élégance de leurs fleurs ou le parfum aromatique de leur feuillage.

Labiées.

La grande famille des *convolvulacées* renferme le *convolvulus reptans*, qui croît dans les terrains humides et dont on mange les feuilles charnues et juteuses ; — l'*ipomea maritima*, très-commune sur les côtes sablonneuses du sud et de l'est ; — l'*ipomea quamoclit* (fleur de cardinal), aux fleurs d'un beau rouge écarlate.

Convolvulacées.

Nous distinguerons encore parmi les *apocynées* : le *laurier-rose*, — le *franchipanier*, — la *pervenche de Madagascar* ;

Apocynées.

Dans la tribu des *oléacées* : l'*olivier odorant* (*olea fragans*), houeï-houa, dont les fleurs servent à relever le parfum du thé ; on ne connaît pas en Chine l'olivier commun ;

Oléacées.

Et dans celle des *rhododendrées* : plusieurs espèces de splendides *azalées*, que l'on trouve en abondance sur les collines des provinces orientales.

Rhododendrées.

---

1. Les Japonais l'appellent *tabago* : les Chinois lui donnent simplement le mot de *yen*, fumée, comme s'il n'avait pas de désignation particulière dans leur langue.

TRAITÉ CHINOIS SUR L'HISTOIRE NATURELLE OU POUN-TSAO.

Pour terminer ce chapitre, que nous eussions voulu rendre plus intéressant et plus complet, il nous reste à exposer, en quelques lignes, le plan et la méthode du gigantesque recueil où la science chinoise, par l'organe du docte *Li-chi-tchin*, qui vivait au temps de l'empereur Van-lié, a compilé les résultats de ses minutieuses investigations sur la zoologie, la physiologie, la physique, la chimie et la médecine. Ce volumineux ouvrage, qui a pour titre *Poun-tsao* (herbier), et qui porte, au plus haut degré, l'empreinte du caractère national, dont il décèle, à chaque page, l'infatigable patience, la vanité ridicule, la puérile et imperturbable ingénuité, a été réimprimé plusieurs fois aux frais du gouvernement. Il comprend quarante volumes in-octavo, divisés en cinquante-deux chapitres. Sa classification, déterminée par les conformités apparentes ou simplement par les signes du langage écrit [1], ne repose point, sans doute, sur les caractères vraiment spécifiques. Toutefois, parmi les notions bizarres, les appréciations erronées ou candides, les innombrables descriptions qu'il renferme, le naturaliste européen pourrait puiser de très-précieux enseignements, si, dans l'ignorance où nous sommes encore des immenses ressources du vieux pays de Sinim, il lui était permis, au milieu de cette vaste confusion, de faire un choix entre la vérité et l'erreur.

Les quatre premiers chapitres contiennent des obser-

[1]. Li-chi-tchin aurait pu trouver dans la langue écrite de son pays une classification toute faite dont la méthode, résultat naturel des observations séculaires du peuple chinois, vaut certainement celle du Poun-tsao. Tout caractère qui désigne un animal, une pierre, une plante constitue l'association de plusieurs signes dont l'un, le radical, invariable pour tous les objets du même type, désigne le genre, tandis que les autres, qui peuvent être considérés comme descriptifs, représentent l'espèce et l'individu. On compte pour le règne minéral sept radicaux types qui expriment le feu, l'eau, la terre, le métal, la gemme, la pierre et le sel. Il y en a onze pour le règne végétal et seize pour le règne animal.

vations générales sur la pratique de la médecine, un volumineux recueil d'ordonnances (le guide infaillible des dix mille recettes) et un traité sur la thérapeutique. Les chapitres suivants, jusqu'au chapitre XII, traitent de toutes les substances dépourvues d'organes; ils en donnent la description et en indiquent très-méthodiquement les propriétés physiques ou médicales. Le règne inorganique embrasse sept grandes divisions : 1° les eaux (eaux terrestres et eaux célestes); 2° les feux (flamme du charbon, du bambou, etc.); 3° les terres, dans lesquelles sont compris les sécrétions de certains animaux, la suie, l'encre, etc.; 4° les métaux et leurs principaux oxydes; 5° les gemmes; 6° les pierres; 7° toutes les choses qui, comme les sels, ne rentrent pas dans les divisions précédentes.

Le traité des végétaux remplit vingt-cinq chapitres (chapitre XIIe et suivants jusqu'au XXXVIIe) et comporte cinq divisions : 1° les *herbes*, subdivisées en neuf familles et 590 espèces (herbes de montagnes, odoriférantes, nuisibles, de marais, rampantes et grimpantes, aquatiques, de roches, mousseuses et non usitées en médecine); — 2° les *grains* (chanvre, orge, riz, légumineuses, etc.), plus trois familles de plantes renfermant 44 espèces, et une quatrième famille où sont placées les substances fermentescibles, comme le riz bouilli, le vin, le levain, qu'il a paru naturel au naïf compilateur de réunir à cette catégorie, par ce seul motif qu'il ne pouvait les caser ailleurs; — 3° les *légumes* (moutarde, gingembre, laitues, tomates, melons, champignons, etc.), comprenant cinq familles et 95 espèces; — 4° les *fruits* : 129 espèces formant six grandes familles, à savoir, les cinq fruits par excellence, les fruits de montagne (poirier, citronnier, etc.), les fruits étrangers (cocotier, litchi, etc.), les fruits aromatiques (poivre, thé), les fruits pendants à terre (melon, raisin, etc.), les aquatiques (châtaigne d'eau, lis d'eau, etc.); — 5° les *arbres* : 180 espèces et six familles, à savoir : les aromatiques (pins, aloès, camphrier), les arbres de haute taille (saule, tamarin, savonnier, etc.), les arbres feuillus (mûrier, cotonnier, etc.), les parasites (toutes les lianes), les arbres flexibles (le bambou, le roseau), et ceux qui ne peuvent être rangés dans les cinq premières familles.

Le savant Li-chi-tchin a pensé que les étoffes fabriquées avec des fibres végétales, et les ustensiles domestiques dont la médecine peut faire usage, devaient, à ces titres, figurer dans le *Poun-tsao* ; aussi leur consacre-t-il le xxxviii⁰ chapitre de son grand ouvrage.

Les chapitres suivants, jusqu'au LXII⁰ et dernier, embrassent le règne animal, lequel est divisé en cinq familles principales et 394 espèces, savoir : 1° les *insectes* (quatre genres, dont les deux premiers comprennent les insectes purement ovipares, comme les abeilles et les araignées, le troisième renferme les insectes qui subissent une métamorphose, comme les vers luisants et les punaises, et le quatrième, les insectes d'eau, comme les crapauds et la scolopendre); — 2° les *animaux à écailles* (quatre genres, à savoir : les dragons, « le seul poisson qui ait des pattes », les serpents, les poissons à écailles, et les poissons sans écailles, comme l'anguille et la seiche); — 3° les *animaux à coquille* (deux genres : tortue et mollusques) ; — 4° les *oiseaux* (quatre genres : oiseaux aquatiques; oiseaux de bruyère, comme le moineau et le faisan; oiseaux des forêts, parmi lesquels sont classés les corbeaux et les pies ; oiseaux des montagnes, comme les aigles et les faucons) ; — 5° les *quadrupèdes* subdivisés en quatre genres, à savoir : les neuf animaux domestiques, les animaux sauvages (lions, daims et loutres); les rongeurs (écureuil, hérisson, rats, etc.), les singes et les animaux fantastiques.

Le dernier volume du Poun-tsao contient aussi un

traité sur la science du pouls, que l'auteur étudie, sous ses divers aspects, avec un soin extrêmement minutieux et dont il tire de précieux indices au point de vue du diagnostic.

Quelques citations prises au hasard dans l'Herbier chinois, feront juger de sa valeur scientifique et du crédit que l'art médical peut accorder aux nombreux préceptes qu'il renferme. Après avoir expliqué l'origine du mot *ma*, qui veut dire cheval, et fait connaître les diverses races de chevaux qui se trouvent en Chine, le Poun-tsao complète sa description par les remarques suivantes que l'on trouve disséminées dans ses différents chapitres et qui s'appliquent au même sujet : « Les chevaux dont la robe est d'un blanc pur sont les meilleurs pour la médecine. Ceux que l'on trouve dans le sud et l'est sont petits et faibles. On connaît l'âge du cheval par ses dents. Ses yeux reflètent l'image de l'homme ; s'il mange du riz, ses pieds deviennent pesants ; s'il mange de la fiente de rat, son ventre s'allonge. Frotte-t-on ses dents avec un ver mort ou avec du raisin sec, suspend-on dans sa mangeoire la peau d'un rat ou d'un loup, il se laisse mourir de faim. S'il mange dans l'auge d'un cochon, il tombe malade. Il suffit, au contraire, de garder constamment un singe dans son écurie pour le préserver de toute indisposition. Il ne faut manger la viande du cheval que rôtie, saupoudrée de gingembre et mélangée avec de la viande de porc. Toute personne qui mange du cheval noir sans boire de vin, mourra certainement. Quand on a perdu la mémoire, il suffit, pour la recouvrer, de manger le cœur d'un cheval blanc, desséché et râpé dans de l'alcool. » D'aussi puériles absurdités se rencontrent, à chaque page, dans l'Herbier chinois. Rien de plus méthodique, mais aussi rien de moins sérieux que cette interminable compilation.

LIVRE II

MŒURS ET RELIGION

CHAPITRE PREMIER

DES MŒURS ET DES RELATIONS SOCIALES

Caractère national. — Noms, prénoms, sobriquets. — Séparation des sexes. — Mariage, ses formalités et sa législation. — Costume national. — Alimentation publique. — Jeux, divertissements, spectacles. — Cérémonial. — Modes de voyage et de transports.

« Je me félicite chaque jour, dit un vieil auteur chinois, Tien-ki-chi, d'être né dans l'empire du Milieu, et me répète, sans cesse, que mon sort serait bien différent si j'avais eu pour patrie quelque coin reculé du monde où les hommes, élevés dans l'ignorance des maximes de nos princes et des pratiques de la vie sociale, n'ont d'autres vêtements que le feuillage des arbres, mangent du bois, habitent des régions désertes et vivent dans des cavernes. Bien que faisant partie du genre humain, j'eusse été semblable à la brute. Heureusement pour moi je suis né en Chine ; j'ai tout ce qu'il faut pour vivre heureux : une bonne maison, une nourriture abondante, des meubles élégants, des vêtements commodes.

<small>CARACTÈRE NATIONAL.</small>

En vérité, mon bonheur est extrême ! » Cette satisfaction naïve d'un écrivain populaire reflète à merveille les puériles préjugés de sa race. Il ne faut pas s'étonner que ces préjugés existent en Chine, et nous aurions peine à comprendre, pour notre compte, qu'ils y fussent moins répandus et moins enracinés. L'Europe a-t-elle le droit de se montrer sévère pour les erreurs de cette antique civilisation de l'Orient dont ses voyageurs éblouis ont célébré les merveilles, alors qu'elle-même était encore plongée dans les profondes ténèbres du moyen âge ? Il est certain qu'elle nous a précédés de plusieurs siècles dans ces admirables découvertes et l'application de ces grandes théories sociales : l'invention de l'imprimerie et de la boussole, le tissage de la soie, le triomphe de l'ordre sur l'anarchie, la centralisation politique et administrative, l'égalité civile, l'autorité de la loi dominant celle du souverain, l'accession de tous aux emplois par le mérite publiquement constaté, — qui ont fait l'honneur, la richesse, la sécurité des temps modernes. L'historien et le philosophe se demandent encore aujourd'hui si l'Occident ne les lui a pas empruntées en partie, et si, privé de tant d'exemples féconds, livré uniquement à ses propres forces, son génie n'eût pas avancé d'un moins sûr et rapide essor dans la voie du progrès.

Accuser les habitants de la Chine, comme l'ont fait déjà tant de narrateurs, de barbarie et d'intolérance, ce serait les juger sans discernement et commettre, nous-même, la méprise du vieil écrivain Tien-ki-chi. L'observateur impartial et sérieux constatera que généralement le Chinois est fourbe, dissolu dans ses mœurs, enclin au vol, très-corrompu et par conséquent très-corrupteur, peu religieux quoique très-porté aux superstitions, entêté au dernier point des mérites et des traditions de sa race, grand contempteur de l'intelligence des femmes, grossier sous le vernis de sa politesse cérémonieuse, rampant en face du fort, hautain et arrogant vis-à-vis du faible, implacable et cruel dans ses vengeances, plein de mépris pour l'étranger, fort ignorant des vrais caractères de la dignité publique qu'il fait consister dans l'apparat et le décorum, non dans le respect de soi-même et d'autrui ; — mais il reconnaîtra, en même temps, que ces vices, ces préjugés, ces ridicules sont rachetés en partie par des qualités très-remarquables, de précieuses aptitudes ou même d'éminentes vertus : par l'étonnante précocité de son intelligence, ses goûts essentiellement studieux, le grand cas qu'il fait de la science, du mérite et des arts de la paix, comme en général de tout ce qui est véritablement utile, méthodiquement conçu, sobrement et pratiquement réglé, par son merveilleux talent d'imitation, son génie industriel, commercial et organisateur, sa patience incomparable dans l'exécution de ses entreprises et son courage à toute épreuve dans l'adversité, par le respect profond qu'il a pour l'autorité du père de famille et pour celle du prince qui en est, à ses yeux, l'émanation directe et la conséquence nécessaire, par son amour vivace pour son pays et ses institutions, par l'enjouement, la douceur et la sociabilité de son caractère. L'observateur impartial n'oubliera pas non plus que le peuple chinois n'a eu pour frontières, pendant une longue suite de siècles, que la mer, le désert ou la barbarie, et que, dans les temps modernes, son gouvernement, par une politique dont on conçoit, sans peine, l'égoïste prévoyance, a systématiquement repoussé le contact des populations occidentales. Il se montrera donc indulgent pour des préjugés qui sont, avant tout, les résultats de l'ignorance, et il ne contemplera point, sans un sentiment de respect, cette vieille machine sociale, si puissamment organisée, si solidement construite, qu'après avoir défié l'assaut des âges, elle oppose encore aujourd'hui, sans se disjoindre, les vastes flancs de sa masse homogène aux attaques irrésistibles de notre civilisation.

Notre intention n'est pas de décrire successivement les rouages innombrables qui en constituent l'harmonie, nous nous proposons seulement de mettre en relief, dans le courant de ce chapitre, les principaux usages suivis, de temps immémorial, par le peuple chinois, nous réservant d'exposer ensuite ceux qui ont plus particulièrement rapport à sa religion, son gouvernement, son éducation littéraire et scientifique, ses arts, son langage, son industrie et son commerce.

Noms, prénoms et sobriquets des Chinois.

Un de ces usages que les siècles ont consacrés et qui est invariablement observé dans tout l'empire, impose aux Chinois, outre leur nom de famille qu'ils portent comme les Européens, plusieurs prénoms, désignations ou titres qui correspondent aux diverses circonstances de leur existence habituelle, de leur vie littéraire ou de leur carrière politique. On en compte jusqu'à huit : 1° Un mois après sa naissance, le jeune Chinois est rasé, revêtu de beaux habits et, après l'accomplissement de certaines cérémonies religieuses en l'honneur de la déesse de miséricorde, son père lui donne solennellement, dans une assemblée de famille, le *Jou-ming* (nom de lait), qu'il garde jusqu'au moment où il commence à fréquenter l'école. Le nom de lait est choisi ordinairement parmi ceux des plus belles fleurs ou des plus belles vertus. Quelquefois il désigne simplement un *nombre* indiquant celui des frères et sœurs, et l'enfant se trouve ainsi désigné par un chiffre. — 2° Le *chou-ming* (nom de l'école) se compose toujours de deux caractères dont la signification rappelle les faits les plus saillants de la vie antérieure du jeune homme, les études qu'il va suivre ou la profession qu'il doit embrasser. — 3° Quand il se marie, il reçoit le *Tz*, sorte de dénomination civile qui devient son nom habituel. —

4° Lorsqu'il obtient un grade littéraire ou qu'il entre dans les fonctions publiques, il prend le *Kouan-ming*, dont il se sert dans les relations officielles ou scientifiques. — 5° Les hommes de cinquante ans adoptent un nom honorifique et le conservent jusqu'à la fin de leur vie. — 6° Les tablettes suspendues dans la salle des ancêtres désignent les morts de haut rang, particulièrement les membres de la famille impériale, par un nom différent de ceux qu'ils portaient de leur vivant. — 7° Il est d'usage, dans le cercle de ses parents et de ses connaissances intimes, de prendre un prénom que le public est censé ne pas connaître et dont il ne pourrait se servir sans impolitesse. — 8° Enfin, les négociants adoptent toujours une dénomination particulière qui distingue, dans le commerce, leur maison, leur propre personne, leurs marchandises ou leur raison sociale s'ils ont des associés. Contrairement à la coutume européenne, le nom propre suit, en Chine, le nom de famille, qui se place également avant tous les titres honorifiques ou officiels. Ainsi ces mots, *Liang-Ouantaï sien-sang*, signifieraient le professeur (sien-sang) Ouantaï de la famille Liang. Les Cantonnais réduisent ordinairement les noms à une seule syllabe, qu'ils font précéder du son *a*, tandis que les Fokiennois observent précisément l'usage contraire. Tsinteh, qu'on prononcerait familièrement *A-teh* à Canton, devient *Tsin-a* à Amoy. Ajoutons que les Chinois ne font aucune différence entre les noms d'hommes et de femmes, et remarquons aussi que le sens des caractères par lesquels les noms des hommes sont exprimés, fournit parfois de plaisantes réflexions à leur verve railleuse. Il arrive en effet que la signification souvent très-ambitieuse de ces caractères et les aventures très-prosaïques de l'individu qu'ils désignent, présentent de bizarres anomalies.

SÉQUESTRATION DES FEMMES.

La séquestration des femmes est en Chine, comme dans la plus grande partie de l'Orient, une coutume universelle. A partir du moment où les jeunes garçons, enfants, domestiques ou esclaves d'une même maison, ont atteint l'âge d'aller à l'école, il leur est interdit de fréquenter leurs sœurs ou leurs compagnes et l'isolement de la jeune fille devient plus rigoureux encore après l'époque de ses fiançailles. Dès que son père a fait choix pour elle d'un époux qu'elle n'a jamais vu et qu'elle connaîtra seulement le jour de son mariage, elle doit observer la plus stricte réserve dans son maintien et son langage, fuir les visiteurs que reçoivent ses parents et ne sortir qu'en chaise hermétiquement fermée lorsqu'elle va voir les femmes avec lesquelles il lui est permis d'entretenir des relations. On s'est demandé si cette austère coutume n'apportait pas un frein utile aux débordements des peuples asiatiques. Les mœurs de la Chine seraient certainement plus aimables si les femmes chinoises, plus respectées, plus instruites et plus gracieuses, pouvaient embellir les relations sociales par le charme de leur présence et de leur entretien. Toujours est-il que l'isolement dont elles subissent l'ennui, les préserve assez bien des corruptions qui les entourent et que, si la classe des prostituées qui trafiquent publiquement de leurs charmes, est plus nombreuse en Chine qu'en Europe, les femmes honnêtes y sont généralement plus modestes et plus chastes. Il arrive toutefois que les imprudentes conversations de leurs suivantes, la lecture des romans, ou simplement les mauvais conseils de la solitude venant à dépraver leurs instincts ou simplement à exalter leur imagination, elles entretiennent, malgré la vigilance qui les surveille, des rapports mystérieux avec des intrigantes dont le métier est de servir leurs pratiques amoureuses ou d'étudier le caractère et d'épier les démarches de leurs futurs.

MOEURS ET RELIGION

C'est ordinairement par entremetteurs que se nouent les préliminaires du mariage. Gens honorables, de relations étendues et sûres, ils possèdent les secrets des familles et en abusent rarement. Les informations confidentielles qu'ils procurent aussi bien que les convenances de familles déterminent le choix des parents ; le goût des jeunes gens n'y entre pour rien. On les fiance, en général, dès l'âge de douze ans. Quelquefois, les pères se font des promesses réciproques avant la naissance de leurs enfants ; d'autres, plus sages et mieux conseillés, refusent d'engager l'avenir avant d'avoir pu étudier, par eux-mêmes, le caractère et les habitudes de leur futur gendre. Toute la négociation est confiée à l'entremetteur. C'est lui qui se charge des pourparlers et qui obtient le consentement mutuel des familles, en ménageant leur dignité par d'honorables détours. C'est lui qui porte les présents d'usage, qui choisit un jour propice pour les fiançailles et le mariage et qui reçoit, au nom du père et de la jeune fille, la somme que le futur est convenu de lui verser. Tant que cette somme, dont le montant varie, dans les circonstances ordinaires, de 150 à 250 francs, n'a pas été reçue, la cérémonie du mariage ne peut avoir lieu. La fiancée, au contraire, n'apporte point de dot ; mais ses parents contribuent aux dépenses des noces. Nous avons vu plus haut que le jeune homme recevait un nouveau nom à l'époque de son mariage. Il lui est conféré en présence de sa famille et son père le coiffe, à cette occasion, d'un bonnet nuptial.

DU MARIAGE.

Fiançailles.

Les cérémonies qui précèdent ou accompagnent les noces chinoises sont longues, solennelles et si coûteuses, que certains pères s'en exemptent et achètent simplement une femme pour leur fils, afin de ne point avoir à supporter une dépense qui pourrait compromettre leur fortune. On en compte six principales : 1° le père et le

Formalités et cérémonies.

frère aîné du jeune garçon envoient un entremetteur au père et au frère aîné de la jeune fille, afin de s'enquérir du jour de sa naissance et de tirer l'horoscope de l'union projetée ; — 2°, si l'horoscope est heureux, les amis du jeune homme confient à l'entremetteur une nouvelle mission qui consiste à formuler une offre positive de mariage ; — 3° les parents de la jeune fille constatent leur acceptation par écrit ; — 4° ceux du fiancé leur envoient des présents ; — 5° ils choisissent, avec le conseil de l'entremetteur, un jour propre pour le mariage ; — 6° les amis du futur viennent chercher, en grande cérémonie, la jeune fille et la conduisent processionnellement à la maison de son mari.

Chacune des invitations que les futurs adressent à leurs amis pour le jour et le lendemain du mariage, doit être accompagnée de deux gâteaux colorés en rouge. Les invités renvoient quelques cadeaux insignifiants, ou une très-petite somme de monnaie afin d'indemniser leur hôte de la dépense qu'ils peuvent lui occasionner ; ceux du futur lui font présent, en outre, d'une paire de belles lanternes qui doivent être suspendues à la porte de la maison nuptiale.

Le cortége qui accompagne la jeune femme au logis de son mari, réunit toutes les magnificences dont peuvent disposer les deux familles. En tête marche ordinairement un vieillard vêtu de beaux habits et muni du parasol qui abritera la mariée au moment où elle quittera sa chaise. Il est suivi par les porteurs de lanternes, de banderoles et de bannières sur l'une desquelles on lit toujours cette inscription : « Le chant des phénix est harmonieux » ; puis viennent les tablettes honorifiques où l'on peut voir les noms et titres officiels des époux et de leurs parents, — une troupe de licteurs que précèdent deux hommes robustes revêtus du costume de bourreau, pour qu'aucun détail ne manque à la pompe officielle de la cérémonie, — une bande de musiciens richement costumés, — des tables sur lesquelles est étalé le trousseau de la jeune femme, — enfin, et pour clore la procession, la chaise rouge à quatre porteurs, où elle se trouve elle-même. Dès qu'elle est entrée dans la demeure de son mari, ce dernier enlève le voile rouge qui lui couvre le visage; ils vident ensemble et d'un seul trait deux coupes de vin attachées l'une à l'autre par un fil de soie; une des matrones présentes, respectable par son âge et par le nombre de fils qu'elle a enfantés, bénit leur union et dispose la couche nuptiale. Puis chacun va prendre place au banquet de noce. Les hommes et les femmes y assistent, suivant l'usage chinois, dans des appartements séparés. La gaieté n'en est pas exclue, mais en général les convives n'y passent point les bornes de la sobriété et de la décence. Le lendemain les jeunes époux, après s'être prosternés dans la salle des ancêtres, vont rendre leurs devoirs à leurs parents. Le soir, ils offrent à leurs amis un nouveau festin.

A la campagne il est d'usage que le mari laisse, pendant un mois, sa maison ouverte au public, qui peut y entrer librement à toute heure du jour et qu'il est tenu d'accueillir avec une cordiale hospitalité. Le jeune couple s'asseoit au pied du lit nuptial pour recevoir ses nombreux visiteurs. Le mari vante aux hommes les charmes de sa compagne; les femmes examinent curieusement la jeune épouse et se communiquent tout haut leurs remarques. Si elle supporte avec enjouement les fatigues et les hontes de cette cruelle épreuve, sa réputation est faite. Elle passera désormais dans le village pour une personne de sens et de bonne éducation.

Les cérémonies que nous venons de décrire sont, en Chine, d'un usage à peu près universel. Outre la femme légitime avec laquelle le Chinois consacre son union légale par l'accomplissement de ces actes extérieurs, il

Des concubines.

peut introduire dans sa maison plusieurs concubines sans autre formalité qu'un contrat de vente passé avec leurs parents. Il est rare que les gens du peuple se passent cette coûteuse fantaisie; mais, parmi les hommes assez riches pour se la permettre, ceux qui n'y cèdent point font exception. La mode veut que les hauts fonctionnaires aient un nombreux gynécée et la convenance exige, en quelque sorte, que chacun possède autant de concubines qu'il en peut décemment entretenir. Au reste le législateur, en autorisant la pluralité des femmes dans l'intention de ne point priver le père de famille d'une postérité masculine, n'a pas méconnu les périls dont elle menace le repos domestique et a pris de sages dispositions pour les prévenir. Il maintient dans la maison l'autorité suprême de la femme légitime (Tsi), considère les femmes achetées (Tsié) comme ses servantes, les déclare incapables de succéder au père de leurs enfants, refuse au mari le droit de conférer à l'une d'elles, sous aucun prétexte, le rang qui appartient à son épouse et regarde, par une fiction légale, les fils de ses concubines comme étant, de fait, les enfants de cette dernière. Quant à l'époux, il est comparé par les poëtes nationaux au centre radieux d'un système planétaire où il occupe modestement la place du soleil, tandis que sa femme légitime joue le rôle de la lune et que ses concubines l'entourent comme d'humbles satellites.

Dipositions légales concernant le mariage.

Le veuvage est d'autant plus respecté et passe pour d'autant plus honorable qu'il est plus rare. La veuve ne peut se remarier qu'après s'être soumise aux longues et minutieuses formalités du deuil de son époux, tandis qu'il est permis au veuf de contracter une nouvelle union immédiatement après la mort de sa femme. La femme légitime, dont le mari absent est resté trois années consécutives sans donner de ses nouvelles, peut prendre un nouvel époux avec l'autorisation du magistrat. Le code oblige les enfants, sous des peines sévères, à remplir les mutuelles promesses que se sont faites leurs parents à l'époque des fiançailles. Il annule le mariage contracté entre deux personnes qui portent le même nom de famille et prohibe, sous peine de mort, l'union du beau-frère et de la belle-sœur, du gendre et de la belle-mère, du neveu et de la tante et réciproquement. Il donne au mari le droit de vendre sa femme adultère, et punit de strangulation la femme qui s'est mariée pendant l'absence de son époux sans la permission légale. Il admet chez la femme, en faveur de l'époux, sept causes de divorce : la stérilité, la luxure, la jalousie, l'intempérance du langage, l'habitude du vol, la désobéissance aux parents de son époux, la lèpre, et sanctionne la séparation par consentement mutuel, mais il n'autorise, en aucun cas, le mari à renvoyer sa femme si elle n'a pas, pour vivre hors de la maison conjugale, des ressources suffisantes.

Les lois sont, d'ailleurs, plus favorables en Chine à la femme mariée que les usages. Séparée de sa famille, qui ne peut la défendre contre les duretés de son mari ou les caprices tyranniques de sa belle-mère, il est rare qu'elle jouisse, avant un âge avancé, de la considération et du respect dont le législateur a voulu entourer son isolement et sa faiblesse.

L'usage qui règle dans l'empire la forme des vêtements, la qualité et la couleur des étoffes avec lesquelles on les confectionne, a toute l'autorité d'une tradition nationale. Déterminé, à certains égards, par des lois somptuaires qui préviennent les entraînements du plus futile de tous les luxes et maintiennent la distinction extérieure des rangs, il n'a subi, en plusieurs siècles, que des modifications insignifiantes. Rien de plus immuable et de plus impérieux que la mode chinoise.

<small>COSTUME NATIONAL.</small>

Costume ordinaire des hommes.

La soie, le coton, le lin, la laine en faible quantité, le feutre, le cuir, deux ou trois sortes de paille, les tissus que fournissent plusieurs plantes textiles, sont les matières employées le plus généralement pour la confection des diverses parties du costume national. Les vêtements des deux sexes sont aisés et commodes, frais en été, chauds pendant l'hiver, et ne manquent ni de grâce ni d'ampleur. Les hommes portent, suivant les saisons, une ou plusieurs tuniques qui descendent jusqu'aux reins, se croisent par devant et se boutonnent toujours du côté gauche. Elles sont larges et ne dessinent point la taille, ayant un peu la forme d'une blouse fort courte. Le cou reste toujours nu. Lorsque les Chinois sortent de leurs maisons, ou qu'ils reçoivent une visite, l'étiquette exige qu'ils endossent une grande robe assez étroite, flottante, sans ceinture, qu'ils relèvent en marchant et par-dessus laquelle ils mettent souvent une pèlerine ouatée, un collet de fourrure ou un gilet de soie. La longueur des manches dépasse de beaucoup celle du bras, en sorte qu'il faut sans cesse les replier quand on veut faire usage de ses mains, exercice très-propre à éprouver la patience. Elles sont si vastes qu'elles remplissent souvent l'office de poches. Dans les costumes officiels leur extrémité, qui a la forme d'un fer à cheval, est brodée intérieurement. Des chaussures en soie noire, à semelles de feutre très-épaisses, larges, sans talon et recourbées ; des bas de coton blancs ou bleus, liés au-dessous du genou par un ruban de soie; un caleçon très-ample bouffant un peu par-dessus les bas dans lesquels il s'enserre ; une calotte de soie surmontée d'un gland rouge ou bleu ; une longue tresse qui part de l'occiput et à laquelle on ajoute, en général, de faux cheveux afin qu'elle descende jusqu'aux talons ; un large éventail complètent le costume vulgaire. On y ajoute, en certaines circonstances, deux jambières collantes en étoffe de soie qui se nouent au-dessus de la cheville et s'attachent à la ceinture, de manière à emprisonner, par devant, le caleçon qui flotte librement par derrière, combinaison maladroite, produisant l'effet le plus ridicule.

Durant les chaleurs de l'été, les hommes du peuple simplifient, autant que la décence le permet, les détails de ce costume en relevant leur caleçon par-dessus leurs genoux, et gardant le haut du corps nu jusqu'à la ceinture. Pour se défendre contre la pluie et les ardeurs du soleil, ils se coiffent d'un grand chapeau de paille de forme conique, très-large et fort léger quoique très-résistant. Les gens du commerce se promènent souvent nu-tête et se contentent de protéger leur visage contre les rayons du soleil avec leur éventail. Le bonnet de feutre est la coiffure d'hiver.

Les Chinois ne portent jamais de favoris et ne laissent pousser leur barbe qu'à l'âge de quarante ans. Il est vrai qu'elle ne vient que fort tard et qu'elle est ordinairement peu fournie. On sait que, dans toutes les classes, ils se font raser le devant, le derrière et les côtés de la tête de manière à ne laisser, sur le sommet, qu'une mèche touffue, laquelle vient à former, avec le temps, la longue queue dont nous avons parlé plus haut. Cette mode ridicule, dont la plupart des habitants de la Chine ignorent l'origine, et qu'ils considèrent aujourd'hui comme une coutume essentiellement nationale, leur fut imposée, à l'époque de la conquête, par les Mandchoux qui la pratiquaient dans leur pays de temps immémorial. Plus indépendants sans doute que le reste de leurs compatriotes, les Fokiennois semblent protester contre ce gage humiliant de la commune servitude, en se couvrant la tête d'un étroit ruban qui le dissimule aux regards.

La loi règle minutieusement, ainsi que nous le ver- Costume officiel.

rons au livre troisième de cet ouvrage, les moindres détails du costume que doivent porter les fonctionnaires civils et militaires de différentes classes. Ils se distinguent des Chinois qui n'ont pas l'honneur d'appartenir à la hiérarchie officielle, par les broderies et les ceintures de leur robe, la forme de leur chapeau d'été qui est tressé d'une paille très-fine et que couvre une huppe de soie rouge, les riches fourrures qu'ils aiment à revêtir et qui bordent leur bonnet d'hiver, le globule qui surmonte leur coiffure et qui varie selon leurs rangs, leurs larges bottes de soie noire, le long chapelet à graines d'ambre qu'ils passent autour de leur cou, les nombreux étuis brodés qu'ils suspendent à leur ceinture pour y placer leur double montre, leur éventail, leur briquet, leur tabac. Le jaune citron est la couleur distinctive de la famille impériale; tout individu qui n'en fait point partie ne peut porter des vêtements de cette couleur sans commettre un crime d'État. Le Dragon à cinq griffes jouit du même privilége. Il figure exclusivement sur les meubles qui appartiennent aux parents de l'empereur et les broderies qui ornent leurs vêtements. L'empereur a le bon goût, en général, de ne se faire remarquer que par l'élégante simplicité de son costume. Le sceptre de jade est l'emblème de son rang suprême. Il est fait de telle forme qu'il peut, lorsque le monarque est assis, reposer à la fois sur son bras et sur la paume de sa main.

Marques distinctives des vêtements et des meubles impériaux.

Identiquement semblable pour la forme de la tunique, du caleçon et de la robe, à celui des hommes, le costume ordinaire des femmes n'en diffère que par un détail assez insignifiant. Elles doivent porter leur caleçon dans toute sa longueur et ne peuvent le replier sous le bas. Quant à leurs vêtements de cérémonie, ils sont beaucoup plus élégants et de couleurs infiniment variées. De charmantes broderies, aux nuances vives et gaies, bordent le

Costume des femmes.

collet et les manches de leurs robes, ainsi que leur pantalon et la double jupe gaufrée qui les recouvre. Leurs chaussures rouges ou bleues sont également brodées. Elles n'ont d'ailleurs ni ceinture ni corset.

L'âge et la condition de la femme déterminent le mode de sa coiffure. Dans sa première enfance, on laisse ses cheveux flotter librement. La jeune fille rassemble les siens en trois nattes; l'une pend par derrière suivant la coutume masculine, les deux autres descendent par devant, de chaque côté de la poitrine, jusqu'à la ceinture. Ceux de la femme mariée sont réunis, au sommet de la tête, en une large touffe de forme ovale que maintiennent de longues épingles et dans laquelle on introduit un tube de cuivre destiné à recevoir des fleurs artificielles. On y ajoute, ordinairement, de fausses ailes, de manière à composer un échafaudage qui imite la forme idéale du phénix. Les mères de famille posent, sur leur front, un bandeau brodé et orné de pierres précieuses qui descend un peu en pointe entre les sourcils. L'usage du fard et du cosmétique est universel. Les sourcils sont rasés et légèrement noircis en imitation des feuilles naissantes du jeune saule. Les joues et les lèvres sont teintes en vermillon, le reste du visage disparaît sous une couche épaisse de blanc mat. Ce fard grossier flétrit promptement le teint des femmes, et l'emploi de pommades desséchantes hâte la chute de leurs cheveux. Elles sortent ordinairement tête nue et sans voile, et protégent leur visage avec un parasol ou simplement avec leur éventail.

Leur coiffure.

Avec leurs beaux et longs cheveux noirs, leurs dents admirables, la distinction naturelle et la finesse de leurs extrémités, leurs formes gracieusement arrondies, la fraîcheur de leur teint et le perpétuel enjouement de leur sourire, les jeunes filles chinoises seraient parfois très-

Compression de leurs pieds.

séduisantes si, dans toutes les classes et dans presque toutes les conditions, elles n'étaient assujetties à la coutume barbare qui déforme leurs pieds dès leur plus bas âge. On ignore s'il faut attribuer l'origine de cet usage absurde qui date du xe siècle de notre ère, à la jalousie des époux qui ont voulu attacher plus étroitement leurs femmes à leur foyer ou au vil désir, né parmi les courtisans, de plaire à une impératrice influente qui avait les pieds bots. Dans cette dernière hypothèse, qui est la plus vraisemblable, il aurait été suivi d'abord par l'entourage immédiat du souverain ; la mode l'aurait ensuite propagé et la tradition, qui est toute puissante en Chine, aurait fini par lui donner, pour ainsi dire, force de loi. Les filles de toutes les classes riches y sont soumises dès leur première enfance ; les autres le subissent seulement à l'époque de leurs fiançailles et il est pour elles infiniment plus douloureux. Il n'y a guère que les plus pauvres qui en soient exemptes. Le pied de l'enfant ou de la jeune fille n'est pas, comme on le dit quelquefois, comprimé dans des chaussures de fer, mais simplement enveloppé dans des bandelettes que l'on resserre chaque jour et qui arrêtent sa croissance, ou le rapetissent peu à peu, au point de le faire complétement dévier de sa forme primitive. Lorsque l'opération a bien réussi, la longueur du membre ne dépasse pas cinq ou six pouces, le cou-de-pied est devenu très-convexe, l'orteil est relevé presque perpendiculairement, l'angle que forment le talon et l'os de la jambe a disparu. La souffrance ne dure pas, pour l'enfant, plus de cinq ou six semaines ; elle se prolonge quelquefois pour la jeune fille pendant toute sa vie. Les femmes au petit pied, les Kin-lien (lis d'or), comme les appelle le peuple chinois, se tiennent debout difficilement. Dépourvues, en partie, de leurs bases naturelles, elles courraient risque de choir à chaque pas si elles n'avaient un point d'appui, ou si elles ne se servaient de leurs bras comme de balanciers pour conserver leur équilibre.

Le nombre de bijoux dont se pare en Chine l'un ou l'autre sexe est très-limité. On suspend presque toujours au cou des enfants des sachets, des pièces de cuivre, vieilles de plusieurs siècles, ou d'autres amulettes sans valeur. Les femmes, outre les parures artificielles qui ornent leurs cheveux, portent des bracelets de verre ou de jade, des boucles d'oreilles en pierres fines ou en métal précieux. Les hommes ont des chapelets dont les grains odoriférants sont curieusement sculptés, des bagues sur lesquelles il font quelquefois graver leurs noms et attachent à leur jaquette ou à leurs ceintures, quantité de petits sacs brodés qui renferment leur tabac, leurs montres, tous les petits ustensiles dont ils font journellement usage. Le bracelet et l'éventail sont communs aux deux sexes, aussi bien que la bizarre coutume, pratiquée seulement par les femmes riches et les hommes qui n'exercent aucune profession manuelle, de laisser croître démesurément les ongles. Gens de mœurs civilisées, débonnaires et peu querelleuses, regardant le duel comme un usage barbare, les Chinois ne portent jamais d'armes que par nécessité.

<small>Bijoux.</small>

Sobres, comme le sont en général les habitants des pays chauds, par instinct et par nécessité, raffinés toutefois dans leurs habitudes comme les enfants des civilisations vieillies, ils ont poussé presque aussi loin que les Européens le développement de l'art culinaire. On ne fait en Chine, dans la vie habituelle, que deux repas par jour, à neuf heures du matin et à cinq heures du soir. Ceux du pauvre sont très-simples : du riz bouilli avec un peu de poisson salé les composent presque invariablement. La nourriture du riche, au contraire, est abondante et recherchée. En général, la cuisine chinoise

<small>ALIMENTATION PUBLIQUE.</small>

<small>Préparations culinaires.</small>

ne connaît pas les rôtis, mais elle admet quantité de potages, de sauces, de fritures, de ragoûts et de pâtisseries, dont la grande variété témoigne en faveur de l'imagination féconde des artistes chargés de pourvoir la table opulente de leurs maîtres. Il est difficile à un Européen d'apprécier le talent de ces artistes à cause de la saveur prononcée des ingrédients qui assaisonnent à haute dose les mets chinois, et qui offensent, au premier abord, la délicatesse de notre goût. Il n'y entre pas beaucoup d'épices. L'ail, la graisse, l'huile plus ou moins nauséabonde y dominent. Rien de moins compliqué d'ailleurs et de moins dispendieux qu'une batterie de cuisine. Deux ou trois fourneaux en terre, deux vases en fer dont l'un contient l'eau qui fait cuire le riz, les légumes et tous les mets préparés à la vapeur, tandis que l'autre, moins profond, sert aux ragoûts et aux fritures; trois ou quatre pots en faïence ou en terre, voilà généralement tout ce qui la compose. Il est d'usage de hacher la viande et les légumes en menus morceaux avant de les soumettre à l'action du feu, soit parce qu'on aime que les mets soient bien cuits, soit parce qu'on viendrait difficilemen à bout des grosses bouchées avec les bâtonnets d'ivoire dont on se sert en guise de fourchette.

Nourriture végétale.

Ainsi que nos lecteurs l'auront vu dans le précédent chapitre, le règne végétal fournit à l'alimentation chinoise les plus abondantes et précieuses ressources. Parmi les plantes dont elle utilise les racines, les tiges, les feuilles ou les fruits, il faut citer, en première ligne, le riz que les Chinois appellent, par reconnaissance, *le bâton de la vie*, et dont la graine sustente la grande majorité des habitants de l'empire. Après l'avoir dépouillé de sa pellicule au moyen de lourds pilons en bois que met en mouvement une roue de moulin à eau ou que soulève simplement un levier manœuvré à force de bras, on le secoue fortement pour le nettoyer dans de grandes terrines dont les parois intérieures sont striées. Puis on y mêle un peu d'eau et on le fait cuire à la vapeur dans un vase de fer muni d'un couvercle. Lorsqu'il est bien attendri, on le sert encore chaud dans un grand plat où chacun des convives puise successivement pour remplir la petite coupe placée près de lui sur la table. Il y mélange avec le riz quelques bribes des autres mets, puis le porte à ses lèvres et en introduit vivement le contenu dans sa bouche au moyen de ses bâtonnets. Le riz rend aux Chinois les mêmes services que le pain aux habitants de l'Europe. On emploie seulement la farine que fournit le blé à confectionner des pâtisseries et des gâteaux. Le grain du maïs, du sarrasin, de l'avoine, du millet, de l'orge, n'est pas soumis à l'action de la meule. On le fait rôtir ou bouillir, puis on le concasse et on le réduit en pâte que l'on assaisonne de diverses façons. La cuisine chinoise fait usage, comme nous l'avons vu, d'un grand nombre de pois et de fèves dont une espèce fournit le fameux Soï (voir page 173), de légumes verts encore plus variés que les nôtres, de vingt ou vingt-cinq sortes de cucurbitacées et de plantes aquatiques dont la plupart nous font défaut. On remarque, parmi ces dernières, la châtaigne d'eau et le nelumbium dont la racine charnue, longue de deux ou trois pieds, a le goût du navet. Le ricin et beaucoup d'autres plantes, arbres ou arbustes, fournissent des huiles comestibles. Le produit de la canne à sucre n'est pas raffiné; on le vend sous la forme de sucre candi ou de mélasse grossière.

La pêche, la prune, le coin et l'abricot presque aussi bons que ceux d'Europe ; la poire et la pomme, décidément très-inférieures aux nôtres; dix ou douze espèces de citrons et d'oranges dont la meilleure est l'orange mandarine, plus rouge, plus petite, un peu moins succulente que celle de Malte et d'un goût très-différent; le Fruits comestibles.

pamplemousse; la banane dont il existe tant de variétés et que l'on mange crue ou rôtie; la mangle, beaucoup moins délicate que celle de Manille; la figue; la goyave; le ouampi qui vient en grappe et dont le goût ressemble un peu à celui de la groseille à maquereaux; le litchi; semblable, pour la grosseur, à une petite prune et dont la chair rose, ferme et succulente a la saveur du raisin muscat; le loquat qui se rapproche de la corme par son volume et son goût; le raisin dont on n'a pas encore appris à extraire la liqueur enivrante; la fraise, la cerise, la groseille, rares et peu savoureuses; la châtaigne, la noix, la noisette, l'amande sont les principaux fruits dont les Chinois font usage.

<small>Nourriture animale.</small>

Le bœuf et le mouton que protégent les principes boudhistes, et dont la chair n'entre que rarement, pour ce motif, dans la consommation indigène; le porc; le poisson, si délicat et si varié; plusieurs espèces de mollusques et de crustacés (voir page 162); l'oie, la poule et le canard, si communs dans toutes les provinces (page 158); le gibier d'eau qui abonde sur les lacs, les étangs, les rivières, principalement dans les marécages de l'est et du centre; le pigeon domestique dont les œufs figurent dans la composition d'un potage très-estimé; les petits chiens et les petits chats, très-prisés des gourmets; le rat dont se contentent les pauvres; la grenouille que l'on sert sur toutes les tables; le ver à soie frit, la sauterelle, quelques chrysalides constituent les éléments ordinaires de leur nourriture animale. Il faut y ajouter, pour être complet, les mets recherchés, dispendieux et bizarres auxquels ils attribuent des propriétés aphrodisiaques et que l'on trouve sur toutes les tables de luxe : les nids d'hirondelles, la limace de mer ou tripang, les nageoires de requin, les pattes d'ours, les nerfs, la langue, le palais, les tétines de divers animaux. Les nids d'hirondelles viennent de l'archipel indien où on les recueille sur les parois humides des rochers. Ils se composent de petits brins d'algue et d'autres plantes marines qu'un oiseau des îles Malaises (Hirundo Esculenta) ramasse et pétrit ensemble pour construire sa demeure. Ils se conservent indéfiniment à l'état de dessiccation ; nettoyés avec soin, soumis à l'action de la vapeur chaude, les nids d'hirondelles se dilatent et deviennent une pâte incolore et insipide, absorbante et spongieuse qui s'assimile aisément la saveur des condiments très-épicés avec lesquels on l'assaisonne. Les îles polynésiennes fournissent également à la Chine le tripang, mollusque filiforme, long de quelques pouces et d'apparence fort repoussante.

Les habitants de l'empire du Milieu boivent rarement des liquides froids et plus rarement encore de l'eau pure. Le laitage est si rare dans les provinces du sud, du centre et de l'est où les bestiaux sont consacrés uniquement aux besoins de l'agriculture que l'on débite quelquefois pour les malades du lait de femme. Le peuple ne fait aucun usage du café, du chocolat, du vin, de l'eau-de-vie, de la bière. Les infusions de thé et la liqueur plus ou moins alcoolisée que l'on obtient par la fermentation du riz sont ses boissons ordinaires[1].

Boissons.

1. Le breuvage que l'on extrait du riz fermenté se nomme *Tsiou*. T. *Thi*, qui l'inventa, 2,000 ans avant Jésus-Christ, fut banni de l'empire par le célèbre You pour sa fatale découverte. Il paraît qu'à l'origine, on n'en faisait usage que dans les occasions solennelles, lorsqu'on offrait des sacrifices aux divinités supérieures, mais que le goût s'en répandit promptement dans toutes les classes et que le gouvernement y vit bientôt un danger sérieux pour les mœurs publiques. On trouve, au livre des annales, un édit par lequel Ouan-Ouang (1100 ans avant le Christ), attribuant à la liqueur tsiou la plupart des calamités qui désolent les peuples, en flétrit sévèrement l'abus et n'en tolère l'usage que dans les fêtes religieuses. Les sages prohibitions du souverain philosophe ne furent pas renouvelées par ses successeurs. Aujourd'hui tous les Chinois boivent le vin de riz et ils en obtiennent, par la distillation, une sorte d'alcool, *San-chou* (trois fois brûlé), dont on augmente la force en y mêlant quelques gouttes d'essence d'anis, de cubèbe ou de tabac.

Auberges, restaurants.

Aussi n'existe-t-il, à proprement parler, dans les villes ou bourgs de la Chine aucun établissement semblable aux Grog-shops d'Angleterre, aux cafés ou cabarets de France. Le voyageur fatigué rencontre bien, de temps à autre, sur la route poudreuse quelque pauvre hangar à demi abrité par de mauvaises nattes où on lui sert une tasse de thé, des œufs, un peu de riz. Poussé par un attrait fatal, l'homme oisif et débauché de toutes les classes, de toutes les conditions, ira bien s'étendre sur les couchettes qui tapissent les bouges infects où on fume l'opium, pour y chercher l'oubli de ses maux et des rêves voluptueux. Mais on ne le rencontrera jamais ivre et chancelant sur les routes ou dans les rues; on ne le verra nulle part se livrer, devant tout le monde, à ces libations insensées qui altèrent si fréquemment la raison de nos ouvriers d'Europe, en même temps qu'elles offensent la dignité publique. Les villes chinoises ne possèdent pas non plus ces auberges spacieuses qui fournissent, pour un prix modique, la nourriture et le logement. Les hommes riches et les fonctionnaires voyagent dans leurs bateaux; ils y mangent et ils y couchent, ou bien ils font retenir à l'avance, pour tout le temps de leur séjour, les salles d'un temple, les chambres d'une bonzerie. Les autres emportent avec eux, quand ils quittent leur maison pour quelques jours, leurs provisions de bouche, leurs ustensiles de cuisine, leur literie et s'installent simplement entre les quatre murs délabrés d'une hôtellerie misérable dont le maître leur loue, pour quelques sapèques, la place nue où ils passent la nuit. Les restaurants, au contraire, abondent dans toutes les cités. On y commande des dîners d'apparat, qui sont servis sur place ou portés à domicile. Les hommes du peuple y trouvent une nourriture à bon marché, qu'ils consomment d'ordinaire sur la voie publique. Assis par groupes à de longues tables, ils échangent entre eux d'interminables lazzis, excitant l'hilarité publique par leur verve communicative.

La prévoyance chinoise associe volontiers le restaurant à la maison de jeu, la maison de jeu au mont-de-piété, le mont-de-piété à la maison de prostitution et à la fumerie d'opium, en sorte que, dans les quartiers populeux des grandes cités, ces établissements se touchent et paraissent souvent se confondre. La manie du jeu est universelle en Chine ; toute la population, depuis l'enfant jusqu'au vieillard, depuis le portefaix insouciant jusqu'au respectable magistrat, est possédée de la passion des cartes et des dés ; seulement, tandis que l'homme des classes inférieures s'y livre en public, au coin des rues ou sur le comptoir des tavernes, les fonctionnaires dont les lois prémunissent la gravité contre un plaisir puéril et dangereux, la satisfait loin des regards du vulgaire et dans la compagnie de ses semblables. Il n'est pas un homme, pas une femme, pas un enfant qui ne saisisse, avec empressement, toutes les occasions de charmer ses loisirs par les paisibles distractions que lui procurent les dominos, les dames, les échecs ou par les vives émotions des jeux du hasard. Parmi ces derniers, le Fan-tan est particulièrement en vogue dans tout le midi de l'empire. Rien de plus simple que ses combinaisons. Sur la table où est assis le banquier, s'élèvent deux hautes piles de monnaie bien polies et bien brillantes; il en prend dans chaque main une poignée qu'il pose devant lui et qu'il recouvre d'un vase pour la dérober aux yeux des joueurs. Ceux-ci devinent l'un après l'autre et disent tout haut combien il restera de pièces dans chacune des deux piles lorsqu'on les aura divisées en quatre tas égaux. Il en peut rester 3, 2, 1, 0, et le banquier a pour lui trois chances contre une. Les cartes dont se servent les Chinois sont plus

ÉTABLISSEMENTS DE JEU ET DE DÉBAUCHE.

Passion du peuple pour le jeu.

petites et plus nombreuses que celles dont nous faisons usage ; leurs dominos sont semblables aux dominos européens ; mais leur jeu d'échecs diffère beaucoup de celui que nous tenons des Indiens. Les pièces ne portent pas les mêmes noms ; la marche est plus variée et plus divertissante, mais moins savante et moins ingénieuse.

DIVERTISSEMENTS PUBLICS.

La réserve et la convenance des habitudes extérieures du peuple chinois, la douceur parfois efféminée de son caractère, la grande estime qu'il fait des attributs de l'intelligence et le mépris qu'il professe pour la force purement matérielle, excluent naturellement de ses divertissements publics tout ce qui tend à la violence, tout ce qui ressemble à la brutalité. Le spectacle des luttes humaines ne l'attire qu'autant qu'elles sont dirigées vers un but utile, ou tout au moins conformes aux règles de la bienséance et des vieux rites nationaux. Il ne prendrait nul plaisir aux scènes sanglantes ou grossières qui charment encore les instincts des races occidentales, par ce qui leur reste d'impétueux et de sauvage du génie de leurs ancêtres. Ce qui lui plaît, c'est avant tout le modéré, le doux, le poli et le raffiné. Il parie de grosses sommes dans les combats de cailles et de grillons, et suit, d'un regard attentif et curieux, la course aérienne du cerf-volant, auquel il donne la forme des animaux les plus bizarres. Il applaudit bruyamment aux tours habiles des jongleurs et des sorciers, mais il dédaigne la danse comme un exercice indigne de son caractère, et qualifie sévèrement l'inconvenance du costume que portent les femmes étrangères dans les réunions mondaines. La promenade à pied et le jeu du volant figurent au nombre de ses délassements favoris. Les promeneurs chinois, que l'on rencontre sur les voies publiques, se font remarquer par la décence de leur maintien et de leur costume, la dignité de leur démarche, la gravité de leur enjouement. Vêtus de longues robes, ils s'avancent à pas comptés, se tenant par la main, et devisant avec une gaieté douce qui paraît presque toujours exempte de familiarité. Quelques-uns, les plus élégants, portent de petites cages renfermant des oiseaux aux chants harmonieux (voir page 160). Le volant chinois est un peu plus lourd que le nôtre. Les joueurs le manœuvrent fort habilement et le lancent dans l'espace en le frappant avec la paume de la main ou avec leur talon, au moment où il va tomber à terre. Au reste, aucun peuple du monde ne surpasse en dextérité le peuple chinois. Ses jongleurs exécutent, avec des couteaux tranchants et pointus, des tours très-dangereux dont l'issue serait fatale et sanglante s'ils n'avaient pas la main aussi sûre et le coup d'œil aussi subtil. Depuis quelques années déjà, les résidents européens ont établi à Hong-kong et à Shang-haï des courses de chevaux où figurent les petits poneys du pays, et auxquelles le public indigène assiste avec beaucoup d'intérêt. Mais il est probable que son attention serait moins vivement surexcitée par un spectacle qui paraît mal convenir à ses habitudes, s'il n'était pour lui une occasion de paris et s'il ne flattait ainsi sa passion du jeu. Moins civilisés dans leurs mœurs, et par conséquent moins délicats dans leurs goûts, mais aussi plus fortement trempés que les Chinois, les Mongols et les Mandchoux ont des habitudes plus énergiques, des plaisirs plus virils, dont les membres de la famille impériale ont conservé, en partie, la salutaire pratique. Les chasses au delà de la grande muraille, les longues promenades à cheval, les tirs à l'arc, les jeux de force et d'adresse, les courses en traîneaux sur la glace ou la neige durcie, sont en usage chez les seigneurs tartares. Les écrits du Père Gerbillon nous ont transmis le souvenir des chasses merveilleuses de l'empereur Kang-hi, le deuxième et le plus illustre souverain de la race actuellement régnante. C'étaient de véritables expéditions dirigées avec une pompe toute militaire contre les féroces habitants des forêts mongoles. La troupe des fauconniers constituait à elle seule une petite armée. Voulant encourager, par ses exemples, les coutumes belliqueuses de son peuple, Kang-hi déployait dans ces expéditions une vigueur, une activité et une bravoure vraiment extraordinaires.

THÉATRES.

Passionnés comme la plupart des Orientaux pour le brillant et le mystérieux, les Chinois aiment avec ardeur les pompes et les intrigues du théâtre. C'est merveille de voir avec quels vifs éclats de satisfaction, avec quelle fine sagacité, plusieurs milliers de spectateurs accueillent et comprennent les longues pièces qu'il leur est donné de voir une seule fois, peut-être, dans leur vie. Le sujet de ces pièces, emprunté aux vieilles légendes historiques, est, ordinairement fort obscur et les décors sont toujours de convention. Les acteurs jouent la pantomime ou chantent leur rôle dans un dialecte incompris, et sur un ton horriblement haut qu'interrompent, en outre, à tous les moments solennels, les sons criards de l'orchestre. Le drame dure parfois plusieurs jours. Le public est affreusement entassé dans un hémicycle découvert et exposé, par conséquent, à toutes les intempéries; mais il tient ferme sous les pluies torrentielles ou sous les ardeurs du soleil; sa patience est inébranlable, et son intelligence est si ouverte, si active, la pantomime est si habile, que la pièce est devinée et l'acteur applaudi. La profession que ce dernier remplit est considérée comme méprisable, et prive ceux qui la suivent de l'honneur des concours littéraires. Les acteurs chinois sont divisés en plusieurs corporations que désignent des noms différents et forment des troupes ambulantes. Elles vont de ville en ville, de villages en villages, suivant la coutume thespienne, louant leurs services pour quelques jours, soit au chef de bonzerie qui désire relever, par la pompe d'une représentation théâtrale, l'éclat d'une cérémonie religieuse, soit au riche particulier qui veut charmer ses ennuis ou accroître son influence. En vingt-quatre heures, avec de longs bambous qui forment la charpente, et à l'aide de quelques vieilles nattes, un théâtre, pouvant contenir deux mille personnes, s'élève comme par magie. Il a généralement la forme d'un cirque et comprend quatre enceintes intérieures séparées par une petite cour centrale. La plus vaste, qu'abrite toujours un toit, constitue la scène; les trois autres, souvent découvertes, disposées en amphithéâtre et munies de mauvaises banquettes, contiennent les spectateurs. L'orchestre occupe un des côtés de la scène. Il doit soutenir la voix des acteurs et conformer son jeu aux passions que le drame fait naître successivement dans l'âme du public. Les personnages sont vêtus de costumes splendides; mais les décors qu'on ne change point ont un aspect fort misérable. Ce sont simplement de grandes nattes grossièrement peintes qui tapissent les parois de la scène. Les acteurs ont soin, au moment de commencer leur rôle, de le définir par une phrase ou un geste de convention et de faire connaître le lieu dans lequel il se trouve, en sorte qu'en réalité l'intrigue se dénoue plutôt dans l'imagination du public que sur la scène. Le sans-gêne avec lequel le directeur en use à son égard n'a pas de bornes. Il n'est pas rare qu'on réclame son assistance pour faire jouer quelque trappe rebelle qui doit donner passage aux génies et aux fantômes. Au reste, point de rideaux, point d'entr'actes, point de ballet. La danse n'est pas admise dans les théâtres chinois, et les rôles de femmes y sont confiés à de jeunes garçons qui savent déguiser leur voix, leurs gestes, et jusqu'à la forme de leurs pieds avec un art remarquable. Des affiches, imprimées en noir sur papier rouge, indiquent le titre de la pièce et les noms des personnages. Les édifices qui environnent le théâtre sont affectés temporairement aux plaisirs et aux besoins des spectateurs ; ils sont loués par celui qui paye la représentation et deviennent, pour quelques jours, des restaurants, des maisons de jeu ou des lieux de prostitution. D'ailleurs, les frais occasionnés par les solennités théâtrales, n'incombent pas seulement à celui qui les organise. Il a soin ordinairement de se faire indemniser par une collecte à laquelle tout le monde prend part sans trop de répugnance. Nous indiquerons, en quelques lignes, au livre quatrième de cet ouvrage, la composition et la marche des drames chinois.

DU CÉRÉMONIAL ET DE L'ÉTIQUETTE.

Il n'est pas un Européen qui, après un séjour très-limité dans une ville de l'Empire du Milieu, ne soit vivement frappé du savoir-vivre de ses habitants à quelques classes qu'ils appartiennent, de l'aisance de leurs procédés et de l'urbanité de leurs manières. La politesse chinoise est devenue proverbiale parmi toutes les nations du monde. Le peuple aux cheveux noirs est certainement le mieux élevé de tous les peuples, sans excepter ceux de l'Occident et soit qu'il faille considérer sa bonne éducation comme une conséquence naturelle de la douceur des mœurs nationales, soit qu'on doive l'envisager, au contraire, comme le résultat trompeur et factice de l'hypocrisie de son caractère, elle n'en facilite pas moins ses relations sociales, en même temps qu'elle manifeste, dans tous ses actes, son intelligence pratique et sa grande expérience de la vie. L'inférieur doit toujours témoigner son respect envers son supérieur et les marques de son respect doivent être d'autant plus profondes que sa position est plus humble ou que le rang de son supérieur est plus élevé. Tel est le grand principe que l'on inculque à l'enfance dès qu'elle atteint l'âge de discernement et dont l'application confiée au vigilant contrôle de la cour des *Rites*, réglée, depuis des siècles, par les diverses formules de l'étiquette, conformément aux positions respectives des individus, constitue le cérémonial de l'empire. Ces formules ne sont pas observées dans les rapports usuels de la vie, mais elles constituent les premiers éléments de l'éducation, et comme les habitudes de l'homme fait reflètent toujours les impressions de sa jeunesse, le peuple chinois se distingue, entre toutes les nations du globe, par les formes extérieures de sa politesse et de sa courtoisie.

Le rit national admet 8 espèces de salut que nous allons énumérer et définir. Le premier, le *Kong-chao*, est le moins humble de tous; il consiste simplement à joindre les mains et à les élever devant sa poitrine. Pour accomplir le second (*Tsoh-yih*), on salue profondément avec les mains ainsi jointes. On fait le troisième (*Ta-tsien*), en pliant les genoux sans les poser à terre, et le quatrième, *Tsien*, en s'agenouillant. La cinquième forme du salut, *Kotao*, exige que l'on s'agenouille et que l'on frappe une fois la terre du front, tandis que la sixième, *San-kao*, demande qu'une fois agenouillé on mette, trois fois de suite, le front dans la poussière. Pour s'acquitter du *Lou-kao* qui est le septième, il faut répéter deux fois le *San-kao* et on le répète trois fois de suite pour le *San-kouëi-kiou-tao* qui est la forme la plus solennelle et la plus humble de toutes les salutations. Seuls, le ciel et l'empereur qui le représente sur la terre, y ont droit. Le *Lou-kao* est dû aux dieux supérieurs et l'on accorde le *San-kao* aux autres divinités.

Les huit saluts.

Entre personnages officiels, les lois de l'étiquette doivent être ponctuellement suivies toutes les fois qu'ils se

Étiquette officielle.

visitent ou qu'ils se rencontrent devant témoins. Le fonctionnaire qui va rendre ses devoirs à un collègue, lui envoie préalablement sa carte de visite où figurent ses noms, prénoms et qualités. Lorsqu'il est reçu, son hôte sort de ses appartements, va au-devant de lui, souvent jusqu'à sa chaise, marche à reculons jusqu'à la porte et, après avoir échangé avec lui force saluts en nombre égal, il le fait asseoir à sa gauche, sur le banc d'honneur qui occupe le fond de l'appartement. Une table sépare toujours le maître du logis de son visiteur. On apporte du thé, des gâteaux, du bétel, du tabac et des pipes, et l'entretien s'engage. Quand il est terminé, le visiteur se lève et recule, à son tour, jusqu'à sa chaise pendant qu'ils renouvellent tous deux leurs saluts et leurs démonstrations respectueuses. Les fonctionnaires civils font leurs visites en chaises à porteur, tandis que leurs collègues militaires ne doivent sortir qu'à cheval. En général, les uns et les autres évitent, par tous les moyens possibles, de se trouver sur le chemin de leurs supérieurs. Entre égaux, les rencontres sont fatigantes. Ils sortent de leurs chaises ou descendent de cheval, vont au-devant l'un de l'autre, saluent et reculent ensuite, en continuant leurs mutuelles politesses jusqu'à leur véhicule ou leur monture, chacun d'eux s'efforçant d'y arriver avant l'autre. Mais, quand les rangs officiels des deux personnages ne sont pas les mêmes, elles sont humiliantes pour l'inférieur qui est tenu d'accomplir, en présence de son escorte, les actes les plus révérencieux, pendant que l'autre ne daigne même pas mettre pied à terre. Ainsi le veut l'impitoyable étiquette qui attache, d'ailleurs, dans toutes les circonstances le plus grand prestige à l'autorité. L'homme du peuple ne peut parler au fonctionnaire qu'à genoux, à moins que son grand âge ne le dispense de cette mortifiante posture.

Les simples particuliers ne se montrent pas beaucoup moins formalistes dans leurs relations sociales que les mandarins, seulement les règles de leur politesse sont moins compliquées et moins rigoureuses. Pour se saluer entre personnages occupant dans le monde des positions égales, on croise ses mains devant sa poitrine et on les agite de bas en haut en répétant, à plusieurs reprises, les mots *Tsing-tsing* (salut, salut). Parmi les gens bien élevés comme parmi les fonctionnaires, les visites sont précédées de l'envoi des cartes; l'hôte va recevoir son visiteur hors de sa maison, le fait asseoir à sa gauche et le reconduit jusqu'à sa chaise. Ce dernier engage la conversation par quelques phrases très-respectueuses concernant la famille du personnage qui daigne le recevoir. Il lui demande des nouvelles de tous ses parents en nommant d'abord les plus âgés. Il appelle son père « l'honorable grand homme, » sa femme qu'il ne pourrait demander à voir sans commettre une grande inconvenance : « la très-honorable ou la très-digne dame, » ses fils : « les dignes seigneurs. » L'hôte, au contraire, rabaisse systématiquement tout ce qui lui appartient. Pour lui, sa femme est « la folle du logis, » « l'insignifiance des appartements intérieurs. » Lorsque son ami prend congé par cette phrase : « je viendrai un autre jour, solliciter la faveur de vos instructions, » il ne manque pas de lui répondre : « ou plutôt, j'aurai l'honneur d'aller vous rendre demain mes humbles devoirs. » Le fils, quand il s'adresse à son père, ou quand il parle de lui, le désigne par les mots de « Majesté de la famille, » « Prince de la famille, » « grand, vénérable père, » ou d'autres semblables et il n'est pas moins révérencieux pour sa mère. Un grand prestige entoure, au sein de la famille, la situation du frère aîné. C'est lui qui représente le père en son absence, et qui succédera après sa mort à sa pleine autorité. Ses cadets lui

Règles de la politesse entre simples particuliers.

témoignent, en toute occasion, leur déférence et ils observent, à son égard, dans leur langage et leur attitude, certaines règles tracées par le cérémonial.

Au reste, il n'est pas en Chine un seul acte de la vie sociale qui ne soit plus au moins assujetti aux exigences de l'étiquette. Tout est formule dans ce vieux monde. Les gens bien élevés ou tous ceux qui prétendent l'être, se parlent, s'écrivent, se visitent, se saluent, s'invitent, s'habillent, se lèvent, s'asseoient, marchent selon les rites. Le sage y doit conformer ses actions, ses gestes, jusqu'à ses pensées. On peut dire que la mode règne en souveraine absolue sur l'Empire du Milieu. Mais la mode chinoise n'est pas, comme la nôtre, frivole, capricieuse, fantasque. Immuable dans ses coutumes depuis des siècles, elle a pour elle toute l'autorité de la tradition.

Envoi de cadeaux. L'une de ces coutumes dont nous avons déjà décrit les principales, exige qu'en offrant des cadeaux à un ami on les fasse accompagner d'une liste où ils sont énumérés, que le destinataire y indique lui-même son choix, qu'il renvoie tout ce qu'il n'accepte point et qu'il récompense le porteur par le don d'un pourboire *Invitations à dîner.* (Kam-cha). Une autre veut que les invitations à dîner aient lieu par l'envoi d'une carte toute semblable à celles dont on fait usage pour les visites. On y écrit la phrase suivante : « Un repas insignifiant attend la splendeur de votre présence. » Cette carte est suivie d'une seconde que l'on expédie le jour même du dîner, pour en faire connaître l'heure. L'hôte reçoit ses invités en habit de gala, mais, lorsqu'ils sont tous réunis et qu'il leur a présenté ses hommages en s'excusant de son audace, il se met à l'aise et les prie d'en faire autant. On prend place alors soit à une table commune surchargée de gâteaux, de fruits, de plats, de bols, de saucières, de tasses en porcelaine de toute forme et de toute taille, soit à de petites tables isolées qui reçoivent chacune deux convives. Nous avons dit plus haut que les Chinois ne mangeaient pas de viandes rôties. Les grands bols contiennent les ragoûts; on place sur les plats les fruits et les gâteaux. Chacun des invités a, pour son usage particulier, une tasse que l'on remplit de riz toutes les fois qu'il le demande, une petite coupe où on verse le vin chaud, deux bâtonnets en bois de bambou ou en ivoire dont il se sert très habilement en guise de fourchette (voir page 201) et quelquefois une petite cuiller en porcelaine. Ces bâtonnets sont désignés dans la langue écrite par deux caractères qui signifient « garçons diligents » (*Kouaï ts'*) et rien ne saurait être mieux justifié qu'une telle épithète, tant est grande la célérité avec laquelle ils fonctionnent. Les ragoûts et les soupes sont nombreux et très-variés, mais, au lieu de commencer par le potage, les repas débutent d'ordinaire par les fruits et les douceurs. Fort bavard et très-sensuel dans l'occasion, le Chinois ne quitte pas la table facilement. Il n'est pas rare qu'un dîner dure quatre heures et qu'il comporte deux ou trois intermèdes, quatre ou cinq potages. L'apparition simultanée d'une coupe de riz et d'une tasse de thé que l'on donne à tous les convives annonce que le festin est terminé. A certains moments fixés par l'étiquette, ceux-ci portent, de concert, la santé de leur amphitryon.

Nous avons déjà dit quelques mots du misérable dénûment des hôtelleries de l'empire. Partout où le Chinois voyage il emporte avec lui ses provisions de bouche, sa literie, sa batterie de cuisine. Seulement les modes de transport ou de locomotion qu'il emploie, diffèrent suivant la configuration et les habitudes des pays qu'il traverse. Il fait usage de barques et de bateaux dans les provinces du sud, du centre, de l'est, où

Transport des voyageurs et des marchandises.

Bateaux de voyage.

les rivières, les lacs et canaux sont très-nombreux, les routes carrossables fort rares, de voitures dans le nord, de chevaux et de chameaux au nord et à l'ouest, de brouettes dans quelques districts du nord-ouest et partout de chaises à porteur. Les bateaux vont à la voile ou se manœuvrent à la rame. Ils sont spacieux, commodes, parfois élégants (voir livre IV). Le voyageur s'y installe confortablement avec sa suite et ne quitte pas sa demeure flottante avant d'avoir atteint le but de son excursion. Rien de plus grossier et de plus primitif, au contraire, que la voiture chinoise, sorte de tombereau attelé d'un cheval, non suspendu, à peine éclairé, porté sur des roues massives, pesantes et quelquefois pleines. On en trouve à louer pour un prix modique dans les rues et sur les places de Péking. Les chaises sont de deux sortes; les unes, frêles assemblages de petites bûchettes de bambou, munies de brancards également en bambou, fort légères, très-courtes, très-étroites, très-raides, recouvertes d'une simple toile de coton bleu, n'ont jamais que deux porteurs et ne servent qu'aux gens du commun. Les autres, dont font usage les fonctionnaires, les personnages riches et de distinction, sont plus solidement établies et beaucoup mieux fermées, longues, larges, convenablement rembourrées, d'une forme élégante, tapissées de drap et ornées de passementeries. Elles sont portées par deux, quatre, six ou même huit hommes, suivant le rang officiel du propriétaire. Quant on voyage en chaise, on se fait accompagner par des coulis qui portent les bagages. Sur toutes les routes ou les chemins pavés qui en tiennent lieu sont établies, de distance en distance, principalement dans les gros villages, des stations de coulis qui louent leurs services aux voyageurs et se chargent d'effectuer eux-mêmes, à dos d'hommes, le transport des chaises à porteur, des paquets et des marchandises. On change de coulis aux stations, comme on change de chevaux et de postillons aux relais de poste. Alertes, infatigables, sobres, de bonne humeur et, en général, de facile composition, exerçant leur dur métier de père en fils, les coulis chinois forment, dans l'empire, une nombreuse et influente corporation. Ils ont soin ordinairement de diviser leurs fardeaux en deux parts de poids égal, suspendues chacune à l'extrémité d'une longue latte de bambou qu'ils placent alternativement sur leurs deux épaules. L'équilibre ainsi établi, le labeur paraît moins rude. Leur marche est rapide, régulière. Pour en accélérer et en cadencer le mouvement, ils s'aident parfois d'un cri guttural et triste : A-ho, a-ho, qu'ils poussent en mesure et qu'on entend de fort loin. Ce sont également les coulis qui se chargent de traîner les brouettes sur lesquelles on voyage dans quelques parties de l'empire. La brouette chinoise diffère complétement de la nôtre par sa forme et sa construction. Ses conditions statiques sont fort bonnes. De chaque côté de sa roue qui est très-haute sont ajustées deux larges banquettes; sur l'une s'installe le voyageur et sur l'autre on place les effets. Deux hommes mettent en mouvement cette singulière machine. L'un la tire avec une corde; l'autre la soulève et la pousse suivant le mode européen. Quelquefois, quand le vent est bon, ils y ajoutent un mât et une voile.

Des brouettes.

CHAPITRE II

DOCTRINES RELIGIEUSES, CULTES, SUPERSTITIONS DES CHINOIS

Religion d'état. — Secte des lettrés. — Culte de la raison. — Bouddhisme. — Judaïsme. — Islamisme. — Missions nestoriennes, catholiques, protestantes. — Croyances populaires. — Culte de Kouan-yin. — Culte des ancêtres. — Cercueils, tombeaux. — Superstitions populaires. — Institutions charitables. — Infanticides.

CULTE PRIMITIF. Soit que l'on admette purement et simplement, suivant la tradition biblique, que les premiers habitants de la Chine appartenaient à la race monothéiste des patriarches, soit que l'on étudie sa religion primitive dans les vieux monuments historiques édifiés, il y a plus de trois mille ans, par la sagesse de ses philosophes et de ses législateurs, on ne peut douter que, jusqu'au VIIe siècle avant le Christ, l'idolâtrie ne lui ait été presque complétement inconnue et qu'elle ne se soit toujours distinguée, entre les nations païennes, par l'innocence et la pureté de son culte. Reconnaissant, à l'origine, l'existence d'un être suprême, le *Tien* ou *Chang-ti*, et d'une volonté régulatrice des forces de l'univers ; honorant, dans les astres, les phénomènes célestes, et les mânes des grands hommes, les plus hautes manifestations de cette volonté ; proscrivant les sacrifices humains, les dogmes, les signes, les rites obscènes qui souillèrent l'Égypte, l'Inde, Rome et la Grèce; réglé et commenté, il y a trente siècles, par des sages qui faisaient dériver du sentiment religieux l'art de régir l'humanité; admis ou respecté par des hommes comme Confucius, Mencius et Tchou-hi; épuré, dans la pratique, par les enseignements épicuriens de ce dernier philosophe, le polythéisme chinois fut toujours intelligent et remarquablement chaste. Depuis l'époque où la doctrine mystique de Laotzé (le culte de la raison) a pris naissance dans l'Empire du Milieu (604 ans avant l'ère chrétienne), de nombreuses superstitions, inventées principalement par ses sectateurs, admises et propagées par le culte de Boudha, s'y sont successivement introduites. L'*antique polythéisme* devenu religion de l'État, le *Ju-kiao* ou doctrine des lettrés, le *culte de la raison* (Tao-kia), le *boudhisme*, l'*islamisme*, se partagent aujourd'hui presque toute la population de la Chine qui renferme, en outre, quelques milliers de *Juifs* et près d'un *million de chrétiens*.

POLYTHÉISME OFFICIEL OU RELIGION DE L'ÉTAT.

Au fond, le polythéisme chinois est plutôt, de nos jours, la forme publique d'un culte officiel qu'une véritable religion. Il n'a ni clergé ni dogmes; ses livres canoniques ne renferment aucun corps de doctrine. On y lit, surtout dans le *Chou-king*, l'un des cinq grands classiques[1], des considérations historiques, des réflexions presque toujours naïves, rarement profondes, sur la nécessité où sont les princes de consulter le Tien et d'obéir au Chang-ti; on y trouve, principalement dans le *Li-ki* (livre des rites), des prescriptions minutieuses sur l'ordre et la marche des cérémonies, mais on y chercherait,

Le Tien.

---

1. Le *Chou-king* (voir livre IV de cet ouvrage), qui n'a pas moins de 3,000 ans, expose les principes qui ont servi de règles aux anciens souverains. Il renferme la base de tout le système religieux et politique de la monarchie chinoise.

en vain, ces enseignements et ces théories précises sur la nature de la divinité, sur la création de l'univers, sur l'origine, les devoirs, la fin de l'homme que l'on rencontre dans toutes les religions. Après deux siècles de controverse, nos sinologues ne sont pas encore fixés sur la signification actuelle du *Tien* chinois. Est-ce le ciel matériel qu'il faut entendre par cette expression, ou l'être suprême et immatériel qui régit le monde, ou plutôt n'existe-t-il pas une si grande confusion, à cet égard, dans les écrits des anciens classiques et de presque tous leurs commentateurs, que la question est vraiment insoluble? Ce qu'il y a de certain, c'est que le Tien, désigné souvent sous le nom de *Ti* (seigneur), *Chang-ti* (seigneur suprême), domine toute la hiérarchie divine et que celle-ci, nombreuse et variable, admet encore dans ses rangs les astres ainsi que les mânes des grands hommes. Les sacrifices que leur rend le culte officiel, en exposant dans leurs temples de riches étoffes, ou des mets élégamment préparés, sont de trois sortes.

Trois sortes de sacrifices.

Le ciel *Tien*, la terre *Ti*, les mânes de tous les empereurs défunts, le dieu des récoltes ont seuls droit aux grands sacrifices; le soleil, la lune, les mânes des souverains appartenant aux premières dynasties, Confucius, les personnages illustres qui ont patronné l'agriculture, inventé et propagé le tissage de la soie, certaines divinités du ciel et de la terre reçoivent ceux du second degré; on accorde ceux du troisième aux mânes des anciens sages, aux génies des nuages, de la pluie, du vent, du tonnerre, des cinq grandes montagnes, des quatre mers et des quatre fleuves, à *Kouan-ti*, le dieu de la guerre, l'un des patrons de la dynastie actuellement régnante, à *Tien-héou*, la reine céleste, à *Kouan-yin*, la déesse juste et miséricordieuse, et à une foule de divinités dont la reconnaissance administrative ou la crédulité populaire ne cessent de grossir la liste ridicule.

MOEURS ET RELIGION 221

En qualité de fils du ciel, l'empereur représente le pontife suprême de la religion d'État, et les mandarins en remplissent les fonctions sacerdotales. Ils doivent assister aux sacrifices en costume officiel et s'y préparer, pendant quelques jours, par des ablutions, des abstinences, une vie chaste et austère. Le *Li-ki* règle les cérémonies que l'empereur seul a le droit d'accomplir avec l'assistance de ses parents ou de ses principaux fonctionnaires, ainsi que les costumes qu'il y doit porter. Le ministère des rites interprète, commente, complète au besoin, suivant les nécessités des temps, les prescriptions du *Li-ki* et la loi porte des peines très-graves contre les téméraires qui oseraient les enfreindre en offrant, eux-mêmes, leurs pieux hommages aux dieux supérieurs. Aux époques des solstices, des équinoxes et des principales phases de la lune, aussi bien que dans les calamités publiques, les premiers magistrats sont tenus d'invoquer certaines divinités de second ordre et spécialement celle dont la cité reconnaît le patronage [1]. Il va sans dire que ce sont là de pures formes et qu'on ne saurait trouver le véritable recueillement dans ces cérémonies de commande auxquelles le peuple n'attacherait, en réalité, nulle importance, si elles n'étaient pour lui de respectables vestiges des vieilles traditions et des occasions, souvent répétées, de réjouissance publique. Quant au gouvernement, il trouve, sans doute, commode et pratique de perpétuer un système qui lui épargne les soucis et les périls contre lesquels il aurait sans cesse à lutter, s'il existait en Chine une caste sacerdotale constituée politiquement.

Li-ki.

Pontifes incrédules d'une religion de parade, la plu- SECTE DES LETTRÉS OU JOU-KIAO.

[1]. Parmi les divinités protectrices des campagnes et des villes, *Tchen-kouang*, qui patronne et surveille l'administration, occupe le premier rang.

part des fonctionnaires chinois professent, par conviction ou au moins par convenance, les préceptes philosophiques du *Jou-kiao*. Le Jou-kiao (corps des savants, secte des lettrés) suit, depuis 1150, les enseignements du célèbre *Tchou-hi*, qui a laissé de profonds commentaires sur les principaux ouvrages des auteurs classiques, entre autres sur les livres de Confucius et de Mencius. Tchou-hi ne nie pas positivement l'existence des dieux et des génies honorés par le polythéisme officiel, mais il admet qu'il n'en existe nulle part, ni dans le monde physique, ni dans le monde moral, de preuves suffisantes. Il est décidément matérialiste et fait dériver, par une théorie analogue au dualisme égyptien [1], tous les êtres dont l'ensemble constitue l'univers, de l'action réciproque des deux pouvoirs, le Yin et le Yang [2], lesquels sont les émanations et comme les instruments du *Ta-ki*, le grand principe universel, parfait, immobile, qui domine toute chose. Suivant son opinion, qui est aussi celle de Confucius, la vertu de l'homme consiste dans l'accomplissement de ses devoirs envers ses parents et ses semblables, nullement dans les actes d'un culte que nous rendons à l'inconnu, et les mérites sont récompensés en ce monde, soit personnellement, soit dans la descendance de l'homme vertueux. Il n'est donc fait mention dans ses livres ni de la rémunération future, ni de l'im-

<small>Tchou-hi.</small>

---

1. Au nombre des divinités inférieures que domine le Dieu éternel, infini, sans nom de la vieille théogonie égyptienne, figurent le *Panmendes* (principe mâle) et l'*Athor* (principe femelle), qui sont les auxiliaires de *Fta*, le dieu générateur.

2. Le *Yang* est parfait, subtil, continuellement actif; le *Yin* est imparfait et sans mouvement. De leur rapprochement naissent les cinq éléments qui constituent l'essence et nécessitent l'influence réciproque de tous les corps. Tous les êtres animés et inanimés, depuis les dieux jusqu'aux minéraux, procèdent, d'après la philosophie, la science et la religion des Chinois, de l'un de ces deux principes. Tout ce qui est bon, beau, fécond, heureux, propice, est *Yang*, mâle. — Tout ce qui est méchant, stérile, funeste, malsain, est *Yin*, femelle.

mortalité de l'âme. Les doctrines de Tchou-hi ont été recueillies et interprétées, d'après les ordres de l'empereur Young-lo et vers le commencement du xve siècle, par une commission de quarante-deux savants qui en composèrent un résumé sous le nom de *Sing-li-ta-tsouen* (philosophie naturelle). Cette philosophie reconnaît le pouvoir et l'influence suprême du *Tien* ou *Chang-ti*; elle croit que le Tien délègue quelquefois une partie de son intelligence à des hommes simples de cœur qui ont reçu, dès leur naissance, avec la science infuse, la noble mission de réformer le monde et, parmi ces êtres privilégiés qu'elle honore sous le nom de *Ching-jin* (hommes saints), elle place au premier rang le grand Confucius qui a de nos jours, dans toute la Chine, des statues, des temples et des autels. Au reste, les enseignements spéculatifs de *Tchou-hi* et de ses commentateurs ne suffisent pas, en général, aux membres du *Jou-kiao*. La plupart de ces hiérophantes hypocrites de la religion naturelle participent, sans pudeur, aux grossières superstitions du vulgaire.

C'est principalement dans les pratiques actuelles des cultes de *Tao* et de *Fo* que se rencontrent la plupart de ces superstitions. — Né 604 ans avant Jésus-Christ, le fondateur du *Tao-kia* (doctrine de la raison) fut un véritable sage. Il s'appelait *Laotze* ou *Laokiun* (vénérable prince). La légende raconte qu'il vint au monde avec des cheveux et des sourcils blancs, après être resté quatre-vingts ans dans le sein de sa mère, et ses disciples le considèrent comme une incarnation de la vertu. Il ne composa qu'un seul traité, le *Tao-te-king* (mémoire sur la raison et la vertu), mais l'un de ses continuateurs, *Tchouang-tze*, a laissé de nombreux écrits qui furent eux-mêmes longuement commentés. *Lao-kiun* vécut dans l'ascétisme et la solitude. Il enseignait que la raison

CULTE DE LA RAISON TAO-KIA.

Laotze.

a une existence propre, indépendante, immortelle; que tous les êtres tirent leur origine de la raison et retournent à la raison dans le sein de laquelle ils viennent s'absorber, les bons immédiatement après leur mort, les méchants après avoir purifié leurs crimes par une série d'expiation successives; que la retraite et la contemplation sont les deux sources véritables du perfectionnement et de la vertu; que la sagesse consiste dans la paix et le repos de l'âme, dans le renoncement perpétuel aux honneurs, aux richesses, aux soucis du monde; que le philosophe ne doit pas, à l'exemple de Confucius et d'autres fameux docteurs, tenir école de sagesse; mais qu'il doit, au contraire, avant d'instruire ses semblables, acquérir cette parfaite connaissance de soi-même, cette inaltérable sérénité, ce profond mépris des choses extérieures, cette bienveillance universelle qui sont les marques infaillibles du vrai mérite. On prétend que, pour mettre complétement en pratique les maximes épicuriennes du maître et pour écarter l'importune idée de la mort qui seule peut troubler la tranquillité parfaite, l'idéal du système, ses disciples songèrent sérieusement à se rendre immortels et qu'ainsi prirent naissance, principalement sous les règnes des dynasties *Han* et *Song*, les incantations magiques, les cérémonies idolâtriques, les pratiques superstitieuses qui ont avili et déshonoré la secte. Elle est représentée aujourd'hui par plusieurs milliers de prêtres imposteurs qui vivent, avec leurs familles, dans de misérables couvents et qui exploitent, par leurs audacieux maléfices, la crédulité populaire. Ils portent une large tonsure au centre de laquelle ils laissent pousser une petite touffe de cheveux, ce qui leur donne un physionomie bizarre propre à effrayer les mauvais génies, et sont vêtus de longues robes brunes. Parmi les divinités sans nombre auxquelles ils rendent hommages, *Yuh-houang-chang-ti* ou *Yuh-ti* qu'ils ont

<small>Corruption de sa doctrine.</small>

placé dans le 33ᵉ ciel et que la secte considère comme le patron de Confucius, occupe le rang suprême. Les premiers disciples de Lao-kiun prenaient le titre de *Tao-sé*, docteurs de la raison. Suivant une de leurs maximes favorites, dans laquelle quelques-uns de nos missionnaires ont voulu voir l'expression défectueuse de leur croyance intuitive dans le mystère de la Trinité : « La » raison a produit *un*, un a produit *deux*, deux a pro- » duit *trois* et trois a produit toute chose. »

De toutes les religions que suit le peuple chinois aucune n'est plus répandue ni plus influente que le boudhisme ou culte de *Fo*. Il fut introduit dans l'empire 65 ans après la naissance du Christ. Un dicton philosophique, répété par Confucius et ses disciples, faisait venir *le saint* des pays d'Occident. L'empereur *Min-ti*, de la dynastie Han, obéissant aux suggestions des prêtres de Tao, envoya des ambassadeurs aux Indes pour l'y chercher. Ils en rapportèrent l'idole du dieu *Fo*, l'une des incarnations de Boudha, la doctrine, le culte et les superstitions boudhiques qui, protégées par le souverain, admettant d'ailleurs, sans difficulté, toutes les divinités du polythéisme officiel, les jongleries des pontifes de Tao, les rêveries politiques et philosophiques des lettrés, eurent, par toute la Chine, une rapide et brillante fortune. Les investigations de la science orientaliste n'ont pas encore réussi à pénétrer complétement le mystère qui entoure la naissance, la vie et la mort du fondateur de cette secte fameuse dont fait actuellement partie plus d'un tiers de l'humanité. S'il faut en croire la légende, il était de vieille et noble race. Son père régnait, mille ans avant l'ère chrétienne, sur une partie de l'Inde. Sa mère l'avait conçu pendant son sommeil en rêvant qu'elle avalait un éléphant, et ce songe serait l'origine du culte que l'on rend, dans une partie

BOUDDHISME
OU
CULTE DE FO.

Boudha.

de l'Inde, au plus grand des animaux. En venant au monde il marchait tout seul, et dès qu'il eut quitté le sein de sa mère, il cria d'une voix forte, montrant d'une main le ciel et de l'autre la terre : « Il n'y a que moi dans le ciel et sur la terre que l'on doive honorer. » On lui donna d'abord le nom de *Savarthasidda*, mais il reçut, pendant sa jeunesse, celui de *Sakia-sinha* ou de *Sakia-Mouni* (le lion ou le dévot de la race Sakia) et ses disciples lui décernèrent, un peu avant sa mort, le titre honorifique de *Boudha* qui représente la raison parfaite et la suprême intelligence. Dans sa 18e année, il avait épousé trois femmes. Deux ans plus tard, il les répudia et quitta entièrement le monde pour la retraite, l'étude et l'enseignement. Sa doctrine, très supérieure à la philosophie religieuse des brahmanes, fit bientôt de grands progrès. A 29 ans, il visita les lieux saints du désert et convertit les habitants du Kachemire. Ayant atteint sa 79e année, il établit sa demeure entre les branches d'un grand arbre fort touffu, y passa deux mois et demi, absorbé dans la plus silencieuse méditation, et mourut après avoir prononcé cette désolante maxime qui fut le couronnement de son édifice religieux et le dernier mot de son système : « Apprenez que le néant » est le principe et la fin de toute chose ; que l'homme » sort du néant et y retourne ; que le néant doit être le » but unique de ses efforts et de ses espérances. »

Culte extérieur. Les préceptes du maître furent recueillis dans le *Khagiour* (commandements) qui compte 108 volumes rédigés en langue sanscrite. Ils comportent, en réalité, deux systèmes : l'un que l'on peut considérer comme la forme extérieure et vulgaire du boudhisme ; l'autre qui représente la croyance intime des initiés. Le premier défend le meurtre de toute créature vivante, le vol, l'impureté, le mensonge, l'usage des liqueurs enivrantes; il enseigne que le dieu *Fo* est venu au monde pour sauver les hommes, expier leurs fautes, les ramener à la vertu, et que, pour accomplir sa mission divine, il a subi, depuis le commencement des siècles, plus de huit mille incarnations dans les corps de différents animaux; que les mérites ou les crimes des hommes sont récompensés, après leur mort, par de suprêmes béatitudes ou punis, soit par des châtiments dont la description est effroyable, soit par de successives transmigrations, mais que l'on peut, dès cette vie, racheter ses fautes par des aumônes, des prières, des services rendus à la société ou aux prêtres de Boudha, principalement par la fréquente répétition de certaines formules incompréhensibles, purement phonétiques, où domine l'expression *o-mi-ti, o-mi-ti-fou*[1] et auxquelles sont attachées des indulgences. Les plus efficaces de ces formules rédemptrices sont tarifées et les pénitents les font réciter par les prêtres, à tant de la centaine ou du millier. Il est difficile de ne point remarquer, en passant, les étranges similitudes qui rapprochent cet usage bizarre et d'autres pratiques du boudhisme de certaines observances extérieures du culte catholique. Nos missionnaires et tous les voyageurs européens qui ont visité la Chine, en ont fait spontanément l'observation, sans en pouvoir expliquer l'origine. La forme des autels que renferment les temples dédiés au dieu *Fo*, à ses incarnations ou à ses satellites, le ton et la mesure des chants qu'on y célèbre, le costume et l'attitude des officiants, la coupe des vêtements sacerdotaux, la vie commune des moines et des nonnes boudhistes dans de vastes monastères enrichis par la candide piété des fidèles, leurs règlements disciplinaires et hiérarchiques, les hommages universellement rendus, surtout par les marins, à la vierge *Kouan-yin* (mère du ciel, mère de miséricorde), rappellent,

---

[1]. On suppose que c'est le nom d'une des incarnations les plus célèbres et les plus vénérées du dieu Boudha.

par de singulières analogies, le rit et le dogme romains. Toutes les provinces de la Chine renferment un grand nombre de couvents boudhistes dont quelques-uns possèdent des biens-fonds très-étendus et de vastes bibliothèques. Les dévots y honorent particulièrement, outre *Kouan-yin* (la déesse juste, miséricordieuse, toute-puissante) et *Ta-mo*, l'apôtre de la Chine, *Ti-tsang*, roi des enfers, les dix-huit *Louo-han* qui furent les plus illustres disciples du maître; enfin, la trinité boudhique, représentée par trois statues semblables, accroupies sur des fleurs de lotus, et comprenant: *O-mi-ti-fo* (le premier Boudha), *Ça-kia* (fondateur de la religion), *Mi-lo-fo* (le Boudha futur, celui dont l'avénement est attendu).

Divinités boudhiques.

Les moines auxquels on donne le nom de *bonzes* ont la tête entièrement rasée et portent une robe flottante de couleur grise. Ils font vœu de célibat et de pauvreté et ne peuvent manger que des végétaux. La culture de leurs terres; la vente des amulettes, des charmes, des formules; les honoraires qu'ils reçoivent pour la récitation de ces formules; les consultations qu'on leur demande; les cérémonies des funérailles, ou les rites qu'ils accomplissent dans l'intérieur des familles pour toutes les grandes circonstances de la vie; les aumônes qu'ils obtiennent ou qu'ils extorquent, assurent leurs moyens d'existence. Ils se recrutent en recueillant des orphelins ou en achetant de jeunes garçons. On a vu des personnages revenus des vanités, ou accablés des soucis du monde, se confondre dans leurs rangs. L'estime publique leur est généralement refusée parce qu'on les croit coupables d'abominables souillures et que leur profession les exempte de tout labeur physique, ainsi que de l'honorable responsabilité des devoirs filiaux. Les nonnes ne jouissent pas en général d'une plus grande considération, ni d'une réputation meilleure. Elles portent le même costume que les hommes et pro-

Couvents boudhiques.

noncent les mêmes vœux, mais n'y sont pas admises avant leur 17ᵉ année, bien qu'elles puissent, dès leur plus bas âge, revêtir la robe grise du couvent. Leur devoir est d'instruire et d'aider les pauvres. Quelques-unes se sont illustrées par leurs vertus et leur savoir. Elles sont très nombreuses, très intrigantes et savent, à merveille, s'affilier dans le monde de jeunes femmes riches et de bonne famille qui, devenues veuves, enrichissent leurs communautés.

Humbles et méprisés dans la Chine proprement dite où le gouvernement tolère simplement leur culte sans lui reconnaître aucune importance officielle, les prêtres boudhistes constituent, en Mongolie et au Thibet, une puissante hiérarchie civilement et politiquement organisée ; c'est le *chamanisme* ou plutôt la *secte jaune* (Houang-Kiao) qui emprunte son nom à la couleur de son costume, dont les pontifes s'appellent lamas et dont le chef suprême le *dalaï-lama*, incarnation vivante du dieu Boudha, habite Lassa (voir page 140), capitale du Thibet, où il occupe un palais magnifique. Comme les bonzes chinois, les lamas mongols et thibétains font vœu de sobriété, de modestie, de sincérité, de pauvreté, de chasteté et d'ignorance, et n'en sont pas moins sensuels, orgueilleux, fourbes, riches, licencieux et fort adonnés à l'étude des sciences dont la pratique peut accroître leur opulence et leur autorité. Ils exercent une influence absolue, par leurs innombrables maléfices, sur les populations grossières et superstitieuses des vastes pays où ils résident. Témoin de leurs merveilleux et incroyables sortiléges, un de nos célèbres voyageurs, le père Huc, n'hésite point à y voir l'action directe du diable. Depuis plusieurs siècles, les empereurs du Milieu partagent avec la secte jaune, dans la Tartarie et au Thibet, le pouvoir qu'ils ne pourraient exercer sans son concours. Les fonctionnaires chinois traitent partout,

Chamanisme.

avec déférence et considération, ses principaux ministres et ne négligent, toutefois, aucune occasion d'entretenir parmi eux des rivalités intestines qui affaiblissent leur prestige au profit de l'autorité impériale.

Doctrine intime. — Dégagée des pratiques grossières si universellement répandues dans la Chine, les Indes, la Tartarie et le Japon, la doctrine de Boudha renferme un système dont le sens philosophique et abstrait échappe nécessairement au vulgaire. Les initiés à la pensée intime du maître croient que le monde matériel (*San-sara*) n'est qu'une illusion de nos sens, et qu'il faut en détacher nos âmes, par la contemplation immobile, constante, silencieuse des mérites infinis de l'être invisible et immatériel qui gouverne l'univers ; que le sage parvient, au moyen de cette contemplation, à se pénétrer successivement et si complétement de l'essence divine qu'il y est comme absorbé par sa mort qui le réunit pour toujours à Boudha dans le sein du Nirvana, l'éternel repos. De tels enseignements, enfantés par les mystiques rêveries du philosophe indien, s'accordaient mal avec les habitudes actives, laborieuses et policées du peuple chinois. Un des plus célèbres disciples de Confucius, le grand mandarin *Poeï-gueï*, signala officiellement les périls qu'ils feraient courir au commerce, à l'industrie, au gouvernement comme aux relations les plus utiles et les plus sacrées de la vie sociale. Depuis le xive siècle de notre ère, les patriarches de la religion boudhique ne résident plus en Chine où ils portaient le titre de princes de la doctrine. Ils ont fixé leur résidence au Thibet et pris, comme nous l'avons vu plus haut, le nom de dalaï-lama (prêtre de la mer). Les moines boudhistes s'appellent, à Siam, *talapoins* et *rahânen* chez les Birmans.

Islamisme. — Dès le second siècle de l'hégire, sous le règne de la dynastie des *Tang*, la religion de Mahomet, propagée, soit par les voyageurs arabes, soit plutôt par les fréquentes relations de l'Arabie et de la Perse avec le Turkestan, s'introduisit dans l'empire. La Chine propre ne compte guère plus de 500,000 sectateurs de l'Islam, mais on en trouve un grand nombre en Mongolie, où ils forment, principalement dans les grandes villes de l'Ili, une population industrieuse et indisciplinée. Il est peu de grandes cités des dix-huit provinces qui ne renferment un ou deux temples dédiés au culte du prophète. Péking en possède jusqu'à 24. Les mahométans chinois sont particulièrement nombreux dans le You-nan, le Kouang-toung, le Chen-si, le Chan-si, le Ho-nan et ils tiennent perpétuellement en éveil, par leurs mœurs fières et turbulentes, la vigilance des autorités. Ils se divisent en trois castes qui se distinguent par la couleur de leurs turbans. Les plus zélés font tous les ans le pèlerinage de la Mecque. On sait qu'ils pratiquent les cérémonies officielles du culte de Confucius et que plusieurs d'entre eux remplissent des fonctions administratives.

Moins nombreux, plus humbles et plus soumis que les mahométans, les Juifs constituent plutôt en Chine une communauté qu'une véritable secte. C'est principalement dans le Ho-nan qu'ils ont établi leur résidence. Ils possèdent à Kaï-foung, capitale de la province, une curieuse synagogue où, craintifs et prudents comme tous leurs coreligionnaires, ils ont voulu témoigner, par les signes extérieurs qui la décorent, de leur respect pour les coutumes nationales, sans manquer aux prescriptions de la loi. Elle renferme une salle des ancêtres dans laquelle sont placées des inscriptions funéraires dédiées à la mémoires des patriarches et des prophètes, le trône de Moïse, le livre de la loi, des sen- JUDAISME.

tences hébraïques empruntées au texte des dix commandements, et la tablette impériale que la législation chinoise impose à tous les établissements religieux, mais sur laquelle se trouve écrite en hébreu la maxime suivante qui met à l'aise la conscience du fondateur : « Écoute, ô Israël, notre Dieu est un Dieu unique. » Les Juifs de Kaï-foung officient dans leur temple à l'époque des solstices, suivant le rit chinois, mais ils observent la circoncision, la pâque, le sabbat, la fête des Tabernacles et ne s'inclinent que devant une idole, celle de Confucius. La doctrine qu'ils professent admet le ciel, l'enfer et la résurrection des morts. Ils ne se marient qu'entre eux. On sait qu'ils possèdent le texte hébraïque des livres saints, mais on ignore absolument l'époque de leur arrivée dans l'empire.

CHRISTIANISME.

Origines du christianisme chinois.

Nestorianisme.

S'il était vrai, selon la tradition syriaque, que saint Thomas eût porté l'Évangile jusqu'aux régions de l'extrême Orient, aucun vestige de ses travaux apostoliques ne se serait conservé en Chine. Il paraîtrait toutefois que ses successeurs y auraient obtenu des succès plus durables, puisque le Numide *Arnobius*, qui écrivit au IIIe siècle, fait mention, dans son apologie de la foi chrétienne, des nombreux adeptes qu'elle avait parmi les Seres[1], les Perses et les Mèdes. Au moins semble-t-il certain, d'après les témoignages de plusieurs auteurs du VIIe siècle, la curieuse narration des deux voyageurs arabes et les récits authentiques du Vénitien Marc-Paul, que la doctrine de l'Église nestorienne[2] s'est introduite dans les provinces orientales de l'empire, vers le commencement du VIe siècle; que cette Église a fondé, en

---

1. Les Romains donnaient le nom de Seres aux régions les plus éloignées de l'Asie orientale.

2. Nestorius, patriarche de Constantinople sous Théodore le Jeune, en 428, niait l'union hypostatique du verbe avec la nature humaine et distinguait en Jésus-Christ deux personnes comme deux natures.

Chine, un siége métropolitain relevant du patriarche de Syrie; qu'elle y devint si prospère, sous la protection hautement avouée des premiers souverains de la dynastie Tang, qu'en 845, l'empereur Vou-tsoung, redoutant son influence politique, fit rentrer, d'un seul coup, trois mille de ses prêtres dans la vie privée; qu'après avoir souffert de cruelles épreuves, à l'époque des conquêtes de Gengis-khan et des troubles sans fin qui en furent la suite, elle reprit courage et faveur au xive siècle, sous les Youen; qu'affaiblie par les luttes qu'elle eut à soutenir, un peu plus tard, contre les mahométans, les lettrés et les catholiques, discréditée, dans l'esprit des premiers *Ming*, par les sévères critiques des nouveaux sages de l'Occident et par ses propres observances auxquelles s'étaient mêlées, depuis plusieurs siècles déjà, les superstitions nationales, elle disparut de l'empire, vers le xve siècle, après y être restée plus de huit cents ans. En 1625, les missionnaires catholiques découvrirent à *Si-ngan-fou*, capitale du Chen-si, un curieux monument de cette antique splendeur, aujourd'hui complétement effacée. C'est une table de pierre qui porte une inscription chinoise, dont l'auteur, *Liou-siou-yen*, conseiller aulique, a voulu célébrer l'illustration de l'Église *Ta-tsin* et perpétuer la mémoire de ses bienfaiteurs. Une longue préface la précède. Elle a été écrite par le prêtre *King-tsing*, du culte de Ta-tsin (culte de la Judée), et renferme un résumé de la doctrine, des devoirs sacerdotaux, des travaux et des succès de la mission. Dans le style vague, emphatique, imagé de la phraséologie chinoise, King-tsing définit ou expose l'essence de la divinité; — l'excellence de l'homme primitif; — les ruses de Satan qui amenèrent sa chute ainsi que les corruptions de l'idolâtrie; — la nécessité de la rédemption et la naissance du Christ dans le sein d'une vierge; — l'adoration des mages; — la mort

<small>Inscription de Si-ngan-fou.</small>

vaincue, le monde sauvé, la civilisation régénérée par les nouveaux dogmes sacrés et mystérieux dont la croix est l'emblème, et qui enseignent la miséricorde, l'égalité des hommes, la protection du faible et du pauvre ; — le repos du septième jour ; — l'utilité de l'enseignement religieux et de la mission du prêtre ; — la célèbre entreprise du pontife *Olopoun*, qui est venu de Judée apporter la vraie religion aux Chinois ; — les faveurs dont le combla l'empereur *Taï-tsong*, qui examina lui-même sa doctrine et en fit sanctionner l'exercice par un décret ; — la protection dont elle fut honorée par ses successeurs et la merveilleuse réputation qu'elle acquit au pays de Judée ; — les poursuites douloureuses suscitées, à la fin du VIIe siècle, par les intrigues des boudhistes et des lettrés, et la glorieuse résistance des prêtres ; — les nouveaux bienfaits qu'ils reçurent des empereurs *Hiouen-tsoung*, *Tien-pao*, *Su-tsoung*, *Taï-tsoung* et *Kien-tchoung* ; — les travaux, la science et les succès du pontife *Isaac* ; — enfin, les éminents services rendus à la cause sacrée par le grand mandarin *Kouo-tze*, et la résolution de commémorer, par l'érection d'un monument, tous ces actes illustres, ces noms fameux et ces bienfaits. Les deux inscriptions dont la pierre de Si-ngan-fou est revêtue portent la date de 781. Attribuées d'abord par les jésuites aux premiers missionnaires catholiques, elles ont été depuis l'objet d'un sérieux examen, et on s'accorde généralement aujourd'hui à y voir l'œuvre authentique de l'un des apôtres de la foi nestorienne.

Catholicisme. *Koublaï-khan*, fondateur de la dynastie des Youen, occupait le trône impérial lorsque eurent lieu, en Chine, les brillants débuts de la propagande catholique. Pour être plus clair et plus bref, nous exposerons, par ordre de dates, les principaux faits qui l'ont signalée depuis cette époque jusqu'à nos jours.

1282 : Jean de Monte-Corvino, envoyé du pape Nicolas IV, arrive en Chine par caravane, après être resté un an aux Indes. Bien accueilli par le khan, il lutte avec avantage contre l'influence nestorienne, bâtit une église et une belle tour renfermant trois grosses cloches, baptise 6,000 personnes, achète 150 enfants qu'il instruit dans les langues grecque et latine, compose plusieurs traités pour perfectionner ses élèves et répandre la vraie religion. Le pape Clément VIII le nomme archevêque et lui adjoint sept suffragants. L'un d'eux, *Nicolas de Bentro*, lui succède, en 1336, sur le siége archiépiscopal et reçoit, bientôt après, l'assistance de 26 nouveaux missionnaires. Il est moins heureux ou moins habile que son illustre prédécesseur. Soit qu'il ne sache point continuer l'œuvre de Corvino, soit plutôt que la propagande catholique eût fait, jusqu'alors, des prosélytes parmi les Tartares qui entouraient le trône, sans prendre pied sur le sol chinois, elle disparaît de Péking avec les descendants de Koublaï et, pendant deux siècles, on n'en retrouve aucune trace dans les annales historiques de l'empire. Repoussée par le gouvernement indigène, discréditée par les négociants espagnols et portugais qui en redoutaient justement le sévère contrôle, elle renaîtra cependant, vers la fin du XVIe siècle, plus persévérante et plus adroite, sous l'infatigable direction de l'ordre des jésuites.

1552 : Stérile tentative de *François-Xavier*. Il quitte les Indes avec le Portugais Pereyra, chargé d'une mission officielle pour la Chine. Les intrigues du gouverneur de Malacca prolongent, dans cette ville, le séjour de l'ambassade, malgré les saintes impatiences de Xavier. Il continue seul son voyage. Ses forces trahissent son zèle. Jeté par la tempête sur les côtes de la petite île *Santchouen* (Saint-Jean), près de Macao, il y meurt avant d'avoir mis le pied sur le sol continental de l'empire.

Premières tentatives des jésuites.

Ricci.

Paul Siu et sa fille Candide.

1579 : Les jésuites *Ruggiero*, *Paccio* et *Ricci* débarquent successivement en Chine. Ricci s'illustre par son incroyable habileté, son admirable patience et ses infatigables travaux. Aucune difficulté ne le rebute. Il renouvelle ses tentatives jusqu'à ce qu'elles réussissent et tourne tous les obstacles pour en triompher. Ses laborieuses étapes le conduisent successivement à Chao-tchéou-fou (dans le Kouang-tong) ; à Nan-tchang, capitale du Kiang-si ; à Sou-tchéou, capitale du Kiang-nan ; à Nan-king, qui l'avait déjà repoussé et où ses leçons sur l'astronomie, la physique, la religion furent écoutées, cette fois, avec ravissement ; à Lin-tsing-tchéou, l'une des grandes villes du Pe-tchy-li ; à Péking, où il arrive précédé d'une réputation immense. L'empereur Van-lieh l'accueille avec empressement, ainsi que son compagnon Diego Pantoja, l'autorise à s'établir dans la capitale et lui accorde une pension sur le trésor. La faveur du souverain accroît l'éclat de ses succès et le nombre de ses disciples. L'un d'eux, le mandarin *Siu*, qui remplissait des fonctions importantes, se fait baptiser ainsi que sa fille ; ils reçoivent les noms chrétiens de *Paul* et de *Candide*, et deviennent les plus fervents adeptes de la nouvelle doctrine. Unissant leurs efforts pour instruire et secourir le peuple, ils impriment cent trente traités sur le catholicisme, corrigent ceux que Ricci a déjà publiés, afin d'en rendre le style plus clair et la phraséologie plus classique, répandent d'abondantes aumônes, fondent 39 églises et un hôpital pour les enfants trouvés. Le souvenir de leurs bienfaits et de leurs vertus s'est perpétué jusqu'à nos jours. Candide fut honorée de son vivant, par un décret impérial, du titre de *Cho-jen* (femme vertueuse), et la reconnaissance des habitants de Shang-haï, où elle résidait, l'a placée, ainsi que son père, au rang des divinités tutélaires de la cité. La séduction du langage de Ricci, le charme de ses manières étaient irrésistibles; il n'avait qu'à parler pour convaincre. Mais on lui a reproché, non sans raison, de s'être montré trop indulgent pour ses convertis. Il est certain qu'en permettant la pratique du culte des ancêtres et de Confucius aux nouveaux chrétiens sous le prétexte qu'ils étaient censés accomplir, toutes les fois qu'ils les honoraient, un rit purement civil, il prépara, par excès de prudence et pour n'avoir point voulu offenser les antiques convictions sur lesquelle repose en partie l'édifice politique de l'empire, la ruine de l'œuvre à laquelle il avait consacré sa vie. Ce grand homme s'éteignit, à 80 ans, sans soupçonner les tristes dissentiments et les rivalités funestes qui devaient livrer ses successeurs aux tempêtes de la persécution.

Tolérance des jésuites.

1617 : Les grands fonctionnaires de l'empire prennent ombrage du crédit dont jouit la nouvelle secte et suscitent contre elle un édit impérial qui expulse les jésuites de la capitale et les bannit à Canton. Ces derniers font tête à l'orage avec prudence et fermeté. Ils temporisent et l'influence de Paul *Siu* obtient la révocation de l'édit. A cette époque, ils avaient déjà livré à la publicité plus de 340 ouvrages sur la doctrine chrétienne, l'astronomie, les mathématiques; la mission de Péking s'était agrandie et les principaux ordres religieux de l'Europe, éblouis par sa renommée, songeaient à lui envoyer des renforts.

Premier édit de persécution.

1631 : Arrivée au Fo-kien des dominicains espagnols qui viennent y jeter les fondements d'une mission nouvelle. L'un d'eux, le père *Morales*, s'élève publiquement contre la tolérance accordée par Ricci aux pratiques idolâtriques du culte des ancêtres. Sa protestation retentit jusqu'à Rome. Il s'y rendit lui-même un peu plus tard pour l'appuyer de son crédit et de sa fougueuse éloquence.

Morales.

Progrès du catholicisme.

1644-1666 : A la faveur des tragiques circonstances qui signalèrent la chute de la dynastie *Ming*, l'avènement de la race actuelle des *Tsing* et la lutte sanglante que soutinrent, au sud de l'empire, les partisans des deux familles, la propagande catholique fit de merveilleux progrès. Tandis qu'à Péking, le jésuite *Shaal*, l'un des plus anciens protégés de Paul Siu, devient le favori du nouvel empereur mandchou et de ses premiers ministres, reçoit l'honorable mission de réformer les erreurs du calendrier chinois, est successivement nommé président du *Kin-tien-kien* (académie astronomique), tuteur du prince héritier, fonctionnaire de première classe et prête avez zèle, à l'œuvre commune, le puissant appui de son influence; tandis que, secondé par l'habile concours du célèbre *Fabre* qui acquiert, au Chen-si, la réputation d'un saint, il élève des temples et convertit en foule les païens ; — d'autres missionnaires, fidèles au malheur, accompagnent, dans leur fuite, la mère, la femme, le fils du dernier souverain de la dynastie déchue; les baptisent sous les nom d'Hélène, de Marie et de Constantin; sollicitent pour eux, par un message autographe de l'impératrice mère, l'appui du pape Alexandre VII ; les encouragent et les consolent; mettent deux généraux chrétiens *Thomas Kiou* et *Luc Tchin* à la tête de leurs armées; restent aux côtés du jeune empereur Toung-Lié, jusqu'à sa mort, et jettent ainsi les semences de la foi chrétienne dans les âpres régions qui bordent les deux Kouang, les deux Hou et le Fo-kien.

Shaal.

Fabre.

Fidélité des missionnaires à la dynastie Ming.

Persécution sous la régence.

1666 : La mort de l'empereur *Chouenn-tché*, fondateur de la dynastie mandchoue, vient interrompre cette ère de prospérité. Les discussions des missionnaires au sujet du culte des ancêtres et sur les véritables significations qu'il convient d'attribuer aux mots *Tien* et *Chang-ti* (voir page 220) avaient eu du retentissement et jeté beaucoup de discrédit, à Péking, sur la doctrine des jésuites. Leurs rivaux en prirent avantage pour perdre *Shaal* et ses compagnons dans l'esprit des quatre régents qui gouvernaient durant la minorité de Kang-hi. Il fut décrété qu'ils méritaient les châtiments dus aux imposteurs qui prêchent aux peuples de fausses et pernicieuses maximes. Dégradé et proscrit, le célèbre jésuite allemand mourut de chagrin l'année suivante, à l'âge de 78 ans; vingt-deux missionnaires furent bannis de la Chine, l'un d'eux périt en prison.

1662-1723 : Habile à choisir et à mettre en œuvre les instruments de sa gloire, prompt à les briser du moment qu'ils pouvaient nuire à sa toute puissance, *Kang-hi*, le pupille de Shaal, favorise et persécute, tour à tour, les missions catholiques. On délivre les jésuites qui languissaient dans les prisons de Péking et on rappelle les exilés. *Verbiest* ayant soumis respectueusement à l'attention du souverain les récentes erreurs des astronomes officiels, hérite du titre, des honneurs et des emplois qui avaient été accordés à l'illustre Shaal. Activement secondé par ses compagnons, il détermine les principaux points géographiques de l'empire, mesure les distances, dirige la négociation qui fixe les communes frontières de la Chine et de la Russie, fabrique plus de quatre cents pièces d'artillerie qu'il baptise en grande pompe et le gouvernement récompense ses zélés services en décrétant, d'après l'inspiration de l'empereur, le célèbre édit de tolérance dont la teneur suit : *Faveur accordée par Kang-hi aux missions.*

« Moi, votre sujet, Cou-pa-taï, premier président du *Édit de tolérance.*
» ministère des rites, etc., etc... je présente avec res-
» pect cette requête à Votre Majesté pour obéir hum-
» blement à ses ordres. »

« Nous avons délibéré, moi et mes assesseurs, sur
» l'affaire qu'Elle nous a communiquée et nous avons
» trouvé que ces Européens ont traversé de vastes mers

» et sont venus des extrémités de la terre, attirés par
» votre haute sagesse et par cette incomparable vertu
» qui charme tous les peuples et les tient dans le devoir.
» Ils ont présentement l'intendance de l'observatoire et
» du tribunal des mathématiques ; ils se sont appliqués,
» avec beaucoup de soin, à construire des machines de
» guerre et à faire fondre des canons. Quand on les a
» envoyés à Nipchou, avec nos ambassadeurs, pour y
» traiter de la paix avec les Moscovites, ils ont trouvé
» moyen de faire réussir cette négociation. Enfin ils ont
» rendu de grands services à l'empire. On n'a jamais
» accusé les Européens qui sont dans les provinces
» d'avoir fait aucun mal, ni d'avoir commis aucun dé-
» sordre. La doctrine qu'ils enseignent n'est point mau-
» vaise, ni capable de séduire le peuple et de causer des
» troubles. L'on permet à tout le monde d'aller dans les
» temples des lamas, de Boudha et de Fô et l'on défend
» d'aller dans les églises des Européens qui ne font rien
» de contraire aux lois : cela ne paraît pas raisonnable.
» Il faut donc laisser toutes les églises de l'empire dans
» l'état où elles étaient auparavant et permettre à tout
» le monde d'aller adorer Dieu sans inquiéter doréna-
» vant personne. Nous attendons l'ordre de Votre Ma-
» jesté pour faire exécuter le présent édit. »

Dissentiments entre les missionnaires.

Les bienveillantes dispositions dont cet édit témoignait si hautement à la face de l'empire, eussent assuré sans nul doute, par toute la Chine, sous un maître comme Kang-hi, le triomphe éclatant du christianisme, si l'empereur n'avait pris bientôt ombrage de la querelle déplorable qui divisait alors les missionnaires. Notre cadre est trop restreint pour que nous puissions en tracer, dans ce chapitre, le curieux et triste récit. Il nous suffira d'en indiquer les phases principales. En

Sentences du saint-siège.

1645, Innocent X confirme le jugement par lequel la sacrée propagande, approuvant l'opinion du dominicain

Morales, avait interdit, comme idolâtriques, les rites du culte des ancêtres. Onze ans plus tard, l'influence des Jésuites et principalement les habiles manœuvres du R. P. Martinez réussissent à modifier les sentiments de l'inquisition et obtiennent du pape Alexandre VII une nouvelle sentence qui, sans contredire formellement la décision de son prédécesseur, admet que, dans certaines conditions, l'accomplissement de ces rites peut être envisagé comme un acte purement civil; en sorte que les missionnaires se trouvent en présence de deux interprétations différentes, très-peu propres assurément à terminer la controverse qu'il eût fallu trancher, dès l'origine, par un arrêt irrévocable. Sur le point d'adopter un compromis à Canton où la persécution des quatre régents les avait exilés et réunis en 1665, ils se séparent bientôt à l'instigation du fougueux *Navarette*, plus ardents et plus divisés que jamais. Les jésuites tiennent naturellement pour l'opinion d'Alexandre, tandis que leurs rivaux, les dominicains, les franciscains, les prêtres des missions étrangères [1], adhèrent uniquement à l'opinion du pape Innocent X. Vers la fin du xviie siècle, le saint-siége, désirant organiser la propagande religieuse dans les régions païennes, la régler et la fortifier par la centralisation, avait institué des vicaires apostoliques auxquels il confiait, en même temps que les fonctions épiscopales, le soin d'exercer, sur les chrétiens d'un même royaume ou d'une même province, le salutaire contrôle d'une direction unique et d'une commune autorité. L'un de ces nouveaux prélats, appartenant à l'ordre des Missions étrangères, *Mgr Maigrot*, évêque de Conon, successeur, au Fokien, de François Pallu, évê-

---

[1]. La formation d'un clergé indigène qui pût seconder efficacement nos missionnaires, par ses connaissances pratiques des hommes et des mœurs et son influence locale, fut le principal but de la nouvelle institution des missions étrangères.

que d'Héliopolis, se signale, dès le début de son administration, par l'inflexibilité de sa doctrine et la verve acrimonieuse de ses critiques contre les tolérances matérialistes des missionnaires établis à Péking. Ceux-ci espèrent trancher le débat en appelant l'attention de l'empereur sur les deux principaux points de la controverse, et en faisant part au saint-siége de sa décision souveraine. Kang-hi répondit que « Tien signifie le vrai » Dieu et que les usages chinois sont, avant tout, des » actes politiques; » mais la cause gagnée à Péking était déjà perdue à Rome. Clément XI avait approuvé, en 1704, les opinions de Mgr Maigrot, et Tournon, revêtu des fonctions de légat apostolique, promu, bientôt après, au cardinalat, venait d'être envoyé en Chine pour en assurer le triomphe. Chassé de Péking où Kang-hi refusa de lui donner audience, menacé de l'excommunication par l'évêque de Macao, qui voulait ainsi faire sa cour au gouvernement chinois, gardé à vue par des soldats, réduit à protester, près du vice-roi des Deux-Kouang, contre les indignes violences de son inférieur ecclésiastique, le cardinal de Tournon mourut dans sa prison l'année suivante. Il avait, avant de quitter Péking, interdit formellement, au nom du saint-siége, comme superstitieuses et idolâtriques, les cérémonies tolérées par les jésuites, mais l'empereur avait immédiatement protesté contre cet acte hardi qui compromettait son autorité. Un décret, publié par son ordre en 1706, renouvelé en 1718, prononçait la peine de l'exil contre tous les missionnaires qui ne recevraient pas l'autorisation écrite de rester en Chine et déclarait que cette autorisation serait refusée aux disciples du Père Maigrot. Rome ayant formulé son arrêt souverain, et la mission conciliatrice de Mezzabarba, envoyé en 1715 pour fléchir l'empereur, n'ayant pas réussi, la guerre se trouva nettement déclarée. Elle éclata au moment où le christianisme était partout en voie de merveilleux progrès. On comptait cent églises et plus de cent mille convertis dans les Deux-Kouang. Kang-hi venait de confier à des missionnaires, placés sous la direction des Pères *Régis*, *Bouvet* et *Gartoux*, la confection d'une carte générale de l'empire. Il rappela successivement à Péking tous ceux dont son gouvernement pouvait utiliser les connaissances spéciales, et laissa, vers la fin de son règne, la persécution sévir dans les provinces. Persécutions sous Kang-hi.

1723-1820 : Elle fut parfois sanglante pendant le règne de ses successeurs. En 1724, *Yong-tching*, le fils du grand Kang-hi, fait publier un édit rigoureux contre la doctrine du Seigneur du ciel : Tien-tchou-kiao (ce sont les termes qui désignent, en Chine, le christianisme, ses ministres et ses sectateurs). Les missionnaires, poursuivis par les autorités provinciales, quittent leurs résidences et se réfugient à Canton; mais la plupart parviennent à rejoindre secrètement leurs églises. Armé de la législation déjà en vigueur, *Kien-long* emploie contre eux les supplices. — 1747 : Cinq dominicains, parmi lesquels se trouve un évêque, Mgr de Mauricastre, sont décapités au Fokien, et les chrétiens du Se-tchouen accusés, comme on accuse souvent de nos jours leurs coreligionnaires, de tramer une conspiration contre le trône en faveur de la dynastie déchue, sont décapités par le glaive des bourreaux ou ruinés par les exactions de la justice. Cette calomnieuse imputation, favorablement accueillie par le sombre et soupçonneux Kia-king, devient, en 1811, une cause de persécution générale. Sur un rapport du censeur *Kan-kia-pin*, et d'après l'avis motivé du ministère des châtiments, il sanctionne un nouveau décret plus cruellement absolu et plus ponctuellement obéi que les précédents. On ne conserve à Pékin que trois missionnaires gardés à vue dans leur prison scientifique. Mgr de Ta- Sous Yong-tching

Sous Kien-long.

Sous Kia-king.

braca, vicaire apostolique du Se-tchouen, et un grand nombre de prêtres indigènes sont torturés et mis à mort; les séminaires, les écoles, les hôpitaux, fondés dans plusieurs provinces de l'empire, sont pillés et brûlés; le gouverneur du Se-tchouen, Tchang-ming, s'illustre par la rage impitoyable qu'il déploie incessamment contre les disciples du Tien-tchou-kiao; quelques-uns confessent leur foi dans les supplices, mais ils ne forment bientôt plus dans toute la Chine qu'un troupeau timide et dispersé.

Édit de Kia-king. L'édit de Kia-king, refondu plusieurs fois pendant son règne, fut inséré au code pénal de l'empire, où il a figuré successivement parmi les peines édictées contre les voleurs et les lois qui prohibent les doctrines impures. Il punit de la strangulation les missionnaires et leurs catéchistes, de l'exil et de la grande cangue tous les chrétiens indigènes qui ne veulent pas renier leur croyance, et interdit aux Européens le droit d'acquérir des immeubles sur le territoire de l'empire. En lisant la traduction suivante du texte qu'en donne la dernière édition des codes, on se demande s'il faut voir dans la tolérance accordée, depuis quarante ans, au culte catholique par la plupart des fonctionnaires chinois, un témoignage accusateur de leur négligence administrative, ou si elle n'est pas plutôt une curieuse preuve de leur habile et discrète prudence.

« Concernant la prohibition de la magie. — Loi du
» ministère des crimes.

» Les Européens qui propagent, en Chine, la religion
» chrétienne, qui impriment des livres de leur autorité
» privée, qui rassemblent et exhortent la multitude, et
» les Chinois qui agissent de concert avec eux, profes-
» sent et propagent leur doctrine et trompent le peuple
» en lui imposant des noms de leur secte, devront, aus-
» sitôt qu'ils auront été mis en état d'arrestation et qu'il

» sera véritablement prouvé qu'ils sont les chefs de
» cette secte, être immédiatement condamnés à la
» strangulation. Ceux qui n'ont converti qu'un petit
» nombre d'hommes et n'ont point donné à leurs con-
» vertis des noms de leur secte, seront emprisonnés en
» attendant leur jugement.

» Pour ceux qui auraient seulement embrassé la reli-
» gion chrétienne, mais ne la voudraient pas abandon-
» ner, ils seront envoyés dans les villes des Turcs pour
» y être esclaves des princes turcs et chinois, et leurs
» noms seront rayés de la liste des populations chi-
» noises.

» Ceux qui auront répandu des doctrines perverses
» et contraires à la raison, ce qui est un acte très-dom-
» mageable, et ceux qui, faisant usage d'inscriptions et
» de discours, auront séduit et violé les femmes, ou ar-
» raché les yeux des malades, ou commis quelque autre
» action perverse de ce genre, seront punis selon la gra-
» vité de leur crime.

» Mais, si ceux qui professent le christianisme vien-
» nent spontanément trouver le magistrat et renient
» leur religion, avouant et détestant leur crime, ou si
» même, étant arrêtés, ils renient volontiers leur croyance
» en présence de l'autorité, foulent aux pieds la croix
» dans le prétoire et se rétractent du fond du cœur, ils
» seront renvoyés impunis. Que si, après qu'on les a
» renvoyés et qu'on leur a pardonné leur crime, ils re-
» viennent aux pratiques de leur culte, que d'ailleurs ils
» consentent ou non à fouler aux pieds la croix devant
» le magistrat, ils devront d'abord porter dans le lieu où
» a été commis le crime, la grande cangue pendant
» trois mois, après quoi ils seront envoyés en exil, à
» moins, toutefois, que leurs crimes ne méritent la
» mort.

» En sus, qu'il soit rigoureusement défendu aux Eu-

» ropéens d'acheter dans l'empire chinois quelque im-
» meuble que ce soit.

» Tous les mandarins, tant militaires que civils, qui
» négligent de poursuivre les Européens qui demeurent
» en Chine et y propagent en secret leur religion, seront
» traduits en jugement devant le tribunal supérieur.

» Qu'on respecte ceci ! »

Situation du catholicisme sous Tao-Kouang.

1822-1864 : Depuis le commencement du règne de Tao-kouang jusqu'à nos jours, la généreuse imprudence d'un missionnaire, la forfanterie maladroite d'un prêtre indigène, ou le zèle inopportun d'un magistrat soupçonneux, a tristement évoqué, de temps à autres, sur quelques points isolés de la Chine, les rigueurs des édits de Kia-king; mais aucune persécution générale n'y a sévi contre les maîtres ou les disciples du Tien-tchou-kiao, et de grands faits s'y sont accomplis qui ont successivement amené l'entière émancipation du christianisme. Nous pouvons dire avec orgueil qu'elle a été avant tout l'œuvre glorieuse de la France. C'est la France qui a pris en Chine, lorsque les autres nations y étaient exclusivement occupées des soins de leur avenir commercial, la défense d'abord patiente et officieuse, puis officielle et éclatante de la civilisation opprimée. C'est elle qui, après avoir applaudi aux courageuses et infatigables tentatives de ses diplomates, aux nobles actes de ses soldats, après avoir encouragé, de ses vives sympathies, les habiles efforts des Lagrenée, des Forth-Rouen, des Bourboulon, a signé, par la main ferme et vaillante du baron Gros, les conventions qui consacrent, dans l'empire chinois, l'affranchissement définitif du culte chrétien. L'œuvre éminemment française que Louis XIV et Louis XVI ébauchèrent, et que Louis-Philippe fit revivre dans les pays de l'extrême Orient, Napoléon III l'a couronnée à Tien-tsin, le 25 octobre 1860.

1839 : Un lazariste français, M. Perboyre, est étranglé à Vou-tchan-fou, capitale du Hou-pé, après être resté plus de dix mois en prison.

Traité de Whampou.

1844 : L'article 23 du traité de Whampou, le premier des actes officiels qui ait consacré nos relations avec la Chine, stipule que « si, contrairement aux précédentes dispositions [1], des Français, quels qu'ils fussent, s'aventuraient en dehors des limites ou pénétraient au loin dans l'intérieur, ils pourraient être arrêtés par l'autorité chinoise, laquelle, dans ce cas, serait tenue de les faire conduire au consulat du port le plus voisin ; mais qu'il est formellement interdit à tout individu quelconque de blesser ou de maltraiter, en aucune manière, les Français ainsi arrêtés, de peur de troubler la bonne harmonie qui doit régner entre les deux empires. » Les prêtres français et les missionnaires étrangers que l'ignorance chinoise confondit souvent avec eux, sont ainsi placés sous la sauvegarde solennelle d'un acte international. Dépassant la limite de ses instructions, notre ministre M. de Lagrenée veut associer les missions elles-mêmes aux bénéfices de ce succès diplomatique : « il juge digne de la France et de son gouvernement, écrit-il confidentiellement à M. Guizot, de prendre date à leur tour, après les conquêtes commerciales des Anglais, et de signaler leur action au point de vue moral et civilisateur », et par de délicates négociations, il obtient qu'à la requête pressante du plénipotentiaire chinois Ki-ing, le gouvernement impérial accorde l'édit suivant dont communication officieuse doit être faite au représentant de la France : — « Le grand chancelier de l'empire à *Ki*, assistant du prince impérial, etc., et à *Houang*, gou-

Édit de tolérance décrété par Tao-kouang.

---

1. Celles qui obligent les Français résidant dans les cinq ports à ne point dépasser certaines limites fixées d'un commun accord entre les consuls et l'autorité locale.

» verneur provincial, etc.; le 25 de la première Lune
» de la 26ᵉ année de Tao-kouang (20 février 1846),
» l'empereur nous a signifié l'édit suivant :
» Ki-ing et ses collègues nous ayant ci-devant adressé
» une pétition dans laquelle ils demandaient que
» ceux qui professent la religion chrétienne dans un
» but vertueux fussent exempts de culpabilité, qu'ils
» pussent construire des lieux d'adoration, s'y rassem-
» bler, vénérer la croix et les images, réciter des prières
» et faire des prédications sans éprouver en tout cela
» le moindre obstacle ; nous avons donné notre adhé-
» sion impériale pour ces divers points dans toute
» l'étendue de l'empire.
» La religion du Seigneur du ciel, en effet, ayant
» pour objet d'engager les hommes à la vertu, n'a abso-
» lument rien de commun avec les sectes illicites
» quelles qu'elles soient ; aussi avons-nous accordé
» dans les temps qu'elle fût exempte de toute prohibi-
» tion et devons-nous également faire en sa faveur
» toutes les concessions qu'on sollicite maintenant,
» savoir :
» Que toutes les églises chrétiennes qui ont été con-
» struites sous le règne de Kang-hi dans les différentes
» provinces de l'empire, et qui existent encore (leur
» destination primitive étant prouvée), soient rendues
» aux chrétiens des localités respectives où elles se trou-
» vent, à l'exception cependant de celles qui auraient
» été converties en pagodes ou en maisons particulières;
» et, s'il arrive, dans les différentes provinces, qu'après
» la réception de cet édit, les autorités locales exercent
» des poursuites contre ceux qui professent vraiment la
» religion chrétienne sans commettre aucun crime, on
» devra infliger à ces autorités le châtiment que méri-
» tera leur coupable conduite.
» Mais ceux qui se couvriront du masque de la reli-

» gion pour faire le mal, ceux qui convoqueront les
» habitants des districts éloignés pour former des as-
» semblées subversives, comme aussi les malfaiteurs,
» membres d'autres religions, qui, empruntant fausse-
» ment le nom de chrétiens, s'en serviront dans un
» but de désordre : tous ces gens-là, coupables d'actions
» perverses et par cela même infracteurs des lois, de-
» vront être rangés parmi les criminels et punis selon les
» lois de l'empire. »

« Il faut ajouter ici, qu'en conformité avec les trai-
» tés récemment conclus, il n'est en aucune façon per-
» mis aux étrangers de pénétrer dans l'intérieur du pays
» pour y prêcher la religion, car les réserves faites, à
» cet égard, doivent demeurer clairement établies. »

« Portez cet avis à la connaissance de qui de droit :
» qu'on respecte ceci. J'obéis à la volonté de l'empe-
» reur en envoyant cette communication. »

Notre plénipotentiaire ne néglige aucune des mesures
qui peuvent garantir à ses yeux la publicité de ces dispositions bienfaisantes ; il demande même à Ki-ing, afin
de satisfaire aux exigences des missionnaires protestants,
la déclaration positive « que les pratiques extérieures
» du Tien-tchou-kiao importent peu au gouvernement
» chinois et que les chrétiens sont innocents devant la
» loi, non parce qu'ils vénèrent la croix et les images,
» mais parce qu'ils sont vertueux. » — Toutefois, avant
de quitter la Chine, il s'aperçoit déjà qu'il est le jouet
de généreuses illusions. Ne constituant pas un engagement solennel pris officiellement par Tao-kouang envers
le roi des Français, la concession de l'édit impérial n'a
été au fond qu'une ruse du commissaire Ki-in. Il n'est
ni exécuté ni même publié ; l'édit persécuteur de Kia-
king subsiste au code pénal de l'empire et, pendant
que le cabinet de Péking observe assez fidèlement à
l'égard de nos missionnaires durant une période de

Duplicité du gouvernement.

dix années, l'article 23 du traité de Whampou, l'acte gracieux de Tao-kouang demeure à l'état de lettre morte et les réclamations infatigables de notre diplomatie en faveur des chrétiens indigènes sont toujours infructueuses. En 1856, le gouvernement chinois, aigri par les progrès de l'insurrection, égaré peut-être par les aspirations chrétiennes des premiers chefs rebelles, s'oublie jusqu'à commettre une violation manifeste du traité lui-même. La tête d'un prêtre français des missions étrangères, M. Chapdelaine, tombe sur la place publique de Si-Linn, petite ville du Kouang-si, et l'auteur de cet ouvrage, alors chargé d'affaires de France, réclame, en termes énergiques, la satisfaction que doit recevoir l'honneur de son pays. Dans le but de l'obtenir et de renverser enfin les barrières qui séparent la plus riche partie de l'univers du reste de l'humanité, la France joint ses armes à celles de l'Angleterre. Une première convention signée à Tien-tsin en 1858, est anéantie l'année suivante par la trahison du gouvernement impérial. La victoire de Pa-li-kao venge les surprises de Ta-kou et de Tong-tchéou; nos plénipotentiaires et nos soldats franchissent le seuil de Péking; les conventions de 1860 font revivre le traité de Tien-tsin et le complètent par de nouvelles dispositions. Ces conventions stipulent que les sujets des puissances contractantes peuvent librement parcourir, lorsqu'ils seront munis de passe-ports réguliers, tout le territoire de l'empire [1], que les membres de toutes les communions chrétiennes y jouissent d'une entière sécurité pour leur personne, leurs propriétés et leur culte, que les missionnaires, munis de passe-ports, seront efficacement protégés, que tout sujet de l'empereur a le droit d'embrasser et de pratiquer le christianisme, que tout ce qui a été précédemment écrit, proclamé ou publié en Chine,

---

1. Article 8 du traité de Tien-tsin.

contre le culte chrétien est complétement abrogé et reste sans valeur dans toutes les provinces [1], que, conformément à l'édit impérial de Tao-kouang, les établissements religieux et de bienfaisance, confisqués sur les chrétiens, seront rendus à leurs propriétaires, par l'entremise du représentant de la France, auquel le gouvernement chinois fera également délivrer les cimetières et les autres édifices qui en dépendaient, enfin que le sous-préfet de Si-linn, coupable de l'assassinat du prêtre français Chapdelaine, sera dégradé et que la *Gazette de Péking* publiera officiellement cette mesure réparatrice.

Depuis la conclusion des traités, la charte diplomatique dont les clauses consacrent, en Chine, les droits de la religion chrétienne, est décidément en vigueur. Le gouvernement impérial s'est exécuté de bonne grâce comme il sait le faire dans les grandes nécessités et a tenu loyalement sa parole. Ses procédés envers nos missions ont été presque partout larges et généreux. Il leur a fait restituer pour un vil prix, à titre de compensation, des propriétés immobilières d'une grande valeur. A Péking, une seule église, celle du Midi, restait encore debout ; elle a été publiquement rendue par le prince Kong à notre ambassadeur ainsi que les terrains où avaient été construits les temples de l'Est, de l'Ouest, du Nord et ceux où reposent les dépouilles vénérables de nos premiers missionnaires. A Canton, un édifice catholique s'élève, imposant par ses proportions et la grandeur des faits dont il perpétuera le souvenir, sur les ruines mêmes du prétoire de *Yémintching*, l'altier vice-roi des Kouang. Au mois de décembre 1861, le prince de Kong, ayant inséré dans la gazette officielle un décret de tolérance qui assimile la religion de Jésus aux cultes méprisés de Tao et de Boudha, l'infatigable et consciencieux dévouement de notre ministre plénipotentiaire,

Situation actuelle du catholicisme en Chine.

Nouvel édit de tolérance.

---

[1]. Article 13 du même traité.

M. de Bourboulon, obtint un second édit précédé de considérants très-étendus et très-explicites par lesquels le gouvernement chinois s'engage de nouveau à faire disparaître les clauses pénales ou infamantes portées contre le christianisme au code de l'Empire (voir pièces justificatives n°s 8 et 9). Vers la même époque, le général *Tien-ching-chou*, commandant les forces militaires et remplissant les fonctions de commissaire impérial dans le Kouéi-tchéou, rédigea une circulaire contre la religion de Jésus et fit publiquement exécuter, d'après les sentences de deux magistrats subalternes, le Père Néel, ainsi que neuf chrétiens indigènes. C'était un soldat de fortune qui avait vaincu les rebelles de la province, que l'on avait comblé d'honneurs en récompense de ses éminents services, mais dont on redoutait l'irrésistible influence sur l'armée et qu'on savait prêt à tout entreprendre. On ne pouvait, sans témérité, attaquer de front un tel coupable, ni laisser un si grand crime impuni. En cette délicate occurrence, le gouvernement se conduisit avec beaucoup de tact et de mesure. Il écouta très-attentivement les réclamations énergiques de l'ambassade française, promit une réparation complète, demanda du temps, puis, quand il eut ruiné, par d'habiles manœuvres, le redoutable crédit du général *Tien*, il le destitua de ses hautes fonctions et l'exila en Tartarie, donnant ainsi, aux yeux de tous ses sujets, un mémorable témoignage de sa fidélité à ses engagements diplomatiques et un gage officiel de sécurité aux populations chrétiennes de la Chine.

Martyre du P. Néel et satisfaction donnée à la France.

Le tableau suivant où nous avons inscrit les données approximatives que nous devons à la gracieuse obligeance de nos missionnaires, résume, aussi fidèlement que ces données, très-incomplètes, permettent de l'établir, la situation actuelle du catholicisme dans l'Empire du Milieu.

État actuel des missions catholiques.

ORDRES RELIGIEUX auxquels appartiennent les missionnaires.	NOMS des vicariats apostoliques.	NOMBRE des prêtres étrangers	NOMBRE des prêtres indigènes	NOMBRE approximatif des chrétiens.	NOMBRE des établissements, séminaires et écoles.	
Missions étrangères..	Setchouen oriental.. Mgr Desflèches.	10	29	25,000	79	Séminaires et écoles.
Id.	Setchouen occidental Mgr Pinchon.	8	25	30,000	94	Id.
Id.	Setchouen méridional Mgr Pichon.	9	7	16,500	115	Id.
Id.	You-nan.. Mgr Ponsot.	7	2	8,000	12	Id.
Id.	Koueï-tchéou.. Mgr Faurie.	9	4	2,500	2	Séminaires.
Id.	Deux-Kouang Mgr Guillemin.	18	8	10,000	2	Id.
Id.	Mandchourie. Mgr Vérolles.	10		6,000		
Id.	Thibet. Mgr Chauveau.	7		?...		
Id.	Corée [1] Mgr Berneux.	10		18,000		
Jésuites [2]	Kiang-sou	35		80,000	8	Séminaires et collèges
Id.	Tchili oriental.	7		10,000?	1	Séminaire.
Lazaristes [3]	Tchili nord Mgr Mouly.	3 ?	9 ?	20,000?		
Id.	Tchili sud-ouest. Mgr Anouilh.	2 ?	6 ?	25,000?		
Id.	Tché-kiang Mgr Delaplace.	3	6	5,000	9	Séminaires et écoles.
Id.	Kiang-si. Mgr Anot, provicaire	4	10	12,000	1 3	Id.
Id.	Ho-nan. Mgr Baldus.	2	4	4,000		Séminaire.
Id.	Mongolie.	1	3	12,000	1	Séminaires et écoles.
Franciscains	Chen-si. Mgr Chiais.	7 ?	8 ?	20,000?	0	Séminaire.
Id.	Chan-si. Mgr Damoretta.	4 ?	4 ?	11,000 ?	1	Id.
Id.	Houpé.	18	6 ?	14,000	1	Id.
Id.	Hou-nan. Mgr Navarro.	10	5 ?	6,000	1	Écoles.
Id.	Chantong. Mgr Castellazo.	7	26	10,000	3	Séminaire.
Dominicains espagnols	Fo-kien. Deux évêques.	6 ?	10 ?	30,000	1	Id.

1. La Corée est dans un état permanent de persécution.
2. Les jésuites ne forment point de clergé indigène. Leur mission était d'abord établie dans le Kiang-sou où ils prêtaient leur habile concours aux franciscains et où ils avaient fondé, près de Shang-haï, le bel établissement du Zi-ka-wei. Le saint-siège leur a confié récemment le vicariat apostolique de cette province et celui du Tchi-li oriental qui faisait partie jusque-là du diocèse lazariste de Péking.
3. La procure des Lazaristes est à Shang-haï; ils dirigent trois établissements de sœurs de la Charité (ou de Saint-Vincent-de-Paul) à Péking, Tien-tsin et Ningpo.

Missions protestantes.

Nouveaux venus sur l'arène, plus timides dans leurs procédés et moins ardents à la lutte, observateurs plus scrupuleux des conventions internationales qui interdisaient aux étrangers l'accès du territoire de l'empire, les missionnaires protestants, chez qui les joies ou les soucis du foyer tempèrent l'ardeur du zèle apostolique, ont acquis, en Chine, une moins illustre renommée que leurs intrépides rivaux. Les encouragements et les sympathies de leurs coreligionnaires ne leur ont point manqué ; l'argent, qui est un des nerfs les plus actifs de toute propagande, ne leur fit jamais défaut. On ne leur peut refuser assurément ni la persévérance, ni le courage, ni la foi ; mais la diversité des nombreuses sectes qu'ils représentent sépare naturellement leurs intérêts en isolant leurs efforts et, soit que l'esprit indigène, naturellement subtil et ergoteur, repousse une doctrine qui manque d'unité, soit que, volontairement ou à leur insu, ils discréditent leurs mutuels succès, la Chine, à l'heure qu'il est, ne renferme encore qu'un bien petit nombre de leurs convertis. A vrai dire, ils ont fait bien plus, jusqu'ici, au point de vue scientifique ou philanthropique qu'au point de vue religieux. Les écoles, les hôpitaux, les imprimeries qu'ils ont fondés en Chine, dans les villes du détroit et dans les îles de l'archipel Indien, les livres qu'ils ont traduits de l'anglais en chinois et du chinois en anglais, les difficiles et consciencieuses études auxquelles ils se livrent avec une méritante assiduité, témoignent de leur charité infatigable et de leur active érudition.

Robert Morrisson.

Robert *Morrisson* fut leur précurseur et leur maître. La société des missionnaires de Londres l'envoya, en 1807, à Canton, où il mourut le 1er août 1834, après un séjour en Chine de 27 ans qui fut interrompu seulement par un voyage à Londres. Le concours amical de M. Hobard, chef de la factorerie anglaise, le bon vouloir de la compagnie des Indes orientales qui l'avait nommé son interprète pour les langues chinoises et de l'ambassadeur, lord Amherst, qu'il accompagna, en 1800, à Péking, les généreuses allocations des sociétés dont il était le mandataire, secondèrent utilement ses efforts. Il porta quelque temps le costume indigène, mais n'ayant pas obtenu de la propagande active les résultats qu'il en espérait, convaincu que les conquêtes du prêtre sont d'autant plus solides et plus durables qu'il persuade la raison avant de toucher le cœur ou d'éblouir les sens, il adopte un système tout contraire à celui que suivirent à Péking les premiers missionnaires catholiques, et se renferme modestement dans la retraite pour se consacrer aux études qui devaient, suivant son opinion, préparer l'efficace enseignement de la doctrine. Ce travailleur infatigable publia un grand nombre d'ouvrages et de traités sur la religion et la science. Les Actes des Apôtres, le Nouveau et l'Ancien Testament traduits de l'anglais en chinois, un livre de dialogues, un grand dictionnaire anglo-chinois, et sino-anglais, comprenant six volumes in-quarto, furent ses œuvres capitales. Les frais d'impression de ce dernier ouvrage s'élevèrent environ à 300,000 francs et la bible chinoise n'en coûta pas moins de 165,000[1]. Morrisson avait fondé à Malacca un collége que dirigeait le docteur Milne, son collaborateur, et auquel était attaché une imprimerie qui donna le jour à plus de 500 ouvrages; cet établissement fut transporté en Chine après sa mort. Tsaï-ako fut son premier converti. Liang-afa, qu'il baptisa un peu plus tard, rendit de grands services à la mission en qualité de catéchiste.

---

[1]. Il est vrai que dans cette somme se trouvaient comprises les dépenses occasionnées par la publication faite à Sérampour d'une autre version de la Bible; elle était due aux études du docteur Marshman et différait très-peu, d'ailleurs, de la version Morrisson.

Successeurs de Morrisson.

Parmi les successeurs de Morrisson, il faut citer, au premier rang, W. Milne, qui lui prêta son zélé concours pour la traduction de la Bible et la direction du collége de Malacca, où il fixa sa résidence jusqu'à sa mort, après avoir laborieusement et stérilement semé, parmi les colonies chinoises de l'archipel, l'enseignement de la doctrine protestante; — W. Medhurst, dont le zèle ardent fonde, en 1819, la mission de Penang, continue à Java les travaux de Slater, distribue sur les côtes de la Chine des milliers de traités religieux, évangélise la population de Shang-haï par de fréquentes prédications; — le missionnaire hollandais Charles Gutzlaff, sinologue distingué, agent très-hardi et très-actif de la propagande protestante dans les districts maritimes de l'empire où il répand, à pleines mains, un nombre incroyable de livres et de traités ; secrétaire, pendant les dernières années de son séjour en Chine, de la commission instituée, en 1834, par le gouvernement anglais, pour surveiller et protéger officiellement le commerce national ; — E.-E. Bridgman, le premier missionnaire américain qui se soit établi à Canton où il recueille les exemples de Morrisson et publie sous ses yeux, en 1832, les premiers numéros du *Chinese Repository* [1] ; — Wells Williams, son zélé collaborateur, auteur lui-même du *Middle Kingdom*, le plus complet et le plus utile de tous les ouvrages que l'on ait écrit sur la Chine, secrétaire et interprète de la légation américaine ; — le médecin anglais Colledge qui, aidé du charitable concours de la compagnie et de la communauté étrangère, établit à Macao, en 1827, une pharmacie et un hôpital pour le traitement

---

1. Cette abondante et précieuse collection, à laquelle ont amplement coopéré Morrisson et presque tous les hommes distingués qui ont habité la Chine, est devenue malheureusement très-rare. Elle renferme d'utiles notions sur l'histoire, les mœurs, les sciences et les arts de la Chine.

spécial des Chinois et dont les rapides succès donnent une grande impulsion à l'œuvre des missions médicales; — P. Parker et W. Lockart, infatigables ouvriers de cette entreprise éminemment philanthropique, le premier à Canton, le second à Tchou-san et plus tard à Shanghaï où ils ont promptement obtenu de très-beaux et très-féconds résultats [1]; — S.-J. Roberts, qui eut l'honneur de fonder, en 1842, une mission à Hong-kong et dont le nom fut bizarrement mêlé, pendant quelque temps, aux aventures des rebelles; — W.-J. Boone, D. Abeel, H. Cumming, A. Stronach, dont les intelligents efforts ont heureusement dirigé la mission et l'hôpital d'Amoy; — D.-J. Macgowan, missionnaire écrivain, qui n'a pas déployé moins de zèle à Ningpo; — Dyer-Ball, qui a fait progresser en Chine l'art de l'imprimerie, en préparant des types métalliques, élégants et maniables.

Abondamment secourus par les sociétés religieuses auxquelles ils appartiennent [2] et par les généreuses aumônes des membres les plus riches de la communauté étrangère, les missionnaires protestants ont fondé, dans l'Empire du Milieu, plusieurs œuvres philanthropiques destinées à assurer un jour le triomphe de leur propagande en opposant les bienfaits de l'instruction et de la charité aux obstacles qui la repoussent. L'une a pour objet la distribution gratuite de la Bible, des évangiles, des livres chrétiens en général parmi les populations indigènes que la parole divine doit toucher et con-

Œuvres philanthropiques des protestants.

---

1. M. Peter Parker a rempli, en 1855 et 1856, les fonctions de ministre plénipotentiaire des États-Unis.
2. Les plus importantes de ces sociétés, dont les siéges sont établis en Angleterre et en Amérique, portent les noms suivants : *London missionary society*; *American Board of commissionners for foreign Missions*; *American Board of Baptist foreign Missions*; *American Episcopal Board of foreign Missions*; *Board of Foreign Missions of the presbyterian church*; *Rhenish missionary society*.

vaincre. Gutzlaff et Medhurst ont été ses plus zélés apôtres. Elle a fonctionné très-activement dans les détroits, aux environs de Canton, sur les côtes de la Chine, et rapporté peu de fruits. Les missions médicales inaugurées par Morrisson, servies avec talent et persévérance par Colledge, Peter Parker, Lockart, Cumming, Macgowan, ont été plus heureuses et infiniment plus utiles. Leurs hôpitaux et leurs pharmacies où le missionnaire-médecin s'efforce de toucher les âmes en guérissant les corps, ont excité tout d'abord à Canton, Amoy, Tchousan, Chang-haï, la méfiance et la surprise, puis l'admiration et la reconnaissance des populations. Deux autres sociétés se proposent principalement de répandre parmi les habitants de la Chine les trésors de l'instruction. L'une (*Society for diffusion of useful Knowledge*), établie en 1834, a publié sous la direction de Morrisson, de Gutzlaff, de Bridgman, le *Chinese magazine* et imprimé en chinois, à très-bas prix, quelques bons ouvrages renfermant sur l'histoire, la physique, l'industrie, des notions simples et pratiques. La seconde (*Morrisson education society*), fondée l'année suivante sous les nobles auspices de la mémoire du vertueux Morrisson, qui venait de mourir, a pour but d'entretenir des écoles où l'on enseigne aux jeunes Chinois de dix à quinze ans, suivant leur intelligence et leur aptitude, la langue et la littérature de leur pays, l'anglais, l'histoire, la géographie et la doctrine chrétienne qu'ils sont d'ailleurs parfaitement libres de ne pas suivre. Une de ces écoles fonctionne depuis dix ans, à Hong-kong, dans de bonnes conditions. Afin de compléter, par l'éducation des jeunes filles, cette institution bienfaisante, quelques femmes de missionnaires anglais et américains se sont mises à l'œuvre dans ces dernières années, avec un admirable enthousiasme; de faibles succès ont répondu jusqu'ici à leurs vaillants efforts.

MŒURS ET RELIGION

On se demande comment il a pu se faire que la doctrine évangélique introduite à Péking, il y a plusieurs siècles, par l'initiative hardie de nos missionnaires, propagée dans l'intérieur des provinces par leur zèle impatient, et sur le littoral, par les efforts non moins infatigables, mais plus réfléchis, plus mesurés des protestants, ait conquis en Chine si peu d'adeptes qu'on n'y compte pas même un million de chrétiens. Les sanglantes annales des persécutions religieuses que les funestes rivalités, les généreuses imprudences des prêtres catholiques, la jalousie des grands fonctionnaires de l'État ou la méfiance du gouvernement ont suscitées à diverses reprises dans l'Empire du Milieu, ne répondent pas suffisamment à cette grave question. Il convient d'y ajouter les réflexions suivantes inspirées à un auteur chinois de nos jours par l'attitude des Européens qui résident dans son pays : « Il est monstrueux, dit-il, dans la polémique
» qu'il soutient contre le docteur Medhurst, que ces barba-
» res entreprennent de réformer les habitants de l'Empire
» du Milieu tandis qu'ils sont eux-mêmes si misérablement
» imparfaits. Lorsqu'ils nous empoisonnent avec l'opium
» pour s'enrichir à nos dépens, ils manquent certaine-
» ment de charité. Du moment qu'ils envoient leurs
» flottes et leurs armées pour dépouiller les nations de
» leurs territoires, ils ne peuvent avoir nulle prétention
» à la justice. En admettant des usages qui permettent
» aux hommes de fréquenter en public la société des
» femmes, ils montrent qu'ils n'ont pas la moindre notion
» des convenances, et ils ne font pas preuve assurément de
» sagesse en rejetant les maximes de nos anciens. Nous
» admettons qu'ils ne sont pas totalement dépourvus de
» sincérité ; mais, après tout, ils ne pratiquent qu'une
» seule des cinq vertus cardinales et cependant ils veu-
» lent amender les autres ! Ne les avons-nous pas vus,
» au moment même où ils dépensaient de grandes som-

Obstacles qui s'opposent en Chine aux progrès du christianisme.

» mes d'argent pour répandre leurs traités parmi le
» peuple, fouler aux pieds nos livres et témoigner ainsi
» de leur dédain pour les fondateurs de la science?
» Pratiquent-ils au moins la piété filiale. ces soi-disant
» convertisseurs du monde? Non, ils oublient leurs
» parents aussitôt qu'ils ne sont plus; ils déposent leurs
» cadavres dans des cercueils minces et fragiles; ils ne
» rendent aucun honneur à leur mémoire; ils n'offrent
» aucun sacrifice sur leurs tombeaux pour consoler et
» soulager leurs mânes. Enfin ils confèrent les emplois
» publics aux riches et aux nobles sans les soumettre
» aux examens littéraires et ferment ainsi la voie des
» honneurs au mérite humble ou indigent. Ils sont
» donc inférieurs aux Chinois et fort incapables de les
» instruire! » Si l'on envisage, outre ces appréciations
qui résument assez fidèlement le sentiment national et
les motifs historiques exposés plus haut, la haute antiquité des premiers classiques chinois qui prime de plusieurs siècles celle de nos livres sacrés, l'indifférence du peuple en matière religieuse, le froid scepticisme et l'orgueil des lettrés, l'amour de l'argent et des honneurs, ainsi que le respect des traditions et l'attachement héréditaire aux coutumes nationales dont sont pénétrées toutes les classes, on s'expliquera sans peine que la doctrine du crucifié ait fait, depuis cinq siècles, de si insensibles progrès dans ces vastes régions où elle n'a eu cependant à combattre ni le préjugé religieux, ni le fanatisme d'une classe sacerdotale politiquement constituée.

CONFUSION
DES CROYANCES
RELIGIEUSES
DU
PEUPLE CHINOIS.

Au fond, tout est obscur et désordonné dans les maximes, les pratiques religieuses, superstitieuses ou philosophiques des habitants de l'empire. Le Chinois n'est pas attaché, par le cœur ou la coutume, à la foi de ses pères; mais il fréquente tel ou tel temple, honore telle ou telle divinité, selon les hasards de sa naissance, les aventures ou les nécessités de sa vie. Le gouvernement rend politiquement hommage à des dieux qu'il méprise, et il professe une sorte de dédain officiel, d'indifférence ironique pour toutes les religions de ses sujets. Les Tao-se ont greffé leur culte sur les vieilles croyances polythéistes du pays, ils les ont adoptées et enrichies ; les boudhistes se les sont également appropriées, et les lettrés, sous le voile austère du Ju-kiao (voir page 273), y adhèrent en secret avec plus ou moins de ferveur. L'empyrée chinois ouvre complaisamment ses portes à toutes les célébrités qui frappent l'imagination du vulgaire, et la hiérarchie céleste, que préside Yu-kouang-ta-ti (voir page 224), le grand dieu des Tao-se, admet volontiers dans ses rangs, aussi hospitaliers que ceux du paganisme romain à l'époque de sa décadence, le sage Confucius, le dieu Fô, sa trinité et ses apôtres, la populaire Kouan-yin, deux ou trois missionnaires catholiques et même, assure-t-on, l'empereur Napoléon Ier. Toutefois un petit nombre d'observances, sanctionnées par la loi ou la coutume, acceptées et pratiquées presque universellement, dominent toute cette confusion. Nous voulons parler du culte rendu à Confucius, à la déesse Kouan-yin, aux mânes des ancêtres, aux bons et aux mauvais génies, particulièrement aux divinités infernales.

La Chine a élevé, dit-on, seize cents temples à son grand philosophe auquel tous les magistrats et les habitants de l'empire offrent, deux fois par an, des hommages à la fois politiques et religieux. Sur les portiques et les tablettes qui décorent ces temples, se lisent les inscriptions suivantes : « Dédié au pivot de la science, » « Respect au maître des âges, » « Sanctuaire de l'excellente perfection, » « Trône du plus vénérable des an-

CULTE DE CONFUCIUS.

ciens lettrés. »—Les sacrifices que reçoivent les mânes de Confucius, au printemps et à l'automne, consistent en viandes de différents animaux domestiques ou sauvages et en pièces de soie. On sait qu'à l'origine nos missionnaires ne les regardaient point comme idolâtriques.

CULTE DE KOUAN-YIN.
Toute l'Asie orientale adore, dans Kouan-yin, le symbole divin de la justice, de la miséricorde et de la toute-puissante intercession. Suivant une légende boudhique, elle était fille de roi et subit trois incarnations successives. Vouée au célibat, persécutée et étranglée par son père, accueillie avec honneur par les divinités de l'empire et du ciel, elle fut envoyée par Boudha dans l'île de Pou-to (voir page 68) et introduite, après sa troisième mort, au rang des plus puissantes divinités. Les Tao-se croient que le roi du ciel ne saurait rien refuser à sa prière. Les marins lui rendent un culte particulier comme nos Bretons et nos Provençaux honorent la vierge Marie. On lui a élevé dans toute la Chine, principalement à Pou-to, d'innombrables autels, et les emblèmes qui la représentent varient essentiellement suivant les localités. Tantôt elle est assise sur une fleur de lotus et coiffée d'un diadème; tantôt, ressemblant à un fantôme à cause de sa robe unie, longue et flottante, elle est debout sur une mer agitée; tantôt elle tient dans ses bras un petit enfant qu'elle offre aux femmes stériles. On fabrique au Thibet quantité de petites statuettes et d'images de Kouan-yin qui sont distribuées dans tout l'empire. Il ne faut pas confondre la déesse de miséricorde avec la reine du ciel, Tien-héou, à laquelle les marins et les voyageurs offrent également leurs prières, et dont l'image est placée à bord de tous les navires chinois. Tien-héou a des temples au Fo-kien, mais ses adorateurs ne lui attribuent ni le rang ni la puissance de Kouan-yin.

Pratiqué aux premiers âges du monde par la plupart des nations de l'Asie, le culte des morts a reçu en Chine, dès la plus haute antiquité, la toute-puissante sanction de la coutume. Il s'y est conservé universel et vivace à travers les vicissitudes historiques et les convulsions sociales ; il fait essentiellement partie, depuis bien des siècles, des mœurs privées aussi bien que des institutions publiques. Nul doute, au reste, qu'il ne procède beaucoup moins intimement de la piété filiale que des vagues terreurs inspirées par la croyance aux mauvais esprits ou aux douloureuses transmigrations de la vie future, et qu'en offrant chaque jour ses craintifs et respectueux hommages aux esprits de ses ancêtres, le Chinois songe avant tout, soit à éloigner de sa maison leur influence vengeresse, soit à acquérir les mérites qui doivent épargner un jour à ses mânes les redoutables épreuves de l'enfer.

CULTE DES MORTS.

Lorsqu'un père de famille vient à mourir, son corps, revêtu de ses plus beaux habits, est étendu sur le plancher. On suspend une lanterne blanche à la porte de sa maison, on brûle dans la rue des papiers dorés représentant les vêtements précieux, les chevaux, les pièces de monnaie dont ses mânes ont besoin pour accomplir commodément leur long et périlleux voyage. Les prêtres que l'on a fait appeler accomplissent, avec l'assistance des proches parents, de bruyantes cérémonies afin de fixer l'âme du défunt dans la tablette que l'on a placée près de lui et qui ornera, dans quelques jours, la salle de ses ancêtres[1] ; son fils aîné, vêtu d'une longue robe blanche, le front ceint d'un bandeau blanc, va

Cérémonies des funérailles.

---

1. D'après une doctrine assez répandue, l'âme fixée dans la tablette funéraire ne serait pas la seule que posséderait le défunt. Il en aurait encore deux autres, dont l'une recevrait, après sa mort, la récompense ou le châtiment de ses actions, tandis que la troisième hanterait son tombeau.

prendre au puits voisin, où il laisse tomber une pièce de monnaie, un peu d'eau pour laver le cadavre. Pendant de longues heures, les prêtres psalmodient, sur un ton tristement nasillard, de nombreuses formules destinées à fléchir la colère des esprits infernaux. Le jour du convoi étant arrivé, la famille, en grand deuil, se rassemble dans la salle mortuaire. Tous les assistants s'inclinent devant le cadavre près duquel on a servi quelques mets, puis il est déposé dans le cercueil, et on s'achemine vers le lieu de la sépulture. Le personnage qui ouvre la marche distribue, à pleines mains, aux esprits errants de petits papiers où sont fictivement inscrites de grosses sommes d'argent. Il est immédiatement suivi par une bande de musiciens qui exécutent de funèbres symphonies. Ceux-ci précèdent la chaise à porteur où est placée la tablette qu'habite maintenant l'âme du mort, les porteurs de bannières et enfin le cercueil accompagné par une troupe de gens vêtus de voiles funéraires qui poussent des cris lamentables. On loue souvent des pleureurs ou des pleureuses pour augmenter la pompe lugubre des convois. Lorsqu'on a comblé avec de la terre, ordinairement mêlée de chaux, la fosse où vient d'être introduit le défunt, on brûle sur sa tombe quelques pétards pour effrayer les mauvais génies et des papiers dont la forme imite les objets qui pourraient lui être chers pendant sa nouvelle existence. Les assistants se séparent ensuite et regagnent silencieusement leur logis.

Cercueils. On sait le pieux souci que prennent presque tous les habitants de l'Empire du Milieu de se faire confectionner, pendant leur vie, l'étroite demeure où seront déposés leurs corps et où résideront leurs mânes. Beaucoup de Chinois n'ont pas de plus fidèle compagnon que leur cercueil. Ils les fabriquent avec les bois les plus durs, les plus épais, les plus incorruptibles, et les font orner des plus riches ciselures, des plus belles incrustations. Ils les conservent toute leur vie dans le lieu le plus apparent de leur demeure, et les emportent avec eux quand ils partent pour un long voyage. Les cercueils chinois ont la forme arrondie d'un tronc d'arbre. Les corps y sont placés sur un lit de chaux et de ouate et recouverts avec de la chaux vive ; puis on les visse, on les mastique et on les vernit avec le plus grand soin, de façon à ce qu'ils soient très-hermétiquement calfeutrés. Il arrive souvent que de respectables familles gardent sous leur toit les restes de leurs parents défunts, attendant, pendant de longues années, qu'elles soient devenues assez riches pour leur procurer de convenables funérailles.

Après la confection de son cercueil rien de plus important pour un Chinois de mœurs honorables et de bonne maison que le choix du lieu où sera placé son tombeau. Il demande à l'art du nécromancien de le fixer longtemps à l'avance dans un site hanté par les bons génies ; il n'hésite pas à dépenser pour l'acquérir des sommes très-considérables ; il est heureux quand le terrain où reposera son cercueil est environné d'aspects agréables et pittoresques. La loi n'exige pas en Chine, comme dans la plupart des autres pays du monde, la réunion des sépultures. Les tombes y sont disséminées partout, aux environs des villes et des villages, le long des routes et des sentiers, au fond des vallées, principalement au sommet et sur le versant des collines. Celles des riches, construites en pierres de taille, ressemblent assez fidèlement, pour la forme, à la lettre grecque *oméga* ou à un fer à cheval. La maçonnerie ne s'élève pas à plus de deux pieds du sol. L'épitaphe, qui indique simplement le nom, l'âge et le lieu de naissance, est gravée sur la face intérieure de la partie centrale, à l'endroit même où le corps est placé. Les pauvres sont en-

Sépultures.

terrés sous des buttes de terre allongées ou coniques, suivant les habitudes locales. Quelquefois, comme nous l'avons vu nous-même à Chang-haï près des terrains de la concession française, leurs cadavres sont déposés dans des bières ouvertes que recouvrent à peine les lambeaux d'une natte grossière et que l'on place sur quatre piquets disposés en croix, afin qu'ils ne tombent pas trop vite en pourriture. De vastes terrains plantés d'arbres à feuillage triste comme l'if et le cyprès, ornés de statues d'animaux que l'on dispose toujours dans un ordre parfaitement symétrique, sont consacrés par toute la Chine, mais plus particulièrement vers le nord, aux sépultures des hommes illustres et des riches familles.

Deuil.

Fixé par la loi à trois ans, le deuil du fils a été réduit par la coutume à 27 mois. Pendant les 30 jours qui suivent la mort du père de famille, ses plus proches parents ne peuvent ni se raser la tête ni changer d'habits. Le décès du souverain met tout l'empire en deuil ; durant l'espace de cent jours, tous ses sujets doivent laisser croître leurs cheveux ; les magistrats ne peuvent ni revêtir leurs costumes de cérémonie ni porter leurs globes officiels. Ils doivent timbrer en bleu toutes les pièces qui émanent de leur chancellerie.

Le blanc est la couleur du grand deuil. Le demi-deuil se porte en bleu. Ajoutons que la pompe funèbre dont l'usage et la législation entourent les obsèques des ascendants, n'est point exigée pour les autres membres de la famille. On enterre avec beaucoup moins d'apparat les fils non mariés, et sans aucune cérémonie les jeunes enfants[1], les filles, les concubines, les esclaves.

Tablettes funéraires.

Lorsque les cérémonies requises par le rit religieux

---

1. Il existe près des grandes villes des tours construites en pierres et hautes de quelques mètres, dans lesquelles on entasse les cadavres des jeunes enfants. Nous avons vu, aux environs de Chang-haï, un de ces charniers.

ont fixé l'esprit du défunt dans la tablette funéraire, elle est portée, avec beaucoup de vénération et de pompe, à la salle des ancêtres et suspendue perpendiculairement aux parois intérieures des murs. Cette tablette, appelée *Chin-tchou* (demeure de l'esprit), est une planche mince, de forme conique, longue d'un pied, large de trois à quatre pouces, sur laquelle sont gravés les nom, âge et qualités du mort. Le rang qu'on donne au *Chin-tchou* dans la salle des ancêtres correspond à celui que le défunt occupait dans la famille, les tablettes de tous les parents du même degré étant placées sur la même ligne. Chaque jour, les esprits qu'elles renferment reçoivent de pieux hommages, chaque jour quelques membres de la famille se prosternent et font brûler de l'encens devant elles : touchant et salutaire usage que l'on aimerait à savoir dégagé des croyances superstitieuses auxquelles il doit son origine et qui contribue efficacement, depuis bien des siècles, à perpétuer en Chine le respect des devoirs filiaux. Toutes les maisons n'ont point de salles des ancêtres ; elles sont attenantes en général à la demeure occupée par le chef actuel de la famille. Les pauvres placent simplement les tablettes de leurs parents dans une sorte de châsse plus ou moins ornée qui décore leur misérable logis.

Chaque année, au commencement d'avril, les défunts reçoivent, sur les lieux consacrés à leur sépulture, les sacrifices, les libations et les hommages prescrits par les rits. Leurs tombes sont relevées avec soin et, pour témoigner au public que ces pieuses obligations ont été remplies, on y place trois baguettes qui supportent de petites banderoles en papier peint. Ce sont les cérémonies du *Paï-chan* (fête sur la montagne). Fête d'avril en l'honneur des morts.

Les pratiques superstitieuses auxquelles se livrent les habitants de la Chine, les fêtes qu'ils observent à des FÊTES PUBLIQUES.

époques périodiques procèdent plus ou moins directement du culte qu'ils rendent aux morts ou de la terreur que leur inspire la puissance occulte des génies. Une seule de ces fêtes, celle du nouvel an, est véritablement chômée, et met dans toutes les villes, dans tous les bourgs et les villages, tout le peuple en liesse. Elle dure au moins trois jours dont tous les instants sont remplis par les visites, les félicitations mutuelles, les dévotions, les festins, et l'on peut dire que ces réjouissances publiques célèbrent la fête universelle de la race aux cheveux noirs, les Chinois ayant l'habitude de compter leur âge à partir du premier jour de l'année pendant laquelle ils sont venus au monde, en sorte que le nouvel an doit être considéré comme l'époque anniversaire de toutes leurs naissances. La veille de cette grande solennité populaire, les rues, les maisons, les magasins sont lavés à grande eau et nettoyés avec soin; on clôt toutes les boutiques et toute affaire demeure suspendue; chacun se munit de petites pancartes rouges et dorées où sont inscrits les vœux qui conviennent à sa profession et les colle à tous les objets sur lesquels il veut appeler spécialement la protection divine. Le plus commun de ces vœux implore les cinq félicités, à savoir : une longue vie, — la richesse, — la santé, — l'amour de la vertu, — une mort naturelle. Après avoir employé la plus grande partie de la nuit à tirer un nombre prodigieux de pétards pour épouvanter les démons, on va pieusement, dès l'aurore, déposer ses offrandes dans la salle des ancêtres, puis on se met en marche revêtu de costumes d'apparat pour aller rendre ses devoirs à ses supérieurs, à ses parents, à ses amis. Les malades et ceux qui portent le deuil d'un parent proche sont seuls dispensés de prendre une part active à la bruyante allégresse. Dans les rues circule une foule diligente et animée; une gaieté franche brille sur tous les visages. De nombreux passants, mis avec une élégante recherche, échangent entre eux de mutuelles politesses ; on n'entend que ces deux mots : « Kon-chi, Kon-chi » (je fais des souhaits respectueux pour votre bonheur) qu'ils répètent à toutes leurs connaissances. Vers le soir, chacun prend place, pour plusieurs heures, à une table amie ; puis, sur le seuil de toutes les maisons, de formidables explosions de pétards retentissent jusqu'au matin. Les visites, les échanges de félicitations et les dîners recommencent le lendemain, continuent le jour suivant et les gens riches prolongent souvent plus d'une semaine ces plaisirs monotones qui ne durent en général que trois jours pour les artisans. Ceux-ci retournent sans murmure à leur vie laborieuse et réglée et, vers le milieu du quatrième jour, les cités ont repris leur paisible aspect. Une ancienne coutume, qui a force de loi, oblige les débiteurs à régler leurs comptes pour le nouvel an. Il en résulte, par toute la Chine, de sérieux embarras pour un grand nombre de négociants, un mouvement d'échange très-actif, de brillantes spéculations pour les monts-de-piété et les banques.

La première pleine lune qui suit le nouvel an chinois éclaire une fête fort singulière que l'on célèbre en Chine, depuis plus de onze cents ans, mais dont l'origine nous est inconnue. C'est la fête des illuminations. Dès que le jour commence à baisser, les façades des maisons se couvrent de lanternes en verre, en corne et en papier de toutes formes et de toutes couleurs. Une foule de promeneurs encombre les rues et les démons invisibles reçoivent quantité de pétards dont le bruit crépitant excite encore l'allégresse publique. Les effets heurtés de ce bizarre éclairage sont infiniment plus réjouissants que les monotones splendeurs de nos illuminations officielles.

Fête des lanternes.

Fête des bateaux-dragons.

En commémoration des pieux et inutiles efforts que firent, il y a trente siècles, les habitants des provinces que baigne le Yang-tze-kiang pour retrouver le cadavre de l'un des bienfaiteurs du peuple chinois, le ministre Vou-youen, qui s'était noyé dans le grand fleuve, la fête des bateaux-dragons ramène chaque année, le 5e jour de la 5e lune, des divertissements nautiques d'une nature fort singulière. De longs bateaux, en forme de pirogues, très-étroits et terminés, à l'avant, par une tête de dragon, luttent de vitesse sur les lacs et les rivières. Soixante rameurs les manient avec beaucoup d'ensemble et d'animation ; les passagers témoignent, par leurs gestes et leurs regards anxieux, qu'ils cherchent quelque chose à la surface des eaux, ou bien enflamment des pétards et battent du gong avec fureur pour terrifier les génies malfaisants. L'émulation qui anime les équipages des bateaux-dragons et qu'excitent jusqu'à la frénésie les applaudissements des spectateurs, amène souvent des collisions périlleuses que la police est impuissante à prévenir.

Procession du dragon de la mer.

Vers le milieu du printemps ou de l'automne, les marins et les pêcheurs organisent des processions en l'honneur du dragon de la mer, afin de conjurer les redoutables effets de sa fureur. A la tombée de la nuit, un dragon gigantesque, illuminé par de brillantes lanternes qui représentent ses luisantes écailles, parcourt, avec de majestueuses oscillations, les rues étroites des villes maritimes. Sa tête est hideuse et sa croupe horriblement recourbée. Un grand poisson le précède; les joyeux éclats de la gaieté publique accompagnent sa marche tortueuse. Le corps du monstre qui ne mesure pas moins de 50 à 60 pieds, se compose de plusieurs carcasses d'osier dont chacune est portée par un homme et que recouvre une belle étoffe de soie.

MŒURS ET RELIGION

Une cérémonie plus pieuse et plus grave, appelée *Ta-tsiao*, a lieu, chaque année, sous la direction des prêtres de Boudha, dans le but de consoler les mânes des hommes morts sans postérité et de satisfaire la rage famélique des esprits pervers. On leur offre de splendides banquets, on les charme par de doux concerts, on illumine et on décore brillamment les rues pour honorer leur visite. Un peu plus tard, vers le mois d'août, on brûle devant toutes les maisons des découpures de papier peint représentant une foule d'objets dont l'usage leur pourrait être utile ou agréable, comme des lingots d'argent, des vêtements, des palais, des chars, des chevaux. Enfin les dévots et les superstitieux se cotisent pour payer la location et l'entretien de la salle qui renferme les tablettes funéraires des hommes morts sans enfants et pour solder les gages des serviteurs chargés de leur offrir, au nom du public, leurs hommages quotidiens.

Fêtes et culte des mânes errantes.

Nous avons vu plus haut que la crédulité populaire attribuait aux prêtres de Tao et de Boudha le pouvoir surnaturel de fixer dans les tablettes funéraires, par leurs incarnations magiques, les esprits des morts. Elle admet que ce pouvoir s'étend jusqu'aux génies et aux signes extérieurs qui les représentent et de cette croyance grossière est née la superstitieuse ferveur des hommages rendus aux effigies des dieux qui protègent les cités, les villages, les rues, les maisons, les champs ou qui patronnent les corporations. Ces dernières rivalisent de zèle et de magnificence dans les solennités qu'elles célèbrent annuellement en l'honneur de leurs dieux. Il est d'usage qu'on en relève l'éclat par une représentation théâtrale et une nombreuse procession où figurent des bannières richement brodées, des mets ornés de fleurs, des chasses reluisantes d'or et de pierreries, de belles jeunes filles soigneusement fardées étalant, dans leurs

Fête des corporations.

272 L'EMPIRE DU MILIEU

chaises, de brillants atours, des jeunes garçons jouant le rôle de cavaliers à l'aide de carcasses de bambou qui imitent la forme d'un cheval, enfin la statue du dieu respectueusement et majestueusement portée. Toutes les grandes villes renferment des magasins où se loue l'appareil de ces bruyantes mises en scène. On croirait voir, en y assistant, un cortége du bœuf gras dans une de nos villes de province.

<small>PRATIQUES SUPERSTITIEUSES</small>

Naturellement portés, comme tous les peuples de l'antique Orient, aux idées et aux pratiques mystérieuses, les Chinois consultent le sort, interrogent les diseurs de bonne aventure, croient, sans hésiter, à l'occulte influence de certaines planètes, de certains métaux, de certaines plantes et des objets que leurs prêtres ont bénis ou charmés. Les ministres de Boudha et de Tao trompent, à qui mieux mieux, le peuple par leurs détestables jongleries. Ils vendent très-cher des prières toutes spéciales pour le saint ou la divinité dont le dévot invoque particulièrement le patronage; des invocations magiques qu'on doit brûler et dont il faut avaler les cendres; des amulettes de toute forme et de toute nature, comme de petits poignards fabriqués avec de vieilles pièces de monnaie [1] cousues ensemble, quantité d'objets de cuivre sur lesquels sont gravés les huit diagrammes (voir liv. IV) ou qui figurent l'unicorne, le phénix, la griffe du tigre; des pierres précieuses; quelques monnaies antiques où sont inscrites des sentences et que les enfants portent suspendues à leur cou, enfin des fleurs de pêcher ou d'armoise que l'on dépose près de leur couche. Ils ont soin, d'ailleurs, de placer sur l'un des autels de leur temple les deux petits morceaux de bambou (*Kao-tse*) avec lesquels il est permis à tout

<small>Amulettes.</small>

<small>Consultations du sort et des oracles.</small>

[1]. Les pièces de monnaie chinoises sont trouées au milieu; on les enfile comme les graines d'un chapelet.

le monde de consulter gratuitement le sort. Les Kao-tse sont de forme semblable et imitent assez bien les deux morceaux d'une corne que l'on aurait sciée dans sa longueur. Pour connaître l'arrêt du sort, on les jette en l'air et on observe la position qu'ils prennent tous deux en retombant. Cette position est-elle la même ? la réponse est défavorable ; est-elle différente, au contraire ? l'augure est propice. Les curieux qui ne se contentent point d'un aussi vague oracle, ont recours aux *Tsien*. Ce sont de petites flèches que renferme une boîte placée également sur le principal autel des temples. On secoue vivement la boîte ; une des flèches en jaillit ; le prêtre examine les signes qui s'y trouvent gravés, consulte son grimoire et vend, pour quelques sapèques, une réponse écrite. Enfin, quand on n'a pas une entière confiance dans les Kao-tse ou les Tsyen, on va trouver simplement les diseurs de bonne aventure. Ceux-ci abondent partout en Chine. Ils sont censés lire laborieusement leurs réponses ambiguës dans les ingénieux assemblages qu'ils parviennent à former en combinant les caractères dont se compose le nom du consultant avec ceux qui désignent les cinq planètes, les éléments, les couleurs, ou que renferment certaines sentences philosophiques.

Au reste, si la crédulité native du peuple chinois, déçue et exploitée, depuis vingt siècles, par les adroites manœuvres de ses prêtres, lui a fait admettre d'absurdes croyances et de ridicules superstitions, les enseignements charitables qu'il a reçus de ses anciens philosophes et que renferme la doctrine boudhiste ne sont pas restés complétement stériles. On retrouve dans l'empire, à l'état rudimentaire, la plupart des institutions philanthropiques dont s'honore l'Europe. Les souffrances du pauvre y sont officiellement et secrètement secourues non pas avec la discrétion, la délicatesse et l'intelligence qui honorent la charité chrétienne, mais avec l'évidente et pieuse intention de les soulager efficacement. Chaque province possède plusieurs greniers d'abondance où la sollicitude administrative doit emmagasiner de précieuses ressources pour les années de disette. Les familles riches se cotisent entre elles pour faire enterrer les pauvres, pour élever les orphelins et consoler les mânes des hommes morts sans postérité. L'empereur fait de larges aumônes aux victimes des incendies, des sécheresses, des inondations, sur sa cassette particulière. L'État a fondé dans toutes les grandes villes pour les malades, les enfants trouvés et les vieillards, des hospices auxquels il a donné des immeubles étendus et à l'entretien desquels concourent les périodiques faveurs de la générosité impériale, les dons et legs des riches particuliers, les secours en nature annuellement perçus sur les contribuables. Malheureusement, toute cette organisation, réglée par des statuts pompeux, fonctionne fort mal. Les magistrats, les directeurs des hôpitaux dont ils devraient surveiller la gestion, les gardiens de ces établissements, s'entendent tacitement entre eux pour distraire, à leur profit, la plus grande partie des fonds consacrés au soulagement du pauvre. — L'intelligence pratique du peuple chinois a compris, de bonne heure, la puissance et la moralité du principe d'association. Ses institutions pourraient être grandes et fécondes si, corrompu par les vices sans nombre de son antique civilisation, il n'était devenu incapable de suivre fidèlement la noble pensée qui les a conçues.

PRATIQUE DE INFANTICIDE.

Cette funeste dépravation du sens moral, profonde et incurable plaie qui finira par dévorer tout ce qui reste des antiques grandeurs de la Chine, explique suffisamment l'usage barbare que nos missionnaires ont fait connaître à l'Europe en lui signalant les nombreux infanticides qui se commettent dans l'Empire du Milieu.

A la vérité, il n'est pas aussi général que l'a cru, au premier abord, la pieuse indignation des fidèles. Mais il est certain qu'au Fo-kien et au Kouang-tong, principalement dans les districts très-peuplés et très-misérables dont Tsiouen-tchéou et Tchang-tchéou sont les capitales, un grand nombre de parents pauvres exposent leurs petites filles dans les rues, sur les routes, ou même sur les rivières où elles périssent misérablement si la charité publique ne vient les recueillir. L'impossibilité où ils se trouvent de leur fournir la nourriture et le vêtement, la certitude où ils sont que, si elles atteignent l'âge nubile, elles deviendront des esclaves, des concubines, des prostituées, les engagent à les vendre ou à les abandonner pour ne pas être témoins, un jour, de leur misère ou de leur infamie; et nous ne savons ce qui doit paraître le plus odieux dans la libre et publique pratique de cette abominable coutume, ou du crime lui-même que la Chine, parmi les nations civilisées, n'est pas la seule à commettre, ou de la cynique et brutale indifférence du peuple et des magistrats qui en sont témoins.

LIVRE III

GOUVERNEMENT
LÉGISLATION ET ADMINISTRATION DE L'EMPIRE

CHAPITRE PREMIER
DU GOUVERNEMENT ET DE LA LÉGISLATION

L'empereur, la cour et la famille impériale. — Distinctions sociales. — Hiérarchie et costumes officiels. — Titres de noblesse. — Les deux grands conseils du gouvernement. — Les six départements et les principaux corps de l'État. — Le code et ses divisions. — Édits provinciaux; arrêtés municipaux.

L'empereur, fils du ciel, est le père de tous ses sujets sur lesquels il exerce la souveraine autorité qu'il tient du ciel; il est tenu d'observer les lois en tant que manifestations de la volonté impériale et aussi longtemps qu'il ne les a pas modifiées lui-même; les magistrats auxquels il délègue une partie de sa pleine et paternelle autorité, administrent sous son contrôle, soumis humblement à ses ordres et absolument responsables envers lui; tous ses sujets sont égaux devant son auguste face; ils ne sont point divisés par castes et ne doivent rien au hasard de la naissance; ils tiennent tout de lui, rang,

THÉORIE GÉNÉRALE DU GOUVERNEMENT.

honneur, fortune; lui seul les élève ou les abaisse, les enrichit ou les appauvrit à son gré; leur volonté, qui ne se formule point par le vote, et qui n'est représentée par aucun organe, ne limite en rien sa puissance, et ils ne peuvent lui faire connaître leur désir que par de timides suppliques; il est simplement aidé, dans l'exercice de son plein pouvoir législatif et exécutif, par les avis des censeurs et par les deux grands conseils de l'empire dont l'un, le conseil privé, revêtu des plus hautes attributions, lui prête la respectueuse assistance de ses délibérations secrètes, tandis que l'autre est plus spécialement chargé de la rédaction des édits et de l'expédition des affaires importantes; les deux conseils surveillent, par leur vigilant contrôle, les départements desquels émane toute l'administration de l'empire.

Tel est l'antique système du gouvernement chinois, système honoré par l'approbation et les commentaires de Confucius, système qui est l'absolue réalisation de l'utopie théocratique, la quintessence du droit divin et dont l'un des grands principes, celui qui consacre l'autorité paternelle du souverain et de ses délégués, est infiniment respectable, mais dont l'application est déplorablement défectueuse et qui engendre d'innombrables abus, parce que, admettant, comme la plus essentielle de ses bases, l'infaillible perfection du chef de l'État, il livre, en général, ses sujets au despotisme oligarchique de son entourage et les prive nécessairement des salutaires contrôles qui doivent régler, limiter, éclairer l'action du pouvoir suprême. Nous pouvons dire, au début de ce livre et avant d'avoir signalé aucun de ces abus, que les Chinois sont les sujets corrompus et avilis d'un maître presque toujours isolé et impuissant.

DE L'EMPEREUR. Placé si haut par les institutions nationales qu'il n'a pour supérieur que le maître du ciel, le souverain est entouré de toutes les grandeurs qui peuvent rehausser l'éclat de son prestige. Les humbles relations que sa famille, sa cour, ses fonctionnaires peuvent entretenir avec lui, la forme et la couleur des objets dont il fait usage, les locutions qu'il faut employer quand on s'adresse verbalement ou par écrit à sa personne, les hommages publics que lui doivent tous ses sujets, sont soumis aux règles minutieuses de la plus sévère et respectueuse étiquette. Tout ce qui lui appartient : ses habits, ses bijoux, son sceptre, particulièrement son trône et l'écran qui dérobe sa face auguste aux regards profanes, est revêtu d'un caractère sacré que l'on honore même en son absence par des génuflexions et de profonds saluts. Les capitales des dix-huit provinces renferment un temple, le *Ouang-chao-kong*, où les grands fonctionnaires célèbrent chaque année, pendant six jours et par des cérémonies publiques, l'époque de sa naissance. Il est qualifié, dans les documents officiels et par son peuple, de *Ouang-ti* (auguste souverain), — *Ouang-chang* (unique sublimité), — *Tien-ti* (souverain céleste), *Tien-tse* (fils du ciel). On distingue par les plus brillantes épithètes, la *Maison d'or*, la *Maison de rose*, la *Demeure inviolable*, le palais où l'on est admis à la faveur de contempler respectueusement le visage auguste du *Dragon*. Il désigne sa propre personne par les termes très-ambitieux de *Koua-jen* (l'homme unique), ou de *Tchin* (nous-même), employant ainsi une forme de langage assez semblable à celle dont se sert la Bible pour désigner le Dieu des Juifs : Je suis celui qui suis. »

Ses privilèges.

Ses titres.

Ce n'est point sous son nom de famille ou sous celui qu'on lui a donné à sa naissance que l'empereur gouverne la Chine. Il choisit en général, pour représenter son règne, quelque terme pompeux qui exprime l'objet de son ambition et par lequel il est lui-même officiellement désigné : C'est le *Kouo-hao* (dénomination natio-

Désignation du règne.

280   L'EMPIRE DU MILIEU

nale). Toutefois, comme il est arrivé à plusieurs souverains de changer le *Kouo-hao* pendant qu'ils occupaient le trône, quelques historiens conservent aux empereurs le nom de leurs ancêtres afin d'éviter une confusion fâcheuse. Celui de la famille régnante est *Gioro* (la famille d'or). *Aisin Gioro*, auquel la légende attribue une origine céleste, en fut le chef. Il faisait, sans doute, partie de la peuplade mandchoue *Kin* (la race d'or) qui subjugua, au 11e siècle, les provinces septentrionales de la Chine, mais qui, affaiblie par ses propres divisions, fut vaincue à son tour et reléguée dans le *Léao-tong*. La dynastie mandchoue qui gouverne l'empire, depuis deux cent vingt ans, est désignée par le mot *Tsin* (pure). Tous les empereurs qui lui appartiennent se sont succédé de père en fils. La coutume nationale maintient le droit de succession dans la ligne directe, mais le code confère au souverain le droit de laisser sa couronne à un membre quelconque de sa famille et même de désigner, pour son successeur, le plus humble de ses sujets. Il arrive souvent qu'afin de soustraire l'héritier du trône aux périls que peuvent faire naître pour lui les intrigues de palais, on dissimule son nom jusqu'au jour de son avénement, quoique la charge de gardien ou tuteur du prince héritier figure au nombre des grandes dignités de l'État.

Un conseil, le *Noui-vou-fou*, composé d'un président et de sept assesseurs, contrôle l'administration de toutes les affaires de la cour, dont la gestion est confiée à six départements comme celle des affaires de l'État. Le premier pourvoit aux approvisionnements du palais et des maisons où résident les princes ; — le deuxième veille à la sûreté du souverain et commande à la garde impériale ; — le troisième règle les cérémonies et conserve l'étiquette de la cour ; — le quatrième entretient le harem et perçoit les revenus du domaine de la couronne; — le cinquième doit maintenir en bon état les bâtiments des demeures impériales, les rues et les routes où passe l'empereur; — le sixième a pour principale attribution la surveillance des haras et des fermes du domaine privé; — le septième administre la justice parmi les soldats de la garde, les eunuques et en général tous les officiers du palais qui ne font pas partie de la famille impériale.

Celle-ci est soumise à la juridiction d'une cour spéciale, le *Tsong-jin-fou*, dans laquelle siégent un président, deux assesseurs, deux délégués choisis par les princes et qui connaît, en premier ressort, de toutes les causes concernant les parents de l'empereur. Nombreuse, exigeante, tracassière, et prenant peu de part aux affaires de l'État où elle joue, d'ailleurs, un rôle fort insignifiant, la famille impériale se divise en deux branches et comprend douze ordres de noblesse. Les descendants des frères et des fils de *Tieng-ming*, le premier de la race des *Gioro* qui ait porté la couronne, constituent la première branche, le *Tsong-chih* (maison impériale); ils jouissent de priviléges plus ou moins étendus et de traitements plus ou moins considérables, selon qu'ils sont parents plus ou moins proches, favoris plus ou moins intimes de l'empereur; ils portent tous la ceinture jaune, à moins qu'ayant démérité du maître, ils n'aient été condamnés à revêtir la ceinture rouge, laquelle est la marque distinctive de leurs collatéraux. Ces derniers appartiennent à la seconde branche, celle des *Gioro*, qui perpétue ainsi le nom originaire de la race. Tous les *Gioro* ont droit à la ceinture rouge qu'ils échangent contre la rose lorsqu'un décret les a punis et dégradés.

Famille impériale.

Sa constitution.

De tous les titres conférés aux divers membres de la famille impériale, le plus élevé est celui de *Ouang*, qui correspond assez bien à notre titre de prince. Il y a plu-

Ses titres et priviléges.

sieurs classes de princes du sang. Ceux de la première jouissent d'un traitement annuel et de frais de représentation que l'on peut évaluer à 400,000 francs; ceux de la seconde n'ont droit qu'à la moitié de cette somme, et les *Ouang* de la troisième n'en touchent que le tiers. Le chiffre des traitements diminue ainsi proportionnellement au rang des titulaires dont les moins élevés reçoivent seulement 25 francs par mois et des vivres, la sollicitude de l'empereur ne devant pas souffrir qu'aucun de ses proches meure de faim. Quant aux autres titres, dont quelques-uns sont héréditaires, ils ne confèrent ni richesse territoriale, ni emploi, ni pouvoir. Les membres de la famille régnante qui en sont revêtus, restent obscurément mêlés dans la foule parasite des courtisans, tant que le maître n'a pas abaissé sur eux un regard favorable, ou qu'ils n'ont pas su capter, par leurs intrigues, la confiance de l'un des grands dignitaires de l'État. Leurs filles sont données en mariage, avec le consentement du souverain, à des fonctionnaires mandchous ou à des chefs de clans mongols, dont la politique impériale croit ainsi enchaîner au trône la douteuse fidélité. Elles ne pourraient, sans déroger aux devoirs de leur position, et sans encourir la sévérité du *Tsong-jin-fou*, entrer dans la couche d'un Chinois.

Harem.

Les officiers mandchous ne jouissent pas seulement du privilége de pouvoir s'allier, par mariage, au sang impérial; ils sont encore astreints à une obligation singulière qui n'est ni moins glorieuse à leurs yeux, ni surtout moins profitable à leurs intérêts. Tous les trois ans, ils doivent présenter publiquement leurs filles à l'empereur, qui admet les plus belles parmi ses concubines. Le nombre des habitantes du harem est illimité, bien que celui des concubines légalement reconnues soit fixé à sept. Elles sont soumises nominalement à la haute surveillance de l'impératrice, et servies par des eunuques. On croit que, dans tous les palais de l'empereur, il n'y a pas moins de 5,000 eunuques, mais nous ignorons encore comment ils sont recrutés. A l'âge de vingt-cinq ans, les concubines non légalement reconnues sont considérées comme libres de tout engagement, à moins que l'empereur ne les ait rendues mères.

Nous avons vu plus haut que, selon la fiction constitutionnelle, *le fils du ciel* régnait sur des hommes égaux par droit de naissance, et qu'il disposait à son bon plaisir, en maître absolu et souverain dispensateur, de la vie, des biens, du sort de ses sujets. Il n'y a donc, en Chine, point de castes comme aux Indes, point de noblesse perpétuellement héréditaire comme en Europe, au Japon ou dans d'autres régions de l'Asie, point de priviléges transmis par succession. Toutefois, cette antique société, pour être homogène, n'est pas uniforme. Ses institutions et les coutumes nationales en distinguent les rangs, aux divers points de vue de l'origine ou des professions, et les consacrent par des faveurs plus ou moins temporaires, qui font parfois fléchir le grand principe de l'égalité originelle, tandis que les dignités, les charges lucratives, les titres de noblesse, les décorations conférées par le souverain et classées par la loi constituent également des distinctions sociales officiellement et nettement tranchées. DISTINCTIONS SOCIALES.

Ainsi les lois criminelles accordent certains priviléges, en ce qui concerne la nature et l'application de la peine, aux personnes du sang impérial, aux plus proches parents de l'impératrice douairière et de l'impératrice régnante, aux fonctionnaires du premier rang, dans quelque situation qu'ils se trouvent, à ceux du second qui sont en activité de service, à ceux du troisième qui exercent un commandement, et la législation civile admet que les habitants de la Chine se partagent en Distinctions établies par la loi.

nationaux et en *étrangers;* en *conquérants* et *conquis;* en *libres* et *esclaves;* en hommes *honorables* et en hommes *vils*. — Parmi les étrangers que la loi traite beaucoup moins favorablement que les nationaux, figurent les peuplades insoumises qui résident dans les montagnes du sud, les familles auxquelles des bateaux servent de demeure près des côtes ou sur les grandes rivières, et, en général, tous les individus qui ne sont pas nés dans la Mandchourie ou dans les limites des dix-huit provinces. — Les conquérants sont les *Mandchoux* et les *conquis* les Chinois. Ils ne peuvent s'unir entre eux par mariage. — Tout homme peut aliéner sa liberté ou la perdre par ses crimes; tout Chinois peut avoir des esclaves et retenir leurs enfants en servitude; mais la loi, aussi bien que la coutume, protége l'esclave. Membre inférieur et avili de la famille, il a droit à l'indulgence et au bon traitement de ses maîtres. — Les étrangers, les esclaves, les criminels, les bourreaux, les agents de police, les acteurs, les jongleurs, les tailleurs, les mendiants, constituent la classe des hommes *vils*, à laquelle appartiennent également les *Tankias*, issus, dit-on, des Miaotzé (voir page 98), et les *Tou-min*, descendants des anciens *Kin*[1], qui habitent, les uns près de Canton, les autres aux environs de Ningpo, et se distinguent des indigènes par leurs coutumes traditionnelles. Les hommes vils ne peuvent concourir aux examens littéraires, ni exercer par conséquent aucune fonction publique, s'ils n'ont effacé leur indignité en suivant, pendant trois ans au moins, une profession civile et honorable.

Hiérarchie officielle.

A ces grandes classifications déterminées par l'origine, l'histoire, la condition des individus, viennent s'ajouter les deux hiérarchies officielles qui renferment tous les

---

1. Les *Kin*, peuplade guerrière de *Mongolie*, subjuguèrent un instant, au xie siècle, les peuplades septentrionales de la Chine.

fonctionnaires (*Kouan*) [1] civils et militaires de l'État. Elles comprennent neuf rangs qui sont divisés chacun en deux classes et que distingue le costume. Les neuf rangs de l'ordre civil correspondent à ceux de l'ordre militaire; toutefois, ils diffèrent un peu par les formes respectives de leurs insignes et la loi veut que le *Kouan* militaire, le *Vou*, cède le pas au Kouan civil le *Ouen*. Elle exige aussi que, pour remplir un emploi à tous les degrés de la hiérarchie, on ait obtenu un grade littéraire dans les examens publics auxquels tout le monde peut librement concourir. Mais, dans ces derniers temps, la pénurie du trésor a contraint le gouvernement de transgresser, plus d'une fois, cette règle fondamentale qui attestait la haute intelligence des premiers législateurs de la Chine et dont l'application immémoriale avait merveilleusement sauvegardé, pendant bien des siècles, l'honneur des fonctions officielles. Les grades littéraires, par conséquent les titres aux emplois publics, deviennent maintenant, dans certaines nécessités, la récompense promise des dons patriotiques; à vrai dire on les cède au plus offrant quand sa position sociale et son aptitude aux affaires paraissent offrir, d'ailleurs, certaines garanties, et il faut bien reconnaître que cet avilissant système n'a pas produit partout de fâcheux résultats, le sens pratique étant plus capable en général, que la science spéculative des théories, de servir avantageusement les intérêts administratifs.

<small>Titres aux emplois publics.</small>

Ce sont principalement les globules (*Ting-tsen*), les broderies pectorales (*Pou-fou*) et les agrafes des ceintures qui distinguent les rangs officiels des divers fonctionnaires, lesquels portent tous, au reste, comme nous avons déjà vu, la robe longue ornée de figures fantasti-

<small>Costumes officiels.</small>

---

1. C'est le terme *kouan* que nous traduisons par le mot de *mandarin* tiré du verbe portugais *mandar*, et emprunté à l'idiome barbare des natifs de Macao.

ques représentant des dragons ou des serpents, la pèlerine, le chapeau conique en feutre ou en paille surmonté d'une touffe en soie rouge et le collier. Les globules allongés ou arrondis, selon qu'ils accompagnent ou non l'habit de cour, sont identiques, comme les agrafes, que le *Kouan* soit civil ou militaire ; mais les plastrons ou pectoraux diffèrent suivant l'ordre auquel appartient le fonctionnaire. Le tableau ci-contre renferme l'indication de ces signes distinctifs que M. d'Escayrac a imités par la gravure dans son ouvrage pittoresque.

Costumes officiels de fantaisie. Le cérémonial règle également le costume d'apparat des femmes de fonctionnaires. Au reste, les distinctions qu'il prescrit ne sont pas toujours rigoureusement observées. La fantaisie l'emporte parfois sur l'étiquette. On rencontre dans les rues à l'époque du nouvel an, ou remarque dans les corteges officiels plusieurs personnages revêtus des insignes inférieurs, portant le globule blanc ou le globule d'or, et qui ne remplissent aucun emploi public.

Décorations. Signalés à la bienveillance impériale par les rapports des grands dignitaires ou la reconnaissance du peuple, le mérite militaire et le mérite civil reçoivent des récompenses honorifiques. Les signes extérieurs qui les distinguent sont la robe ou la pèlerine jaune, les plumes de paon à un ou deux yeux pour les fonctionnaires d'un certain rang, la queue de renard pour les simples soldats. La plume de paon et la queue de renard, fixées à la partie inférieure du globule, se projettent horizontalement derrière la tête. L'empereur reconnaît aussi les services éminents rendus à l'État par des titres de noblesse concédés viagèrement ou seulement transmissibles pendant deux ou trois générations. Ces titres, dont les trois premiers donnent le pas sur les plus hauts fonctionnaires, sont désignés par les termes *Kong, Hao, Peh, Tse, Nan*, que nos sinologues font correspondre, dans leurs tra-

RANGS OFFICIELS	GLOBULES	AGRAFES OU FERMOIRS	PLASTRON OU PECTORAL CIVIL	PLASTRON OU PECTORAL MILITAIRE
1er rang.	Rubis.	Agate.	Cigogne, devant et derrière la robe.	Unicorne, devant et derrière la robe.
2e	Corail rouge.	Or enrichi de diamants.	Faisan doré.	Lion.
3e	Saphir.	Or ciselé.	Paon.	Léopard.
4e	Bleu opaque.	Or ciselé avec ornements d'argent.	Grue.	Tigre.
5e	Cristal.	Or plein avec ornements d'argent.	Faisan d'argent.	Ours.
6e	Blanc opaque.	Nacre.	Aigrette.	Tigre.
7e	Or plein.	Argent.	Perdrix.	Rhinocéros.
8e	Or ciselé.	Corne.	Caille.	Rhinocéros.
9e	Or strié.	Corne de buffle.	Passereau.	Morse.

ductions, à ceux de *duc, marquis, comte, vicomte, baron*. Priviléges exclusifs des familles de *Confucius* et de *Ko-chinga*, deux titres nobiliaires, seulement, sont héréditaires à perpétuité dans toute l'étendue de l'empire. Les descendants en ligne directe du sage ont droit à la dénomination de *Duc toujours sacré;* ceux du guerrier prennent celle de *Duc dompteur de la mer*.

DES DEUX GRANDS CONSEILS DU GOUVERNEMENT.

Entre l'empereur qu'ils assistent et l'administration qu'ils dirigent, sont placés les deux grands conseils du gouvernement, le *Noui-ko* et le *Kioun Ki-tchou* (v. page 278). Le *Noui-ko* (cabinet) examine les affaires importantes qui concernent le gouvernement de l'empire, soumet à l'empereur le résultat de son examen, prend ses ordres et promulgue sa suprême volonté. Il renferme seize membres : à savoir six ministres d'État *Ta-hioz* (grands savants lettrés) dont deux assistants, les uns Mandchoux, les autres Chinois, et dix autres conseillers ou assesseurs, désignés simplement par le titre de *Hioz* (savant lettré). Le peuple donne le nom familier de *Co-lao* aux quatre premiers ministres et de grand *Colao* à celui dont le nom figure le premier sur la liste des membres du cabinet. Les *Colao* sont particulièrement chargés du soin de délibérer sur les mémoires soumis au conseil, d'en conférer avec l'empereur et de transmettre aux différents ministères les ordres de S. M. Aux dix assesseurs sont confiées des fonctions moins considérables, qui consistent à présider certaines cérémonies civiles ou religieuses, à recevoir et à entretenir les représentants des pays étrangers, à maintenir l'intégrité des vingt-cinq grands sceaux de l'État dont la garde leur est remise et qu'ils conservent dans le temple de la paix. Les vingt-cinq sceaux affectent des formes différentes correspondant aux catégories admises par la haute bureaucratie de l'empire.

Noui-ko (cabinet).

GOUVERNEMENT ET LÉGISLATION

L'assistance que prête au souverain le conseil général (*Kioun-ki-tchou*) est moins mystérieuse et moins privée, mais plus active et mieux définie. Délibérer sur toutes les matières importantes du gouvernement de concert avec les membres du ministère ou du tribunal qu'elles peuvent spécialement concerner; siéger, aux époques de guerre, en comité permanent des voies et moyens; recueillir et faire expédier, par l'entremise du département de la guerre, les ordres de l'empereur; lui faire connaître les fonctionnaires méritants et les personnages capables de servir utilement l'État; inscrire et conserver dans les archives publiques et secrètes les opinions exprimées personnellement par l'empereur; rédiger le texte des édits et des arrêts souverains de S. M. ainsi que les procès-verbaux constatant les transactions qui intéressent directement l'État; veiller, en général, à l'observation des édits; désigner, parmi les documents qui lui sont soumis ou qui émanent de ses délibérations, ceux qui doivent être insérés dans la gazette officielle (*King-tchao*); — telles sont les attributions variées et importantes dont il est revêtu. Les princes du sang, les quatre *Colaos*, les présidents et vice-présidents des six ministères et des autres grandes cours qui siégent à Péking, certains fonctionnaires qui remplissent, dans les provinces ou aux colonies, des fonctions élevées, sont membres de droit du conseil général de l'empire. Le *Kioun-ki-tchou* se rassemble tous les jours, entre cinq et six heures du matin, dans une des salles du *Palais interdit*. Lorsqu'il est spécialement convoqué dans la chambre du conseil, il prend place sur des siéges fort bas en présence de l'empereur ou simplement en face du trône.

C'est donc au *Kioun-ki-tchou* que les institutions nationales ont remis le soin si grave de recueillir, de compulser, de modifier, d'écrire et de publier les documents

Kioun-ki-tchou (conseil général).

King-tchao (journal officiel.)

qui doivent constituer un jour les annales historiques de la Chine, ou éclairer actuellement l'opinion publique par la voie quotidienne de la presse. Chaque jour des extraits étendus de ces documents sont affichés sur un des murs du palais. Le *King-tchao* (littéralement les copies de la cour), que nous appelons la gazette de Péking, y puise le texte officiel qui doit remplir ses colonnes, et le gouvernement en envoie des expéditions aux principaux fonctionnaires des provinces qui les font imprimer en y ajoutant le bulletin administratif des localités où ils résident. Les lois de l'État ne tolèrent aucune autre publication périodique ; seulement, il est permis d'en faire copier et distribuer des extraits à condition d'en conserver rigoureusement le texte et de n'y mêler aucune note ou commentaire. Le journal officiel paraît donc sous des formats très-divers dans les différentes parties de l'empire, suivant le besoin de ses abonnés et l'intelligence de ses rééditeurs.

Les Louh-pou ou les six départements. Subordonnés aux instructions qui émanent des deux grands conseils, les *Louh-pou* (les six départements) dirigent et surveillent immédiatement les principales branches administratives de l'État. Leur organisation ne ressemble nullement à celle de nos ministères. Les bureaux des six *Pou* qui fonctionnent, d'ailleurs, avec beaucoup d'ordre et de célérité, sont placés sous le contrôle d'une cour responsable composée de deux présidents *(Chang-chu)* et de quatre assesseurs *(Chi-lan)*, les uns Mandchoux, les autres Chinois. Les départements de la guerre, des finances et des crimes ont, en outre, un surintendant spécial choisi parmi les membres du *Noui-ko* ou les présidents d'un autre ministère.

Lij-pou (département civil). Du *Lij-pou* (département civil) relèvent tous les fonctionnaires civils de l'empire. Il contrôle leur administration et leur aptitude, juge leurs mérites, examine et fait valoir les droits qu'ils peuvent avoir à l'avancement, aux congés pour cause de deuil et de fatigue, à la faveur impériale, aux distinctions honorifiques, aux hommages posthumes. La loi veut que le souverain, pour reconnaître les services éminents des grand magistrats, anoblisse, par décret, leurs mânes ou leurs ancêtres. On pourrait donner au *Lij-pou* le nom de ministère du personnel.

Au département des finances ou des revenus *(Hou-pou)* sont confiées spécialement les plus vitales fonctions de gouvernement. Il surveille la rentrée et l'emploi des impôts. Le recensement de la population ; les indemnités et les traitements des fonctionnaires ; les subventions octroyées par l'État ; la distribution des secours accordés pour le soulagement des misères publiques ; la conservation des limites cadastrales et le jugement en appel de toutes les contestations concernant la propriété territoriale ; l'administration des mines ; la perception des taxes en argent et en nature, dépendent de son ressort. Ses nombreux bureaux et ses innombrables employés exercent encore d'autres attributions moins importantes, dont l'une consiste à dresser périodiquement la liste des jeunes filles mandchoues parmi lesquelles l'empereur choisit ses concubines.

<small>Hou-pou (département des finances.)</small>

Le *Li-pou* (ministère des rites) est chargé de maintenir intégralement la pureté des cinq grandes classes de rites : les rites favorables, les rites fortunés, les rites militaires, les bons rites, les rites funestes ; de veiller à la constante et fidèle observation des règles de l'étiquette par les employés de la cour et de tous les fonctionnaires de l'État dans leurs relations officielles écrites ou verbales ; de conserver les formes du costume national ; de défendre les priviléges des académies et des lettrés ; de faire respecter les lois et décrets qui réglementent les examens littéraires ; de prescrire les formalités qui doivent être suivies dans les réceptions des personnages étrangers, ambassadeurs ou porteurs de

<small>Li-pou (ministère des rites.)</small>

tributs. Le respect traditionnel dont sont pénétrés tous les Chinois pour les formes extérieures du cérémonial et que consacre, depuis 20 siècles, l'autorité suprême des leçons de Confucius, explique suffisamment l'incontestable utilité d'une telle institution. Un des bureaux du *Li-pou* a pour mission spéciale d'étudier et de répandre l'harmonie, de perfectionner les instruments de musique, de composer des mélodies nouvelles appropriées aux cérémonies publiques exigées par les circonstances. On peut affirmer que les plus simples notions de la science musicale, le génie et l'inspiration, font entièrement défaut à cette étrange académie.

<small>Académie de musique.</small>

Dans les attributions du *Ping-pou* (département de la guerre) est compris tout ce qui concerne le recrutement, l'organisation, les approvisionnements de l'armée et de la marine, les examens militaires, la surintendance de la police, la haute surveillance des courriers de la poste.

<small>Ping-pou (département de la guerre.)</small>

De très-graves fonctions appartiennent au *Hing-pou* (ministère des châtiments), qui constitue, avant tout, une haute cour de justice. Réunis aux censeurs (voir page 294), les premiers magistrats de ce département forment un tribunal permanent qui connaît de toutes les causes importantes. Aux assises d'automne, ils s'adjoignent quelques membres des cinq autres ministères pour examiner, en appel et dernier ressort, les sentences des autorités provinciales et enregistrer les arrêts par lesquels l'empereur sanctionne leur décision. Le *Hing-pou* surveille, en outre, la révision et la réédition quinquennales du code, l'administration des prisons, et la rentrée des amendes subies par les criminels en commutation de peine.

<small>Hing-pou (ministère des châtiments.)</small>

Entretenir, aux dépens du trésor ou des taxes locales, les édifices publics, les digues, les canaux, les fortifications de l'empire ainsi que les mausolées impériaux ;

<small>Kong-pou (ministère des travaux publics.)</small>

procurer, d'après les instructions du *Ping-pou*, des vivres et des munitions à l'armée, des bois à la marine; maintenir l'exactitude des poids et mesures; fixer, par des taxes périodiques, la valeur officielle des perles et d'autres pierres précieuses; faire ériger des tombeaux aux fonctionnaires qui ont bien mérité de l'État, en vertu des décrets impériaux que provoquent les appréciations du *Lij-pou* : telles sont les principales attributions du *Kong-pou* (département des travaux publics). Sa compétence est aussi étendue que variée.

En un mot, suivant une expression synthétique et figurée du code chinois, l'empereur a recours au *Lij-pou* pour gouverner son peuple, au *Hou-pou* pour le nourrir, au *Li-pou* pour le conduire, au *Ping-pou* pour le protéger, au *Hing-pou* pour le corriger, au *Kong-pou* pour lui procurer le bien-être et le repos.

Cependant le concours des six *Pou* ne suffit pas au pouvoir impérial. Il a encore pour auxiliaires immédiats le *département des colonies*, le *collége des censeurs*, l'*académie impériale*, la *cour des remontrances*, la *haute cour criminelle*. L'administration des vastes territoires que parcourent les tribus mongoles et que commencent à fertiliser les patients labeurs des colons chinois, est placée sous le contrôle de *Li-fan-youen* (département des colonies). Il entretient et raffermit les relations qui unissent à la Chine les peuples nomades du *Cobdo*, de *l'Ili*, du *Ko-ko-nor*; fait passer à leurs chefs les traitements qu'ils reçoivent de la munificence impériale; surveille le fonctionnement de leur législation criminelle et la rentrée des impôts qu'ils doivent à l'État; règle les concessions de terrains qu'ils sont tenus de faire aux colons chinois; prend toutes mesures propres à soumettre les cultivateurs du sol à l'action directe du pouvoir en affaiblissant, par un système de gradation très-patiemment

<small>DES PRINCIPAUX CORPS DE L'ÉTAT AUTRES QUE LES SIX POU.

Li-fan-youen (département des colonies.)</small>

et très-habilement suivi, l'autorité féodale des *Khans* tartares. Il maintient la chancelante fidélité de ces chefs barbares, en faisant entrer dans leur lit des princesses du sang impérial, et en leur versant, avec une scrupuleuse exactitude, le traitement annuel dont ils jouissent. Le chiffre de ce traitement varie, suivant le rang des titulaires, de 16,000 à 800 francs. On y ajoute des pièces de soie dont le nombre est d'autant plus considérable que ceux-ci sont plus haut classés dans la hiérarchie des princes. La langue officielle de l'empire donne le nom de *Ouaï-fan* (étrangers extérieurs) aux tribus placées sous le contrôle du département des colonies; de *Noui-fan* (étrangers intérieurs) à celles qui habitent les montagnes du Sé-tchouen et de Formose; de *Noui-i* (barbares indigènes) aux Miaotse; de *Ouaï-i* (barbares extérieurs) à tous les peuples qui ne reconnaissent pas la domination chinoise.

<small>Dénominations officielles des étrangers.</small>

De toutes les fonctions exercées par les grands magistrats de l'empire il n'y en a pas de plus nobles, de plus respectées, de plus utiles et, ajoutons-le, de plus fidèlement et courageusement remplies au milieu des corruptions administratives, que celles dont les institutions nationales ont investi la cour des censeurs. Le *Tou-tcha-youen* (cour qui examine tout) a le droit d'adresser au trône des observations et des remontrances sur tous les sujets qui intéressent l'autorité de l'empereur et le bonheur de ses sujets, spécialement sur les procès criminels. Il comprend 40 membres entre lesquels est réparti le contrôle de toutes les branches de l'administration. Les uns sont attachés aux différents ministères pour apprécier leurs actes et procéder périodiquement à l'examen de leurs archives; d'autres surveillent particulièrement les autorités de la capitale, et le service de la navigation intérieure, tandis que tous peuvent siéger, à tour de rôle, dans la cour souveraine (voyez page 292) qui constitue le *Hing-pou*.

<small>Tou-tcha-youen (cour des censeurs)</small>

Non moins respectée que le collège des censeurs, composée des savants qui ont obtenu les plus hauts grades littéraires, l'académie impériale (*Han-lin-youen*) exerce les plus honorables attributions. Les quatre colléges entre lesquels se partagent ses membres, relatent les faits et gestes de l'empereur, recueillent ou rédigent les éléments qui doivent entrer dans la composition de l'histoire nationale, préparent les documents qui sont publiés avec la sanction du pouvoir. C'est parmi les docteurs de l'académie que sont choisis d'ordinaire les plus hauts magistrats de l'empire.

<small>Han-lin-youen (académie).</small>

Entre le cabinet et les autorités provinciales, entre le souverain et les plus humbles de ses sujets, est placé, comme intermédiaire, le *Tong-shing-tse* qui transmet au *Noui-ko* les mémoires de ces autorités ainsi que les appels de leurs jugements et remet à l'empereur les humbles suppliques des simples particuliers.

<small>Tong-shing-tse.</small>

Enfin le *Ta-li-sze* (haute cour criminelle) confirme les sentences des tribunaux de province et juge en appel les causes importantes qui entraînent la peine de mort (sauf la suprême décision de l'empereur), de concert avec le collège des censeurs et le *Tong-shing-tse*.

<small>Ta-li-sze.</small>

Nous mentionnerons encore, pour achever l'énumération des principaux corps de l'État, le *Kin-tien-kien* (collège impérial d'astronomie) dont les membres doivent étudier le cours des astres et les phénomènes célestes, fixer les jours fastes et néfastes et rédiger annuellement l'almanach impérial, mais s'acquittent fort mal de leur tâche et sont bien plutôt des astrologues que des astronomes; — et le *Tao-i-youen* (académie de médecine) qui se compose de la réunion des médecins de la cour.

<small>Kin-tien-kien (collège d'astronomie).</small>

Monument achevé et impérissable du génie législateur des Chinois, marqué, sur toutes ses faces, du sceau de leur organisation puissante et de leur remarquable

<small>DU CODE.</small>

talent pour l'investigation et l'analyse, vénérable par son antiquité, mais perfectible de sa nature, et rajeuni par les décisions impériales suivant les convenances des temps et les nécessités progressives de la civilisation, plus complet, plus précis, plus clément, mieux coordonné que tous les autres recueils asiatiques, le code, *Tiuh-li* (lois et décrets), renferme toutes les lois auxquelles obéissent les habitants de l'empire. *Li-kouei* en recueillit, il y a vingt siècles, les premiers éléments au milieu de la confusion des vieilles coutumes et des anciens édits ; il entreprit de les réunir, de les comparer et de les classer méthodiquement afin de donner un guide sûr aux magistrats et d'épargner, à l'avenir, au pouvoir les peines inutiles que lui occasionnait l'examen des sentences. L'œuvre inaugurée par l'initiative intelligente du grand compilateur, reçut un prompt achèvement que ne cessent de compléter, par des révisions périodiques, les efforts du gouvernement chinois.

<small>Divisions principales.</small> Le code renferme 7 titres subdivisés en 436 sections, *Liuh* (lois), auxquelles sont annexés les *Li* (décrets ou clauses modernes), successivement introduits dans le *Liuh-li* aux époques des révisions périodiques. Parmi ces titres qui portent les noms de *lois générales, lois civiles, lois fiscales, lois sur les rites, lois militaires, lois criminelles, lois sur les travaux publics*, les six derniers correspondent, ainsi qu'on le voit par les termes qui les désignent, aux attributions des six ministères. On révise et on réédite le code tous les cinq ans. Les *Li* ont la même force que les *Liuh* qu'ils modifient, complètent, suppriment ou interprètent. L'édition de 1830 comprenait 28 volumes. Celle de 1799, dont Georges Staunton, un des secrétaires de lord Mac-Cartney, a donné la traduction, renferme un long et curieux recueil de notes explicatives, de subtils ou naïfs commentaires, de sentences arbitraires rendues dans des cas

douteux et recueillies à l'effet de fixer les laborieuses incertitudes des magistrats.

On trouve dans le titre intitulé *lois générales* et divisé en 47 sections, des exposés de principes, la plupart assez vagues, sur l'art de gouverner et de juger les hommes; des définitions de crimes; des descriptions de pénalités; des conseils donnés aux magistrats pour les causes que la loi n'a pas prévues. Ils doivent les juger conformément à l'équité naturelle, seulement leur sentence ne devient exécutoire qu'après avoir été revêtue de l'approbation impériale. Titre des lois générales.

Les 28 sections des *lois civiles* exposent l'économie et le système du gouvernement ainsi que les maximes auxquelles les magistrats doivent conformer leur conduite, établissent et classent les titres de noblesse, règlent les devoirs réciproques des fonctionnaires, flétrissent et prohibent les intrigues et les cabales. Titre des lois civiles.

Par les 82 sections des *lois fiscales* sont longuement définies les règles à suivre pour opérer le recensement des populations, partager les héritages et liquider les successions, conclure les mariages et en assurer les effets, entretenir les greniers publics, recouvrer les impôts et les taxes, réprimer l'usure et la contrebande. Titre des lois fiscales.

L'une des bases de la constitution repose sur ce grand principe que l'empereur est l'unique propriétaire de tout le sol de l'empire et qu'il en concède la jouissance à ses sujets moyennant l'accomplissement de certaines conditions dont l'acquittement de la taxe, la bonne culture du fonds, l'inscription du nom du détenteur sur les registres officiels constituent les principales. Ce dernier peut vendre, affermer, transmettre son droit d'occupation. Le fils aîné, ou, à son défaut, le plus proche descendant mâle, hérite seul; mais, en général, les frères prennent entre eux certains arrangements afin de continuer à vivre ensemble sous le toit qui les a vus naître, Comment sont fixées la possession et la transmission du sol.

attendu que, suivant un salutaire usage encouragé par les institutions nationales, les professions se perpétuent dans la famille. Les filles sont incapables d'hériter. La loi estime la taxe au 10⁰ du revenu, mais elle en exempte les établissements religieux et scientifiques.

<small>Créanciers hypothécaires.</small> Elle transfère immédiatement la jouissance du fonds au créancier hypothécaire qui a rempli les formalités voulues et s'est engagé par devant le magistrat à payer les impôts, mais elle conserve, pendant 13 ans au débiteur, le droit de recouvrer cette jouissance en acquittant sa dette. La durée des baux à ferme varie de 3 à 7 ans. Il est d'usage, sauf stipulation contraire, que le fermier approvisionne les bâtiments et donne la moitié des fruits au bailleur, lequel est tenu au payement de la taxe.

<small>Titre des rites.</small> Tout ce qui concerne les cérémonies du polythéisme officiel et les pratiques du culte des ancêtres est décrit dans les 26 sections du titre *des rites* qui définit et punit sévèrement les sectes illégales et les opérations magiques.

<small>Titre des lois militaires.</small> Les mesures propres à garantir la sûreté du palais de l'empereur et de sa famille, le recrutement et l'approvisionnement des troupes, le service des courriers sont prévus par les *lois militaires* qui règlent aussi l'organisation de l'armée. Ces lois sont divisées en 71 sections.

<small>Titre des lois pénales.</small> Des six titres du code, le plus volumineux comme le plus important en raison de l'application continuelle des dispositions qu'il renferme est, sans contredit, celui *des lois pénales*, lequel contient 11 chapitres et 170 sections. Tous les genres de crimes et de délits, le vol, la haute trahison, l'homicide, les rixes, les injures, la désobéissance envers les parents, la calomnie, la concussion des fonctionnaires, les tentatives de corruption, les faux, les fraudes commerciales, l'inceste, l'adultère y sont mentionnés et punis par des peines quelquefois atroces, presque toujours excessives et différant entre

elles par des nuances si délicates, si minutieuses que la conscience des juges intègres devrait être mise à la torture aussi bien que le corps de l'accusé. On verra dans le chapitre qui traite de l'administration et des pratiques administratives, qu'en général l'application des lois est beaucoup moins rigoureuse que leur théorie, mais il faut reconnaître que le code, en multipliant les peines à l'infini, en autorisant la question, en s'abstenant de définir les droits du *justiciable*, expose, en réalité, sa personne et ses biens au plus dangereux arbitraire.

Au 6me titre, celui des lois sur les *travaux publics*, appartiennent les décrets et règlements qui ont rapport à la construction et à l'entretien des routes, canaux, ponts, digues, forteresses, palais, prétoires et en général de tous les édifices dont la loi reconnaît l'utilité générale.

Titre des lois sur les travaux publics.

Ajoutons, pour terminer cette énumération rapide et sommaire des lois de l'empire, que le *Liuh-li* ne renferme pas toutes les dispositions auxquelles sont assujettis les Chinois. Il est permis aux premières autorités provinciales de publier, sur certaines matières, des édits qui font revivre quelque règlement tombé en désuétude ou qui mettent en vigueur une législation nouvelle. Ces édits, dont l'inobservation peut entraîner la peine de mort, deviennent obligatoires, après avoir reçu la sanction de la cour suprême qui siége à Péking (voir page 292). Dans une sphère beaucoup plus humble, il est admis que le conseil des anciens auquel est confiée l'administration des villages peut prendre, sur les matières locales, des arrêtés municipaux qui acquièrent, à la longue, force de loi.

ÉDITS PROVINCIAUX.

ARRÊTÉS MUNICIPAUX.

CHAPITRE II

ADMINISTRATION DE L'EMPIRE

Hiérarchie administrative. — Fonctionnaires spéciaux. — Rangs officiels des fonctionnaires. — Leurs traitements, leurs prétoires, leurs cortéges. — Administration de la justice. — Procédure. — Les cinq peines légales et les corrections. — Police. — Administration des finances, de l'armée, de la marine. — Pratiques et abus de l'administration en général. — Clans. — Corporations. — Clubs. — Sociétés secrètes. — Piraterie.

HIÉRARCHIE ADMINISTRATIVE. — Sous la direction centralisatrice des départements qui assistent les deux grands conseils de leur concours immédiat, fonctionne, dans les provinces, toute une armée de magistrats hiérarchiquement organisés, dont les attributions respectives correspondent aux divisions territoriales indiquées plus haut. (Voir le premier chapitre de cet ouvrage, page 30).

Tsong-tou. — Le *Tsong-tou* (vulgairement *Tchi-ta*), gouverneur général, vice-roi, représente directement l'autorité souveraine; il dirige l'administration civile et militaire dans les groupes de provinces comme le *Liang-kiang* et le *Min-tché*, ou dans les provinces importantes comme le *Tchi-ly* et le *Se-tchouen*.

Fou-youen. — Au *Fou-youen* (vulgairement *Fou-ta*), gouverneur, sont confiées les mêmes fonctions dans les trois provinces du *Chan-tong*, du *Chan-si* et du *Ho-nan*; mais ils exercent en réalité celles de sous-gouverneurs, sous les

GOUVERNEMENT ET LÉGISLATION

ordres d'un *Tsong-tou*, dans chacune des deux ou trois provinces dont la réunion constitue une vice-royauté. C'est ainsi que le *Liang-kiang*, gouverné par un tsong-tou résidant à Nanking, se compose de trois provinces, le *Kiang-sou*, le *Ngan-hoeï* et le *Kiang-si*, placées chacune sous la direction d'un *Fou-youen* qui habite sa capitale (voir page 109). Les vice-rois et gouverneurs ont le droit de prononcer la peine de mort contre leurs administrés dans certains cas prévus par le code. Ils peuvent publier des édits auxquels la sanction impériale donne force de loi (voir page 292), et nommer provisoirement aux emplois qui viennent à vaquer.

A la tête des branches *militaire, financière, judiciaire, littéraire* de l'administration provinciale sont placés, sous le contrôle direct des *Tsong-tou* ou *Fou-youen* : le *Ti-tou*, vulgairement *Ti-to*, commandant en chef des forces de terre et de mer, dont les fonctions se confondent parfois avec celles du gouverneur ; — le *Pou-tching-se* (trésorier), vulgairement *Fan-ta*, qui veille à la rentrée des impôts directs et indirects ; — le *Ngan-cha-se* (grand juge), vulgairement *Nié-ta*, qui connaît de certaines causes importantes en matière civile, seul ou de concert avec le trésorier ; — le *Hio-tching*, chancelier littéraire que l'on choisit ordinairement parmi les membres du *Han-lin* et auquel est confiée, dans le ressort de la province, la surintendance des épreuves académiques.

Ti-tou.

Pou-tching-se.

Ngan-cha-se.

Hio-tching.

Les troupes tartares sont commandées spécialement par un général mandchou, le *Tsiang-kioun*, dont la juridiction ne dépasse pas les murs des places de guerre, mais dont le rang égale celui du vice-roi et que l'on croit généralement investi, par la confiance impériale, d'une mission fort redoutable. Elle consiste à exercer une surveillance vigilante, occulte et silencieuse sur les actes des hautes autorités provinciales, et à transmettre

Tsiang-kioun.

directement au cabinet ses impressions confidentielles.

Dans les circonstances graves le *Tsong-tou*, le *Fou-youen* et le *Tsiang-kioun* se réunissent en conseil et prennent des décisions qui deviennent immédiatement obligatoires pour toutes les autres autorités de la province.

<small>Tao (intendants.)</small> Mandataire du gouverneur ou du gouverneur général qui lui délègue une partie de son autorité, le *Tao* (vulgairement Tao-ta), administre une étendue de territoire qui comprend presque toujours plusieurs départements. Les fonctions que remplit le Tao ne sont pas identiques. Tantôt elles réunissent les attributions civiles et militaires du gouverneur, tantôt elles ont un caractère purement civil, tantôt elles consistent à contrôler spécialement la collection des taxes.

<small>Fou-tsun (préfets).</small> Les préfets (vulgairement *Fou-tsun*) relèvent des gouverneurs soit directement, soit, comme nous venons de le voir, par l'intermédiaire des *Tao*. Ils exercent dans un département la pleine autorité administrative. On leur donne le nom de *Tchi-fou*, *Tchi-tchao*, *Ting-tong-tchi*, selon la dénomination officielle que porte ce département (voir page 31). Sous la direction du préfet est placé le fonctionnaire qui administre l'arrondissement, et auquel le peuple donne le titre vulgaire de *Min-fou*, tandis que l'usage officiel lui confère celui de *Tchao-tchi*, *Tchi-hien*, <small>Tchi-hien (sous-préfets).</small> suivant que cet arrondissement est un *Tchao* ou un *Hien*. Ses attributions ne sont pas moins actives qu'importantes. La loi lui confie l'instruction de tous les crimes qui se commettent dans son ressort, le constitue juge civil en première instance de toutes les contestations qui s'y élèvent et le charge en outre d'y assurer l'exacte perception des impôts.

<small>Magistrats de cantons.</small> Parmi les agents secondaires qui rendent aux préfets et aux sous-préfets des services analogues à ceux que les gouverneurs demandent aux Tao-taï, il convient de placer au premier rang les commissaires de police, ceux

qui administrent, sous des noms divers (*Sion-kien, Ti-pao*, etc.), soit les quartiers des grandes villes, soit les cantons ou réunions de communes. Ces derniers sont assistés dans leur tâche ardue par les maires des villages (*Meu-tchang*). Ni les uns ni les autres ne peuvent prétendre à la dignité de *Kouan*; mais, si les fonctions responsables et lucratives que remplit le *Ti-pao* sont en général peu respectées, celle que le consentement des notables impose au maire et dont il ne peut s'acquitter dignement sans consentir à de grands sacrifices, est entourée de la considération publique.

Maires.

Les notables ou anciens constituent une sorte de conseil municipal *officieux* qui, communiquant avec le Tchi-hien par l'intermédiaire plus ou moins officiel du maire ou du Ti-pao, gère les affaires de la commune. Leurs pouvoirs, qu'ils tiennent du suffrage universel librement exprimé, et qui sont soumis à un renouvellement périodique, leur donnent le droit de veiller à la police, de régler les contestations de peu d'importance, de prendre des arrêtés concernant la voirie, la collection des taxes, les cérémonies publiques, de prononcer des peines parfois assez sévères. Dans les circonstances périlleuses, les anciens de plusieurs communes se réunissent, se consultent et arrêtent des mesures de sûreté publique que le Tchi-hien sanctionne le plus souvent de son approbation.

Notables ou anciens.

Outre les magistrats que nous venons de nommer et dont les emplois, régulièrement liés les uns aux autres, forment dans toutes les provinces de l'empire une chaîne administrative à peu près uniforme, le gouvernement a sous ses ordres des fonctionnaires investis de pouvoirs spéciaux ou chargés de certaines parties du service public qui répondent à des nécessités locales. Tels sont : les *Kin-tchaï* (commissaires impériaux) auxquels la cour

FONCTIONNAIRES SPÉCIAUX.

Kin-tchaï.

remet des pleins pouvoirs, souvent occultes, soit pour exercer une surveillance générale, soit pour conduire au nom de l'empereur, particulièrement avec les plénipotentiaires étrangers, des affaires importantes; — les deux *Tsong-tou*, résidant à *Tien-tsin*, auxquels est remise la surintendance des greniers publics et du transport des grains jusqu'à la capitale; — les deux inspecteurs généraux du canal impérial et du fleuve Jaune, qui ont également rang et titre de *Tsong-tou*; — celui qui centralise le service du transport des grains sur le *Yang-tze-kiang* et de la perception des impôts en nature dans les huit provinces que baigne le grand fleuve. — Tels sont encore les inspecteurs généraux des douanes et gabelles qui résident au *Tchi-li* et au *Chan-tong*, ainsi que les intendants des cinq provinces maritimes et les receveurs (Kien-tuh), qui fonctionnent sous leurs ordres.

<small>Surintendants et inspecteurs généraux.</small>

<small>RANGS OFFICIELS DES FONCTIONNAIRES.</small>

Tous ces agents, depuis les membres du cabinet et les ministres d'État jusqu'aux simples assistants du sous-préfet, occupent dans la hiérarchie officielle (voir page 286) le rang, et dans ce rang la classe attribués par les coutumes aux fonctions dont ils sont revêtus. Il arrive quelquefois, mais rarement, que la faveur impériale les fasse monter d'un rang ou d'une classe sans leur conférer un grade supérieur. C'est ainsi que, dans l'ordre civil, les ministres et les grands conseillers de la couronne appartiennent d'ordinaire au premier rang; les vice-rois, gouverneurs, inspecteurs généraux des douanes au second; les chanceliers littéraires et les grands juges au troisième; les Tao-taï, les intendants des douanes au quatrième; les préfets au cinquième; les suppléants du préfet (sortes de secrétaires généraux) au sixième; les sous-préfets au septième; les divers auxiliaires et agents des sous-préfets au huitième et neuvième. Dans leurs mutuelles relations, les autorités administratives se désignent généralement, par le terme *tchen*, qui offre un sens assez semblable à celui de *kouan*. Dans les rapports adressés à l'empereur, elles se qualifient souvent de *Nou-tse* (esclaves de Sa Majesté). Le peuple, dans ses conversations familières, les distingue en grands *Kouan*, qu'il appelle aussi les *Ta* et petits *Kouan*. Il y a huit *Ta*, cinq civils et trois militaires. Les grands *Kouan* ont droit à la dénomination de *Ta-jen* (grand homme).

<small>Désignations qu'ils se donnent à eux-mêmes et que le peuple leur donne.</small>

Plus largement rétribués que nos fonctionnaires, les agents de l'administration chinoise ont à remplir des obligations beaucoup plus onéreuses, auxquelles leurs traitements sont loin de suffire. La concussion est pour eux une nécessité absolue sur laquelle ils ont droit de compter quand ils entrent en fonction, que les lois flétrissent mais que les mœurs admettent, que le peuple tolère quand elle ne dégénère pas en vexations insupportables, et que tous leurs supérieurs pratiquent largement. Le chiffre de leurs appointements fixes ne dépasse pas 25,000 taëls ou 175,000 francs[1] pour un vice-roi, 105,000 francs pour un gouverneur, 70,000 pour un trésorier, 20,000 pour un Tao-taï ou un préfet, 15,000 pour un sous-préfet. Quand on sait que les convenances et les coutumes qui régissent impérieusement la société chinoise, imposent à ce dernier une trentaine de domestiques : secrétaire, intendant, cuisiniers, valets, pages, porteurs de chaise, plus fainéants, plus insolents et plus vicieux les uns que les autres, et qu'il doit, en outre, rétribuer, indemniser, nourrir, sur ses propres appointements, les dix ou douze agents placés sous ses ordres, on est convaincu que, si son patrimoine ne lui fournit d'abondantes ressources, sa maison et son administra-

<small>TRAITEMENT DES FONCTIONNAIRES</small>

---

[1]. Le taël vaut, suivant le change, de 7 à 8 francs.

tion particulière se trouvent forcés de vivre, comme lui-même, aux dépens du public.

Leurs prétoires. Ce n'est pas que le luxe de cette maison nécessite de grandes dépenses. Rien de plus misérable, de plus dénué que les *Ya-moun* ou demeures des magistrats, rien de plus ignoble et de plus abject que le faste déguenillé de leur cortége officiel. Les *Ya-moun*, plus ou moins vastes, selon le rang des magistrats qui y résident, comprennent plusieurs cours entourées de bâtiments longs et bas, et protégées par une commune enceinte. La porte d'entrée s'ouvre ordinairement au midi. Sur les murs de la première cour sont appliquées, à grands traits, de grossières peintures représentant des divinités historiques et le mystérieux symbole du *Tang*[1]. On y voit deux mâts de pavillon un peu plus élevés que les bâtiments et supportant des drapeaux de forme carrée, sur lesquels est inscrite, en grosses lettres, la dignité du fonctionnaire. Une triple porte, gardée par des lions de pierre, donne accès dans la seconde cour qui renferme les bureaux des agents subalternes. Sur le devant de la troisième, on remarque un vaste écran abrité par un toit et destiné à recevoir les affiches officielles. Au fond est située la salle où se rend la justice. Elle est suivie ordinairement d'une quatrième cour et d'un autre tribunal par lesquels on pénètre dans l'habitation du magistrat. Quand celui-ci sort de son *Ya-moun* ou y rentre, un concert exécuté par le gong, le tambour et la flûte dans un des pavillons de la première cour, signale et honore sa présence. S'il remplit des fonctions élevées, les gens qui composent sa suite sont fort nombreux. Les uns battent du

[1]. On représente le *Tang* sous la forme d'un animal hideux qui cherche à dévorer le soleil. Suivant la légende, il est armé d'une puissance magique qui lui donne la faculté de vaincre les éléments, mais il n'en périt pas moins dans sa tentative insensée, ainsi que doit périr l'esclave qui se révolte contre le maître.

gong pour annoncer de loin le cortége et faire ranger les passants ; les autres ont des étendards, des bannières, des écriteaux sur lesquels sont inscrits les titres et dignités du fonctionnaire ou qui représentent des figures symboliques ; ils sont suivis par des soldats, des agents de police, des bourreaux armés de fouets et de chaînes, une troupe de serviteurs qui portent un coffre rempli d'étoffes et de vêtements, des encensoirs, le parasol officiel dont la couleur, comme la dimension, varient suivant le grade du possesseur. Après eux s'avance la chaise du dignitaire portée au moins par quatre hommes et escortée d'un petit nombre de cavaliers que décore, en général, le globule blanc. Tous ces personnages, dont les costumes, souvent en lambeaux, sont grotesquement bariolés de toutes couleurs, et dont les coiffures plates ou coniques, surmontées de deux longues plumes ou simplement pointues, affectent les formes les plus bizarres, portent, sur leurs vêtements et leur physionomie, la dégradante empreinte de l'apathie et de la débauche. Leurs cortéges.

Au reste, ce n'est pas seulement par ces ridicules manifestations de son faste oriental et par les habitudes corrompues de ses fonctionnaires que l'administration chinoise diffère de notre administration française à laquelle on l'a souvent comparée. Les deux systèmes, conçus dans des pensées identiques, tendent évidemment au même but : la centralisation de toutes les forces vives du pays sous la toute puissante tutelle de l'État, par l'enchaînement non interrompu et l'omnipotence des fonctions publiques. Mais la centralisation chinoise non moins fortement combinée que la nôtre, s'en distingue par un de ses côtés les plus saillants et les plus essentiels de son organisation. Tandis qu'en France, l'action de la justice est confiée à un corps infiniment respectable par ses traditions ADMINISTRATION DE LA JUSTICE.

et son indépendance, elle est, en Chine, le privilége exclusif de la plupart des agents de l'autorité. Presque tous ont un tribunal, depuis le plus élevé jusqu'au plus humble, et le cercle de leurs attributions criminelles peut être tellement élargi, dans de certaines circonstances prévues par la loi, qu'aux époques de crises intérieures, si fréquentes depuis quelques années, un sous-préfet a droit de vie et de mort sur tous les habitants de son district. Quelques lignes suffiront pour faire comprendre comment se pratique en Chine l'administration de la justice.

Procédure. D'après les dispositions du code, l'instance, en matière civile ou criminelle, s'introduit directement par les parties elles-mêmes. Celles-ci doivent remettre un mémoire au tribunal que préside le magistrat de leur canton. La loi veut que les fonctionnaires soient accessibles depuis le lever du soleil jusqu'à midi et qu'un tambour reste en permanence à la porte de leur prétoire, afin que tous les plaignants puissent attirer leur attention. Elle n'admet pas la défense par avocat, mais elle tolère, de *Avoués.* la part des *avoués*, lesquels lisent, en présence du tribunal, les déclarations de leurs clients, quelques observations et commentaires qui peuvent équivaloir à un court plaidoyer[1]. Les témoins ne prêtent pas serment. La torture semble un moyen plus pratique d'obtenir la *Tribunal.* vérité. En présence du juge, les parties, les accusés et les témoins s'agenouillent. Ce dernier siége dans un fauteuil au fond d'une sorte de niche qui occupe l'extrémité de la salle de justice. Il est entouré de ses assesseurs qu'il choisit lui-même parmi ses collègues. Sur une table posée devant lui, figurent les insignes de sa dignité : le cachet qui doit timbrer ses sentences, les bâtons qu'il remet à l'huissier en lui donnant ses ordres et les

---

1. Ces légistes intermédiaires dont le concours est indispensable se font toujours rétribuer largement. Ils sont nombreux dans les grandes villes et payent fort cher leurs *études*.

baguettes (*Tcheng-tchang-tsien*), qu'il jette à terre, en plus ou moins grand nombre, pour indiquer combien de fois les accusés et les témoins doivent être frappés par le bourreau. Celui-ci, pour chacune d'elles, doit faire usage cinq fois de suite, sur les reins du patient, des planchettes de bambou dont il est armé. Mais le juge, auquel les maximes, peintes sur les murailles, conseillent la modération et la clémence, donne souvent aux *Tsien* une interprétation plus sévère. Quand il n'a point révisé lui-même sa décision, ainsi que la loi lui en donne le pouvoir, sur les humbles représentations des parents du condamné, elle devient définitive, à moins que celui-ci n'en appelle devant le tribunal supérieur. Si le condamné est assez riche pour faire le voyage de Péking, sa cause peut être portée, par voie d'appel, devant les hautes cours qui siégent dans la capitale et soumise même à la souveraine appréciation de l'empereur. Il est rare néanmoins qu'en matière civile, l'affaire ne soit pas simplement renvoyée devant ses premiers juges, ce qui équivaut à une simple confirmation de leur sentence. Hormis certains cas définis par le code et dans lesquels l'action de la justice doit être inexorable et rapide, comme le vol à main armée sur les grands chemins, le meurtre, l'incendie, la piraterie, le rapt, les condamnations à mort prononcées par les autorités provinciales ne sont exécutoires qu'après avoir été revêtues, aux assises d'automne, de l'approbation impériale, laquelle est exigée seulement pour la forme et ne se refuse jamais. Les exceptions sont si nombreuses que, par le fait, le pouvoir judiciaire des agents administratifs, en matière criminelle, ne connaît point de limites. *(Appels.)* *(Sanction impériale.)*

Lorsque le langage de l'accusé ou les dépositions des témoins, dans les causes civiles et criminelles, ne sont pas conformes aux probabilités ou aux prévisions du magistrat, celui-ci peut les livrer à la question. La com- *(Torture.)*

pression des chevilles ou des doigts, la flagellation des reins avec un bambou plat ou arrondi, celle des joues avec une lanière de cuir sont les seuls modes de torture admis par la loi, mais l'usage en a introduit de plus douloureux et de plus cruels. Si l'accusé rétracte ou modifie devant le tribunal d'appel les aveux que le juge inférieur a obtenus de lui par la question, ce dernier est passible d'une peine sévère bien rarement appliquée.

<small>Des cinq peines légales.</small>

Cinq espèces de châtiments sont consacrés par le code pénal de l'empire : la fustigation de 50 à 100 coups par le petit bambou ; — la fustigation de 50 à 100 coups par le gros bambou ; — l'exil temporaire ; — le bannissement perpétuel ; — la mort. Le poids du petit bambou ne dépasse pas 2 livres, celui du gros bambou doit égaler au moins 2 livres 1/2. La peine de l'exil n'est pas infamante : il est peu de grands fonctionnaires qui ne l'aient subie, une fois au moins, dans le cours de leur vie publique. Les bannis à perpétuité, au contraire, sont marqués d'un fer chaud et portent toujours la marque de leur opprobre. La loi criminelle

<small>Exécutions capitales.</small>

admet trois sortes d'exécutions capitales, à savoir : la strangulation que l'on regarde comme la moins dégradante parce qu'elle ne mutile pas le cadavre, la décollation et la lacération en 10,000 morceaux (*Lin-che* ou la mort lente). Accompagné d'une escouade de soldats et couvert de ses plus beaux vêtements, le criminel est conduit ou plutôt porté dans une cage de bambou sur la place publique où doit tomber sa tête. Il s'agenouille les mains liées derrière le dos, le front tourné vers Péking, les cheveux noués autour de sa tête et, quand le chef militaire qui surveille son exécution, a lu tout haut la sentence qui le condamne à mort, le bourreau faisant usage d'un long cimeterre dont l'extrémité est très-large et très-pesante, tranche ou plutôt scie sa tête d'un seul coup. Le nombre des exécutions capitales par la décapitation atteint chaque année un chiffre effrayant. On sait qu'en 1855, le vice-roi des deux *Kouang*, *Yé-min-tching*[1], voulant noyer dans le sang l'insurrection qui désolait les districts méridionaux du Kouang-tong, a fait tomber, durant l'espace de 6 mois, plus de 60,000 têtes sur une des places de Canton. Pour se conformer aux prescriptions du code, il eût fallu qu'il fit périr les rebelles par le supplice du *Lin-che* qui s'applique aussi aux parricides dont on doit arracher la peau et dépecer lentement la chair; mais ce mode odieux de vengeance légale, rarement employé de nos jours, eût lassé la patience des bourreaux que l'on choisit en général parmi les soldats.

Outre les cinq peines légales, les Chinois peuvent encourir des châtiments que le code qualifie simplement de *corrections*, mais qui équivalent à de vrais supplices. Ce sont : la *flagellation publique*, — *l'exposition avec la cangue* et la *prison*. Sorte de carcan mobile, qui consiste en un collier de bois, large et très-épais, la cangue sur laquelle sont inscrits les noms et les délits du coupable, pèse lourdement sur ses épaules, meurtrissant son cou sans le blesser. Il ne peut porter lui-même à sa bouche les aliments dont il a besoin, se tient debout difficilement et subit cette horrible gêne dans les rues ou sur les places publiques pendant des semaines entières. Quant aux prisons, si souvent décrites depuis quelques années par des témoins oculaires, ce sont, pour les criminels sans ressources, des bouges hideux dont la vermine dévore et le typhus décime les hôtes affamés. Les prisonniers occupent, par groupes, des cellules que séparent de solides cloisons et qui enceignent une cour

Corrections légales.

La cangue.

Les prison

[1]. Le vice-roi *Yé* est tombé entre les mains des troupes anglaises et est mort en prison à Calcutta.

commune. Ils font leur cuisine eux-mêmes. Ceux dont la bourse peut satisfaire l'impitoyable avarice des geôliers, obtiennent, dit-on, une chambre propre et une nourriture suffisante.

<small>Rachat des peines.</small>

Il est permis par la loi de racheter sa peine, quelle qu'en puisse être la nature, quand on a moins de 15 ans et plus de 70, et le code renferme une table où sont graduées, pour l'instruction des magistrats, les compensations pécuniaires.

<small>Législation contre les débiteurs.</small>

Il veut aussi que tout condamné à mort soit spécialement recommandé à la clémence de l'empereur, si ses parents *septuagénaires* n'ont ni fortune ni soutien et si son crime n'est pas irrémissible. Mais, à côté de ces dispositions bienveillantes, il consacre des peines très-sévères contre le débiteur, qui peut être flagellé, emprisonné, ainsi que sa famille, dépouillé de ses biens et même vendu comme esclave par son créancier s'il n'a pas entièrement acquitté sa dette trois mois après l'échéance. Il est vrai que cette inflexible pénalité est adoucie dans la pratique par la jurisprudence des *anciens* (voir p. 299) dont les sentences règlent officieusement les contestations peu importantes.

<small>POLICE.</small>

Nous avons vu plus haut que parmi les attributions des anciens, figurait le droit de surveiller la police des bourgs et villages. A vrai dire, la police chinoise n'existe pas dans les campagnes et elle signale son action dans les villes où elle est organisée, par des procédés si humiliants, si arbitraires, si vexatoires, par des exigences si injustes et de si impitoyables exactions qu'elle inspire partout la terreur et le dégoût au lieu d'entretenir la sécurité, et que les habitants de l'empire la considèrent comme le pire de leurs fléaux administratifs. Placés sous les ordres de fonctionnaires corrompus, mal rétribués, accessibles eux-mêmes à tous les genres de corruption, les agents de la police chinoise, depuis le commissaire qui seconde le sous-préfet jusqu'au plus humble de ses employés, vivent toujours aux dépens de ceux dont ils devraient protéger la fortune et la vie. Dans les grandes villes, à Péking surtout, où les autorités redoutent les rassemblements, les émeutes, les incendies, ils sont soumis à un contrôle assez rigoureux, astreints à la discipline militaire et fonctionnent avec régularité. Ils portent la pique et le sabre et sont vêtus comme des soldats. Les postes qu'ils occupent sont nombreux et assez rapprochés pour qu'ils puissent se prêter, en cas de péril, un mutuel secours. Ils doivent disperser les groupes qui se forment sur la voie publique et prêter main forte à l'autorité civile ou militaire dès qu'ils en sont requis. Tous les soirs ils font clore les boutiques et fermer les portes des rues [1]. Pendant la nuit, les uns parcourent les quartiers dont on leur confie la garde, arrêtent tous ceux qui circulent sans lanterne et frappent, de temps en temps, l'une contre l'autre deux planchettes de bambou dont le bruit sec et régulier témoigne de leur vigilance, terrifie les rôdeurs, rassure les honnêtes gens. D'autres sont placés en sentinelle dans des corps de garde aériens que supporte une charpente de bambou, toujours prêts à battre du gong dès qu'ils voient poindre, dans un endroit quelconque de la ville, la première lueur d'un incendie. Mises en alerte par ce lugubre avertissement, les autorités compétentes envoient aussitôt un corps de troupe sur les lieux pour éteindre les flammes, sauver les habitants et leurs richesses, maintenir l'ordre, éloigner les pillards. On dit qu'elles sont tenues responsables des dégâts occasionnés par le sinistre jusqu'à concurrence d'une certaine partie de leurs traitements.

Incendies.

1. Dans les villes chinoises chaque tronçon de rue porte un nom particulier et est muni de portes à ses deux extrémités.

FINANCES DE L'EMPIRE.

On a beaucoup écrit sur les finances chinoises sans parvenir à élucider même imparfaitement cette grave et obscure matière. Les auteurs qui l'ont étudiée avec le plus de soin d'après les documents originaux ou les informations verbales qu'ils ont pu recueillir, de Guigne, Trigault, Staunton, etc., et, dans ces derniers temps, MM. Medhurst, Wells-Williams, d'Escayrac de Lauture, ont obtenu des résultats très-divers, soit qu'ils n'aient pas puisé aux mêmes sources, soit que leurs investigations, dirigées par des méthodes différentes, soient arrivées à des conclusions dissemblables tout en reposant sur les mêmes données. Les uns ont négligé des chiffres importants auxquels ils n'ont pas accordé une attention suffisante, d'autres ont commis d'évidentes confusions. Il faut reconnaître qu'en un pareil sujet, si vaste, si complexe, si négligé des Chinois eux-mêmes, la vérité, même incomplète et approximative, est impossible à atteindre. On en jugera par ce seul fait que les documents officiels consultés par Medhurst accusent, pour les douanes de tout l'empire, un produit annuel de 1,500,000 taëls (ou onces d'argent), tandis qu'à l'époque même où ils étaient mis sous les yeux du gouvernement, la seule douane de Canton rapportait, chaque année, plus de 1,000,000 de taëls. Nous reproduirons ici, sous une forme abrégée, les notions laborieusement recueillies et les chiffres cités par le savant missionnaire, en y ajoutant quelques observations tirées du récent ouvrage de M. d'Escayrac de Lauture.

Obscurité du sujet.

Principes généraux.

Chacune des provinces de l'empire doit subvenir à ses propres besoins et contribuer, dans la proportion de ses ressources, aux charges générales de l'État. Tel est le grand principe qui domine toute l'économie du système financier.

Sources du revenu public.

L'impôt foncier, les douanes, les salines et diverses taxes parmi lesquelles figurent la patente et l'enregistrement, sont les sources légales du revenu public.

La terre paye l'*impôt* en argent et en grains, proportionnellement à l'étendue de sa surface. Il y a donc deux taxes foncières dont la première, fixe de sa nature, est en moyenne de 50 c. par *mo* ou de 7 fr. 50 par hectare[1], et la seconde, essentiellement variable suivant la valeur des grains et les superficies annuellement cultivées, est évaluée, également en moyenne, à 2 kil. 50 par *mo*[2]. Cette dernière est convertible en argent au gré du contribuable. En principe, l'impôt foncier est le seul applicable aux dépenses intérieures des provinces.

Impôt foncier.

Les douanes fournissent d'abondantes ressources qui ne sont certainement pas estimées le dixième de leur valeur exacte. Elles ont été placées depuis dix ans, dans les villes maritimes que fréquente le commerce étranger et au grand bénéfice du gouvernement chinois, sous l'intelligente et intègre direction d'inspecteurs européens qu'il se charge de rétribuer. Les droits que paye l'opium depuis que les traités en autorisent le trafic, versent, chaque année, plusieurs millions dans les caisses publiques. Il existe en Chine quelques douanes intérieures dont les dernières conventions ont essayé d'affranchir le commerce international. Le personnel des douanes indigènes est nombreux et particulièrement accessible à la corruption. La plupart des employés fraudent l'État, soit qu'ils se livrent eux-mêmes à la contrebande, soit qu'ils se laissent corrompre par ceux qui la font.

Douanes.

L'impôt du sel n'est point administré en régie. L'État loue l'exploitation de ses salines à un fermier général qui réside à Tien-tsin, et la fait surveiller, dans les provinces maritimes, par ses propres agents, qui ne sont ni moins apathiques ni plus honnêtes que les inspec-

Gabelle.

---

1. Le *mo* mesure environ 6 ares 66 centiares.
2. L'impôt est évalué, pour chaque *mo* cultivé, à 60 millièmes de *tan*. Le *tan* comprend 100 livres chinoises et pèse un peu plus de 60 kilogrammes.

teurs des douanes. Le prix du sel varie suivant les provinces. La contrebande en livre au commerce des quantités énormes et fait une grande concurrence au fermier dont les bénéfices ne paraissent pas considérables.

Impôts divers. — On compte près de trente petits impôts. Celui de la *patente* est payé par les corporations, les magasins et les marchés. La vente des terres est assujettie à un droit d'enregistrement d'environ 5 p. 100 qui ne paraît pas atteindre celle des maisons. Il n'existe en Chine ni contribution personnelle, ni impôt mobilier, ni taxe des portes et fenêtres, en sorte qu'en réalité elle paye seulement deux des cinq contributions directes que nous acquittons en France. Il est vrai qu'elles sont tyranniquement perçues et très-arbitrairement réparties.

Voici les chiffres approximatifs des recettes que centralise le trésor public et de celles qui sont affectées sur les lieux mêmes aux dépenses locales.

Évaluations approximatives des budgets.

Budget des Recettes de l'État.

Impôt foncier en argent........	31,745,966 taëls	
Impôt en nature, 4,230,957 *tan*, soit en argent, à raison de 2 taëls 1/2 pour un tan......	10,577,392	
Douanes....................	1,480,997	
Salines.....................	3,843,927	
Total des recettes centralisées.	47,648,282 taëls	47,648,282 taëls

BUDGET DES PROVINCES

Impôt foncier en argent........	28,705,125 taëls	
Impôt en nature, 31,596,569 tan, soit en argent, à raison de 2 taëls 1/2 pour un tan......	78,991,422	
Impôts divers (patentes, enregistrement, etc.).............	849,749	
Total des recettes provinciales..	108,546,296 taëls	108,546,296
Total général...............		156,194,578 taëls

Budget des Dépenses.

Traitements des fonctionnaires civils et militaires..	7,773,500 taëls
Armée : Paye de 600,000 hommes d'infanterie (moitié argent, moitié vivres).......	21,600,000
— Paye de 240,000 hommes de cavalerie...	16,456,000
— Habillements et munitions pour les deux armées......................	4,210,000
— Armement des forts, artillerie...........	3,800,000
Marine (jonques, armement, paye)...............	13,500,000
Travaux publics, transport des grains...........	4,000,000
Divers (postes, assistance publique, gratifications).	4,543,321
Budget particulier de l'empereur (gratifications en argent et en nature aux chefs et au clergé mongols, etc.)................................	12,056,118
Total.................	87,938,939 taëls

En évaluant le *taël* à 7 francs de notre monnaie, ce qui est à peu près sa valeur intrinsèque, on voit que le budget général des recettes s'élèverait annuellement à . . . . 1,093,361,806 fr.
et celui des dépenses à. . . . 615,572,573

Ce qui donnerait un excédant de... 477,789,233 fr.
résultat aussi absurde qu'inexact. Il est parfaitement démontré par des faits dont la déplorable évidence frappe tous les yeux, que les budgets de l'empire renferment des chiffres absolument fictifs.

Les recettes y figurent pour une somme très-inférieure aux ressources réelles de l'État, et les dépenses y sont tellement réduites que, loin de produire un excédant considérable, les budgets se soldent, chaque année, par un énorme déficit. Le gouvernement essaye de combler le gouffre par des expédients et des exactions de tous genres. Il donne des terres aux soldats et leur permet le pillage en temps de guerre pour se décharger du fardeau de leur paye; il licencie ses troupes régulières en temps de paix et recrute, aux époques de trouble, des bandes indisciplinées dont la turbulence est un péril pour le

Déficit.

repos de l'État ; il exige impérieusement des *dons volontaires* ; il trafique des grades littéraires qui ouvrent la voie des fonctions publiques. Les autorités locales secondent de leur mieux ces funestes efforts. Impuissantes à faire face aux exigences multiples de leur situation avec les ressources normales que leur fournit l'impôt, promptes à saisir toute occasion de remplir leur cassette particulière aux dépens de leurs administrés, elles multiplient à leur gré les taxes extraordinaires et en exigent le recouvrement avec une impitoyable rigueur. Il arrive parfois que, réduites à la misère et au désespoir par les extorsions administratives, les populations éperdues se soulèvent et demandent aux armes le redressement de leurs légitimes griefs. Quand l'émeute est redoutable, les autorités composent.

ARMÉE.

Effectif.

Nous ne connaissons pas plus exactement l'effectif et l'organisation actuelle des armées de la Chine que l'état de ses finances. Théoriquement, elle est divisée en neuf bannières, dont les huit premières renferment 300,000 soldats mandchous et mongols, et la neuvième, celle qui porte le nom de *bannière verte*, comprend toutes les troupes chinoises composées de 600,000 hommes. Mais l'humble réalité diffère essentiellement de la pompe officielle. Si, par négligence ou par calcul, le gouvernement chinois diminue, aux yeux du peuple, le chiffre de ses revenus et celui de ses dépenses, on dirait qu'il cherche à l'éblouir par les vastes dimensions des cadres à demi vides dans lesquels flottent épars, confondus, disséminés par groupes incomplets, les nombreux éléments de son armée. Autant qu'on en peut juger par les plus récents calculs, elle ne compterait guère que 100,000 Tartares et 300,000 Chinois. Encore ces 400,000 hommes seraient-ils loin de former un effectif disponible. La plupart des corps tartares ou même chinois qui stationnent dans les grandes villes de l'empire y constituent beaucoup plutôt, d'après le système économique auquel l'État est forcé de recourir, des colonies militaires que des garnisons.

Aux huit bannières appartient l'honneur de fournir les 4 ou 5,000 hommes qui composent la garde impériale, et de veiller particulièrement à la défense de la capitale. Les garnisons qu'elles alimentent sont placées sous la haute autorité des généraux tartares (Tsiang-kioun) qui résident, ainsi que nous l'avons vu, aux chefs-lieux des provinces, et qui sont parfois chargés de fonctions politiques très-importantes. L'organisation des bannières tartares est à peine connue.

<small>Les huit bannières.</small>

Celle des troupes chinoises a pu être étudiée de plus près, elle est d'ailleurs plus fidèlement observée. La bannière verte comprend un certain nombre de divisions, *Ying*[1], dont les cadres comptent 4 à 5,000 hommes et qui sont commandées par un *Ti-tou* (général de division). Nous savons qu'un *Ti-tou* réside dans les capitales des dix-huit provinces et que ses fonctions se confondent parfois avec celles du gouverneur (voir page 301). Sous les ordres du *Ti-tou* et de ses généraux de brigade (*Fou-tsiang*), 5 colonels (*Tsan-tsiang* ou *Yéou-ki*), auxquels sont adjoints des lieutenants (*Hao-paï*), commandent chacun un corps d'environ 1,000 hommes, lequel est subdivisé en 2 bataillons obéissant à des majors (*Tsien-tsioung*). Le bataillon est formé de 2 ou 3 compagnies de 100 à 150 soldats placées chacune sous la direction d'un capitaine (*Pa-tsioung*). 10 ou 15 escouades de 10 hommes, conduites par un sergent (*Oueï-ouaï*) qui a deux caporaux sous ses ordres, com-

<small>Organisation de la bannière verte.</small>

---

1. Douze cent deux, d'après les calculs de M. Wade, qui a publié, en 1851, une savante et très-curieuse étude sur l'armée chinoise. M. Wade, sinologue distingué et observateur consciencieux, remplit actuellement à Péking les fonctions de premier secrétaire de l'ambassade britannique.

posent la compagnie. 10 ou 15 escouades par compagnie, 2 ou 3 compagnies par bataillon, 2 bataillons par régiment et 5 régiments par division : telle serait donc la disposition des cadres de la bannière verte. La marine, la milice, sorte de garde nationale mobile que les autorités provinciales lèvent pour suppléer à l'insuffisance des troupes régulières, sont organisées sur le même plan.

Aptitudes diverses du soldat chinois.

Il n'y a pas de corps spéciaux dans l'armée. Le militaire chinois doit être propre à tous les métiers de la guerre, fantassin, cavalier, marin, artilleur, tour à tour, suivant les circonstances et la volonté de ses chefs. On lui confie même spécialement le service des postes dont l'administration dépend du ministère de la guerre. Les cavaliers auxquels sont remises les dépêches officielles et qui se chargent aussi, moyennant une modique rétribution, de transporter les missives particulières, doivent parcourir, chaque jour, une distance qui varie de 20 à 60 lieues, suivant l'importance des ordres ou des nouvelles dont ils sont chargés. Ils changent de chevaux aux relais qui sont placés sur les routes impériales à 6 ou 7 lieues les uns des autres et qui sont tenus également d'en fournir à toute personne munie d'une autorisation officielle. En dépit de la rapidité proverbiale que le vulgaire ignorant leur attribue, on pense qu'ils parcourent rarement plus de 160 kilomètres en un jour.

Service de la poste.

MARINE.

Un petit nombre de navires massifs, pesamment gréés, armés de canons immobiles sur leurs affûts et d'une portée médiocre ; quelques centaines de bateaux construits comme des jonques de pêcheurs et d'embarcations longues et étroites spécialement destinées à explorer les baies, les criques, les rivières pour la répression de la contrebande ; deux ou trois petits vapeurs que le commerce étranger a vendus au gouvernement chinois et que manœuvrent, en général, des équipages à demi-européens, composent la marine de l'empire : marine redoutable sur le papier, impuissante et ridicule sur mer. Les chefs et les soldats, empruntés aux troupes de terre, mènent à bord une vie molle, apathique, inoccupée, dont ils charment les loisirs insipides par le jeu et l'opium, ce qui les rend absolument incapables de ces évolutions rapides, de ces audacieux coups de mains par lesquels nos marins savent terrifier l'ennemi et surprendre la victoire dans les nécessités périlleuses. Lorsqu'il s'agit de tenir en échec une insurrection ou une escadre de pirates, le gouvernement loue à grands frais les services de quelques navires étrangers, ou achète, par de coûteux sacrifices et des dignités officielles, le concours d'un chef de forbans chinois, auquel il remet le soin de défendre l'honneur et la sûreté de l'empire contre les entreprises de ses anciens compagnons. De tels marchés ne sont pas rares et tournent souvent à la perte des ambitieux qui ont osé les conclure avec des fonctionnaires aux abois. Quand on n'a plus besoin de leur service, on leur demande compte de leur passé, on leur fait trancher la tête et l'on acquiert ainsi un double mérite aux yeux de l'empereur.

Ce fut un des souverains de la dynastie mandchoue qui institua, au siècle dernier, les épreuves publiques dans lesquelles des examinateurs, commis par le gouvernement, constatent et accordent les divers degrés du mérite militaire. La science n'a rien à voir dans ces examens que préside quelquefois l'empereur, et où la force physique, la souplesse, la grâce des candidats, leur habileté à diriger un cheval, à manier le sabre, la pique, l'arc, la lance sont seuls applaudis et récompensés. Ce n'est pas que les théories sur l'art de la guerre fassent

ART ET DISCIPLINE MILITAIRES.

défaut en Chine. Elle possède de nombreux traités et même de gros livres qui renferment d'utiles et curieux préceptes sur les fortifications, les siéges, les campements, l'ordre des marches, la tactique des batailles, les exercices, la vigilance, la sobriété, l'obéissance des troupes. Mais tous ces ouvrages ne sont point lus, et l'on peut dire hardiment que, sous le régime actuel qui a pourtant à sa disposition, ainsi qu'on l'a vu dans les dernières guerres, de très-précieux éléments, l'ignorance, la présomption, l'imprévoyance, la lâcheté du chef n'ont d'égales que la couardise, l'indiscipline, la malpropreté du soldat. Les exercices, rares et très-incomplets, sont de ridicules parades. Les garnisons mènent une existence molle, oisive, inutile; celle des camps est abominablement licencieuse. L'irrégularité de la paye, toujours inférieure au chiffre officiel et quelquefois nulle, est une cause incessante de mécontentement et de révolte. Ce qui manque avant tout au soldat: c'est la confiance dans le courage, l'habileté, l'honnêteté de son général, la foi dans la valeur de ses chefs immédiats et dans la fermeté de son camarade, qui remplissent nos troupes d'une invincible émulation et qui les font, sur tous les champs de bataille, si patientes et si vaillantes. Commandés par des hommes de cœur, chinois ou européens, électrisés par notre exemple, les régiments indigènes se montrent dévoués, résolus et mêmes intrépides. Il n'y a rien à attendre d'une armée conduite par des hommes ignares et lâches, munie d'armes insuffisantes et même dangereuses pour ceux qui en font usage, mal nourrie et encore plus mal payée, démoralisée par la pratique de toutes les licences, avilie par les peines corporelles.

Armes. Le soldat chinois a, pour attaquer et se défendre, la pique; les deux sabres qu'il manie en même temps des deux mains avec beaucoup d'adresse et d'agilité; la lance qui affecte diverses formes; la hallebarde; l'arc, l'arbalète, d'où il peut faire jaillir, en quelques secondes, une dizaine de petites flèches au moyen d'un mécanisme aussi simple qu'ingénieux ; le mousquet à mèche, sorte de tube grossier ajusté à une crosse informe, qu'il appuie ordinairement sur l'épaule d'un camarade quand il veut faire feu, qui éclate après cinq ou six coups si on ne l'a pas laissé refroidir, et dont il ne peut se servir en temps de pluie ; le fusil de rempart, monté sur une fourche et assez mobile pour qu'il puisse le pointer sans trop d'efforts ; le canon en fonte ou en bronze, d'un calibre inégal, immobile sur un grossier affût, et dont il ne peut, sans beaucoup de peine, changer le point de mire; la fusée, dont l'usage est très-répandu et assez meurtrier; les pots à feu, d'où s'échappe une fumée âcre et noire qui suffoque l'ennemi au moment de l'agression ; le bouclier de rotin, sur lequel est peinte une tête de tigre; la cuirasse rembourrée de ouate et recouverte de minces lames de fer que relient entre elles des attaches en cuivre. De tels engins, mal construits et maniés généralement avec une craintive méfiance, ne sauraient protéger efficacement le peuple chinois contre les armes européennes, et le système primitif de ses fortifications n'est pas pour lui une meilleure défense. Rien de plus élémentaire que ce système qui consiste ordinairement en une simple muraille crénelée, haute de 8 à 15 mètres, adossée à un talus en terre plus ou moins épais, quelquefois ceinte d'un fossé, flanquée de distance en distance, particulièrement aux sommets de ses angles et à chacune de ses portes, d'une tour carrée, très-rarement défendue par des ouvrages extérieurs. Les forteresses isolées qui gardent l'entrée des ports, l'embouchure et les défilés des rivières, occupent presque toujours le sommet de collines escarpées. L'assiégeant les gravit avec peine, mais la retraite est presque impossible

Fortifications.

à l'assiégé. Ajoutons que la poudre, falsifiée par les fabricants ou les fournisseurs, est de qualité détestable, et que le vainqueur fait rarement quartier, en sorte que les troupes, aussi mal armées qu'elles sont mal commandées, ne se défendent guères que pour sauver leur vie, et préfèrent la fuite au combat.

Uniformes. Une jaquette flottante, tombant jusqu'aux genoux, brune, jaune ou bleue, garnie d'une bordure dont la couleur diffère suivant les corps, un pantalon large, ordinairement bleu et rentré dans le bas à partir du genou, un petit chapeau de paille conique, jaune et rouge, solidement tressé : tel est l'uniforme simple et commode du soldat. Son nom, celui de sa compagnie, le rang qu'il y occupe sont inscrits sur un plastron blanc qui recouvre en partie le devant de la jaquette. Par derrière, figure ordinairement le mot *yong* (courage). Les grades sont désignés par les costumes, particulièrement par les globules qui décorent la coiffure des officiers (voir p. 287). Chaque escouade de cinq hommes a son guidon ; chaque réunion de cinq escouades en a un plus grand et plus orné ; chaque compagnie a son drapeau. Les nuances de ces guidons et de ces drapeaux, qu'il ne faut pas confondre avec les neuf bannières entre lesquelles se partage l'armée chinoise, sont extrêmement variables. Ils sont ornés de figures symboliques ou de caractères mystérieux. A leur hampe que termine une huppe de soie surmontée d'un fer de lance, est souvent attachée une longue flamme simple, ou bifide.

Guidons et drapeaux.

Peines militaires. Toute l'armée, chefs et soldats, est soumise aux peines corporelles. On fait usage ordinairement du bambou pour le châtiment du soldat chinois, et du fouet pour les Tartares. Les uns et les autres portent la cangue.

Plus on observe les habitudes sociales et les pratiques administratives du peuple chinois, plus on est étonné de voir combien ses lois diffèrent de ses mœurs et quels monstrueux abus engendre, dans tout l'empire, la mauvaise application des belles théories qui constituent la base de ses institutions nationales. Pour assurer la publication et l'exécution des décrets et règlements auxquels les sujets de l'empereur doivent obéir, la capacité, l'intégrité, l'obéissance des fonctionnaires qui les interprètent et les appliquent, de minutieuses précautions, que sanctionnent le code aussi bien que les usages, ont été prises, de temps immémorial, par le gouvernement. Expédiées en manuscrits aux divers départements qu'elles concernent, ou affichées simplement à Péking sur papier jaune en mandchou et en chinois, quand elles ont rapport à la capitale, les décisions de l'empereur sont imprimées et immédiatement transmises par la poste aux gouverneurs des provinces. Ceux-ci sont tenus de les publier et de faire placarder leurs propres édits dans les lieux les plus apparents et les plus fréquentés de leur juridiction. Les publications officielles, écrites dans un style particulier, se terminent par l'une des formules suivantes : « *Hâtez, hâtez-vous; édit spécial; obéissez en tremblant; mes paroles ne seront pas vainement prononcées.* » Il faut que la loi soit connue et respectée de tous. Le code interdit, en outre, aux agents du pouvoir, d'occuper aucun emploi public dans la province où ils sont nés, de posséder aucun terrain dans les lieux soumis à leur administration, d'épouser une femme dont les parents y habitent, d'avoir parmi leurs subordonnés un parent quelconque, et de remplir la même charge pendant quatre années consécutives. Il veut que tous les fonctionnaires rédigent, à la fin de chaque trimestre, un rapport circonstancié sur la conduite de leurs inférieurs ; qu'ils confessent eux-mêmes

<small>DES PRATIQUES ADMINISTRATIVES EN GÉNÉRAL.</small>

<small>Publicité des édits</small>

<small>Obligations imposées aux fonctionnaires et à leurs administrés.</small>

leurs propres fautes; qu'ils aient soin, afin de n'en point perdre le souvenir, de mentionner dans tous les documents officiels marqués de leurs sceaux, les peines administratives qui leur ont été infligées; que l'empereur lui-même, aux époques de calamités publiques, avoue humblement ses erreurs et implore l'assistance divine aux yeux de tout son peuple. Enfin, pour suppléer à l'insuffisance des lois ou à la négligence de l'autorité, il impose encore à toutes les classes de la société et de l'administration deux obligations bien redoutables : la surveillance réciproque, et la mutuelle responsabilité. Aucun fonctionnaire ne peut prendre une décision grave sans consulter son collègue qui en partage le fardeau avec lui. Le pouvoir absolu ne doit jamais être confié à un seul homme et chacun des agents supérieurs de l'autorité a sous ses ordres un corps de troupe spécialement préposé à sa garde, afin qu'il puisse maintenir, au besoin par la force, son indépendance. Tous les Chinois savent que leurs actes sont silencieusement épiés par leurs supérieurs, leurs égaux ou leurs voisins et que la loi leur attribue une certaine part de culpabilité dans des crimes et des délits qui ne sont nullement leur œuvre, mais dont ils auraient pu empêcher la perpétration par leur vigilance, leurs conseils, leur contrôle officieux ou officiel.

Abus administratifs.

On peut dire que, pour échapper aux terribles conséquences de ces rigoureuses et étroites obligations, tous les habitants de l'empire ont conclu un pacte tacite d'où découlent des abus sans nombre, des hontes et des misères sans nom. Le peuple chinois est d'autant plus malheureux et plus avili, que ses institutions ont voulu le rendre plus parfait. Parmi les fonctionnaires, les inférieurs trompent toujours et corrompent systématiquement leurs supérieurs qui se savent tromper, se laissent corrompre, trompent et corrompent également leur chef. Ces pratiques universelles de corruption et de déceptions ne s'arrêtent qu'à l'empereur qui, trompé par tout le monde, demeure, dans l'éclat de sa splendeur et de son souverain pouvoir, solitaire et impuissant. De là ces abominables malversations dont nous avons parlé plus haut, ces exactions commises par tous les agents du pouvoir et qui ne seraient jamais punies si le scandale ne devenait trop odieux, ou si l'émeute n'était imminente. De là le mépris mêlé de terreur qu'inspire l'autorité et les bénédictions dont la gratitude publique comble le fonctionnaire équitable. De là aussi l'égoïsme impitoyable de l'homme du peuple qui laisse brûler ou dévaster la maison de son voisin sans le secourir, expirer un de ses semblables de faim et de misère à sa porte sans le faire entrer sous son toit, et son cadavre tomber en putréfaction sans oser l'ensevelir de peur d'être impliqué dans une mauvaise affaire; qui accepte les maux publics dont il a sa part avec une impassible ou même une sereine résignation; qui est toujours prêt cependant à prendre les armes et à secouer le joug sous lequel il gémit, mais qui n'a jamais recours à la violence s'il n'est réduit aux dernières extrémités, parce que son expérience des excès administratifs lui fait tout redouter de l'avenir.

Subissant ainsi le despotisme des agents du pouvoir, les Chinois ont coutume de demander à l'association de leurs parents, de leurs professions, de leurs intérêts, de leurs griefs ou de leurs mauvais instincts, un appui ordinairement prudent et craintif, quelquefois téméraire et factieux contre leurs procédés arbitraires. C'est là, nous le croyons, qu'il faut aller chercher, avant tout, l'origine des clans, des corporations de métiers, des clubs de notables et de voyageurs, des sociétés secrètes, des bandes de pirates et de rebelles dont il existe en Chine un très-grand nombre, et que l'on retrouve à toutes les dates de son histoire.

ASSOCIATIONS POPULAIRES.

Clans. — Les *clans*, dont on compte plus de quatre cents répandus sur tout le territoire de l'empire, particulièrement dans le Kouang-toung et le Fo-kien, sont des réunions de familles portant le même nom et descendant d'un auteur commun. Par leurs habitudes belliqueuses, leurs impitoyables rivalités, par l'indissoluble union qui lie entre eux tous leurs membres, soit qu'ils habitent la même ville ou le même village, soit qu'ils résident, au contraire, dans des lieux très-distants les uns des autres, ils tiennent souvent en échec le mauvais vouloir de l'autorité et mettent quelquefois en péril le repos public.

Corporations. — Délibérer dans leur salle commune sur tous les objets qui intéressent leur métier, leur commerce ou leur industrie, sur les prix courants, le taux des salaires, l'ordre et l'époque des fêtes publiques célébrées en l'honneur de leur patron, l'attitude qu'il convient de prendre dans les crises politiques : tel est le but ordinaire des *corporations* dont la conduite est en général paisible et pacifique, mais qui savent résister parfois, dans une certaine mesure, aux exigences de l'autorité et qu'elle surveille d'un œil jaloux. La corporation des porteurs de chaises et de fardeaux est une des plus nombreuses.

Mendiants. — Celle des mendiants jouit de singuliers priviléges. Tous ceux de ses membres qui sont âgés de 70 ans, ont le droit de se servir d'un long bâton de forme recourbée avec lequel ils frappent continuellement leur écuelle et d'importuner ainsi la charité publique jusqu'à ce qu'elle ait soulagé leur misère. En aucun pays du monde, la mendicité n'est aussi commune, aussi déplaisante, aussi incommode, aussi affreuse. Attifés, pendant la saison froide, des plus dégoûtants lambeaux et des loques les plus immondes, étalant à nu, pendant l'été, les plus hideuses maladies, étendus çà et là sur la voie publique où ils expirent parfois dans d'horribles agonies, sous les yeux mêmes des passants, infectant les rues de leurs purulentes infirmités, poussant sans cesse des cris lamentables, — les mendiants chinois nous ont toujours paru les types achevés de l'abjection et de la misère humaine.

Dans les grandes villes de l'empire où le trafic est considérable, les voyageurs et les marchands d'une même province, qui parlent le même dialecte, observent les mêmes coutumes et ont souvent des intérêts communs, entretiennent une maison où ils se retrouvent avec plaisir et profit quand le hasard les rassemble, où la table et le logement leur sont assurés, où ils rencontrent, sinon des connaissances et des amis, au moins des compatriotes dont ils entendent le langage et dont ils peuvent réclamer le sympathique concours. Les habitants notables des cités importantes ont coutume également de louer une vaste salle pour s'entretenir à leur aise des affaires publiques. Ces *clubs* de voyageurs et de notables s'adressent à l'autorité qui les traite presque toujours avec égard, par l'intermédiaire des *Toung-se*, sortes d'entremetteurs patentés dont les démarches leur épargnent beaucoup de temps et de soucis. <small>Clubs.</small>

Dissimulant avec soin, sous des rites impénétrables, leur but toujours religieux en apparence, mais souvent politique en réalité, convoquant dans leur sein des conspirateurs ou des fanatiques, réunissant sous leur drapeau, à l'heure de la lutte, les mécontents, les ambitieux et les malfaiteurs, d'autant plus influentes qu'elles sont plus mystérieuses et plus persécutées, les sociétés secrètes ont menacé, à diverses reprises, l'existence du gouvernement de sérieux périls. Les plus redoutables furent le *Nénuphar blanc* (Pi-lin-kiaou) et *la Triade*. L'une alluma, au commencement de ce siècle, le feu de la révolte dans cinq provinces, conspira contre <small>Sociétés secrètes.</small>

la vie de l'empereur *Kia-king*, lutta pendant dix ans, avec une indomptable opiniâtreté, contre ses meilleures troupes; l'autre, qui prit naissance il y a deux cents ans sous le règne de *Kang-hi*, trama ses complots dans l'ombre, pendant quelque temps, contre la dynastie mandchoue, arbora plus tard l'étendard national dans le *Kouang-tong*, le *Hou-nan*, le *Fo-kien*, le *Kouang-si*, recruta des affiliés parmi les fonctionnaires publics, et devint, en dépit des constants efforts du gouvernement, l'âme de cette insurrection formidable, dont les soldats, féroces jusqu'au délire, ont fait couler partout des flots de sang, dont les victoires, rapides comme la foudre, ont dévasté les plus riches provinces de la Chine, fondé un trône à Nanking, porté le fer et le feu jusqu'aux portes de la capitale, et que l'intervention étrangère a enfin vaincue. Les membres de ces puissantes associations, dont l'influence s'étend jusqu'aux parties les plus reculées de l'empire, font usage, pour se reconnaître et se communiquer leurs plans, de signes mystérieux que l'autorité connaît sans les comprendre. Elle les poursuit avec zèle, et la loi les frappe avec une rigueur impitoyable[1].

Piraterie.

Pendant que les conspirations des sociétés secrètes menacent le repos des paisibles habitants de l'empire et l'existence même de la dynastie, des bandes nombreuses de voleurs, qui trouvent un impénétrable abri dans les montagnes dont le pays est sillonné, infestent ses plus riches districts, pillent les voyageurs, rançonnent les villages isolés, et des flottes entières de pirates, mieux armées, mieux commandées, beaucoup plus redoutables que les escadres impériales, croisent constamment à l'entrée des ports de commerce, sur les lacs et sur les grandes rivières. La piraterie est le grand fléau

---

1. On peut consulter au sujet des sociétés secrètes les articles que nous avons publiés dans la *Revue des Deux-Mondes*, en 1860, sur l'insurrection chinoise.

du commerce chinois. Elle se recrute ouvertement parmi les misérables populations des îles et des côtes qui lui fournissent des munitions et des vivres, leur prêtent leur concours en toute circonstance et partagent ses profits. La marine impériale, presque toujours vaincue à égale force, évite tant qu'elle peut de la combattre et l'attaque seulement quand elle est sûre de l'écraser. Les autorités composent souvent avec elle et achètent, par d'onéreux subsides ou des honneurs officiels, la neutralité de ses chefs. On a vu au XVIIe siècle l'un d'eux, le célèbre *Ko-ching-a*, résister avec succès, sur les côtes des provinces orientales, aux armées du puissant empereur Kang-hi et chasser ensuite les Hollandais de Formose.

Incapable de défendre contre les complots des sociétés secrètes, les entreprises des bandits et des pirates, la nation qu'il tient sous sa dure tutelle, le pouvoir décourage cependant avec persévérance, comme s'il obéissait partout à un mot d'ordre venu de Péking, les mesures que les habitants des villes et des bourgs prennent quelquefois de concert pour se protéger eux-mêmes. Il les considère comme des manifestations dangereuses, comme des protestations hostiles contre le système d'égoïsme et d'isolement qui doit, suivant les calculs de sa politique séculaire, assurer l'humble soumission du peuple en disséminant ses forces individuelles, en brisant les faisceaux qu'il pourrait former afin de vaincre l'oppression qui l'écrase, les abus qui le déshonorent et le ruinent. Pour que l'antique édifice de la société chinoise reste encore debout sur ses bases ruinées par tant de tempêtes, pour que l'anarchie ne soit point le résultat permanent de tant de corruptions et de misères, il faut que la race aux cheveux noirs soit naturellement, essentiellement, énergiquement douée des grandes qualités morales qui fondent, organisent et perpétuent les sociétés.

<small>Politique du gouvernement à l'égard des associations.</small>

LIVRE IV

DES SCIENCES ET DES ARTS

CHAPITRE PREMIER

DE LA LANGUE

Formation du langage écrit. — Symboles primitifs. — Éléments phonétiques. — Nombre et classification des caractères. — Radicaux. — Les modes et les tons. — Les trois principaux dialectes. — Grammaires. — Dictionnaires. — Les six textes d'écriture. — Encre, papier, pinceaux. — Imprimerie. — Texte, formats, prix des livres.

Parmi les langues dont font usage actuellement les diverses nations du globe, il n'en est pas d'aussi ancienne ni d'aussi répandue que la langue chinoise. Plus de 400 millions d'hommes, habitant les riches et fertiles contrées qui forment la partie orientale du continent asiatique, la Chine propre et ses dépendances, l'empire d'Annam, le Japon, l'emploient tous, sinon comme leur idiome naturel et dans leurs rapports intimes, au moins dans leurs communications officielles. Ils ne la parlent pas avec le même accent, mais ils l'écrivent avec les mêmes signes, et elle est le plus sûr, le plus utile passeport du voyageur perdu au milieu de ces vastes et loin-

<small>ANTIQUITÉ DE LA LANGUE</small>

taines régions. Tandis que les dialectes antiques des races primitives qui peuplaient le centre et l'occident de l'Asie : le sanscrit, l'hébreu, le zend, le copte sont devenus des langues mortes, dont on eût à peine conservé le souvenir si le culte national des traditions religieuses et les infatigables recherches de la science moderne n'en perpétuaient pieusement les vestiges sacrés, le langage que parle de nos jours le peuple aux cheveux noirs se retrouve avec ses signes et sa syntaxe dans les œuvres classiques rédigées, il y a plus de trente siècles, par les anciens sages de la Chine. Organe d'une des plus vieilles civilisations, d'une des plus intelligentes et des plus laborieuses races du monde, il eût été, sans aucun doute, un des plus féconds instruments de la pensée humaine si, comme nous le verrons tout à l'heure, les lois de sa formation et de sa structure ne le rendaient essentiellement impropre à l'expression nette et précise, par conséquent à la facile transmission des idées.

FORMATION SUCCESSIVE DU LANGAGE ÉCRIT.

Houang-ti, qui régnait 2700 ans avant le Christ, et *Tsan-kieh*, qui fut un de ses ministres, eurent la gloire, selon les traditions de l'histoire nationale, d'inventer les premiers signes du langage. « Cette merveilleuse décou-
» verte, dit un ancien auteur, mit fin à la déplorable
» anarchie où était plongée la Chine, combla de joie la
» terre et les cieux, et inaugura les plus utiles réformes.
» On vit alors renaître l'empire de la raison et de la
» justice, les arts se perfectionner et se répandre, les
» relations sociales se régler et s'adoucir. Les lois et les
» sciences furent fixées. Les magistrats, les philosophes,
» les savants eurent désormais des guides sûrs et res-
» pectables. On ne craignit plus le retour de ces lamen-
» tables époques où les esprits des ténèbres attristaient
» le cœur de l'homme par leurs continuels gémisse-
» ments, et où les cieux pleuvaient du sang. Tout rentra

» dans l'ordre et le bonheur. Les larves n'étendirent
» plus leur empire au delà de la nuit; les divinités cé-
» lestes répandirent, à pleines mains, la maturité et
» l'abondance. »

Au début, les signes de la langue ne sont que de grossières copies des objets extérieurs, et on les désigne naturellement par les *noms* que l'usage attribue à ces objets. Peu à peu, à des époques que l'histoire ne fixe point, ces symboles primitifs dont le nombre était très-restreint et dont la tradition a conservé en partie la forme naïve, se multiplient, se modifient, se perfectionnent. Le pinceau souple et moelleux succède, dans la main du scribe, au stylet rigide, et l'écriture, plus rapidement tracée, affecte des formes plus régulières, plus carrées, par conséquent moins indécises. Sous l'empire de la nécessité, on compose des caractères qui expriment, par la juxtaposition et l'arrangement des signes primitifs dont ils sont composés, et suivant des lois très-vagues, non plus seulement des idées simples comme l'*homme*, le *soleil*, l'*arbre*, la *montagne*, l'*œil*, le *char*, mais des associations d'idées : comme l'*éclat* (la lumière du soleil), *la colère* (l'esclavage du cœur), *la forêt* (la réunion des arbres), en sorte que la disposition des signes correspond à la combinaison des idées. Puis, les besoins croissant avec l'usage et cette ingénieuse innovation ne suffisant plus, le son vient enfin en aide au symbole ; l'élément phonétique est introduit, il entre dans la combinaison de la plupart des caractères dont se forme successivement la langue écrite ; mais il arrive trop tard ; le vice originel subsiste, et la langue restera toujours incomplète et défectueuse.

Voici comment, dans la plupart des caractères dont se compose le langage écrit des Chinois, l'élément phonétique s'est associé à l'élément symbolique. On a réuni deux signes symboliques dont l'un a perdu le *sens* que

Introduction de l'élément phonétique.

l'usage lui attribuait pour ne plus exprimer qu'un *son*, tandis que l'autre a conservé sa signification. Aucun caractère n'existait, par exemple, pour désigner un insecte connu sous le nom de *nan*; mais la langue possédait un signe employé pour représenter le *sud*, et qui se prononçait par hasard *nan*, exactement comme le nom vulgaire de l'insecte qu'il s'agissait d'exprimer. Ce signe, accolé au signe symbolique qui désigne l'*insecte* en général, a perdu complètement son sens, mais donné son nom au *caractère* formé par leur réunion, lequel, aux yeux de tous les Chinois qui savent lire, signifiera l'*insecte nan*, bien qu'ils ne connaissent préalablement ni l'existence ni le nom de cet insecte. La science sinologique donne les noms de *primitif* et de *radical* aux deux éléments qui entrent dans la composition de ces caractères mixtes. Le primitif est le signe qui perd son sens et qui prête sa prononciation; le radical est celui qui perd sa prononciation et conserve son sens. Le *primitif* exprime simplement le *son* par lequel la langue vulgaire désigne l'objet que représente le caractère mixte; le *radical* indique l'espèce, le genre, la classe à laquelle appartient cet objet dans le monde physique ou métaphysique. En général, le primitif se place à la droite du radical; malheureusement cette règle n'est pas absolument invariable.

Classification et nombre des caractères.

Les grammairiens chinois répartissent en six groupes tous les signes dont se compose la langue nationale. Dans les quatre premiers et le sixième, ils rangent tous les caractères symboliques, c'est-à-dire tous ceux qui sont formés soit par les anciens symboles dont l'usage, comme nous l'avons vu plus haut, a tant soit peu modifié la forme, soit par la réunion, la juxtaposition, la combinaison de ces symboles. Pour prononcer un caractère symbolique, il faut absolument connaître et l'objet qu'il désigne, et le nom que la langue parlée donne à cet objet. Le cinquième groupe, celui des *Kiaï-ching* (union du son à l'image), renferme tous les caractères mixtes qui réunissent les deux éléments et qui se prononcent, ainsi que nous venons de le voir, comme leur signe primitif. Il conviendrait de compléter la classification grammaticale par l'addition d'un septième groupe, celui des *néologismes*, dont l'extension des rapports internationaux nécessite actuellement l'usage. Ce dernier groupe, d'ailleurs très-peu nombreux, comprendrait toutes les expressions destinées à reproduire purement et simplement les sons européens, comme *français, english, american, steamer, captain*, et qui se composent uniquement de signes primitifs auxquels il ne faut attacher aucun sens. Presque tous les mots actuellement en usage sont des *Kiaï-ching*. On en compte, d'après le système généralement accrédité, 21,810, tandis que la totalité des symboles ne s'élève pas à plus de 2,444. La langue chinoise posséderait donc environ 24,254 mots représentés par des signes différents. Il est vrai que le dictionnaire, rédigé sous le règne de l'empereur *Kang-hi*, lui en donne 44,449 et qu'elle n'en aurait pas moins de 260,899 si l'on s'en rapporte à l'opinion de Montucci. Mais les formes vieillies, synonymes ou absolument inusitées sont si nombreuses, que la connaissance de 10,000 caractères suffit amplement pour lire tous les livres et écrire, avec facilité, sur tous les sujets. Le savant Prémare, dans sa *Noticia linguæ sinicæ*, réduit à 4,000 le nombre des signes dont l'homme du monde doit posséder l'intelligence pour l'ornement de son esprit ou la conduite de ses affaires, et par le fait on n'a pas compté, dans les cinq classiques, plus de 2,000 mots différents.

Tous les caractères s'énoncent par une seule émission de voix et sont, en conséquence, monosyllabiques. De là naissent, pour la langue parlée, les plus sérieux in-

<small>Inconvénient de la prononciation monosyllabique.</small>

convénients. Il n'est pas donné à la voix humaine d'émettre plusieurs milliers de monosyllabes différents. Les mots sont donc infiniment plus nombreux que les sons dont on fait usage pour les exprimer, c'est-à-dire que beaucoup de caractères, ayant des significations parfaitement distinctes, doivent s'énoncer par des sons tout à fait identiques, ce qui peut produire les plus nombreuses et les plus grossières confusions. Ce grand péril auquel on a dû chercher instinctivement à se soustraire dès l'origine du langage, est évité en partie, par l'usage des *tons* qui viennent en aide tout naturellement à la mémoire. Les monosyllabes chinois ne se prononcent pas seulement ; ils se chantent, suivant leur signification, sur quatre *modes* différents qui admettent chacun deux tons, de telle sorte que tous les sons du langage subissent huit modifications parfaitement intelligibles pour les indigènes. Toutefois, les tons ne suffisant pas encore à marquer toutes les distinctions nécessaires, les interlocuteurs chinois ont coutume, pour donner plus de clarté à leur discours, d'insister, par la répétition, sur certains monosyllabes, ou de joindre *deux monosyllabes* qui offrent un sens identique tout en ayant une prononciation différente. On conçoit aisément que l'observation de ces nuances, si nombreuses et si délicates, auxquelles l'usage façonne les Chinois progressivement et sans effort depuis leur berceau, nous présente des difficultés à peu près insurmontables. Les étrangers peuvent apprendre à lire la langue chinoise ; ils ne parviennent jamais à la parler clairement, s'ils ne la pratiquent depuis leur première enfance.

DIALECTES.
A ces difficultés viennent se joindre les fâcheux obstacles que fait naître, pour les Chinois eux-mêmes, la diversité des *dialectes*. On en compte trois principaux qui, se servant des mêmes signes, leur attribuent néanmoins

des prononciations tout à fait différentes. Le *Kouan-houa* (langage des fonctionnaires) est parlé à Péking et dans la plus grande partie des provinces du nord, de l'ouest et du centre. La Chine, la Cochinchine, la Corée, le Japon en font usage dans leurs relations officielles. Il est le seul auquel nos sinologues consacrent ordinairement leurs études. On parle le *cantonnais* au sud de l'empire, et le *fokiennois* sur les côtes orientales. Il semble que le premier de ces dialectes soit plus doux, plus uni, plus harmonieux ; le second plus net, plus rapide ; le troisième plus rude, plus brusque, plus accentué. Ce dernier offre une particularité très-remarquable. Il a réellement deux syntaxes : l'une pour les écrivains, l'autre pour les orateurs, en sorte qu'on ne saurait faire comprendre un livre, par la lecture, à des fokiennois illettrés, si on ne leur en donnait une traduction orale. Au reste, tous ceux qui emploient les mêmes dialectes n'ont pas un langage absolument semblable. Leur prononciation diffère souvent dans des limites restreintes, par des nuances très-appréciables. On prononce par exemple, *choui* et *tse* à Canton, *soui* et *chi* à Macao, les deux caractères qui veulent dire eau et enfant.

Essentiellement différente, par sa structure et ses formules, de tous les idiomes usités de nos jours, la langue chinoise est régie par des lois grammaticales toutes particulières. Ces lois qui ont trouvé, parmi les savants indigènes, beaucoup d'interprètes et de commentateurs, sont peu nombreuses. La grammaire chinoise ne traite ni de l'orthographe ni de la lexigraphie ; elle enseigne seulement l'art de grouper des mots *immutables* qui, selon leur position ou le sens général de la phrase, sont tour à tour verbes, substantifs, adverbes, adjectifs et dont on modifie soit le mode, soit le temps, soit le nombre, au moyen de particules invariables disposées tou-

GRAMMAIRE.

jours suivant des règles fixes. Elle se borne à la syntaxe et à la prosodie; elle apprend plutôt à bien dire qu'à dire correctement. Mais, comme l'écrivain recherche, avant tout, l'élégance du style, l'élévation ou la profondeur des pensées, sans se préoccuper beaucoup de la clarté des expressions; comme, en général, il ne daigne pas faire usage de la ponctuation; comme aucun signe ne distingue, dans les textes, les noms communs des noms propres; comme le début et la fin des phrases n'y est même pas marqué; comme tout y concourt, au contraire, à embarrasser et à égarer le lecteur, — il est très-essentiel de se bien pénétrer des règles de la syntaxe sous peine de ne pouvoir comprendre une seule phrase du langage écrit. Les grammairiens partagent tous les termes de la langue en deux classes, dont la première renferme *les termes essentiels* : ceux que l'on emploie comme verbes, noms, adjectifs ou adverbes, et la seconde comprend les *particules* dont on fait usage pour lier les membres de phrase ou pour indiquer le mode, le temps, le nombre. Ils admettent trois sortes de style : le *Kou-ouan*, celui des anciens classiques qui est leur modèle et dont ils considèrent la concision, l'élégance, la correction comme parfaitement inimitables; — le *Ouan-tchang*, celui des ouvrages sérieux et des compositions littéraires ; — le *Siao-chouo*, celui des écrits familiers. Ils enseignent dans la syntaxe, plutôt par des exemples que par des préceptes, que le sujet doit toujours précéder le verbe et que ce dernier précède à son tour le régime direct qui est suivi du régime indirect, que l'adjectif ou l'adverbe est placé avant le substantif ou le verbe, et l'incident, l'accessoire, le conditionnel, avant le principal, de telle sorte que les qualités des mots sont déterminées par leurs positions respectives.

DICTIONNAIRES. Si on lit avec quelque soin les notions élémentaires que nous venons d'exposer sur l'origine et la structure de la langue, on comprendra sans peine que les étrangers et les Chinois eux-mêmes aient absolument besoin, pour ne point se perdre au milieu de ses innombrables combinaisons, d'un bon lexique rédigé avec clarté et méthode et que la composition d'un tel livre doive offrir au sinologue des difficultés presque insurmontables. Le système sur lequel repose, dans nos idiomes alphabétiques, la classification des mots est si nettement tracé par la nature même de ces idiomes, qu'on n'en peut concevoir de plus simple ni de plus aisé. Une fois les mots rangés suivant l'ordre respectif que leurs premières lettres occupent dans l'alphabet, le classement en est fini, il n'y a plus lieu de s'occuper que de leur définition exacte, de leur emploi, de leurs acceptions diverses, des modifications qu'ils subissent suivant le temps, le mode, le nombre, et c'est là, sans contredit, la seule tâche vraiment laborieuse de l'auteur. Il n'en est pas de même pour les caractères chinois, qui sont, comme nous l'avons vu, immutables de leur nature, mais dans lesquels les deux éléments phonétique et symbolique se combinent de telle sorte, dont la forme aussi bien que le ton sont si variables qu'on ne saurait les soumettre à une classification fondée sur la correspondance régulière du son avec l'image. Il ne serait pas impossible assurément, en observant toutefois les tons, de disposer tous les mots suivant un ordre alphabétique convenu d'avance, et c'est précisément à cette méthode que se sont attachés les grammairiens chinois en rangeant par familles tous les caractères dont la prononciation est semblable; mais elle est impraticable pour les étrangers qui, ignorant, au début de leurs études, la prononciation de ces caractères si nombreux, si bizarres, si dissemblables, ne sauraient dans quel groupe il en faut chercher le sens. Pour épargner à leurs études des labeurs aussi rebutants que stériles, les sinologues européens ont adopté le système suivi par les rédacteurs du dictionnaire de *Kang-hi* et qui consiste à classer les mots de la langue chinoise, non d'après leurs sons, mais d'après leurs signes. Cette méthode, aussi ingénieuse que philosophique, repose sur les deux observations suivantes : 1° chaque caractère contient un *radical*, reproduction tant soit peu modifiée de l'un des anciens symboles, et qui exprime l'objet principal de la pensée ; — 2° le nombre des radicaux peut être réduit à 214. Elle divise donc tous les caractères en 214 groupes, dont chacun porte le nom du radical qui est comme *la clef* des signes qu'il renferme. Dans ces groupes, dont la plupart comportent une extension considérable, la place respective des caractères est déterminée par le nombre de *traits* qu'il a fallu ajouter au radical pour le tracer. Ceux qui possèdent, outre le radical, le même nombre de traits, figurent pêle-mêle dans le groupe. Quelques grammairiens, pour épurer le système, ont décomposé les radicaux dont ils ont ainsi augmenté le nombre. Le savant Gonçalves a très-bien montré qu'il était au contraire avantageux de les réduire. Quand on connaît bien la forme des radicaux, qui sont placés généralement, comme nous l'avons indiqué, à la gauche des caractères, on les distingue immédiatement et l'on peut trouver, sans grand effort, le groupe qui renferme ces derniers.

De la méthode à suivre pour apprendre la langue. Se familiariser d'abord avec les *radicaux*; les lire, les relire, les répéter jusqu'à ce qu'on connaisse imperturbablement et leur forme et l'ordre dans lequel ils sont classés; étudier ensuite les *primitifs* qui donnent leur son en se mêlant aux radicaux tout en perdant leur sens (voir page 335); puis prendre chaque jour, pendant quelques heures, avec un lettré chinois, des leçons de lecture, d'écriture et de conversation : telle est la meilleure méthode à suivre pour apprendre la langue chinoise, méthode purement mécanique et particulièrement fastidieuse à ses débuts, mais qui doit être lentement progressive sous peine de créer, dans l'esprit des élèves, la plus inextricable confusion, de leur faire prendre des habitudes incompatibles avec le génie de la langue et de les exposer ainsi à perdre tout le temps de leurs études.

Six différents genres d'écriture sont connus des Chinois. Le *Tchouen-chuh*, qui porte le nom de son inventeur, est le plus ancien. On l'emploie pour les inscriptions, mais on ne l'imprime pas. Ses formes arrondies se rapprochent beaucoup des anciens symboles. — Le *Li-chuh* (texte officiel) sert pour les préfaces et les dédicaces des livres. Il est connu depuis le commencement de l'ère chrétienne. Ses caractères, très-différents des signes du *Tchouen*, bien qu'ils en dérivent par une évidente filiation, affectent des formes particulièrement droites et carrées. — Ces formes deviennent moins raides, plus élégantes dans le *Kiaï-chuh* (texte modèle), que tout homme instruit doit savoir écrire correctement et dont l'imprimerie fait quelquefois usage. — Elles sont parfois à peine reconnaissables dans le *Hing-chuh* (main courante) qui est le texte ordinaire des manuscrits. Cette écriture, qui sert également aux préfaces et aux inscriptions, est plus rapide, plus liée, moins régulière que les trois premiers styles. — La main légère et habile qui fait usage du *Tsao-tse* (style de fantaisie) ne doit pas quitter le papier et peut se permettre, comme celle de nos grands calligraphes, des caprices qui donnent à ses œuvres, souvent inintelligibles, un cachet de suprême élégance et de fantasque bizarrerie très-admirée des Chinois. — Ceux-ci impriment ordinairement leurs livres avec les caractères du *Soung-chuh*, qui fut introduit, ainsi que l'indique son nom, sous la dynastie des *Soung* et dont les formes imiteraient fidèlement celles du style

Les six modes d'écriture.

modèle (le Kiaï-chuh) si, pour la commodité des imprimeurs, qui les gravent sur leurs blocs, elles ne devaient être un peu plus anguleuses et plus carrées. La connaissance du *Kiaï-chuh* et du *Hing-chuh* suffit aux étrangers qui ne se proposent point l'étude des antiquités chinoises.

ÉCRITURE A LA MAIN.

Au temps de Confucius, 6 siècles avant la découverte de l'imprimerie, on écrivait avec un stylet sur des morceaux ou des feuilles de bambou. Ce fut l'époque des formes arrondies ; 200 ans plus tard, on commençait à tracer les caractères avec le pinceau sur l'étoffe, particulièrement sur la soie. Dans le courant du 1er siècle de notre ère, l'usage du papier s'introduit ; celui de l'encre indienne date du viie ; l'imprimerie est inventée 900 ans après le Christ.

Encre.

On confectionne l'encre de Chine, qui est aussi appelée encre indienne, en triturant avec de la glu végétale ou de la colle de poisson parfumée, la suie que l'on obtient par l'incinération de certaines huiles ou de certaines résines. Le mélange est introduit dans des moules sur les parois desquels sont gravés des caractères ou des paysages et d'où il sort très-dur, très-noir, très-joliment orné. On le délaye avec un peu d'eau sur une pierre lisse et plate, toujours très-dense, comme le marbre ou la lave, quelquefois élégamment sculptée. Le pinceau qui en est imprégné et avec lequel on trace, ou plutôt on peint les caractères, est un instrument très-délicat. Sa forme se rapproche un peu de celle des pinceaux dont nous nous servons pour la peinture à l'aquarelle. Il se compose d'une petite touffe mince et allongée de poils d'hermine ou de renard, de loup, de chat, de lapin, que l'on fixe dans un tube de roseau. Les bons pinceaux sont à la fois élastiques et moelleux. C'est la pulpe fibreuse du bambou,

Pinceau.

bouillie, broyée, réduite en pâte, étendue dans des moules, qui fournit le papier le meilleur et le plus résistant. On la mêle quelquefois, par économie, avec celle du cotonnier, ou de l'arbre à papier (broussonetia). L'écriture des Chinois est nette, correcte, élgante. Rarement ils font suivre leurs œuvres du signe qui exprime leur nom. Un sceau indiquant leur profession ou leur dignité, un caractère particulier, quelque périphrase ou quelque sentence philosophique dont les termes sont convenus d'avance entre eux et leurs amis, remplacent leur signature.

<small>Papier.</small>

L'art du lithographe, que *Foung-tao* inventa au xe siècle, paraît avoir précédé et préparé l'imprimerie, ou plutôt la xylographie, car les Chinois se sont servis uniquement jusqu'à notre époque de blocs en bois, pleins et immobiles, pour reproduire sur le papier, à l'aide de la presse, les caractères de leur écriture. Ces blocs sont en pêcher ou en prunier et d'un demi-pouce d'épaisseur. Leur largeur varie suivant le format de l'impression. Le texte écrit à la main sur une feuille très-mince est appliqué contre la surface lisse du bloc. On mouille légèrement le verso de cette feuille et lorsqu'elle est bien sèche on l'enlève avec précaution. L'empreinte des caractères que renfermait le texte apparaît alors sur le bloc très-nettement accusée et l'œuvre délicate du sculpteur commence. Il fouille avec le ciseau, jusqu'à la profondeur d'une ligne ou à peu près, les contours des caractères et, quand il a terminé sa tâche, laisse la place à l'imprimeur. Celui-ci étend l'encre avec une brosse sur le relief du bloc, pose avec précaution sur ce relief la feuille qui doit être imprimée et la recouvre doucement d'un épais cahier dont il fait usage comme d'un tampon; l'impression est alors achevée. La disposition des textes chinois diffère beaucoup de celle qui est adoptée

<small>IMPRIMERIE.</small>

<small>Blocs.</small>

<small>Impression.</small>

Texte. pour nos livres. Écrits de haut en bas et en commençant par la droite, tous les feuillets et toutes les colonnes qu'ils renferment sont entourés d'un trait linéaire. On n'imprime que sur un seul verso. Les titres de l'ouvrage, ceux des chapitres ainsi que la pagination se trouvent indiqués dans une colonne qui tient le milieu entre les deux pages. Celles-ci sont repliées en dedans de telle sorte que leurs versos blancs se touchent et que la colonne intermédiaire, renfermant les titres, est coupée en deux par leur pli. Ce sont les plis des feuillets qui forment la tranche extérieure des livres, tandis que leur réunion par la reliure en forme le dos. Les notes et remarques sont placées à la partie supérieure du feuillet ou sont écrites parallèlement au texte en caractères plus fins et plus serrés. Parfois deux ouvrages qui se servent mutuellement de commentaires sont imprimés ensemble, chacun d'eux occupant une moitié de page. Les gravures ne sont pas insérées dans le texte, mais réunies au commencement du livre. Une vignette, représentant le dragon impérial, entoure d'ordinaire les feuillets dans les œuvres officielles de l'autorité.

Formats. On trouve en Chine des ouvrages imprimés de tous les formats, depuis l'in-32 jusqu'à l'in-folio. Ils sont presque toujours d'un prix très-modique, mais la reliure n'en est pas solide et, quand on les veut conserver longtemps, il faut les mettre dans des étuis. Rarement un livre a

Bon marché des livres: plus de 2,000 pages. Un des ouvrages littéraires les plus estimés, le *San-kouo-tchi* (Histoire des trois États) qui renferme 24 volumes in-12, se vend pour 4 francs environ. Le dictionnaire de *Kang-hi*, contenant 24 volumes in-8°, n'en coûte pas plus de 22. Les magasins de libraires, les échoppes de bouquinistes, les colporteurs abondent dans les grandes villes. Pénétré, depuis son enfance, par les premiers principes de son éducation, du respect traditionnel de sa race pour les sciences et la littérature, le Chinois aime et vénère les livres. Au reste, la presse est libre et n'a rien à craindre de la censure tant qu'elle ne s'avise pas de juger ou de commenter les actes du pouvoir, restriction très-pénible assurément pour les Chinois, naturellement malins et frondeurs.

<small>Régime de la presse.</small>

Depuis le commencement de ce siècle, de nombreuses tentatives ont été faites en Chine, non sans succès, afin d'obvier aux inconvénients très-sérieux que présente l'usage des blocs en bois pour l'impression des livres. Ces blocs immobiles sur lesquels sont sculptées plusieurs pages s'égarent facilement et s'usent relativement assez vite [1]; leur préparation est difficile [2] et les caractères dont ils supportent le relief n'ont pas la netteté des types métalliques de nos imprimeries, enfin la correction des erreurs y est, pour ainsi dire, impossible. M. P. P. Thoms eut l'honneur de tenter le premier essai. En reproduisant sur des blocs d'étain, par la sculpture, le texte de la traduction que Morrisson a faite des livres sacrés, il réalisa un progrès très-appréciable sous le rapport de la durée et de la netteté des caractères. Le fer fut substitué avec beaucoup d'avantage à l'étain par MM. Dyer et Marshman. On fait usage aujourd'hui en Europe, particulièrement à Paris et à Berlin, de types mobiles en fonte, représentant les *radicaux* et les *primitifs* que l'art du prote associe pour former les caractères; mais la forme de ces types est loin de réaliser toute la perfection désirable.

<small>Perfectionnement de l'imprimerie chinoise.</small>

---

[1]. Chaque bloc peut cependant fournir, avant d'être usé, jusqu'à 16,000 épreuves.

[2]. Afin d'éviter les frais très-considérables de sculpture, on emploie la cire au lieu du bois pour les documents qui, comme les proclamations et les affiches, ne doivent être tirés qu'à un petit nombre d'exemplaires.

CHAPITRE II

DE L'ÉDUCATION ET DES EXAMENS LITTÉRAIRES

Antiquité de l'instruction. — Ses titres au respect national. — Écoles primaires. — Le Siaou-kio et le San-tse-king. — Colléges. — Examens littéraires. — Bacheliers, licenciés, docteurs, académiciens. — Conditions des lettrés. — Gradués militaires. — Éducation des femmes.

Antiquité de l'instruction publique.

On lit dans le *Li-ki* (livre des rites), composé 1100 ans avant le Christ, à une époque ou le système féodal régnait en Chine, que « chaque commune de l'empire possédait une école, chaque arrondissement un collége, chaque département une académie, et que les chefs-lieux politiques des principautés étaient, en même temps, des capitales universitaires. » 6 siècles avant le grand Confucius, qui fut le principal commentateur du *Li-ki*, 400 ans avant la fondation de Rome, vers la fin des temps héroïques de la Grèce, alors que les ténèbres de la barbarie enveloppaient encore le continent européen, l'instruction était répandue, organisée, florissante dans les contrées orientales de l'Asie. La haute antiquité de la civilisation chinoise ne doit pas nous surprendre puisque, au temps où fut composé le *Li-ki*, les splendeurs de l'Assyrie et de l'Égypte commençaient déjà à s'effacer. Mais ce qui fait réfléchir l'historien, et rêver le philosophe, c'est la persistance de cette civilisation, c'est la vitalité de ces mœurs sociales et littéraires qui ne s'usent point au contact de trente siècles, que les efforts de l'Europe ne réussissent point à entamer, que l'on trouve aujourd'hui debout et presque intactes à côté des ruines qui gardent à peine le souvenir de leurs premiers contemporains.

Un monarque de la dynastie *Tang*, *Taï-tsong*, 600 ans avant notre ère, fut, dit-on, le fondateur du système qui donna pour magistrats à son peuple des sages et des lettrés, qui fit de l'instruction, constatée par des examens, le marchepied des emplois publics, et qui s'est perpétué jusqu'à nos jours. Il pensa que les maximes politiques des anciens philosophes enseignaient l'art de gouverner les hommes et ses institutions revêtirent la science littéraire que la Chine tenait déjà en grand honneur, d'un incomparable prestige. Dès lors, les principes généraux que renferme le *Li-ki* (voir page 365) sur l'éducation et l'instruction de la jeunesse, devinrent véritablement la règle des mœurs et le code social des Chinois.

<small>Ce qui la met surtout en honneur.</small>

Ces principes ont été développés, expliqués, commentés par le *Siaou-kio* (le guide de la jeunesse), dont le premier auteur fut, à ce que l'on croit, Confucius, mais qui fut achevé par *Tchou-hi* vers le XIIe siècle de notre ère. Le *Siaou-kio*, dont la vogue n'eut point d'égale, dont le texte est dans toutes les mains et les maximes dans toutes les mémoires, prend l'homme au berceau et le conduit, à travers les phases multiples de son existence, jusqu'à sa tombe. Il traite des soins qu'il faut donner à l'enfance; des études progressives auxquelles doit se livrer le jeune homme; de la bienséance; des honneurs auxquels ont droit le prince, le magistrat, le vieillard; des obligations sociales et des devoirs réciproques de la famille. Il enseigne, par des exemples tirés des anciens et des modernes, la piété filiale, la modes-

<small>ÉDUCATION ET INSTRUCTION DE LA JEUNESSE.</small>

<small>Préceptes du Siaou-Kio.</small>

tie, la sincérité, la bienveillance, l'économie, la gravité, l'assiduité. Il veut qu'à sa naissance l'enfant soit remis aux soins d'une nourrice choisie parmi les concubines de son père, belle, intelligente et bonne ; que la première direction de ses facultés morales soit confiée à sa mère, laquelle doit lui enseigner avant tout l'obéissance ; qu'à 10 ans on le place sous la direction d'un maître qui lui apprend la lecture, l'écriture, l'arithmétique, la poésie, les règles de la politesse et du savoir-vivre ; que, depuis 20 jusqu'à 30 ans, il achève de se perfectionner dans la science et la pratique des vertus sociales ; qu'à 30 ans il se marie et commence à s'occuper des affaires. Il ne doit pas entrer dans le service public avant 40 ans, et sa 70ᵉ année sera la limite extrême des fonctions qu'il pourra remplir.

Liberté de l'instruction. — En conférant des grades littéraires, en commettant les fonctions officielles à ceux qui en sont revêtus, l'État donne une éclatante et continuelle sanction aux préceptes du *Siaou-kio*, mais il ne les met pas lui-même en pratique. Il patronne, constate, honore l'instruction, mais il ne la donne point à ses sujets, et c'est à peine s'il prend soin de la surveiller. La Chine ignore les bienfaits de l'instruction publique. Les écoles où sont élevées l'enfance et la jeunesse dans les bourgs et dans les villes ne reçoivent aucune subvention du gouvernement. Elles sont dirigées par des *lettrés* malheureux qui n'ont pu obtenir d'emploi et qui donnent des leçons pour vivre. Les uns nourrissent et logent leurs élèves ; les autres n'admettent que des externes. En général, l'instituteur *primaire* se contente pour ses internes, dont le nombre dépasse rarement huit ou dix, d'une rétribution scolaire de 3 francs par mois et de légères gratifications en vêtements et en vivres que leurs parents lui remettent aux époques solennelles. Le salaire qu'il demande aux externes, est infiniment modique. Les pro-

fesseurs qui enseignent les jeunes gens ou les hommes faits, montrent naturellement un peu plus d'exigence, mais on peut dire qu'en aucun pays du monde l'instruction n'est à meilleur marché.

Tous les villages de la Chine possèdent au moins une école primaire pour l'éducation de l'enfance, et toutes ses villes un collége pour l'instruction de la jeunesse. L'enfant est assidu aux écoles pendant quatre ou cinq années. Il y reste depuis le lever du soleil jusqu'à cinq heures du soir ; ses études ne sont interrompues que depuis dix heures jusqu'à midi, et il n'y a guère par an que vingt-cinq jours de congé répartis entre les grandes fêtes. Un peu de lecture, d'écriture, d'histoire et de morale composent ordinairement tout son bagage scientifique. Il le forme surtout à l'aide du *San-tse-king* (classique trimétrique) qu'il doit apprendre par cœur, retenir et réciter imperturbablement afin de se bien pénétrer de la forme et du son des caractères. Le *San-tse-king* fut composé, sous la dynastie des *Soung*, par un professeur du nom de *Ouang-pi-hao*, pour l'usage de ses élèves. C'est un livre d'une morale irréprochable, mais d'une parfaite aridité, procédant par sentences brèves, affirmatives, heurtées, composées chacune de six mots qui forment deux lignes et se lisent trois par trois. Il renferme des notions très-concises et très-élémentaires sur la nature humaine, les avantages de l'éducation, les devoirs de l'homme envers ses parents et ses semblables, la physique, l'agriculture, l'histoire nationale, les règles qu'il faut suivre et les livres qu'il faut étudier pour acquérir la science. La plupart de ces notions dépassent de beaucoup l'intelligence de l'enfant. Aussi répète-t-il d'abord le *San-tse-king*, uniquement comme il répéterait un syllabaire, sans comprendre les signes qu'il lit ni les sons qu'il émet. Quand, après deux années d'un labeur assidu, il énonce sans hésitation tous

[marginalia:] Écoles primaires.

[marginalia:] San-tse-king.

les caractères du classique trimétrique avec les intonations voulues, et les retrace élégamment à l'aide du pinceau, son maître commence à lui en expliquer la signification, et, dès que son intelligence peut la saisir, il place sous ses yeux d'autres ouvrages, comme le *classique millénaire* où il retrouve les mêmes mots et fait connaissance avec de nouveaux signes, par conséquent avec de nouvelles idées. C'est ainsi qu'en suivant une méthode d'abord toute mécanique, puis lentement progressive, il peut acquérir en quelques années, si le courage, la patience, la mémoire et le temps ne lui font défaut, une notion suffisante de sa langue pour lire les principaux classiques. Mais il arrive souvent, tant il est malaisé de s'en rendre maître, qu'au sortir de l'école, le jeune Chinois possède seulement le sens des caractères les plus indispensables et prononce les autres sans les comprendre, tout comme nous lirions les mots d'une langue inconnue écrits avec des caractères français.

<small>Méthode de l'instruction primaire.</small>

Le mobilier des classes est d'une simplicité extrême. Chaque enfant dispose d'un tabouret et d'une petite table sur laquelle sont placés deux ou trois livres, de l'encre, un pinceau et quelques feuilles de papier. Le pupitre du maître, haut, large, massif, abondamment pourvu des objets qui lui sont nécessaires pour enseigner et punir, domine toute la classe. Dans un coin de la salle l'encens ne cesse de brûler devant une tablette dédiée à Confucius et au dieu des belles-lettres. Avant de prendre leur place, les élèves doivent, chaque matin, s'agenouiller devant ce pieux emblème et saluer ensuite profondément l'instituteur. Une fois cette muette et respectueuse cérémonie achevée, la classe entre en rumeur. Les enfants étudient tout haut pour se mieux pénétrer du son des caractères et se corrigent mutuellement. Dès que l'un d'eux sait bien sa leçon, il s'avance vers le pupitre du maître auquel il la répète à très-haute voix et

<small>Tenue et discipline des écoles primaires.</small>

en lui tournant le dos. En général, la discipline est sévèrement maintenue parmi ces jeunes écoliers qui se livrent, avec une ardeur, un entrain et une patience extraordinaire, à la plus ingrate de toutes les études. Le professeur ne se fait point faute de réchauffer leur zèle et d'assouplir leur caractère à l'aide du bambou, des privations et des humiliations de tout genre. C'est un vieil adage très en vogue parmi les Chinois : qu'un bon maître doit savoir, quand il le faut, stimuler la paresse et châtier l'indiscipline par des peines rigoureuses.

Au sortir de l'école primaire, que les enfants des classes pauvres fréquentent d'ordinaire pendant quatre ou cinq ans, le jeune Chinois connaît les signes les plus usuels de sa langue et possède quelques notions de morale ainsi qu'une très-légère teinture d'histoire. Ses parents veulent-ils lui faire embrasser une profession ou le pousser dans la voie périlleuse qui conduit aux examens littéraires et aux fonctions publiques, ils le confient, s'ils sont riches, aux mains d'un précepteur, ou bien l'envoient aux écoles secondaires que l'on trouve dans les villes et les gros bourgs, afin qu'il acquière soit les notions spéciales dont il a besoin, soit l'intelligence des grands classiques, ainsi que la connaissance des règles du beau style, du beau langage et de la composition littéraire. Ces écoles ou plutôt ces colléges, qui enseignent aussi un peu de mathématiques, de physique, de géographie, admettent, comme les écoles primaires et pour un prix très-modéré, des externes et des internes. Les professeurs, qui s'associent au nombre de trois ou quatre pour les établir, et qui les dirigent à leur profit, sont souvent des hommes de mérite qui ont subi avec succès les premiers examens, et qui se préparent, par l'étude et l'enseignement, à de nouvelles épreuves littéraires. C'est parmi ces *gradués* courageux que se recru-

Colléges.

tent également les précepteurs auxquels est remise l'éducation des fils de famille.

Collége national. — Ces derniers jouissent d'un privilége très-appréciable quand leurs pères occupent une position élevée dans la hiérarchie officielle. La loi permet à tous les fonctionnaires des quatre premiers rangs (voir page 304) d'envoyer leur fils à *Péking*, où ils sont instruits aux frais de l'État dans le *Kouoh-tse-kien* (collége national).

Distribution de prix. — A certaines époques des encouragements officiels très-honorables, très-enviés, mais d'une valeur fort minime, sont publiquement décernés aux élèves les plus instruits, en présence de leur famille, par les anciens des villages ou les autorités des villes. On convie à ces distributions solennelles, pour en rehausser l'éclat et l'importance, le magistrat qui préside les examens et tous les lettrés du lieu. Au reste, et bien que le jeune Chinois poursuive le cours de ses études avec une assiduité, une patience, un acharnement que rien ne décourage, bien que sa vive intelligence soit remarquablement précoce et sa mémoire admirablement fidèle, il n'obtient jamais de

Résultat ordinaire des études. — ses opiniâtres efforts que de médiocres résultats. L'enseignement qu'il reçoit est sans doute d'une irréprochable moralité et peut dessécher son cœur sans le corrompre; mais il est, sous certains rapports, si élémentaire, si naïf, si incomplet, sous d'autres, si routinier et si exclusif; la langue dont il fait usage se prête si mal à l'expression nette et claire de la pensée, est un instrument si défectueux, en même temps si délicat, exige elle-même une étude si fastidieuse et si longue, qu'on peut dire, sans hésitation, que le lettré chinois perd son temps, use ses facultés morales, épuise ses forces physiques pour entasser dans son esprit un fatras de connaissances aussi peu utiles à lui-même qu'à ses semblables, et apprendre, en réalité, fort peu de choses.

Tout ce vain luxe d'érudition éclate dans les examens pour la plus grande gloire du lettré et de sa famille ; il est récompensé par les honneurs académiques qui doivent précéder nécessairement, comme nous l'avons vu plus haut, les honneurs officiels. Le Chinois peut obtenir, en passant par de laborieuses épreuves, quatre grades littéraires auxquels correspondent les titres de *Siou-tsaï*, *Kiu-jen*, *Tsin-se*, *Han-lin* que nos sinologues traduisent par ceux de bachelier, licencié, docteur, académicien.

EXAMENS LITTÉRAIRES.

Pour recevoir le diplôme de *Siou-tsaï*, il faut subir victorieusement trois examens : le premier au chef-lieu de son arrondissement, le second au chef-lieu de sa préfecture, le troisième dans la capitale de sa province. Les candidats doivent faire trois compositions, deux en prose et une en vers, dont les sujets, choisis par les présidents d'examen, sont tirées ordinairement des quatre livres (*se-tchou*). Les présidents sont le sous-préfet pour la première épreuve, le préfet pour la seconde, et le chancelier littéraire pour la troisième. On affiche en grande pompe les noms des candidats heureux. Ceux-ci ont droit successivement aux dénominations honorifiques de *Hien-Ming* (connu dans l'arrondissement), de *Fou-ming* (connu dans le département) et de *Siou-tsaï* (talent merveilleux). Les examens durent un jour entier et le canon qui en donne le signal en annonce l'issue. Il va sans dire que les candidats doivent être fouillés avec soin, qu'ils ne peuvent emporter avec eux aucun livre, ouvrage ou traité quelconque et que toute communication soit entre eux, soit avec leurs parents ou leurs amis, leur est formellement interdite durant toute la durée de l'épreuve. Les lois de l'empire exigent même qu'ils ne fassent point connaître leurs noms et qu'ils ne signent pas leur œuvre, afin que leurs juges n'aient point à lutter contre la tentation des influences

Siou-tsaï (bacheliers).

personnelles. Quoique la plupart de ces sages et rigoureuses prescriptions soient souvent éludées à l'aide de certaines connivences, les fraudes sont moins fréquentes qu'on pourrait le croire. Le bachelier est un homme important dans son village et devient l'oracle de sa famille ; sa qualité l'exempte des châtiments corporels. Il a le droit de porter le globule d'argent et d'aspirer au titre de licencié. Il est lancé sur la voie glorieuse des honneurs publics. Malheureusement pour son ambition souvent déçue, l'argent fait concurrence, en Chine, depuis le commencement du siècle, au mérite littéraire. L'État cherche, dans la vente des *Diplômes de bachelier*, un déplorable expédient pour combler le vide de ses finances. On donne aux personnages qui les ont achetés, le titre de *Kien-sang*.

Kien-sang.

Kiu-jen (licenciés).

Celui de *Kiu-jin* (homme promu) est accordé au *Siou-tsaï* qui triomphe des solennelles épreuves du *Kong-youen*. Elles ont lieu tous les 3 ans, vers le milieu de la 8ᵉ lune[1], au chef-lieu provincial, dans la salle qui porte ce nom. Deux commissaires impériaux envoyés de Péking les surveillent. Le *Fou-youen*, assisté de ses plus hauts fonctionnaires, les préside. Elles mettent en émoi toute la province et attirent dans sa capitale un prodigieux concours de population. Chacun s'empresse à saluer, à fêter, à congratuler, dans les vainqueurs, les hommes considérables qui doivent illustrer leurs familles en administrant l'empire. Dès leur arrivée au *Kong-youen*, les *Siou-tsaï* sont minutieusement fouillés et introduits dans d'étroites cellules munies d'un banc, d'une table et de 2 ou 3 ustensiles de cuisine. On les enferme à clef et ils sont surveillés par des soldats. Ils doivent préparer eux-mêmes les maigres aliments dont l'usage leur est permis. S'ils essayent de se soustraire à l'étroite surveillance qui les entoure, ils sont privés de

1. La mi-septembre.

leur titre de bachelier auquel ils tiennent plus qu'à la vie, et leur nom que l'on affiche sur les murs de la salle, est livré à la risée publique. Le premier jour, ils traitent, en prose et en vers, quatre sujets différents empruntés *aux quatre livres* et rédigent cinq dissertations sur les *cinq classiques*. Lorsque leurs élucubrations ont été recueillies, ce qui a lieu le lendemain au lever du soleil, ils peuvent sortir et prendre quelques heures de repos. Puis on les enferme une seconde fois et ils ont à répondre, par écrit, à cinq nouvelles questions, parfois très-étendues, concernant les affaires publiques, l'histoire, la géographie. Ils ne subissent point d'épreuves orales et toute réflexion sur la politique du gouvernement leur est expressément interdite. Le nombre des compositions atteint souvent 50 ou 60,000 et celui des lauréats ne dépasse pas ordinairement 80, en sorte que la besogne des examinateurs est aussi ardue que rebutante. Ils s'acquittent en général de leur tâche, dont ils se partagent méthodiquement le fastidieux labeur, avec beaucoup de tact et d'équité. Les œuvres de tous les candidats passent d'abord sous les yeux des assistants inférieurs du *Fou-youen*. Ceux-ci écartent, sans hésiter, toutes celles qui pèchent par la correction ou le style, et le nombre des compositions soumises aux membres supérieurs du jury qui prononcent seuls les admissions est relativement très-limité. Les plus flatteuses, les plus éclatantes démonstrations accueillent le triomphe des lauréats. Leurs noms sont portés à la connaissance de tous par un crieur public qui les proclame du haut des principaux édifices de la cité. On les affiche sur les murs du palais où réside le *Fou-youen*. Ce fonctionnaire, qui est dans sa province la plus importante personnification de l'autorité impériale, s'incline devant le placard où ils sont inscrits, et convie officiellement les nouveaux *kiu-jin* à un banquet solennel.

Tsin-se
(docteurs).

Parmi les *Kiu-jin*, les uns sollicitent immédiatement un emploi public et les autres, désirant parvenir d'emblée à quelque haute position administrative sans passer par les grades inférieurs, continuent le cours de leurs études pour obtenir le titre de *Tsin-se* dans les concours triennaux qui se tiennent à Péking. Les candidats au grade de docteur sont examinés par un jury composé de hauts fonctionnaires sur des sujets administratifs et scientifiques analogues à ceux qu'ils ont déjà traités dans leurs précédentes épreuves. Ceux qui sont admis se rendent en corps chez l'empereur qui les félicite, et récompense, par quelques dons de sa munificence, les 3 premiers lauréats. L'État rembourse aux *Tsin-se* les frais de leur voyage et de leur séjour à Péking, et les reçoit dans les bureaux des différents ministères où ils s'instruisent dans la pratique des affaires jusqu'à ce qu'ils puissent être appelés à un emploi vacant. Il arrive fréquemment que l'examen du doctorat tourne à la confusion de l'ambitieux *Kiu-jin* au lieu d'être pour lui la source des honneurs qu'il attend de ses efforts et de ses succès. Convaincu d'ignorance et déclaré incapable par ses juges, il peut être renvoyé honteusement dans sa province après avoir vu détruire son diplôme de licencié.

Han-lin
(académiciens).

A-t-il reçu, au contraire, celui de docteur, est-il assez riche pour préférer la gloire aux ressources pécuniaires que pourraient lui procurer immédiatement les emplois publics, se sent-il pourvu d'assez de courage et d'intelligence pour prétendre aux périlleux honneurs de l'*académie*, il se prépare, par de nouvelles études et des intrigues de toutes sortes, à y concourir. Tous les 3 ans, un jury, dans lequel siègent les plus grands fonctionnaires de l'État et qui occupe une des salles du palais de l'empereur, interroge par écrit, sur la politique et les sciences, les aspirants au titre de *Han-lin*. Nous savons déjà que les académiciens constituent un des grands corps de l'État, qu'ils reçoivent un traitement annuel d'environ 700 francs et qu'ils sont appelés aux emplois les plus respectables et les plus considérés.

En Chine, comme en France, le gouvernement ne dispose pas d'un nombre suffisant de places lucratives pour satisfaire les exigences de ses administrés. Tenu d'appeler aux fonctions publiques tous les lettrés qui ont conquis le diplôme de *Tsin-se*, il repousse forcément les sollicitations d'un grand nombre de *Kiu-jin* et de *Siou-tsaï*. Ces derniers, qui dédaignent le travail manuel et parmi lesquels se recrutent les professeurs, les maîtres d'école, les médecins, les secrétaires, commis et employés des prétoires, constituent une classe nombreuse et influente de mécontents et de frondeurs avec lesquels l'administration doit souvent compter. Afin de maintenir dans de prudentes limites les périls incessants dont toutes ces ambitions déçues menacent le repos public, le gouvernement chinois a fixé le nombre des diplômes que peuvent recevoir les lettrés dans les concours périodiques auxquels ils se présentent. Il n'est point proportionné, ainsi qu'on le pourrait croire, à la population ; mais il varie pour chaque province, suivant les titres que ses habitants ont acquis, dans les grandes circonstances nationales, à la faveur de l'État. On estime qu'à la fin de chaque période triennale le gouvernement institue 1300 licenciés et 300 docteurs.

Nombre limité des diplômes.

Classe des lettrés.

Quant aux gradués militaires dont les diplômes, ainsi que nous l'avons vu dans l'un des précédents chapitres (page 321), constatent la force, l'agilité, et non le savoir ou l'intelligence, ils appartiennent ordinairement aux classes riches de la société et attendent, avec beaucoup plus de patience, les emplois que leur réserve la faveur impériale.

Position des gradués militaires.

Il n'y a pas en Chine d'école pour les jeunes filles ; mais, bien que les lois et les mœurs attribuent aux fem-

ÉDUCATION DES FEMMES.

mes, dans la société, un rôle humiliant et secondaire, les bienfaits de l'éducation, les honneurs et les avantages de la science ne leur sont pas entièrement refusés. Quand elles peuvent déployer assez d'énergie et de courage pour vaincre les formidables obstacles qui protégent leur ignorance et leur frivolité ; quand, ayant su mettre à profit les connaissances de leurs amis ou de leurs parents, elles ont étudié les classiques, les historiens, les belles-lettres et se sont exercées, avec succès, dans l'art difficile de la composition, elles deviennent les oracles et font l'orgueil, la joie, l'illustration de leurs familles. La Chine a eu plusieurs femmes auteurs dont elle a précieusement conservé les noms dans ses archives. L'une d'elles, *Pan-houi-pan*, qui vivait dans le premier siècle de notre ère, a écrit, pour la direction de son sexe, un livre fameux qui respire la vertu la plus austère, où l'on trouve des maximes excellentes, de très-pratiques conseils et dont la vogue s'est maintenue pendant 18 siècles. Dans un livre intitulé « le guide des femmes », un auteur moderne, *Lou-tchao*, a développé et commenté l'œuvre quelque peu vieillie de *Pan-houi-pan*. Il exalte l'influence souveraine et salutaire que l'instruction de la femme peut exercer dans sa famille ; mais il ne veut pas qu'elle préfère l'étude aux humbles succès, aux devoirs modestes du ménage. La jeune fille a dix ans pour orner son esprit et développer son intelligence. Une fois mariée, tout son temps est dû à l'entretien de sa maison, à la surveillance de ses domestiques, à l'éducation de ses enfants ; les rares instants qu'elle peut dérober, sans le moindre inconvénient, aux soins de son intérieur, sont les seuls qu'il lui soit permis de consacrer aux livres. Il est rare que les femmes chinoises usent de l'autorisation que leur accorde le *Lou-tchao*. Beaucoup d'entre elles savent un peu lire, écrire et chanter en s'accompagnant du luth ou de la mandoline. Leur instruction, en général, ne va pas plus loin.

CHAPITRE III

DES SCIENCES

État de la science en général. — Les principaux classiques. — Sciences philosophique, historique, géographique, astronomique, mathématique. — Poids et mesures. — Médecine. — Physique. — Chimie.

Exaltée, depuis plus de vingt siècles, par les hommages passionnés de la multitude, comme l'unique voie qui conduise aux charges publiques, encouragée par l'appât de la faveur, des richesses et des licences dont elle peut devenir la source, mais limitée par l'isolement superbe dans lequel se renferme le peuple chinois, par ses frontières naturelles et les bornes étroites de l'intelligence nationale, l'étude des sciences, bien qu'universelle et florissante dans l'Empire du Milieu, n'y procure à leurs plus fervents, courageux et patients adeptes, que des connaissances peu étendues et d'une fort médiocre portée. Elle ne conduit ni à ces hautes spéculations, ni à ces combinaisons fortes et hardies, ni à ces recherches infatigables et variées auxquelles la civilisation occidentale a dû ses rapides progrès. Curieuse, patiente, ingénieuse même jusqu'à un certain degré, mais respectueuse, jusqu'à l'idolâtrie, pour les méthodes traditionnelles, méfiante par instinct de toute nouveauté, systématiquement routinière, la science chinoise observe, recueille, constate, compare, sans découragement ni

CONDITIONS
GÉNÉRALES
DES
SCIENCES
CHINOISES.

fatigue, mais n'invente point, ne crée point. Elle décrit minutieusement les faits, sans découvrir les lois qui les régissent; elle suit, avec une persévérance opiniâtre, les sentiers battus, quelque rebutants qu'ils soient; s'il lui arrive d'en sortir, elle divague et s'égare. Quand le lettré connaît imperturbablement sa langue, quand il a lu, relu et appris presque par cœur ses auteurs classiques, quand il les comprend sans effort et qu'il peut écrire aisément dans leur style, quand il a chargé sa courageuse et facile mémoire d'un prodigieux amas de faits historiques, de maximes politiques, philosophiques et morales; quand il y a joint une teinture légère des notions toujours très-incomplètes, souvent confuses, puériles, naïves et ridicules que renferment ses livres sur la géographie, les mathématiques, l'astronomie, la médecine, il se range, sans hésitation, parmi les maîtres du genre humain, n'a d'égards que pour ceux de ses semblables qui sont académiciens comme lui, se drape fastueusement dans sa science et ne regarde pas au delà.

LITTÉRATURE CLASSIQUE.

Les écrits des anciens sages et les livres de leurs nombreux commentateurs constituent la littérature classique dont le *Vou-king* (ou les cinq livres), les œuvres du célèbre *Fou-hi*, le *Hiao-king* (livre des devoirs filiaux), les *Se-tchou* (ou quatre livres), le *San-tse-king* (classique trimétrique), le *Tsien-tse-ouan* (classique millénaire), le *Siaou-kio* (guide de la jeunesse), le *San-kouo-tchi* (histoire des trois états), le *Se-ki* (mémoires historiques) et le *Tong-kien-kang-muh* (miroir historique) forment la partie essentielle [1].

[1]. On trouve dans le *Se-fou-tsiouen-chu-tsoung-mou* (catalogue de tous les livres que renferment les quatre bibliothèques), l'énumération raisonnée de tous les ouvrages scientifiques et littéraires qui ont acquis en Chine une certaine notoriété. Ces ouvrages sont au nombre de 20,000 environ et leur catalogue ne comprend pas moins de 112 volumes in-8 ayant chacun 300 pages.

Deux siècles environ avant la naissance du Christ, *Tchi-houang-ti*, un des souverains les plus guerriers et les plus absolus qui aient gouverné la Chine, ayant pris ombrage des maximes libérales qu'enseignaient hardiment les lettrés, ordonna, sous des peines rigoureuses, que tous leurs livres devinssent publiquement la proie des flammes. Un seul, le *Yi-king*[1], le plus ancien, le plus vénéré, mais le plus obscur et par conséquent le plus inoffensif de tous, fut épargné ou peut être dédaigné par la vengeance impériale. Après la mort du despote, lorsqu'on retira les autres classiques des cachettes où le pieux zèle de quelques savants les avait ensevelis, leur texte se trouvait tellement altéré par la poussière des vieilles murailles, la moisissure des caves ou les vers des tombeaux, qu'il fut impossible de le rétablir dans toute sa pureté primitive. De tous les ouvrages qui furent composés avant *Tchi-houang-ti* le *Yi-king* est donc le seul auquel la tradition accorde une incontestable authenticité. Elle lui donne pour auteur *Fo-hi*, le premier souverain de la Chine, qui vint au monde 2,800 ans avant le Christ, pour traducteurs *Ouang-ouang* et *Tcheou-kong*, son fils, qui vécurent 1,800 ans plus tard, et pour principal commentateur Confucius, qui composa une explication ingénieuse, mais très-hypothétique, de leur glose incompréhensible. Au temps de *Fo-hi*, la Chine ne connaissait pas l'écriture et les indigènes faisaient simplement usage, dans leurs transactions commerciales, de petites cordes dont ils disposaient les nœuds d'une certaine façon pour établir leurs marchés et fixer leurs comptes. Ce fut à ces instruments primitifs du langage, dont les Annales historiques ont conservé la forme, que fut empruntée, dit-on, par *Fo-hi*, l'idée des figures symboliques qu'il imagina et combina,

Yi-king (livre des transmutations).

---

[1]. Le caractère que nous traduisons par livre classique ou canonique et que l'on prononce *King* signifie *Doctrine sublime, immuable*.

de soixante-quatre manières différentes, pour exprimer, sur la physique, la politique, la morale, des principes très-profonds, de très-habiles doctrines et de très-sages maximes. Rien de plus simple que les types de ces figures. Ce sont deux lignes droites l'une continue, l'autre brisée. La première, selon *Ouan-ouang*, représente le *Yang* (le parfait) (voir page 222), et la seconde le *Y-ing* (l'imparfait). Disposées trois par trois, ainsi qu'il suit :

≡ ≡ ≡ ≡ ≡ ≡ ≡ ≡

elles signifient le *ciel, les sources des montagnes, le feu, le tonnerre, les vents, les eaux des plaines, les montagnes, la terre*. C'est en associant, deux par deux, ces huit combinaisons dans une table où chacune d'elles est reproduite 16 fois, que *Fo-hi* a composé son *Yi-king*. On comprend, sans peine, à combien d'interprétations différentes il a donné lieu, dans les quatorze cent cinquante livres qui tentent de l'expliquer et quel parti en a pu tirer, suivant leurs divers points de vue, l'esprit philosophique ou superstitieux des commentateurs. Le sage Confucius a fait sortir de ces lignes symboliques et des textes mystérieux de *Ouan-ouang*, d'ingénieuses mais fort douteuses théories sur la physique et la morale.

Chou-king (livre des Annales). On trouve dans le *Chou-king* (Livre des annales), une vaste compilation sur l'histoire primitive de la Chine pendant une période de seize siècles qui embrasse à peu près, depuis l'année 2350 avant notre ère, les règnes des trois premières dynasties. *Yao, Chun, Yu, Tchin-tang, Vou-ouang* et *Théou-kong* sont les héros de cette vénérable légende qui expose en général, sous la forme dialoguée, leurs belles actions et leurs sages discours. La Chine considère le *Chou-king* auquel Confucius a mis la main et qui a eu beaucoup de commentateurs, comme la base de son système politique, religieux, scientifique et militaire. Le Père Prémare en a donné une traduction satisfaisante.

A l'époque féodale des princes de la troisième race, du 12ᵉ au 3ᵉ siècle avant l'ère chrétienne, furent composées les poésies célèbres dont la réunion forme le *Chi-king* (livre des vers). Ces poésies ont été réparties en quatre livres : « les chants nationaux », « les éloges solennels », « les petits éloges », « les cantiques de louange pour les sacrifices impériaux. » Le style en est métaphysique, très-concis et parfois fort obscur. Elles chantent les mœurs du temps, la gloire et la sagesse des empereurs de la troisième dynastie, des princes leurs vassaux et de leurs ministres. Confucius, qui les tenait en grande admiration, en a corrigé quelques-unes. Les commentaires ne leur ont point manqué. Prémare en a traduit plusieurs.

Tcheou-kong, frère de l'empereur *Vou-ouang*, qui vivait il y a 2,900 ans et dont le *Chou-king* a célébré les vertus, fut, d'après la tradition, le principal auteur du *Li-ki*, livre des rites. Développée par les interprétations des deux frères *Laï*, complétée par Confucius, expliquée par les leçons de ses premiers disciples, cette compilation fameuse expose les coutumes que l'on pratiquait sous les trois premières dynasties et, les prenant pour bases du système religieux, moral, social de l'empire, en déduit les règles minutieuses qui constituent ce système. Le *Li-ki* a exercé une prodigieuse influence sur les mœurs de la Chine. La religion d'État, et le cérémonial qui y joue un rôle si important, ont été établis d'après ses maximes ou ses formules, dont le *Li-pou* (département des rites) a pour mission spéciale de maintenir l'intégrité.

On croit que le *Tchun-tsiou* (livre du printemps et de l'automne) qui continue, pendant 240 ans à partir de Ping-ouang, les annales historiques renfermées dans le *Chou-king*, fut écrit par Confucius. *Co-chi*, un des disciples du maître, l'a commenté. Le style en est sec et peu

Chi-king
(livre des Odes).

Li-ki
(livre des rites).

Tchun - tsiou
(le
printemps
et
l'automne).

fleuri ; c'est le moins estimé des classiques. On attribue le titre bizarre du *Tchun-tsiou* à l'intention qu'a eue l'auteur de montrer, par d'illustres exemples, que les destinées politiques d'un empire sont instables comme les saisons.

Vou-king.

La collection des cinq ouvrages dont nous venons de parler porte le nom de *Vou-king*, les cinq classiques, les cinq classiques par excellence, les cinq grands classiques. Parmi les innombrables commentaires dont le *Vou-king* a été l'objet, celui du célèbre *Tchou-hi* est le plus clair, le plus net, le plus logique. Estimé parfois à l'égard du texte dont il éclaircit les obscurités ou déchiffre les énigmes, il est lu avidement pas tous ceux qui veulent comprendre les œuvres des anciens sages. On sait qu'elles furent incomplétement rétablies après la mort de *Tchi-houang-ti* qui en avait ordonné l'entière destruction. Remarquables, en général, par la rapidité et l'extrême concision de leur style, toutes pleines d'expressions, de locutions et d'images qui n'ont plus cours, tronquées dans leurs parties les plus essentielles, ces œuvres présentent des métaphores, des allégories, des lacunes considérables dont l'ingénieuse sagacité de *Tchou-hi* a su tirer presque toujours un parti satisfaisant. Ce savant docteur, qui vivait au xiie siècle, a rendu d'éminents services à la littérature et à l'histoire nationales. Il habitait près de Nan-kang-fou, dans le Kiang-si, une gorge profonde des montagnes *Lu*, que l'on appelait « la vallée du Daim blanc » et qui est encore aujourd'hui un lieu célèbre de pèlerinage pour les lettrés de l'empire.

Commentaire de Tchou-hi.

Outre les cinq premiers classiques, la Chine tient en grande vénération un certain nombre d'ouvrages de morale, de philosophie ou d'histoire qui portent des dates plus récentes, mais qui ont acquis presque autant de célébrité. Nous allons citer les principaux.

DES SCIENCES ET DES ARTS 367

Le *Hiao-king*, dont l'auteur n'est point connu, renferme, en 18 chapitres, les leçons que Confucius a données à son disciple *Tsang-tsan* sur la nature et la pratique des devoirs filiaux. La science fait un cas particulier de cet ouvrage que de savants philosophes ont enrichi par leurs commentaires.

Hiao-king (devoirs filiaux).

Un célèbre lettré, *Tching-fou-tse* [1], a réuni, il y a 1,000 ans, en une vaste compilation qui porte le nom de *Se-tchou* (les quatre livres), deux ouvrages inspirés par les enseignements directs de Confucius, le *Ta-hio* et le *Lun-yu*, un traité de morale philosophique, le *Tchong-yong*, composé par son petit-fils, *Tso-se*, sur le juste milieu, et les écrits du fameux Mencius. — Le *Se-tchou*, comme le Vou-king, est le principal objet de l'étude et de la méditation des Chinois qui aspirent aux honneurs littéraires. On examine toujours sur des sujets qui en sont tirés les candidats aux grades de licencié et de docteur. Confucius traite dans le *Ta-hio*, sur lequel son disciple *Tsang* a publié des notes et des éclaircissements, de la connaissance, du respect de soi-même, du gouvernement de la famille et de l'État. — Le *Lun-yu* renferme, en vingt chapitres, une suite d'entretiens et de discours où il expose ses opinions et ses vues sur la vertu privée et la vertu publique. On y rencontre des conseils très-pratiques, des principes très-élevés et entre autres cette belle maxime que le paganisme civilisé ne connaissait pas : « Ne fais point aux autres ce que tu ne voudrais pas qu'ils te fissent à toi-même. » — *Tso-se* a reproduit, en écrivant le *Tchong-yong* (milieu immuable), les instructions de son aïeul sur la conduite que l'homme sage doit savoir tenir pour dominer ses passions et gouverner ses semblables. Éviter toujours les extrêmes ; suivre constamment la voie droite et naturelle que le *Tien*

Se-tchou (ou les quatre livres).

Ta-hio (livre des adultes).

Lun-yu.

Tchong-yong (milieu immuable.)

---

1. *Tse* ou *fou-tse* signifie maître éminent.

enseigne au cœur humain ; se renfermer dans les devoirs de sa profession et ne pas s'occuper des affaires qui ne la concernent point ; pratiquer la modération, la sincérité qui font voir le juste milieu de toutes choses et la constance qui donne la force de le suivre ; rester ainsi maître de soi-même au milieu des grandeurs publiques comme au sein de sa famille, dans l'adversité comme au faîte des honneurs : telles sont les maximes qu'enseigne le *Tchong-yong* et qu'il développe en trente-trois chapitres, soit par de longues considérations sur la nature de l'homme et de ses instincts, ainsi que sur les devoirs particuliers du prince, soit par des exemples empruntés aux vieux classiques. Le *Traité du milieu immuable* met à nu tout ce qu'il y a de mesquin et d'égoïste dans la doctrine épicurienne du sage de la Chine. — Les écrits de *Mencius* comprennent deux livres divisés en 14 chapitres dialogués où l'auteur fait part à ses disciples ou aux princes de son temps de ses appréciations sur l'art de gouverner les hommes. Il exalte les vertus sublimes des premiers empereurs de la Chine qui savaient cultiver les vertus naturelles de leurs sujets et flétrit la conduite des souverains vicieux et sanguinaires dont les contagieux exemples en détruisent le germe divin dans leur cœur. Mencius vivait à une époque de troubles et de turbulente anarchie où de semblables conseils étaient aussi hardis qu'opportuns.

A la suite du *Se-tchou* le catalogue classe le *San-tse-king* (classique trimétrique) dont nous avons parlé plus haut (page 351) ;

Le *Tsien-tse-ouan* (classique millénaire) qui traite les mêmes sujets dans un style un peu plus élevé et avec mille caractères différents ; l'auteur de ce curieux livre était, au vi[e] siècle de notre ère, ministre de l'un des souverains de la dynastie *Liang;* il le composa, dit la tradition, en une seule nuit et trouva le lendemain matin ses cheveux blanchis par suite de ce laborieux et rapide enfantement ;

Les *Odes pour la jeunesse*, dont les strophes pentamétriques souvent ampoulées, mais parfois naturelles et gracieuses, décrivent les charmes et les avantages de la vie littéraire, la périodicité des saisons, les beautés et les phénomènes du ciel et de la terre ; Odes pour la jeunesse.

Le *Siaou-kio* (guide de la jeunesse), dont l'auteur, *Tchou-hi*, règle, comme nous l'avons vu au précédent chapitre (page 349), par de minutieuses prescriptions appuyées sur de nombreux exemples historiques, l'éducation du peuple chinois ; Siaou-kio (guide de la jeunesse).

Le *Peï-ouan-youn-fou* (trésor des signes et des sons de la langue), grand dictionnaire qui renferme 130 volumes et qui fut composé sous la direction de l'empereur *Kang-hi* (voir page 342) ; Peï-ouan-youn-fou (trésor des signes et des sons de la langue).

Et une foule de collections, mémoires, encyclopédies ou d'ouvrages spéciaux sur l'histoire, la géographie, la philosophie, la langue, la législation, la guerre, l'agriculture, la médecine, la poésie, la musique, la danse, dont nous aurons plus tard l'occasion de mentionner quelques-uns [1]. Encyclopédie.

Pour achever l'énumération des principaux classiques, nous citerons dès maintenant, parmi les meilleurs livres d'histoire : le *Se-ki* (miroir historique) qui embrasse, en 130 chapitres, vingt-deux siècles de l'histoire chinoise depuis les temps primitifs jusqu'à l'époque où vivait l'auteur *Sma-tsien*, c'est-à-dire jusqu'au 2ᵉ siècle avant l'ère chrétienne, et qui renferme des détails très- Se-ki.

---

1. Parmi les encyclopédies, collections et mémoires, il faut remarquer particulièrement le *Ta-tien*, immense compilation divisée en 22,877 chapitres où l'on trouve des notions sur tous les sujets sérieux, futiles ou frivoles ; le *Poun-tsao* que nous avons cité au livre premier de cet ouvrage ; et le *San-tsaï-ta* qui traite, en 130 volumes, des influences spéciales ou réciproques des trois pouvoirs, le ciel, la terre et l'homme.

curieux et très-circonstanciés sur la religion, les sciences, les arts des premiers habitants de la Chine ; — Le *San-kouo-tchi* (histoire des trois États), sorte de roman historique, très-estimé et très-populaire, dont l'auteur, *Tchin-tchao*, qui vivait au ive siècle de l'ère chrétienne, raconte, dans un style agréable, les tragiques péripéties qui emportèrent la dynastie des *Han*, l'histoire des trois royautés qui se partagèrent un instant l'empire, et celle des événements qui réunirent les débris de leur triple puissance sous le sceptre unique de la famille des *Tsin*; — le *Tong-kien-kang-muh* (tableau général de l'histoire), ouvrage très-volumineux, hérissé de faits et de dates, fastidieux à lire, mais utile à consulter[1]; — le *Kong-kien-i-tchi* (abrégé du précédent) ; — enfin les œuvres considérables mais lucides et bien digérées de l'historien *Sma-kouang* qui leur a donné le titre de « grand miroir historique pour apprendre l'art de gouverner les hommes. »

C'est dans les vieux classiques et leurs commentateurs, dans les doctrines de Boudha et de *Lao-tse*, dans les œuvres de Confucius, de Mencius et des lettrés qui furent leurs disciples ou leurs continuateurs, spécialement dans les livres de *Tchou-hi*, qu'il faut chercher, éparses, vagues, confuses et parfois contradictoires, les maximes de la métaphysique et de la morale chinoises. Nous ne reproduirons pas ici l'analyse que nous en avons présentée déjà au livre deuxième de cet ouvrage dont les bornes ne sauraient comporter de plus longs développements sur ce sujet. Les divers préceptes philosophiques connus du peuple chinois paraissent tous se rattacher aux deux grands systèmes dont l'un est l'expression des pures doctrines de *Lao-tse* et de *Boudha*, tandis que l'autre, professé par le Ju-kiao (secte des let-

---

1. Traduit par le père Mailla en 1780.

trés), résume les enseignements de *Tchou-hi*, qui a commenté Confucius et les anciens sages. Tous deux sont panthéistes et reposent sur des axiomes analogues aux principes qui ont inspiré Épicure. Ils proclament également le culte du *moi* qui fait retour, suivant *Lao-tse* et *Boudha*, à l'unité de substance idéale et suivant *Tchou-hi* à l'unité de substance matérielle. Le premier condamne l'homme, sur cette terre, aux stériles contemplations qu'engendrent l'immobilité et le silence, il fonde sa perfection sur l'anéantissement progressif de ses facultés physiques et morales. Le second lui apprend, au contraire, qu'il doit trouver son bonheur ici-bas dans la satisfaction de sa conscience, la modération de ses plaisirs, l'accomplissement de ses devoirs envers ses semblables et envers lui-même; ses spéculations sont moins élevées, mais sa morale est plus pratique; il tend à faire de l'homme un citoyen utile à son pays; il le conduit, par de beaux exemples et de sages conseils, vers un but qui est, à la vérité, le plus pur des plaisirs, mais qui manque de grandeur et de noblesse. Nous connaissons d'ailleurs l'influence exercée par la pratique des anciennes coutumes et des superstitions nationales sur ces deux doctrines dont aucune ne satisfait complétement aux vraies aspirations de l'humanité. Le culte de la raison et le boudhisme sont devenus graduellement polythéistes; le disciple de *Tchou-hi*, sectateur du *Juh-kiao*, invoque officiellement l'assistance des divinités du ciel et de la terre, choisit de son vivant son tombeau, conjure, par des maléfices, l'influence des esprits errants, sacrifie aux mânes de ses ancêtres. Il pénètre son esprit et charge sa mémoire des maximes répandues dans les auteurs classiques, non pour en faire la règle de ses mœurs, mais pour en orner son intelligence, afin de s'ouvrir, par des succès littéraires, la voie des honneurs publics. A vrai dire la philosophie n'est plus en Chine qu'une science utile ; et, comme elle vit uniquement de son passé, elle paraît fatalement soumise à la stérilité et à l'impuissance.

<small>SCIENCES HISTORIQUES ET GÉOGRAPHIQUES.</small> L'histoire et la géographie ne font pas plus de progrès que la science philosophique. Il ne faut chercher dans les volumineux ouvrages des historiens et des géographes que le simple récit des événements et l'exacte définition des lieux. Les réflexions qui comparent, éclairent, déduisent, les descriptions qui charment et embellissent en sont bannies. Ce sont des œuvres purement réalistes qui racontent sèchement, platement, les faits et gestes de la toute-puissance impériale, qui font connaître la situation politique, la population, le climat, les mœurs des provinces, villes et villages, entassant presque toujours sans méthode, quelquefois sans ordre, les plus puérils et insignifiants détails, glanant indistinctement tout ce qui tombe sous la main du compilateur, accumulant, sans distinction, les notions sérieuses et futiles, à côté des renseignements les plus stupides ou des légendes les plus ridicules. Si les cartes de l'empire, œuvres des anciens jésuites, présentent en général assez d'exactitude, les informations que renferment les livres chinois sur la situation, la configuration et les habitants des pays étrangers sont décidément absurdes. Les cartes indigènes représentent la surface terrestre comme un immense carré au centre duquel elles placent le continent chinois bordé au nord par la Russie, tandis que, dans les deux mers qui baignent ses côtes, elles disséminent quantités d'îles de toutes formes et de toutes grandeurs. Ce sont, dans la mer orientale, le Japon, les Liou-tchou, Formose, le Siam, Java, les Birmans et, à l'occident, l'Angleterre, la Hollande, le Portugal, Goa, Luçon, la Bokharie, l'Allemagne, la France, les Indes. Il est rare que l'Afrique et les deux continents américains figurent sur ces informes ébauches. Ce sont, aux yeux du géo-

graphe chinois, de trop insignifiantes régions pour qu'il daigne s'en occuper. Depuis le commencement du siècle, les Européens, principalement les missionnaires protestants, ont cherché, sans grand succès, à répandre parmi les populations de l'empire des notions géographiques plus nettes et plus exactes, et celles que renferment les livres publiés, en 1820, par le savant *Tsing-laï*, sous le patronage de *Youen-youen*, gouverneur du *Kouang-tong*, sont un peu moins erronées. Parmi les meilleurs ouvrages historiques, biographiques, géographiques, dont les titres ne figurent pas sur la liste des œuvres classiques que nous avons donnée plus haut, nous citerons : le *Sing-pou*, biographie des hommes illustres en 120 volumes ; — le *Lieh-nu-tchouen* (vie des femmes célèbres); — les récits de voyage du prêtre boudhiste *Fa-hien* qui parcourut, au IVe siècle, toutes les régions où l'on professait son culte, l'Inde, Ceylan, les pays afghans [1] ; — « les Recherches sur l'antiquité, » par *Ma-touan-lin*, ouvrage immense dont l'auteur mourut dans le XIIIe siècle de notre ère, mais qui fut continué jusqu'à nos jours, sous le patronage officiel de la dynastie actuellement régnante. Ses 348 chapitres traitent, au point de vue historique et statistique, de tous les sujets qui ont eu rapport, depuis quarante siècles, à la géographie politique de l'empire. A. de Rémusat faisait un cas particulier de ce vaste répertoire où l'on trouve, sur toutes les cités de l'empire, sur les vicissitudes qu'elles ont subies, sur leurs habitants et leurs mœurs, sur les distances qui les séparent, des renseignements circonstanciés et curieux. Ajoutons que chaque ville de la Chine possède, dans ses archives, plusieurs traités renfermant la minutieuse description des lieux où elles sont situées et le récit légendaire des principaux événements qui s'y sont

---

[1]. Traduit par Abel Rémusat en 1836.

accomplis depuis un temps immémorial. Aucune information ne fait défaut au voyageur chinois qui parcourt son pays natal. Les nombreux *itinéraires* qu'il peut se procurer lui fournissent en abondance toutes celles dont il peut avoir besoin.

ASTRONOMIE.

Système de Tsing-laï.

D'après les théories émises, il y a trente ans, par *Tsing-laï* et qui sont le dernier mot de la science théogonique des Chinois, le ciel est formé de dix sphères creuses, translucides et concentriques dont la terre est le noyau. Les huit premières renferment les orbites, de plus en plus vastes, de la lune, de Mercure, de Vénus, du soleil, de Mars, de Jupiter, de Saturne et des vingt-huit constellations; la neuvième embrasse les huit premières; la dixième est la demeure du souverain céleste, le maître du monde, qui y réside au sein de la tranquillité éternelle, entouré de ses dieux et de ses sages. Il y a deux pôles nord et deux pôles sud superposés le long d'un même axe qui coupe, en deux parties égales, l'équateur et l'écliptique. Les pôles de l'écliptique tournent continuellement sur eux-mêmes et règlent, par leur constante rotation, tout le mécanisme des évolutions célestes. Ceux de l'équateur, au contraire, demeurent immobiles, éternels pivots du monde primitif. Ce ne sont pas deux étoiles comme on le croit généralement, mais deux points fixes dans les immensités de l'espace, situés l'un au nord, l'autre au midi. L'esprit judicieux de *Tsing-laï* n'est nullement étonné de ce que renferme de vague et d'incompréhensible un pareil système qui, d'ailleurs, réalise lui-même un très-appréciable progrès sur les conditions antérieures de l'astronomie nationale. A vrai dire, les Chinois, attribuant aux étoiles, aux météores, aux perturbations de l'atmosphère, une influence directe sur les événements de notre planète, ont été guidés principalement, comme les Chaldéens, dans l'étude des phéno-

Superstitions astrologiques.

mènes célestes, par leurs superstitions astrologiques.
Aussi assignent-ils ordinairement à ces phénomènes des
causes, des origines, des effets surnaturels, et se sont-ils
hâtés de mettre à peu près en oubli les notions astronomiques que leur avaient données nos missionnaires.
Ils croient que les éclipses ont pour cause l'engloutisse-
ment momentané, par le Dragon, du soleil ou de la lune ;
que ces astres sont les foyers permanents des deux principes universels : le *yang* qui réside dans le soleil, et le
yin dans la lune ; que, de concert avec les cinq planètes,
Mercure, Vénus, Mars, Jupiter et Saturne, ils règlent les
saisons et gouvernent la température ; que, par leurs
changements de couleur, les évolutions qu'ils accomplissent dans l'espace, les positions respectives qu'ils y
occupent, ils préparent et annoncent tous les faits importants qui ont lieu sur notre globe. Ils désignent les
cinq planètes, dans l'ordre où nous venons de les énumérer, par les caractères qui représentent l'eau, le métal,
le feu, le bois, la terre, envisagés comme éléments, ou
bien encore le noir, le blanc, le rouge, le vert et le
jaune ; ils admettent qu'elles exercent, dans l'homme,
une action directe sur ses reins, ses poumons, son cœur,
son foie, son estomac et fondent sur ces correspondances, ces influences, ces relations, de nombreuses et
bizarres combinaisons astrologiques. Chaque année, le
gouvernement publie à Péking, sous le contrôle spécial
d'un bureau dépendant du ministère des rites, un alma- <small>Almanach impéria</small>
nach qui indique les heures du lever et du coucher du
soleil, les phases de la lune, la distribution des *Tsieh*
ou périodes égales de quinze jours (dont la première commence à courir lorsque le soleil entre dans le 15° degré
du Verseau), les éclipses, les jours fastes et néfastes.
Mais les astronomes officiels ne savent plus se servir des
procédés et des instruments dont les jésuites leur avaient
enseigné l'usage, en sorte que l'*Almanach impérial*
fourmille de grossières erreurs.

376 L'EMPIRE DU MILIEU

Antiquité de l'astronomie chinoise.

S'il faut admettre la tradition que mentionne le livre des annales, ce fut l'empereur *Yao* qui donna, 23 siècles avant notre ère, le signal des études astronomiques, en sorte qu'à l'exception des Égyptiens dont les zodiaques semblent présenter les signes de la plus nébuleuse antiquité, les Chinois seraient les plus anciens astronomes du monde. Le célèbre *Yao*, qui fut le Noé de l'Asie orientale (voir livre VI), prescrivit à deux savants, *Hi* et *Ho*, de calculer, par leurs recherches, les époques des solstices et des équinoxes, d'établir l'exacte durée des saisons et de remédier, par des intercalations périodiques, à la trop grande brièveté de l'année lunaire dont les 354 jours n'embrassaient pas complétement le cours des quatre saisons. Ces intercalations, dont les époques et les limites ont été soigneusement déterminées par les missionnaires, furent d'abord fixées à 7 mois de 27 jours pour chaque période de 19 ans.

Division de l'année chinoise.

D'après le système qu'ils ont introduit et qui est resté en vigueur, l'année chinoise renferme 12 mois lunaires de 29 et de 30 jours alternativement, et est complétée, tous les trois ans, par l'addition d'un treizième mois de 29 jours, de telle sorte qu'elle soit maintenue aussi exactement que possible, par ces accroissements périodiques, dans les bornes des révolutions solaires. Son premier mois a 29 jours. Elle commence à l'époque où le soleil occupe le signe du Verseau, c'est-à-dire entre le 21 janvier et le 19 février. Chaque jour est divisé en 12 périodes égales, de 120 minutes, dont la première commence à 11 heures du matin. Pour mesurer ces périodes qu'ils appellent *Chin*, ainsi que leurs fractions, les Chinois emploient le cadran solaire dont l'usage leur a été, sans doute, enseigné par les jésuites, le clepsydre et les bâtons odoriférants dont la grosseur est calculée de manière à ce qu'ils soient réduits en cendre, par un feu lent et égal, dans un certain espace de temps plus ou

Comment se comptent les heures.

moins long selon leur volume. Deux méthodes semblables à nos coutumes sont également suivies pour distinguer les jours : l'une, la plus générale, les désigne simplement par le rang numéral qu'ils occupent dans le mois : on dit par exemple le 5e, le 8e, le 20e jour de la 1re, 5e, 11e lune; l'autre, sans avoir nul égard à ce rang, leur donne le nom de l'un des signes du zodiaque, tout comme nous les appelons lundi, mardi, mercredi, sans nous préoccuper de leur quantième. On peut dire ainsi que la semaine chinoise renferme 28 jours, le *Houang-tao* (la route jaune) étant divisée, comme la plupart des zodiaques lunaires, en 28 constellations. Ces constellations occupent chacune, dans le ciel, un espace qui varie de 1 à 31 degrés ; mais les astronomes les réduisent ordinairement, dans la pratique, à 12 groupes qui comprennent chacun de 25 à 38 degrés et qui portent les noms des 12 animaux suivants : le *rat* correspondant à notre Verseau, *la vache, le tigre, le lapin, le dragon, le serpent, le cheval, le mouton, le singe, le coq, le chien* et *l'ours*. La crédulité chinoise place toutes les étoiles dont se composent ces 12 groupes sous le sceptre d'un souverain qui habite la polaire; elle assigne les cinq étoiles du *lion* pour résidence à cinq empereurs qui gouvernent le ciel sous son tout-puissant contrôle.

Outre les périodes lunaires et zodiacales dont nous venons de parler, les Chinois admettent deux autres modes de diviser le temps. L'un, dont l'histoire fait usage pour faciliter les calculs de la chronologie et qui fut, dit-on, inventé pas l'empereur *Houang-ti*, partage tous les siècles qui se sont écoulés depuis sa date la plus ancienne (3637 ans avant Jésus-Christ), en *cycles* comprenant chacun 60 années. L'autre, que mentionne soigneusement l'*Almanach impérial* et qui est mis à la portée de tout le monde, consacre et perpétue l'antique institution des *tsieh*. Le *tsieh* est une série d'environ

Comment on désigne les jours.

Le zodiaque et ses deux divisions.

Cycles chronologiques.

15 jours que n'interrompent ni le commencement du mois ni l'intercalation de la lune supplémentaire. Chaque année renferme 24 de ces séries, dont la première débute au moment où le soleil entre dans le 15ᵉ degré du verseau et qui portent des noms appropriés aux époques qu'elles déterminent : comme « eau de pluie », « petite chaleur », « équinoxe du printemps », etc.

MATHÉMATIQUES.

En mathématiques, les Chinois ne sont guère plus habiles qu'en astronomie. Ils ont compris, de toute antiquité, les avantages de la méthode décimale qui sert de base à leur système des poids et mesures ; mais, s'ils ont composé, sur l'arithmétique, plusieurs livres où les principes élémentaires de cette science sont méthodiquement exposés et nettement définis, l'algèbre, la géométrie, la trigonométrie, les calculs logarithmiques sur lesquels les missionnaires ont écrit pour eux 36 volumes illustrés, enfouis de nos jours dans la poussière des archives impériales, leur sont généralement inconnus. Au reste, comme ils n'ont point imaginé cette convention si admirablement féconde, en vertu de laquelle la valeur décimale des chiffres est déterminée par leurs positions respectives, comme ils ne soupçonnent pas le rôle capital du *zéro*, comme leurs chiffres qui représentent 1, 2, 3, 4, 5, 6, 7, 8, 9, 10, 100, 1,000, 10,000, sont plus compliqués que les nôtres, ils expriment beaucoup moins facilement que nous les nombres considérables, et leurs calculs écrits sont très-laborieux. C'est ainsi par exemple qu'il leur faut, pour écrire le nombre 3,467,258, lequel renferme 346 myriades, 7 mille, 2 centaines, 5 dizaines et 8 unités, employer les chiffres qui correspondent à 3 et à 100, à 4 et à 10, à 6 et à 10,000 (346 myriades); à 7 et à 1,000 (7 mille); à 2 et à 100 (200); à 5 et à 10 (50), et à 8, — soit 13 caractères, tandis qu'avec sept signes nous faisons comprendre im-

Arithmétique.

Comment on écrit les nombres.

médiatement et très-clairement la même idée. Un instrument ingénieux, appelé *souan-pan*, lui épargne la nécessité des combinaisons écrites. Il se compose de plusieurs séries de petites boules renfermées dans un cadre commun, traversées par des fils de fer le long desquels on les fait glisser, et représentant, suivant leur couleur et leur position et d'après une convention adoptée partout, un nombre variable d'unités. Les négociants ont toujours à leur portée un de ces *abaques* au moyen desquels ils viennent à bout des quatre règles arithmétiques avec une grande prestesse et une remarquable précision. Les chiffres chinois affectent trois formes graphiques différentes. On emploie généralement la moins simple pour exprimer, dans les opérations de commerce, les nombres dont on redoute la falsification.

Souan-pan.

Pour mesurer les longueurs, la Chine fait usage du *tchi* divisé en 10 *tsoun* dont chacun vaut 10 *fan*. Le *tchi* dépasse un peu notre pied métrique de 33 centimètres. Dix *tchi* font un *tchang*. Les grandes distances se mesurent au *li*, lequel, d'après des données récentes, paraît égaler en moyenne 620 mètres. Nos missionnaires commettaient une grosse erreur en évaluant sa longueur, qui varie un peu suivant les provinces, à un dixième de lieue géométrique, soit à 444 mètres. Le *mao* (670 mètres carrés) et le *king* (100 mao) sont les deux principales mesures de superficie.

Mesures de longueur et de superficie.

On emploie pour peser : le *tan* (60,472 grammes), le *kin* (un centième de tan), le *liang* (un seizième de kin), le *tsien* (un dixième de liang), le *fan* (un dixième de tsien), le *li* (un dixième de fan). Les communautés étrangères donnent les noms de *pikle*, *catti*, *taël*, *mas*, *condarine* et *cache* à ces diverses mesures, dont les trois dernières ne servent guère qu'aux substances précieuses ou pharmaceutiques [1]. La plupart des marchandises dont

Poids.

1. On voit, d'après ce que nous venons de dire, que le *kin* pèse

Mesures de capacité.

nous mesurons en Europe la capacité, ou dont nous trafiquons à la pièce, comme le bois, les liquides, la volaille, le gibier, se vendent en Chine uniquement au poids. Le commerce des grains fait cependant usage de mesures de capacité dont l'administration garantit la justesse par sa marque officielle. Elles ne sont pas uniformes pour toute la Chine. On les fabrique assez grossièrement avec des planchettes de bambou. La principale paraît être le *tao* qui a la forme pyramidale tronquée et qui contient un peu moins de 5 litres.

Monnaies.

Sous les dynasties antérieures au XIIIe siècle de notre ère, la monnaie chinoise, fabriquée avec plusieurs sortes de métaux, affectait des formes aussi variées que bizarres dont on ne trouve plus aujourd'hui que de très-rares spécimens. Les *Youen* (1280-1368) la remplacèrent en partie par un papier qui perdit toute valeur sous les *Ming*. Elle est représentée aujourd'hui par un type unique dont le signe distinctif, appelé *tsin* ou *li* parce qu'il équivaut nominalement au millième d'un *liang* ou *taël* d'argent, est une petite pièce de cuivre ronde comme nos sols ordinaires, mais de moindres dimensions. Les *li*, que les étrangers désignent par le mot *cache* ou *sapèque*, ne devraient contenir que du cuivre pur, mais le gouvernement, faux monnayeur par nécessité toutes les fois que l'occasion s'en présente, les coule dans un si grossier alliage que leur valeur intrinsèque ne dépasse guère la deux millième partie d'un taël. Ils sont percés au milieu d'un trou carré, afin qu'on puisse les enfiler et les lier ensemble par paquets de plusieurs milliers, ou de plusieurs centaines. Sur une de leur face sont inscrits, en lettres mandchoues, les noms de l'empereur régnant et de sa dynastie ; sur l'autre figurent, en ca-

Tsin ou Li.

604 gram. 72 millig. ; le *liang* ou *taël*, 37 gram. 795 millig. ; le *tsien* ou *mas*, 3 gram. 77 centig. 15 millig. ; le *fan* ou *condarine*, 0 gram. 37 centig. 79 millig. ; et le *li* ou *cache*, 3 centig. 77 millig.

ractères chinois, le nom de l'empereur et les mots *tong-pao* (monnaie courante). Chaque jour, les fluctuations du marché déterminent, dans toutes les grandes villes, les cours relatifs du *liang* et du *li*. Ces cours varient fréquemment, de 50 à 100 *lis* par *liang*, du jour au lendemain, et il en résulte, pour les prix de toutes les denrées, l'instabilité la plus incommode.

Il va sans dire que le prix des transactions importantes ne peut être soldé avec une semblable monnaie. Pour en effectuer le payement, le commerce emploie des lingots d'argent ou d'or auxquels on donne le nom générique de *saï-ci* (belle soie). Les *saï-ci* portent la marque de leurs fabricants qui en garantissent et le poids et la pureté. Leur valeur dépend du nombre de taëls que ce poids représente. En réalité le *taël* ou *liang* est l'unité fictive de la monnaie chinoise. Ses divisions et subdivisions correspondent à celles de l'once et portent le même nom. Ce sont le *tsien* ou *mas* qui vaut un dixième de taël, le *fan* ou *condarine* qui vaut un dixième de *tsien*, enfin le *li* ou *cache* dont nous venons de parler, qui représente *nominalement* un dixième de *fan* ou un millième de *liang* et qui est l'unique monnaie courante de la Chine. Le rapport de l'or et de l'argent dépend, comme celui du *taël* et du *cache*, des caprices du commerce et du change.

Saï-ci.

Unité monétaire.

Dans leurs mutuelles relations, le commerce étranger et les négociants chinois ont fait constamment usage, à l'exception de toute autre monnaie, des piastres espagnoles et mexicaines dont les valeurs, à peu près égales, représentent environ 72 centièmes de taël, et que les marchands du sud ont coutume de marquer de leur poinçon toutes les fois qu'elles passent par leurs mains, afin d'attester leur bon aloi et de rendre, pour ainsi dire, impossible la contrefaçon du faux monnayeur. Nous verrons plus tard que les nouveaux traités rendent

Monnaies en usage dans les transactions avec l'étranger.

obligatoire pour la Chine l'emploi, dans ses transactions commerciales, des principales monnaies étrangères dont ils fixent les taux respectifs relativement au taël.

MÉDECINE.
Ses théories bizarres sur la physiologie.

Limitée à l'étude extérieure du corps humain par l'inviolabilité traditionnelle qui protége en Chine les cadavres, la science médicale y professe, sur l'anatomie et le jeu de nos organes, sur la physiologie de l'homme et sur les faits psychologiques, des principes aussi absurdes qu'étranges. Ne soupçonnant point la circulation du sang et ne faisant aucune distinction entre le sang veineux et le sang artériel, confondant les muscles et les nerfs, elle attribue aux organes internes les plus essentiels des formes qu'ils n'ont pas, leur assigne des positions qu'ils n'occupent point, et leur prête les rôles les plus mystérieux. Elle enseigne que le cœur, où réside l'intelligence, est le régulateur et le prince de tout le corps humain ; que l'estomac est en même temps l'organe de la respiration et le siége de la joie; que l'âme habite le foie; que le courage a le fiel pour demeure et qu'on peut l'acquérir en mangeant la vésicule qui le renferme chez l'homme brave ou l'animal féroce; que le crâne, les avant-bras, le bassin, les jambes ne possèdent qu'un seul os, et une foule d'autres théories qui ne sont ni moins ridicules ni moins fausses. Elle ne peut avoir aucune notion chirurgicale et traite au hasard, par des formules magiques ou des remèdes empiriques, les entorses, les luxations ou les fractures. Au reste, infatigable dans ses patientes et minutieuses études, elle a soigneusement noté et classé depuis plusieurs siècles, dans les volumineux recueils qu'elle a mis au jour[1], notam-

---

[1]. La partie du catalogue officiel appelée *tse-pou* (écrits ayant rapport aux professions) mentionne un grand nombre d'ouvrages composés sur la médecine et la chirurgie. Parmi ces ouvrages figurent plusieurs traités vétérinaires qui décrivent fort minutieusement toutes les maladies des animaux domestiques ainsi que les remèdes qu'il convient d'y appliquer.

ment dans le *Poun-tsao* (voir page 178), toutes les parties *extérieures* du corps humain en même temps que les maladies qui les peuvent affecter et les remèdes qui les doivent guérir. Elle distingue et décrit vingt-quatre différentes espèces de pouls que le praticien doit sentir au toucher, et reconnaît neuf classes de maladies : celles qui accélèrent violemment le mouvement du pouls, celles qui ne l'influencent que faiblement, celles que produit le froid, celles des femmes, celles qui attaquent la peau, celles qui nécessitent l'acupuncture, celles des yeux, celles de la bouche, celles des os. Elle emploie la rhubarbe, la gentiane, le ginseng, le camphre, administrés ordinairement en pilules, quelques préparations mercurielles, une foule innombrable de simples, de résines et de substances animales, et une grande variété d'emplâtres dont quelques-uns sont très-caustiques. Elle redoute la saignée et ne se sert des sangsues que pour guérir les tumeurs occasionnées par un coup violent ; mais elle applique fort souvent l'acupuncture et le moxa. Le remède dont elle fait usage le plus fréquemment, soit pour changer le siége de l'irritation, soit pour harceler, fatiguer et chasser finalement l'esprit qui hante le corps du malade, consiste à pincer violemment et à plusieurs reprises le cou de ce dernier jusqu'à ce qu'il devienne tout noir. Il est rare d'ailleurs que le médecin chinois, si habile et si expérimenté qu'il soit, n'appelle quelque pratique superstitieuse au secours de son art.

Ses remèdes.

Les *fièvres paludéennes*, très-fréquentes et très-invétérées dans le voisinage des rizières ou des marais qui bordent les lacs et les fleuves, intermittentes en général, dégénérant quelquefois en affections pernicieuses ou typhoïdes ; — les *ophthalmies* et les *cataractes*, occasionnées soit par l'éclat des splendeurs solaires, soit par l'insalubrité des logements, soit plutôt par la stupide et inexplicable habitude qu'ont les Chinois de se faire nettoyer

Maladies les plus communes.

l'intérieur des paupières avec une petite spatule d'argent assez semblable à nos cure-oreilles ; — la *lèpre* qui manifeste sa présence dans toutes les villes et tous les bourgs par les plus affligeants spectacles, et à laquelle l'administration de toutes les grandes cités assigne pour demeure des hôpitaux fort mal tenus ; — les *inflammations intestinales;* — les *loupes* et les *tumeurs* dont la médecine indigène ignore le traitement ; — le *choléra* qui décime parfois les populations et existe toujours à l'état sporadique ; — la *petite vérole* qui fait souvent d'affreux ravages, mais que l'on commence à combattre par l'usage de la vaccine dont le docteur Pearson a révélé les bienfaits aux habitants de Canton, en 1820 ; — les *affections cutanées*, dont il existe un grand nombre et que propage à l'infini la malpropreté des habitants de la Chine, sont les maladies dont ils souffrent le plus communément. Les étrangers qui habitent l'Empire du Milieu ont particulièrement à craindre la dyssenterie, les maladies du foie et l'anémie qui, après une longue résidence, finit par ralentir les fonctions de leur organisme et par miner leur constitution.

PHYSIQUE.

A peine les Chinois soupçonnent-ils l'utilité de la physique, sur laquelle ils professent des théories naïves et mystérieuses, où l'invraisemblable le dispute à l'absurde. Il paraît certain qu'en appliquant à ses constructions architecturales ou à ses travaux agricoles les lois mécaniques et statiques qui font la puissance du levier, de la poulie, du treuil, du coin, de la vis, ce peuple intelligent et observateur est guidé, avant tout, par ses industrieux instincts. Ce ne sont pas assurément ses calculs scientifiques qui l'ont conduit, vers le commencement de l'ère chrétienne, à l'invention de la boussole. Un des dictionnaires publiés sous le règne de *Kang-hi* nous apprend qu'il en faisait usage il y a quatorze siè-

Boussole.

cles, et l'on sait qu'il connaissait, de toute antiquité, la puissance attractive de l'aimant; mais il ignore lui-même à quelle époque il construisit ses premiers compas de marine. Ceux-ci, auxquels la crédulité des marins rend de superstitieux hommages, sont passablement défectueux. Ils consistent simplement en une aiguille aimantée, longue de deux ou trois centimètres, posée au fond d'une large écuelle dont les parois intérieures sont soigneusement vernissées. Dans les cercles concentriques qui occupent ses rebords aplatis, sont tracés les huit caractères mystiques de *Fou-hi* (voir page 363), les 12 heures, les 24 *tsieh*, les 28 constellations zodiacales. Sollicitée par l'attraction magnétique, l'aiguille tourne aisément sur le fond lisse de l'écuelle. La science nationale admet que cette attraction se fait sentir dans la direction du sud, et ils placent, par conséquent, du côté de l'est, la déclinaison occidentale de la pointe aimantée. Il paraît, d'après les informations recueillies par Klaproth, qu'autrefois la boussole guidait le voyageur dans les steppes désertes comme à travers l'immensité des océans, et que les chars étaient munis de figurines aimantées qui indiquaient toujours du doigt le même point de l'horizon.

Si le peuple chinois ne saurait nier que ses connaissances chimiques sont infiniment moins approfondies et moins étendues que les nôtres, il peut revendiquer légitimement l'honneur d'avoir constaté, par ses studieuses observations, certaines propriétés essentielles des substances et d'avoir su faire, depuis plusieurs siècles, de constantes applications de ses découvertes au profit de la médecine et des professions industrielles. Il est certain que ses droguistes, ses teinturiers, ses métallurgistes, ses peintres arrivent à fabriquer, par des méthodes presque toujours imparfaites, mais souvent déli-

CHIMIE.

cates et parfois périlleuses, des ingrédients pharmaceutiques très-utiles[1] ; qu'elle étend sur la porcelaine, la soie, la toile, des couleurs dont l'éclat, la variété, la durée sont vraiment admirables ; qu'elle compose des amalgames métalliques, comme le cuivre blanc, que nous n'avons pu encore imiter. Tout le monde sait qu'elle précéda l'Europe dans l'invention de ce meurtrier mélange de nitre, de charbon et de soufre qui s'appelle la poudre à canon[2]. Ses annales historiques mentionnent, avant le xe siècle, l'usage des feux d'artifice et des fusées d'artillerie ; mais comme *Marco-Polo*, qui fut employé dans l'armée impériale, vers l'an 1273, au siége de *Siang-yang-fou*, apprit aux Chinois l'art de construire la baliste, et qu'il ne parle pas de leurs canons dans ses minutieux récits, il n'est guère probable qu'ils se soient servis avant nous des armes à feu. Peut-être même serait-il naturel de penser qu'ils les ont employées pour la première fois à notre exemple.

Poudre à canon.

1. La médecine emploie principalement à l'extérieur un certain nombre de préparations mercurielles comme les oxydes et muriates de mercure que les droguistes obtiennent, ainsi que l'ont observé des chimistes européens, par des procédés longs, coûteux et très-faillibles.
2. Notre poudre de guerre contient 75 de nitre, 15,5 de charbon, et 9,5 de soufre pour 100 ; ces proportions dans la poudre chinoise sont 75,7, 14,4 et 9,9.

CHAPITRE IV

DES BEAUX-ARTS

Poésie. — Romans. — Proverbes. — Architecture. — Construction des habitations, des navires et des bateaux. — Temples. — Monuments honorifiques. — Sculpture. — Peinture. — Musique. — Confucius et Mencius.

Dans la culture des lettres et des beaux-arts, le peuple chinois n'a pas été plus hardi et n'a pas obtenu de plus brillants succès que dans la poursuite laborieuse des abstractions ou la patiente étude des sciences utiles. Le respect traditionnel de l'antiquité, le culte aveugle et fanatique des anciens condamnent inévitablement, depuis des siècles, le génie national à l'impuissance et à la stérilité. Il n'aspire plus aux découvertes et ne s'avise jamais de contempler l'avenir. Il ne sait pas féconder de ses sueurs le sol rebelle où naît l'inspiration. Humblement courbé vers les sillons que les vieux maîtres y ont creusés, il y cherche obstinément et péniblement leur trace. Le progrès lui fait peur et la nouveauté lui répugne. On dirait qu'il s'étudie à modérer son essor et qu'il prend soin de briser lui-même ses propres élans. Il ne met point son honneur dans l'invention qui régénère ou qui tue glorieusement les peuples, et ne voit rien au delà de l'imitation servile qui les conduit sans secousses, par une voie très-lente mais très-sûre, à la

DÉCADENCE DES LETTRES ET DES ARTS.

décadence et à la mort. Les arts et les sciences de la Chine sont entrés depuis longtemps dans l'ère de décrépitude où ils ont été fatalement conduits par son caractère national et ses mœurs littéraires.

POÉSIE.

You-youen.

Ses deux plus féconds versificateurs, *Li-taï-pé* et *Sou-tong-po*, vivaient, l'un au VIIe, l'autre au Xe siècle de notre ère. Le plus ancien de leurs poëtes didactiques, *You-youen*, qui écrivit des strophes remarquables sur « l'art de guérir le chagrin, » administrait les affaires publiques il y a plus de deux mille ans. L'époque pendant laquelle régnèrent les souverains de la dynastie Tang (618–907 après Jésus-Christ), fut l'âge d'or de leur poésie. Les œuvres innombrables que comprennent les *Tsi-pou* (mélanges), sous les titres de *poésie de Tsou, odes et chants, art de la poésie, collections générales*, etc., ne manquent ni de facilité, ni de grâce dans l'expression, ni de vivacité et de finesse dans le coloris, ni d'originalité, de charme et de douceur dans la description ; mais la noblesse et l'élévation de la pensée, la grandeur et l'éclat des images leur font presque entièrement défaut. Ce sont, pour la plupart, autant qu'il nous est permis d'en juger par les traductions que possèdent nos bibliothèques, des compositions fadement idylliques ou prosaïquement didactiques, dans lesquelles tout semble de convention, le sentiment, la passion, le style, et où nous chercherions vainement la trace du feu sacré qui inspire les vrais poëtes. Le gouvernement actuel a fait recueillir et publier les œuvres poétiques écrites sous le règne des Tang. Cette vaste compilation réunit 900 volumes, dont 30 appartiennent à *Li-taï-pé* et 115 sont sortis de la plume féconde du fameux *Sou-tong-po*, qui vécut trois siècles plus tard. On y rencontre tous les genres, depuis le plus noble et le plus sérieux jusqu'au plus léger et au plus bouffon. La muse chi-

Li-taï-pé.
Sou-tong-po.

noise a produit des odes, des élégies et des églogues ; des ballades, des poésies didactiques, et quelques épopées historiques; des drames et des tragédies, des comédies, des farces, et un nombre infini de compositions fugitives. Ses odes, au moins celles des vieux classiques, sont souvent belles de simplicité et de concision ; ses élégies et ses églogues respirent presque toujours une sentimentalité enfantine qui en rend la lecture insipide. On ne peut guère parcourir sans ennui ses naïves et monotones épopées. Quelques-unes de ses ballades et de ses chansons, au contraire, sont vives, gaies, spirituelles, très-goûtées du public. Quant à ses œuvres dramatiques, dont un fort petit nombre a été traduit par les Européens[1], ni le talent, ni la méthode, ni l'intérêt ne semblent leur faire défaut, mais on n'y a pas encore découvert ces situations fortes et terribles créées par le génie de nos grands tragiques.

OEuvres
dramatiques

Le théâtre chinois, qu'alimente principalement la source presque inépuisable des *Youen-tchin pé-tchong* (les cent drames de la dynastie Youen), ne connaît pas la règle des trois unités. Il ne fait aucune différence entre les genres tragique et comique. Dans ses volumineux recueils se trouvent mêlés et confondus les drames, les tragédies, les comédies, les farces. Quelques-unes de ces pièces n'ont pas moins de vingt actes ; d'autres ne comportent que deux ou trois scènes. Elles sont écrites soit en prose, soit en vers, soit en prose et en vers, et admettent ordinairement, outre les principaux acteurs, un personnage qui chante des apophthegmes dans toutes les graves circonstances et remplit ainsi le rôle attribué aux chœurs par la tragédie antique.

[1]. On peut citer l'*Orphelin de Tchao*, par le Père Prémare; le *Vieillard héritier*, par Davis (1817) ; les *Tristesses de Han*, par le même ; l'*Orphelin de la Chine*, par Stanislas-Julien (1834) ; et les quatre drames traduits par Bazin dans son ouvrage intitulé *Théâtre chinois*, lequel renferme de remarquables considérations sur l'art dramatique de la Chine.

Toujours chaste dans ses compositions sérieuses, le drame est en général aussi réservé dans ses gestes et ses paroles que sobre dans sa mise en scène, et ne tolère que très-rarement les bouffonneries licencieuses. Nous avons vu à quels naïfs expédients ses acteurs avaient recours pour faire comprendre à leur auditoire les mouvements de temps ou de lieu qui sont indiqués, dans nos spectacles, par les changements de décors et de costumes (voir page 209).

PROSODIE. — Les règles auxquelles est assujettie la métrique chinoise, qui définissent la rime, déterminent la césure, la cadence, la mesure du vers, diffèrent essentiellement de notre prosodie; elles présentent des difficultés que les poëtes ne parviennent pas à vaincre sans un opiniâtre labeur, et dont les improvisateurs ne peuvent triompher qu'en accomplissant d'incroyables tours de force. Aussi les lettrés attachent-ils aux formes de la versification une importance qui exclut presque toujours l'emploi du mot propre, et qui déprécie singulièrement, aux yeux du vrai littérateur, le mérite des poésies chinoises. La mesure des vers dont elles se composent varie de trois à huit mots et par conséquent de trois à huit syllabes, la langue étant monosyllabique.

ROMANS. — Si le Chinois éprouve, pour les œuvres lyriques et didactiques de la vieille poésie nationale, un sentiment traditionnel de respectueuse admiration, s'il aime à voir jouer le drame ou la comédie, à entendre chanter la piquante ou frivole ballade, il est passionné pour la lecture de ses innombrables romans. Aucune littérature n'est aussi riche en fictions que la sienne. Le romancier chinois écrit très-souvent en vers. Il aborde tous les sujets, principalement les sujets historiques. Il distribue généreusement à ses lecteurs le mystérieux, l'invraisemblable, l'absurde auquel il mêle très-volontiers la morale et la philosophie. Ses descriptions sont presque toujours minutieuses jusqu'au puéril et à l'ennui, ses dialogues interminables, ses réflexions longues, monotones, somnolentes. Rarement il est licencieux, plus rarement encore amusant. Nous connaissons en partie, par les travaux des sinologues européens, un certain nombre de romans chinois, dont les plus remarquables sont : les Quatre livres merveilleux (*Se-ta-ki-tchou*), sorte d'ouvrage classique, très-répandu et très-goûté [1]; — le *Pe-che-tsing-si* (blanche et bleue, ou les deux couleuvres fées), traduit par Stanislas Julien, en 1834; — les Voyages de l'empereur Ching-ti, imités en anglais; — les *Kin-kou-ki-kouen* (événements anciens et modernes); — les *Long-tou-kong-ngan* (causes célèbres). Le Père Prémare, Stanislas Julien, Davis, Thoms, Thomas Pavie, Sloth ont extrait quelques poétiques épisodes de ces deux derniers ouvrages.

On remarque dans toutes les productions de la litté-

PROVERBES

1. Le *Se-ta-ki-chou* comprend l'histoire des trois empires (San-koutché) mentionné plus haut (page 370); — le *Choui-hou-tchouan*, où les *Aventures des fameux voleurs* qui dévastèrent les cités du Kiang-nang, au temps des empereurs de la dynastie Song; — le *Si-yéou-ki* (page 373) « voyage dans les pays de l'ouest » du prêtre de Boudha *Tching Hiouan-Tsang* et le *Kin-phing-meï* » ou « la vie de Simen-King, » négociant riche et dissolu. Ces quatre ouvrages, qui sont très-étendus et écrits dans un style que sa pureté classique rend souvent obscur, ont été abrégés et modernisés par les auteurs du *Chi-Tsaï-tse* (œuvre des dix beaux esprits) lequel renferme : 1° un résumé de l'histoire des trois empires ; — 2° le *Hao-Kieou-Tchouan* ou « la vie d'une femme accomplie» (Gaillard D'Arcy, Paris, 1842); — 3° Le *Yu-Kiao-li* « les deux cousines » (Abel Rémusat, 1826); — 4° le *Phing-chan-leng-yang*, « histoire des deux jeunes savants et des deux jeunes savantes; — 5° le *Choui-hou-Tchouan*, « les fameux voleurs; » — 6° le *Si-siang-Ki* (contes dialogués de l'aile occidentale du Logis); — 7° le *Phi-pha-ki*, « histoire de la Guitare » (Bazin, 1841); — 8° le *Hoa-Tsien*, ou « le lit de fleurs » (Thoms, 1824); — 9° le *Phing-Kouéi-tchouan*, « la victoire des mauvais esprits »; — 10° le *Pé-Kouéi-tchi*, « l'île blanche de Jaspe. »

rature des Chinois, dans les écrits de leurs poëtes et de leurs romanciers, aussi bien que dans les livres de leurs savants et de leurs philosophes, une tendance à dogmatiser qui a produit une foule de proverbes, les uns profonds, concis, pratiques, les autres vagues, énigmatiques, presque incompréhensibles pour les Européens. Sir John Davis a trouvé, dans le célèbre dictionnaire des sentences intitulé *Ming-sin-pao-kien* (précieux miroirs pour éclairer l'esprit), une collection de ces maximes métaphoriques et bizarres que le ciseau du sculpteur grave sur les monuments, que le pinceau du peintre ou de l'écrivain reproduit sur les murs, les placards, les affiches et dont le lettré assaisonne agréablement ses discours. Nous ne résisterons pas au plaisir de signaler les suivantes à l'attention de nos lecteurs.

« L'homme sage sait se plier aux circonstances comme l'eau prend la forme du vase qui l'étreint. »

« L'erreur d'un moment devient le chagrin de toute une vie. »

« Quand l'arbre est abattu, son ombre disparaît (*Tempora si fuerint nubila, solus eris*). »

« Il faut frotter le diamant pour le polir (l'homme devient parfait par le frottement de l'adversité). »

« Mieux vaut richesse après pauvreté que pauvreté après richesse. »

« Qui mange vite, mange peu (il faut étudier lentement pour bien comprendre). »

« Ce qu'on ne peut dire, il ne faut pas le faire. »

« Le ciel n'aide pas l'homme qui laisse fuir l'occasion. »

« Creusez le puits avant d'avoir soif. »

« Pourquoi verser de l'eau sur le dos d'un canard ? (ne donnez pas de conseils inutiles). »

« Qui travaille avec fatigue mange avec plaisir. »

« Il faut être quelquefois sourd pour bien gouverner. »

« Il n'y a pas de livres qui n'apprenne quelque chose. »

« La simplicité est inséparable du génie. »

« Respect vaut mieux qu'amour ; la haine est préférable au mépris. »

« Il ne faut pas publier les fautes domestiques. (Laver son linge sale en famille). »

« Une bonne action ne sort pas du logis ; une mauvaise a bientôt fait cent lieues. »

« Moins on tombe de haut, moins grande est la chute. »

« Que chacun balaye la neige de sa porte sans s'inquiéter de celle qui couvre le toit du voisin. »

« Soyez sévère pour vous-même comme vous l'êtes pour autrui, indulgent pour autrui comme vous l'êtes envers vous-même. »

Ainsi que nous l'avons fait maintes fois remarquer, c'est, depuis bien des siècles, le caractère essentiel de la civilisation chinoise de s'immobiliser dans la contemplation et la servile imitation du passé, comme si elle avait dit son dernier mot, produit son dernier effort et qu'elle se reconnût désormais incapable de mieux faire. Cet humble aveu éclate dans toutes ses manifestations, particulièrement dans les œuvres de l'architecture nationale. On dirait, quand on les contemple, que toutes pleines encore des réminiscences d'une vie primitive dont il ne reste plus aujourd'hui aucun vestige authentique, mais qui a dû se passer dans le désert, sous la tente, au milieu des troupeaux, la nation chinoise veuille en perpétuer les images par les formes invariables dont elle n'a jamais cessé de revêtir ses monuments publics et ses maisons particulières. Par la forme gracieusement con-

ARCHITECTURE.

Caractères généraux de l'architecture chinoise.

cave de sa toiture qui est très-visiblement relevée à ses quatre angles, par ses colonnes ou plutôt ses piliers de bois sans fûts et sans chapiteaux, l'édifice chinois ressemble à la fragile demeure du berger nomade qui s'abrite, pour quelques jours, sous une tente de peau ou de toile soutenue par des pieux. Les maisons des villes et des bourgs, souvent isolées et entourées de jardins, ont rarement plus d'un étage. Lorsque le voyageur les découvre tout à coup, au sortir d'un défilé ou du sommet d'une colline, il lui semble apercevoir un campement au milieu des bois. Au reste, tout est parfaitement original dans l'architecture chinoise. Elle est entièrement dépourvue, à la vérité, comme toutes les créations du génie national, de majestueux et de grandiose; mais elle n'a fait d'emprunt à aucun peuple; elle ne doit qu'à elle-même cette élégante et fantastique légèreté, cette ornementation bizarre et charmante qui font sa grâce inimitable et sa réputation par tout l'univers.

Matériaux de construction. La chaux, la terre, le sable tamisé, la pierre, le marbre, le bois, le chaume, sont employés comme matériaux de construction. On obtient généralement la chaux en faisant cuire soit des coquillages ramassés sur le bord de la mer, soit des détritus recueillis dans des terrains calcaires, le combustible étant trop coûteux pour qu'on puisse soumettre la pierre elle-même à l'action du feu. La terre cuite donne les tuiles et les briques. Passée à la claie, puis gâchée avec un mélange d'huile et de chaux, elle fournit une pâte compacte que l'on coule entre des planches dans quelques provinces, pour construire les murs et qui acquiert, en peu de temps, la dureté et la densité de la pierre. Les maisons n'ont, le plus souvent, ni fondations ni cave. Leurs murailles minces, hautes de 20 à 25 pieds au plus, rarement recouvertes d'un enduit, au moins à l'extérieur, sont presque toujours bâties en briques. Elles s'appuient ordinairement sur de larges bases, hautes d'environ 2 pieds et construites en moellons, qui reposent sur la surface même du sol. Elles n'ont ni corniches ni entablement, mais des fleurs, des arabesques parfois de petites figurines assez finement moulées dont les couleurs vives, se détachant sur une large bande peinte en noir, ornent leur partie supérieure sous la saillie du toit. La brique coûte, suivant son volume, de 18 à 45 francs le millier. Elle est ordinairement d'une couleur cendrée. Les tuiles, creuses comme des gouttières, sont posées d'abord sur le dos en rangées longitudinales, contiguës; puis, les rainures plus ou moins larges, que ces rangées laissent entre elles et qui pourraient donner passage à la pluie, sont recouvertes par d'autres tuiles placées en sens inverse. Le toit est noyé dans un lit de mortier étendu sur les voliges. Nous savons qu'il forme des ondulations concaves, comme la toile qui abrite les tentes. Les chevrons dépassent toujours l'aplomb des murs. Deux figures d'animaux fantastiques ornent les faîtages des pagodes. Des sonnettes que fait doucement tinter le zéphir, pendent d'ordinaire aux angles des demi-toitures superposées qui protégent les étages des tours. Excepté dans les villes où les marchands couchent au-dessus de leurs magasins, les maisons particulières, même les plus somptueuses, ne s'élèvent pas au-dessus du rez-de-chaussée. Celles des pauvres, recouvertes d'un toit de chaume ou de roseaux que soutiennent quatre pieux auxquels sont fixées simplement des nattes grossières en guise de murailles, présentent le plus misérable aspect.

Toitures.

Plus l'habitation est opulente, plus les cours intérieures sur lesquelles s'ouvrent les fenêtres des appartements, sont nombreuses. En général, un couloir de dégagement borné par le mur d'enceinte, règne autour des bâtiments dont les parallélogrammes successifs forment ces cours intérieures. Les maisons de campagne

Distribution des maisons particulières.

Maisons des champs.

ont 3 portes percées, au midi, dans le mur d'enceinte et qui donnent accès sur la première cour ornée de gazon, d'arbustes et de fleurs; celle du milieu ne sert que les jours de grande cérémonie. Lorsqu'on a traversé la première cour et franchi 2 ou 3 marches, on pénètre sous un péristyle, soutenu par des colonnes en bois, muni de quelques siéges et orné de vases, lequel communique directement avec la pièce principale de la maison. Le couloir extérieur que longe le mur d'enceinte, aboutit à la première cour de chaque côté du péristyle. Dans les maisons de ville, au contraire, la porte d'entrée, qui d'ordinaire est unique, ouvre immédiatement sur une sorte de porche qui est gardé par le concierge. A l'extrémité de ce porche se trouve un mur ou un vaste écran qui dérobe la vue de l'habitation et derrière lequel se développe la première cour intérieure; un autel dédié au dieu du *seuil* y est contigu. La première cour sur laquelle débouchent, comme dans les maisons rurales, les deux branches du couloir intérieur donne entrée, soit directement, soit par le péristyle, dans la grande salle. Des lanternes, qui portent en grosses lettres les noms des propriétaires, pendent aux angles que la toiture projette sur la rue.

<small>Maisons des villes.</small>

<small>Grande salle.</small>

Tour à tour salon pour les usages de la famille, salle de réception, ou salle à manger, la pièce principale est fermée, au nord, par un mur et communique, au sud, avec le péristyle. Au milieu du mur est placé un autel où l'encens ne cesse de brûler, en l'honneur des dieux du logis. De chaque côté de l'autel, s'ouvre une porte soit sur les appartements, soit sur la seconde cour intérieure. Devant l'autel une table basse, sorte de lit de camp, munie d'un marchepied, supporte trois coussins; celui du milieu est le siége du maître. A droite et à gauche, le long des murs latéraux, deux rangées de petites tables, garnies chacune de deux tabourets, attendent le thé et les convives. Les distributions que nous venons d'indiquer, bien que généralement suivies, ne sont pas rigoureusement imposées par la coutume. Les caprices du propriétaire ou celui de l'architecte les modifient quelquefois. On est surpris, quand on les examine, de leur ressemblance avec le plan des maisons romaines que recouvraient les cendres de Pompéi.

Simple et non dépourvu d'une certaine élégance, le mobilier manque absolument de ce que nous appelons le confortable. On s'asseoit d'ordinaire sur de simples tabourets. Les chaises ne sont pas rembourrées, elles ont des dossiers droits et raides. On ne fait usage ni de fauteuil, ni de canapé, ni de causeuse. La literie est détestable. Le riche et le pauvre couchent sur des planches que soutiennent des tréteaux et que recouvre une natte plus ou moins fine. Leur tête repose sur un traversin fort dur, rembourré avec des épluchures de bambou, ou sur un petit escabeau de bois poli, très-étroit et on ne peut plus incommode. Les personnes riches ont parfois des bois de lit fort joliment fouillés, et la moustiquaire qui protége leur sommeil est faite en gaze transparente ornée de fleurs. Une toile grossière enveloppe la couche du pauvre. Les appartements intérieurs ne sont munis que des meubles les plus indispensables; mais les chaises et les tables sculptées, les lanternes peintes, les stores de soie coloriés ou brodés, les vases de bronze, les porcelaines aux vives couleurs, les riches émaux, les pancartes aux majestueuses inscriptions, les paysages finement esquissés qui décorent la grande salle et le péristyle des maisons opulentes, forment un gracieux et harmonieux ensemble dont l'aspect plaît infiniment.

Mobilier.

Beaucoup de maisons reçoivent le jour par des châssis placés sur la toiture. Celles qui sont éclairées par la façade ont des fenêtres basses et étroites. Un mollusque,

Éclairage des maisons.

le *placuna*, dont la coquille est transparente, fournit presque toute la verrerie chinoise.

Chauffage. — Aucun des appartements habités par les personnes riches n'a de cheminée ni de poêle. Un foyer commun, qui sert quelquefois de fourneau de cuisine, distribue le calorique dans toute la maison au moyen de tuyaux qui passent sous les chambres. L'extrême rareté du combustible a conduit naturellement l'industrieux Chinois à l'invention du calorifère. Quant aux gens peu aisés des provinces septentrionales, ils établissent généralement, au centre de leur pièce principale, un grand poêle de brique muni d'une tablette très-vaste sur laquelle ils font cuire leurs aliments, travaillent pendant le jour, et dorment pendant la nuit.

Navires et bateaux chinois. — Pour bien connaître l'intérieur des habitations chinoises, il faut avoir visité quelques-uns des innombrables navires et bateaux de toutes formes, de toutes tailles, de toutes sortes qui sillonnent ses parages maritimes, ses rivières, ses lacs et qui constituent, dans plusieurs ports fréquentés de l'empire, de véritables villes flottantes. Nous avons vu, au livre premier de cet ouvrage, qu'en certains points du littoral, notamment à Canton, Ning-po, Fou-tcheou, un grand nombre de familles vivent presque exclusivement sur l'eau, exerçant une industrie quelconque conforme à leurs mœurs, rétribuées presque toujours par le commerce maritime, qui louent leurs mobiles demeures comme allèges, transports ou entrepôts, se nourrissant du produit de leur pêche, adonnées à des coutumes particulières, parlant parfois un langage dont l'origine est inconnue.

Bateaux-maisons. — Les bateaux dont elles font leurs demeures et dont les plus spacieux ont 70 pieds de long sur 12 de large, renferment ou plutôt supportent trois chambres qui s'élèvent au-dessus du pont, comme une vaste dunette. Elles mesurent huit à dix pieds entre plancher et plafond. Il faut descendre une ou deux marches pour y entrer. La plus proche de la proue sert de vestibule aux autres. C'est le péristyle dont nous avons parlé plus haut. Elle donne accès dans la pièce principale où se tient la famille et qui est suivie de la chambre à coucher. Le tout est surmonté d'une plate-forme où l'on vient prendre le thé et respirer la fraîcheur du soir. Derrière la chambre à coucher et sous le pont se trouvent plusieurs compartiments que recouvrent des trappes mobiles et où l'on dépose les ustensiles de cuisine, les provisions de bouche, la literie des domestiques. Les bateaux-maisons n'ont pas de mâts, on les conduit à la rame et à la godille. Ils sont toujours remarquablement propres et parfois ornés avec goût.

Distribués sur le même plan, mais décorés avec beaucoup de recherche et de coquetterie, les bateaux-fleurs servent de résidence à des courtisanes. Le son du luth, les chants langoureux ou les gais propos y retentissent toute la nuit. On y vient prendre le thé ou fumer l'opium. Les riches Chinois s'y rendent le soir pour se reposer des pénibles labeurs de leur négoce et de l'accablante température de leurs comptoirs, ou les louent pour y fêter leurs amis. Ce ne sont pas à proprement parler des maisons de prostitution, mais plutôt des cafés-concerts habités par de jeunes femmes aux mœurs élégantes et faciles. *Bateaux de fleurs.*

Les Tankas ressemblent exactement à une demi-coquille de noix. Ce sont des barques pontées longues de 7 à 8 mètres. Une bâche semi-circulaire que recouvrent des nattes épaisses et qui est hermétiquement close, à ses extrémités, par deux petites portes à deux battants, forme, au milieu du pont, la case étroite et basse où vivent les Tankadères avec leurs familles. A l'arrière sont placées la godille et la boîte aux compartiments qui renferme l'eau potable, les vêtements, les vivres. La *Tankas.*

tankadère naît, vit et meurt, constamment ballottée dans sa boîte flottante. Elle est industrieuse, alerte et galante. Les rémunérations des passagers qu'elle transporte avec leurs bagages, les libéralités de ses amants d'un jour sont ses principaux moyens d'existence.

Bateaux de transport.

On voit circuler sur les lacs, les fleuves, près des côtes, de grands bateaux, munis de deux ou trois mâts, plutôt longs que larges et qui jaugent quelquefois trois ou quatre cents tonneaux. Les uns, dont une vaste chambre occupe tout l'entre-pont, transportent des marchandises; les autres, qui renferment deux pièces destinées, la plus grande aux hommes, la plus petite aux femmes, portent des voyageurs.

Houaï-ting (fast-boat).

Par le nom chinois de *Houaï-ting* et les mots anglais de *Fast-boat*, sont désignées des barques, très-étroites pour leur longueur, qui portent un ou deux mâts, une large voilure et se manœuvrent, au besoin, à la rame. Elles tiennent admirablement la mer, bien qu'étant de petite taille et n'ayant qu'un faible tirant d'eau; virent aisément; vont très-vite; rendent de grands services au commerce et à la pêche; rarement elles mesurent plus de 35 pieds de longueur.

Embarcations de police.

Quarante ou cinquante rameurs conduisent, avec une effrayante vitesse, les embarcations employées, par les directeurs de la douane, à la police des ports et à la surveillance des côtes. Très-longues et très-effilées, hérissées de piques et de lances, abritant leur équipage sous deux rangs de boucliers qui recouvrent leurs plats bords, elles ressemblent aux pirogues guerrières des peuplades malaises, mais sont infiniment moins redoutables.

Jonques de guerre et de commerce.

Nous désignons en Europe, sous le nom de jonques, les navires chinois destinés à tenir la haute mer. Ce sont de lourdes machines, mal distribuées et mal construites, qui naviguent presque toujours en vue de terre avec prudence et lenteur, mais dont les équipages courent pourtant de grands périls. Elles ressemblent par leur forme, disent les Chinois, aux monstres marins qui hantent les abîmes de l'océan. Deux yeux blancs et noirs, très-gros et très-saillants, sont adaptés à leur proue afin qu'elles puissent voir de loin et éviter les écueils. Leur carcasse, large, courte, ventrue, arrondie, munie à l'arrière d'une dunette très-élevée, navigue mal au plus près, roule beaucoup et chavire facilement. Elles n'ont pas, à proprement parler, d'entre-pont, mais sont divisées en plusieurs compartiments dont on calfate soigneusement les cloisons, ce qui est une précieuse sauvegarde en cas de voie d'eau. Rarement elles jaugent plus de 500 tonneaux. L'équipage mange, couche et vit sur le pont. La dunette sert de demeure aux officiers et renferme un autel où fume toujours l'encens en l'honneur des divinités de la mer. Les mâts, en général, au nombre de trois, sont d'une seule pièce, peu élevés, posés perpendiculairement, maintenus par des cordages et par des étais en bois, mais n'ont pas de haubans. On ne fait point usage de beaupré. Placés sur l'avant du navire et très-proches l'un de l'autre, le grand mât et la misaine sont à peu près de même taille; l'artimon a des proportions beaucoup moindres et joue un rôle très-secondaire. Chaque mât ne possède ordinairement qu'une seule voile; c'est une immense natte tressée avec des joncs ou des fibres de bambou, attachée à deux fortes vergues, qu'on hisse avec beaucoup de fatigue et de lenteur et qu'on ne peut carguer. Elle est maintenue dans toute sa largeur, de distance en distance, par des traverses de bambou légères et flexibles au moyen desquelles on prend très-facilement des ris. Quelquefois, quand la brise est favorable et régulière, on ajoute à la voile une bonnette ou un hunier en toile de coton. Le gouvernail est large, puissant et placé dans une vaste échancrure dont les rebords le protégent contre les coups

Construction.

Mâture et voilure.

Gouvernail.

de mer. L'ancre, fabriquée en bois dur et ferrée à ses deux bouts, est beaucoup plus légère et portative, et paraît presque aussi résistante que les nôtres. Au reste, comme la Chine n'a pas de pavillon national, comme les jonques de commerce ont identiquement les mêmes formes et sont souvent aussi bien armées que les jonques de guerre, il est impossible de les distinguer à distance. De petits étendards triangulaires, sur lesquels sont inscrits le nom et le grade des commandants, flottent aux mâts des jonques impériales. Les navires marchands arborent des pavillons carrés ou triangulaires et des flammes de toutes couleurs.

On n'admire pas, dans les cités de la Chine, les fastueux étalages qui décorent nos splendides magasins; mais ses marchands ne sont ni moins habiles, ni moins économes, ni moins empressés que les nôtres. La salle où ils reçoivent leurs chalands est ouverte sur la voie publique et éclairée en outre par la toiture, mais, comme les rues sont généralement fort étroites, elle est presque toujours, particulièrement l'hiver, humide et obscure. De deux côtés règne un large comptoir à l'angle duquel se tient le maître, accueillant les acheteurs avec le plus affable sourire, répondant à toutes leurs questions avec la plus courtoise politesse, activant ses commis du geste et de la voix. Sur le comptoir on voit une petite statue du dieu des richesses qui reçoit, nuit et jour, l'encens et les vœux de son fervent adorateur. Une chambre noire, qui sert ordinairement de salle à manger, de dortoir et de décharge, est contiguë au magasin. Parfois le marchand fait sa cuisine à la vue du public sur un fourneau placé devant la rue, à l'une des extrémités du comptoir; mais le plus souvent il habite le premier étage où il possède un grenier qui lui sert de petit entrepôt, une ou deux chambres à coucher et une terrasse pour prendre le frais. Ses enseignes, écrites avec beaucoup d'art et en belles lettres rouges, noires, bleues ou dorées, sur des planches peintes qui ont huit à neuf pieds de longueur, sont accrochées perpendiculairement à l'un des angles extérieurs de la maison et égayent un peu l'aspect des rues.

Celles-ci, bordées de maisons basses, presque toujours très-étroites, pavées de longues dalles mal jointes qui recouvrent transversalement des égouts où dorment les plus infects résidus de la cité, pleines de fange l'hiver et de poussière l'été, encombrées d'immondices en toute saison, accusent, par leur déplaisante perspective, la maladresse des architectes qui les construisent aussi bien que l'incurie de la police qui les trace et les entretient. L'idole du dieu protecteur, appliquée contre l'un des pignons, y frappe les regards des passants, mais elles ne possèdent ni plantations d'arbres ou de fleurs, ni bancs, ni fontaines, et l'on n'y remarque aucun de ces objets qui parent ou assainissent nos cités. Ouvertes communément en face des édifices publics, les places sont rares et de médiocres dimensions. On voit que l'extrême nécessité en a seule ménagé l'insuffisant espace. Les impérieux besoins de l'agriculture rendent le peuple avare de son terrain.

<small>Rues et places publiques.</small>

Rien de moins imposant que ces édifices dont l'ensemble comprend les temples des dieux, les prétoires des magistrats, les ponts des rivières, les fortifications des villes. Nous ne reviendrons pas ici sur ce que nous avons dit plus haut (page 305) des yamoun et de leur mesquine ordonnance. Les temples affectent des formes très-distinctes. Tandis que les uns, désignés par les Européens sous le nom de pagodes, sont de grandes maisons octaédriques, à deux ou trois étages, ou consistent simplement en une succession de salles rectangulaires ouvertes sur le devant, ornées de découpures bizarres, renfermant un ou deux autels et des statues, entourées de

<small>Temples.</small>

cours et de jardins, ombragées par des arbres séculaires, accompagnées de cellules, résidences des moines, et de plusieurs chambres où ils reçoivent et hébergent les voyageurs; — les autres, dressant leurs formes élégantes et sveltes sur le sommet de quelque coteau boisé, prêtent, par leur riant aspect, un charme incomparable au paysage. Ce sont des tours polygoniques et pyramidales, dont quelques-unes s'élèvent à une grande hauteur et ne comprennent pas moins de neuf étages. Chacun d'eux est entouré d'un balcon et protégé par une toiture recouverte souvent de tuiles vernissées aux éclatants reflets. Leur charpente est peinte ou dorée. Un mât terminé par une boule métallique, surmonte le toit de l'étage supérieur. La fameuse tour de porcelaine *Pao-ngen-se* (temple de la reconnaissance) qui dominait un des faubourgs de Nanking et que les rebelles ont détruite il y a quelques années, était le plus célèbre de ces gracieux édifices. Ils sont dédiés au dieu protecteur des régions qui les entourent.

Ponts.

Monuments indestructibles et presque majestueux de la sollicitude des premières races impériales pour les nécessités publiques, les grandes digues qui contiennent le caprice des fleuves, les ponts hardiment élancés qui relient leurs rives dans certaines parties de la Chine, les vastes dalles, largement assises, solidement reliées qui bordent les quais des villes maritimes, étonnent l'œil du voyageur. La forme des ponts varie beaucoup suivant les localités. Tantôt leurs arches, auxquelles on donne en général une très-grande élévation, afin que les bateliers n'aient pas besoin d'abaisser leurs mâts pour les franchir, sont construites en plein cintre, tantôt elles affectent la forme ogivale, tantôt resserrées vers le milieu et s'élargissant au sommet, elles ont exactement celle de la lettre grecque *oméga*. D'autres fois on s'est contenté d'avoir recours, pour les construire, au mode le plus primitif et le moins coûteux, en jetant de larges madriers sur des piliers en pierres. Les ponts de bateaux sont communs sur les grandes rivières près des villes populeuses. Quelques-uns (comme celui de Ningpo) sont fort larges et bordés de boutiques en bois. On voit dans le nord, principalement sur les petites rivières qui coulent aux environs de la capitale, de beaux ponts dont les parapets de marbre sont élégamment sculptés et revêtus d'ornements bizarres qui représentent des animaux fantastiques.

Les fortifications des villes, composées d'une muraille d'enceinte très-haute et largement crénelée, appuyées à un talus intérieur, entourées d'un fossé profond, flanquées à leurs angles de vastes tours carrées et pyramidales, qui ont parfois 60 pieds d'élévation, affectent de loin un aspect formidable, mais ne valent rien pour la défense, parce qu'elles ne sont protégées par aucun travail extérieur, parce que les embrasures sont beaucoup trop larges et que la partie crénelée des murs qui surmonte le talus est trop haute, surtout trop faible pour offrir la moindre résistance au canon. Quelques-unes des tours qui protègent les places fortifiées, particulièrement sur les frontières, n'ont pas de portes. On y pénètre par une étroite ouverture pratiquée à mi-hauteur et à laquelle on ne peut parvenir qu'au moyen d'une échelle. La garnison est ainsi à l'abri d'une surprise; mais elle doit vaincre ou mourir.

Fortifications.

Quant aux monuments que la piété des familles ou la reconnaissance municipale élèvent, avec la permission du souverain, à la mémoire d'un père vénéré ou d'un magistrat vertueux, ils ne sont ni plus remarquables ni plus imposants que les édifices publics. Nous savons quelle est la forme ordinaire des tombeaux (voir page 265). De simples murailles carrées et plates, construites en pierres de taille, quelquefois en briques, hautes d'en-

Monuments honorifiques.

viron 25 pieds, occupant presque toujours la largeur des rues, percées d'une grande porte que flanquent deux ouvertures latérales, ornées de quelques sculptures et de beaucoup d'inscriptions, jouent le rôle de nos arcs de triomphe.

<small>Jardins de plaisance.</small>

Il faut visiter les jardins de plaisance pour saisir, dans sa plus complète et plus intime expression, le véritable caractère du goût artistique des Chinois. Là, rien de grand ni de simple; ni lignes droites, ni larges courbes, ni beaux arbres, ni perspectives étendues; ce n'est pas la nature, mais la fantaisie, qui fait rêver; tout est calculé, contourné, raccourci, mesquin. La régularité est strictement interdite, mais les contrastes sont trop brusques et trop étudiés pour plaire. On voit trop vite que tout est habilement factice dans ces rocs maigres et tourmentés, dans ces nombreux ponceaux aux structures bizarres, ces bassins étroits aux capricieux contours, ces petites cascades mousseuses, ces arbres nains, ces allées en zigzag recouvertes de grossières mosaïques. Les jardins publics de Péking et les parcs impériaux dont les plans, bien que dessinés d'après les mêmes principes, ont cependant plus d'ampleur, parce que l'espace n'y a point fait défaut à l'architecte, offrent un aspect infiniment plus agréable. Rien n'y est vraiment beau, mais tout y paraît gai et joli : les frais bosquets de bambous, les lacs profonds et limpides au milieu desquels surgissent de petites îles, les élégants pavillons qui dressent au bord des eaux leurs formes sveltes et gracieuses, les rochers qu'ombragent des arbres touffus ou qu'enlacent de belles lianes, les collines boisées, les clairs ruisseaux. Les vastes jardins du Youen-ming-youen charment les regards des Européens qui les peuvent parcourir.

<small>SCULPTURE.</small>

Ce n'est pas qu'on y rencontre, comme dans nos jardins publics, ces granits ou ces marbres sculptés qui, par l'heureuse et naturelle imitation des formes humaines, embellissent, animent, poétisent le paysage. L'imagination, le sentiment du beau et du grand, le vrai génie artistique semblent faire complétement défaut à la sculpture chinoise ; ses œuvres ne sont que des copies plus ou moins serviles, mais toujours plates et inanimées ; ses types ne sont point nobles. Dans les idoles de bois ou de pierre, aux couleurs voyantes et tranchées, aux traits vulgaires et grotesques, aux vêtements longs et raides qui dissimulent en général toutes les parties du corps sauf la tête, les mains et les pieds ; — dans les formes ignoblement avachies ou horriblement décharnées de quelques symboles divins ; — dans les monstrueuses figures de lions, de tigres, d'éléphants, de tortues qui gardent l'entrée ou décorent les jardins des prétoires et des temples ; — dans cette foule de petites statuettes en bois, en pierre, en jade, en terre cuite, en bronze qui représentent les dieux nationaux ou les génies domestiques, les fontionnaires, les artisans, les mendiants, les philosophes ; — dans cette multitude d'ornements sculptés qui décorent les toitures, les colonnes, les balustrades, les arcs de triomphe et les objets de toute sorte qui encombrent les magasins de curiosités ou les appartements des riches ; — l'habileté, le fini, la patience du travail frappent généralement le regard ; le goût délicat de l'ouvrier apparaît quelquefois, mais on chercherait en vain cette aspiration vers l'idéal cette entente de l'harmonie qui caractérisent les chefs-d'œuvre.

Toutes ces remarques peuvent s'appliquer à la peinture. Uniquement voué, comme le littérateur et le sculpteur, au culte fervent et stérile de l'imitation, mais n'ayant ni conçu ni appris les lois essentielles de son art, le peintre chinois copie minutieusement, finement,

PEINTURE.

avec de belles, brillantes et solides couleurs, mais ne sait point peindre. Il ignore presque absolument les règles de la perspective et ne fait aucun usage des ombres. On dirait que, pour étudier les paysages qu'il figure sur sa toile, il s'est placé perpendiculairement au-dessus d'eux à midi et en plein soleil. S'il pénètre d'aventure dans le domaine de la fantaisie, s'il représente des personnages, des objets de son invention, le grotesque, le ridicule, l'impossible apparaissent immédiatement sous son pinceau. On ne peut cependant refuser une sorte de charme fantastique aux vaporeuses esquisses qu'il trace avec l'encre de Chine sur le papier ou la soie, et qui représentent d'ordinaire des clairs de lune, des orages, des visions[1].

Peinture sur papier de riz. La peinture sur papier de riz est l'occupation favorite d'un grand nombre d'artistes. On donne le nom de papier de riz aux tranches très-minces que l'on détache en rond, avec un couteau flexible, sur la moelle d'une espèce d'*artocarpus*[2] qui croît dans les provinces occi-

1. Si l'on en juge par les médaillons historiques du cabinet de M. Thiers et les curieuses collections que renferme, à Rome, le palais Barberini, l'art de la peinture a produit en Chine, quelques œuvres remarquables par l'habileté, le fini, la grâce même de l'exécution, et serait aujourd'hui en pleine décadence. L'histoire nationale a conservé les noms de plusieurs grands peintres, portraitistes illustres ou merveilleux imitateurs de paysages, d'oiseaux, de chevaux, qui vivaient sous les dynasties des Han, des Tsin, des Tang, des Song, des Youen, aux premiers siècles de notre ère. Kang-hi et son fils Kien-loung honorèrent de leur éclatante protection les Jésuites Belleville, Ghérardini, Castiglione et Attiret, auxquels ils firent exécuter un grand nombre de portraits. Malheureusement, le désir de satisfaire les caprices de leurs maîtres et la nécessité impérieuse où ils se trouvaient de se conformer, dans toutes leurs compositions officielles, à certains types, à certaines formes que les exigences du goût public et l'approbation de la cour des rites consacrent de temps immémorial, ont guidé, avant tout, la main de ces pieux artistes, dont les travaux exercèrent, en réalité, bien peu d'influence sur la peinture indigène.

2. L'Artocarpus est l'arbre à pain dont les diverses espèces fournissent, par leurs fruits, de précieuses ressources aux habitants des régions intertropicales.

dentales. Étendues sur cette substance, à la fois élastique et poreuse, les couleurs prennent une apparence veloutée, des teintes mates et douces très-agréables à l'œil. Les Chinois peignent aussi sur lames de verre, sur bois, sur corne et sur feuilles d'arbre. Pour rendre les feuilles végétales propres à recevoir et à conserver les teintes, on commence par les dépouiller de leur parenchyme en les traitant par le procédé de la macération, et on remplit ensuite les intervalles de leurs fibres avec une matière gélatineuse qui durcit en se desséchant.

De toute antiquité la nation chinoise a tenu la musique en très-haute estime. Confucius enseignait qu'elle adoucit les mœurs et que, par son action bienfaisante, se règlent et s'harmonisent les relations sociales. Elle fut enseignée autrefois par des philosophes dont l'histoire mentionne les noms, mais dont les œuvres se sont malheureusement perdues. Kang-hi, l'un des plus illustres et des plus graves souverains de l'empire, la cultivait avec zèle ; il prodiguait, en face de toute sa cour, les témoignages de son admiration au Père Pereira, parce qu'il avait le talent de la *noter* et instituait, sous la présidence de son troisième fils, une académie destinée à en recueillir, perpétuer et perfectionner les traditions. Mais, ni l'enthousiame de ce grand homme, ni le zèle de cette académie, qui publia sous son règne trois gros volumes intitulés « de la vraie doctrine musicale, » ni l'autorité même du prince des philosophes n'a pu modifier les instincts primitifs de la race aux cheveux noirs. La musique chinoise est restée ce qu'elle était autrefois, simple, monotone, douce, mélancolique comme toutes les musiques orientales. Les Chinois ne comprennent pas la variété qui engendre la majestueuse harmonie de nos concerts. Elle les ennuie ou les irrite. Sur leurs théâtres, dans leurs cérémonies publiques, toutes les

MUSIQUE.

voix chantent et tous les instruments jouent à l'unisson. Cependant ils goûtent fort, dans le chant, les transitions brusques, les modulations heurtées, et rien ne nous semble plus désagréable que d'entendre la voix aiguë, grêle, nasillarde de leurs bonzes ou de leurs acteurs, s'élever et s'abaisser à tous moments de trois, cinq ou huit notes à la fois. Au reste, leur échelle musicale diffère essentiellement de la nôtre, et la méthode qu'ils emploient pour représenter les sons est si compliquée qu'ils n'en font presque jamais usage. On peut dire qu'ils n'ont d'autres guide en musique que leur mémoire et leur sentiment de la mesure, qu'ils jouent ou qu'ils chantent les airs par imitation et par routine.

<small>Principaux instruments de musique.</small>

S'il faut en croire la légende historique, tous les instruments dont ils se servent et qui sont très-nombreux, furent imaginés dans le but de contrefaire les divers accents de la voix humaine. Le bois, la pierre, le fer, le bronze, le cuivre, la soie, toutes les matières reconnues susceptibles de rendre, par la vibration, des sons graves ou aigus, entrent dans leur fabrication. Au nombre des plus communs il faut citer : le *Kin*, grande guitare, longue de 4 pieds, dont on pince avec la main les 7 cordes de soie (il est désigné par le mot *Kin* qui veut dire *réprimer*, parce que ses sons harmonieux calment les orages du cœur); — le *Pi-pa*, violon à 4 cordes que l'on fait vibrer sous l'archet; — le *San-Hien*, rebec à 3 cordes, aux formes arrondies et dont l'âme repose sur une peau de serpent qui recouvre le fond; — un autre rebec à 2 cordes entre lesquelles est insérée celle de l'archet et qui donne des sons extrêmement criards; — le *Yang-kin*, garni, comme nos harpes, de cordes métalliques sur lesquelles on frappe avec de petits marteaux; — une flûte de Pan, le *Yang*, qui consiste en 13 tuyaux de bambous dans lesquels on souffle par un tube commun; — le *Houang-tih*, flûte à 6 trous, 2 fois plus longue que la nôtre ; — une espèce de hautbois appelé *Chouh - tih* dont les sons rappellent ceux de la cornemuse et qui est l'instrument officiel par excellence (il n'est pas de cérémonie publique où il ne figure au premier rang et ne fasse la partie principale); — un *trombone* dont les branches, emboîtées l'une dans l'autre, s'allongent à volonté et avec lequel on obtient des notes très-graves ; — une trompette longue et droite dont la voix est plutôt aiguë qu'éclatante ; — le *Gong*, grande cymbale que l'on bat à coups redoublés avec un tampon supporté par un manche flexible et qui rend un son vraiment formidable ; — le *tambour* dont on distingue 17 espèces ; — enfin les *vases musicaux*, consistant en 12 coupes de porcelaine, à demi pleines d'eau, qui, frappées avec de petites baguettes, donnent des notes différentes d'une sonorité assez agréable. La voix de tête est la seule dont fasse usage le chanteur chinois. Il s'accompagne avec le Kin et le San-Hien. Les efforts que font les muscles de ses bronches pour moduler les notes aiguës, paraissent extrêmement pénibles. Pourtant il est rare qu'on l'entende chanter faux.

La simplicité primitive des mélodies chinoises n'est pas dépourvue d'originalité. Comme les airs arabes, elles sont généralement douces et tristes. Des 3 suivantes, les premières sont tirées de l'excellent livre du docteur Wells-Williams ; la dernière, que nos missionnaires ont notée, il y a 2 siècles, à Péking, se trouve dans le grand ouvrage de Du-Halde.

Deux noms qu'il faut prononcer avec respect, sont inscrits, depuis 2,000 ans, en caractères immortels, dans les annales classiques et littéraires, aussi bien que dans l'histoire sociale du peuple chinois. Ce sont ceux de Confucius et de Mencius, qui personnifient à ses yeux la sagesse, la science, la vertu. Les premiers chapitres de ce livre ont déjà entretenu nos lecteurs, à diverses reprises, de ces deux grands hommes. Nous le terminerons par un résumé succinct de leur doctrine et de leurs travaux.

CONFUCIUS.   Contemporain de Pythagore, *Kong-fou-tse* ou le docteur Kong [1] naquit à une époque où le territoire chinois, divisé en un grand nombre de petits royaumes que réunissait politiquement l'autorité commune du sceptre impérial, constituait une vaste féodalité. Ce fut dans les États du prince de Lu [2] où son père occupait une charge officielle, qu'il vit le jour 549 ans avant le Christ. De grands prodiges dont la légende perpétue le pieux souvenir, signalèrent sa naissance. Deux dragons gardaient la demeure de son père ; sa mère croyait entendre une musique céleste; on trouva, sur sa poitrine, cette merveilleuse inscription : « J'inventerai un système pour gouverner le monde. » Ses parents ayant remarqué sa précoce aptitude pour les études classiques, prirent grand soin de son éducation et de ses mœurs. « A 15 ans, dit le grand philosophe dans le Lun-yu (page 367), j'embrassai le culte de la sagesse, à 30 j'y fus entièrement converti. » Dès sa 18e année, il remplissait un emploi public qu'il résigna bientôt pour visiter, en voyageur, les royaumes voisins et s'instruire par l'expérience. Revenu dans son pays natal, il commença, vers

---

1. Les Jésuites ont fait de *Kong-fou-tsé* le mot latin de *Confucius*.
2. Le territoire de ces États fait maintenant partie de la province du Chantong.

l'âge de 30 ans, à enseigner les doctrines et, comme sa réputation ne tarda pas à grandir, il fut appelé dans les conseils politiques du prince de Tsi ; mais dégoûté bientôt des luttes qu'il avait à soutenir contre la frivolité de son entourage, il résigna ses fonctions, consacra 15 années à de nouveaux voyages et devint, lorsqu'il revit la principauté de *Lu*, premier ministre du souverain qui la gouvernait. Une intrigue ourdie par ses jaloux le disgracia. Il s'établit alors dans les domaines du prince de *Ouei* où ses leçons eurent tant de succès que plus de 3,000 disciples fréquentaient son école. On dit que parvenu à cette période de l'existence où l'esprit de l'homme fort s'abandonne d'ordinaire aux spéculations ambitieuses, il résolut de se vouer uniquement à l'étude de la sagesse. Il avait 58 ans quand il revit une troisième fois son pays où ses enseignements obtinrent une vogue extraordinaire et où il acheva ses grands travaux sur les classiques. En 479, après avoir mis ses œuvres sous la protection du ciel en présence de ses disciples, il mourut paisiblement aux lieux qui l'avaient vu naître.

L'absolue soumission du fils aux volontés de son père et, comme corollaires naturels de cette soumission, la respectueuse obéissance du sujet aux ordres du prince ; — l'humble subordination de la femme envers son mari, des familles envers leur chef ; — la justice et la modération, bases de toute relation sociale, règles suprêmes de la conduite des princes qui doivent compte de leurs actions au ciel dont ils tiennent leur autorité ; — la science de soi-même qui apprend à contenir ses passions dans une juste et prudente mesure, source infaillible de toute perfection et de toute jouissance ; — le bonheur de l'homme uniquement fondé sur la satisfaction que procure la vertu : tels sont les points fondamentaux du matérialisme épicurien de Confucius qui traite les divinités nationales avec une respectueuse indifférence[1] et garde un silence absolu sur la vie future. On sait qu'il laissa de profondes interprétations sur le *Yi-king* (livre des transmutations), le *Chou-king* (livre des annales), le *Chi-king* (livre des odes), le *Li-ki* (livre des rites, voir page 365); qu'il écrivit ou qu'il inspira le *Tchun-tsiou* (le printemps et l'automne), le *Hiao-king* (livre des devoirs filiaux), le *Tah-hio* (livre des adultes), le *Tchong-yong* (l'immuable milieu), le *Lun-yu* (voir page 367); que sa doctrine, expliquée par Mencius, professée de nos jours par le Ju-kiao, eut le célèbre Tchou-hi pour principal commentateur, et qu'un de ses axiomes philosophiques était cette belle maxime : « Agissez envers les autres comme vous voudriez les voir agir envers vous. »

MENCIUS.

79 ans après la mort de Confucius, naissait dans la ville de Tsao que renferme aujourd'hui le Chan-tong, l'homme illustre dont l'admiration et la reconnaissance populaire devaient, pour toujours, associer le nom à celui du plus grand sage de la Chine. *Meng-tse* (le docteur Meng) auquel on a donné le nom latin de Mencius, eut pour mère une femme remarquable, *Tchang-che*, dont l'histoire a célébré les nombreuses vertus. Restée veuve quelques mois après la naissance de son fils, elle voulut consacrer tous ses soins à son éducation et prit des précautions extraordinaires pour éloigner de lui, pendant sa jeunesse, les pernicieuses influences qui pouvaient ternir la pureté de son cœur. Mencius se passionna pour l'étude de la philosophie classique et fut l'élève d'un petit-fils de Confucius, *Ts'-tse*, qui lui trans-

1. Il avouait qu'il ne comprenait pas grand'chose à ce qui les concerne et qu'il valait mieux garder le silence à leur égard; *Tchou-tsen*, son disciple, enseigne de son côté qu'on ne peut affirmer qu'ils existent, mais qu'il n'est nullement nécessaire de s'occuper d'un tel sujet (Davis).

mit directement les inspirations du sage. Le prince de *Ouëi* lui donna une charge à sa cour. Mais ayant vu ses conseils dédaignés par son bienfaiteur, il résigna son emploi pour aller vivre à Tsao, où il tint plusieurs années, avec un grand succès, école de sagesse. Il y mourut en 314 à l'âge de 54 ans.

Dans les célèbres dialogues qui renferment sa doctrine et qui forment une partie de la collection classique du *Se-tchou* (voir page 367), Mencius communique à d'illustres personnages de son pays ses pensées intimes sur la politique et la morale. Il combat les vices de son époque par le ridicule, le sarcasme et l'ironie ; il enseigne que la nature humaine renferme le principe de toutes les vertus, que l'homme, primitivement bon, est corrompu par la contagion de l'exemple, qu'il faut fuir avec horreur, tous les excès, même celui de la vertu ; il conseille aux princes d'écarter de leur trône les influences personnelles et de consulter, avant tout, le sentiment de leurs peuples.

Son système.

On ne trouve dans les doctrines de Confucius et de Mencius ni les scientifiques abstractions du sage de Milet, ni les conceptions vastes et les spéculations métaphysiques du grand Pythagore, ni les nobles théories ou les mystiques profondeurs des Védas, ni les subtils raffinements de Çakia-mouni et de Lao-tse. Mais il faut reconnaître que leurs pratiques enseignements sur le respect de l'autorité et de la tradition, sur la science de soi-même, sur *le juste milieu* qu'on doit observer en toute chose, sur la modération qui est la source de toutes les vertus, étaient admirablement adaptés au génie national de la Chine, convenaient merveilleusement à ses mœurs, comme à ses instincts politiques, puisque le système social qu'ils ont établi ou perfectionné est resté intact jusqu'à nos jours et que, depuis 20 siècles, leur gloire comme leur influence sont demeurées sans rivales.—

Aucun philosophe n'eut jamais pareille fortune. Toutes les villes de l'empire leur ont élevé des temples où leur mémoire reçoit chaque jour de pieux hommages. On sacrifie publiquement et officiellement à leurs mânes. Les sages et les politiques se placent sous la protection de leur patriotique renommée. Les titres de noblesse conférés à leurs descendants par la reconnaissance et l'admiration de leur pays, sont les seuls auxquels la loi accorde la perpétuelle transmissibilité, comme si la nation tout entière avait voulu décréter que leur illustration ne doit jamais périr.

LIVRE V

DE L'AGRICULTURE

DE L'INDUSTRIE ET DU COMMERCE

Si l'on doit reconnaître, ainsi que nous l'ont montré les précédents chapitres, que le Chinois ne possède, en réalité, ni le génie des sciences ni celui des beaux-arts; qu'il est mauvais astronome, mathématicien sans portée, physicien fort ignorant, historien très-puéril et très-naïf, poëte sans sublimité, peintre inhabile et fort médiocre sculpteur, on ne peut lui refuser de très-remarquables aptitudes pour les professions qui intéressent particulièrement la vie pratique des peuples et qui exigent plus d'adresse, de patience, de finesse, d'activité, que d'initiative, de pénétration et de profondeur. Encouragé par des institutions civiles et politiques que ses premiers législateurs surent mettre en parfaite harmonie avec ses instincts naturels, ses mœurs, ses besoins; stimulé par les nécessités de sa propre existence, il se montre, depuis bien des siècles, habile dans l'agriculture, ingénieux dans l'industrie, intelligent dans le commerce. Jusqu'à une époque assez rapprochée de la nôtre, nul ne sut tirer un meilleur parti de la fécondité naturelle du sol, tisser aussi solidement le coton, fabriquer des soieries

<small>APTITUDE DU PEUPLE CHINOIS POUR LES ARTS PACIFIQUES.</small>

aussi souples et aussi fines, les teindre d'aussi merveilleuses couleurs, revêtir la pâte céramique dont il nous a donné le secret, d'un coloris aussi brillant, aussi varié, aussi tenace; nul ne s'entendit mieux à ces opérations patientes ou à ces spéculations hardies qui amassent lentement, à force de ruse, de sobriété et de vigilance, l'aisance modeste du boutiquier ou qui versent des millions dans les caisses du grand négoce, en répandant le bien-être parmi les populations des campagnes comme au sein des cités. On peut dire que l'Europe a reçu de la Chine des présents d'une valeur inestimable, et qu'elle a mal reconnu ses bienfaits; la Chine nous a enseigné, en partie, ces arts pacifiques qui enrichissent et civilisent les peuples; en retour, nous lui avons imposé l'opium et donné des canons.

CHAPITRE PREMIER

AGRICULTURE

Honneurs et encouragements dont elle est l'objet. — Instruments de culture. — Engrais, amendements, irrigations. — Conditions de la culture en général. — Cultures alimentaires : riz et thés. — Cultures industrielles : coton, mûrier, chanvre, orties, arbre à suif, cassier, camphrier, pavot, tabac, sésame. — Fabrication et usage de l'opium. Jardins. — Fléaux de l'agriculture.

Il y a plus de deux mille ans que les lois de l'empire encouragent, protégent et honorent les pratiques de l'agriculture. C'est qu'elles sont d'une importance vitale dans un pays où la population s'accroît avec une effrayante rapidité; c'est aussi qu'elles répondent aux mœurs paisibles de ses habitants, et qu'un gouvernement habile, qui administre une grande étendue de territoire, s'applique d'ordinaire à développer les instincts pacifiques de ses sujets. Parmi les classes sociales admises légalement aux concours littéraires, celle des agriculteurs occupe un des premiers rangs. On sait qu'en témoignage de la grande considération dont le pouvoir suprême honore leurs travaux, l'empereur trace chaque année, de sa propre main, quelques sillons dans l'enceinte d'un temple dédié à la terre. Cette belle et touchante cérémonie, dont les vice-rois, les gouverneurs et les préfets doivent répéter les rites dans les capitales des provinces et des districts confiés à leur administration,

ENCOURAGEMENTS DONNÉS A L'AGRICULTURE.

a lieu vers l'équinoxe de printemps. L'empereur est suivi des grands fonctionnaires de sa cour. En présence de l'autel consacré à l'un des souverains de la Chine, l'illustre Chin-noung, qui inventa, dit-on, l'agriculture, il dirige la charrue pendant qu'elle creuse quatre sillons. Après lui, chacun des princes qui l'accompagnent doit en tracer cinq; les premiers ministres en tracent neuf, et le labour est achevé par de moins hauts dignitaires. On garde pour les sacrifices la récolte du petit champ que le Fils du Ciel a fécondé de son auguste labeur. Au moment où il quitte le temple, les assistants brisent de grandes figures en faïence qu'on a coutume d'y apporter pour embellir la cérémonie et qui représentent les animaux employés à l'agriculture; ils s'en distribuent ensuite les débris, qu'ils enfouissent dans leurs terres comme de merveilleux talismans qui doivent fixer la protection du ciel sur leurs travaux.

TRAITÉS SUR L'AGRICULTURE.

Beaucoup de livres et de traités ont été écrits en Chine sur l'art de cultiver la terre; aucun des minutieux détails qui le concerne n'y est omis. Ils classent méthodiquement les terrains suivant leur nature ou leur configuration; décrivent les plantes et leurs usages; assignent à chacune d'elles le sol qui lui plaît; mentionnent les époques où elles doivent être semées, plantées, sarclées, récoltées; enseignent les diverses méthodes applicables dans telle localité, convenables dans telle saison. L'un des plus remarquables et des plus pratiques est l'encyclopédie composée, au temps des Ming, par le docteur *Syu*. Elle renferme un calendrier qui trace très-exactement, pour toutes les périodes de l'année, les devoirs du cultivateur et qui lui donne des avis fort judicieux de prévoyance, d'activité, de piété et d'économie. M. d'Escayrac en a publié récemment, dans ses mémoires sur la Chine, une curieuse analyse. Le célèbre botaniste anglais, Robert Fortune, qui visita l'Empire du Milieu, en 1848 et 1852, pour en étudier la flore, nous avait déjà donné beaucoup de notions intéressantes sur l'agriculture des Chinois. Il ne semble pas que la nôtre puisse lui faire de bien utiles emprunts. Ses conditions sont trop essentiellement différentes pour que les systèmes puissent offrir beaucoup d'analogie. Tandis qu'en Europe, particulièrement en France, les bras font défaut à la terre, sous un ciel froid et inclément ; dans la Chine proprement dite, des millions de travailleurs, patients et laborieux comme des fourmis, retournent incessamment le sol et leurs laborieux efforts sont merveilleusement secondés par son humidité naturelle, par la périodicité régulière des saisons, par l'abondance des pluies du printemps, avant tout, par l'action féconde du soleil des tropiques.

Ce n'est pas qu'ils connaissent les précieuses méthodes que la physique et la chimie ont enseignées aux agriculteurs européens. Les procédés qu'ils emploient sont ingénieux, mais primitifs, et bien qu'ils aient consacré, dans les dix-huit provinces, à la production des végétaux dont l'homme tire sa nourriture, toutes les parties du sol qui leur ont paru fertiles ou fertilisables, de telle sorte que leurs routes sont, en général, d'étroits sentiers, qu'ils ont soin de creuser leurs sépultures dans les lieux arides et qu'ils n'élèvent point de bestiaux[1] ; on peut affirmer que, s'ils avaient plus d'art et plus de science, ils laisseraient moins de terrains stériles. Comme le riz, qui est la base de l'alimentation publique, germe et croît dans l'humidité, les Chinois ne négligent aucun des moyens qui peuvent assurer la facile irrigation de leurs

IRRIGATIONS.

[1]. Nous avons vu (page 203) que les Chinois ne font usage du lait qu'en médecine et que les grands troupeaux fréquentent seulement les pâturages incultes du nord et de l'ouest.

champs. Des réservoirs sont établis dans tous les lieux élevés pour recueillir l'eau de pluie ou garder celle des torrents, et les cultures inférieures, particulièrement sur les flancs des collines, sont disposées de façon à profiter simultanément ou successivement, par d'abondantes rigoles, soit du trop-plein des réservoirs, soit, aux époques de sécheresse, du précieux agent qu'ils tiennent en réserve. S'agit-il de faire monter l'eau d'une rivière, d'un torrent, d'une mare, dans un champ qu'on veut inonder ou dans une citerne commune, on emploie des roues hydrauliques auxquelles la main de l'homme, l'effort du buffle, l'action du vent[1], le courant lui-même communiquent le mouvement nécessaire. Ce puissant engin fait-il défaut, ou faut-il puiser simplement dans un réservoir déjà presque vide, deux hommes, placés vis-à-vis l'un de l'autre, impriment un rapide mouvement de va-et-vient à un sceau qu'ils balancent avec des cordes et déplacent ainsi, en peu de temps, une masse de liquide relativement considérable. Dans les provinces du centre et du midi, où les bêtes de somme sont très-rares, l'usage de la charrette est inconnu, le cultivateur transporte lui-même les engrais et la récolte, soit sur ses épaules, soit au moyen de brouettes auxquelles il adapte quelquefois une voile.

INSTRUMENTS DE CULTURE. Parmi les principaux instruments dont se compose l'outillage agricole et qui sont presque tous aisément maniables, solides, simples, peu coûteux, mais de fabrication passablement grossière, figurent des pioches et des houes; des pelles bardées de fer et servant parfois de bêches; des charrues de formes très-primitives, communément en bois dur ou en bois garni de fer et dont quelques-unes sont munies d'un semoir; des herses carrées

---

1. Dans le département de Kouei-ngan, ont voit des roues horizontales mues par quatre petites voiles (M. d'Escayrac de Lauture).

ou rectangulaires; de pesants rouleaux en bois, en pierre lisse ou armés de pointes, destinés soit à unir le sol, soit à enterrer le grain ; des marteaux dont on se sert pour pulvériser les mottes rebelles; des semoirs percés de plusieurs trous que l'on porte à la main et dont on règle les émissions avec le doigt; de longues faucilles presque semblables dans toutes les provinces ; des râteaux et des fourches; plusieurs sortes de fléaux et de pilons dont on fait usage pour séparer le grain de son écorce; des vannoirs et divers appareils un peu plus compliqués qui servent à nettoyer le coton, à broyer le grain en farine ou à écraser les baies dont l'huile est extraite. La profondeur du sillon dépasse rarement cinq pouces. Quand le laboureur ne traîne pas lui-même sa charrue, il y attelle des buffles, des mulets, des ânes ou même des chiens. On emploie communément pour façonner les rizières où séjournent toujours 18 pouces ou 2 pieds de vase, une espèce de buffles gris, trapus, mais de petite taille et qui aime particulièrement à se vautrer dans le limon.

Tout ce qui peut accroître la production de la terre en augmentant sa fertilité, les fumiers des animaux, leurs ossements, les cendres, les résidus que l'on obtient par la fabrication des huiles, la vase des canaux et des réservoirs, les débris et les détritus de toute espèce qui sortent des maisons et des magasins, les cheveux que fait tomber le rasoir dans l'échoppe du barbier, la boue des chemins et des rues, particulièrement l'engrais humain, est précieusement recueilli, mélangé et conservé à l'état liquide, ou bien trituré, séché, découpé en gâteaux et pulvérisé par les agriculteurs chinois. L'art des amendements leur est également familier. Comme la science agronomique a reconnu, étudié et classé, depuis des siècles, les diverses natures des terrains que fécondent leurs

<small>ENGRAIS ET AMENDEMENTS.</small>

labeurs et qu'elle a divisés en sols argileux, siliceux, humides, susceptibles d'être inondés ou irrigués, etc., elle enseigne les méthodes qu'il faut suivre pour suppléer à ce qui leur manque ou leur rendre ce qu'ils ont perdu. Ces méthodes prescrivent, à diverses doses, l'emploi du sel, de la marne, de la chaux. Au reste, les systèmes employés par l'homme des champs pour fertiliser artificiellement la terre, varient beaucoup suivant les localités. Tantôt il sème de la poudre d'engrais; tantôt, et cet usage est très-fréquent, il se contente de tremper les graines ou les racines des plantes qu'il va confier à la terre, dans un engrais liquide; tantôt il remplace, en tout ou en partie, la matière fertilisante par des labours et des binages fréquemment répétés qui produisent d'excellents résultats.

SYSTÈME GÉNÉRAL DE CULTURE.

Cette méthode est d'autant plus commune que les cultures chinoises ont ordinairement moins d'étendue. Les populations des campagnes étant très-nombreuses, la main-d'œuvre abondante et à bon marché, le laboureur industrieux, laborieux et sobre, les limites des héritages très-restreintes, le sol est l'objet de soins incessants et minutieux. Il n'est pas rare qu'on le passe à la claie ou au crible, qu'on l'émiette avec les doigts, qu'on le foule, qu'on le triture, qu'on l'aplanisse sous la lente pression des pieds; aussi n'est-il pas soumis à la méthode des assolements et produit-il, sans repos, dans les provinces du sud et du centre, jusqu'à 3 récoltes par an : deux de riz pendant l'été, une de blé et de légumes au commencement du printemps. Rarement on sème sur place. Il est d'usage de disposer en lignes les végétaux que l'on transplante et de laisser, entre ces lignes parallèles, des espaces assez grands pour qu'ils puissent être utilement occupés par des cultures différentes ou réservés pour recevoir, un peu plus tard, les végétaux de même espèce qui doivent fournir la seconde récolte. Quand les céréales sont mûres on les coupe à la faucille, l'usage de la faux étant inconnu dans l'empire. Chaque village possède une ou plusieurs aires où les cultivateurs viennent battre successivement leurs moissons. Ce sont des espaces plus ou moins étendus dont les surfaces, parfaitement unies, sont recouvertes d'un mortier de sable et de chaux imperméable et très-dur. On emploie la paille et le chaume pour tresser des nattes et divers ustensiles de ménage, pour couvrir les cabanes ou les hangars, pour la nourriture des buffles, pour la confection des engrais. Aires communes.
Usages de la paille et du chaume.

On voit dans les provinces septentrionales où la terre est moins féconde et moins habitée, des fermes de quelque étendue; mais les grandes propriétés, d'ailleurs fort rares, sont presque toujours divisées en petites locatures et la plus grande partie du sol fertile de l'empire est morcelé, à l'infini, entre un nombre immense de propriétaires qui cultivent eux-mêmes. Nous savons (page 297) que, d'après la législation chinoise, la totalité de l'héritage paternel est transmis nominalement au fils aîné, mais qu'en réalité des arrangements de famille, consacrés par l'usage, le divisent par portions égales entre les frères. Il doit en résulter, dans un pays où la population s'accroît rapidement, que les biens ruraux sur lesquels résident les membres d'une même famille, comprennent une multitude de petites propriétés. La valeur des terrains augmente et la culture se perfectionne à mesure que le nombre des habitants s'accroît. L'hectare de bonne terre à riz se vend en moyenne, dans les provinces centrales, de 2 à 3,000 francs. Il est beaucoup plus cher dans le voisinage des grandes villes. Au reste, la main-d'œuvre est à bon compte, le salaire du journalier non nourri ne dépassant guère 80 centimes. En général, les fermiers sont des colons partiaires. Ils fournissent l'ou- Morcellement du sol.

Condition des fermiers.

tillage agricole ainsi que les bestiaux et abandonnent, suivant les stipulations du bail, une certaine part des fruits à leurs propriétaires, lesquels se chargent d'acquitter l'impôt.

<small>CULTURES ALIMENTAIRES.</small> Les principales cultures alimentaires sont celles du riz, du blé, du maïs, du millet, du blé noir, de l'igname, de la canne à sucre, du thé. On cultive le mûrier, le coton, le sorgho, diverses espèces de chanvre, le pois jaune (Houang-tao), le tabac, le bambou, le pavot, l'indigo, l'arbre à cire, le gingembre, la rhubarbe, le sésame, le ricin, le camphrier et diverses espèces d'arbres à épices, pour les besoins de l'industrie et les usages de la médecine.

<small>Culture du riz.</small> Deux sortes de riz croissent sur le sol de l'empire. L'une, dont le grain nourrit la plus grande partie des populations de la Chine proprement dite, germe et pousse dans l'eau; l'autre, presque inconnue des Européens, convient, à ce qu'il paraît, aux sols arides et montueux. Avant de semer la précieuse céréale que l'on cultive dans les rizières, on laisse séjourner quelques jours la graine dans une auge remplie d'eau. Lorsqu'elle s'est un peu ramollie et gonflée sous l'action de l'humidité, on l'imbibe d'engrais liquide pour la préserver des insectes, puis on la sème très-drue sur un petit champ dont on a façonné, nivelé, fumé la superficie avec le plus grand soin et que l'on inonde ensuite. Quelques jours après, les jeunes pousses se montrent à la surface de l'eau. Il s'agit alors de les arracher avec précaution et de les repiquer dans le terrain où le riz doit achever de croître et de mûrir. Cette transplantation s'effectue par plusieurs hommes, dont chacun a sa tache spéciale, avec une méthode très-remarquable et beaucoup de rapidité. Chaque petit trou, creusé à la cheville, reçoit d'ordinaire 6 jeunes plants et on a soin de ménager, entre les touffes,

des distances égales d'environ 8 pouces. Trois hommes peuvent planter 1 hectare en 2 jours. Le niveau de la surface liquide dont on a soin de recouvrir le champ, dès que l'opération est finie, doit s'abaisser et se relever au gré du cultivateur, afin qu'il puisse donner à ses rizières les binages et sarclages nécessaires, ou préparer la seconde culture (voir page 426) en temps opportun. Elles se tarissent graduellement vers l'époque de la première récolte qui a lieu, dans le sud, vers juillet, et on les remplit de nouveau pour favoriser la croissance de la seconde qui se fait en octobre ou novembre. Ainsi que nous l'avons vu plus haut, le riz est coupé à la faucille. Lorsqu'on l'a battu sur l'aire commune et vanné, on le soumet à la pression successive de deux forts pilons qui, fixés à un levier horizontal et mus régulièrement par les dents d'un cylindre que fait tourner soit la main de l'homme, soit une roue hydraulique, sépare le grain de la tenace pellicule dont il est enveloppé. En moyenne, le riz donne 10 pour 1 et les bonnes terres en produisent 36 hectolitres à l'arpent.

Coutume du repiquage. — Il est rare que les autres céréales dont se nourrit la population chinoise, le blé, le maïs, le millet, l'orge, le sarrasin, soient semés sur place. Le mode du repiquage est généralement suivi dans toutes les provinces; il offre ce grand avantage qu'entre les planches ou les sillons régulièrement plantés et convenablement espacés, d'autres cultures, également nécessaires, peuvent être introduites. Celle de l'*igname*, entre autres, est très-commune et très-productive. Cette belle dioscorée (*Dioscorea Batatas*), dont le rhizome farineux est plus gros et plus délicat que celui de la pomme de terre, exige un terrain riche, humide, profond et de puissants engrais. On sait que M. de Montigny l'a introduite en France, il y a une dizaine d'années.

Culture de l'igname.

C'est principalement dans les provinces du sud et du

Culture de la canne à sucre.

sud-est que croît la canne à sucre. Les Chinois sont très friands de ses jeunes pousses qui se vendent par tronçons dans les rues des villes et des bourgs. Quand les tiges saccharifères ont atteint leur croissance, elles sont placées entre deux cylindres de pierre dure qui les broient en tournant. Le suc de canne, recueilli dans des réservoirs, subit une première cuisson et est ensuite livré au raffineur.

Du thé.

Sur les collines qui couvrent, de leurs ramifications doucement inclinées, le Fo-kien, le Tche-kiang, le Kiang-sou et le Sé-tchouen, les habitants de ces provinces cultivent le précieux arbuste dont la feuille parfumée fournit à tous les Chinois un breuvage aussi agréable que salutaire et peut être considérée, dans tout l'empire, comme le plus utile auxiliaire de l'hygiène publique, en même temps qu'elle est un des plus féconds aliments du commerce national. Le *thé*, dont les Anglais et les Français ont emprunté le nom aux dialectes du Fokien (page 338), mais que la race aux cheveux noirs, comme la plupart des autres nations du globe, désignent ordinairement par le mot *Tcha*, est un arbrisseau à feuillage persistant dont le genre, qui fait partie du groupe des *Ternstrœmiacées*, se rattache plus spécialement à la tribu des *Camelliées*. Par la disposition de ses feuilles sombres, luisantes et dentées, par la forme et la composition de ses fleurs aux blancs pétales, inodores et solitaires, par sa taille et par son port, il ressemble au type du genre camélia dont il ne serait, suivant l'opinion de plusieurs botanistes, qu'une variété modifiée quelque peu par la culture. Son fruit consiste en une capsule épaisse et triloculaire, renfermant des amandes grosses comme des noisettes qui fournissent, en abondance, une huile essentielle fort âcre. Il s'appelait autrefois *Tu*, et il n'y a guère plus de mille ans qu'il est devenu l'objet d'une consommation aussi générale. On

Ses caractères botaniques.

sait que de récentes tentatives, déjà couronnées de succès, l'ont introduit aux Indes anglaises et au Brésil. Dans l'Assam, où il végète à l'état sauvage, il atteint, dit-on, la hauteur de 30 pieds. En général, il se plaît sur le flanc des montagnes dont le sol est particulièrement siliceux ; mais il croît aussi dans les plaines. On ne le trouve pas dans les districts du Tchi-li et du Chan-si qui bordent, au nord, le plateau central.

Comme la plupart des végétaux qui reçoivent, en Chine, les soins de la culture, le thé n'est pas placé immédiatement dans le terrain où il doit croître et mourir. Les jeunes boutures restent en pépinière pendant huit ou dix mois jusqu'à ce qu'elles aient atteint la hauteur d'un pied, puis on les transplante et on en forme des lignes parallèles, séparées par de larges bandes qui nourrissent des légumes de toutes sortes. Soumis, dès son enfance, à des élagages répétés qui multiplient ses rameaux en déformant sa tige, dépouillé quatre fois par an de son feuillage, l'arbuste à thé meurt d'épuisement avant sa vingtième année. On commence à le tondre dès l'âge de trois ans et les quatre récoltes qu'il produit pèsent en moyenne un peu plus d'une livre. Il a été observé, comme un fait curieux, que des rejetons empruntés à une même souche, cultivés dans le même champ, ont parfois des aromes tout à fait dissemblables, tant la plante est impressionnable et recueille avidement les sels terrestres. *Sa culture.*

Au commencement d'avril, quand les bourgeons entr'ouvrent à peine leurs follicules que recouvre encore un duvet blanchâtre, ils sont impitoyablement séparés de leurs tiges. C'est le moment de la première récolte, dont les produits, plus tendres et plus délicats, sont infiniment plus estimés que ceux des trois dernières. Celles-ci ont lieu nécessairement dans les premiers jours de mai, quand les feuilles sont entièrement épanouies, vers *Récolte.*

le milieu de juillet et à la fin d'août. La seconde, à laquelle se consacrent tous les bras disponibles et dont les charmes ont été souvent chantés par la poésie nationale, est beaucoup plus abondante que les trois autres. Elle fournit, ainsi que la première, la plus grande partie des thés destinés à l'exportation. Quant aux deux autres, elles alimentent principalement la consommation intérieure. On donne à la dernière le nom de *Tsiou-lou* (rosée de l'automne).

Préparation du thé noir. La préparation du thé noir est compliquée, délicate, laborieuse. Après avoir procédé au triage qui consiste à faire la part du déchet, c'est-à-dire à choisir soigneusement et à mettre de côté toutes les feuilles flétries et jaunies, on étend les autres sur des claies de bambou où elles restent plusieurs jours exposées au grand air et, quand elles ont acquis un degré suffisant de siccité, on les roule avec la paume de la main, sur une table dure et lisse, de marbre ou de bois, jusqu'à ce qu'elles aient pris une teinte rougeâtre. Elles sont alors placées dans de grands bassins en fer auxquels l'action du feu a communiqué d'avance la température voulue, et que l'on secoue violemment pour qu'elles puissent toutes participer à la chaleur que dégagent leurs parois. Aussitôt qu'un bruit sec et crépitant commence à se faire entendre, ce qui indique qu'elles ne renferment presque plus d'humidité, on les roule de nouveau avec la main, et cette seconde pression, plus puissante que la première, en extrait une huile verte et très-âcre. L'opération est alors aux trois quarts terminée. Étendues une seconde fois sur des claies, puis replacées dans des bassins de fer, elles sont constamment agitées dans ces nouveaux récipients, un peu moins chauds que les premiers, jusqu'à ce qu'elles se crispent et se tordent sous l'action lente et continue de la chaleur.

Préparation du thé vert. Tel est le système suivi pour la préparation des thés noirs de première qualité. Les espèces moins précieuses ne sont séchées et roulées qu'une seule fois. Quant aux thés verts dont les Chinois eux-mêmes usent très-rarement, ils sont imprégnés de cette teinte bleu verdâtre qu'ils communiquent aux liquides par une méthode spéciale. Au lieu de les faire griller une seconde fois dans des bassins de fer, on les secoue, jusqu'à parfaite siccité, dans des bassins de tôle au-dessus d'un feu de charbon que recouvre une mince couche de cendre. Mais ce procédé ne suffit pas ordinairement pour donner à l'ensemble une couleur uniforme; on le baigne quelquefois dans un mélange liquide, et d'ailleurs inoffensif, de safran, de plâtre, de bleu de Prusse et d'indigo. N'ayant été grillé et roulé qu'une seule fois, conservant ainsi un peu de son huile essentielle, le thé vert a des propriétés violemment excitantes que ne possèdent point les thés noirs. Il est principalement destiné à l'exportation.

Au reste, les méthodes de préparation que nous venons d'indiquer, ne sont pas observées rigoureusement dans tous les districts où croît le précieux arbuste. Si quelquefois on colore ses feuilles, il arrive bien plus fréquemment qu'on les parfume, soit en y mêlant certaines fleurs odoriférantes (voir page 172), soit en les pénétrant de la fumée que l'on obtient en faisant brûler, sur un feu doux, des plantes aromatiques. Les Chinois ne mêlent à leur thé ni sucre, ni lait, ni crème, et ils le font infuser généralement dans la tasse même où ils le boivent. Les Mongols le pétrissent en boules avec du beurre, afin de pouvoir le transporter plus aisément dans leurs pérégrinations continuelles. Ces boules, plus ou moins grosses, acquièrent une grande dureté. Pour en faire usage, on les coupe par tranches que l'on délaye dans un liquide bouillant.

En raison de leurs provenances, de leurs propriétés,

Parfumage.

Mode d'infusion.

Diverses sortes de thé.

ou de leurs formes, les thés ont reçu des noms différents. Parmi les noirs, le *Péko* (en chinois, *Pi-ka-va*, pointes blanches) dont on distingue plusieurs espèces et entre autres le *Pe-ko* orange; — le *Bohea* (du nom des collines où on le cultive); — le *Congou;* — le *Sou-chong*, remarquable par la petite dimension de ses feuilles; — le *Pou-choug* (variété de Sou-chong particulièrement estimée), sont les plus connus. Il faut citer parmi les verts : Le *Hy-son* (fleur du printemps); — le *Young-hyson*, plus délicat que le précédent; — le *Hyson-skin*, (déchet des autres hysons); — le *Hyson-tchoulan* (hyson parfumé artificiellement avec les feuilles de l'Oléa fragrans); — la poudre à canon (*Siaou-tcheou*, petites perles) dont les infusions ont un parfum ambré; — le thé impérial (*Ta-tcheou*, grandes perles) dont la saveur est particulièrement aromatique. Les provinces maritimes fournissent tous ceux que consomme l'Europe occidentale. La Russie est approvisionnée presque toute entière par le Se-tchouen. Certains districts, dont les produits sont renommés pour leur exquise délicatesse, ont l'honneur de les expédier directement à la cour. Plusieurs millions d'individus sont occupés en Chine à la culture, à la récolte, à la préparation du thé, ainsi qu'à la confection de ces innombrables caisses, garnies intérieurement d'une épaisse feuille de plomb soudé, dans lesquelles on l'envoie par bâtiments de commerce aux nations étrangères. Ces caisses, auxquelles on donne les dimensions demandées par les négociants, sont fermées, clouées, collées avec le plus grand soin. Les plus minutieuses précautions sont prises pour préserver leur contenu des pernicieuses atteintes de l'humidité qui en détruit le parfum et le détériore.

Lieux de production.

Expédition à l'étranger.

CULTURES INDUSTRIELLES.

Sous le rapport de l'importance, de l'utilité, de l'étendue, la culture du *coton* et du *mûrier* ne le cède guère à celle du thé et du riz. Le riz donne à la plupart des habitants de la Chine une nourriture abondante et saine. Le thé leur fournit un breuvage salutaire et fortifiant. Le coton et le mûrier leur procurent les bonnes et solides étoffes, les tissus brillants et souples avec lesquels ils confectionnent leurs vêtements.

Le coton croît dans toutes les provinces, mais principalement dans le bassin du Yang-tze-kiang où l'on trouve la variété jaune avec laquelle est fabriqué le nanking [1]. Soumis préalablement, vers la fin de l'hiver, à deux ou trois façons successives, fécondé par toutes sortes d'engrais, poudrette, boue desséchée des canaux, résidus industriels, arrosé avec soin, le sol reçoit, vers la fin d'avril, les graines de la précieuse malvacée. Le cultivateur l'y fixe et l'y tasse en la foulant aux pieds; puis, quand elle a germé, il protége, fortifie, développe les jeunes plants par de fréquents sarclages, de copieux arrosements, des élagages attentifs et répétés. En août la fleur paraît. Dès que la fructification a lieu, ce qui se manifeste, vers la fin du mois, quand les gousses commencent à se fendiller, on s'empresse de faire la récolte. Avant d'être mis à couvert, le coton reste exposé quelques jours à l'air libre. Les graines sont séparées des coques et du duvet qui les renferment par l'action simultanée de deux cylindres mis en mouvement par une roue commune. Souvent le cultivateur file et tisse sa propre récolte. On estime qu'un hectare de bonne terre produit en moyenne 3,000 kilos de coton. Il importe que le terrain où végète le *Gossypium* ne soit jamais complétement desséché, mais l'excès d'humidité compromet la vigueur de la plante [2].

Coton.

1. On donne ce nom aux étoffes fabriquées avec le duvet du coton jaune, parce qu'il est principalement cultivé dans les environs de la capitale du Liang-kiang.
2. Le coton (*gossypium*) appartient au genre des hibiscées ou ketmies, lequel dépend de la gra de famille des malvacées. Son port, ses

Mûrier.

Une précieuse compilation, écrite par M. Stanislas Julien [1], contient d'utiles et curieux renseignements sur l'art d'élever en Chine les mûriers et les vers à soie. Les habitants du Tché-kiang et des autres provinces de la Chine orientale, où le mûrier croît en abondance, le cultivent, soit pour alimenter leurs vers à soie, soit simplement pour se nourrir eux-mêmes de ses fruits. Après l'avoir extrait de leurs pépinières, ils le disposent en rangées parallèles, ayant soin de laisser, en tous sens, entre les jeunes baliveaux, des planches larges de deux mètres où poussent des légumes de toute espèce. Rarement ils permettent à l'arbre d'atteindre toutes ses dimensions. Leurs soins tendent, en général, à le garantir, par de fréquentes lotions vénéneuses ou très-amères, de l'attaque des insectes, à augmenter le nombre et le volume de ses feuilles par des ébranchages et des pincements qui lui donnent la forme d'un trident et maintiennent la séve dans les courtes ramilles du triple rameau. Quelquefois on greffe une variété délicate, mais plus estimée, sur l'espèce la plus vigoureuse. La maladie du ver à soie est peu connue en Chine, sans doute parce que les agriculteurs, élevant eux-mêmes les insectes que sustentent leurs mûriers, le peu d'étendue des magnaneries permet de donner des soins minutieux aux éducations.

Chanvre et ortie.

De très-bons tissus, résistants et serrés, les uns épais et rudes, les autres auxquels les Anglais donnent le nom de *Grass-cloth*, fins et transparents comme nos plus belles batistes, quoique toujours un peu raides, sont fabriqués, soit avec les fibres du *Chanvre* dont on ren-

---

grandes fleurs blanches, rouges ou jaunes, ses feuilles arrondies et découpées rappellent beaucoup la grande mauve. Le *gossypium herbaceum*, l'*arboreum* et le *religiosum* sont les plus connus. Le nanking appartient à cette dernière espèce.

1. Résumé des principaux traités chinois sur la culture des muriers et l'éducation des vers à soie. (Stanislas Julien, 1837.)

contre de nombreuses plantations dans le Fokien et les provinces centrales, soit avec deux sortes d'*ortie* : l'*Urtica nivea* et la *Sida tiliæ folia*, qui croissent partout, principalement au nord et au nord-est de la Chine centrale. Les toiles de chanvre et d'ortie sont d'un usage moins commun que les cotonnades et les soieries (voir le chapitre suivant).

Dans le courant du mois de novembre, on récolte les fruits du célèbre *Arbre à suif* (Croton sebiferum) qui fournit une substance fort employée pour la fabrication des chandelles. L'arbre se rapproche du tremble par sa taille et l'apparence de son feuillage. Ses graines pendent en grappes ; ce sont de petites amandes enveloppées d'une couche stéarique d'un blanc pur et contenues dans une capsule qui s'entr'ouvre à l'époque de la maturité. Les paysans des provinces orientales plantent les arbres à suif sur les bords de leurs chemins et sur les limites de leurs champs. Pour séparer les graines de leurs enveloppes, ils les soumettent à l'action émolliente et délayante de la vapeur d'eau et les écrasent sur un tamis. La pulpe stéarique, débarrassée ainsi de ses noyaux, est épurée, puis coulée dans des moules. Les chandelles chinoises sont ordinairement teintes en rouge. *(Arbre à suif.)*

L'*arbre à casse* (Laurus cassia, Cassia fistula) croît, au contraire, dans les chaudes et humides vallées du Kouei-tchéou et du Kouang-si. Ses produits, objets d'un commerce étendu, alimentent la pharmacie, la parfumerie et la cuisine. On extrait, par la dessiccation, de ses pulpes charnues (*canefices*) et des parties les plus délicates de son écorce, le purgatif doux auquel nous donnons le nom de *Casse*, tandis que ses fibres et son feuillage fournissent, par le procédé de la distillation, une huile délicate et comestible avec laquelle on fabrique des essences pour la toilette. *(Arbre à casse.)*

Camphrier.

Préparation du camphre.

Pavot.

Une autre espèce de laurier (*Laurus camphora*), remarquable par son port noble et élevé qui rappelle celui du tilleul, par son feuillage sombre et luisant qui ressemble à celui du hêtre, et surtout par le parfum que le frottement dégage de toutes ses parties, est commun dans le Kouang-si, le Fo-kien et surtout à Formose. La menuiserie fait un grand usage de son bois dur et agréablement veiné qui prend un beau poli, et passe pour incorruptible ; la chimie extrait de ses rameaux et de son feuillage cette précieuse résine, amère, aromatique, antiseptique dont la médecine tire un si bon parti. On l'obtient par un procédé simple et primitif comme tous ceux auxquels a recours, ordinairement, l'industrie chinoise. De grands vases de fer, à moitié pleins d'eau et placés sur un feu ardent, sont remplis de feuilles et de petites branches fraîchement cueillies. Lorsque l'eau a bouilli pendant plusieurs heures et qu'elle est pleinement saturée de camphre, on retire les débris qu'elle renferme, on la transvase et elle se change, par le refroidissement, en une gelée assez compacte. On introduit cette gelée dans de grands vases de terre, en ayant soin de l'alterner par couches successives avec du sable fin passé au tamis, puis on fait chauffer les récipients. Le camphre se volatilise, s'épure en traversant les couches de sable qui le recouvrent et va se condenser dans des cornues où il forme des cristallisations plus ou moins transparentes.

On lit dans le *Poun-tsao*, dont le laborieux compilateur écrivait il y a 209 ans, qu'autrefois l'opium était à peine connu dans l'empire, où la médecine l'employait rarement. Il est probable que l'Assam, où il est venu de l'Inde et dont les habitants le fumaient depuis plusieurs siècles, en a enseigné l'usage, puis la fabrication aux Chinois. Aujourd'hui, après l'avoir repoussé pendant quatre ans par ses décrets, ses armes et sa diplomatie, comme un des pires ennemis de l'hygiène publique et des mœurs nationales, le gouvernement le tolère; ses douanes, dans plusieurs ports de commerce, perçoivent un droit élevé pour son importation ; on voit, dans quelques provinces du centre et du sud, notamment dans le You-nan et le Koueï-tchéou, de vastes plaines dont le sol disparaît, tout entier, sous la glauque verdure du pavot somnifère. Ces plaines sont divisées en plates-bandes par des sillons profondément creusés que l'on a soin de remplir, aux époques des grandes sécheresses, avec l'eau d'un réservoir. La terre, qui reçoit en novembre la graine du pavot, a été façonnée plusieurs fois et minutieusement nettoyée. Au mois d'avril, pour récolter le jus de la plante, on pratique de petites incisions dans la capsule ovoïde où sont renfermées ses semences et l'on racle chaque matin, avec une lame mince et flexible, le suc brun, épais, vireux qui en a coulé pendant la nuit. Quand la tête du pavot prend une couleur blanchâtre, c'est la preuve qu'elle est épuisée.

Sa culture.

Avant de livrer l'opium aux riches consommateurs, soit qu'il arrive des Indes anglaises, pétri en boules et renfermé dans des caisses imperméables, soit qu'ils le fument sur le sol même qui l'a produit, on lui fait subir plusieurs préparations. Après qu'il a bouilli trois fois, il est soigneusement filtré et chauffé, jusqu'à dessiccation, sur un feu ardent dont l'action dégage ses vapeurs les plus âcres. On le délaye alors avec un peu d'eau, puis il est filtré une seconde fois et placé dans des vases de fer sur un feu doux où on l'agite lentement jusqu'à ce qu'il ait pris la consistance de la mélasse. Dans cet état, la drogue est prête pour le fumeur et on la conserve dans des cornes de buffle jusqu'au moment où elle lui est vendue. Les déchets sont cédés à bon compte aux pauvres.

Préparation de l'opium.

L'Indien avale l'opium, le Chinois se contente de le

Effets de l'opium.

fumer. Les deux habitudes se valent. La seconde a peut-être de plus funestes résultats que l'autre parce qu'elle agit directement sur le cerveau. Un mace (5 grammes environ) est, au début, la dose quotidienne du fumeur modéré. Elle suffit pour dompter les plus robustes constitutions, pour produire ces vagues langueurs, ces oublis coupables des réalités, des peines et des devoirs de la vie, ces torpeurs indolentes, ces ravissantes ivresses qui trompent l'âme et le corps. Brisées peu à peu par ces énervantes influences sans cesse renouvelées, les forces physiques diminuent insensiblement et les facultés intellectuelles s'émoussent. L'inappétence, l'émaciation, l'hébêtement se manifestent. Bientôt, pour vaincre le fatal abattement qui domine ses sens, pour rappeler les phénomènes agréables dont la répétition périodique le charmait, le fumeur double et triple sa dose. Il lui faut fumer, fumer encore, fumer toujours pour alléger, ne fût-ce que momentanément, le poids de l'abrutissement qui l'écrase. Au bout de quelques années, les jouissances du fumeur d'opium traînent après elles un lamentable cortége de misères repoussantes et se terminent avec sa vie. S'il peut arriver, comme affirment très-patriotiquement des écrivains anglais, que certains tempéraments d'une vigueur exceptionnelle supportent longtemps, sans fléchir, l'usage de ce funeste narcotique, de même que nous voyons en Europe de vieux buveurs d'eau-de-vie d'une florissante apparence, ces heureuses exceptions, dont pour notre compte nous n'avons jamais remarqué une seule, sont, à coup sûr, infiniment rares. On peut affirmer, sans hésitation, que l'usage quotidien de la fumée d'opium en appelle infailliblement l'abus et que cet abus conduit infailliblement à la mort. Il est arrivé que, cédant aux avis de nos missionnaires et à l'irrésistible insistance de leur charité, des chrétiens chinois, adonnés à cette fatale habitude, y ont renoncé complétement. Mais il a fallu un an de soins assidus et de précautions incessantes pour les guérir. Si, au lieu de diminuer avec une progressive lenteur leur ration quotidienne, ils l'eussent supprimée brusquement, ou réduite tout d'un coup de moitié, la dyssenterie ou le tétanos les eût certainement fait mourir.

Pour fumer l'opium, le Chinois s'étend sur un lit de repos. Près de lui sont placés une lampe qui brûle constamment, une petite boîte qui contient la pâte narcotique et une spatule d'or ou d'argent. Sa pipe est un tuyau long de 2 pieds environ et muni, à l'extrémité, d'une petite coupe en terre dont l'étroit orifice est de forme elliptique. Avec la spatule il puise dans la boîte une petite quantité d'opium, grosse environ comme une lentille, et l'applique sur l'orifice qu'il approche de la lampe. Une simple aspiration, longue et profonde, lui suffit ordinairement pour l'absorber. La fumée séjourne quelque temps dans la bouche du fumeur ; il l'expulse par ses narines, et il a recours, plusieurs fois, à la petite boîte qui contient sa chère drogue, jusqu'à ce qu'il ressente les premiers symptômes de la douce torpeur qu'elle lui procure.

Comment se fume l'opium.

Beaucoup plus innocent que l'usage de l'opium, celui du tabac est aussi plus généralement répandu. Toutes les provinces le cultivent, toutes les classes le fument ou le prisent. La poudre qu'emploient les priseurs est presque toujours mélangée de quelque parfum. Plus mince que le tabac belge, le tabac à fumer aurait un goût agréable si, pour l'empêcher de tomber en poussière par l'effet de la dessiccation, on ne l'arrosait d'une substance huileuse qui lui communique une saveur âcre et nauséabonde. La Chine commence à rouler en cigares les feuilles de la nicotiane, mais ses habitants n'ont pas encore pris l'habitude de la mâcher.

Tabac.

Très-riche en propriétés oléagineuses, le sésame (Tchou-

Sésame.

ma), dont la fleur rappelle celle de la digitale et dont les graines nombreuses, noirâtres, ovoïdes, fournissent en abondance, tant à la cuisine qu'à la parfumerie, une huile excellente qui ne se fige jamais, est l'objet de soins minutieux. Les jeunes plants que l'on obtient, soit de semis, soit de boutures, et que l'on transplante quand ils ont atteint la hauteur d'un pied, sont cultivés sur le bord des eaux, dans un terrain frais, léger, profond, et garanti contre le souffle aride des vents du nord, par des nattes sans cesse humectées. Le sol où ils sont repiqués doit être recouvert d'une couche d'engrais animal de six pouces au moins d'épaisseur. Les graines grillées ou broyées en farine donnent aussi un aliment agréable et sain.

ART DU JARDINAGE.

À vrai dire, les bras consacrés aux travaux des champs étant très-nombreux et la propriété foncière se trouvant presque partout divisée à l'infini, on peut comparer la plus grande partie du sol des dix-huit provinces à un vaste et fertile jardin occupé par les plus utiles et les plus luxuriantes cultures. La Chine ne possède point, si ce n'est aux environs de sa capitale et dans les domaines impériaux, ces vastes parcs où nos dessinateurs savent grouper avec art les arbres séculaires, les pelouses charmantes, les brillants massifs de fleurs. La science et le goût de son jardinier paysagiste n'ont à leur disposition, ni ces grands effets de la nature, ni ces contrastes enchanteurs. Nous avons vu qu'il cherchait avant tout le capricieux, le tourmenté et le bizarre, dédaigneux, soit par instinct soit par calcul, de tout ce qui paraît naturel et simple. De là ces décorations capricieuses des jardins chinois, ces ponceaux, ces bassins, ces rocailles aux structures étranges et contournées, ces arbres qui pourraient surpasser en hauteur les plus beaux chênes de nos forêts et auxquels la serpette taille des formes rabougries et ridicules. Au reste, jusqu'au siècle dernier, l'horticulture chinoise était incontestablement plus habile, plus adroite, plus industrieuse que la nôtre. Les procédés de la greffe, du bouturage, du provignage, du palissage lui sont connus de temps immémorial ; elle sait multiplier et perfectionner les espèces, obtenir des variétés par les semis, augmenter, par la combinaison des engrais, la dimension des plantes, la largeur de leurs feuillages, l'éclat de leurs fleurs, et si les jardiniers européens emploient maintenant des méthodes plus savantes, on reconnaîtra qu'ils ont reçu de la Chine de précieux végétaux et d'utiles enseignements.

Divers fléaux, dont nous avons rarement sous notre ciel tempéré à subir les atteintes, menacent en Chine les agriculteurs. Souvent les pluies torrentielles du printemps inondent et ruinent leurs récoltes, ou les sécheresses prolongées de l'automne frappent leurs champs d'une lamentable stérilité. Les fleuves et les rivières, gonflés par la fonte des neiges ou violemment refoulés par l'irrésistible souffle des typhons, rompent leurs digues et noient les campagnes avoisinantes. D'autres fois, particulièrement aux époques des grandes sécheresses, des nuées immenses de grosses sauterelles (*Hoang-tchoug*, insectes jaunes), s'abattent sur les moissons déjà mûres et les dévorent, laissant sur le terrain complétement dénudé des détritus organiques de toutes sortes, dont la prompte décomposition dégage des miasmes putrides. Leurs légions ailées obscurcissent l'horizon et volent avec un bourdonnement formidable. Dès que les paysans les aperçoivent, ils se réunissent en troupe, poussent de grandes clameurs, et frappent à coups redoublés sur leurs gongs et leurs tambours. Il arrive que le nuage vivant, étonné de ce bruit effroyable, s'arrête et se détourne, et que les cultures sont ainsi sauvées.

FLÉAUX DE L'AGRICULTURE.

CHAPITRE II

L'INDUSTRIE

Conditions de l'industrie en général. — Ses procédés. — Métallurgie. — Industrie séricicole. — Étoffes de coton. — Toiles. — Étoffes de laine. — Cuirs. — Céramique. — Poteries. — Verrerie. — Laque. — Sculpture et gravure en relief. — Fabrication des lanternes. — Pêcheries et pisciculture. — Éclosion artificielle. — Progrès de l'industrie.

ÉTAT ACTUEL DE L'INDUSTRIE CHINOISE. Merveilleusement disposés par leurs facultés intellectuelles et leurs habitudes nationales aux pratiques des arts utiles à la vie, les Chinois eussent fait, sans aucun doute, de grands et rapides progrès dans l'industrie, si la portée de leur esprit, l'étendue de leurs connaissances mathématiques, leur ardeur des recherches et leur zèle pour l'invention eussent égalé leurs goûts pour les professions pacifiques, pour l'ordre et l'économie, leur patience et leur âpreté au gain, leur incroyable talent d'imitation, leur respect servile du passé et leur méfiance instinctive de toute nouveauté et de tout inconnu. Maîtres des procédés et des formules à l'aide desquels l'Europe transforme le monde par la physique, la statique et la chimie, ils fussent devenus le peuple le plus riche et le plus puissant de la terre. Si, depuis un demi-siècle, l'emploi intelligent de la vapeur et la savante application de nos modernes découvertes eussent secondé leur activité industrielle, l'adresse et le bon marché de leur main-d'œuvre, la fécondité de leur sol ; s'ils avaient eu des machines pour fouiller et extraire les incalculables richesses qui s'y trouvent enfouies, des steamers et des rail ways pour transporter sur leur territoire ou exporter au loin leurs innombrables marchandises, des télégraphes électriques pour faciliter leurs relations commerciales, s'ils avaient connu le secret de ces combinaisons qui désagrégent, purifient, allient les métaux ; ils eussent rempli l'univers entier de leurs innombrables produits, découragé partout la concurrence, atteint un degré de grandeur et de civilisation que notre imagination peut à peine concevoir. Mais à supposer qu'ils doivent à leur propre génie et qu'ils n'aient point emprunté aux Indous ou aux Égyptiens presque tous leurs arts industriels, ce qui est un point historique encore fort obscur, il est certain qu'ils ne les ont pas sensiblement perfectionnés. Autant que nous en pouvons juger soit par nous-mêmes, soit par leurs propres livres ou les récits de nos voyageurs, les procédés qu'ils leur appliquent n'ont encore rien perdu, pour la plupart, de leur primitive et dispendieuse simplicité.

Ceux qu'ils emploient pour l'exploitation des nombreuses mines de fer, de plomb, de cuivre, de zinc, d'or, d'argent, de mercure que recèle leur territoire, pour le triage et le grillage des roches métalliques, pour la fonte et l'affinage des métaux, nous sont très-imparfaitement connus. Nous savons toutefois qu'ils laissent beaucoup à désirer puisque, malgré l'incontestable adresse de ses artisans et le bon marché de sa main-d'œuvre, la Chine livre généralement au commerce ses produits métallurgiques de toute espèce pour un prix plus élevé que nous ne vendons les nôtres. MÉTALLURGIE.
Ses procédés.

Avec le fer qu'ils savent réduire, probablement sous la percussion du martinet, en lames de tôle fort minces, Emplois du fer.

les Chinois fabriquent des cloches, des canons, des armes, des ustensiles de cuisine, ou de menus objets employés dans la construction, comme des clous, des gonds, des vis. Cet utile métal n'est point consacré par eux à tous les usages pour lesquels nous l'employons. Ils se servent plus volontiers du cuivre qui est plus commun et plus malléable, et dont l'extraction présente ordinairement moins de difficultés.

<small>Emplois du cuivre.</small> C'est le cuivre qui fournit la principale matière de la monnaie courante, des gongs aux sons retentissants, des cymbales, des trompettes guerrières, des cloches, des trépieds qui ornent les temples, des miroirs métalliques auxquels on commence, depuis un siècle à peine, à substituer les glaces en verre étamé, de ces antiques statuettes de divinités ou d'animaux dont les formes étranges et monstrueuses excitent la curiosité des voyageurs. <small>Gongs.</small> Les gongs sont de grands disques lenticulaires qui lancent dans les airs, sous le battement d'un tampon, de formidables éclats. On les suspend à la porte des maisons, des temples, des prétoires ou à l'avant des jonques et on les frappe dans toutes les occasions solennelles; ils figurent aussi dans les concerts. L'étain, en s'alliant au cuivre dans une large proportion, donne à ces étranges instruments leur effrayante sonorité. Il entre <small>Cloches.</small> également dans la composition des cloches. Celles-ci n'ont pas de battant; pour les faire résonner on les frappe avec des maillets. La plus grosse cloche de la Chine se trouve à Péking dans un des temples consacrés à Boudha; elle mesure 14 pieds et demi de haut sur 13 de diamètre.

<small>Trépieds.</small> Rien n'est plus variable que la dimension des trépieds de bronze destinés à contenir les cendres des papiers funéraires ou des bâtonnets odoriférants que la crédule piété du peuple brûle en l'honneur des morts ou des dieux. On en voit dont la hauteur dépasse

DE L'AGRICULTURE ET DU COMMERCE 447

quatre pieds. D'autres atteignent à peine quatre pouces. Quelques-uns, d'une fabrication fort ancienne, portent de délicates ciselures, de charmantes nielles ou des incrustations très-riches.

Miroirs métalliques.

Les miroirs métalliques renferment du cuivre, de l'étain et un peu d'argent. L'image, réfléchie par leur surface convexe, est généralement deux fois plus petite que l'objet lui-même. Ils ressemblent, par leur forme et leurs dimensions, aux miroirs arrondis que l'on a trouvés dans les fouilles égyptiennes.

Cuivre blanc.

Mélangés dans les proportions suivantes : 40.4, 25.4, 31.6, 2.6, le cuivre pur, le zinc, le nickel et le fer, auxquels on ajoute parfois une petite partie d'argent, produisent un alliage blanchâtre, malléable, ductile, auquel les Chinois donnent le nom de *Peh-tong* (cuivre blanc) et avec lequel ils fabriquent un grand nombre d'ustensiles de ménage. Le *Peh-tong*, quand il est neuf, a l'apparence et l'éclat de l'argent, mais il entre trop facilement en fusion pour qu'on puisse le soumettre, plus de quelques minutes, à l'action d'un feu ardent.

Emplois de l'or et de l'argent.

Nous savons qu'à proprement parler la Chine ne possède point de monnaie d'or ou d'argent. Ces deux métaux entrent, sans aucun alliage, dans le commerce sous la forme de lingots qui portent la marque du fondeur responsable et dont le poids seul détermine la valeur. L'orfèvrerie en fabrique des vases, des coupes, des plateaux habilement ciselés et une foule d'objets de fantaisie ou de petits bijoux travaillés avec beaucoup d'art et de délicatesse. Elle les emploie aussi en filigrane pour composer de jolies parures dont elle rehausse l'éclat en y enchâssant des perles ou des pierres précieuses. L'or est aussi battu en feuilles très-minces dont on fait usage pour la dorure. Nous avons vu qu'on l'extrait principalement par le lavage (voir page 147) du sable des grands fleuves qui arrosent le Se-tchouen et le You-nan. L'argent abonde dans les mines du You-nan; elles sont également très-riches en minerai de cuivre, mais ce métal est surtout commun au Koueï-tchéou.

<small>INDUSTRIE SÉRICICOLE.</small> A l'ouest, au centre et à l'est de la Chine proprement dite, les habitants du Se-tchouen, du Hou-pé, du Tché-kiang, du Kiang-nan, se livrent avec ardeur et profit à l'éducation du ver à soie. S'il faut en croire les annales historiques de l'empire, l'industrie séricicole y a été fondée, 2602 ans avant notre ère, par une femme illustre, *Si-ling* ou *Youen-fi*, épouse de l'empereur *Houang-ti*, qui aurait enseigné à ses sujets la précieuse culture du mûrier. Ce qui paraît certain, d'après plusieurs documents dont M. Stanislas Julien a fort bien établi l'authenticité vénérable, c'est que la fabrication de la soie était connue en Chine huit siècles avant la naissance du Christ. Le peuple aux cheveux noirs honore *Youen-fi* comme une des divinités tutélaires de l'empire, et sacrifie publiquement à ses mânes. Chaque année, en commémoration de ses bienfaits, l'impératrice régnante, environnée de sa cour, plante de ses propres mains un jeune mûrier dans l'enceinte de l'un des temples de la capitale.

<small>Éducation des vers.</small> On ne prend pas un soin moins délicat et moins minutieux du ver à soie que du végétal qui le nourrit. Les établissements où on l'élève sont placés d'ordinaire au milieu même des plantations, et isolés autant que possible des maisons voisines, afin d'éviter les bruits soudains, comme le battement des portes, le jappement des chiens, qui peuvent troubler gravement l'éducation. Les magnaneries, soigneusement calfeutrées et presque toujours d'une étendue médiocre, sont munies d'appareils de chauffage habilement disposés qui permettent de faire varier à volonté la température. On ne donne aux jeunes vers que les parties les plus délicates de la feuille;

ils sont rationnés, tenus avec une propreté extrême et on a soin de changer, sans cesse, les claies sur lesquelles ils prennent leur nourriture. Ils se transportent eux-mêmes d'une claie à une autre, attirés par l'appât des feuilles fraîches. A mesure qu'ils grossissent, on leur permet une alimentation plus substantielle et plus fibreuse. Quand ils ont changé de peau et atteint leur croissance, ce qu'on reconnaît à leur grosseur, à leur couleur, aussi bien qu'à la transparence de leurs corps, on les place dans des boîtes à compartiments pour les faire filer. Au bout de trois jours, les cocons sont formés. On en fait alors deux parts : les uns, de beaucoup les moins nombreux, sont conservés pour la reproduction qui s'opère progressivement par la transformation de l'insecte en papillon, par la ponte de ces papillons et par l'éclosion de leurs œufs; — les autres sont entassés dans des jarres en terre, sous une couche épaisse de sel qui intercepte l'air complétement et fait mourir les vers, tout en les empêchant, par ses propriétés antiseptiques, de se corrompre. On les dépose ensuite dans des vases remplis d'eau tiède où la substance glutineuse qu'ils renferment se dissout promptement et colle, les uns avec les autres, les minces fils dont ils sont formés. Livrés ensuite aux dévidoirs, ils produisent la *soie grége* qui devient propre au tissage, après avoir subi diverses préparations (soie torse, organsin, soie plate, soie floche) selon le genre d'étoffe qu'il s'agit de confectionner.

Dévidage des cocons.

Des métiers qui, par leur agencement et leur mécanisme, ressemblent beaucoup à ceux qu'inventa, en France, notre illustre Jacquard, ouvrent en Chine, depuis bien des siècles, de belles soieries aux couleurs éclatantes, à la trame forte et nourrie, au tissu souple et fin. Les Chinois imitent aisément tous les modèles qu'on leur fournit. Ils fabriquent le *crépon*, le *satin*, le *damas*, la *gaze*. Sous leurs doigts agiles et effilés, les solides étoffes que

Tissage.

Broderie.

tissent leurs métiers, se couvrent de broderies fantastiques et charmantes, exécutées avec du lacet, de la soie torse, de la soie plate, des fils d'or et d'argent. Les ateliers de broderie abondent à Canton où nous les avons visités quelquefois. Ce sont des salles basses, souvent humides et mal éclairées, où quelques hommes, travaillant avec une incroyable patience et une propreté admirable, achèvent d'orner ces damas épais ou ces crépons légers avec lesquels on confectionne les bourses, les étuis d'éventails, les souliers de femme, les costumes officiels dont font usage les indigènes et les châles destinés à l'exportation.

Différents vers à soie.

Le ver du mûrier n'est pas le seul, en Chine, qui produise la soie. Dans les provinces de l'ouest, principalement au Sé-tchouen, l'*Ailante*, sorte de *sumac* que la France cultive sous le nom de vernis du Japon, le *ricin* (Palma-Christi), le *chêne* lui-même, alimentent des chenilles dont les cocons fournissent des fils épais et tenaces employés pour la confection de certaines soieries communes. De consciencieuses études entreprises pendant ces dernières années, sous la direction intelligente de la société impériale d'acclimatation, des travaux fort intéressants exécutés, sous son infatigable patronage, par MM. Guérin-Menneville et Sacc, permettront peut-être d'introduire en France l'éducation de ces robustes et utiles espèces[1].

ÉTOFFES DE COTON.

Moins belles et moins coûteuses, mais aussi solides et aussi durables, les cotonnades sont beaucoup plus communes que les soieries. Elles procurent la plupart des vêtements dont font usage toutes les classes. Généralement on les teint en bleu ; mais les tissus de Nankin,

1. La science donne le nom de *ynthia Bombyx* et d'*Arrindia Bombyx* aux papillons des vers de l'Ailante et du Ricin. Le ver à soie du chêne, plus commun au Japon qu'en Chine, y est désigné par le nom de *Ya-ma-maï*.

dont on estime fort la résistance, conservent la couleur des fibres dont ils sont formés. Il n'existe en Chine aucun établissement semblable aux grandes filatures européennes. La fabrication des étoffes y est presque aussi disséminée que la culture des plantes textiles. Le paysan chinois nettoie, carde, file son coton, comme le paysan breton broie et file son chanvre. Souvent il le tisse lui-même. Les procédés qu'il emploie sont ingénieux et simples. Deux cylindres en bois, durs et polis, très-rapprochés l'un de l'autre et mus simultanément par une roue à pédale, étreignent fortement le duvet du cotonnier et le débarrassent, en l'étirant, des graines auxquelles il adhère. On achève de le purifier en le mettant en contact avec la corde d'un arc fort élastique dont le cardeur dirige, à volonté, les vibrations rapides. Ces vibrations l'agitent, le dispersent en tous sens, le débarrassent de toutes ses impuretés, le blanchissent et lui donnent une belle apparence floconneuse. Les métiers sur lesquels on le tisse, après l'avoir filé, ont à peine seize pouces de largeur. La trame des étoffes de coton que confectionne le tisserand est infiniment plus serrée et plus durable que celle des cotonnades anglaises ; mais, comme celles-ci reçoivent de l'impression un coloris et des dessins qui flattent les yeux de l'acheteur, tandis que les tissus chinois sont teints uniformément, comme elles sont en outre beaucoup plus larges et relativement beaucoup moins chères, elles jouissent d'une grande faveur sur le marché.

TOILES ET GRASS-CLOTHS.

On y rencontre des toiles indigènes dont quelques-unes fines et transparentes, bien que résistantes et serrées, sont très-appréciées et très-chères. La confection de ces charmantes étoffes auxquelles le commerce donne le nom de *Grass-Cloths*, et qui ne le cèdent point, pour la finesse et la légèreté, à nos plus belles batistes, est un chef-d'œuvre de patience et de délicatesse. Elles se tissent sur le métier après qu'on a séparé, trié et nettoyé, à la main, les fibres des plantes qui en fournissent la matière première. Ces plantes, comme nous l'avons déjà vu, sont deux sortes d'orties : L'*urtica nivea* et la *sida-tiliæfolia* qui croissent dans presque toutes les provinces de l'empire. Le chanvre, dont la culture est commune au Fo-kien et dans la Chine centrale, fournit des toiles plus grossières.

ÉTOFFES DE LAINE.

Avec les laines et les poils que donnent les moutons, les chèvres, les chameaux, les yacks, l'art du foulon fabrique, au moyen de procédés primitifs, des feutres dont on confectionne les chapeaux d'hiver, les semelles et les tapis. On tisse, dans le nord, avec des fils de laine diversement colorés et habilement entrelacés, des bures épaisses dont la trame imite de grossières figures d'animaux et dont on fait des tapis ou des couvertures. Quelquefois le tisserand, pour les rendre plus solides ou plus jolies, y mêle des poils et des cheveux. — La Chine reçoit de l'étranger, particulièrement de la Russie, tous les draps dont elle fait usage.

INDUSTRIE DES CUIRS.

Pour la confection des harnais, des selles, des brides, des carquois et pour la protection des semelles, dont toute la partie supérieure est en feutre, on emploie les cuirs de buffle, de veau et de cheval. La qualité des cuirs chinois est décidément très-inférieure à celle des cuirs européens. Ils sont secs, durs, cassants, spongieux et exhalent une odeur désagréable. La tannerie leur donne, avec de l'alun, de l'urine et du salpêtre, une bonne préparation, mais la corroierie ne sait ni les assouplir, ni les lisser, ni les étirer convenablement.

TEINTURERIE.

Nous ignorons presque absolument, ainsi que nous l'avons dit plus haut (voir page 385), les méthodes dont se servent les chimistes de la Chine pour composer et fixer ces belles couleurs dont l'Europe admire, avec raison, la variété, la persistance et l'éclat. L'art du teinturier chinois a beaucoup appris par l'expérience et a reçu de ses leçons un développement très-remarquable. C'est particulièrement aux végétaux qu'il emprunte la matière colorante. Deux plantes appartenant l'une à la famille des renouées, le *Polygonum tinctorium*, l'autre au genre des pastels, l'*Isatis indigotica*, et croissant, la première dans les provinces méridionales, la seconde dans celle de l'est, fournissent le bleu céleste et le bleu foncé. On emprunte à une espèce de Nerprun, le *Rhamnus utilis*, ce vert naturel, que nos savants, entre autres M. Persoz, ont tant de fois analysé pour en découvrir la composition et que l'industrie européenne envie, depuis si longtemps, à la Chine [1].

Celle-ci lui fit un don plus magnifique et plus précieux lorsqu'elle lui apprit, il y a deux cents ans, l'art de fabriquer la porcelaine [2]. On ne peut guère douter qu'elle ne le pratiquât elle-même depuis bien des siècles, puisque ses archives historiques établissent, par des documents dont l'authenticité semble certaine, qu'elle le tenait déjà en honneur sous la dynastie des Han, vers le commencement de l'ère chrétienne [3]. Toutefois, les tra-

INDUSTRIE CÉRAMIQUE.

[1]. Il serait possible d'acclimater en France le *Rhamnus utilis*, mais l'opération par laquelle on en extrait le vert végétal est si délicate et la quantité produite par chaque arbuste si minime qu'à moins de simplifier la méthode d'extraction et de multiplier l'arbuste à l'infini, notre industrie ne pourra point tirer grand parti de ce produit précieux.

[2]. On appelle les produits céramiques : porcelaine, du mot *porcellana*. C'est le nom que les Portugais donnent à la coquille brillante d'un mollusque marin et par lequel ils désignèrent les premières coupes de porcelaine qu'ils aperçurent en Chine, au commencement du XVIe siècle. Ils crurent d'abord que leur pâte, légère et transparente, était un composé de coquilles d'œufs, de colle de poisson et de poudre d'écailles. Il paraît que le trésor royal de France possédait déjà, depuis un siècle environ, plusieurs spécimens de l'art céramique des Chinois que le soudan d'Égypte ou de Babylone, dit l'historien Mathieu de Coussy, avait envoyés à notre roi Charles VII.

[3]. La découverte que crut faire, en 1834, le savant Rosselini, d'un

ditions nationales dont il n'y a pas lieu, généralement, de suspecter la modestie, ne font pas remonter au delà du viie siècle de notre ère l'époque du *perfectionnement* de son art céramique.

Ses principaux établissements.

C'est à *King-teh-tchin*, dans le Kiang-si, sur les rives orientales du lac Po-yang (voir page 61), que fonctionne, depuis huit cents ans, l'établissement célèbre qui a fabriqué les plus belles porcelaines de la Chine. Il met en œuvre, nuit et jour, un million d'ouvriers et plus de cinq cents fours. *King-teh* occupe, à 15 lieues environ de *Yao-tchéou-fou*, qui est le grand entrepôt de ses produits, le centre d'une vaste plaine qu'entourent de hautes collines. L'une d'elle porte le nom de *Kao-ling* (haut pont). C'est de sa base que l'on extrait le *feldspath*, sorte de boue onctueuse qui, mélangée, suivant des proportions variables, avec la poussière du *Pé-ton-tse* et durcie à l'ardente chaleur des fours, devient la pâte céramique. Le feldspath, qui porte simplement en Chine le nom de *kao-ling*, est un mélange de silice, d'alumine et d'eau[1]. Le *Pé-ton-tse* est du quartz presque pur, dont le meilleur se rencontre près de *Houitchéou* dans le Ngan-hoeï. On le réduit en une poudre très-fine par des procédés aussi pénibles que coûteux, puis, pour en faciliter le transport, on le mouille et on en pétrit des gâteaux qui reçoivent la marque du fabricant. Lorsque l'objet dont le mélange céramique doit constituer et perpétuer la forme, a été convenable-

flacon de porcelaine chinoise enfoui dans une tombe égyptienne du temps de Psamménit (500 ans avant le Christ), n'avait, en réalité, aucune signification. On découvrit en effet, quelques années plus tard, que l'inscription peinte sur ce flacon reproduisait des vers composés par un poëte du viiie siècle de notre ère, en sorte que l'égyptologue pisan avait été évidemment la dupe de ses guides arabes.

1. Ce mélange est ainsi composé : silice 43, alumine 36, eau 19 pour cent. On y trouve aussi quelque peu de magnésie et de carbonate de chaux.

ment moulé, il est livré aux décorateurs qui n'exécutent chacun qu'une seule partie du modèle, suivant l'invariable méthode des peintres chinois. On le recouvre ensuite d'un enduit onctueux, composé de cendres de fougère et de poudre de *Pé-ton-tse*, dont la vitrification s'opère sous l'action de la chaleur et produit ce vernis dur, brillant, incolore qui doit protéger sa surface et ses teintes brillantes. Puis on l'introduit dans le four où le feu, en le durcissant, achève de le fabriquer. En mélangeant avec la pâte céramique un peu de *hoa-tchi*, pierre de lard, ou de *tchi-kao* (albâtre), on obtient, dit-on, une porcelaine moins résistante, mais plus blanche, plus transparente et plus fine que les produits ordinaires des établissements de King-teh. Une des grandes villes du Kouang-tong, *Tchao-king*, située à l'ouest de Canton, fabrique une porcelaine moins belle et moins estimée qui approvisionne tous les magasins de la capitale des deux Kouangs.

Le gouvernement chinois n'a jamais cessé de protéger publiquement les vastes ateliers de King-te-tchin. Vers le milieu du siècle dernier, l'empereur *Kien-long* fit étudier et reproduire sur les lieux mêmes, par une commission officielle de savants et d'artistes, les méthodes et les modèles dont on y a fait usage depuis l'époque de la fondation. Cette intéressante collection, ornée de planches nombreuses, forme un ouvrage très-considérable. L'établissement possède aussi son histoire rédigée en quatre gros volumes. On y lit qu'à l'origine, les ouvriers n'ayant pu réussir, malgré leurs efforts réitérés, à imiter la finesse d'un ancien modèle proposé par l'empereur, l'un d'eux, saisi de désespoir, se précipita dans un des fours. La pâte que l'on en retira ensuite ayant été trouvée parfaite, l'empereur décréta que les mânes de ce misérable recevraient les honneurs divins. Le dieu des fournaises de King-te devint le dieu de la porcelaine.

Protection accordée par le gouvernement aux établissements céramiques.

Importance historique de la céramique chinoise.

Indépendamment de la gracieuse élégance de leurs formes, de la brillante variété de leur coloris, de l'antiquité vénérable de leur matière, les produits de la céramique chinoise ont, au point de vue historique, comme toutes les ruines illustrées, une incontestable valeur. Sur les surfaces brillantes de ces millions de vases, de coupes, de statuettes, de figurines de toutes formes, de toutes couleurs et de toutes tailles, qui portent la marque spéciale de leur fabricant, que les amateurs chinois payent des sommes énormes quand ces marques sont anciennes et authentiques et que les collectionneurs ont classées en catégories nombreuses [1]; sur ces surfaces brillantes, disons-nous, sont retracées en traits pour ainsi dire indébiles, par le pinceau du décorateur, des maximes philosophiques ou religieuses, des strophes poétiques, des scènes empruntées aux romans d'histoire qui répandent et perpétuent, de génération en génération, des souvenirs nationaux fort intéressants pour le patriotisme des Chinois et précieux, à plus d'un titre, pour les érudits. Malheureusement, l'art chinois est, dans toutes ses branches, l'esclave de la discipline, de la formule et de la règle; malheureusement aussi, la fabrication des faux antiques est l'objet, dans l'Empire du Milieu, d'une industrie assez répandue [2], en sorte

1. L'érudition des collectionneurs a classé les produits de la céramique chinoise en plusieurs catégories fondées sur les différences de couleurs, de décorations, de finesses, de transparences qui les caractérisent aux diverses époques pendant lesquelles ils ont été fabriqués. Cette classification, plus ou moins sûre, reconnaît deux familles de porcelaine dure : *la verte et la rose.* Elle distingue aussi la belle porcelaine bleue des *Tsin* (265-419 ap. J.-C.); — la porcelaine verte des *Soui* (581-618); — les fonds blancs du VIIe siècle; — les bleus célestes du Xe; — les bleus pâles qui leur succédèrent; — puis les gris clairs et les blancs purs. Elle fait un cas tout particulier des porcelaines du XIVe siècle et considère cette époque, d'où date les *craquelés,* comme la plus brillante et la plus pure de la céramique nationale.
2. La grande et opulente ville de *Sou-tchéou* fabrique, en grand, les faux antiques et en trafique ouvertement.

que ces curieux vestiges ne sauraient être ni très-variés, ni très-naturels, ni très-sûrs.

Houang-ti, l'empereur Jaune, qui tenait la Chine sous son sceptre 2,700 ans avant le Sauveur, inventa, suivant la tradition, l'art de fabriquer la brique et la poterie, et fut ainsi le précurseur de l'industrie céramique. La faïence fut trouvée plus tard. L'Empire du Milieu confectionne, depuis bien des siècles, d'excellentes briques très-dures et très-denses pour la construction des murs et des maisons, quantité d'ustensiles de ménage en terre de pipe, des fourneaux, des plats, des vases, des tasses, des théières de formes souvent élégantes et de différentes couleurs qui varient du rouge brun à la teinte neutre, ainsi qu'une multitude de poteries vernissées dont on se sert pour la cuisine ou l'ornementation des jardins et des temples : tels que des terrines, des jattes, des vases à fleurs, des siéges en forme de tambour, des balustrades, des lions, des chimères, des idoles; elle fabrique aussi de bonnes tuiles revêtues quelquefois d'une couche vernissée, jaune ou verte. La terre de pipe dont font usage les potiers est en général de qualité supérieure; ils la préparent à merveille, et les produits qu'ils en obtiennent par la cuisson se font remarquer, tant par la finesse de leur grain que par la beauté de leur poli.

<small>Faïences et poteries.</small>

Parmi les arts industriels que cultivent les habitants de l'empire, celui de la verrerie est assurément un des moins répandus et des moins perfectionnés. On ignore la date exacte de son origine. Les miroirs chinois, verdâtres, mal polis, d'une densité souvent inégale, reflètent très-imparfaitement les images, et le gouvernement a fait venir d'Europe les belles glaces qui ornent les résidences impériales. A Canton fonctionne, depuis une quarantaine d'années, un établissement qui fabri-

<small>VERRERIE.</small>

que, en quantités assez considérables, des vitres, des verres de lampes, des verres à boire, des flacons, mais ses produits sont presque toujours difformes ou tachetés. D'autres verreries, moins importantes, disséminées dans les provinces, composent le *kiaoli*, substance vitrée de couleur verdâtre qui imite le jade et avec laquelle on confectionne des bijoux à bon marché : tels que bagues et bracelets. Il n'y a pas bien longtemps que les Chinois connaissent les lunettes en verre. Celles qu'ils employaient le plus communément sont formées de deux petites plaques en cristal de roche dont l'opticien modifie l'épaisseur, par le moyen du tour, afin de l'accommoder aux yeux du myope ou du presbyte. Pour couper le verre, ou trouer la porcelaine qu'ils excellent à raccommoder, ils font usage, presque toujours, du diamant ou du corindon; mais les vitriers ont recours quelquefois à un moyen beaucoup moins expéditif. Ils dessinent sur les feuilles de verre, avec un pinceau enduit de graisse, la forme exacte de la vitre dont ils ont besoin, puis ils promènent lentement une mèche allumée le long du trait que ce pinceau a décrit. L'action de la chaleur fait fendre la feuille de verre, et la fente correspond exactement aux contours suivis par le trait. Au reste, les joailliers se contentent de dégrossir le diamant, et de le polir quelque peu, ne sachant pas le tailler.

Aujourd'hui que nous fabriquons, avec infiniment d'habilité, les soieries et la porcelaine, nous n'avons plus rien à envier à l'industie chinoise, si ce n'est, peut-être, les belles laques si polies, si brillantes, si joliment peintes qu'elle confectionne, depuis plusieurs siècles, par des procédés si patients et si délicats. Ces procédés diffèrent beaucoup, suivant les diverses espèces de laques. S'agit-il des laques fines? on a recours au vernis précieux que fournit une espèce de sumac, *le rhus ver-*

DE L'AGRICULTURE ET DU COMMERCE

nix, arbrisseau de la famille des anacardiacées, au tronc lisse, au feuillage grisâtre [1]. Lorsque l'objet qu'il faut laquer et qui doit présenter ordinairement des surfaces planes, table, fauteuil, paravent, boîte, coffre ou petit coffret, a reçu trois couches d'un enduit plus ou moins épais, composé de chaux, de papier bouilli et de gomme, on le recouvre de deux autres couches d'une pâte moins consistante qui n'est autre que du vernis teint de noir, de rouge, de brun, de brun clair ou de vert. Cette première préparation se trouvant terminée, c'est-à-dire les enduits appliqués sur l'objet étant parfaitement secs, on le confie au peintre qui en décore les surfaces apparentes de ces paysages légers et fantastiques, de ces gracieux feuillages exécutés avec une finesse de touche et un cachet tout particulier, véritablement inimitable. On le glace ensuite en lui donnant deux ou trois couches de vernis clair qui doivent sécher lentement dans une chambre parfaitement obscure. Les peintures appliquées sur les laques, sont communément dorées ou vermillonnées. Planées, en général, sur les laques modernes, elles sont en relief sur les anciennes. On sait, d'ailleurs, que les produits laqués du Japon l'emportent sur ceux de la Chine par la solidité de leur vernis, l'éclat de leurs incrustations nacrées et la brillante variété de leurs décorations. *Laques fines.*

Pour les laques communes on substitue à l'essence rare et coûteuse du rhus vernix, différentes huiles fabriquées avec les graines de plusieurs espèces d'euphorbiacées (jatropha, croton, etc.). Mélangées avec de la craie, dissoutes dans un peu d'essence de térébenthine *Laque commune.*

---

1. Le *Rhus vernix* atteint, au Japon, 10 ou 15 mètres de haut. Sa taille en Chine ne dépasse guère 15 pieds. Pour obtenir la précieuse substance qu'il fournit, on l'incise profondément aux époques les plus chaudes de l'année. Elle s'écoule de son tronc pendant la nuit.
2. Dans la proportion d'une once de craie pour une livre d'huile.

et teintées de diverses couleurs, ces huiles sont employées en peinture et fournissent une substance très-propre à enduire les objets que l'on veut laquer grossièrement.

SCULPTURE ET GRAVURE EN RELIEF.

Deux industries dont la merveilleuse adresse de l'artisan eût fait, en Chine, des arts véritables, s'il savait obéir aux exigences du bon goût, aux règles de la perspective et de la proportion, ce sont celles de la sculpture et de la gravure en relief sur bois, sur ivoire, sur corne et sur pierre fine. Parmi les œuvres innombrables qu'il exécute, celles de fantaisie et d'ornement se font remarquer, pour la plupart, par l'exquise finesse du travail patient et délicat qui les a produites. Les maisons, les pagodes, les jonques, les arbres, les fleurs, les figures d'hommes ou d'animaux, les paysages rustiques, taillés ou fouillés à jour dans la pierre de lave, le jade, le cristal de roche, la corne de buffle, les bois de fer, de sandal, de bambou, seraient des miniatures vraiment ravissantes et inimitables, si l'artiste chinois avait plus de hardiesse et d'initiative, moins de respect pour les conventions et plus d'égard pour la nature.

MENUISERIE.

Il est difficile de travailler avec plus de justesse et de précision que le charpentier chinois qui est, en même temps, menuisier, tourneur, ébéniste. Ses outils ont à peu près les mêmes formes que les nôtres. Ils sont seulement moins maniables et moins bien trempés. Comme nos artisans, il les aiguise sur la pierre à repasser. La vrille lui est inconnue ; il emploie, pour percer le bois, des mèches de diverses grosseurs auxquelles il imprime un mouvement de rotation plus ou moins rapide au moyen d'un petit arc dont la corde les entoure. L'établi dont il fait usage n'est ni pesant ni massif comme celui de nos ouvriers ; il consiste en une simple planche inclinée, longue de deux mètres au plus et aisément portative, sur laquelle le menuisier s'asseoit à cheval pour scier ou aplanir le bois qu'il met en œuvre et qu'il maintient le plus souvent avec ses pieds en guise de chevalet.

La fabrication des lanternes est une branche importante de l'industrie nationale ; elle occupe dans l'empire plus d'un million d'ouvriers de toutes sortes, des menuisiers, des sculpteurs, des vitriers, des papiers, des peintres. Nous avons parlé plus haut (page 269) du gracieux et agréable effet que produit le doux éclat des illuminations chinoises. Rien de plus variable que la forme, la matière et la couleur des lanternes qui y figurent. Les unes rondes ou allongées, ayant six pouces environ de diamètre ou de hauteur, consistent simplement en une légère carcasse de bambou ou de fil de fer que recouvre du papier uniformément bleu, rouge, jaune, noir, ou diversement colorié. La mince planchette de bois qui forme la base de cette carcasse est munie d'une pointe de fer sur laquelle on fixe la bougie. Les autres, plus grandes et de formes plus compliquées, à 4, 6, 8 ou 10 pans, sont recouvertes de soie, de toile, de corne ou de verre. Sur ces pans que fixent des châssis en bois dur, habilement sculptés, sont représentés des fleurs, des paysages ou des sujets allégoriques. Ces châssis se démontent et se remontent à volonté. Une petite galerie, découpée à jour, les couronne. Chacun de ses angles supporte un gland de soie rouge qui pend jusqu'au bas de la lanterne et qui est orné de trois ou quatres petites plaques de cuivre peintes de vives couleurs. L'ensemble, que l'on éclaire avec une ou plusieurs bougies, est d'une apparence bizarre, mais aussi gracieuse qu'agréable. Dans les grands magasins, à l'entrée des temples ou des prétoires, sont suspendues parfois

INDUSTRIE DES FABRICANTS DE LANTERNES.

d'immenses lanternes rondes ou ovales dont le diamètre n'a pas moins de 15 pieds. Le jésuite Magaillans[1] en a vu quelques-unes dont la construction, non moins curieuse que singulière, imitait l'ingénieux système du tourne-broche à air; elles étaient munies de trois ou quatre carcasses superposées, très-minces et très-mobiles, tournant, sous l'impulsion du léger courant d'air déterminé par la flamme des bougies, autour d'un axe commun. Comme elles étaient ornées de peintures différentes, la même lanterne illuminait des scènes dont les sujets variaient à chaque instant. On donne le nom de *Tsao-ma-tang* (lanternes qui courent comme des chevaux) à ces étonnantes machines.

FABRICATION DES NATTES.

Moins savante mais non moins compliquée est la fabrication des nattes de toutes sortes et de toutes grandeurs à laquelle est consacré le travail de plusieurs millions d'hommes. On les fait avec le jonc, le bambou, le roseau, le rotin, et elles servent à une multitude d'usages, pour la literie, le tapissage des appartements, la navigation (page 401), la protection des cabanes, l'habillement même du laboureur. La Chine tisse à fort bon compte de très-belles nattes lisses, solides, souples, ornées de dessins bien conçus et régulièrement exécutés. Ses vanniers sont aussi fort adroits.

INDUSTRIE DES PÊCHEURS.

Entre toutes les industries nationales, une des plus intéressantes et des plus fécondes est, sans contredit, celle de la pêche à laquelle se livre presque exclusivement plus d'un dixième de la population de l'empire; qui alimente en partie la plupart de ses habitants (page 161); qui dresse les marins, aussi hardis qu'avisés, parmi lesquels se recrutent incessamment les

[1]. Magaillans fut envoyé en mission à Kang-hi par le saint-siége au commencement du siècle dernier.

équipages de ses jonques de commerce ; qui exploite, par des procédés aussi variés qu'ingénieux, ses immenses ressources ichthyologiques ; qui, connaissant l'inappréciable valeur de telles ressources, en use sans les épuiser et prend soin, au contraire, d'en perpétuer, d'en augmenter même le fond par les curieuses méthodes de la fécondation artificielle. Les filets dont elle fait usage et que l'on fabrique avec des cordes de chanvre, affectent des formes très-différentes suivant le genre de pêche auquel ils sont destinés. Tantôt larges, longs et très-forts, ils sont traînés sur le sable par deux bateaux qui naviguent parallèlement soit à la voile, soit à la rame, ou bien, fixés à des pieux, ils barrent le lit d'une rivière rapide ; tantôt, tirés par une seule barque, suspendus entre la superficie et le fond de la mer, ils ressemblent à de vastes nasses dans lesquelles viennent s'engouffrer tous les poissons qui se trouvent d'aventure sur leur passage. D'autres fois, ce sont des troubles immenses et de forme carrée que l'on dispose à quelques centaines de pas du rivage, qu'on laisse un certain temps immobiles, puis dont on relève simultanément et rapidement les quatre extrémités au moyen de cordages fixés à un câble commun que meut un cabestan. On se sert peu d'hameçon. Les pêcheurs savent substituer à l'emploi du filet et de la ligne un certain nombre de ruses dont la pratique est rarement infructueuse. Le soir, quand la lune projette ses reflets d'argent sur les vagues clapotantes, ils disposent, le long de leurs barques, de longues planches très-lisses et peintes en blanc dont la couleur se confond parfaitement avec celle des flots. Trompé par cette perfide apparence et croyant se jouer à la surface de la mer, le poisson bondit sur la planche et glisse dans la barque. La nuit est-elle au contraire calme et sombre, on le harponne au flambeau. Quelquefois, aux époques où des tribus entières fréquentent de préférence certains

Engins de pêche.

Ruses des pêcheurs.

parages, les habitants de la côte creusent parallèlement au rivage des bassins larges et profonds, séparés seulement de la mer par un étroit banc de sable dans lequel ils pratiquent une tranchée profonde. Les bassins se remplissent très-rapidement lorsque la marée monte et retiennent captifs, quand le flot descend, les poissons qui ont visité ces trompeuses lagunes. Sur les bords des grands fleuves et des lacs de la Chine centrale, on dresse à la pêche des cormorans qui s'acquittent de leur tâche avec beaucoup d'adresse et de fidélité. Non-seulement ils rapportent exactement à leurs maîtres la proie vivante que ceux-ci convoitent, mais, quand elle est trop grosse et se défend avec trop de vigueur, ils les avertissent par leurs cris perçants, ou bien appellent à leur aide un de leurs compagnons [1].

Pisciculture. Prévoyants comme les nations pacifiques et intelligentes qui ont besoin, pour vivre, de toutes leurs ressources naturelles, les Chinois s'ingénient, par mille moyens, à augmenter les populations de leurs lacs, de leurs étangs et de leurs rivières. Ils s'entendent merveilleusement à empoissonner les eaux douces, à y introduire et à y propager les meilleures espèces. Ils emploient des moyens fort habiles pour transporter les jeunes poissons à de grandes distances et les conserver vivants pendant de longs trajets. Enfin, sans connaître exactement la méthode dont ils font usage, on sait qu'ils ont inventé, depuis plusieurs siècles, la fécondation artificielle et qu'ils y appliquent, avec succès, sur une assez

---

1. Lorsque l'éducation des cormorans pêcheurs n'est pas encore entièrement achevée, on leur passe au cou un anneau qui, l'empêchant de se dilater, ne leur permet pas d'avaler leur proie, et qu'on enlève deux ou trois fois par jour aux heures où ils prennent leur nourriture. L'espèce que l'on apprivoise et que l'on dresse est celle du grand cormoran qui a le dos brun, le ventre blanc verdâtre, le bec jaune, les yeux bleus et les pattes noires.

large échelle, des procédés fort peu différents des nôtres.

Au reste, ce n'est pas seulement par de tels procédés que l'art industriel des Chinois vient en aide à la nature. On s'accorde généralement à lui attribuer l'invention de ces utiles appareils qui substituent, pour l'éclosion des œufs de poulets et de canards, l'action tempérée et soutenue d'un foyer de briques ou de terre chauffée artificiellement, à la douce chaleur de l'aile maternelle. Un grand nombre de fourneaux à éclosion fonctionnent dans le midi de l'empire. Des corbeilles plus ou moins vastes, enduites extérieurement de boue desséchée, soigneusement recouvertes d'une épaisse couverture, tapissées d'un moelleux duvet, reposent sur la tablette d'un poêle en brique ou en argile qui leur communique incessamment une chaleur égale d'environ 36 degrés centigrades. Chaque corbeille peut recevoir plusieurs douzaines d'œufs. Au bout du cinquième jour, tous ces œufs sont soigneusement passés en revue par le propriétaire de l'appareil qui les examine attentivement, un à un, à la vive clarté du soleil ou d'une lampe et met de côté ceux qu'il juge stériles. Les autres sont replacés avec précaution dans la corbeille où ils restent, pendant 10 jours, soumis à la même chaleur. On les retire ensuite pour les envelopper d'une grosse couverture de feutre doublée de ouate, puis on dépose le tout sur un plancher bien sec. Quinze jours après, c'est-à-dire vers le 28e jour à partir du début de l'incubation artificielle, l'éclosion commence. Les poulets s'élèvent dans les cours des fermes ou les rues des villages, comme en Europe. Quant aux petits canards, ils voyagent continuellement, par bandes innombrables, sur les canaux et les rivières. Le jour, ils barbotent le long des rives, cherchant dans la boue et au milieu des roseaux les insectes ou le frai de

ÉCLOSION ARTIFICIELLE.

Éducation des canards.

poisson dont ils font leur nourriture. Le soir, ils rentrent dans des bateaux plats, pontés, en forme d'arche, qui changent d'ancrage pendant la nuit. Bien peu périssent ou s'égarent. Quelques vieux canards dirigent les jeunes bandes en chefs expérimentés et prudents. Rien de plus divertissant que la ponctuelle docilité et le tumultueux empressement avec lesquels toute la colonie exécute les ordres de son propriétaire. On dit que, pour en assurer la prompte et complète exécution, il ne manque jamais de châtier avec sa baguette les retardataires.

<small>RARETÉ DU COMBUSTIBLE ET COMMENT ON Y SUPPLÉE.</small> Tous ceux qui ont lu les pittoresques récits de l'abbé Huc, savent que la rareté du combustible ligneux est un des fléaux de la Chine et qu'elle y supplée par d'ingénieux moyens dont les uns substituent au bois des matières moins inflammables et tout aussi comburantes; tandis que les autres consistent à économiser la chaleur en concentrant son action. Les pauvres habitants des régions septentrionales de l'empire, aussi bien que les voyageurs des grands déserts de la Tartarie, emploient pour leur chauffage les excréments desséchés des animaux qui parcourent, en troupes nombreuses, ces contrées sauvages. Ils ne se servent point de cheminées. Le jour, un brazeiro réchauffe leurs membres engourdis. Ils se réunissent, pendant la nuit, dans la chambre commune et dorment sur la tablette même du grand poêle de briques où l'on prépare les aliments de la famille. Pour faire cuire les gâteaux qu'il débite aux consommateurs et qu'il pétrit, comme nous l'avons dit plus haut, avec la farine du riz, du froment ou du maïs[1], le

---

1. Nous savons qu'en Chine le riz cuit à l'eau est la base de la nourriture nationale, et que les boulangers ne font point de pain pour la consommation indigène, mais qu'ils pétrissent, particulièrement dans les provinces septentrionales, une grande variété de gâteaux avec la farine du riz, du blé, du millet et du maïs.

boulanger les dispose dans une terrine de grès au-dessus de laquelle il place une bassine métallique remplie de charbons ardents. L'usage des fours lui est inconnu. Le fabricant de chaux, lui-même, ne s'en sert jamais. Les substances qu'il veut calciner sont entassées[1], dans un espace qui mesure environ 1 mètre cube, entre quatre murs bas dont les parois intérieures ont été garnies préalablement d'un lit de sarments bien secs. Ces sarments sont mis en communication avec l'air extérieur par un étroit canal souterrain dont l'extrémité d'un gros soufflet occupe l'orifice. Le soufflet fonctionne, sans cesse, à partir du moment où le feu est allumé et l'on produit ainsi, à très-peu de frais, une chaleur intense qui amène une combustion très-rapide. Il faudrait pour l'obtenir, par la méthode ordinaire de nos chaufourniers, une quantité de bois dix fois au moins plus considérable.

Remarquons d'ailleurs, en terminant ce chapitre, qu'en dépit de ses habitudes routinières, de son imitation servile du passé, de sa prudence commerciale et de son horreur instinctive pour les spéculations risquées, de sa méfiante et vaniteuse hostilité contre tout ce qui porte la marque d'une nationalité, d'une institution ou d'une fabrique étrangères, la Chine, vaincue par l'évidence et par l'amour de ses intérêts, a favorablement accueilli en plus d'une occasion, depuis le commencement de ce siècle, les conseils et les exemples de l'industrie européenne. C'est ainsi qu'elle a perfectionné ses verreries et ses bronzes, qu'elle a appris la fabrication du bleu de Prusse et qu'elle commence à confectionner des pendules et des montres avec les pièces qui

PROGRÈS DE L'INDUSTRIE CHINOISE.

[1]. Les chaufourniers chinois font rarement usage de pierres calcaires; ils emploient ordinairement, pour la fabrication de la chaux, les coquillages des bords de la mer et les fossiles calcaires de toute sorte dont on trouve presque partout des amas considérables.

lui sont fournies par l'horlogerie suisse ; c'est ainsi qu'elle confie ses marchandises aux bâtiments de commerce étrangers et qu'elle arme des steamers pour réprimer la piraterie ou la contrebande ; c'est ainsi que ses négociants forment, dans les parages maritimes, des compagnies qui emploient, pour le cabotage, des navires à vapeur ; c'est ainsi que son administration n'a pas vu fonctionner, sans un certain sentiment d'envie, nos télégraphes électriques et qu'elle ne repousse plus les avances qui lui sont faites par les capitaux et les gouvernements étrangers pour la construction de chemins de fer sur son territoire ; c'est ainsi, en un mot, que la nation tout entière est entraînée lentement mais irrésistiblement sur les voies du progrès.

CHAPITRE III

DU COMMERCE

Aptitudes du peuple au commerce. — Commerce intérieur, monts-de-piété, droits de transit, participation des étrangers au commerce intérieur. — Commerce extérieur. — Historique du commerce étranger ; — commerce russe, portugais, espagnol, hollandais, américain, anglais ; — contrebande de l'opium ; — régime établi par les traités de 1842 et 1844 ; — les cinq ports ; — Hong-kong, Macao ; — régime établi par les traités de 1858 et de 1860 ; — nouveaux ports ouverts ; — inspectorat des douanes ; — émigration chinoise ; — agents monétaires des échanges ; — crédit commercial ; — transports maritimes ; — informations statistiques sur les importations, les exportations, l'entrée et la sortie des navires ; — conditions particulières du commerce français.

APTITUDES NATURELLES DU PEUPLE CHINOIS POUR LES SPÉCULATIONS COMMERCIALES.

S'il est une nation qui possède le vrai génie du négoce et dont les instincts mercantiles soient admirablement servis par d'inépuisables ressources, c'est assurément la nation chinoise. Elle les trouve toutes sur son propre fonds. Ses côtes immenses sont pourvues de nombreux ports et de quelques rades, vastes, sûres, profondes ; d'innombrables cours d'eau dont la plupart sont navigables, pénètrent, en tous sens, par leurs affluents jusqu'à ses extrémités et constituent, avec les canaux qui les unissent entre eux, un réseau de voies commerciales aussi commodes que peu coûteuses. Les populations si laborieuses et si denses qui habitent son territoire et qui vivent sous des latitudes différentes, exercent naturellement des industries ou se livrent à des cultures fort dissemblables, en sorte que l'abondance et l'extrême diversité de leurs besoins nécessitent incessamment les plus actifs échanges. Les qualités et les défauts de son tempérament la portent naturellement aux spéculations du commerce; elle est patiente jusqu'à l'immobilité, mais active, quand il le faut, jusqu'à la frénésie; avide de gains, rusée et fausse; mais aussi très-économe et très-sobre, modérée dans ses goûts, prudente dans ses procédés, de mœurs avenantes et douces, d'ailleurs si souple et si intelligente qu'en dépit de leurs inclinations naturelles, ses marchands savent être honnêtes et larges pour maintenir leur crédit ou étendre le cercle de leurs affaires. On trafique de tout en Chine. L'empereur vend les charges de l'État; les fonctionnaires de tout rang et de tout emploi vendent la justice; le général vend sa poudre et ses canons aux ennemis que son prince l'a chargé de combattre; le père opulent vend sa fille à son gendre; les indigents vendent les leurs pour qu'on fasse d'elles des concubines ou des prostituées; les pauvres aliènent la liberté de leurs jeunes enfants, soit qu'ils les livrent à l'esclavage, soit qu'ils les donnent, pour une modique somme d'argent, aux missionnaires assez riches pour payer leur âme. Tout est marchandise dans ce bazar immense, depuis les denrées qui alimentent la vie du peuple jusqu'aux insignes qui confèrent l'honneur et le rang. Tout s'y livre au plus offrant. L'instrument même par lequel s'opère les échanges, la monnaie courante dont le type unique est le vulgaire sapèque (le *Tsin* qui vaut fictivement un millième de taël), n'échappe pas à l'agiotage universel. Son cours, essentiellement variable, est coté chaque jour à des taux différents[1] sur tous les marchés de l'empire.

COMMERCE INTÉRIEUR.

Aussi l'activité du commerce intérieur des dix-huit

[1]. Par rapport au taël qui est (voir page 380) l'unité monétaire de la Chine.

provinces est-elle vraiment prodigieuse. Les riz, les huiles et les sucres du midi, les thés, les soies, les cotons de l'est, les fourrures, les céréales, les drogues du nord, les métaux et les minéraux de l'ouest, les marchandises importées dans les villes maritimes et destinées, soit à l'usage, soit à la consommation des habitants de l'empire, les impôts en nature recueillis par les soins de l'administration et que l'on doit convertir en argent dans la capitale par la voie de l'enchère, — s'y croisent en tous sens, transportés à dos d'hommes ou de mulets, sur les âpres sentiers des districts montagneux, par voitures ou plus souvent par caravanes, à travers les plaines septentrionales, et par des millions de barques de toute dimension, de toute forme, sur les lacs, les canaux et les rivières. On conçoit qu'il est impossible d'estimer, fût-ce même approximativement, l'importance de ce tumultueux mouvement d'affaires [1]. Pour l'entretenir, le vivifier, et le régler, la Chine aurait eu besoin d'une immense quantité d'argent si elle n'avait compris, bien avant l'Europe, les avantages du crédit.

Banques.

---

[1]. Les centres principaux du commerce intérieur sont : *au nord de l'empire* : Péking, Tien-tsin, Tong-tchéou, Pao-ting (dans le Pe-tchi-ly) ; Tsi-ling, Lin-tsing (dans le Chang-tong) ; Taï-youen (dans le Chan-si) ; Kaï-foung (dans le Ho-nan) ; Si-ngan, Hang-tchong (dans le Chen-si) ; Si-ning, Ning-hia, Kiao-kouan, Ha-mi (dans le Kan-sou et le Barkoul) ; Kin-tchéou, Pétuné, Tsi-thi-har (en Mantchourie) ; Maï-ma-tsin, Ou-lia-sou-taï (en Mongolie) ; Si-ning (dans le Ko-ko-nor) ; Houi-youen, Kou-tché, Oksou, Kachgar, Yarkand, Khoten (dans l'Ili) ; — *au centre* : Nan-king, Sou-tchéou, Tchin-kiang, Shang-haï (dans la province du Kiang-sou) ; Vou-hon (dans celle du Ngan-hoeï) ; Nan-tchang, Kan-tchéou, Nan-gan, Yao-tchin (dans le Kiang-si) ; Hang-tchéou, Ning-po, Tchao-king, Tcha-pou (dans le Tché-kiang) ; Fou-tchéou, Tsiouen-tchéou, Tchang-tchéou (dans le Fo-kien) ; Hon-kéou (dans le Houpé) ; Yoh-tchéou, Tchang-tcha (dans le Hou-nan) ; Tching-tou (dans le Sé-tchouen) ; — *au sud* : Canton, Chao-king, Nan-kioung, Chao-tchéou (dans le Kouang-tong) ; Vou-tchéou (dans le Kouang-si) ; You-nan (dans la province du même nom). Le livre premier de cet ouvrage fait mention de ces différentes villes.

commercial et si elle n'avait su en organiser l'utile fonctionnement. Elle possède un grand nombre de banques privées établies dans toutes les grandes villes. Les directeurs de ces banques, dont aucune n'est officiellement privilégiée (le gouvernement ayant abandonné, depuis le règne des souverains mongols, le système du papier-monnaie), sont, en général, des gens honorables et respectés. Ils rendent d'éminents services aux négociants indigènes, aux marchands étrangers, aux contribuables et à l'administration elle-même, soit qu'ils reçoivent des dépôts dont ils payent l'intérêt jusqu'à 12 p. 100; soit qu'ils ouvrent des comptes courants et qu'intermédiaires officieux entre leurs clients et la douane, ils y comprennent les droits acquittés par leurs soins, pour le compte de ces derniers; soit qu'ils payent leurs *chèques* à présentation; soit qu'ils garantissent par une marque particulière, connue des agents de l'autorité, la pureté des lingots; soit enfin qu'ils conservent dans leurs caisses pendant un certain temps, comme dépositaires responsables, les taxes perçues en argent. Les avantages de toutes sortes que procurent au commerce ces nombreux établissements de crédit, seraient plus grands encore si le crédit lui-même ne pouvait devenir en Chine un péril sérieux pour ceux qui ne craignent point d'y avoir souvent recours, à cause de l'extrême élévation de l'intérêt. La loi en fixe le taux à 3 p. 100 par mois et à 30 p. 100 par an; l'usage le fait varier entre 30 et 15 p. 100. Payant eux-mêmes une taxe considérable à l'État qui les fait surveiller avec beaucoup de rigueur et achetant leurs brevets fort cher, les directeurs des mont-de-piétés, bien que prêtant sur gage, exigent 36 p. 100 de leurs emprunteurs [1]. Dans un pays où le

Intérêt légal.

Monts-de-piété.

---

1. Toutefois, une disposition bienveillante des règlements sur la matière abaisse ce taux exorbitant à 2 pour 100 par mois pendant toute la durée de l'hiver.

souverain est le maître absolu des existences et des biens de ses sujets, où le bon vouloir des agents administratifs, délégués de l'empereur, domine souvent l'autorité de la loi, où, par conséquent, la propriété, garantie essentielle du prêt, n'est pas solidement assise, où, d'un autre côté, les prêteurs et les espèces sont rares relativement aux immenses besoins du commerce, il est naturel qu'on ne puisse se procurer de l'argent qu'au prix de coûteux sacrifices.

La grande élévation du taux de l'intérêt n'est pas le seul inconvénient qu'ait à supporter le trafic intérieur de l'empire. Habile à tirer profit de toute ressource et sans cesse besogneux, le fisc a multiplié ses bureaux sur les rivières, les canaux et les routes, en sorte que les marchandises expédiées au loin ne parviennent à destination qu'après avoir été frappées de droits successifs qui en augmentent de beaucoup la valeur. L'application multipliée de ces droits de transit aux objets d'importation étrangère que les droits de douane et de tonnage ont déjà frappés, est une gêne sérieuse pour le commerce extérieur, en même temps qu'elle constitue une formidable protection pour l'industrie indigène. Sans pouvoir en obtenir la suppression, qui eût porté sans doute un coup fatal aux finances de l'État, les représentants des puissances européennes en ont réglé l'exercice, de concert avec le gouvernement chinois, pour ce qui regarde les marchandises importées ou exportées par leurs nationaux. Il a été stipulé, en 1858, que les droits de transit qu'elles devraient acquitter, ne pourraient excéder, en aucun cas, 2 et demi pour 100 *ad valorem* et qu'ils seraient payés en une seule fois, soit au port de débarquement, soit au lieu même de l'expédition, moyennant une quittance générale qui servirait de décharge pour les employés de tous les bureaux de transit[1].

Droits de transit.

1. Cette clause, d'une difficulté extrême dans la pratique, est restée, à peu près, à l'état de lettre morte.

Participation des étrangers au commerce intérieur.

Depuis la signature des nouveaux traités qui ont établi, entre la Chine et les autres pays de l'univers, des relations plus fréquentes et plus normales, les Chinois ne sont plus les seuls qui prennent une part active au trafic intérieur de l'empire. Non-seulement plusieurs maisons de commerce étrangères ont fondé des succursales dans quelques-unes des grandes villes arrosées par le Yang-tze-kiang, mais un service de steamers anglais et américains parfaitement organisé, fonctionne régulièrement sur le cours du grand fleuve. Les produits indigènes, les objets de toute nature que fabrique l'industrie nationale, les habitants eux-mêmes circulent sous pavillon étranger au cœur même de la Chine. Ses riches marchands organisent par actions, sur le modèle des sociétés européennes et avec le concours des capitaux européens, des compagnies de remorquage et de cabotage à la vapeur. Leur passion pour le commerce et leur âpreté au gain commencent à saper, avec une irrésistible vigueur, ces éternelles murailles que ne pouvaient entamer les efforts réunis de nos diplomates et de nos missionnaires. C'est toute une révolution.

COMMERCE EXTÉRIEUR.

Part active qu'y prennent les étrangers.

Il y a longtemps déjà que les négociants de la Chine ont compris les avantages de toute nature que leur offre le transport des marchandises à bord des navires étrangers et qu'ils en profitent largement. L'ignorance des matelots indigènes, la fréquence des sinistres maritimes, la pesante lenteur des jonques, l'audace croissante de la piraterie, la détestable organisation et les habitudes factieuses des équipages, dont les hommes, plus ou moins intéressés dans la cargaison, supportent difficilement le frein de la discipline, constituaient, pour le cabotage et pour le commerce extérieur des Chinois, autant de périls dont ils ont cherché à s'affranchir en faisant appel au concours intéressé de la marine étrangère qui leur offrait, en outre, la salutaire garantie des assurances. Tandis qu'autrefois une multitude de jonques, profitant du souffle périodique des moussons, sillonnaient les mers entre les principaux ports de la Chine et ceux du Japon, de l'archipel indien, de Siam, de la Cochinchine, ce sont aujourd'hui des bâtiments de commerce anglais, américains, espagnols, portugais qui fournissent à l'Empire du Milieu les riz des îles Luçon, les laques et les porcelaines du Japon, les nids d'hirondelles, les areks, les holothuries, les épices et les bois industriels de Batavia et des détroits, ou qui transportent dans ces divers pays les porcelaines, les soieries, les sucres, les drogues et les thés de la Chine. A de très-rares exceptions près, on ne voit plus de jonques appareiller pour ces lointains voyages.

Sous l'empire d'aussi favorables circonstances, en même temps que sous la féconde impulsion des progrès toujours croissants de l'industrie européenne, le commerce étranger a pris en Chine un très-remarquable essor. COMMERCE ÉTRANGER.

On peut en diviser l'historique en trois périodes bien distinctes qu'il est utile de connaître pour tous ceux qui jettent un regard intéressé ou simplement curieux sur l'extrême Orient. Nous essayerons de les esquisser à grands traits, nous réservant d'en retracer, en quelques lignes, les événements principaux au dernier livre de cet ouvrage, quand nous présenterons le bref récit des relations du monde civilisé avec l'Empire du Milieu. — La plus ancienne s'étend depuis le début même de ces relations jusqu'au traité conclu à Nanking en 1842, le premier acte international qui les ait fixées. — La seconde commence à la date de ce traité et finit en 1860, à l'époque où furent échangées, dans la métropole chinoise, les ratifications du traité de Tien- Historique du commerce étranger.

tsin ¹. — La troisième dure depuis cette époque.

<small>Première période finissant en 1842.</small>

Pendant la première de ces trois périodes que l'on peut faire remonter jusqu'à l'ambassade envoyée, en 166, par l'empereur Marc Aurèle au pays qui produisait la soie, le commerce européen prend naissance en Chine et s'y développe avec des alternatives fréquentes de bonne et de mauvaise fortune. Les annales historiques de l'empire le montrent établi à Canton, à partir du 2ᵉ siècle de notre ère, et mentionnent cette ambassade. Il faut admettre que Rome faisait venir de Chine la soie et le coton, par navires de commerce ou par caravane, et que les nestoriens y pénétrèrent probablement à la suite d'une expédition mercantile. On ne peut douter que les Grecs du Bas-Empire n'aient emprunté à la Chine, par la voie d'un trafic assez étendu, des soieries, des cotonnades, des gommes et la feuille aromatique du *malabathrum* dans laquelle on doit reconnaître le bétel ou le thé. Au IXᵉ siècle, le voyageur arabe Abuzaïd qui visite le Royaume du Milieu, affirme qu'après la prise de Canfou ², l'armée victorieuse exerça de sanglantes représailles et égorgea plus de cent mille négociants juifs, musulmans, chrétiens et parsis. Nous savons de source certaine, par les récits non moins curieux qu'authentiques de Marco-Polo et du diplomate arabe Ibn-Batouta, envoyé en mission par le sultan de Delhy, que, pendant les XIIIᵉ et XIVᵉ siècles, la Chine était complétement ouverte, que, munis de passe-ports,

---

1. Ces traités ont été conclus à Tien-tsin en 1858. On sait que l'échange des rectifications a eu lieu à Péking en 1860 et qu'il a été précédé d'événements militaires d'où sont sortis, pour les alliés, de nouveaux succès diplomatiques.

2. *Canfou* ou bien *Canpou*, dont on voit les ruines près de Tchapou, dans le Tchékiang, était le port florissant d'une des grandes villes de la Chine, *Hang-tchéou*, aujourd'hui capitale de cette province. L'anéantissement de ce grand marché ne contribua pas peu, sans doute, à faire de Canton le principal entrepôt du commerce étranger en Chine.

obtenus d'ailleurs sans difficulté, les marchands ou les voyageurs franchissaient librement ses frontières, parcouraient librement ses provinces, s'établissaient librement dans ses villes. Ce fut un peu plus tard, sous le règne des empereurs mandchous, que les étrangers se rendirent suspects au gouvernement indigène par l'insolence de leur attitude, la licence de leurs mœurs, la violence de leurs procédés et qu'elle opposa systématiquement à leurs entreprises commerciales ces formidables entraves qu'il a fallu briser à coups de canons.

Il est évidemmeent impossible d'apprécier, avec quelque exactitude, la nature ou l'étendue du commerce général des frontières, les notions authentiques qui permettraient de les fixer faisant presque entièrement défaut. Nous savons que les produits, échangés sur les confins de l'empire, entre ses habitants et les contrées voisines, y sont apportés, soit par les caravanes qui parcourent le nord et le centre de l'Asie, soit par les barques qui remontent ou descendent les fleuves de l'Inde septentrionale ; que ces produits sont assez peu variés et que les marchés sont rares, attendu le petit nombre de routes commerciales. La Chine donne aux régions qui la limitent, vers le sud et le sud-ouest, du thé, des laques, des porcelaines, du coton, de la soie ; les Annamites et les Indiens lui envoient de l'opium et du riz. Elle reçoit du Turkestan des chevaux, quelques denrées agricoles, des tapis, des marocains, des pierres précieuses et leur fournit surtout des étoffes. Les contrées sibériennes échangent leurs précieuses et rares fourrures contre son argent, et la Russie ses draps, ses velours, ses coutils de lin, ses cuirs, ses pelleteries contre ses thés, ses soieries, ses lainages, sa quincaillerie, son sucre, son riz, son tabac et ses drogues. Les plus riches entrepôts de ce trafic extérieur sont, depuis plusieurs siècles, *You-nan-fou*, au sud ; *Yarkand* et *Kashgar*, à l'ouest ;

Commerce des frontières.

Houi-youen et *Maï-ma-tchin*, au nord. Près de cette dernière ville est située, sur le territoire sibérien, celle de Kiachta, le principal entrepôt du commerce russe avec la Chine.

Commerce russe.

Ce furent les traités de 1689 et de 1728 qui réglèrent les relations mercantiles des deux empires. Il fut d'abord convenu que leurs gouvernements en conserveraient le monopole. Tous les trois ans, une caravane russe devait apporter à Péking et y échanger, en franchise de tout droit, des pelleteries appartenant à la couronne contre des marchandises chinoises. Vers la fin du dernier siècle, la Russie abandonna complétement ce privilége. Dès lors, ses négociants purent faire à Péking des expéditions pour leur propre compte, en acquittant les droits de douane, et comme ils jugèrent avantageux, pour éviter des frais inutiles et pour supprimer la concurrence frauduleuse que leur faisaient, sur les frontières, leurs propres compatriotes, d'y transporter le centre de leur négoce, *Kiachta*, par où passaient leurs caravanes, et où avait été signé le traité de 1729, en devint naturellement l'entrepôt [1]. Un terrain neutre, large d'un demi-kilomètre, sépare Kiachta du bourg de *Maï-ma-tchin* où s'établit le marché chinois. Pendant près d'un siècle, le commerce international dont la valeur atteignait, en 1840, près de 40 millions de roubles, fut astreint, par les règlements, aux plus gênantes entraves. Non-seulement l'usage de la monnaie lui était strictement interdit, mais les marchands russes et les marchands chinois ayant formé, chacuns de leur côté, une coalition pour la défense de leurs intérêts réciproques, toutes les affaires se traitaient par l'intermédiaire de deux commissions auxquelles avait été

---

[1]. Kiachta est un bourg de 4 à 500 habitants, distant d'une lieue environ de la ville de *Troitskosavks*, laquelle est située par le 50° 21 latitude nord et le 103° 34 longitude est.

confiée cette défense et dont tous les efforts tendaient naturellement à faire hausser les prix. Nous verrons plus tard que ce déplorable système, dont le moindre inconvénient était d'entraver sans cesse le mouvement des affaires, fut sagement modifié en 1855, alors qu'une fâcheuse expérience en eut surabondamment démontré les nombreux désavantages.

En 1537, au prix de beaucoup d'efforts et d'humiliations, les Portugais parviennent à jeter sur la presqu'île aride et rocheuse qui porte le nom de Macao, les humbles fondements d'une colonie tributaire de la Chine. Ces persévérants et aventureux navigateurs prennent bientôt une part active au commerce maritime de l'empire. Leurs hardies lorchas sillonnent en tous sens les mers qui l'entourent. Ils établissent des factoreries à *Tchin-tchéou* et à *Ningpo* ; ils sollicitent, par cinq ambassades successives, des priviléges que le gouvernement indigène, effrayé de leur audace, leur refuse obstinément. Ce dernier les fait expulser de Ningpo et de Tchin-tchéou vers la fin du xvie siècle. Au xviiie, leurs affaires sont en pleine décadence ; ils ne jouent plus qu'un rôle très-modeste sur la scène commerciale, où sont apparus depuis cent ans déjà les Anglais, leurs puissants et intelligents rivaux. Ceux-ci, en organisant par le moyen des receiving-ships, la contrebande de l'opium, qui avait imprimé, pendant quelque temps, une vigueur nouvelle au trafic portugais sur les côtes de la Chine, lui portent, au début du siècle actuel, un coup décidément fatal.

Les Espagnols ne lui firent jamais de sérieuse concurrence. Deux ambassades qu'ils envoyèrent à la Chine, en 1575 et 1580, n'eurent aucun résultat. Il est vrai qu'en récompense des services qu'ils avaient rendus au gouvernement impérial contre la piraterie, ils obtinrent et conservèrent, jusqu'en 1842, le monopole du négoce

<small>Commerce portugais</small>

<small>Commerce espagnol.</small>

étranger dans le port d'Amoy. Mais ce négoce, qui se bornait à l'échange de quelques cargaisons de riz envoyées de Manille, contre deux ou trois chargements de pacotille chinoise, eut toujours fort peu d'importance. Une colonie chinoise nombreuse et active réside, depuis deux siècles au moins, dans l'île de Luçon, où elle est assujettie à des règlements fort sévères. Ses besoins et ses ressources ont fait naître et alimentaient, en grande partie, le commerce d'échange dont nous venons de parler.

Commerce hollandais.

Inauguré, en 1655, par une ambassade qui fut accueillie dans la métropole impériale à force de générosité et de soumission, limité d'abord, en vertu d'une convention officielle, à l'envoi périodique de quatre navires qui devaient apporter en Chine, tous les huit ans, de nouveaux présents pour l'empereur, le commerce des Hollandais prit quelque essor à la suite de la restitution qu'ils firent, dix années plus tard, aux autorités indigènes de la cité d'Amoy, conquise par leurs armes sur le pirate Ko-ching-a. On le trouve bientôt relégué à Canton, où la Compagnie des Indes orientales[1] entretient un agent consulaire, et où il subsiste péniblement jusqu'en 1842, soumis aux entraves et aux humiliations que la méfiance du gouvernement impose à tous les négociants étrangers.

Commerces français et américain.

Elles ne furent épargnées ni aux Français qui entretinrent à Canton, depuis la fin du XVIe siècle, un consul et une factorerie assez active, mais qui n'envoyèrent jamais d'ambassade à Péking, ni aux Américains, dont les premiers efforts commerciaux en Chine datent seulement de 1784. Le cabinet de Washington avait constitué à Canton un agent consulaire qui ne parvint pas à entrer en relation officielle avec le gouvernement impérial.

1. Fondée à la Haye en 1602.

DE L'AGRICULTURE ET DU COMMERCE

Malgré les jalouses manœuvres des autorités portugaises, celui-ci, contraint par la force, avait permis, en 1837, à la puissante Compagnie des Indes de fonder une succursale à Canton. Les bâtiments qu'elle y avait envoyés furent sommés d'abord de reprendre le large et n'obtinrent l'autorisation de débarquer leurs marchandises qu'après avoir fait feu sur les forts de Bocca-Tigris. Le commerce britannique avait débuté en Chine par un coup de force. Il se maintint à Canton pendant les deux siècles qui précédèrent la conclusion des traités de Nanking, à travers mille difficultés et mille péripéties, prenant chaque année un nouvel accroissement; surveillé d'un œil méfiant et perfidement exploité par l'administration indigène; forcé par les circonstances à prendre une part plus ou moins directe à la contrebande de l'opium, et surmontant les périls de ce détestable trafic; tantôt suspendu, soit par l'ordre des autorités anglaises qui le contrôlent en le protégeant, soit par suite des exigences du gouvernement chinois; tantôt rétabli et reprenant avec courage le cours de ses brillantes affaires; associant d'ailleurs à ses revers ou à ses succès, comme les astres entraînent fatalement avec eux leurs satellites, le sort des négociants de tous les pays que leur fortune avait fixés à Canton. Les faits suivants, qui seront exposés plus loin avec quelque détail, dominent tous les événements de cette longue période.

Commerce anglais.

La Compagnie fait en vain d'énergiques tentatives, par l'expédition directe de navires marchands ou par l'envoi d'ambassadeurs à Péking[1], pour former des établissements de commerce dans les ports orientaux de la Chine. La première date de la fin du XVIIe siècle; elle eut lieu tant à Amoy qu'à Formose où régnait alors le pirate Kochinga. On y fonda des factoreries

Vaines tentatives de la Compagnie des Indes.

---
1. Missions de M. Flint en 1755, des lords Macartney et Amherst en 1792 et 1816.

dont la prospérité, d'abord brillante, ne fut pas moins éphémère que la fortune du fameux pirate. La dernière échoua en 1832.

Une commission de consul est envoyée, en 1699, au président du conseil de surveillance et de direction institué par la Compagnie à Canton. Ce dernier devient ainsi l'agent officiel de la couronne britannique.

<small>Exigences du gouvernement indigène.</small>

De nombreuses et intolérables exigences entravent sans cesse les affaires commerciales. Les droits de douane, toujours fort élevés, sont extrêmement variables. Le privilége de faire exclusivement le commerce avec les barbares et le soin de traiter avec les autorités locales toutes les affaires qui les concernent, sont confiés à un corps de marchands, le *Co-hong*, qui payent fort cher leur monopole. Ils sont tenus pour solidairement responsables de la conduite des étrangers vis-à-vis de leur gouvernement, et des dettes contractées par l'un ou plusieurs d'entre eux vis-à-vis des étrangers. Cette ingénieuse combinaison, dont profite largement le fisc impérial et qui épargne beaucoup de soucis à ses employés, amène mille difficultés et mille entraves. Elle est modifiée, en 1828, à la suite de nombreuses faillites, pour ce qui concerne la mutuelle responsabilité des marchands hongs envers le commerce étranger; mais ceux-ci conservent tous leurs priviléges jusqu'au nouveau régime inauguré par le traité de Nanking.

<small>Co-hong.</small>

<small>Suspensions du commerce.</small>

Les suspensions momentanées des relations commerciales, suspensions auxquelles ont recours tantôt les autorités indigènes, tantôt les agents anglais pour obtenir la réparation de leurs mutuels griefs, deviennent de plus en plus fréquentes et de plus en plus désastreuses à mesure que l'importance du commerce grandit.

<small>Institution d'un agent officiel.</small>

En 1834, les priviléges de la Compagnie ayant pris fin, le conseil institué par elle à Canton est remplacé par un comité de surveillance auquel le gouvernement britannique substitue, deux ans plus tard, un seul agent politique et commercial.

Cependant la contrebande de l'opium, qui avait pris naissance vers le milieu du xviiie siècle et qui versait à peine sur les côtes de l'empire, en 1767, 1,000 caisses de ce pernicieux narcotique, grandit et s'organise puissamment. Exercé d'abord par les Portugais, elle passe presque toute entière entre les mains des Anglais, dès qu'elle devient largement fructueuse. Ceux-ci établissent des entrepôts flottants, qu'ils nomment Receiving-ship, au fond des criques étroites et profondes qui découpent les côtes orientales de la Chine et repoussent, à coup de canon, les légitimes agressions de la douane impériale. Le gouvernement chinois essaie sincèrement, mais en vain, de prévenir par des mesures vigoureuses, l'introduction de l'opium, et rejette imprudemment les judicieux avis de l'un de ses fonctionnaires qui lui conseille d'en légaliser le trafic au profit du trésor, en le frappant de droits très-élevés[1]. La contrebande est, pour tous, une source de mille périls; les autorités anglaises encouragent, par une secrète tolérance, des abus qu'elles blâment et qu'elles désavouent publiquement; l'administration indigène les réprime mollement, soit que ses représentants fassent usage eux-mêmes du narcotique, soit que les fraudeurs achètent leur coupable connivence, ou bien sévit contre eux avec des redoublements de violence, quand elle reçoit de Péking des instructions plus sévères. Le commerce autorisé, souffre grandement d'une situation pleine d'embûches et d'incertitudes, qui entretient les esprits dans un perpétuel état d'alarmes, de méfiance et d'irritation. Elle prend un aspect plus sombre en 1830, après l'arrivée du commissaire impérial *Lin-tse-tsu*, honnête, mais

Contrebande de l'opium.

---

[1]. Le président de la cour des sacrifices *Hu-nai-tsi* qui avait rempli à Canton les fonctions de juge et de commissaire des sels.

inflexible exécuteur des instructions de son souverain. Ses injonctions n'ayant pas été ponctuellement obéies, malgré le bon vouloir du surintendant Elliot, il se fait livrer, par menace et par violence, tout l'opium que renfermaient les Receiving-ships. 20,000 caisses lui sont remises et leur contenu est entièrement détruit par ses ordres. Les résidents anglais se réfugient à Macao et à Hong-kong. La querelle s'envenime ; le commerce britannique est rigoureusement interdit sous tous les pavillons, et la guerre est déclarée.

Deuxième période historique (1842-1858).

Avantages obtenus par les traités de 1842 et de 1844.

L'admission des étrangers dans quatre nouveaux ports : *Amoy*, *Fou-tchéou*, *Ning-po* et *Shang-haï* ; — la réglementation d'un tarif établissant [1], pour les navires anglais, une taxe uniforme de 5 maces par tonneau, et pour les marchandises des droits qui dépassaient très-rarement 5 pour 100 ad valorem ; — la délimitation, autour des cinq ports, d'une zone assez étendue, dans laquelle les résidents étrangers pourraient circuler librement, et, dans cette zone, de certains espaces sur lesquels ils pourraient faire, en invoquant au besoin, l'appui des autorités locales, des acquisitions foncières ou se construire des demeures [2] ; — la suppression des Hongs et des linguistes dont l'intermédiaire obligé était une source de mille désagréments et de mille entraves ; — l'organisation du pilotage ; — l'assimilation hiérarchique des fonctionnaires chinois aux fonctionnaires britanniques et, par conséquent, l'abolition des priviléges offensants que s'étaient réservés les autorités indigènes ; — la concession, en toute propriété, de Hong-kong à la couronne d'Angleterre ; — en un mot, le commerce anglais affranchi, étendu, fixé, protégé : — tels furent les fructueux avantages stipulés par la convention de Nan-

1. Publié le 22 juillet 1840.
2. C'est ce qu'on appelle les concessions étrangères.

king du 22 août 1842, le tarif qui y fut annexé l'année suivante et le traité supplémentaire du 8 octobre 1843. Ces importants résultats auxquels participèrent la France et les États-Unis par des actes diplomatiques signés en 1844, furent obtenus à la suite d'événements militaires qui s'étendirent successivement à Canton, Amoy, Tchousan, Ningpo, Chang-haï, Tchin-kiang, Nanking et eurent une durée de deux ans. On remarqua, comme un fait étrange qui semble particulier à la Chine et qui s'est renouvelé depuis, qu'ils exerçaient sur les habitudes de la population une influence purement locale, et qu'aussitôt le départ des belligérants, elle reprenait à Canton avec les négociants anglais, sur le lieu même où la lutte avait pris naissance et pendant qu'elle durait encore, ses relations commerciales accidentellement interrompues, soit qu'elle se considérât comme étrangère aux querelles de son gouvernement, soit plutôt que celui-ci cherchât à décliner à ses yeux, en facilitant la reprise des affaires, la responsabilité des tragiques événements dont la guerre était la cause.

Indifférence des populations aux événements politiques.

Pendant la période pacifique de quatorze années qui les suivit, le nouveau régime, glorieusement inauguré par la convention de Nanking, porta ses fruits et communiqua au négoce extérieur de l'empire la plus féconde impulsion. A peine cette ère de paisible prospérité que termina fatalement en 1857, la ridicule affaire de l'Arrow, et durant laquelle le commerce du thé et de la soie prit un merveilleux développement, fut-elle inquiétée ou interrompue par les événements de l'insurrection, les déloyales manœuvres de la contrebande, les exigences des autorités. On organisa le trafic de l'opium sur une large échelle. De nombreux receiving-ships furent construits et solidement ancrés dans de bons mouillages, soit un peu en dehors et comme sous la protection des ports ouverts par les

Développement du commerce des thés, des soies et de l'opium.

traités, soit dans la rade de *Soua-tao*[1] qui devint un des centres les plus actifs de cet odieux commerce. Partout les revendeurs chinois vinrent s'y approvisionner ouvertement, et les autorités locales vendirent sans pudeur leur connivence avec ces déplorables abus sur lesquels le gouvernement ferma presque complétement les yeux, impuissant qu'il était à les réprimer. En 1854, plus de 65,000 caisses d'opium furent débarquées sur les côtes de l'empire.

Au reste, si les conventions conclues avec la Chine, avaient organisé et régularisé son commerce extérieur, elles n'avaient pas réformé les habitudes corrompues de son administration douanière. Dans tous les ports, les négociants étrangers purent exercer sous main la contrebande et frauder en partie les droits, toutes les fois qu'imposant silence à d'honorables scrupules, ils ne craignirent pas de faire appel à la vénalité des employés chinois. Quelques-uns d'entre eux se refusèrent toujours à profiter de ce triste et facile avantage; les autres l'exploitèrent avec une ardeur plus ou moins timide, et de son côté, la douane indigène n'accueillit pas toujours leurs propositions avec la même faveur. Pour mettre fin à ces conditions inégales qui décourageaient partout la libre et loyale concurrence, les représentants des puissances étrangères eurent recours, en 1854, à une très-ingénieuse combinaison qui couvrit leur propre responsabilité et mit fin aux frauduleuses manœuvres du négoce illicite, en même temps qu'elle procura au fisc impérial de précieuses ressources. Il fut convenu que la douane indigène, tout en restant soumise à la direction supérieure des autorités chinoises, fonctionnerait à l'avenir, dans les ports

---

1. Soua-tao est le port de Tchang-tchéou-fou, l'une des grandes villes du Fokien et des plus importantes cités de l'empire.

ouverts par les traités, sous la surveillance immédiate d'inspecteurs européens dont l'investiture émanerait toute entière du gouvernement chinois, mais dont le choix serait désigné à ce gouvernement par les légations étrangères. L'expérience de cette importante mesure, dont les autorités anglaises avaient pris l'habile initiative, eut lieu d'abord à Shang-haï avec un grand succès. Ainsi que nous le verrons plus loin, elle fut consacrée, régularisée et complétée après les conventions de 1858, par les actes internationaux qui en furent la conséquence.

Grâce aux avantages particuliers qui résultent pour elle de son climat, des mœurs paisibles de sa population, avant tout de sa position privilégiée à l'entrée du grand fleuve et non loin des districts qui produisent en abondance le thé et la soie, la ville de Shang-haï profita largement du régime établi par les traités et vit bientôt sa prospérité commerciale prendre un prodigieux essor (page 56). Les habiles et audacieux marchands qui exploitaient son marché, secondés par la prudence et la vigilance de leurs consuls, surent mettre à profit toutes les situations, toutes les circonstances. En 1853, une troupe d'impurs brigands ayant occupé la ville, leurs opérations commerciales n'en furent point interrompues. D'une part, les douanes ne pouvant plus fonctionner, ils signèrent, sous le nom de *Back duties*, des engagements dont la valeur rétrospective fut par la suite plus ou moins méconnue ; de l'autre, la neutralité des nations étrangères ayant été sagement proclamée entre le gouvernement impérial et l'insurrection, ils n'hésitèrent pas à l'enfreindre en vendant fort cher aux bandits qui tenaient Shang-haï des vivres, des armes et des munitions[1]. Cinq ans plus tard, quand le voisinage

Situation commerciale de Shang-haï.

---

[1]. Quelques négociants s'abstinrent honorablement de ce trafic illégitime. La plupart des maisons américaines y prirent une part active.

d'une division rebelle vint mettre en danger leurs intérêts mercantiles, ils obtinrent que cette même neutralité fût violée au profit du gouvernement mantchou et que l'ennemi commun fût repoussé par les canons européens. En 1845, le port de Shang-haï recevait 87 navires de commerce sous pavillons divers et le chiffre total du commerce étranger atteignait 134 millions et demi de francs. Dix ans plus tard, à l'époque même où l'insurrection entravait déjà la libre circulation des marchandises, ce commerce faisait pour 200 millions d'affaires et était alimenté par 600 navires de toute provenance, dont 350 au moins portaient les couleurs anglaises.

De Canton. A mesure que le mouvement des transactions devenait plus actif à Shang-haï, il diminuait proportionnellement à Canton. Obéissant à sa pente naturelle, le courant des affaires commerciales abandonnait progressivement la direction factice que la méfiance du gouvernement impérial leur avait imprimée depuis plusieurs siècles. Le revirement s'opéra sans doute avec lenteur puisqu'il faisait violence à la tenacité des habitudes traditionnelles du négoce indigène, mais il n'en suivit pas moins une progression irrésistible. Il faut remarquer d'ailleurs que, ni les habitants de la capitale des deux Kouang, ni son administration ne firent rien pour l'arrêter. Pendant que les marchands de tous les pays s'établissaient librement sur les concessions qui avoisinent Shang-haï et y construisaient d'agréables demeures entourées de jolis jardins, Canton fermait obstinément ses portes et l'accès de sa banlieue aux prisonniers des factoreries. Son port et celui de Whampou qui avaient accueilli 306 navires en 1845, en recevaient 395 dix ans plus tard, mais le chiffre du commerce britannique y tombait, durant cette même période, de 157 à 32 millions de francs.

Shang-haï ne fut pas seule à profiter de cette décadence : Amoy et Ningpo en tirèrent également parti. On peut évaluer à 50,000,000 de francs la valeur annuelle du trafic étranger dans le premier de ces deux ports auquel abordèrent, en 1856, 491 navires de tous pays, tandis que 73 seulement y étaient entrés dix ans auparavant. Les exportations, durant cette période décennale, y avaient décuplé, et les importations ne s'y étaient accrues que d'un quart, bien que Manille continuât à lui envoyer beaucoup de riz. Ce fut dans les environs d'Amoy que prit naissance l'émigration destinée à fournir des travailleurs aux mines de Cuba et du Pérou. Elle donna lieu, comme nous le verrons plus loin avant qu'elle fût sévèrement réglementée, à d'odieux abus de toute sorte et à de sanglantes émeutes. Rigoureusement proscrites par l'administration locale, ces lucratives opérations s'organisèrent dans les ports du sud; on les vit bientôt fonctionnant au milieu de mille dangers, sous la surveillance plus ou moins stricte ou avec le concours plus ou moins intéressé des autorités anglaises, françaises, portugaises, espagnoles, péruviennes, à Souatao, Hong-kong, Macao, Cam-sing-moun[1], Whampou.

Ningpo vit comme Amoy décupler en dix ans l'importance de ses transactions commerciales avec l'étranger. Ces transactions qui se traduisaient en 1845 par la modeste somme de 800,000 francs, alors que le premier port du Tché-kiang recevait seulement deux navires anglais, dépassaient 8,000,000 en 1855. L'année suivante, 196 bâtiments, portant le pavillon britannique, franchissaient les passes de Tchin-haï.

Quant à *Fou-tchéou* qui paraissait destiné en 1842, en

1. *Cam-sing-moun* est une baie située à cinq lieues nord de Macao.

raison du voisinage des monts *Bohea*, à devenir l'entrepôt de la plupart des thés noirs exportés par la Chine, mais que les dangers maritimes de ses abords, les turbulentes habitudes de sa population, l'orgueil méfiant de ses autorités avaient tenu pendant neuf ans presque hermétiquement fermée aux aventureuses entreprises du commerce européen, il dut, avant tout, aux succès de la rébellion le développement de ses ressources naturelles. Le thé des Bohéa prit nécessairement, en 1853, les routes fluviales qui aboutissent à son port, du moment où les bandes dont le pays était infesté lui fermaient les chemins de Canton et de Shang-haï, et le nouveau trafic qu'une circonstance fortuite avait fait naître, s'est rapidement accru sous l'influence des conditions normales qui le favorisent. 148 bâtiments de diverses nations jetaient l'ancre en 1856 sur la rade de Fou-tchéou, où 8 navires étrangers avaient paru seulement en 1845. On évalue à 100 millions de livres dont la plus grande partie aurait été chargée en contrebande, la quantité de thés noirs que ses négociants exportèrent l'année suivante. En même temps le trafic des cotonnades s'organisait, et l'administration indigène autorisait, à titre de tolérance toute exceptionnelle et d'expédient fiscal, l'introduction de l'opium qu'elle imposait sagement comme les autres marchandises.

<small>Consulats et stations navales.</small> Pour protéger, surveiller et diriger au besoin leurs relations commerciales avec l'Empire du Milieu, les grandes puissances maritimes ont établi successivement des consuls ou des agents consulaires dans les cinq ports ouverts par les traités, et y ont constamment entretenu des stations navales. Plus intéressée que les autres au <small>Prospérité de Hong-kong.</small> développement prospère de ces relations, soit par la grande importance de son commerce, soit par le voisinage presque immédiat de son empire des Indes, guidée, en un mot, par les traditions du passé et les espérances

de l'avenir, l'Angleterre a pris, dans ces parages, la situation prépondérante que lui destinait d'ailleurs son rôle de puissance victorieuse. Le traité de Nanking lui avait cédé l'île de *Hong-kong* en toute propriété. Là, malgré les difficultés sans nombre que présentaient des rives abruptes, rocheuses et dépourvues de plage, une grande ville s'est élevée comme par magie en face d'une belle et vaste rade admirablement abritée, et le génie colonial de l'Angleterre a établi un port franc qui est devenu le centre de tout le mouvement maritime de ces parages. Ce port qui possède un bel arsenal, des magasins d'approvisionnements, des chantiers et des ateliers de toutes sortes, qui est le point de départ d'une nombreuse émigration pour la Californie, l'Australie, les Antilles et qui communique fréquemment, soit par les nombreux steamers de la compagnie péninsulaire orientale, soit par des vapeurs appartenant à des entreprises particulières, avec l'Europe, l'Amérique, les Indes et tous les points importants du littoral chinois, recevait, en 1857, plus de 1,000 navires jaugeant ensemble 517,000 tonneaux. Le gouverneur de la nouvelle colonie fut revêtu des fonctions diplomatiques de plénipotentiaire, et chargé, en qualité de surintendant du commerce, de la direction des cinq consulats anglais. Celui de Shang-haï ne tarda pas à prendre une extrême importance. Les intérêts des résidents groupés à l'ombre de son pavillon, sur les terrains de la concession anglaise où ils avaient construit des maisons et des magasins, devinrent assez sérieux et assez complexes pour que l'on jugeât utile de les autoriser à élire, sous la présidence du consul, un corps municipal auquel fut confiée la fixation d'un budget destiné à fournir les dépenses communes de police et d'embellissement, d'entretien des quais et des routes. Bientôt la communauté qui séjournait sur la concession française adopta une organisation

Municipalités étrangères à Shang-haï.

492   L'EMPIRE DU MILIEU

semblable. On leva des taxes locales dont l'abondance et la régularité facilitèrent des améliorations de tout genre. Il y eut, sur les vastes terrains situés à l'est de Shang-haï, trois petites villes administrées par des conseils municipaux et gouvernées politiquement par des consuls.

Représentation diplomatique.

La représentation suprême de la France, des États-Unis et du Portugal, fut également confiée à des plénipotentiaires qui eurent mission de surveiller leurs consuls nationaux. La légation de France s'établit à Macao où les autorités portugaises l'accueillirent avec beaucoup d'empressement et de courtoisie. Celle des États-Unis résida un peu partout. Le gouverneur de Macao était revêtu comme celui de Hong-kong de la plénitude des pouvoirs diplomatiques. L'Espagne se fit représenter par un consul général qui vint, comme le ministre de France, habiter Macao.

Répression de la piraterie.

En diverses circonstances, les commandants des stations maritimes rendirent d'éminents services au cabotage indigène aussi bien qu'à leurs nationaux en combattant énergiquement le fléau de la piraterie. La station navale anglaise, plus nombreuse que celles des autres puissances et possédant de plus petits navires, accomplit, presque seule, cette belle et utile mission à laquelle les lorchas de guerre du Portugal prirent néanmoins une part honorable. Péniblement déchue du grand rôle qu'elle jouait dans ces parages il y a deux siècles, Macao n'est pourtant pas restée inactive en face du mouvement commercial dont elle ne pouvait contempler, sans un légitime sentiment de regret et d'envie, les magnifiques progrès. Un décret de la reine dona Maria lui octroya, le 20 novembre 1845, les priviléges dont jouissent les ports francs. Il est probable que si le gouvernement portugais, moins docile aux impérieuses exigences du cabinet de Péking, les lui eût accordés cinq ans plus tôt,

Situation commerciale de Macao.

au moment où les négociants de tous les pays, chassés de Canton, cherchaient à rallier leurs espérances à l'ombre d'un pavillon protecteur, Hong-kong n'eût pas eu sa brillante destinée. En 1855, Macao possédait 176 navires, dont 3 vapeurs et 172 lorchas jaugeant ensemble 13,500 tonneaux et portant 1,032 canons. La même année, ses deux ports recevaient, sous pavillons divers, 308 bâtiments étrangers mesurant 47,388 tonneaux. La plupart venaient débarquer des passagers ou faire des approvisionnements; 70 avaient des chargements de riz; quelques-uns ont embarqué des coulis; beaucoup sont repartis sur lest. Le commerce purement chinois dont on ignore la valeur exacte, avait encore à cette époque de l'importance et de l'activité.

En résumé : la conclusion des traités anglais, français, américains et la concession des priviléges stipulés par ces actes internationaux ; — l'établissement des représentations diplomatiques et consulaires, ainsi que des stations navales ; — le prodigieux essor imprimé au commerce des thés et des soies ; — le pacifique développement de la contrebande ; — la paisible progression du trafic de l'opium qui fut autorisé dans les derniers temps à Fou-tchéou ; — le commerce des thés noirs fondé dans cette dernière ville ; — la décadence du marché commercial de Canton au profit de Ningpo et d'Amoy; — la magnifique prospérité de Shang-haï ; — la construction de Hong-kong et sa rapide fortune ; — le concours des puissances étrangères à la répression de la piraterie ; — la neutralité plus ou moins scrupuleuse de ces puissances entre le gouvernement légitime et l'insurrection ; — la fréquence des périlleuses entreprises auxquelles donna lieu l'expédition des coulis chinois ; — l'institution des inspecteurs étrangers de la douane chinoise ; — l'installation à Shang-haï des

Principaux faits de la deuxième période commerciale.

municipalités étrangères ; — tels furent les principaux faits de la seconde période commerciale qui sépare 1842 de 1858.

<small>Troisième période historique commençant en 1858.</small>

<small>Nouvelles concessions consacrées par les traités de 1858 et de 1860.</small>

Les traités conclus en 1858 et 1860 avec l'Empire du Milieu, y ont ouvert de vastes perspectives au commerce étranger. Ils ont consacré en sa faveur de nouveaux priviléges, des garanties plus sérieuses, et stipulé à son profit d'importantes compensations pour les dommages dont il avait eu à souffrir pendant la durée de la guerre.

En vertu de ces traités et des actes qui les complètent[1], les avantages précédemment obtenus sont pleinement confirmés ;

Des indemnités considérables, au payement desquelles on affecte certaines parties du revenu des douanes, sont stipulées en faveur des négociants anglais, français et américains[2] ;

Treize nouveaux ports sont ouverts, à savoir : *Tien-tsin, Nieou-tchouang, Tang-tchao, Soua-tao* sur les côtes orientales du continent asiatique; *Kiloung, Taï-ouan-fou, Ta-sui, Ta-kao,* dans l'île de Formose ; *Kioung-Tchao,*

---

1. Les plus importants de ces actes sont : les nouveaux tarifs annexés au traité ; — la convention de 1858 qui légalise l'importation de l'opium ; — celle qui fixe les conditions du commerce étranger dans les ports du Yang-tze-kiang ; — les règlements que MM. Parkes et d'Aboville ont élaborés à Canton, de concert avec les autorités locales, au sujet de l'émigration chinoise à bords des bâtiments anglais et français ; — le décret impérial qui sanctionne et organise, en 1861, l'établissement de l'inspectorat étranger des douanes chinoises ; — celui qui ouvre (1864) deux nouveaux ports à Formose.

2. Un cinquième du revenu total de toutes les douanes de l'empire fut affecté à l'acquittement des indemnités anglaises et françaises. L'indemnité américaine dut être couverte par une retenue de 1/10e seulement sur les droits de tonnage payés par les bâtiments de commerce des États-Unis. Ces engagements furent scrupuleusement tenus par le gouvernement chinois.

dans celle de Haï-nan ; *Tchin-kiang*, *Nanking*, *Kiou-kiang* et *Han-kéou*, sur les rives du Yang-tze ;

Les sujets des puissances contractantes peuvent y former des établissements sous la protection d'un consul, et la sûreté de leurs personnes, aussi bien que la liberté de leurs actions, y sont efficacement garanties ;

Munis de passe-ports dûments visés par les agents de l'administration indigène, ils sont libres de circuler dans tout l'empire ;

En temps de guerre le commerce ne peut être interdit aux neutres ;

La contrebande est punie dans tous les cas par la confiscation ;

Le droit de tonnage est réduit à 4 maces pour les navires qui mesurent plus de 150 tonneaux, et à 1 mace pour ceux dont la jauge est moindre ;

Les caboteurs qui ne transportent point de marchandises sujettes aux droits de douane en sont exempts ;

Aucun navire n'y peut être soumis plus de trois fois dans une même année tant qu'il ne quitte pas les eaux de la Chine ;

Les dispositions du tarif sont aussi plus libérales ;

Toute charge ou rétribution quelconque, autre que la taxe douanière et le droit de tonnage, est absolument supprimée ;

Les droits de transit ne doivent pas dépasser 2 et demi pour 100 *ad valorem*, et peuvent être acquittés en une seule fois au lieu de l'expédition ;

L'introduction de l'opium est autorisée moyennant un droit fixe de 30 taëls (240 francs environ) par pécul ;

Les monopoles qui imposaient aux négociants le concours souvent inutile et toujours chèrement payé de certaines corporations, sont abolis ;

De sages dispositions sont prises pour éviter les conflits de juridiction et faciliter le mutuel recouvrement des créances;

Des mesures uniformes, préalablement vérifiées, seront déposées aux consulats afin qu'aucune contestation ne puisse avoir lieu relativement au poids des marchandises et au titre de la monnaie;

Partout où le besoin s'en fera sentir, on réglementera de concert le pilotage, on s'entendra pour établir des bouées et des phares;

La liberté de l'émigration est reconnue; des règlements protecteurs, librement consentis, préviendront désormais les tristes abus auquel a donné lieu l'embarquement clandestin des coulis chinois;

Pour assurer le maintien des relations si heureusement établies, les diplomates étrangers ont le droit de résider dans la capitale de l'empire;

Le service de l'inspectorat étranger des douanes indigènes est définitivement et officiellement organisé par un décret impérial rendu au mois de mars 1861; il comprend un inspecteur général largement rétribué et entretenant des relations directes avec Péking, des inspecteurs de 1re et de 2e classe dont chacun est chargé de la surveillance immédiate de l'un des ports de commerce et, en outre, un personnel étranger considérable qui ne compte pas moins de 200 employés.

Avantages commerciaux concédés en outre à la Russie. Admise à profiter de tous ces avantages comme ayant droit au traitement de la nation la plus favorisée, la Russie a stipulé en outre, au profit de son commerce national, qu'un courrier partirait tous les mois de Péking pour Pétersbourg, et que des envois de marchandises expédiées quatre fois par an, mettraient en communications régulières Kiachta et Péking.

Résultats de ces concessions. La plupart de ces heureuses innovations ont porté leurs fruits. Si le commerce extérieur, cédant aux influences que nous avons signalées plus haut[1], déchoit progressivement à Canton, il s'est maintenu à Shanghaï, notablement accru à Soua-tao, Amoy, Ningpo, Fou-tchéou, fondé et sensiblement développé à Nieou-tchouang[2], en Mantchourie, à Tien-tsin, Tang-tchao[3], aussi bien que dans les ports du Yang-tze et à Formose[4].

Canton trafique principalement à l'*importation* : sur l'opium, les lainages, les cotons étrangers et indigènes, les métaux ;

Opérations commerciales des différents ports.

Et à l'*exportation* : sur les thés, les soieries, les sucres et la casse.

Shang-haï, à l'*importation* : sur l'opium, les cotons, les lainages, les métaux, le riz, le sucre, le papier, la porcelaine, l'indigo, les huiles, le tabac, la houille ;

Et à l'*exportation* : sur les thés, les soieries, les cotonnades.

---

1. L'ouverture des ports orientaux a été la cause primitive et déterminante de la décadence du marché de Canton. Il convient d'ajouter à cette cause le transport direct dans les grandes villes de la Chine centrale, par la voie du Yang-tze-kiang, des marchandises qui y parvenaient autrefois par la voie de Canton.

2. Niéou-tchouang, dont le port, comme celui de Tien-tsin, est fermé par les glaces, pendant l'hiver, ne possédait, en 1864, que trois maisons étrangères, mais il avait admis, cette même année, 300 navires de tout tonnage sous divers pavillons. Les mœurs des populations environnantes, leurs conditions agricoles et industrielles ne semblent pas promettre un brillant avenir à ce nouveau marché.

3. *Tang-tchao*, appelé plus communément Tché-fou, du nom de la petite ville qui lui sert de port, est située plus favorablement que Niéou-tchouang. Sa rade ne gèle jamais. Il est probable qu'il absorbera une grande partie du commerce maritime de ces parages.

4. *Formose*, où la vigilante et habile intervention de l'un des agents supérieurs des douanes, M. le baron de Méritens, a obtenu, l'année dernière, l'ouverture de deux nouveaux ports : *Ta-kao*, au sud, et *Kilong*, au nord, possède des mines de soufre et de houille encore inexploitées, dont les produits offriraient d'abondantes ressources au commerce d'exportation. Elle importe aujourd'hui un peu d'opium et de coton. Les chargements de retour y font défaut.

Souatao, à *l'importation :* sur l'opium, le coton, les pois et les fèves;

Et à *l'exportation :* sur les sucres et le tabac.

Amoy, à *l'importation :* sur l'opium, le coton, le riz et les fèves;

Et à *l'exportation :* sur les thés et les sucres.

Ningpo, à *l'importation :* sur l'opium, les cotons, les riz;

Et à *l'exportation :* sur les thés verts, les soies écrues et les cotons.

Fou-tchéou, à *l'importation :* sur l'opium, les cotons, les lainages, les soieries, le tabac;

Et à *l'exportation :* sur les thés noirs et le papier.

Niéou-tchouang, à *l'importation :* sur l'opium;

Et à *l'exportation :* les pois et les fèves.

Tien-tsin, à *l'importation :* sur l'opium, les laines, le coton, le sucre, les soieries, le thé;

Et à *l'exportation :* sur les drogues, les cotons, le tabac.

Tang-tchao, à *l'importation :* sur l'opium, les cotons, le sucre, les soies, le papier;

Et à *l'exportation :* sur les cotonnades, les pois et les fèves, les pâtes alimentaires.

Kiou-kiang, à *l'importation :* sur l'opium, le sucre, le coton;

Et à *l'exportation :* sur les thés, le papier, la porcelaine et le tabac.

Han-kéou, à *l'importation :* sur l'opium, les lainages, les cotons, les soieries, les sucres;

Et à *l'exportation :* sur les thés, les cotons, les huiles, le suif végétal, le tabac.

Comme sous le régime des traités de 1842, l'importation est alimentée principalement par l'opium, les cotonnades, les lainages, le riz; et l'exportation par les soies et les thés. Dans les tables commerciales que l'inspectorat des douanes a publiées l'année dernière, nous voyons figurer

A l'importation : **Principales importations en 1864.**
   L'opium pour. . . . 226,000,000 de fr. environ[1].
   Les cotons pour. . . 100,000,000
   Les lainages pour. . 63,000,000
   Le riz pour. 68,000,000
Et à l'exportation : **Principales exportations en 1864.**
   Les soies et soieries . 114,000,000
   Les thés pour. . . . 330,000,000

Sur les rives du Yang-tzé, Kiou-kiang et Han-kéou (le grand emporium de la Chine centrale) ont concentré, jusqu'à ce jour, les efforts du commerce étranger. Il ne s'est établi encore ni à Nanking, à peine délivré du joug des rebelles, ni à Tchin-kiang, où ses nombreux navires à voile et à vapeur sont tenus de faire station pour accomplir les formalités que leur imposent les règlements. Il prendra, sans aucun doute, un élan vigoureux lorsque l'œuvre de la pacification des provinces environnantes sera terminée, lorsque leurs populations laborieuses pourront, de nouveau, se livrer sans méfiance aux travaux de la culture et de l'industrie. Déjà les riches marchands indigènes que l'insurrection avait mis en fuite, reviennent à Han-kéou et y rouvrent leurs comptoirs. La navigation du grand fleuve entre cette ville et Shang-haï est devenue remarquablement active. Depuis trois ans, l'importance du négoce étranger de Kiou-kiang et de Han-kéou [2] s'est grandement accrue. Elle est représentée en 1864 par des chiffres considérables : 56,000,000

---

[1]. Il en a été introduit également de notables quantités par la contrebande.

[2]. En 1864, cent cinquante étrangers, dont cent trois anglais, vingt-trois américains, quinze français et neuf russes, y étaient établis et quatre banques étrangères y entretenaient des succursales.

de francs pour le premier de ces ports, — 192,000,000 pour le second.

Établissements consulaires.

Dans toutes les villes maritimes dont font mention les traités, sauf à Kioun-tchao où les affaires commerciales sont restées exclusivement, jusqu'à ce jour, entre les mains des indigènes, un agent supérieur de l'inspectorat surveille l'administration des douanes et des établissements consulaires protégent les intérêts mercantiles des puissances maritimes [1].

Régime actuel de l'inspectorat.

Secondé par l'utile concours de 7 ou 8 bâtiments bien armés dont les équipages sont en partie européens et parmi lesquels figurent quatre navires à vapeur, l'inspectorat réprime partout la contrebande et combat efficacement la piraterie qui est encore le plus grand fléau des mers chinoises. Nul doute que cette sage institution, en mettant fin aux conditions inégales qui décourageaient autrefois le commerce honnête, et en fournissant à l'empire des ressources précieuses par leur abondance et leur régularité, ne soit destinée à rendre d'éminents services tant à la Chine qu'aux nations étrangères, si le cabinet de Péking a le bon sens de n'en point prendre ombrage et de la maintenir.

Régime actuel de l'émigration.

L'émigration chinoise, qui avait donné lieu à de si déplorables et fréquents abus, fonctionne sans entrave dans la capitale du Kouang-tong, où les nouveaux rè-

1. *L'Angleterre* entretient partout des consuls, sauf à Kioun-tchao et dans les deux ports récemment ouverts à Formose;

Les États-Unis sont également représentés dans tous les ports, excepté dans ceux de Formose et à Kioun-tchao;

La France entretient un consul général à Shang-haï, des consuls à Canton, Ningpo, Han-kéou, Tien-tsin, Hong-kong, et des agents consulaires à Fou-tchéou et Amoy;

La Russie : un consul général à Shang-haï, un consul à Tien-tsin, des agents consulaires dans les autres ports.

La direction des consulats et des agences est confiée aux plénipotentiaires qui représentent ces diverses puissances auprès du cabinet de Péking.

glements concentrent ses opérations. Ces abus se sont évanouis devant la stricte surveillance à laquelle se soumettent réciproquement les agents étrangers et les autorités indigènes. Une seule des conventions récemment élaborées, celle qui impose au commerce l'usage de toutes les monnaies européennes dont on a minutieusement établi les valeurs respectives par rapport au taël chinois, est demeurée lettre morte. Elle n'a pu triompher jusqu'ici des vieilles coutumes. Dans les ports du sud, les négociants continuent à se servir des piastres espagnoles et mexicaines, tandis qu'à Shang-haï et dans les villes du nord, le taël est resté l'unique instrument des échanges.

<small>Monnaies dont fait usage le commerce étranger.</small>

On connaît d'ailleurs les nombreuses ressources que l'organisation du crédit européen et la navigation à vapeur procurent, en Chine, au commerce étranger. Plusieurs établissements considérables, entre autres : l'*oriental Bank*, le *commercial Bank*, le *Hong-kong and Shang-haï limited Bank*, ont leur siége à Hong-kong et des succursales ou des agents dans tous les ports. Shang-haï est mis en communication tous les mois avec le continent européen par trois services réguliers, dont deux sont accomplis par les magnifiques bâtiments de l'*oriental and Peninsular company*, et le troisième par les beaux navires de nos *messageries impériales*. Les vapeurs anglais de la compagnie touchent, soit à l'aller soit au retour, à Souatao, Amoy et Fou-tchéou. Aucun service public ne fonctionne aujourd'hui entre Shang-haï et les ports septentrionaux, mais des steamers, appartenant à des entreprises particulières, sillonnent, tous les jours, l'embouchure du fleuve des Perles entre Canton et Hong-kong et transportent, trois fois par semaine, les passagers et les marchandises, soit entre Hong-kong et Macao, soit entre Macao et Canton. L'ambition croissant avec le succès, les négociants étrangers rêvent, de-

<small>Ressources du crédit commercial et des transports maritimes.</small>

puis quelques années déjà, la construction de plusieurs chemins de fer et l'établissement de la télégraphie électrique. Si, comme on l'assure, les populations du littoral, aisément converties par l'instinct de leurs intérêts personnels, ne doivent pas s'y montrer hostiles, il n'est point douteux que la jalousie des lettrés et la méfiance du gouvernement repousseront systématiquement ces belles innovations si périlleuses pour leur prestige[1].

Afin de compléter les renseignements que nous venons d'exposer sur le commerce extérieur de l'Empire du Milieu, nous terminons ce chapitre par une série de tableaux, dont les données statistiques et comparatives feront succinctement connaître la nature, l'importance, les progrès des échanges qui alimentent le trafic du peuple chinois avec les nations civilisées.

---

1. L'inspecteur en chef des douanes de Fou-tchéou, M. le baron de Méritens, avait établi entre ses bureaux et l'île Pagode, un télégraphe électrique qui fonctionnait plusieurs fois par jour, à la satisfaction apparente des autorités provinciales. Revenu à Paris l'année dernière, en vertu d'un congé, il apprit qu'aussitôt après son départ la jalousie des lettrés de Fou-tchéou avait fait passer cet utile appareil pour une invention du diable et qu'on venait d'en rompre les fils.

TABLEAU N° 1

Désignant par ordre alphabétique les objets qui alimentent principalement le commerce d'importation, ainsi que les lieux de provenance.

DÉNOMINATION DES OBJETS	LIEUX DE PROVENANCE	OBSERVATIONS
Agar-Agar.	Archipel indien.	Gelée compacte extraite du *gigartina tenax* (fucus marin), employée comme apprêt pour le papier qu'elle rend imperméable et transparent, et comme comestible. Il vaut de 6 à 12 fr. le picul, et la Chine en reçoit environ 500 piculs (30,000 kilos) par an.
Ambre.	Archipel indien.	Trois espèces : le gris, qui est le plus pur et qui est employé par la médecine chinoise ; le blanc jaunâtre et le noir dont on fait des colliers pour les costumes de cérémonie. L'ambre noir est probablement fabriqué. Le gris et le jaune sont recueillis près des côtes indiennes. Il flotte à la surface de la mer ; sa consistance ressemble à celle de la cire. Soumis à l'action de la chaleur, il se ramollit et exhale une odeur musquée. La Chine le paye fort cher et n'en reçoit que de petites quantités.
Assa-fœtida.	Indes.	Gomme-résine, extraite par incision de certaines plantes ombellifères de l'Asie occidentale. Nombreux usages en médecine ; guérissant, dit-on, les fumeurs d'opium.
Acier.	Europe.	Importé en petite quantité.
Acajou.	Amérique.	Employé en général à l'état massif ; les menuisiers chinois, qui sont en même temps ébénistes, ne sachant pas bien plaquer.
Arec.	Indes.	La noix d'arec, appelée aussi noix de bétel, parce qu'on la mâche ordinairement avec la feuille du poivre bétel, arrive en Chine desséchée et dépouillée de sa coquille. Le bétel croit sur les côtes méridionales de l'empire. Avant de mâcher ses feuilles, les Chinois les recouvrent d'une couche de gambier qu'ils teignent en rouge avec du cinabre.

DÉNOMINATION DES OBJETS	LIEUX DE PROVENANCE	OBSERVATIONS
Biche de mer.	Archipel indien.	Limace de mer que l'on prend dans les récifs de l'Archipel indien. Elle atteint quelquefois un pied de longueur; on la sèche et on la fume avant de l'expédier. La cuisson l'enfle et la ramollit. Très-recherchée à cause de ses propriétés toniques et excitantes, le *Bicho-do-mar*, appelé *Tripang* par les insulaires, est l'objet d'un grand commerce. Les Chinois en comptent trente espèces. Sa valeur varie entre une piastre et demie et quatre-vingts piastres le picul.
Bezoards.	Indes.	Calculs biliaires et urinaires de certains ruminants dont les médecins chinois font le plus grand cas.
Benjoin.	Iles de la Sonde.	Baume résineux extrait d'un arbuste appelé *styrax benzoin*. On le brûle comme encens dans les temples. Importé sous forme de gâteaux.
Cotons en laine.	Indes et États-Unis	On estime la quantité de cotons en laine importée annuellement des Indes et de l'Amérique à 45 millions de kilog.
Tissus de coton.	Angleterre, États-Unis, Russie.	La valeur annuelle des cotonnades (calicots, percales, jaconas blancs, teints, imprimés) que l'Angleterre et les Indes fournissent à la Chine dépasse 40,000,000 de francs. Elle en reçoit aussi beaucoup de l'Amérique. La Russie lui vend, chaque année, à Kiachta, des velours de coton pour 5 ou 6 millions de francs. Quant à la France, dont la fabrication est meilleure, mais plus coûteuse que celle de l'Angleterre, elle n'a encore importé en Chine qu'une quantité insignifiante d'étoffes de coton. On calcule que le commerce étranger introduit annuellement en Chine 55,000,000 de kilog. de cotons en laine et de cotonnades.
Cire.	Timor.	La cire d'abeilles vient en grande partie de Timor par bâtiments portugais; on la mélange avec le suif végétal pour la fabrication des bougies.
Cachou.	Japon.	Appelé aussi *terra japonica*; substance végétale extraite de certains mimosas qui croissent au Japon, ayant l'apparence terreuse et la couleur du chocolat. Importée en petites galettes rondes et très-

DÉNOMINATION DES OBJETS	LIEUX DE PROVENANCE	OBSERVATIONS
		plates. La Chine l'emploie seulement comme matière colorante. Le bon cachou fond dans la bouche sans laisser aucun résidu.
Cuivre.	Japon.	Importations rares et peu abondantes.
Cochenille.	Mexique.	Employée pour la teinture.
Camphre.	Bornéo.	Beaucoup plus estimé que le camphre indigène, comme étant plus pur et plus aromatique; celui de Bornéo a dans le commerce une valeur dix-huit fois plus considérable.
Corail.	Archipel indien.	Ornements et décorations officiels.
Cornes de buffles et de rhinocéros	Indes et Afrique.	L'industrie en fabrique des coupes très-finement sculptées, des poignées de sabre, des manches de couteau, des boutons. La médecine les emploie en poudre. Une corne de rhinocéros bien faite et sans défaut se vend plus de 1,500 fr. On attribue aux coupes en corne la propriété de neutraliser le poison.
Dents de lamentins et autres cétacées.	Régions que borde le Pacifique.	Presque aussi dures et aussi blanches que l'ivoire et employées aux mêmes usages; elles ont une grande valeur.
Ébène.	Indes.	On fait usage, à l'état massif, de l'ébène noire. C'est le nom que donne notre industrie au *diospiros ebenum* qui croît aux Indes et à Madagascar, ainsi qu'à l'*ebenoxylon* que l'on trouve en Cochinchine.
Écailles de tortue	Archipel indien.	Mêmes propriétés que celles de la corne. Applications semblables.
Fer.	Europe.	Importations assez considérables sous formes de barres, clous, tringles, cercles, etc., etc.
Gambier.	Singapour.	Substance très-astringente que l'on obtient en faisant dessécher la décoction sirupeuse des feuilles et des jeunes rameaux de plusieurs sortes de rubiacées. Teinturerie et tannerie. Expéditions importantes.
Ginseng.	États-Unis.	Les États-Unis expédient en Chine, depuis 1824, les racines médicales de cette précieuse araliacée qui croît sur les Montagnes Rocheuses et sur les Alleghany. La valeur de ce commerce n'atteint pas un million de francs.
Girofle.	Archipel indien.	Commerce insignifiant; parfumerie.

DÉNOMINATION DES OBJETS	LIEUX DE PROVENANCE	OBSERVATIONS
Gomme gutte.	Siam et Cochinchine.	Suc laiteux qui découle des incisions pratiquées sur plusieurs espèces de stalagmites. Il devient brun rougeâtre en se solidifiant et donne, délayé avec de l'eau, une belle couleur jaune brillante. La peinture chinoise en fait une grande consommation.
Horlogerie.	Suisse, France.	On fabrique en Suisse et en France, particulièrement en Suisse, une horlogerie toute spéciale dont les ornements et le système sont adaptés aux mœurs comme au goût des Chinois. Le commerce qui se fait de cette horlogerie, par l'unique intermédiaire des maisons suisses établies en Chine, n'est pas sans importance.
Ivoire.	Indes.	La plus grande partie vient d'Afrique et de Cochinchine par la voie des Indes. De facile débit, mais peu abondant.
Lainages.	Russie, Angleterre, États-Unis, Hollande.	Draps grossiers, draps fins, lastings, cotons-laines, flanelles, serges, couvertures. La valeur annuelle des lainages fournis par la Russie atteint environ 8 millions de francs. Celle des tissus de laine, importée par les autres nations, dépasse 10 millions.
Mercure.	États-Unis, Pérou, Espagne.	Importations considérables. Étamage des glaces; réexporté en quantités considérables sous forme de vermillon.
Myrrhe.	Indes.	Usages médicinaux. Gomme résineuse, extraite d'un arbrisseau d'Arabie et importée par la voie des Indes.
Nacre.	Archipel indien.	Commerce assez important. On en fabrique des boutons, des peignes et d'autres objets d'un travail délicat dont la plupart sont destinés à l'exportation. On sait que la nacre est la substance calcaire, aux reflets irisés et brillants, qui tapisse l'intérieur d'un grand nombre de coquillages marins.
Nageoires de requin.	Archipel indien.	Ils fournissent une substance molle, gélatineuse, insipide, qui passe pour aphrodisiaque, dont la cuisine fait grand usage et qu'elle assaisonne de plusieurs sortes.
Nids d'oiseau.	Archipel indien.	Même usage (voir page 202).
Oliban.	Indes.	L'oliban ou encens, gomme résineuse de couleur jaune rougeâtre, extraite par incision de plusieurs espèces de théré-

DÉNOMINATION DES OBJETS	LIEUX DE PROVENANCE	OBSERVATIONS
Opium.	Turquie, Indes.	binthacées qui croissent aux Indes et en Arabie, est brûlé comme parfum en l'honneur des dieux. Très-recherché et d'un plus fréquent usage que le benjoin. Quatre sortes : 1º celui *de Turquie*, venant de Smyrne, vendu très-bon marché et en très-minime quantité; 2º le *Malwa*, préparé au delà des frontières de l'empire indien auquel il paye un droit de transit considérable, toujours impur et plus ou moins mélangé d'argile, de sucre, de mélasse, de bouse de vache, de jus de coing ou de datura et d'autres substances végétales comme la chélidoine et la mélisse, cependant un peu plus cher que le turc; 3º et 4º le *Patna* et le *Bénarès*, dont la fabrication est surveillée par le gouvernement qui les fait vendre aux enchères à Calcutta pour l'exportation. Chaque caisse lui coûte environ 1,400 fr. et est revendue 2,000 fr. — Pour expédier en Chine la pâte opiacée, on en forme des boules plus ou moins grosses, que l'on empile et que l'on empaquette soigneusement dans de fortes caisses hermétiquement calfeutrées. Les caisses de Malva renferment quatre ou cinq cents boules et pèsent 70 kilos. Celles de Bénarès et de Patna, divisées en deux étages, lesquels sont subdivisés chacun en vingt compartiments, contiennent seulement quarante boules et pèsent à peine 67 kilog. L'usage de fumer l'opium ne paraît pas avoir été connu en Chine avant la fin du XVIIIe siècle. Vers cette époque, les Portugais commencèrent à en introduire dans l'empire d'assez grandes quantités. Elle en reçut mille caisses en 1767. La Compagnie des Indes en établit, en 1780, un dépôt assez considérable sur deux petits navires mouillés dans Lark's bay. — 1794 : il se vend à Canton comme substance pharmaceutique, et la caisse vaut un peu plus de 2,000 fr. — 1800 : un décret de l'empereur interdit l'importation du pernicieux narcotique, mais on continue à le vendre à Wham-

DÉNOMINATION DES OBJETS	LIEUX DE PROVENANCE	OBSERVATIONS
		pou et à Macao avec le concours payé des autorités indigènes. — 1820 : un arrêt du gouverneur des deux Kouang en prohibe formellement le commerce. — 1821 : il n'a plus lieu ni à Whampou, ni à Macao; établissement successif des Receiving-ships, à Lin-tin, Kam-sing-moun, Hong-kong; tentatives plus ou moins heureuses pour fonder dans les provinces orientales le commerce de l'opium; expéditions sur les côtes du Fokien, du Tche-kiang, du Kiang-sou, du Liao-tong; station de Receiving-ships, à Soua-tao; contrebande armée; collisions. — 1839 : l'opium livré et détruit par Lin; la guerre éclate. — 1842 : la contrebande s'organise largement et fonctionne sans entraves par le moyen des Receiving-ships, aux environs des cinq ports et à Soua-tao. — 1856 : commerce de l'opium autorisé à Fou-tchéou. — 1860 : régime de la tolérance officielle. L'opium importé librement est soumis à un droit de douane comme les autres marchandises. On a calculé que, depuis 1842, la Chine recevait chaque année, en moyenne, 70,000 caisses d'opium (30,000 de Malwa et 40,000 de Patna et Bénarès), dont la valeur totale monte à 168,000,000 de francs.
Or.	Californie.	La Chine reçoit l'or de l'étranger en poudre ou en fils. Avec la poudre du précieux métal, elle fabrique des lingots et principalement des feuilles d'or; avec ses fils, elle confectionne de riches broderies et des parures.
Perles.	Indes.	Colliers et parures.
Pierres précieuses	Indes et Asie centrale.	Employées par les bijoutiers pour la confection des bagues, chapelets, colliers, agrafes et des insignes officiels.
Pelleteries.	Sibérie.	Importation très-active par les frontières septentrionales; nulle dans les ports du nord et de l'est. Canton reçoit par mer quelques fourrures.
Plomb.	Divers.	La Chine emploie beaucoup de plomb pour la confection de théières et la fabrication des couleurs (minium et céruse).

DÉNOMINATION DES OBJETS	LIEUX DE PROVENANCE	OBSERVATIONS
Riz.	Iles de la Sonde et Manille.	Importation considérable et encouragée par la franchise dont jouissent les navires exclusivement chargés de riz. Plus de 30 millions de kilog. par an.
Rose (bois de).	Amérique du Sud	Importés en billes ou en bûches pour l'usage de la menuiserie qui l'emploie massif.
Sandal.	Indes.	Le *santalum album*, dont le bois pesant, compacte, doux et comme gras au toucher, distille une huile très-âcre, croît aux Indes et dans la Chine méridionale. Sa couleur est le jaune fauve. Il exhale une odeur musquée très-agréable. On en fait des boîtes, des étuis, des ustensiles de toutes sortes sculptés à jour avec un luxe de délicatesse incroyable. La poussière de sandal est employée à la fabrication des baguettes odoriférantes que l'on brûle dans les tripodes sur les autels des temples.
Sagou.	Singapour.	Très-faibles quantités.
Salpêtre.	Divers.	Importation primitivement interdite; monopole du gouvernement qui en fait l'acquisition pour ses manufactures de poudre.
Sang-dragon.	Indes.	Résine rouge extraite par incision d'un palmier rotang (le *calamus draco*) et importé en lames. Employée comme remède, comme matière tinctoriale, comme vernis, et d'un très-fréquent usage.

TABLEAU N° 2

Indiquant, par ordre alphabétique, les objets qui alimentent principalement le commerce d'exportation, ainsi que les lieux de leur destination.

DÉNOMINATION DES OBJETS	DESTINATIONS	OBSERVATIONS
Alun.	Indes.	Qualité inférieure. Teinturerie ; on en fait un fréquent usage aux Indes pour purifier l'eau.
Anis.	Indes.	Exportation insignifiante.
Arsenic.	Indes.	Médecine.
Bambou.	Indes.	Ustensiles divers.
Camphre.	Toutes destinations.	De qualité inférieure.
Capour-kuchrée.	Indes et Perse.	Racine aromatique de l'*hedichium spicatum* : saveur chaude, piquante, camphrée ; teinte brune à l'extérieur, blanchâtre à l'intérieur ; expédiée en petites rondelles plates et minces. Parfumerie et médecine.
Casse.	Toutes destinations.	La Chine envoie annuellement aux pays étrangers 40 à 50,000 kil. de casse. C'est un produit très-demandé. On expédie le fruit pulpeux du canéficier dans la gousse siliqueuse qui le renferme, ou bien on l'extrait de cette gousse, et on le fait sécher après l'avoir séparé de son noyau. Le commerce exporte aussi du midi de la Chine un peu d'huile de casse.
Chanvre.	Indes.	En étoupes ou en écheveaux, et en quantités considérables.
Cire végétale.	Tous pays.	Commerce médiocre.
Corail.	Indes.	La Chine envoie aux Indes un peu de corail sous forme de grains.
Colle de poisson.	Indes.	Cuisine, fabrication des perles fausses.
Colle forte.	Indes.	L'exportation des colles fortes, fabriquées avec les débris de quelques grands mammifères appartenant à l'espèce bovine, donne lieu à un commerce qui n'est pas sans importance.
Corne.	Indes.	Toutes sortes de petits ustensiles, fabriqués plus ou moins finement avec des cornes de buffles, de daims, de chèvres, etc., etc.
Coton.	Indes, Europe.	On exporte de Chine, pour les Indes, quelques tissus de coton. Elle envoyait autre-

DÉNOMINATION DES OBJETS	DESTINATIONS	OBSERVATIONS
		fois à l'Europe beaucoup de ses nankins. De nos jours, ces expéditions sont devenues insignifiantes.
Cubèbe.	Indes.	Récolté dans les provinces méridionales. La plus grande partie du poivre cubèbe que consomme l'Europe vient de Java.
Cuivre.	Indes.	Ustensiles en cuivre blanc, et feuilles de cuivre rouge battu pour l'ornement des pagodes.
Curcuma.	Indes.	Racine allongée et rugueuse, grise à l'intérieur, jaune safran à l'intérieur, d'une espèce de zinzibéracée qui croît dans les provinces méridionales ; saveur âcre et amère ressemblant à celle du gingembre ; alimentation, teinturerie, parfumerie.
Curiosités.	Tous pays.	L'exportation des curiosités de toutes sortes que la Chine envoie à l'étranger, vases en terre, porcelaine, cuivre et bronze de toutes formes et de toute destination, services de table, écrans, statuettes, figurines, coupes, peintures sur papier de riz, et autres objets laqués en tout genre, etc., se solde chaque année par des sommes importantes.
Drogues.	Indes.	La Chine fait un commerce considérable de droguerie. Ses produits pharmaceutiques, transportés par le cabotage et par le trafic intérieur, du Nord au Midi et du Midi au Nord, trouvent aussi des placements avantageux sur les marchés de l'Inde et de l'archipel Indien.
Écailles.	Indes et Archipel indien.	Transformée par l'industrie en une foule de petits ustensiles délicatement ouvragés, l'écaille de la tortue est réexportée aux régions indiennes.
Fer.	Ports indigènes.	Venant surtout des mines du Chan-si, qualité très-médiocre.
Fruits secs.	Indes et Archipel.	Exportation considérable. Beaucoup de dattes et d'amandes de diverses sortes.
Fruits confits.	Indes, Ports indigènes.	Fabrication très-habile et très-étendue. Exportations considérables, principalement d'Amoy et de Ningpo.
Galanga.	Indes et Archipel.	Très-employé comme épice. Deux espèces : le grand et le petit. Le grand est la racine de *Kampferia galanga*. Le petit beaucoup plus estimé, est celle du *Muranta galanga*. Couleur rougeâtre; deux

DÉNOMINATION DES OBJETS	DESTINATIONS	OBSERVATIONS
Gingembre.	Indes et Archipel.	ou trois pouces de longueur. Saveur aromatique, brûlante et poivrée. Expédition assez importante, sous forme de conserve.
Grath cloth.	Indes et Archipel.	La Chine fournit, chaque année, des grath cloths de diverses qualités aux habitants des Indes pour une somme considérable. (Voir page 436.)
Huiles.	Indes et Archipel.	De diverses sortes en faibles quantités.
Légumes.	Indes, Archipel, Ports indigènes.	Expéditions considérables; échanges actifs de légumes verts et secs de toute espèce.
Marbres.	Indes.	Les provinces méridionales expédient quelques dalles de marbre pour les Indes et l'Australie; elles mesurent en général un pied carré.
Musc.	Tous pays.	Quand il est pur, il vaut 500 francs le kilo; mais on le mélange parfois avec des ingrédients qui, sans modifier ses apparences, atténuent beaucoup ses qualités. Lorsqu'on le livre au commerce, il est encore enveloppé dans le sac membraneux qui l'a sécrété. La poche à musc du chevrotin de Chine a la capacité d'une noix. Le bon musc est sec, léger, lisse, un peu onctueux; sa couleur est le rouge brun; son goût est amer; son odeur est forte et remarquablement diffusible. Frotté sur le papier, il y laisse une trace d'un jaune vif. Chaque poche pèse de 20 à 30 grammes. Il est rare qu'on n'y introduise pas un peu de sang desséché, de benjoin ou même d'argile rougeâtre, pour en augmenter ou au moins en maintenir le poids qui s'altère rapidement par l'active diffusion du parfum. Le musc chinois est particulièrement estimé sur le marché européen.
Nacre.	Tous pays.	Réexporté après avoir été converti comme l'écaille en objets de fantaisie habilement travaillés.
Nattes.	États-Unis, Indes, Europe.	Très-habilement tressées pour divers usages, avec les tiges ou les fibres de plusieurs espèces de rotins, de bambous et de roseaux. Trafic important.
Or.	Europe.	Pendant certaines crises financières, alors que l'or était très-déprécié sur le mar-

DÉNOMINATION DES OBJETS	DESTINATIONS	OBSERVATIONS
		ché chinois, on en a expédié de Chine des quantités considérables pour les pays de l'Europe où la législation lui conservait fictivement sa valeur.
Opium.	Ports indigènes.	Réexporté par le cabotage pour Formose et quelques ports indigènes.
Papier.	Indes, Archipel.	Expéditions importantes.
Parasols.	Indes, Archipel.	Article solide et bon marché, très-demandé aux Indes.
Pâtes alimentaires.	Ports indigènes, Indes	Les plus communes se rapprochent du vermicelle et du macaroni.
Pétards.	Indes, Amérique.	Article très-goûté aux Etats-Unis qui en a reçu 65,000 boîtes en 1845.
Pelleteries.	Europe, Ports indigènes du Sud.	Tien-Tsin commence à expédier des fourrures pour des valeurs assez importantes.
Poisson sec.	Archipel et Ports indigènes.	
Pois et fèves.	Ports indigènes.	Soit à l'état naturel, soit à l'état de soï (c'est le nom d'une pâte fermentée, ressemblant à du fromage, et dont la farine de pois ou de fèves, la farine d'orge et de froment, l'eau et le sel constituent les principaux ingrédients).
Porcelaine et poterie.	Indes, Archipel.	Commerce encore considérable, bien que sensiblement diminué, au moins en ce qui concerne les expéditions pour l'Europe. Sauf quelques beaux vases et quelques services de table envoyés en Europe ou en Amérique, la Chine n'exporte plus guère que de la porcelaine très-commune et de la poterie.
Riz.	Ports indigènes.	Lorsque les cargaisons de riz venues de Manille ou des îles de la Sonde n'ont pu être placées avantageusement dans le port pour lequel on les avait primitivement destinées, elles sont souvent dirigées en tout ou en partie sur quelque autre point de la côte.
Soies et soieries.	Europe, surtout Angleterre; États-Unis.	La soie est actuellement le premier article de l'exportation chinoise, non comme volume, mais comme valeur. L'Empire du Milieu nous envoie ce précieux produit sous cinq formes différentes : *les cocons* (expéditions relativement peu importantes); *la soie grège* (envois très-considérables en Angleterre et en France, surtout en Angleterre); *la soie ouvrée et*

DÉNOMINATION DES OBJETS	DESTINATIONS	OBSERVATIONS
		moulinée (trame, organsin), dont la France est la principale destination; la *bourre de soie* (rebut du moulinage), demandée par l'Angleterre, et les *tissus de soie* expédiés plus particulièrement aux États-Unis. Ce commerce a fait d'immenses progrès depuis 20 ans. Avant 1840, la Chine n'exportait pas annuellement pour l'étranger, soit par voie maritime, soit par Kiachta, plus de 3,000 balles, du poids de 100 livres environ chacune. Elle en a expédié : 11,400 en 1845 22,000 en 1850 57,000 en 1855 91,000 en 1857 Canton et Shang-haï sont les deux grands entrepôts de cette exportation. Un savant français, M. Dumas, évalue à 425 millions de francs la valeur des soies que produit annuellement la Chine. On sait que Londres est, en Europe, le grand emporium où le commerce européen vient s'approvisionner des soies de la Chine. Il absorbe environ 63,000 balles de soie grége et 4,000 balles de soie moulinée dont la plus grande partie vient de l'extrême Orient. Les fabriques françaises consomment chaque année, en moyenne, 7,000 balles de soies chinoises et 12,000 balles de soies étrangères, provenant d'autres pays.
Sucre.	Indes, Manille, Siam, Ports indigènes.	On évalue à 300 millions de kilog. la quantité de sucre que produit annuellement la Chine. Elle en tire 120 millions de la seule province du Fo-kien; aussi Amoy est-il le principal entrepôt du commerce des sucres chinois. Il est établi, par les registres de sa douane, que la valeur de ce commerce y a dépassé, en 1856, dix millions de francs et que, cette même année, 2,200,000 kilog. de sucres avaient été exportés par navires anglais. On distingue quatre espèces de sucres chinois : le *Ping-tang*, sucre candi blanc, jaune pâle, brun; le *Ping-hou*, sucre candi pilé; le *Pe-tang*, sucre blanc;

DÉNOMINATION DES OBJETS	DESTINATIONS	OBSERVATIONS
Tabac.	Archipel indien.	le *Hoang-tang*, sucre jaune. Expéditions considérables par jonques indigènes. Exportations importantes montant annuellement à plus de deux millions de fr.
Tabletterie.	Toutes destinations.	Commerce considérable dont il est difficile d'apprécier la valeur même approximativement. Perfection remarquable; très-bon marché (jeux d'échecs en ivoire; jetons de nacre; tabatières en écaille; éventails sculptés à jour en nacre, os et ivoire; étuis; couteaux à papier d'ivoire, d'écaille; boîtes à gants de sandal ou autre bois de senteur, etc., etc.).
Thés.	Europe, États-Unis, Indes.	La quantité moyenne des thés noirs et verts que la Chine livre annuellement à l'étranger, dépasse 150,000,000 de livres dont la valeur totale, sur les lieux mêmes de l'expédition, n'est pas inférieure à 142,000,000 de francs. En 1859, l'Angleterre a reçu 80,000,000 de livres de thés.

Les États-Unis en ont reçu.. 36,000,000
L'Australie............... 10,000,000
La Hollande.............. 4,000,000
L'Inde................... 1,000,000
La Russie environ......... 15,000,000
Les autres pays........... 5,000,000

Total......... 151,000,000

Shang-haï, Fou-tchéou, Canton, Kiachta sont les principaux marchés du commerce extérieur des thés chinois. Fou-tchéou n'exporte que des thés noirs. On charge à Canton et Kiachta des noirs et des verts. Shang-haï n'expédie que des thés noirs. Ces derniers forment plus des trois quarts des exportations pour l'Angleterre. On calcule, au contraire, qu'ils entrent pour un tiers à peine dans la consommation américaine. La Grande-Bretagne absorbe, en moyenne, 75,000,000 de livres de thé par an; les États-Unis en absorbent 30,000,000; la France de 4 à 500,000 livres. (Pour la distinction des thés noirs et des thés verts, voir p. 434.)

DÉNOMINATION DES OBJETS	DESTINATIONS	OBSERVATIONS
Divers.	Destinations diverses.	Parmi les marchandises que la Chine expédie à l'étranger, et dont le commerce donne lieu à des transactions peu importantes, il faut citer le *vermillon* qu'elle fabrique avec le mercure qui lui est livré par l'importation; les *perles fausses*; les *parures* en filigrane *d'or et d'argent*; les *bracelets* et les *anneaux de verre colorié*, en vogue parmi les Indiens; la *gomme-gutte*; les *feuilles d'or*; les *meubles de rotin et de bambou*; les *joss-sticks*; les *stores en natte*.

TABLEAU N° 3

Indiquant approximativement pour 1855, d'après les relevés consulaires, la valeur totale du commerce étranger des cinq ports, ainsi que le nombre et la jauge des navires qui y sont entrés.

PORTS	VALEUR TOTALE DU COMMERCE, importations et exportations comprises	NOMBRE DE NAVIRES	TONNAGES
Canton.........	65,000,000 de francs	395	180,328
Amoy..........	40,000,000 —	312	87,613
Ningpo.........	8,000,000 —	196	34,233
Fou-tchéou-fou...	25,000,000 —	134	57,894
Shang-haï.......	143,000,000 —	490	169,654
Totaux.....	281,000,000 [1] —	1,527	529,722

1. Dans ce chiffre ne sont comprises ni la valeur de l'opium, ni celle des marchandises importées ou exportées par bâtiments indigènes. Il n'y est tenu non plus nul compte de la contrebande qui était alors très-active. Il est donc *bien inférieur* au chiffre réel du commerce étranger des cinq ports.

TABLEAU N° 4

Indiquant pour 1864, d'après les relevés officiels de l'inspectorat des douanes, la valeur totale des importations et exportations dans les ports actuellement ouverts, ainsi que le nombre et la jauge des navires qui y sont entrés.

PORTS	VALEURS TOTALES des importations et exportations réunies	NOMBRE DES NAVIRES	TONNAGE
Shang-haï	528,221,464 francs	5,352	1,870,909
Canton	117,537,320 —	1,702	706,947
Soua-tao	80,211,000 —	941	338,805
Amoy	74,511,352 —	1,316	419,829
Fou-tchéou	160,491,880 —	937	380,370
Ningpo	117,526,544 —	2,837	595,666
Han-kéou	191,556,256 —	793	418,855
Kiou-kiang	58,293,664 —	952	666,995
Tchin-kiang	46,644,888 —	1,196	682,170
Tché-fou	44,598,144 —	900	279,449
Tien-tsin	75,809,664 —	370	91,936
Niéou-tchouang	19,111,264 —	504	149,804
Ports de Formose	6,423,840 —	176	33,750
Totaux	1,521,937,280 [1] —	17,976	6,635,485

1. Ce total comprend la valeur de l'opium dont le trafic n'est plus prohibé. Pour connaître toute l'importance du commerce des ports actuellement ouverts, il convient d'y ajouter 354,701,752 francs, représentant la valeur des produits et marchandises que ces ports ont réexpédiés, après les avoir reçus, pour quelque autre point des côtes de l'empire ou pour les contrées voisines. Cette importance se résume donc dans la somme de 1,876,638,832 francs. Il faut admettre, d'ailleurs, que ce chiffre énorme exprime, aussi fidèlement que possible, la valeur totale des transactions effectuées dans les seize ports, puisqu'il a été déterminé par les calculs des commissaires de la douane, dont le contrôle *immédiat* s'exerce incessamment sur l'ensemble de ces transactions.

TABLEAU N° 5

Indiquant, d'après le nombre et la jauge des navires, constatés par le rapport officiel des douanes, la part que chacun des pavillons étrangers a prise en 1864 au commerce des ports actuellement ouverts.

NATIONALITÉS	BATIMENTS ENTRÉS		BATIMENTS SORTIS		TOTAUX	
	NOMBRE	JAUGE	NOMBRE	JAUGE	NOMBRE	JAUGE
Angleterre	3,939	1,448,815	3,986	1,413,400	7,925	2,862,215
Amérique	2,457	1,295,737	2,579	1,313,653	5,036	2,609,390
Hambourg	702	188,249	707	191,886	1,409	380,135
Hollande	94	28,470	103	31,001	197	59,471
Danemark	934	82,172	383	86,630	1,317	168,802
Prusse	93	22,416	94	23,727	187	46,143
France	122	41,564	125	51,535	247	93,099
Brême	146	41,807	146	41,517	292	83,324
Russie	10	4,438	11	4,760	21	9,198
Suède	70	18,952	70	19,243	140	38,195
Hanovre	77	14,863	80	15,163	157	30,026
Lubek	12	3,726	12	3,726	24	7,452
Meklembourg	26	4,939	27	5,579	53	10,518
Oldenbourg	38	11,115	41	11,857	79	22,972
Belgique	11	2,760	11	2,760	22	5,520
Espagne	34	9,978	35	10,381	69	20,359
Autriche	17	6,684	16	6,242	33	12,926
Siam	80	34,850	76	33,545	156	68,395
Italie	1	419	1	419	2	838
Portugal	11	903	13	1,029	24	1,932
Pérou	4	3,493	4	3,493	8	6,986
Nouvelle-Grenade	»	»	1	466	1	466
Japon	1	378	1	378	2	756
Iles Sandwich	1	456	1	486	2	942
Chinois	513	32,144	508	32,444	1,021	64,588
Divers	46	16,433	56	18,434	102	34,867
Totaux	9,439	3,315,761	9,087	3,323,754	18,526	6,639,515

Produit en 1864 des douanes indigènes administrées par l'inspectorat étranger.

En 1864, les douanes ont constaté l'introduction en Chine de 52,083 caisses d'opium de diverses provenances [1].

Elles ont, dans le courant du même exercice, encaissé, pour le compte du gouvernement chinois, 65,104,816 francs.

Mouvement du port de Hong-kong en 1864.

La colonie anglaise de Hong-kong qui possède une rade immense, sûre, profonde; des docks; des magasins de toutes sortes abondamment fournis; qui centralise en outre, dans ces parages, le crédit commercial et la navigation à vapeur, participe, avec une grande activité, au mouvement mercantile dont les chiffres précédents attestent la prodigieuse importance. Le port libre de Victoria a reçu en transit pendant l'année 1864, 2,264 bâtiments de toutes nations, jaugeant ensemble 1,013,748 tonneaux. En 1863 et 1864 il a expédié 6,500 Chinois en Californie, en Australie et aux Indes [2].

Il ne nous a pas été possible de recueillir d'informations suffisamment authentiques sur le commerce maritime de Macao pendant ces dernières années.

Situation du commerce français en Chine.

Les chiffres qu'on vient de lire, représentent fidèlement le progrès des échanges maritimes de l'Empire du Milieu et révèlent, par d'affligeantes comparaisons, l'insignifiance de nos opérations mercantiles dans l'extrême Orient. — L'année dernière, les ports chinois, où le pavillon britannique flottait sur 4,000 bâtiments, ne recevaient que 122 navires portant les couleurs françaises. A côté des *prince-merchants* de l'Angleterre et de l'Amérique, dont les opulentes maisons ont fondé partout des succursales, notre négoce végète à peine et

---

1. A savoir : 29,998 de Malva, 16,412 de Patna, 5,063 de Bénarès et 610 de Turquie et autres lieux. Ces chiffres ne représentent pas toute l'importance du commerce de l'opium qui se fait, en grande partie, par voie de contrebande.

2. Ces informations sont empruntées au *Government gazette*.

fait humblement sa petite fortune. Est-ce à dire qu'il n'y ait point de place, pour la France, sur ce vaste marché, et qu'un jour elle ne puisse profiter largement des inépuisables ressources que l'ouverture de l'empire chinois offre aux légitimes convoitises de l'Europe. Nous ne le croyons pas. La conquête de Saïgon, les services réguliers que nos messageries impériales ont organisés entre Marseille et l'Indo-Chine, l'établissement de deux agences du comptoir d'escompte à Hong-kong et à Shang-haï, les conditions nouvelles où le régime éminemment progressif du libre échange a placé notre fabrication indigène, sont autant de promesses qui nous rassurent sur l'avenir de notre commerce dans ces régions lointaines. Pour favoriser la réalisation de ces promesses, il convient, sans doute, que notre gouvernement ne lui refuse point son appui, mais il faut avant tout que notre industrie lui vienne en aide. Jusqu'à ce jour, nous avons envoyé en Chine quelques chargements de vin pour la consommation de notre escadre, quelques articles de pacotilles d'une très-médiocre valeur; nous avons reçu d'elle du thé et de la soie, marchandises peu encombrantes de leur nature et dont une partie nous arrive par la voie de l'Angleterre. Insignifiant à la sortie, le fret des bâtiments que nos ports expédient dans les mers chinoises, est à peu près nul au retour. Si nos grands manufacturiers confectionnaient, sur les mesures adoptées par la Chine de temps immémorial, les cotonnades, les étoffes de laine, les draps grossiers qui trouvent, dans toutes ses provinces, un rapide et facile débit; si elle laissait exploiter par les Européens, au grand profit de ses habitants, quelques-unes des riches mines de fer, de cuivre, de charbon, de soufre que ses côtes et ses îles recèlent en abondance; si notre gouvernement autorisait, sur les rades de l'Orient, la libre francisation des navires; si les constructions de nos armateurs ne coûtaient pas plus cher que celles des chantiers anglais ou américains; nul doute que notre commerce avec l'Empire du Milieu ne devînt bientôt prospère; que les cargaisons ne lui fissent plus défaut; qu'il ne prît une part active aux fructueuses opérations du cabotage; qu'en un mot, il ne soutînt, avec honneur et succès, la formidable concurrence que lui font aujourd'hui ses invincibles rivaux.

LIVRE VI

HISTOIRE

« Peut-on se flatter de connaître l'histoire des temps
» anciens puisqu'il ne nous en reste aucun vestige au-
» thentique ? Plus nous examinons avec une attention
» scrupuleuse les livres qui la racontent, plus nous som-
» mes convaincus qu'il est impossible d'y ajouter foi et
» qu'ils sont dénués de toute valeur. Aux époques pri-
» mitives du monde, on n'avait point coutume de con-
» server la relation écrite des faits importants. Le chef
» de nos empereurs *Tsing* a détruit tous les ouvrages où
» avaient été recueillis les vagues souvenirs de l'anti-
» quité. Pourquoi entreprendre de la travestir ? N'est-ce
» pas nous contenter de pures fables et nous repaître de
» vaines chimères ? »

OBSCURITÉ DES PREMIERS AGES HISTORIQUES.

Ainsi s'exprime, dans un langage circonspect et mesuré, l'historien *Yangtze*, faisant allusion aux nébuleuses incertitudes des premiers âges de la Chine et à l'acte audacieux par lequel Tchi-houang-ti essaya d'anéantir d'un seul coup la gloire de ses prédécesseurs, en faisant livrer aux flammes tous les livres que possédait l'empire. Un seul, le *Chou-king*, dans lequel Confucius avait retracé, six siècles avant notre ère, quelques-unes des traditions primitives et que complétèrent, dit-on, les souvenirs fidèles d'un lettré, survécut en partie à cet effroyable désastre. Recueillies sans doute, avec prudence et discernement, par le sceptique Confucius, mais plus ou moins altérées par les innombrables interprétations de ses disciples, commentées avec ardeur par l'imagination populaire, exploitées avec une grossière impudence par les prêtres de Tao au profit de la vanité nationale, ces traditions ont donné lieu à des légendes mythologiques dont nous retracerons à grands traits les faits principaux, non qu'ils puissent paraître revêtus d'une authenticité quelconque, mais parce qu'il est toujours intéressant de savoir, ne fût-ce qu'au point de vue des comparaisons, comment un grand peuple entend ses origines et raconte son enfantement.

Nous avons divisé en deux chapitres le dernier livre de cet ouvrage. L'un résume très-succinctement la mythologie historique et l'histoire authentique du peuple chinois, l'autre présente en quelques pages le récit de ses relations avec le monde civilisé.

CHAPITRE PREMIER

NOTIONS SUR L'HISTOIRE NATIONALE

Période légendaire. — Le premier homme. — Les cinq souverains. —
Les vingt et une dynasties.

La philosophie de la Chine admet en général l'existence primitive du Chaos, au sein duquel les deux grands principes générateurs, le *Yin* et le *Yang*, agissant réciproquement l'un sur l'autre, puis fécondés par leurs propres créations, produisirent et coordonnèrent les éléments dont la réunion constitue le monde. Elle enseigne que le feu émane du *Yang*, et que le soleil est la pure essence du feu; que l'eau émane du *Yin* et que la lune est la pure essence de l'eau; que le soleil et la lune ont engendré les astres. Mais l'imagination du peuple n'est point satisfaite par ces vagues subtilités et les croyances légendaires, expliquant la formation de l'univers par des images plus sensibles, l'attribuent à l'action directe du géant *Pouan-kou*. Pouan-kou est le produit mystérieux du Yang et du Yin. Personnification gigantesque de la force, du génie et de la fécondité, il débrouille le Chaos et sculpte le monde. Sa tâche immense, dans laquelle il est constamment assisté par le Phénix, la Tortue, le Dragon et l'Unicorne, types fabuleux de tous les animaux, dure dix-huit mille ans. Chaque jour apporte trois coudées à sa taille. Après sa mort, sa propre

<small>PÉRIODE LÉGENDAIRE.</small>

<small>Pouan-kou.</small>

substance subit des transformations qui complètent son œuvre. Son haleine est le vent qui engendre les nuages; sa voix est le tonnerre; ses veines deviennent les fleuves et ses chairs les champs qu'ils fécondent; sa tête est changée en montagne et sa barbe brillante en étoiles; les poils de son corps et ses cheveux deviennent les arbres et les plantes; ses dents sont les métaux; ses os les rochers et leur moelle engendre les pierres précieuses; sa sueur forme la pluie; les insectes qui dévorent son cadavre sont les hommes que nourrit la terre. Ce mythe grossier est purement matérialiste. Ainsi procède d'ailleurs toute la mythologie chinoise : l'idée de l'intervention divine en est bannie. Elle se montre toujours froide, positive, prosaïque, souvent ridicule et puérile : aucune de ses fictions ne rappelle ni les gracieux et poétiques mystères du paganisme grec, ni les insondables profondeurs du mysticisme hindou, ni les austères et sublimes aspirations du monothéisme hébreu.

Les trois souverains. Le monde, après Pouan-kou, est soumis, pendant dix-huit mille ans, à la direction d'une trinité suprême que constitue la réunion monstrueuse des trois souverains *céleste*, *terrestre* et *humain*. Ceux-ci enseignent aux mortels les fonctions de leur existence, le manger, le boire, le dormir. Ils instituent l'union des sexes et l'art du gouvernement. Les générations n'ont conservé de leurs bienfaits que de vagues souvenirs. Le récit de leurs grandes actions avait été tracé sur la carapace de la tortue qui fut la mystérieuse compagne de Pouan-kou. Il périt naturellement avec elle.

You-tchao. Puis viennent successivement *You-tchao* (l'homme au nid) qui apprit sans doute aux hommes à se construire des demeures, ainsi que paraîtrait l'indiquer son nom;

Soui-jin. et *Soui-jin* (l'homme mèche), qui fit descendre le feu du ciel et le donna aux hommes pour qu'ils fissent cuire leurs aliments.

HISTOIRE 527

Au Prométhée chinois succède *Fou-hi*, dont le règne termine l'ère mythologique et inaugure l'histoire ancienne. L'opinion la plus généralement répandue parmi les annalistes indigènes, fixe l'époque de ce règne 2852 ans avant le Sauveur ; mais cette date est controversée par plus d'un auteur chinois et il en est de même de toutes celles qui se succèdent jusqu'à l'avénement de *Vou-ti*, l'un des souverains de la dynastie *Han*. A partir de *Vou-ti*, qui monta sur le trône au début de la période dite *Kien-youen* et 140 années avant la naissance du Christ, la chronologie nationale n'est plus discutée.

Fou-hi montre à ses sujets la musique, la chasse, la pêche, et fonde les institutions qui sont les bases d'un bon gouvernement. Il est l'inventeur présumé de la doctrine des huit mutations que Ouan-Ouang traduisit, dix-sept siècles plus tard, par l'obscur et mystérieux Yi-king (voir page 363). On croit qu'il établit sa capitale près des lieux où fut fondé plus tard Kaïfoung dans le Honan ; ses successeurs sont :

Chin-nong (2737), qui invente l'agriculture et découvre les propriétés médicinales des simples ;

Houang-ti (2697), l'empereur Jaune, dont le ministre Nao le Grand institue le cycle sexagénaire et qui acquiert, par cette importante réforme, une impérissable renommée [1] ;

PÉRIODE HISTORIQUE.

Les cinq souverains.

Époque à partir de laquelle la chronologie nationale n'est plus discutée.

Fou-hi.

Houang-ti.

---

1. A partir de cette époque, les temps de l'histoire nationale se supputent par périodes de 60 ans, dont chacune porte une dénomination particulière empruntée aux événements qui frappent l'imagination publique. La première de ces périodes inaugure la soixante et unième année du règne de Houang-ti.

D'après le système chronologique auquel on donne le nom de *San-youen-kia-tsé* et que suivent généralement les historiens chinois, l'époque actuelle serait séparée de ce règne quasi légendaire par soixante-seize cycles sexagénaires.

Le *Kien-youen-hien*, chronologie plus récente rédigée d'après certains manuscrits qui furent découverts, au IIIe siècle de notre ère, dans un

Chao-hao (2597);

Tchiou-en-hiu (2513);

Kuh. *Kuh* (2435), qui perfectionnent le gouvernement et font progresser la civilisation par de nouvelles découvertes dont l'histoire nationale donne une description vague et peu circonstanciée. *Fou-hi* et ses quatre successeurs y sont appelés les cinq souverains. Ce furent des princes électifs comme les juges d'Israël. Chacun d'eux régna en moyenne 85 ans. Ils eurent pour contemporains les patriarches dont parlent les livres saints.

Yao. *Yao* (2357). Une effroyable inondation, causée par le débordement des fleuves, occasionne, dans le nord de la Chine, d'innombrables désastres. Deux grands hommes dont la reconnaissance nationale a immortalisé les noms, *Choun* et *You*, sollicités par leur souverain, se mettent à l'œuvre avec une ardeur infatigable et sauvent l'empire en endiguant les rivières[1].

tombeau impérial et qui passent pour authentiques, réduit ce nombre à soixante-quatorze. Depuis le règne de Vou-ti, jusqu'à nos jours, les deux systèmes concordent de tout point. Nous empruntons au premier, qui est encore le plus vulgaire, les dates que renferme cet ouvrage.

1. Les historiens qui pensent que le déluge eut lieu 2348 ans avant le Sauveur, ont voulu voir dans l'inondation qui désola le nord de la Chine, sous le règne de Yao, la confirmation pure et simple de leur système chronologique. Ceux qui n'approuvent point ce système et qui assignent au déluge, suivant l'opinion générale, une date plus ancienne, objectent que les traditions chinoises, les conciliabules de Yao avec ses ministres, les moyens auxquels ils eurent recours pour conjurer le terrible fléau, le succès même qui couronna leurs puissants efforts, s'accordent mal avec le récit biblique. Il leur semble naturel de penser que ce fléau fut simplement occasionné par le débordement du fleuve Jaune, lorsque cet impétueux estuaire, sous l'influence d'un cataclysme encore inexpliqué, abandonna la direction qu'il suivait jusqu'au golfe de Petchili, pour venir se jeter dans la mer, au nord du Kiang-sou, mais ils n'expliquent point comment il a pu se faire que le premier déluge, dont on retrouve, sur toute la surface terrestre, les impérissables vestiges, ne soit point mentionné dans les annales légendaires de la Chine.

Choun (2255) succède à *Yao*; secondé par l'active assistance et les sages conseils de *You*, son fidèle et zélé coopérateur, il continue avec succès l'entreprise que lui avait confiée *Yao*.

Choun.

You (2205) prend à son tour la couronne après la mort de son ami; il est appelé au souverain pouvoir par la gratitude du peuple et fonde la première dynastie, celle des Hia. Ce prince illustra le trône par ses vertus. La tradition raconte que sa taille avait neuf coudées et que, pendant son règne, une pluie d'or féconda la Chine. Il divisa en neuf provinces (*Tchéou*) la région soumise à son sceptre. Ses sujets, dont il développa la prospérité, lui donnèrent le surnom de You le Grand [1]. On conserve encore à Si-ngan-fou, dans le Chen-si, une inscription antique, dont l'authenticité passe aux yeux des Chinois pour incontestable, et qui perpétue, depuis quatre mille ans, le glorieux souvenir des travaux de You et de ses deux prédécesseurs. Elle avait été gravée primitivement sur le granit au sommet d'un mont sacré, le *Heng-chang*, où le grand monarque avait coutume d'offrir des sacrifices [2].

Première dynastie, les Hia. (2205-1766).

You le Grand.

---

1. Yao, Choun et You, particulièrement les deux premiers, furent immortalisés par les enseignements de Confucius et les commentaires de son école. Le *Chou-king* (livre des annales) les propose à tous les princes présents et à venir comme des modèles de sagacité, de modération, de prudence et de vertu.

2. Voici le sens de cette curieuse inscription qui a été copiée par Amyot : « Le vénérable souverain a dit : Oh, vous, mes ministres et
» mes conseillers, ne m'aiderez-vous pas à porter le fardeau des af-
» faires ? L'immense inondation a tout submergé, les lieux habités
» et inhabités, les demeures des bêtes et celles des oiseaux. Avisez au
» mal; repoussez les eaux, construisez des digues. Depuis longtemps,
» j'ai oublié ma propre famille et je n'ai d'autre refuge que le sommet
» du mont *Yohlou*. Je ne connais plus les heures et je n'ai plus d'autre
» repos que mes incessants labeurs. Ils ont commencé par les monts
» Houa, Yo, Taï, et Heng. C'est là aussi qu'ils ont pris fin. Lorsque
» mon œuvre a été accomplie, j'ai offert, au temps des solstices, un
» sacrifice d'actions de grâce. Mon affliction a cessé. Le désordre de la
» nature a disparu. Les impétueux torrents qui venaient du Sud

Monarchie héréditaire.

Après You la monarchie devient héréditaire. Ce n'est plus le premier ministre du prince, le plus sage de ses conseillers qui hérite de sa couronne ; elle passe à ses enfants par droit de primogéniture à moins qu'en vertu d'un acte de sa volonté souveraine, il n'en ait disposé autrement. *Pi-y*, le célèbre coopérateur de You, que ses vertus et le vœu populaire appelaient au trône, contribue lui-même à l'institution de cette prudente coutume, en y faisant monter *Ti-ki* (l'empereur Ki), le fils aîné de son maître. Fermeté de ce prince qui vient à bout de vaincre une insurrection redoutable.

Ta-kong, son fils aîné ; il s'adonne à tous les vices.

Tchoun-kang, son frère, le détrône et gouverne avec vigueur.

Ti-siang, fils du précédent : son extrême faiblesse ; il est détrôné par ses ministres Yé et Han-tsou qui règnent successivement à sa place et périt dans une bataille qu'il livre aux usurpateurs. Courage héroïque et aventures romanesques de sa femme, l'impératrice *Min*, qui élève en secret son fils, le jeune *Chao-kang*, légitime héritier de la couronne. Vains efforts de Han-tsou, pour découvrir sa retraite. Un des fonctionnaires du tyran resté fidèle à la race de You, cache Chao-kang, prend soin de son éducation, et organise une insurrection en sa faveur. Han-tsou succombe dans le combat. Glorieuse rentrée de Chao et de sa mère dans leur capitale.

L'impératrice Min.

Chao-kang : il administre avec habileté ses peuples pendant 61 ans.

Ti-tchou, son fils, imite ses vertus, mais les neuf princes qui leur succèdent et qui gouvernent le pays pendant 222 ans, ont des règnes si peu remarquables que l'histoire mentionne à peine leurs noms.

» coulent maintenant dans la mer. Les hommes peuvent préparer leur
» nourriture et se fabriquer des vêtements. La paix fleurira dans tous
» les royaumes. Il ne nous reste plus qu'à nous livrer à la joie. »

HISTOIRE 531

Kié-kouéï, le dernier des *Hia*, et sa femme *Méï-hi*, se rendent à jamais célèbres dans les fastes populaires par la corruption de leurs mœurs. L'existence de la cour n'est qu'une immense et perpétuelle orgie. Mécontentement du peuple. Encouragé par *Y-yin*, le plus sage des ministres, son collègue, *Tching-tang*, un des descendants de l'empereur Jaune (Houang-ti), lève l'étendard de la révolte, chasse l'ignoble tyran et fonde la dynastie des Chang.

Kié-kouéï et sa femme.

Elle compte 28 souverains, quelques-uns bons et vertueux, la plupart lâches, débauchés, superstitieux, cruels, et embrasse 644 années. Le développement de la féodalité et les querelles violentes des princes feudataires, l'établissement de l'idolâtrie, la fréquente apparition des phénomènes surnaturels, présages effrayants et infaillibles, suivant la croyance populaire, des calamités publiques, caractérisent cette longue période pendant laquelle le sort de la monarchie paraît dépendre uniquement du génie des princes qui la gouvernent. Parmi ces princes, les plus célèbres furent *Tching-tang*, le fondateur de la dynastie qui paraît avoir adoré, dans Chang-ti, le créateur du monde;

Deuxième dynastie les Chang (1766-1122).

Vou-yé (1298) qui fabriqua des idoles et institua en Chine le culte des faux dieux;

Tchao-sin, dont les criminelles et licencieuses folies dépassèrent celles du dernier des Hia, et amenèrent la chute de la dynastie des Chang. Ouan-ouang (le prince Ouan), un des grands vassaux [1], souleva le peuple

Tchao-sin et sa femme Tan-ki

Ouan-Ouang.

---

1. Ouan-Ouang, prince de Tchao, avait été le premier ministre du grand-père de Tchao-sin. Mis en prison pour avoir déplu à son souverain, il fut délivré par le dévouement de son fils et réintégré dans ses fonctions. Son frère, le duc Tchao, auquel on attribue l'invention de la boussole, ne cessa de prêter à son neveu Vou-ouang, quant il fut monté sur le trône, le fidèle concours de sa longue et remarquable expé-

Vou-ouang. contre l'infâme souverain, lui déclara la guerre et légua, en mourant, à son fils *Vou-ouang* (le prince Vou), le soin de terminer son entreprise vengeresse. Vou attaqua et vainquit Tchao-sin. Celui-ci, abandonné des siens, prit la fuite avec sa femme Tan-ki, l'odieuse compagne de ses débauches, se retira dans son palais, y mit le feu, et, comme Sardanapale, périt dans les flammes au milieu de ses trésors.

Troisième dynastie les Tchao (1122-249). La dynastie des Tchao, établie par *Vou-ouang* (le prince guerrier), un des respectueux adorateurs du Tchang-ti, comprend trente-cinq monarques et occupe le trône 872 ans. Vou-ouang, dont Confucius a longuement prôné la science, la sagacité, le patriotisme, et qui fut assisté dans son administration par son oncle le duc **Fautes politiques de Vou-ouang.** Tchao, un des hommes les plus illustres de la Chine, commit cependant deux grandes fautes politiques en décentralisant sa capitale qu'il relégua dans le Chen-si[1] **Féodalité.** et en favorisant l'extension de la féodalité. L'empire renferma bientôt 42 principautés turbulentes et rivales que les princes de la dynastie Tchao, réduits eux-mêmes à un territoire de fort peu d'étendue, pauvres d'argent, de soldats et de génie, furent presque toujours impuissants à gouverner. Leur domination nominale s'étendait seulement sur la [partie de la Chine proprement dite, située au nord du Yang-tze-kiang. Dans les régions méridionales erraient des tribus sauvages dont l'histoire à cette époque est complétement inconnue. Au temps de Confucius, le nombre des petites principautés qui se partageaient le sol national, s'élevait à plus de 600. C'était la confusion et l'anarchie.

rience. Ces trois personnages dont les historiens chinois célèbrent, à l'envie, la loyauté, l'habileté, le courage, eurent pour panégyriste le grand Confucius.

1. Au lieu même où s'éleva plus tard Si-ngan-fou, capitale actuelle de la province.

HISTOIRE

Une de ces principautés, beaucoup plus puissante et plus vaste que toutes les autres, celle des Tsin, occupait le nord-est de l'empire. Vers le milieu du IIIᵉ siècle, *Tchao-siang*, prince ambitieux et guerrier qui la gouvernait, envahit le domaine de son souverain, et force l'empereur *Tong-tcha-kioun* à subir le joug de sa volonté, sans cependant le déposséder du trône. Son fils, *Tchouang-siang*, achève sa tâche, extermine tous les princes de la famille royale, dépouille les grands feudataires de leur pouvoir souverain, divise le territoire de la Chine en 36 provinces qu'il fait administrer par des gouverneurs, prend le nom de *Tchi-houang-ti* (premier empereur), et fonde la quatrième dynastie, celle des Tsin.

Principauté des Tsin.

Tchao-Siang.

L'histoire de cette dynastie, qui occupe le trône pendant un demi-siècle à peine, est remplie tout entière des actes glorieux ou insensés de son chef illustre. Tchi-houang-ti transporte la capitale à *Hien-yang* sur les bords de la rivière Houaï, où il élève un palais dont les dimensions colossales et les splendeurs inouïes attestent, aux yeux de ses peuples, l'irrésistible éclat de sa puissance[1]; il construit des routes, creuse des canaux, bâtit des forteresses; il repousse les incursions des Huns et, pour les tenir en respect, il commence les travaux de la grande muraille qu'achèveront plus tard ses successeurs[2]; enfin, voulant anéantir la gloire de tous les siècles passés en détruisant les hommes et les documents qui pourraient en transmettre le souvenir, il fait

Quatrième dynastie, les Tsin (249-202).

Tchi-houang-ti.

---

1. Il voulut que ce palais fût assez vaste pour comprendre dans son enceinte toutes les demeures des princes qu'il avait soumis. Il y fit transporter leur suite et accumuler leurs richesses.
2. On pense qu'il se borna à faire relier entre eux et à fortifier, par des redoutes, les tronçons de muraille que les chefs des principautés septentrionales avaient fait construire pour arrêter les incursions des barbares.

mettre à mort 500 lettrés et livrer aux flammes tous les manuscrits que possède son peuple, jetant ainsi sur l'authenticité de l'histoire primitive, d'innombrables incertitudes que la patiente et sagace exégèse des générations futures ne parviendra jamais à fixer [1].

Liou-pang.

Débile successeur de cet audacieux despote, son fils succombe bientôt sous le poids de la couronne. Après sept années d'une lutte incessante contre les révoltes des grands feudataires, il est renversé par un soldat de fortune, *Liou-pang*, que l'un d'eux avait mis à la tête de ses armées, et qui s'empare du trône pour son propre compte. Il y monte sous le nom de *Kao-tsou*, et inaugure par son avénement le règne de la glorieuse famille des Han.

Cinquième dynastie, les Han. (202 av. J.-C. 211 après J.-C.)

Han proprement dits.

Han orientaux.

Han postérieurs.

Avec les *Han*, qui portent la couronne pendant quatre siècles, commence et se termine une époque fameuse entre toutes dans les annales militaires, littéraires et religieuses de la Chine. Elle embrasse trois périodes distinctes. Pendant la première, celle des *Han proprement dits*, le siége de l'empire sur lequel viennent s'asseoir successivement quatorze souverains, est rétabli et demeure dans la cité dont Vou-ouang avait fait sa capitale, au centre du Chen-si; — la seconde, celle des *Han orientaux*, commence l'année même où Kouang-vou, le 15ᵉ souverain de la dynastie, recule vers l'est le siége du gouvernement et l'installe à *Lo-yang*, dans le Ho-nan; — pendant la troisième, qui embrasse seulement 54 années (211-265 ans après Jésus-Christ), deux souverains, auxquels l'histoire donne le nom de *Han postérieurs*, exercent une ombre d'autorité sur les trois

[1]. Les érudits admettent généralement que pas un livre ne fut épargné et que toute la littérature des anciens âges eût été perdue, si la fidèle mémoire des lettrés n'en avait reproduit avec plus ou moins d'exactitude les œuvres classiques.

royaumes qui se partagent le territoire national, jusqu'au moment où les troubles sans nombre auxquels donnent lieu leurs rivalités, se terminent par l'établissement de la seconde dynastie des Tsin.

Les succès militaires de *Vou-ti* (110 ans avant Jésus-Christ), qui s'empara du nord de la Corée et d'une partie de l'Indo-Chine ; — l'introduction du boudhisme en Chine (65 ans après Jésus-Christ), à la suite de l'ambassade que l'empereur *Ming-ti* envoya aux Indes, et les rapides progrès de cette doctrine (voir page 226) ; — les glorieuses conquêtes de *Ming-ti* et de *Tchang-ti*, son successeur, qui étendirent leur domination dans l'Asie centrale jusqu'aux rives de la Caspienne ; — le maintien de cette domination pendant deux siècles qui virent naître, entre l'Occident et l'extrême Orient, entre Rome et la Chine, les premières relations politiques et commerciales[1] ; — les discordes intestines qui ensanglantèrent le sol de la patrie tout le temps qu'il demeura partagé entre les trois royaumes de *Oueï*, de *Vou* et de *Chu*[2] ; — le développement des forces militaires néces-

<small>Principaux événements accomplis sous le règne de cette dynastie.</small>

<small>Vou-ti.—Ming-ti. Tchang-ti.</small>

---

1. Il paraît certain qu'à cette époque, l'empire romain envoya en Chine des ambassadeurs et que ses marchands avaient des relations suivies avec le royaume du Milieu. Les auteurs chinois se faisaient une très-haute idée de la civilisation romaine. L'un d'eux en porte ce curieux et naïf jugement : « Tout ce qu'il y a de précieux et d'admirable » dans les autres pays, dit-il, vient de cette région ; on y fabrique des » monnaies d'or et d'argent. L'argent y a dix-huit fois moins de valeur » que l'or. Leurs marchands trafiquent par mer, avec l'Inde et la Perse, » et gagnent dix pour un. Ce sont des hommes simples et droits, qui » vendent à prix fixe et consacrent de grandes sommes d'argent au » commerce. Chez eux, le prix des céréales est très-peu élevé. Lorsqu'on leur envoie des ambassadeurs, ils ont soin de leur fournir des » chariots, pour les transporter à leur capitale et de subvenir aux » frais de leur séjour. »

2. Le royaume de *Oueï* occupait les régions septentrionales de l'empire. C'était le plus puissant des trois. Celui de *Vou* comprenait les territoires qui forment actuellement le Tché-kiang et la plus grande partie du Kiang-sou. Celui de *Chu* avait pour métropole Tching-tou, qui est aujourd'hui la capitale du Se-tchouen. Un roman historique

sitées par ces péripéties ; — l'illustre renom des guerriers qui y prirent part, des lettrés et des poëtes qui les ont célébrés, — toutes ces grandes aventures et ces illustrations ont jeté sur l'histoire des Han un éclat qui éblouit encore de nos jours la race aux cheveux noirs. Nous avons dit qu'elle portait avec fierté le nom de fils de Han.

Sixième dynastie, les Tsin (265-420).

Un général du prince de *Chu*, qui faisait alors la guerre à l'empereur, s'empare du trône pour sa famille, en 265, et devient ainsi le chef de la seconde dynastie des *Tsin*. Elle compte quinze souverains et gouverne partiellement la Chine, durant deux siècles. Guerres continuelles contre les Huns, qui sont maîtres des régions occidentales de l'empire ; turbulente ambition des princes vassaux ; développement rapide du boudhisme et des doctrines de Confucius ; querelles de palais ; le pouvoir souverain s'avilit en cédant à l'influence des eunuques ou au caprice des concubines. En 317, la capitale est transférée à Nanking. Lo-yang n'est plus la métropole de la Chine.

Septième dynastie, les Soung. (420-479).

Ngan-ti, le dernier Tsing, est renversé par son général Liou-you, et s'étrangle dans son palais. Liou-you règne avec gloire sous le nom de *Kao-tsou*, et donne le nom de *Soung* à sa dynastie. Il abaisse la puissance des feudataires et rétablit la plénitude de l'autorité souveraine. Ses huit successeurs gouvernent avec mollesse. Le duc de Tsi, *Siao-tao-tchin*, précipite du trône, en 479, la famille des Soung, dont il était depuis trente ans le conseil et le soutien.

très-populaire, le *San-kouo-tché*, qui a fourni de nombreux épisodes au drame national, et des sujets plus nombreux encore à l'art classique de la Chine, raconte longuement les intrigues, les guerres, les crimes, les héroïsmes de toutes sortes dont les trois royaumes furent le théâtre à l'époque de la décadence des Han.

HISTOIRE 537

La dynastie de *Tsi* renferme cinq souverains en y comprenant Siao-tao-tchin, son fondateur, lequel prend le nom de *Kao-ti* en même temps que la couronne. En 502, l'un des ministres de l'empereur *Ho-ti* conspire contre son maître avec l'assistance du prince de Liang, rebelle lui-même à son suzerain, et commence, en s'emparant du trône, le règne de la famille des *Liang*.

<small>Huitième dynastie
Les Tsi.
(479-502).</small>

Sous le nom de *Vou-ti*, il administre vigoureusement l'empire pendant 48 ans. Séduit par les enseignements boudhistes, il se fait bonze, puis reprend les rênes du pouvoir qui flottaient incertaines entre les mains de son fils, et, voulant allier les obligations du prêtre aux devoirs du monarque, il consacre tous ses loisirs à la propagation de sa doctrine. Trois princes de sa famille lui succèdent. Le dernier, *King-ti*, est assiégé dans sa capitale, pris et mis à mort par le commandant de ses armées.

<small>Neuvième dynastie
les Liang.
(502-557).</small>

Celui-ci est le fondateur de la dynastie des *Tchin*, une des moins illustres qui aient paru sur le trône. Elle compte cinq empereurs, dont les trois premiers étaient frères, et règne 30 ans sans gouverner. Depuis près de quatre siècles déjà, l'autorité souveraine momentanément rétablie, en 420 et 502, par Kao-tsou et Vou-ti, était devenue purement nominale. La Chine, divisée en plusieurs royaumes presque tous indépendants, dont le nombre aussi bien que l'étendue variait sans cesse, ne reconnaissait en réalité d'autres maîtres que les chefs de ces royaumes, et ceux-ci, perpétuellement en guerre les uns contre les autres, étaient, pour les monarques fainéants qui régnaient à Lo-yang ou à Nanking, beaucoup plutôt des alliés que des vassaux. Nous avons vu que, vers la fin du Ier siècle de notre ère, trois grandes principautés se partageaient le territoire chinois. La

<small>Dixième dynastie,
les Tchin.
(557-589).</small>

plus puissante, celle de *Oueï*, dont la domination s'étendait sur les régions septentrionales, avait été gouvernée successivement par onze princes de la même famille, lorsque en 534, à la suite d'une révolution violente, elle se scinda en deux provinces, qui bientôt se subdivisèrent elles-mêmes en un grand nombre de petits États. — En 589, *Yang-kien*, prince de *Soui*, gendre et ministre du petit potentat qui administrait l'un d'eux, s'empara du sceptre de son beau-père, soumit à sa domination tout le pays qui constituait autrefois le royaume de Oueï, subjugua les princes voisins, et s'assit à Nanking sur le trône impérial, d'où il expulsa le dernier rejeton des *Tchin*.

<small>Onzième dynastie, les Soui (589-618).</small>

Indignes héritiers d'une couronne si glorieusement conquise, les successeurs de *Kao-tsou* (c'est le titre impérial que prit le prince de Soui) la portent 39 années seulement sans illustration et sans vigueur. Elle est posée par l'un d'eux, l'empereur *Koung-ti*, sur la tête de *Li-youen*, prince de *Tang*, dont l'avénement (618) inaugure la dynastie à laquelle il a donné son nom.

<small>Douzième dynastie les Tang. (618-907).</small>

Elle dure trois siècles qu'il faut compter parmi les plus fameux de l'histoire nationale, et pendant lesquels vingt monarques occupent le trône. Li-youen descendait, dit-on, de la race impériale des Liang. Ce fut un prince sage, pieux et tempérant, énergique, actif et guerrier. Il associa son fils *Li-tchi-min* à ses laborieux travaux, et abdiqua en sa faveur après 9 ans de règne.

<small>Taï-tsong.</small>

(618-644). — *Li-tchi-min* adopte le titre de *Taï-tsong* en prenant le sceptre impérial et acquiert, par ses grandes actions, une impérissable renommée. La Chine le considère comme le véritable fondateur de la puissance et de la civilisation nationales, et comme un de ses plus fameux monarques. En même temps qu'il recule les frontières de l'empire jusqu'à la Caspienne et aux confins de la Perse, et qu'il organise politiquement, sous l'autorité de quatre gouverneurs, ses immenses conquêtes, il s'illustre par sa piété littéraire, sa vigilance administrative et l'éclat de sa fastueuse hospitalité. Il établit un grand nombre d'écoles, institue les examens publics et le culte de Confucius, fait réviser les vieux classiques et publier un code de lois. Il reçoit et traite à sa cour les ambassadeurs que lui envoient les princes de l'Inde et l'empereur Théodose. Il y accueille favorablement les moines nestoriens, examine lui-même leurs livres et permet qu'ils bâtissent un temple dans sa capitale. Cet organisateur puissant dont le génie embrassait toute chose, laisse après lui d'immenses regrets. Il avait transporté à Si-ngan-fou la métropole de l'empire. Ce fut le Charlemagne de la Chine.

Kao-tsong, son fils, apporte avec lui, sur le trône, l'indécision et la faiblesse, mais une femme *Vou-tsi-tien*, qui était entrée à l'âge de 14 ans dans le harem du grand empereur, avait recueilli ses leçons et en fait profiter l'État. Séduit par les grâces de sa personne et les charmes de sa parole, Kao-tsong, la tire de la retraite où elle vivait depuis la mort de Tao-tsong, et l'épouse publiquement après avoir répudié l'impératrice. Toute l'autorité passe bientôt entre les mains de Vou-tsi-tien qui succède à son mari et gouverne seule la Chine pendant vingt ans. Ses généraux remportent des victoires et ses gouverneurs soulagent les misères du peuple, mais elle souille l'honneur de son administration par d'indignes cruautés qui terniront à jamais l'éclat de sa mémoire. *Tchong-tsong*, son fils, lui arrache enfin le pouvoir, et avec lui commence le déclin de sa maison. Ses successeurs succombent sous le faix du sceptre qu'ils laissent tomber aux mains des eunuques et des concubines. Au commencement du xe siècle, un général soulève les trou-

Vou-tsin-tien.

pes, met à mort l'empereur *Tchao-tsong*, et règne à sa place [1].

Treizième dynastie Liang postérieurs. (907-923).

La dynastie qu'il place sur le trône, celle des *Liang postérieurs*, n'y reste que 16 ans. C'est à peine si l'usurpateur peut soumettre à son autorité le territoire qui forme aujourd'hui les provinces du Chan-tong et du Ho-nan. Son frère Liang-tchou-tien le dépose, le tue, le remplace et est renversé, à son tour, en 923, par un général d'origine turque, lequel veut faire revivre la dynastie précédente, sous le nom de Tang postérieurs.

Pendant un demi-siècle, de 907 à 960, la Chine est pleine de troubles et de sang. Elle voit se succéder cinq usurpations militaires qui prétendent rétablir les vieilles races déchues et abriter ainsi leurs forfaits sous l'égide tutélaire des illustrations nationales. Cette période néfaste est celle des *Vou-Taï* ou des cinq dynasties.

Quatorzième dynastie, Tang postérieurs (923-936).

Un caprice de l'armée renverse le nouveau tyran, il est tué par ses soldats, et son petit-fils se brûle dans son palais. Sa maison avait gouverné 13 ans l'empire.

Quinzième dynastie, Tsin postérieurs. (936-947).

L'heureux soldat qui lui ravit le trône prend pour sa maison le nom de *Tsin postérieurs*. Il est forcé de payer tribut aux Tartares Kitan (Tartares du Liaotong) qui l'avaient assisté dans sa révolte. Son neveu et successeur *Tchu-ti*, n'ayant pas voulu leur continuer ce honteux subside, ils envahissent son empire et le chassent de sa capitale.

Invasion des Tartares Kitan.

Seizième dynastie, Han postérieurs. (947-951).

Ils sont, eux-mêmes, expulsés de la Chine par les efforts patriotiques d'un vaillant général. Celui-ci se fait

---

1. Un recensement officiel dressé en 722, sous le règne de Hiouen-tsoung, un des premiers Tang, donne aux quinze provinces qui constituaient son empire une population de 52,884,818 habitants.
L'académie des Han-lin fut instituée au VIIIe siècle, lorsque le sixième souverain de cette dynastie occupait le trône.

proclamer empereur et son fils lui succède ; leur dynastie, celle des *Han postérieurs*, garde 4 ans la couronne.

C'est encore un soldat rebelle, *Ko-oueï*, qui la place sur sa tête. Il est le chef des *Tchao postérieurs*. L'administration vigoureuse de son fils, *Chi-tsoung*, rend un instant le repos à la monarchie profondément troublée. Après un règne court et glorieux, il meurt laissant le sceptre aux mains d'un enfant mineur que ses généraux déposent d'un commun accord pour mettre l'un des leurs, *Tchao-kouang-you*, à la tête de l'empire.

<small>Dix-septième dynastie, Tchao postérieurs. (951-960).</small>

La dynastie des *Song* compte 18 souverains et règne trois siècles, pendant lesquels se prépare et s'accomplit progressivement la conquête de la Chine par les Mongols. Après une lutte de 163 ans contre les Tartares *Kin*, le gouvernement impérial avait été contraint de leur abandonner toutes les régions situées au nord du fleuve Jaune et de transporter sa métropole à Hang-tchéou. Les Kin devenant plus redoutables, il sollicita contre eux, en 1245, sous le règne de *Li-tsong*, le périlleux concours des Tartares Mongols. Koubilaï, leur chef [1], envahit le territoire chinois à la tête de ses hordes féroces et n'en sortit plus. En 1280 la conquête était achevée. L'héroïque résistance des provinces méridionales avait été noyée dans des flots de sang. *Ti-ping*, le dernier des Song, s'était précipité, avec ses courtisans et sa famille, dans le fleuve des Perles [2].

<small>Dix-huitième dynastie, les Song (960-1280).</small>

<small>Invasion mongole.</small>

Pendant 88 ans, les Chinois restent soumis à la domination mongole et sont gouvernés par neuf princes de la race *Youen*, c'est le titre impérial que Koubilaï donne à sa maison. Lui-même prend le nom de *Ché-tsou* ; il

<small>Dix-neuvième dynastie, les Youen (1280-1368).</small>

<small>Ché-tsou.</small>

1. Petit-fils de Gengis-khan.
2. La rivière de Canton.

pacifie son nouvel empire, l'administre avec beaucoup de prévoyance et de fermeté. Sous son règne les travaux du grand canal sont commencés; le Thibet, la Cochinchine, le Pegu sont soumis; la métropole, d'abord fixée à Tayouen-fou, dans le Chan-si, est établie à Péking [1]; Marco-Polo visite la Chine et revient émerveillé de sa puissante civilisation. Le trône mongol est respecté tant que l'occupent *Tching-song* (Timour-khan) et *Vou-tsong* (Genesek-khan), petit-fils et neveu de Koubilaï. Mais le favoritisme imprudent de leurs successeurs, qui confèrent toutes les situations administratives à leurs compatriotes, au mépris de la hiérarchie littéraire et des vieilles coutumes, suscite contre eux la haine du pays.

Tchou-youen-tchang.

Un bonze obscur, *Tchou-youen-tchang*, organise une insurrection nationale; le succès et le patriotisme grossissent bientôt ses rangs. L'empereur *Tching-tsong*, adolescent énervé par les plaisirs, perd en même temps le trône et la vie. L'audacieux rebelle devient le fondateur de la dynastie nationale des *Ming* et gouverne l'empire sous le nom de Hong-vou.

Vingtième dynastie les Ming. (1368-1644).

Seize empereurs appartiennent à cette dynastie dont le commencement fut illustre, la fin honteuse et tragique. *Hong-vou*, administrateur habile et énergique, réorganisa l'empire. Il fit de Nanking sa capitale, et laissa par son testament la couronne à son petit-fils Kien-ouan.

Yong-loh.

Yong-loh, fils de Hong-vou, usurpa le pouvoir impérial sur son neveu Kien-ouan, et tint d'une main vigoureuse les rênes de l'État. Il fit compulser les anciennes coutumes, recueillir les édits de ses prédécesseurs et rédigea le code qui fut la base de la législation nationale.

---

1. A la suite de cette translation, la ville qui devint plus tard Péking, reçut le nom de Ham-Palu (Ham, roi; Palu, cour), dont les voyageurs vénitiens firent Cambalu.

HISTOIRE

C'est lui qui jeta les fondements de la tour de porcelaine. Pour veiller de plus près aux périls dont l'ambition tartare menaçait constamment la Chine, il fixa le siége du gouvernement à *Chon-tien-fou* (Péking), qui est resté depuis cette époque la métropole de la Chine.

Un siècle plus tard, sous le règne de *Kia-tsing*, les Portugais, ces hardis pionniers des mers orientales, abordèrent en Chine et prirent pied à Macao (1523) moyennant tribut.   *Kia-tsing.*

En 1580, l'empereur *Van-lié* accueillit favorablement Matteo Ricci, et les jésuites fondèrent un établissement à Péking (voir page 236). Vers la même époque, une expédition japonaise qui avait conquis la Corée fut repoussée avec perte par les armées impériales.   *Van lié.*

Ce fut la dernière gloire des Ming, dont la décadence était déjà commencée. Profitant de leurs vices et de leur faiblesse, les Tartares orientaux (les Kin), que ne contenait plus la valeur des Mongols, avaient violé fréquemment le territoire de l'empire. En 1618, le chef mandchou, *Tien-ming*, invoquant d'insignifiants griefs, jure d'immoler 200,000 Chinois aux mânes de son père. Il publie un manifeste sauvage contre la race des Ming, franchit les frontières et commet des cruautés inouïes dans le Liao-tong. *Tien-tsong*, son fils, hérite de son entreprise et l'achève à force d'audace et d'habileté. Plusieurs bandes rebelles dont les chefs aspiraient au trône dévastaient l'empire affaibli. Un de ces conspirateurs, *Li-tse-tching*, avait pris Péking, et *Houaï-tsong*, le dernier des Ming, s'était pendu après avoir poignardé sa fille. *Vou-sang-kouei*, général des troupes de l'empire, sollicite le concours de Tien-tsong pour chasser l'usurpateur, mais le rusé Mandchou tire profit pour lui-même de cette alliance politique et s'empare de Péking avec l'aide de son loyal complice. Il y meurt en 1644, laissant le souverain pouvoir à son héri-   *Invasion des Tartares orientaux ou Mandchoux. Tien-Ming. Tien-tsong. Vou-sang-kouei.*

tier Choun-tchi, fondateur de la dynastie actuelle des Tsing.

Jusqu'à ce jour, huit souverains de cette dynastie ont occupé successivement le trône de la Chine. Nous terminerons ce chapitre par un rapide exposé des principaux événements de leurs règnes.

Choun–tchi (1644-1652) : ses efforts pour plier la Chine aux coutumes mandchoues. Il décrète le changement du costume national et impose à ses sujets, malgré leur résistance obstinée, la queue tressée des coiffures tartares [1]. Ses soldats continuent la conquête de son empire. Lutte acharnée dans les provinces du midi et de l'est où les populations soutiennent les descendants de l'infortuné *Houaï-tsong*. La valeur indomptable de deux chefs de bande, Tching-tchi-long et Tchin-tchi-kong, son fils [2], perpétuent dans le Tche-kiang et le Fokien ces sanglantes hostilités. Énergie militaire et habileté administrative d'Amavang, oncle et tuteur de Tchoun-tchi. Réorganisation de la cour et des troupes. La Chine ne conserve pas son armée nationale ; elle n'a plus que des milices indigènes et des garnisons tartares. Pesanteur des impôts, exigences impitoyables, cruelle inflexibilité des fonctionnaires mandchous. Un grand

---

[1]. Ces modifications ne s'étendirent point aux pays voisins comme la Cochinchine et le Japon qui ont conservé assez fidèlement le costume dont les Chinois faisaient usage du temps des Ming.

[2]. Les Européens ont donné à ces deux hommes les noms d'*Icoan* et de *Ko-ching-a*. Le premier se rendit tellement redoutable que le gouvernement composa avec lui et le condamna à l'inaction en l'accablant d'honneurs officiels. Quant au second, qui voulut continuer les sanglants exploits de son père et organiser, à son profit, la résistance nationale, il fallut que Kang-hi, pour mettre fin à ses continuelles déprédations, forçât toute la population maritime à émigrer, avec ses richesses, dans l'intérieur des terres. N'ayant plus rien à piller sur les côtes, Kochinga se jette, en 1661, sur Formose, d'où il expulse les Hollandais et dont il reste le maître absolu pendant vingt-deux ans.

nombre de Chinois cherchent à se soustraire par la fuite à tant de rigueurs; ils émigrent dans le Liaotong, la Corée, les Philippines et à Formose. A Péking, la cour traite favorablement les missionnaires, bien qu'un certain nombre d'entre eux fût resté fidèle, dans le midi, à la cause des Ming. Vers la fin de sa vie, l'empereur s'abandonne aux plus scandaleux excès.

Kang-hi (1662-1723), un des plus remarquables souverains qui aient régné sur la Chine. L'empire est administré par un conseil de tutelle jusqu'à l'époque de sa majorité. A 14 ans, il prend les rênes du gouvernement et dirige l'État avec autant d'habileté que de succès. L'étendue de ses connaissances et la pénétration de son jugement, son infatigable application aux affaires, sa valeur à la guerre et à la chasse, son habileté dans les exercices corporels, la magnificence de sa cour et la simplicité de ses mœurs, son ardeur à soulager les misères du peuple, la juste sévérité qu'il déploie envers les fonctionnaires publics font l'admiration et l'orgueil de ses sujets. Il subjugue les Éleuths, soumet les régions situées au nord et au sud des monts Célestes et recule les frontières de l'empire jusqu'au Kokand, au Badakchan et au Thibet. Avec l'habile assistance des jésuites, qu'il comble d'abord de ses faveurs et qu'il exile plus tard à la suite des funestes dissentiments survenus entre les missionnaires (voir page 240), il bâtit un observatoire, refait le calendrier, conclut un traité de délimitation avec les Russes, perfectionne l'artillerie, dresse une carte très-exacte et très-détaillée de toutes les provinces de la Chine. Enfin il fait rédiger en mandchou et en chinois, le fameux dictionnaire qui porte son nom. Son règne, qui dure 61 ans, embrasse une des plus glorieuses périodes de l'histoire nationale.

Yong-tching (1723-1736). Kang-hi destinait le trône

Kang-hi.

Yong-tching.

à son quatrième fils; Yong-tching était le quatorzième. Il substitua le chiffre 14 au chiffre 4 dans le testament de son père et ce subterfuge, dit-on, le porta au trône. Il régna sans gloire mais traita son peuple avec bienveillance et justice. Désireux de faire renaître les anciennes traditions dans toute leur pureté, il voulut faire disparaître le christianisme et persécuta les missionnaires.

Kien-long.   *Kien-long* (1736-1796): Ce fut après Kang-hi, le plus illustre des Tsing. Il occupa le trône pendant 60 ans. Sa longue administration fut habile et vigoureuse. Les peuplades qui habitent les districts montagneux de Formose et du Kouëi-tchéou se soulevèrent et furent domptées. Le Thibet, pour se soustraire à l'oppression du Népaul, reconnut le protectorat de la Chine, à laquelle il paya tribut. La Russie, l'Angleterre, la Hollande envoyèrent des missions à Péking, où leurs ambassadeurs furent accueillis comme s'ils représentaient des pays tributaires, ou comme s'ils venaient solliciter la suzeraineté de l'empire chinois. Quelque temps avant sa mort, Kien-long abdiqua en faveur de son fils.

Kia-king.   *Kia-king* (1796-1821). Caractère jaloux, superstitieux, dissolu, il persécute les chrétiens avec fureur et suscite de sérieux mécontentements parmi les personnages de sa cour. Conspirations et révoltes de palais. L'empereur ne doit la vie qu'au dévouement personnel de son second fils. Une formidable association de pirates, commandée par *Tching-yi* et *Tchang-pao*, et disposant de 600 jonque bien armées, désole les côtes méridionales de l'empire. Les flottes et les soldats du gouvernement ne parviennent pas à la détruire. Divisés par les habiles manœuvres des autorités provinciales du Kouang-tong, ces deux chefs en viennent aux mains et, affaiblis par leurs mutuelles attaques, font successivement leur soumission. Ambassade de lord Amherst en 1816.

HISTOIRE

Tao-Kouang (1821-1850), deuxième fils de Kia-king, appelé au trône par le testament de son père dont il avait sauvé les jours au péril des siens. Le Turkestan se soulève en 1828, des flots de sang y sont répandus ; le chef de la rébellion Jéhangir vient à Péking sur la foi des traités et y périt dans d'affreuses tortures. Deux insurrections éclatent successivement, l'une à Formose, l'autre dans les montagnes du Kouang-si, et sont apaisées à prix d'argent. De graves dissentiments éclatent entre la Chine et l'Angleterre. Le commissaire *Lin* fait détruire tout l'opium que possèdent les négociants étrangers. La guerre est déclarée, elle dure deux ans. Des traités de commerce sont conclus avec l'Angleterre, les États-Unis et la France. Ces puissances établissent en Chine des missions permanentes; cinq ports y sont ouverts au commerce de toutes les nations (voir le chapitre suivant).

Hien-foung (1850-1861). Une insurrection formidable qui avait pris naissance, vers la fin du règne de Tao-kouang, dans les régions montagneuses du Kouang-si, fait trembler les bases du trône. Ses progrès sont irrésistibles. Elle occupe successivement les plus grandes villes de la Chine centrale. Son chef *Hong-siou-tsiouen* est un ancien élève des missions protestantes de Canton, un illuminé ou un fourbe ambitieux qui tient l'épée d'une main et la bible de l'autre. Il s'attribue une mission divine, se déclare frère de Jésus-Christ, publie des proclamations religieuses et politiques, rédige un décalogue, fonde un nouveau culte basé sur les doctrines évangéliques et les traditions nationales, combat l'idolâtrie en brisant partout les idoles, prêche la guerre sainte contre les Tartares Mandchoux, se proclame empereur, donne le nom de *Ta-ping* (grande paix) à son règne, établit à Nanking sa capitale. Ses bandes, que viennent grossir les mécontents de toutes sortes, se re-

Tao-kouang.

Hien-foung.

Insurrection.

crutent principalement parmi les tribus indisciplinées des provinces méridionales et les membres des sociétés secrètes. Ses soldats portent les cheveux longs comme les montagnards du Kouang-si et suivant l'ancienne coutume nationale. Ses généraux, qui prennent le titre de princes, combattent pour lui avec valeur et fidélité, mais commettent partout d'affreuses cruautés auxquelles les armées impériales répondent par d'abominables représailles. Plusieurs insurrections partielles éclatent sur d'autres points de l'empire affaibli. Amoy, Shanghaï, tombent en leur pouvoir; la Chine centrale est inondée de sang. Cependant, l'avant-garde de Taï-ping-ouang pénètre dans le Tchi-li, arrive jusqu'à 30 lieues de Péking et ne cède qu'à la valeur des bandes tartares que commande l'intrépide Tsang-ko-lin-sin. En face des brillants succès de l'insurrection, les représentants des puissances étrangères adoptent une prudente neutralité à laquelle leurs nationaux se montrent plus ou moins fidèles. Le gouvernement mandchou, éprouvé par de si cruels revers, n'a pourtant pas modifié, vis-à-vis des *barbares*, les provoquantes allures de sa politique traditionnelle. En vain les ministres étrangers lui adressent des propositions conciliantes pour le renouvellement des conventions diplomatiques. Des difficultés s'élèvent à Canton, entre les autorités provinciales et le consulat anglais; la tête d'un missionnaire français tombe dans le Kouang-si. Le cabinet de Péking refuse les satisfactions que réclament la France et la Grande-Bretagne.

Expédition anglo-française.

La guerre éclate en 1857. Canton et les forts de Takou sont occupés par des forces anglo-françaises. De nouveaux traités sont conclus, mais les ambassadeurs qui en portaient la ratification à Péking ayant été repoussés, les hostilités sont reprises avec une grande vigueur. Les troupes alliées s'emparent successivement des forts du Pei-ho, de Tien-tsin, de Péking. Hien-Foung s'enfuit de sa capitale, franchit la grande muraille et va mourir en Tartarie, le 17 août 1860, de tristesse et de langueur.

Toung-tché règne aujourd'hui sous la tutelle des deux impératrices. Son oncle, le prince de *Kong*, préside le conseil de régence et dirige l'administration en qualité de premier ministre. Le gouvernement chinois entretient des relations amicales avec les puissances étrangères dont les représentants habitent Péking. Elles l'ont aidé, en 1863 et 1864, à combattre l'insurrection. Nanking est tombée le 19 juillet 1864 au pouvoir des troupes impériales ; Taï-ping-ouang s'est donné la mort. Les forces insurrectionnelles sont vaincues et dispersées.

Toung-tché.

CHAPITRE II

RELATIONS DES PEUPLES CIVILISÉS AVEC LA CHINE

Relations de la Chine avec l'Occident sous l'empire romain, sous le Bas-Empire, au moyen âge. — Missions nestoriennes. — Ambassades envoyées par Innocent IV et saint Louis. — Voyages de Marco Polo et des Arabes. — Entreprises des Portugais, des Espagnols, des Russes, des Hollandais, des Français, des Américains, des Anglais. — Trafic de l'opium. — Guerres de 1840. — Traités de 1842 et de 1844. — Événements de Canton. — Politique des puissances à l'égard des rebelles. — Événements militaires et diplomatiques de 1858 et 1860. — La Chine ouverte aux nations étrangères.

Un résumé chronologique des relations que les peuples européens ont entretenues avec la Chine terminera convenablement cet ouvrage. Il nous a paru que nos diplomates et nos négociants y pourraient trouver de précieuses notions et des dates utiles. Au moins leur permettra-t-il de lire, en quelques pages, le curieux récit de ces relations et d'embrasser, pour ainsi dire d'un seul coup d'œil, l'ensemble des progrès que l'audacieux génie de l'Occident a conquis depuis trois siècles sur les orgueilleux préjugés, les aveugles méfiances et l'antique civilisation de la race chinoise.

Le résumé qui va suivre nous semble comporter naturellement trois périodes distinctes. A la première appartiennent les faits, plus ou moins obscurs, qui témoignent des anciennes relations de l'Occident avec la Chine. La seconde commence avec le seizième siècle de notre ère; elle embrasse les événements beaucoup mieux connus qui attestent les courageuses et persistantes entreprises des Portugais, des Hollandais, des Russes, des

Anglais, des Américains, des Français et se termine à l'époque où le nouveau régime, inauguré par les conventions de 1842 et 1844, consacre au profit des peuples dont les efforts avaient été jusque-là individuels, l'égalité des conditions et la communauté des intérêts. La troisième, enfin, débute avec ce régime et dure encore aujourd'hui. Nous croyons qu'une telle classification donne au précis chronologique contenu dans ce chapitre plus de clarté et de méthode et permet, en conséquence, de le consulter avec plus de fruit.

Première période embrassant les quinze premiers siècles de notre ère.

PREMIÈRE PÉRIODE.

A l'époque où régnait Trajan (98-117 ap. J.-C.), Tchang-kiang, général de l'empereur Tchang-ti (un des souverains de la dynastie Han), pénètre jusqu'aux rives de la mer Caspienne et en rapporte la vigne [1].

166. — Marc-Aurèle envoie une mission aux pays qui produisent la soie. On en trouve de curieuses traces dans les annales historiques de la Chine. Elles constatent qu'à cette époque un ambassadeur venant des grands

Premières relations avec les empires romain et grec.

---

1. Nul doute qu'antérieurement à cette époque les précieuses marchandises que fabriquait la Chine ne parvinssent en Occident et notamment à Rome. Les marchands occidentaux allaient-ils les chercher jusqu'aux lieux mêmes de la production ? Leur étaient-elles livrées par les nations intermédiaires, l'Inde et les peuples de l'Asie centrale ? Leurs expéditions avaient-elles lieu par terre ou par mer ? Leurs flottes s'arrêtaient-elles à Tyr ? Allaient-elles mouiller, au contraire, dans le port de cette mystérieuse Cattagara dont parle Ptolémée ? Leurs caravanes pénétraient-elles par ces profonds et dangereux défilés de la Perse et de la Bactriane jusqu'à *Thina* dont fait mention l'illustre astronome ? Doit-on voir, dans cette dernière ville, la cité qui porte aujourd'hui le nom de Si-ngan-fou et penser que, sur les ruines de Cattagara, s'élève aujourd'hui Fou-tchéou, Amoy, Canton ou bien Calcutta ? Les Sinæ et les Seres étaient-ils les mêmes peuples ? Étaient-ils Indiens ou Chinois ? Ce sont des points fort obscurs et que la science des géographes n'a pas encore fixés. On ne peut, toutefois, se refuser à reconnaître que le jugement porté par Ammien Marcellin sur les

royaumes de l'Occident, Ta-tsin-kouoh, apporta leurs tributs à l'empire du Milieu [1]. On croit qu'à la suite de cette mission, le commerce étranger prit naissance à Canton.

Jusqu'à l'avénement de la puissance ottomane, l'empire grec achète à la Chine, directement ou indirectement, des étoffes de soie et de coton, des perles, des pierres précieuses et les feuilles aromatiques du *malabathrum* (le bétel ou le thé).

Sixième siècle. — Les apôtres du nestorianisme pénètrent en Chine (voir page 232). Deux moines, probablement deux prêtres nestoriens, rapportent le ver à soie à Constantinople.

Neuvième siècle. — Deux Arabes, *Wahal et Abuzaïd*, visitent la Chine. Récit très-curieux et probablement véridique de leur long voyage. Abuzaïd raconte que, lors du sac de Canfou (probablement Canpou dans le Tchékiang), 120,000 négociants arabes, juifs, parsis et chrétiens furent mis à mort. Canfou était donc, à cette époque, l'entrepôt florissant d'un commerce très-actif entre la Chine et l'Occident [2].

Seres ne s'accorde fort exactement avec les mœurs des Chinois. — « Ils sont très-soigneux, dit-il, d'éviter tout contact avec les autres » peuples du monde; ils ne font le commerce qu'à la frontière; ils y » apportent une extrême méfiance et sont prêts à livrer tout ce qu'ils » possèdent pour de l'argent. Du reste, tempérants, doux et paisibles, » ils professent une grande aversion pour la guerre. » Ptolémée attribue au pays qu'il appelle *Serica* des dimensions analogues à celles que possédait la Chine à cette époque, et il mentionne deux grands fleuves (probablement le fleuve Jaune et le fleuve Bleu) qui le traversaient de l'ouest à l'est.

1. Les historiens chinois parlent aussi de plusieurs missions envoyées par leurs souverains aux « Ta-tsin-kouoh ». Au delà des *Tao-chi*, disent-ils, on rencontre une grand mer par laquelle, en naviguant vers l'ouest, il est possible d'atteindre les régions où se couche le soleil. Que doit-on entendre par les *Tao-chi* et les *Ta-tsin-kouoh?* Est-ce la Perse, l'Inde, l'empire romain ? On ne peut faire encore là dessus que des conjectures.

2. Anciennes relations de deux voyageurs mahométans (Eusèbe Renaudot).

HISTOIRE 553

Treizième siècle. — 1243. — Le pape Innocent IV envoie comme ambassadeur le franciscain *Carpini*, archevêque d'Antivari, au souverain des Tartares, Kou-youk-khan, pour le sommer d'embrasser le christianisme et de mettre fin à ses incursions sur les terres d'Europe. Périls que court l'ambassade ; humiliations qu'on lui fait subir ; elle est admise en présence du grand khan. Réponse hautaine de Kou-youk[1] (voir les pièces justificatives). Carpini.

1253. — Saint Louis ayant conçu le dessein de nouer des intelligences avec le grand khan des Tartares qu'il croyait chrétien, confie ses pleins pouvoirs à un cordelier brabançon, Guillaume de Ruysbrœck, connu sous le nom de *Rubruquis*. Celui-ci part de Constantinople, traverse la Crimée, visite Batou sur les rives du Volga où il avait établi le centre de ses campements nomades, et, après un périlleux voyage dans l'Asie centrale, arrive à la cour du grand khan Mangou, successeur de Kou-youk. Les nestoriens y sont en faveur et lui suscitent mille difficultés. Batou et Mangou l'interrogent sur la puissance militaire du roi de France. Plusieurs Européens, entre autres l'architecte français Bourchier, font partie de la suite du grand khan. On permet à Rubruquis d'accompagner la cour à Karakoroum d'où on le fait partir pour l'Asie mineure. Son voyage avait duré deux ans. Il en adresse à saint Louis une très-curieuse relation[2]. Rubruquis.

1250. — Deux riches marchands vénitiens, *Nicolo et Matéo Polo*, qui possédaient des comptoirs en Crimée,

---

1. Innocent IV envoya dans le même but, mais par un autre chemin, une seconde ambassade au khan des Tartares. *Ascelin* qui la dirigeait fut moins heureux que Carpini. Le khan ne permit point qu'il dépassât ses avant-postes. Il reçut le message dont il était porteur et lui fit dire en réponse que, si le seigneur pape désirait avoir une conférence avec lui, il pourrait se rendre en personne à sa cour.

2. M. d'Avezac a publié, en 1838, la relation des voyages de Rubruquis et de Carpini.

visitent la Chine. Koublaï-khan (le chef de la dynastie Youen) les accueille avec bienveillance, les garde quelque temps près de lui et leur fait promettre, en les congédiant, de revenir prochainement à sa cour. Ils s'y rendent de nouveau, quelques années après, accompagnés de *Marco Polo*, fils de Mattéo. Faveur dont jouit Marco Polo auquel le gouvernement confie les fonctions de préfet dans un des départements du Tchékiang. Il publie en italien, à son retour, le récit très-intéressant et très-véridique de ses aventures. Les Polo étaient restés 24 ans en Chine. Ils y avaient trouvé le catholicisme florissant sous l'habile direction du célèbre missionnaire Jean de Montecorvino (voir page 235)[1].

Quatorzième siècle. — Un Arabe de Tanger, *Ibn-Batouta*, qui était venu s'établir aux Indes, reçoit une mission pour la Chine du sultan de Delhi. Il débarque à Zaïtoun, probablement Canton ou Tchao-tchao. Ses récits, évidemment inspirés presque tout entiers par l'amour du merveilleux, confirment cependant en partie la narration de Marco Polo[2].

Vers le même temps, voyageait à travers l'Asie centrale et la Chine, le moine *Odéric* qui a raconté également les incroyables aventures de sa dangereuse pérégrination. On regrette que le pieux narrateur, expliquant les faits dont il est témoin par des causes surnaturelles, voie partout l'intervention divine ou l'œuvre du diable et que la liberté de son récit soit souvent enchaînée par ses terreurs superstitieuses. Comme Batouta, Odéric visita Zaï-toun où était établie une mission de frères cordeliers.

---

1. Voir le tome 1er du *Recueil des voyages de la Société de géographie*.
2. Le professeur Lee, de Cambridge, a publié une traduction de ces récits.

Il résulte des informations dont ces hommes intrépides ont fait part à leurs contemporains, qu'à l'époque où ils visitèrent l'extrême Orient, l'accès n'en était point fermé aux nations étrangères. Les hommes de l'Occident pénétraient librement en Chine ; ils pouvaient s'y établir, s'y livrer au commerce, y pratiquer leur religion. Ils étaient tenus seulement de remplir certaines formalités d'inscription et de passe-port que, dans la plupart des pays européens, la police exige encore aujourd'hui.

<small>Avant le XVIe siècle l'accès de la Chine n'était pas fermé.</small>

Deuxième période commençant avec le XVIe siècle et finissant en 1842.

<small>DEUXIÈME PÉRIODE.</small>

1516. — *Rafaël Perestrello* aborde en Chine sur une jonque venant de Malacca et portant les couleurs portugaises. L'Empire du Milieu n'avait encore vu aucun pavillon européen.

<small>Premières relations des Portugais avec la Chine.</small>

1517. — *Ferdinand Andrade* se fait bien voir des autorités de Canton ; on lui permet de faire stationner quatre bâtiments portugais à San-tchouen (Saint-Jean). Thomé Pires, son compagnon, que le gouverneur de Goa envoyait en ambassade à la cour de Chine, est retenu à Canton sous divers prétextes.

1521-1523. — Procédés imprudents de *Simon Andrade*, frère de Ferdinand. Les Portugais sont expulsés de Saint-Jean. Pires meurt en prison.

1545-1549. — Les Portugais sont chassés également de Tchin-tchéou et de Ningpo ; ils y avaient fondé des factoreries, mais avaient exercé contre les populations environnantes d'inqualifiables violences.

1560. — Après un séjour de quelques années à Lampaçao, l'une des grandes Ladrones, ils prennent pied à Macao, moyennant un tribut de 500 taëls (4000 francs) payé annuellement aux autorités provinciales,

1573. — Celles-ci font construire une haute muraille pour isoler la nouvelle colonie du territoire chinois, et délèguent à Macao un fonctionnaire chargé d'y administrer la population chinoise.

Pendant le xviie siècle, la ville de Macao se construit; le commerce portugais en Chine se fonde et se développe.

1667. — Une ambassade est envoyée de *Goa* pour protester contre les mesures rigoureuses qui avaient suspendu le commerce. Elle n'obtient aucun résultat.

1727. — La mission politique d'*Alexandre Metello* qui accompagne à Péking le jésuite Magaillans, n'est pas plus heureuse [1]. Elle se borne à un échange de présents diplomatiques.

1753. — Quatrième ambassade. Elle est admise à Péking. Beaucoup d'humiliations, aucun résultat.

1820. — Le transport de l'*opium* à bord des *receiving-ships* porte un coup fatal au négoce portugais qui languissait déjà depuis un siècle.

1839. — Il reprend momentanément quelque importance, à la suite des graves événements qui suspendent le commerce de Canton.

Premières relations des Espagnols avec la Chine.

1575. — Le gouverneur de Manille ayant expulsé de sa colonie le fameux pirate *Li-ma-hon*, que poursuivait un amiral chinois, celui-ci, pour témoigner sa reconnaissance, conduit à Canton deux moines augustins chargés d'une mission politique auprès de son gouvernement. On les traite honorablement, puis on les congédie, sans qu'ils aient pu obtenir, en faveur de leurs compatriotes, aucun avantage commercial.

1580. — Nouvelle mission non moins stérile, confiée à *Martin Ignatius* par le roi d'Espagne. Son caractère

---

1. Magaillans apportait la réponse du saint-siège relative à la question des cérémonies civiles (voir page 241).

HISTOIRE

est méconnu. Il est emprisonné à Canton, délivré à la requête du gouverneur de Macao et dirigé immédiatement sur Manille.

Vers la fin du xvi⁰ siècle, une colonie chinoise se fonde à *Luçon* où elle subsiste encore aujourd'hui, nombreuse, florissante, mais soumise à des règlements très-sévères. Un négoce assez actif, uniquement chinois, s'établit entre cette colonie et sa métropole qui reçoit de Manille des chargements de riz considérables.

Les Espagnols obtiennent plus tard le privilége de commercer dans le port d'*Amoy* à l'exclusion de tous les autres peuples. Mais ce privilége est assujetti à de telles restrictions qu'ils n'en font pour ainsi dire aucun usage.

Premières relations des Russes avec la Chine.

Vers 1650, le gouvernement russe fait construire quelques fortifications sur la rive septentrionale de l'Amour, et envoie à Péking une mission. Elle y est dédaigneusement accueillie.

1680. — Une armée chinoise détruit ces fortifications et emmène à Péking tous les Russes qui s'y trouvaient. Ceux-ci construisent une église et fondent un collége dans la capitale de l'empire.

1685. — Ambassade du Russe *Golowin*. Son entrevue à Selinginsk avec les envoyés chinois, qui s'étaient fait attendre deux ans et qui s'y rendent avec une force imposante. Toute prétention sur la vallée de l'Amour est abandonnée. On stipule que les Yablonoï seront désormais la frontière commune.

1692 et 1719. — Le gouvernement chinois interrompt le commerce par caravanes. Missions d'*Ysbrandt-Ides* et d'*Ismaïloff* dans le but d'obtenir le rétablissement de l'ancien régime.

1728. — Traité de *Kiachta* : il rétablit le commerce, consacre et constate l'existence des établissements russes à Péking.

1758. — Une expédition que l'empereur Kieng-long dirige contre une peuplade de la Sibérie inspire de vives alarmes à Pétersbourg.

1771. — Quelques centaines de Cosaques des rives du Volga désertent en Chine. Le cabinet de Péking les fait bien traiter et rejette hautement les réclamations que lui adresse à ce sujet une ambassade russe. La grande Catherine fait préparer une expédition contre la Chine. Elle n'a pas de suites.

1839. — Pendant la guerre de l'opium, la Russie fait donner à diverses reprises, au cabinet de Péking, des assurances de son bon vouloir sans en obtenir toutefois de nouveaux priviléges.

Premières relations des Hollandais avec la Chine.

1622. — Les Hollandais s'emparent des îles *Pescadores*, dans le détroit de Formose, et y construisent des fortifications. Expéditions dirigées contre eux par les autorités du Fokien.

1624. — Ils abandonnent les Pescadores et s'établissent à *Formose* où ils élèvent le fort *Zealandia*. A la suite de la conquête des Mandchoux, une colonie d'émigrants chinois vient se grouper autour de Zealandia. Succès des missionnaires hollandais à Formose. L'un d'eux compose un dictionnaire dans la langue du pays.

1655. — Mission à Péking de *Goyer* et de *Keyser*, deux riches marchands de Batavia. Après avoir subi force humiliations, ils obtiennent pour leur pays l'autorisation d'envoyer en Chine, tous les huit ans, une ambassade et quatre navires de commerce.[1]

1658. — Le pirate *Ko-ching-a* s'empare de Zealandia, et chasse les Hollandais de Formose.

1662-1664. — Après avoir échoué dans une première tentative, l'amiral *Bort* expulse d'Amoy les troupes

---

1. Nieuhoff a fait, en 1673, le curieux récit de cette mission.

de Ko-ching-a et remet cette ville au gouvernement chinois. En témoignage de sa gratitude, ce dernier lui offre deux jonques pour l'aider à reconquérir Formose.

1664. — *Van Hoorne* se rend par le grand canal à Péking, où il est envoyé comme ambassadeur. Il est forcé de s'astreindre aux plus humbles formalités et n'obtient aucune concession. Les négociants hollandais sont relégués à Canton comme ceux des autres pays.

1793. — Nouvelle tentative diplomatique. *Isaac Titsingh* et *Van Braam*, agent consulaire à Canton, vont complimenter à Péking l'empereur Kien-long qui commençait la soixantième année de son règne. Ils ne sont ni mieux reçus ni plus heureux que leurs devanciers [1].

Au commencement du xviiie siècle, le commerce français se fonde à Canton sur le même pied que celui des autres pays. Il y possède une factorerie, et la France y entretient un consulat particulièrement chargé de la protection des missionnaires catholiques.

Premières relations des Français avec la Chine.

Avant 1844, aucune ambassade française, si l'on excepte celle de Rubruquis, mentionnée plus haut, ne fut envoyée en Chine. Mais la faveur dont jouissaient nos missionnaires, sous les premiers souverains de la dynastie mandchoue, les services scientifiques qu'ils leur rendirent, les nombreux travaux qu'ils publièrent, avaient tacitement établi, depuis le milieu du xviiie siècle, entre la France et l'empire chinois, des relations intéressantes et suivies.

1780. — Un matelot français s'étant rendu coupable de meurtre sur la personne d'un Portugais, est livré à la justice chinoise qui le fait étrangler.

1785. — Canton voit naître les relations mercantiles

---

1. De Guignes, un des membres de cette ambassade, en a publié les aventures (1808) en 3 volumes.

des États-Unis avec la Chine. Elles s'exercent paisiblement sous la surveillance d'un consul qui n'entretient aucun rapport officiel avec les autorités.

Toutefois, en 1822, un matelot du navire américain *Emily*, ayant commis un meurtre involontaire, les autorités locales instruisent son jugement et le font mettre à mort, malgré les énergiques protestations de ses compatriotes.

Premières relations des États-Unis avec la Chine.

1596. — Élisabeth fait partir pour la Chine un escadre de quatre vaisseaux et une ambassade qui ne parviennent pas à leur destination.

1637-1699. — Arrivée à Canton de quatre bâtiments de commerce sous les ordres du capitaine *Weddel*. Après maintes difficultés que suscite la jalousie des Portugais et un combat soutenu contre les forts du Bogue, Weddel obtient l'autorisation de vendre ses marchandises et de prendre du fret. La Compagnie des Indes établit à Canton une succursale, dont le chef est nommé consul. Les factoreries, fondées dans la ville d'Amoy à l'époque où elle était au pouvoir de Ko-ching-a, sont abandonnées par suite des vexations qu'il leur faut subir de la part des autorités indigènes.

Premières relations des Anglais avec la Chine.

1720. — Institution à Canton de la corporation privilégiée des marchands *Hong* auxquels est remis le monopole du commerce étranger avec la Chine (voir page 482). Ce commerce est assujetti à des droits énormes et à des exigences de toutes sortes.

Institution des Hong.

1736. — Un édit de Kien-long adoucit un peu ces dures conditions en abaissant les droits de douane.

1741. — Le pavillon de guerre anglais se montre pour la première fois en Chine sur le *Centurion*. Conduite digne et ferme du commodore Anson, à qui on avait d'abord refusé des vivres.

Mission de Flint.

1755. — Les exigences de la douane devenant intolérables, M. *Flint,* agent de la compagnie, fait une tentative pour prendre pied à Amoy et à Ningpo. Ayant complétement échoué, il se rend à l'embouchure du Pei-ho et fait parvenir ses doléances à Péking. On le renvoie par terre accompagné d'un commissaire impérial qui destitue le directeur des douanes de Canton. Toutefois, Flint est emprisonné pendant quelques mois à Casabranca, pour avoir manqué de respect à l'empereur.

1756. — A la suite d'une rixe entre des matelots anglais et français, les autorités locales interdisent le débarquement des équipages de commerce sur la terre ferme, et assignent à leurs ébats une petite île située près de Whampou.

1784. — Dans un salut tiré à bord de la *Lady Hughes*, un boulet oublié tue un Chinois. Les autorités exigent qu'on leur livre le canonnier qui a commis cette fatale imprudence, et le font étrangler.

Toutes les fois qu'un meurtre est commis par un étranger, soit sur la personne d'un indigène, soit sur celle d'un autre étranger, soit même sur un de ses compatriotes, les agents de l'autorité prétendent qu'à eux seuls appartient le droit de juger le coupable, et ils exigent toujours vie pour vie, suivant les dispositions du code qui concernent les barbares.

1792. — Ambassade à Péking de *lord Macartney*. Il y est convenablement accueilli, mais aucun avantage nouveau n'est concédé au commerce anglais. Curieuses relations de *Staunton* et de *Barrow*.

<small>Ambassade de lord Macartney.</small>

1808. — L'Angleterre met garnison à Macao pour protéger cette colonie contre la marine française. Le vice-roi dénonce cette téméraire violation du territoire national et interrompt le commerce. La garnison ayant été retirée, un temple est construit près de Canton pour commémorer cette victoire.

1814. — Le vice-roi donne l'ordre aux agents de

la compagnie d'expulser des eaux de la Chine la frégate la *Doris*, dont les entreprises font un tort considérable au négoce américain. Ceux-ci refusent, et, comme leurs compatriotes ont grandement à souffrir par suite de cette courageuse résistance, ils suspendent à leur tour le commerce. Le vice-roi cède alors sur tous les points et de nouvelles concessions sont faites aux étrangers. Désormais, ils pourront correspondre sous plis cachetés avec le gouvernement; on respectera leur domicile; on laissera en repos leurs serviteurs.

Lord Amherst

1816. — Mission de *lord Amherst. Henri Ellis* et *sir Georges Staunton* l'accompagnent, *Morisson* est son interprète. Comme Macartney, il refuse fièrement le Kotao; comme lui, il n'obtient aucun succès. La réponse du gouvernement chinois à ses demandes, réponse négative de tous points, ne lui est remise qu'après son retour à Canton.

Meurtre commis par l'équipage du *Topaze*.

1822. — Deux Chinois de Lin-tin sont tués dans une rixe par des matelots du navire de guerre *Topaze*. Le vice-roi demande les têtes des coupables, et comme on les lui refuse, suspend les opérations mercantiles. Les agents de la compagnie quittent Canton. On finit par s'entendre et par proclamer ce principe : que les négociants ne peuvent être rendus responsables des actes commis par les gens de guerre.

Un incendie dévore les habitations des marchands étrangers et les demeures des *Hong*. Ce désastre est bientôt réparé.

Difficultés au sujet des Hong.

1828. — Faillites des deux principaux *Hong*. Le *consou* paye leurs dettes, mais le gouvernement abolit, pour l'avenir, la mutuelle responsabilité primitivement établie entre ses membres. Deux autres faillites, en ayant encore réduit le nombre, les agents de la compagnie demandent qu'il soit complété par de nouvelles nominations. Résistance du vice-roi. Les agents arrêtent, à l'entrée de la rivière, les navires de la compagnie, et quittent eux-mêmes Canton. Le vice-roi fait complétement droit à leur requête et paye les dettes des nouveaux faillis.

1829. — La compagnie nomme à Canton de nouveaux agents. En l'absence du vice-roi, le gouverneur provincial fait détruire les constructions élevées sur les bords du fleuve depuis l'incendie, et impose aux négociants étrangers des humiliations sans nombre. A son retour, le vice-roi veut prendre des mesures plus sévères ; on prévient ses intentions en le menaçant d'arrêter le commerce.

1832. — Dernière tentative de la compagnie pour établir des factoreries dans les ports de l'est. Elle n'est pas moins stérile que les précédentes.

Cependant le commerce frauduleux de l'opium prend des proportions considérables ; des engagements ont lieu à Lin-tin, plusieurs Chinois sont tués, mais les fonctionnaires de la douane, dont on paye le silence, ferment les yeux. *Progrès du commerce de l'opium.*

1834. — Un acte du parlement met fin au monopole de la compagnie des Indes. Le gouvernement anglais soumet en Chine le commerce de ses nationaux au contrôle officiel d'une commission de trois membres. L'un d'eux a le titre de surintendant et exerce la présidence. Le premier surintendant, *lord Napier*, dont les collègues sont MM. *John F. Davis* et *sir G. B. Robinson*, arrive le 15 juillet à Macao. Conformément aux instructions que lui a remises lord Palmerston, il se rend à Canton, sans avoir demandé l'autorisation préalable du vice-roi, et veut communiquer directement avec ce fonctionnaire sans avoir recours, suivant l'usage traditionnel, à l'entremise des *Hong*. Le vice-roi refuse de recevoir ses communications tant qu'elles ne lui seront point adressées par cette entremise. Napier publie *Fin du monopole de la compagnie. Nomination d'un surintendant officiel du commerce.*

Lord Napier.

un pamphlet contre le vice-roi. Celui-ci suspend le commerce. Napier renvoie les navires anglais à Lin-tin et fait venir deux frégates à Whampou. Il tombe malade et veut retourner à Macao. Le vice-roi exige qu'avant son départ il congédie les navires de guerre et il donne l'ordre que les affaires reprennent leur cours aussitôt que le surintendant aura quitté Canton. Napier meurt à Macao, épuisé par la fatigue et vaincu par l'obstination du vice-roi[1].

M. F. Davis.

1835. — Davis, successeur de Napier, conseille à son gouvernement un appel direct à la justice du cabinet de Péking. Son avis n'ayant pas été adopté, il confie ses pouvoirs à Robinson et part pour Londres. Le commerce suit paisiblement son cours, tandis que ce dernier réside avec ses collègues, MM. *Astell* et *Elliot*, soit à Macao, soit dans la baie de Lin-tin.

Le surintendant est remplacé par un agent politique et commercial, le capitaine Elliot.

1836. — La commission est abolie. Le capitaine Elliot est revêtu de pouvoirs à la fois politiques et commerciaux. Il retourne à Canton et accepte provisoirement la situation dans laquelle étaient placés, avant 1834, les agents de la compagnie.

Périls résultant du commerce de l'opium.

Cependant la question de l'opium grandit et s'agite à Péking, à Londres, aux Indes. Dans un fort curieux mémoire présenté à l'empereur, *Ho-naï-tsi*, ancien intendant des sels à Canton, conseille à son gouvernement de légaliser le commerce du pernicieux narcotique et de le soumettre à des droits de douane très-élevés. *Tchou-sun*, un des membres du conseil privé, et le sous-censeur, *Hu-kiou*, émettent une opinion radicalement contraire. Ils invoquent la morale, les traditions, les périls que

---

1. Les instructions de lord Palmerston étaient décidément agressives. Le ministre anglais n'aurait pas dû oublier que le gouvernement chinois considérait Macartney et Amherst comme des porteurs de tributs, le nouveau surintendant comme un contrôleur responsable des affaires commerciales, et que les exigences péremptoires de lord Napier exciteraient nécessairement son indignation et sa surprise.

HISTOIRE 565

viendraient à courir la santé, l'existence même du peuple, si l'on consacrait à la culture du pavot les terres où croissent les céréales ; leur avis l'emporte et les voies de rigueur sont adoptées. A Canton, Elliot et les autorités indigènes trouvaient que Ho-naï-tsi raisonnait fort juste. A Londres, les directeurs de la compagnie déploraient un trafic flétri par l'opinion des honnêtes gens, mais alléguaient l'impossibilité de l'abolir, et par conséquent la nécessité d'en profiter. Parmi les riches négociants, les uns pensaient comme les directeurs, les autres soutenaient que l'usage modéré de l'opium était d'une innocuité parfaite et que la morale n'exigeait nullement qu'on en privât les populations chinoises.

1837. — Le vice-roi *Tsang* prie officiellement Elliot de demander des instructions à l'effet d'éloigner de Lintin les Receiving-ships. Palmerston répond qu'il n'appartient qu'au gouvernement chinois de supprimer la contrebande et qu'il peut sévir contre les contrebandiers à ses risques et périls. Vif mécontentement de Tsang. Il refuse, quelques jours après, de recevoir une communication d'Elliot, prétextant l'oubli de quelques formalités. Celui-ci abaisse son pavillon et revient à Macao. Démarche conciliante de Tsang et réponse de lord Palmerston

1838. — La situation prend des aspects plus sombres. L'empereur édicte les plus rigoureux châtiments contre la contrebande et les fumeurs. De fréquentes collisions ont lieu. En dépit de l'opposition armée des Européens, le vice-roi fait périr, par le supplice de la strangulation, deux contrebandiers chinois *Ho-lao-kin* et *Fong-a-ngan* en vue des factoreries et répond aux protestations de la chambre de commerce par ces fières paroles : « J'ai agi de la sorte pour frapper les nations étrangères de terreur et de pitié. » Elliot se rend à Canton, blâme la conduite de ses nationaux, et invite les contrebandiers anglais à quitter la rivière. La position des marchands *Hong* devient intolérable. Mesures rigoureuses adoptées par le gouvernement chinois.

Procédés énergiques du commissaire Lin.

1839. — *Lin-tse-tsuh*, vice-roi du Hou-kouang, est nommé commissaire impérial à Canton. Il fait garder à vue les factoreries, exige qu'on lui délivre, dans un délai de trois jours, tout l'opium qui se trouve en la possession des négociants étrangers, demande en outre que ceux-ci s'interdisent par serment le commerce du funeste narcotique et justifie, par une proclamation philosophique, les mesures auxquelles il est tenu de recourir[1]. 1,037 caisses d'opium sont livrées; *Lin* déclare qu'il n'est point satisfait. La terreur règne dans les factoreries. Les domestiques chinois abandonnent leurs maîtres et ceux-ci ne peuvent plus se procurer de vivres. Cédant à la force, Elliot engage les marchands anglais, par une circulaire officielle, à lui faire remettre toutes les caisses d'opium dont ils sont propriétaires ou consignataires afin qu'elles soient livrées aux autorités chinoises; il fait remarquer en outre à ses compatriotes, que le gouvernement anglais ne pourra leur tenir compte, dans la forme et la mesure qu'il jugera convenables, des pertes et dommages dont ils auront à souffrir qu'autant qu'on obéira ponctuellement à ses ordres. Tous les receiving-ships étant venus mouiller près des forts du Bogue, 20,281 caisses d'opium, dont la valeur vénale surpasse 60 millions de francs, sont débarquées en présence des agents du commissaire impérial. De larges fossés reçoivent tout leur contenu qui est dissout dans un mélange de chaux et d'eau salée et qu'on fait écouler dans le fleuve, à marée basse. *Lin* expulse des factoreries seize négociants étrangers particulièrement reconnus pour se livrer à la contrebande et fait rétablir les communications; mais Elliot engage ses nationaux à quitter Canton où leur vie est en péril, suspend leur commerce,

---

1. Cette proclamation invoquait la raison et le bon sens des nations étrangères et faisait appel à leurs sentiments d'humanité. Lin adressa aussi deux lettres à la reine Victoria pour la prier de concourir avec lui à la suppression du commerce de l'opium.

proteste publiquement contre les procédés du commissaire impérial et se retire lui-même à Macao. De leur côté, les négociants anglais, tout en continuant dans ce port leurs opérations mercantiles sous pavillons portugais et américain, font appel, par une adresse habilement rédigée et dignement conçue, à la justice de leur pays.

Un Chinois est tué à Hong-kong, où étaient mouillés les receiving-ships, dans une querelle survenue entre leurs équipages et les paysans. L'assassin n'ayant pu être découvert malgré les recherches ordonnées par Elliot, Lin menace de punir les habitants de Macao et de Hong-kong s'ils continuent à vendre des vivres aux Anglais. Il fait ensuite à Macao une visite triomphale en compagnie du gouverneur *Tang*. Peu après, il reçoit les sceaux de la vice-royauté des deux Kouang.

Au mois d'*octobre*, la situation étant devenue plus calme, Elliot veut se rendre à Canton, pour négocier avec *Lin*. Il part avec deux bâtiments de guerre. L'amiral *Kouan* tente de s'opposer à son passage. Quatre jonques chinoises sont coulées. *Lin* prohibe tout commerce britannique sous pavillon étranger. Les navires de commerce anglais se réfugient à Tong-kou sous la protection d'une escadre.

1840. — Retour de l'*Ariel* qu'Elliot avait dépêché en Angleterre. Le gouvernement britannique est décidé à la guerre si les autorités chinoises ne mettent pas fin, par des procédés plus équitables, aux difficultés pendantes. Une escadre, commandée par *sir Gordon Bremer*, arrive dans les eaux de la Chine. Le cabinet de Londres remet ses pleins pouvoirs à l'amiral *G. Elliot* auquel le capitaine Elliot prête le concours officiel de son expérience. Canton est déclaré en état de blocus. Les hostilités commencent. *Le gouvernement anglais se décide à la guerre.*

Juillet. — Ting-haï est prise, la grande Tchousan *Campagne de 1840.*

est occupée; on bloque les embouchures de la rivière *Min* et du *Yang-tse-kiang*. En *août*, les représentants de l'Angleterre ont une entrevue près de Takou, avec *Ki-chen*, gouverneur du Tchi-li. Il se charge de transmettre à Péking les réclamations écrites de Palmerston et promet, dans le délai de dix jours, une réponse qui ne parvient point. Du reste, il s'engage à se rendre à Canton afin d'y régler les difficultés sur les lieux mêmes où elles ont pris naissance. Pendant ce temps, un officier de la marine anglaise, le capitaine *Smith*, détruisait les fortifications que les Chinois avaient construites sur les confins du territoire de Macao et le commissaire impérial Lin, prévenu d'incapacité, était rappelé à Péking. En *novembre* et *décembre* l'amiral Elliot conclut une trêve avec *I-li-pou*, gouverneur du Tché-kiang. Épuisé par la maladie, il quitte la Chine, laissant ses pleins pouvoirs à son collègue. Ce dernier entame des négociations avec *Kichen*, qui avait remplacé Lin à Canton ; mais la cession de *Hong-kong* aux Anglais, ayant été catégoriquement refusée par le gouvernement chinois, les hostilités sont reprises.

<small>Elliot lénipotentiaire.</small>

<small>Hostilités à Canton.</small>

1841. — Deux forts près de Canton ayant été occupés par les troupes anglaises, Ki-chen accorde la cession de Hong-kong, une indemnité de 6 millions de piastres, l'égalité entre les fonctionnaires. L'empereur refuse de ratifier la convention. Les principaux forts du Bogue sont attaqués et détruits. L'amiral *Kouan* périt dans un engagement naval. Des troupes anglaises occupent les factoreries. Une nouvelle trêve est conclue, mais *Kichen*, accusé de condescendance envers les barbares, est remplacé à Canton, en qualité de commissaire impérial, par *Yi-chan*, neveu de l'empereur. *Ki-kong* est nommé vice-roi des deux Kouang. Arrivée de *sir Hughe Gough*, commandant en chef les troupes anglaises de débarquement.

<small>Mission de Yi-chan.</small>

Dans le courant du mois de *mai*, une flottille de brûlots chinois tente en vain de mettre le feu à l'escadre anglaise. Sir Hughe s'empare des positions fortifiées qui dominent Canton et menace d'occuper la ville. Par une convention conclue avec Elliot, Yi-chan la rachète 6 millions de piastres. Les troupes s'éloignent ; une nombreuse armée de paysans attaque l'arrière-garde qui la repousse avec une grande perte. — Yi-chan s'excuse de cette trahison et le commerce anglais est rétabli dans la capitale des deux Kouang.

Août-Décembre. — *Sir Henry Pottinger* remplace le capitaine Elliot en qualité de plénipotentiaire et *sir William Parker* prend le commandement de la flotte. La guerre se poursuit sur les côtes avec activité. Les forces anglaises occupent l'île de *Koulang-sou* dans le port d'Amoy, après un combat naval où l'amiral chinois, *Kiang-Ki-youn*, se tue de désespoir, et reprennent Ting-haï et Tchousan. Une action très-vive leur livre Tchin-haï ; elles s'emparent de Ning-po sans coup férir. Alarmé de ces rapides succès, le gouvernement chinois se dispose à une vigoureuse résistance, fortifie ses villes maritimes[1] et se crée, par la vente des grades académiques, de nouvelles ressources financières. *Yi-king*, neveu de Tao-kouang, est nommé général en chef des troupes que l'on oppose aux barbares. Le cabinet de Péking lui donne pour assistant et pour conseil Ki-chen, qui avait été condamné à mort, mais dont l'exécution est suspendue.

Elliot remplacé par sir Henry Pottinger.

Campagne de 1841.

1842 (*mars-juin*). — Les Anglais prennent d'assaut un camp retranché à Tze-ki près de Ning-po ; le généralissime Yi-king s'enfuit à Sou-tchéou dans le Kiang-sou. Ils évacuent successivement Ning-po et Tchapou qui était tombé en leur pouvoir le 17 mai, forcent l'entrée

Campagne de 1842.

---

1. On répara les fortifications de Tien-tsin, Ta-kou, Hang-tchéou et Tcha-pou.

de la rivière *Vou-song* en prenant à la baïonnette les forts de Paou-chan qui la défendent, occupent la ville de Shang-haï et lui imposent une rançon de 1,800,000 fr.[1]. Pottinger expose au peuple, dans une habile proclamation, les griefs et les intentions de l'Angleterre. *Noui-kien*, gouverneur du Kiang-nan, *Ki-ing* et *Ilipou*, revêtus des fonctions de commissaires impériaux, doivent poursuivre de concert les négociations avec les barbares. Ilipou s'honore par sa courtoisie; il renvoie les prisonniers de guerre et remercie sir Hughe des soins que celui-ci fait donner aux blessés chinois.

Expédition du Yang-tze-kiang.

Juillet-Octobre. — Une expédition anglaise, composée de 72 bâtiments de transport et précédée d'une escadre de découverte, remonte le Yang-tze-kiang. Elle s'empare de Tchin-kiang, le 22 juillet, malgré la vigoureuse résistance de la garnison tartare, livre cette grande ville au pillage et prend position, le 6 août, devant Nanking. Sir Hughe fixe à 18,000,000 de francs la rançon de la capitale du Kiang-nan et annonce qu'il la fera bombarder si cette somme ne lui est pas remise dans le délai de trois jours. Le 14 *août*, trois heures avant l'expiration de ce délai, Ilipou, Noui-kien et Ki-ing font savoir à Pottinger qu'ils ont reçu de pleins pouvoirs pour traiter. On échange des visites de courtoisie pendant que les subalternes rédigent la convention. Le 29 *août* elle est conclue à bord du *Cornwalis*, scellée par les commissaires impériaux et signée par Pottinger[2]. Dix-sept jours

Conclusion de la paix.

---

1. On prit 175 canons à Paou-chan et 388 à Shang-haï. A Tcha-pou et à Paou-chan, les Mandchoux se défendirent avec une grande valeur. A Paou-chan, le général *Tchin*, qui les commandait, eut une mort héroïque.

2. En vertu du traité de Nanking, l'Angleterre reçoit de la Chine une indemnité de 21,000,000 de piastres, à savoir : 12,000,000 pour frais de guerre, 3,000,000 pour les dettes contractées par les marchands hongs et 6,000,000 pour l'opium détruit à Canton. Il stipule en outre l'admission du commerce étranger dans quatre nouveaux ports qui seront ultérieurement désignés; — l'équitable règlement des tarifs; — la ces-

après, un courrier rapporte de Péking la ratification de l'empereur. Dans le courant de *septembre* les Anglais évacuent toutes les positions militaires qu'ils occupent, à l'exception de Tchou-san et de Kou-lang-sou où des garnisons doivent être maintenues jusqu'au parfait acquittement de l'indemnité de guerre. Le montant en avait été fixé par la convention de Nanking à 21,000,000 de piastres.

Traité de 1842.

L'expédition quitta la Chine vers la fin du mois de *décembre*. A son retour au sud, sir Henry Pottinger apprit que les équipages de deux navires de commerce anglais, naufragés à Formose, avaient été pris, dépouillés, massacrés en partie par les habitants de l'île et que la populace cantonnaise s'était ruée, un jour, sur les factoreries qu'elle eût infailliblement pillées et détruites sans l'intervention énergique de la police chinoise. Il obtint que *Ta-houng-a*, commandant la garnison tartare de Taï-ouan-fou, fût dégradé, et fit remettre une indemnité de 67,000 piastres aux habitants des factoreries.

Fin de l'expédition.

Troisième période commençant en 1843.

TROISIÈME PÉRIODE.

1843. — Ilipou arrive à Canton, en qualité de commissaire impérial. Sa mort. Ki-ing le remplace. Il échange les ratifications du traité de Nanking avec sir Henry. Celui-ci s'installe à Hong-kong et organise l'administration de la nouvelle colonie.

Ki-ing commissaire à Canton.

Le 22 *juillet*, Ki-ing fait publier le tarif dont les dispositions ont été réglées de concert entre *Ouang*, son

Publication du tarif.

---

sion de Hong-kong à la couronne britannique; — la restitution des prisonniers; — l'égalité entre les fonctionnaires des deux puissances; — l'occupation de Tchou-san et de Kou-lang-sou jusqu'à la ratification du traité par l'empereur et au payement intégral de l'indemnité.

secrétaire, et M. *Thom*, interprète de la légation britannique[1].

<small>Relations de Ki-ing avec les autorités françaises et portugaises.</small>

Août-Septembre. — Ki-ing a plusieurs entrevues avec le comte de *Ratti-Menton*, consul de France, et M. *de Silveira Pinto*, gouverneur de Macao. M. de Ratti-Menton remet une lettre de M. Guizot au vice-roi, lequel déclare par sa réponse et dans les termes les plus courtois, que le gouvernement impérial concède à la nation française tous les avantages consacrés en faveur de l'Angleterre par les traités récemment conclus; une copie desdits traités et du nouveau tarif accompagnait cette communication.

Par le règlement stipulé de concert entre Ki-ing et M. Pinto, les mutuelles relations des autorités chinoises et portugaises sont définies, et les cinq ports sont expressément ouverts aux navires portugais.

<small>Convention supplémentaire.</small>

Une convention supplémentaire concernant la mutuelle répression des crimes et délits, ainsi que le recouvrement des dettes et désignant les noms des cinq ports, est conclue le 8 octobre à Canton entre les autorités anglaises et chinoises.

<small>Payement de l'indemnité de l'opium.</small>

Dans le courant de *décembre*, l'indemnité de 6 millions de piastres que cet acte avait stipulée en faveur des propriétaires de l'opium détruit par Lin, fut remise toute entière aux autorités anglaises. Une proclamation officielle, adressée quelques mois auparavant par sir Henry à ses compatriotes, leur avait rappelé que le commerce de l'opium était illégal et qu'ils agiraient, en s'y livrant, à leurs risques et périls.

<small>Traités de Whangia et de Whampou.</small>

1844. — Des traités de commerce sont conclus, à

[1]. Le tarif de 1843 établissait, sur les marchandises, des droits d'entrée et de sortie qui dépassaient rarement 5 pour 100 *ad valorem*, et soumettait les bâtiments de commerce à une taxe de 5 mace par tonneau. Il abolissait le cohong et fixait les droits de pilotage.

Whangia, le 3 *juillet*, entre la Chine et les États-Unis, et à Whampou, le 24 *septembre*, entre la Chine et la France. Ki-ing en fut le négociateur au nom du cabinet de Péking, avec MM. *Caleb-Cushing* et *de Lagrenée* dont l'un représentait l'Amérique et l'autre le gouvernement français. Les deux ministres firent consacrer expressément, en faveur de leurs compatriotes, les clauses des conventions anglaises et stipulèrent, en outre, quelques nouveaux avantages [1]. M. de Lagrenée obtint, par la gracieuse entremise de Ki-ing, l'édit de tolérance dont nous avons donné la traduction au livre deuxième de cet ouvrage, et qui eût affranchi le christianisme dans l'Empire du Milieu si le gouvernement chinois l'avait fait réellement publier ou s'il nous avait été possible d'en réclamer *officiellement* l'exécution fidèle. La mission de notre plénipotentiaire eut beaucoup de retentissement. Plusieurs délégués commerciaux et un inspecteur des finances en faisaient partie; un amiral commandait l'escadre qui la portait [2]. Elle visita les

Édit de tolérance.

1. Ainsi il fut admis, par le traité de Whangia, que les navires marchands pouvaient séjourner deux jours dans un port sans être assujettis au droit de tonnage; — qu'après l'avoir acquitté une fois dans un des cinq ports, ils devaient en être exempts dans les quatre autres; — que les étrangers pourraient construire, partout où ils voudraient, des hôpitaux, des chapelles et des églises; — que le traité, lui-même, pourrait être dénoncé et révisé de concert, douze ans après le jour de sa signature. Le négociateur français stipula expressément que nos navires de guerre seraient admis dans tous les ports de l'empire et que, s'il arrivait à un de ses nationaux de franchir les limites officiellement fixées, il serait immédiatement reconduit, par les soins des autorités indigènes et sans molestation aucune, au consulat du port le plus voisin.

2. Placée sous les ordres de l'amiral Cécille, elle se composait de deux frégates: la *Cléopâtre* (commandant de Candé), la *Sirène* (commandant Charner), et de quatre corvettes: la *Sabine* (commandant Guérin), l'*Alcmène* (commandant Duplan), la *Victorieuse* (commandant Rigault de Genouilly), l'*Archimède* (commandant Paris). MM. de Ferrière le Vayer et d'Harcourt accompagnaient M. de Lagrenée en qualité de premier et de second secrétaires; MM. Marey-Monge, de la Hante, Raymond et de Montigny étaient attachés payés, MM. de Tarente, de la Guiche et de Charlus attachés non payés à la mission.

plus importants marchés de l'extrême Orient et recueillit un grand nombre d'informations précieuses [1]. Celle de M. Caleb fut plus modeste. Porteur d'une lettre adressée par le président John Tyler à l'empereur de la Chine et qu'il devait remettre personnellement, il jugea convenable de ne point tenter l'aventure, et de négocier simplement avec Ki-ing. Les échanges des ratifications eurent lieu le 25 *août* 1845, pour le traité français, entre M. de Lagrenée et Ki-ing, et le 31 *décembre* de la même année, pour le traité américain, entre Ki-ing et le commodore *Biddle*.

Ainsi furent expressément stipulés et positivement consacrés, par trois conventions officielles, les avantages politiques et commerciaux que les trois puissances maritimes obtinrent du gouvernement chinois, en faveur des nations civilisées, à la suite de la victorieuse expédition de l'Angleterre.

Dans le courant de l'année 1844, le gouvernement de Hong-kong régla, par une ordonnance du 24 *janvier*, l'exécution du bill parlementaire relatif à l'administration des intérêts britanniques sur les côtes et dans les eaux de la Chine; définit, le 28 *février*, les attributions judiciaires des consuls; rappela, sous la même date, les lois qui interdisent l'esclavage dans les colonies de la reine et organisa, le 1er *mai*, la police de la nouvelle colonie.

En mars, M. de Ratti-Menton remit les sceaux de notre consulat à M. Lefebre de Bécourt.

[1]. Il entrait, à cette époque, dans les vues du gouvernement français de fonder un établissement commercial et politique dans les mers de Chine, et on avait fait choix d'abord de l'île de *Basilan* pour notre nouvelle colonie. M. de Lagrenée la visita; elle fut trouvée propre à remplir le but que se proposait le roi Louis-Philippe. Les négociations politiques dans lesquelles nous étions alors engagés au sujet des mariages espagnols ne permirent point de donner suite à ce patriotique projet. L'Espagne, maîtresse du groupe des Philippines, n'eût pas admis, sans de sérieuses contestations, l'occupation française de Basilan.

En *avril*, sir Henry Pottinger fut remplacé par *sir John Davis*, qui visita peu après les cinq ports.

Déclaré port franc, le 29 *novembre*, Macao fut ouvert au commerce de toutes les nations, moyennant un droit fixe de 5 mace par tonneau et un tarif suffisamment modéré. *Macao, port franc.*

1845. — 8 *janvier* : une ordonnance de sir John Davis interdit le territoire de Hong-kong à la triade et aux autres sociétés secrètes.

1ᵉʳ *mars*. — Publication à Macao du nouveau règlement des douanes.

23 *mars*. — Les troupes anglaises évacuent Koulang-sou.

25 *août*. — Échange à Macao des ratifications du traité français.

Dans le courant de novembre, Ki-ing visite à Hong-Kong les autorités britanniques. Il échange à Canton, le 31 décembre, avec le commodore Biddle les ratifications du traité américain.

Pendant que de pénibles travaux font surgir sur la plage abrupte de la colonie anglaise la belle ville de Victoria, le commerce étranger et les missions protestantes s'installent et s'organisent à Shang-haï, Foutchéou, Ningpo et Amoy.

Quelques faits importants signalent l'année suivante.

Le 15 janvier 1846, trois jours après le départ pour l'Europe de la mission française, plusieurs proclamations du vice-roi Ki-ing et du gouverneur Houang, affichées à Canton, font connaître que, conformément aux traités, les étrangers seront désormais admis dans l'enceinte de la capitale des deux Kouang. Elles sont déchirées et remplacées par des placards incendiaires. La *Le peuple s'oppose à l'ouverture de Canton.*

populace s'ameute, brûle et pille. Cédant à la nécessité, Ki-ing déclare publiquement qu'il ne veut pas faire violence au vœu du peuple et que le seuil de la cité continuera à rester interdit.

28 *février*. — Une ordonnance, émanant du gouvernement portugais, confirme et étend les nouvelles franchises du port de Macao.

Édit de tolérance. Un édit impérial portant la date du 20 *février* et publié par Ki-ing et Houang, le 18 *mars*, affranchit l'exercice du culte chrétien (nous en avons donné la traduction au livre deuxième de cet ouvrage).

Le 18 *mai*, une proclamation du plénipotentiaire J.-F. Davis annonce : 1° que le gouvernement impérial vient de prendre l'engagement formel de faire admettre les étrangers dans l'intérieur de Canton aussitôt que les autorités locales seront en mesure de refréner le mauvais vouloir de la populace ; 2° qu'en conséquence les

Tchousan évacué. troupes anglaises vont évacuer Tchou-san. — Elles s'embarquent en effet, dans le courant de *juillet*.

Insurrection de Macao. Amaral, le gouverneur de la colonie portugaise, ayant établi une nouvelle taxe sur la batelerie, les matelots et les marchands chinois s'ameutent dans la journée du 8 *octobre*. Des coups de canon sont échangés, quelques jonques sont détruites. La répression est aussi prompte qu'énergique.

Le 22 du même mois, M. Everett, représentant des États-Unis, arrive à Macao. Il est reçu quelques jours après à Canton, par le vice-roi.

Un règlement sanctionné par sir J. Davis et publié, le 6 *novembre*, par M. Alcock, consul à Shang-haï, détermine les limites et fixe la police de ce port.

Expédition de Canton. 1847. — De graves événements ont lieu à Canton dans le courant du mois d'*avril*. Le gouvernement britannique s'étant déterminé à obtenir raison par la force du mauvais vouloir des Cantonnais, une expédition anglaise commandée par le major-général d'*Aguilar*, remonte le Tchou-kiang, encloue les canons qui défendent les abords de la rivière et prend pied dans les factoreries. Attitude ferme et prudente de Ki-ing. Après avoir apposé un refus verbal aux demandes de sir J. Davis, il cède à la menace malgré l'exaspération populaire et souscrit, le 6 *avril*, à une convention qui promet formellement l'ouverture de la ville pour le printemps de 1849. Aux termes de cette convention, les résidents étrangers recevront désormais des autorités locales une protection efficace, il leur sera permis de circuler aux environs de la cité pourvu qu'ils rentrent le soir même dans leurs demeures, suivant la coutume établie à Shang-haï ; ils pourront louer des terrains dans l'île de Ho-nan, ainsi qu'un cimetière à Wham-pou, et bâtir une église dans le voisinage des factoreries. Les autorités calment, par de sages proclamations, l'indignation publique.

Un arrêté du Tao-taï, revêtu de l'approbation du consul britannique et portant la date du 4 *avril*, réglemente, en ce qui concerne les navires anglais, la police du port de Shang-haï.

Mai. — Disgrâce de *Houang-nan-toung*, gouverneur du Kouang-tong, convaincu de partialité dans les examens littéraires ; il remet les sceaux de son office à *Su-kouang-tsing*. Le 15 du même mois, le capitaine de vaisseau Lapierre, commandant la *Gloire* et la *Victorieuse*, brûle dans le port de Touranne une partie de la flotte cochinchinoise, pour punir la cruauté et l'insolence des autorités annamites. Il avait été chargé par l'amiral Cécille d'obtenir l'élargissement d'un vicaire apostolique, Mgr Lefebvre.

Représailles exercées par le commandant Lapierre à Touranne

M. Everett, représentant des États-Unis, meurt le 29 à Canton.

Perte
de la *Gloire*
et de
la *Victorieuse*.

La *Gloire* et la *Victorieuse* font naufrage, le 10 août, en vue des côtes de Corée. Une grande partie du matériel est sauvé. Les équipages se réfugient sur un îlot. Deux embarcations échappées au désastre en apportent la nouvelle à Shang-haï et le sauvetage est achevé par des jonques du pays. Le commandant Lapierre devait dresser les plans hydrographiques de ces dangereux parages, et recevoir des fonctionnaires coréens une réponse aux réclamations que leur avait remises l'amiral Cécille, concernant le meurtre de trois missionnaires français.

Octobre. — Sir J. Davis se rend en Cochinchine, chargé d'une lettre de la reine pour l'empereur annamite. Il est reçu avec courtoisie par deux hauts fonctionnaires de l'État, mais il se voit refuser l'accès de la capitale et remporte la lettre dont il est porteur.

5 Décembre. — Assassinat de six Anglais par les habitants du village de *Houang-tchou-ki*, situé sur la rivière, à deux lieues nord de Canton. Leurs cadavres sont apportés aux factoreries. Sir J. Davis vient à Canton pour diriger lui-même l'enquête relative à ce terrible et mystérieux attentat.

1848. — *Janvier.* En présence du préfet de Canton et d'un fonctionnaire délégué par le consulat britannique, quatre paysans chinois, reconnus coupables, par les autorités indigènes, des meurtres de Houang-tchou-ki, sont décapités sur la place publique de ce village. Ki-ing a fait rendre prompte et sévère justice.

Février. — M. *Forth-Rouen*, ministre de France, arrive sur la Bayonnaise et se fixe à Macao avec le personnel de sa mission. Ki-ing, appelé à Péking, remet à Su-kouang-tsin, gouverneur du Kouang-tong, les sceaux de commissaire impérial et de vice-roi des deux Kouang.

L'inspecteur des douanes, *Yé-meng-tching*, devient gouverneur du Kouang-tong.

7 Mars. — Un des anciens marchands *Hong* de Canton, *Ou-sam-qua*, succède à *Hien-ling*, en qualité de Tao-taï, résidant à Shang-haï.

Juin. — Il fait châtier, par la justice criminelle, deux matelots du Chan-tong, qui avaient insulté et frappé des missionnaires anglais dans la ville de Tsing-pou. M. Alcock saisit cette occasion pour exhorter officiellement ses compatriotes à ne point franchir les limites fixées par les règlements internationaux.

Juillet. — M. *Sinibaldo de Mas*, ministre plénipotentiaire d'Espagne, arrive à Macao [1].

Une notification émanant de M. *Peter Parker*, chargé d'affaires des Etats-Unis, détermine les limites que ses nationaux ne peuvent franchir autour de Shang-haï [2]. Un nouveau plénipotentiaire américain, M. John-W. Davis, débarque à Canton.

Le 20 juillet, une proclamation officielle de *Tchao*, Tao-taï intérimaire de Shang-haï, consacre la vente de certains terrains que l'évêque catholique *Bési* vient d'acquérir à *Su-kia-houé* (Si-ka-vé), village situé à deux lieues S. E. de Shang-haï, pour y construire une église et une résidence [3].

Le congrès des États-Unis, par un acte voté le 11 août, investit les agents diplomatiques et les consuls des États-Unis en Chine de pouvoirs judiciaires très-étendus.

Su informe la légation américaine, le 22 septembre, des châtiments infligés aux pirates qui ont assassiné, l'an-

---

1. MM. de Sandoval, de Ceballos, d'Aguilar et Lecaroz faisaient partie de sa légation en qualité de secrétaires, attachés et élèves interprètes.

2. Leurs excursions, aller et retour, comme celles des sujets britanniques, ne pourront pas durer plus de 24 heures.

3. Selon la tradition locale, ce village était autrefois la résidence du chrétien Paul Su, qui fut un des ministres de la dynastie Ming et rendit de grands services aux missionnaires.

née précédente, le missionnaire *Lowrie*, dans les eaux de Tcha-pou. Trois ont été décapités et les six autres bannis.

6 *Novembre*. — Le plénipotentiaire américain et le vice-roi *Su*, accompagné du gouverneur *Yé*, ont une entrevue officielle à Canton dans la demeure du négociant Haou-qua. Attitude froide et altière du vice-roi, à qui M. John W. Davis remet ses lettres de créance.

1849. — 14 *février* : *Su-kouang-tsing* visite le commodore Geisinger à bord du *Plymouth*, et charme l'assistance par l'enjouement et la courtoisie de ses manières. Le 17, il se rend au *Bogue* où il a une longue conférence avec sir G. Bonham au sujet de la convention du 7 avril 1847, qui stipule l'ouverture prochaine de la cité cantonnaise.

L'ouverture de Canton est de nouveau différée.

Mars et Avril. — Le sentiment public proteste hautement à Canton contre l'engagement officiel que consacre cette convention. Il se manifeste par les plus violentes proclamations et par un appel aux armes. Les étrangers font des préparatifs de défense ; le commerce est suspendu, une collision semble imminente. *Su* transmet à sir G. Bonham un édit impérial, qui lui ordonne de respecter le vœu du peuple. Cédant à la nécessité, le plénipotentiaire anglais fait connaître, le 2 avril, à ses nationaux que la convention ne peut être exécutée. La sécurité est rétablie. A la suite de cette victoire remportée par l'insolence des habitants de Canton sur la prudente longanimité du gouvernement britannique, l'empereur confère des titres de noblesse à *Su* et à *Yé* et la reconnaissance publique leur élève un monument en commémoration du service qu'ils ont rendu à la cité.

Le docteur *G. Bowring* est nommé consul d'Angleterre à Canton.

En exécution du décret royal qui affranchit le port de son gouvernement, Amaral supprime, le 5 mai es douanes portugaises et chinoises établies à Macao.

Un arrangement conclu entre le Tao-taï et M. de Montigny, consul de France à Shang-haï, déterminent les limites de la concession française. Le consul américain, M. Griswold, proteste contre cet arrangement, qu'une proclamation du Tao-taï avait porté, le 6 avril, à la connaissance du public.

Limites de la concession française fixées à Shang-haï.

22 *Août*. — Assassinat du gouverneur de Macao, *don João Ferreira do Amaral*, près de la barrière qui sépare le territoire chinois de la colonie portugaise. Ses meurtriers décapitent son cadavre et prennent la fuite, emportant sa tête. Ses restes sanglants sont transportés à Macao. La tête de l'infortuné gouverneur est réclamée, mais n'est point rendue. Pour châtier ce lâche attentat, les troupes de la colonie chassent le poste chinois qui défend la barrière, prennent d'assaut le petit fort de Lap-kap, enclouent ses canons, et massacrent en partie sa garnison. Après une longue et douloureuse négociation dans laquelle les ministres de France, d'Angleterre, d'Espagne et des États-Unis prêtèrent, avec empressement, au conseil de la colonie portugaise, le concours de leurs sympathies, le vice-roi *Su* fit connaître à ce conseil que les assassins d'Amaral avaient été découverts, convaincus et mis à mort. Sa tête fut renvoyée à Macao. On croit encore aujourd'hui que les auteurs de ce crime odieux ne furent jamais punis et que *Su* lui-même en avait été l'instigateur. Les procédés énergiques et les allures indépendantes du gouverneur Amaral avaient froissé son orgueil et excité son ressentiment.

Assassinat d'Amaral.

Les 30 *septembre* et 23 *octobre*, une escadre anglaise, sous les ordres du commandant *Hay*, attaque et détruit deux flottes de pirates, l'une dans la baie de Typsoung, l'autre sur les côtes de Cochinchine.

1850. — 25 *février*. Mort de l'empereur Tao-kouang à l'âge de 69 ans. En vertu de son testament, *Yi-tchi*, son quatrième fils, lui succède sous le nom de *Hien-foung*.

3 Mars. — 13 jonques pirates sont capturées par le steamer anglais *Medea*, dans la baie de Mir. Su remercie officiellement sir G. Bonham et envoie des présents à l'équipage de la *Medea*.

2 Mai. — Le nouveau gouverneur de la colonie portugaise, M. *do Cunha*, arrive à Macao, sur la corvette *Don João*, commandée par M. *Guimaraens*. Il meurt du choléra le 6 juillet.

Mission de M. Medhurst à Tien-tsin.

Juin. — Sir George Bonham visite Shang-haï. M. Medhurst, interprète du consulat anglais, est chargé par lui de se rendre à Tien-tsin sur le steamer *Reynard* et d'y remettre une communication adressée aux ministres du nouvel empereur. Le *Reynard* ne peut franchir la barre du Pei-ho; M. Medhurst s'acquitte de sa mission auprès des autorités locales, il explore le golfe de Petchi-li jusqu'aux confins du Liao-tong.

Juillet. — Retour de sir G. Bonham à Hong-kong.

Août-septembre. — Les habitants de Fou-tchéou protestent contre l'ouverture de leur cité, par des représentations comminatoires adressées à sir George Bonham.

Début de l'insurrection.

Des troubles insurrectionnels éclatent dans le Kouang-si. Les rebelles franchissent les frontières du Kouang-tong, Canton se prépare à la résistance.

Ouan, premier magistrat de Kia-ing-tchao, une des préfectures du Kouang-tong, publie, le 8 août, une violente argumentation contre les doctrines et les pratiques du christianisme. Il fait emprisonner plusieurs catholiques, ainsi que le missionnaire français Leturdu. Celui-ci est renvoyé à Canton[1].

Novembre. — Mort de *Lin-tse-tsu*, que l'empereur avait envoyé dans le Hou-nan pour combattre la rébel-

---

1. Voir aux pièces justificatives la traduction de ce curieux et instructif document.

lion. De grands honneurs sont rendus à sa mémoire. *Lin,* qui joua un rôle si remarquable à Canton en 1839, était un des chefs les plus actifs et les plus énergiques du parti hostile aux étrangers.

1851. — *Janvier* : Progrès que ce parti fait à Péking ; il obtient la disgrâce du premier ministre *Mou-tchang-a* et de Ki-ing.

Arrivée de M. Cardoza, gouverneur de Macao.

Mai. — Naufrages sur les rochers des Pratas du brick anglais le *Vélocipède* et du vapeur de guerre anglais le *Reynard,* envoyé à son secours.

M. de Montigny opère le sauvetage du baleinier le *Narval* , naufragé sur les côtes de Corée.

Août-septembre. — Correspondance entre *Su* et M. Peter Parker, chargé d'affaires des États-Unis, au sujet des lois de l'empire qui prohibent l'exportation des grains. Ces prohibitions sont affirmées et maintenues.

Le révérend *Charles Guztlaff,* interprète du gouvernement anglais, meurt à Hong-Kong, le 9 *août.*

La population fokiennoise de Shang-haï ayant protesté, par de violents libelles, contre la construction d'un champ de course, le Tao-taï, *Lin-kouéi,* rappelle publiquement à ses administrés les obligations que les traités leur imposent vis-à-vis des nations étrangères.

De nouvelles ordonnances, rédigées par le Tao-taï de Shang-haï et les consuls étrangers, concernant la perception des droits de douane et réglementant la police du port, sont publiées les 14 août et 24 septembre.

Octobre. — Arrivée du nouveau ministre de France, M. *de Bourboulon.* — Le service de notre légation lui est remis par M. de Codrika, qui remplissait, en Chine, les fonctions de chargé d'affaires de France, depuis le départ de M. Forth-Rouen.

11 novembre. — M. Guimaraëns, commandant la corvette le *Don Joâo*, est nommé gouverneur de la colonie portugaise.

Décembre. — Révolte en mer de 350 coulis chinois embarqués sur le *Victory*, à destination de Callao. L'équipage est massacré en partie. Les coulis se font débarquer sur divers points des côtes.

Le 28, un incendie dévore 472 maisons à Hong-kong.

1852. — *Janvier*. Plusieurs évêques catholiques, réunis à Shang-haï, rédigent en chinois une apologie de la religion chrétienne. M. de Bourboulon est prié de la faire parvenir à l'empereur, mais le vice-roi *Su* refuse de la transmettre.

Février. — Ning-po est bloquée par une flotte de pirates. Les autorités indigènes déclinent le secours que leur offre l'amiral anglais. Elles composent avec leurs chefs, Apac et Alin. Ceux-ci reçoivent des grades dans l'armée chinoise et sont chargés de la protection du commerce local.

<small>Troubles de Tchou-san.</small> Le zèle imprudent d'un prêtre catholique indigène suscite le ressentiment des populations païennes et fait naître de graves désordres dans l'île de Tchou-san. L'existence des chrétiens y est mise en péril. M. de Montigny se rend sur les lieux; par l'énergie de son attitude et l'impartialité de ses décisions, il calme à propos cette effervescence.

Mars. — Soulèvement des passagers chinois du trois-mâts américain *Robert-Bowne*. Ils massacrent la plus grande partie de l'équipage. Le commodore *Aulick* livre seize des coupables aux autorités chinoises. Un seul est puni de mort.

<small>Disgrâce de Su.</small> Progrès de la rébellion. Le vice-roi *Su-kouang-tsing*, qui n'a pu défendre contre ses entreprises ni Vou-tchang-fou, ni Han-yang-fou, est disgracié et mandé à Péking pour y rendre compte de sa conduite. Les fonctions in-

térimaires de commissaire impérial et de vice-roi des deux Kouang sont confiées à *Yé-ming-tching*; celles de gouverneur du Kouang-tong, sont remises au trésorier *Pi-koueï. Yé* ayant pris le commandement des troupes qui combattent la rébellion dans le Kouang-si, Pi-koueï remplit temporairement ses fonctions diplomatiques.

Mai. — Le missionnaire français *Bonnard* est décapité en Cochinchine.

Juillet-août. — M. de Bourboulon visite Tchou-san, Ning-po et Shang-haï. Il installe à Ning-po l'utile établissement des sœurs de charité et achève, par sa prudente intervention, de rétablir la paix à Tchou-san. A Shang-haï, sa fermeté triomphe des résistances du Taotaï qui avait refusé d'abord de lui rendre visite.

1853. — *Janvier.* Arrivée à Hong-kong d'un nouveau plénipotentiaire américain, M. *Humphrey Marshall*. Il demande une audience au vice-roi *Yé*. Sa requête n'est pas admise.

Février-mars. — Rapides succès des rebelles qui s'emparent des plus grandes villes de la Chine centrale. Nan-king tombe en leur pouvoir le 29 mars. Le gouverneur du Ho-nan, Ki-chen, qu'ils ont vaincu, est dégradé de ses fonctions[1]. Le Tao-taï *Ou* est chargé par le vice-roi du Kiang-nan de réclamer officiellement le concours des autorités étrangères contre le péril commun. MM. Bonham et Marshall se rendent à Shang-haï, où ils adoptent de concert une politique de neutralité. Le Tao-taï achète plusieurs bâtiments de commerce, il les arme, et établit une croisière dans les eaux inférieures du Yang-tzé.

Progrès des rebelles.

Politique de neutralité.

---

1. Ki-chen avait joué un rôle important dans les négociations qui mirent fin à la guerre de l'opium. Il exerça plus tard les fonctions de commissaire impérial au Thibet.

M. Marshall entreprend de se rendre à Nanking sur la frégate à vapeur *Susquehannah*. Elle échoue sur un banc de sable et retourne à Shang-haï.

Mars-avril. — Le ministre de France fait arborer à Canton nos couleurs nationales, malgré la résistance de la communauté étrangère, qui prétend avoir le droit de s'y opposer en tant que locataire du jardin des factoreries. Ce mauvais vouloir, dont notre diplomatie ne triomphe qu'avec peine, se manifeste par des actes de violence qui nécessitent la patiente, mais regrettable intervention de notre marine.

Avril. — Sir G. Bonham remonte le fleuve Bleu jusqu'à Nanking sur le steamer *Hermès*, et se met en communication, par l'intermédiaire de ses subordonnés, avec les chefs rebelles. Ceux-ci témoignent aux Anglais des dispositions assez hautaines, tout en réclamant leur fraternel concours. Les batteries rebelles de Tchin-kiang font feu sur l'*Hermès*. La presse anglaise publie les proclamations religieuses et politiques de Taï-ping-ouang et de ses ministres. Enthousiasme sympathique de la plus grande partie des résidents, et en particulier des missionnaires protestants, pour la cause de l'insurrection.

Mai. — Une bande de brigands, appartenant à la Société du Petit Couteau (Siao-tao-kouei), s'empare d'Amoy. Elle respecte les résidents étrangers.

Un comité de coopération s'organise à Shang-haï pour la défense commune.

Juin. — Deux bâtiments russes, la *Pallas* et la *Vostock*, commandés par l'amiral *Poutiatine*, mouillent sur la rade de Hong-kong en partance pour le Japon.

Juillet. — Entrevue de M. Marshall avec le vice-roi du Kiang-nan. Le commodore *Perry* visite les côtes du Japon et fait remettre à l'empereur une communication du président des États-Unis.

Le 7 *septembre*, la cité de Shang-haï tombe au pouvoir d'une bande de pillards commandés par le Cantonnais *Liéou*, courtier de marchandises et affilié à la Triade. Le sous-préfet est égorgé au seuil de son prétoire. L'énergique intervention de M. Marshall sauve la vie du Tao-taï, qui devient momentanément l'hôte du consulat américain, et met bientôt le siége avec une armée devant son ancienne résidence. *[Shang-haï pris par les rebelles.]*

La douane ayant été envahie et renversée, les consuls anglais et américains notifient à leurs nationaux que, dorénavant et jusqu'à nouvel ordre, ils percevront les droits de douane pour le compte du gouvernement chinois, et que ces droits seront acquittés soit en argent, soit en billets (promissory-notes), payables dans le délai de 40 jours. M. *Édan*, chargé du consulat français en l'absence de M. de Montigny, ne s'associe point à cette démarche.

Les trois consuls conviennent d'observer la politique de la neutralité.

Octobre. — Le Tao-taï veut établir sur la rivière, en face des concessions étrangères, une douane flottante. Opposition des consuls.

Arrestation et emprisonnement, au Chen-si, du missionnaire italien *Seraphino Carlozzi.*

Novembre-décembre. — Amoy rentre sous la domination impériale. Deux catéchistes de l'évêque catholique *Maresca* sont entraînés de force et torturés dans la cité de Shang-haï. M. Édan obtient des chefs insurgés une éclatante et respectueuse réparation.

M. de Bourboulon se rend à Shang-haï, puis à Nanking, sur la corvette à vapeur le *Cassini*. *Tin-tien-ho*, premier ministre de Taï-ping-ouang, le reçoit dans son yamoun. Costume théâtral et arrogance de ce personnage, auquel M. de Bourboulon donne une leçon méritée de savoir-vivre, et fait entendre des conseils de prudence ainsi *[Visite de M. de Bourboulon à Nanking.]*

que de salutaires recommandations en faveur des chrétiens [1].

Une partie de la Mandchourie cédée à la Russie.

Mettant à profit, avec beaucoup d'habileté et de persévérance, les embarras de toutes sortes que causent au gouvernement chinois les progrès de la rébellion, la Russie arrache à sa faiblesse, en 1853, une convention qui cède au czar, à perpétuité, la plus grande partie des territoires compris entre les monts Yablonoï et le fleuve Amour.

1854. — *Janvier*. Les autorités consulaires de Shang-haï offrent en vain leur médiation aux belligérants.

Un navire péruvien ayant quitté Shang-haï sans acquitter les droits de douane, le consul des États-Unis déclare publiquement, le 20 janvier, que le commerce de ses nationaux dans ce port devra désormais en être affranchi.

M. *Mac-Lane* succède à M. Marshall en qualité de plénipotentiaire des États-Unis.

6 février. — Circulaire des trois consuls notifiant à leurs nationaux que la douane chinoise est établie, jusqu'à nouvel ordre, à l'embranchement du fleuve et du canal de Sou-tchéou. Le Tao-taï leur fait connaître son intention d'organiser un système de douanes intérieures. Ils ne lui permettent point de l'exécuter.

Mars. — Au nom de toute la communauté étrangère, M. Alcock réclame officiellement la protection des bâtiments de guerre anglais et français, mouillés dans le port de Shang-haï.

---

[1]. Le secrétaire de la légation de France, M. de Courcy, auteur de cet ouvrage, avait eu la veille une fort curieuse entrevue avec deux ministres de Taï-ping-ouang, *Houang-iu-coun* et *Laï-han-in*. Ce dernier, dans un discours mesuré et méthodique, lui avait longuement exposé les théories religieuses et politiques de la cause insurrectionnelle. (Voir les deux articles publiés dans la *Revue des Deux-Mondes*, par M. de Courcy, au mois de juillet 1860.)

Il est décidé, par le Tao-taï et les consuls, qu'une muraille sera construite entre les concessions étrangères et les terrains qui servent de théâtre aux hostilités. Le Tao-taï engage le consul intérimaire de France à se retirer momentanément avec ses nationaux sur la concession anglaise, afin de laisser le champ libre aux opérations militaires. Refus courageux de M. Édan. Il continue à résider dans le consulat français, bien que cette demeure soit exposée directement au feu des rebelles. M. Édan refuse d'abandonner le consulat français.

Le 10 mars, un traité ouvrant au commerce américain les deux ports de Simoda et de Hakodadi, est conclu par le commodore Perry avec les autorités japonaises.

Avril. — Partialité de la communauté étrangère, particulièrement des officiers et des missionnaires américains, en faveur des insurgés de Shang-haï. On leur fournit des vivres et des munitions de toute espèce. Quelques soldats impériaux commettent des désordres sur la concession anglaise. Le juge provincial, *Ki-eul-hang-a*, général en chef de l'armée, adresse ses excuses au consul anglais, mais ne veut point consentir à éloigner son camp, sur la demande qui lui en est faite. Il y est contraint par la force, à la suite d'une attaque dirigée contre ses retranchements par les équipages de l'*Encounter* et du *Vandalia*, et par le corps des volontaires étrangers. Attitude de la communauté étrangère de Shang-haï vis-à-vis de la rébellion.

Par une circulaire énergique, les consuls anglais et américains rappellent leurs compatriotes aux devoirs de la neutralité.

Le docteur Bowring succède à sir G. Bonham, en qualité de gouverneur de Hong-kong et de plénipotentiaire britannique. Il se rend à Shang-haï.

Une collision éclate à Ning-po entre les équipages des lorchas portugaises et des navires cantonnais mouillés dans le port. Des coups de canon sont échangés. La sécurité des résidents est sérieusement compromise.

Mai. — M. Mac-Lane se rend à Nanking sur la frégate *Susquehannah*. Il y fait remettre au gouvernement rebelle une déclaration positive de neutralité.

<small>Visite de M. Mac-Lane à Nanking.</small>

Juin. — Les vapeurs anglais *Rattler* et *Styx* remontent le Yang-tzé-kiang jusqu'à Nanking. M. Medhurst en rapporte de nouveaux traités et de nouvelles informations.

Sous le nom de « land regulations, » et après en avoir conféré avec le Tao-taï, M. Alcock propose à l'adoption de ses collègues un règlement qui fusionne désormais les terrains des concessions anglaises et françaises; détermine exactement leurs limites; fixe les conditions nécessaires pour y acquérir et y transférer la propriété foncière; y institue un conseil municipal, une police et un budget; annule toutes les conventions antérieurement stipulées, à l'égard de ces terrains, entre les agents britanniques ou français et les autorités locales.

<small>Publication à Shang-haï des Land-regulations.</small>

13 Juillet. — Une convention dont les termes sont arrêtés de concert entre les trois consuls et le Tao-taï *Ou*, institue à Shang-haï l'inspectorat étranger de la douane chinoise, afin d'assurer, au profit du trésor impérial et du commerce légitime, l'exacte et impartiale exécution du tarif. MM. *Wade*, *Smith* et *Lewis* sont nommés membres de cet inspectorat par les agents de l'Angleterre, de la France et de l'Amérique.

<small>Institution de l'inspectorat étranger des douanes.</small>

La rébellion continue à désoler le Koûang-tong. Fatchan tombe en son pouvoir. *Yé* sévit contre les perturbateurs avec une sévérité impitoyable. Des milliers de têtes tombent sous le glaive de ses bourreaux.

Août. — MM. de Bourboulon, Bowring et Mac-Lane confèrent à Hong-kong au sujet de la révision des traités. Invité par le ministre anglais à la discuter avec

<small>Yé refuse de discuter la révision des traités.</small>

lui, le vice roi des deux Kouang décline sa propre compétence. Sir John lui fait connaître son intention de s'adresser directement au cabinet de Péking.

Disgrâce du Tao taï de Shang-haï, *Ou-kien-chang*; il est arrêté et envoyé à Péking. La *Jeanne d'Arc*, portant le pavillon du contre-amiral Laguerre, s'échoue sur un banc de sable à l'entrée du Vou-song.

L'amiral français s'engage à faire protéger, au besoin, par ses soldats la construction du mur que le juge *Ki* fait construire entre la concession française et les faubourgs de Shang-haï.

Septembre. — Arrivée à Shang-haï des trois plénipotentiaires et de leur personnel diplomatique.

L'amiral anglais, *sir J. Stirling*, conclut avec le Japon un traité dont les clauses peu satisfaisantes ne sont point ratifiées par le cabinet de Londres.

Une décision du gouvernement britannique annule les *promissory-notes* souscrites par les négociants anglais au profit de la douane chinoise, pendant la période qui s'est écoulée entre la prise de Shang-haï et le rétablissement provisoire de la douane (du 7 septembre 1853 au 9 février 1854).

Octobre. — Ki-eul-hang-a reçoit dans son camp la visite des plénipotentiaires. Il s'engage à faire connaître au cabinet de Péking leur prochaine arrivée à l'embouchure du Pei-ho. MM. Bowring et Mac-Lane s'y rendent immédiatement. M. de Bourboulon, n'ayant en ce moment aucun navire de guerre à sa disposition, ne peut s'y transporter avec eux, mais leur adjoint M. le comte Kleczkowski, second secrétaire de sa légation.

Ki visite le ministre de France et l'amiral Laguerre. Il réclame leurs concours contre les rebelles et proteste énergiquement contre les manœuvres déloyales d'une partie de la communauté étrangère.

Novembre. — Arrivés, le 15 octobre, à l'embouchure du Pei-ho, MM. Bowring et Mac-Lane entrent en communication avec les autorités locales auxquelles ils font connaître le but de leur voyage ainsi que leur désir de se rendre à Péking. Le gouvernement impérial refuse de les accueillir. Il envoie deux commissaires, *Tsong*, ancien gouverneur du Houpé, et *Ouen*, surintendant des forts du Pei-ho. Ceux-ci reçoivent les deux ministres, le 3 novembre, sous une tente dressée au bord de la mer, examinent attentivement les notes qu'on leur présente, demandent un délai de cinq jours pour les transmettre à Péking, opposent des fins de non-recevoir à la plupart des réclamations qui y sont inscrites, rappellent qu'il appartient au vice-roi de Canton de les discuter avec les nations étrangères, et s'engagent à lui faire adresser le plus tôt possible des instructions en conséquence. Les deux ministres répondent par écrit qu'ils rendront compte à leurs gouvernements du stérile résultat de leur démarche, et retournent à Shang-haï. *Tsong* promet à M. Kleczkowski d'appeler, sans retard, l'attention de son gouvernement sur l'arrestation du Père Seraphino Carlozzi.

De retour à Shang-haï, M. Mac-Lane fait connaître aux négociants américains, par une sentence longuement motivée, qu'ils devront verser à la douane chinoise, pour s'acquitter envers elle de leurs obligations arriérées, un tiers seulement de la valeur des promissory-notes qu'ils ont souscrites à son profit, depuis l'occupation de la ville de Shang-haï par les rebelles, jusqu'au 13 juillet, époque de l'institution de l'inspectorat.

Décembre. — Les chefs rebelles refusant d'obtempérer aux prudentes et loyales injonctions de l'amiral Laguerre, qui faisait garder par un détachement de marine le mur récemment construit entre les faubourgs et la concession française, l'amiral fait détruire plusieurs de leurs ouvrages, enclouer les canons d'une de leur batterie, et déclare la ville de Shang-haï en état de siége.

Des notifications publiées par les agents d'Angleterre et d'Amérique rappellent à leurs compatriotes les périls auxquels ils peuvent s'exposer, et les peines légales qu'ils encourent s'ils ne respectent point la neutralité.

En 1854, de graves événements s'accomplissent sur les rives de l'Amour. Bloquée par les forces anglo-françaises, dans le delta de ce grand fleuve où elle est venue chercher un refuge, l'escadre russe fait appel au concours du général Mourawieff, gouverneur de la Sibérie, et ce dernier, sous prétexte de la défendre contre les entreprises des alliés, construit d'importantes fortifications au sud de l'Amour, sur le territoire chinois. Inutiles protestations du cabinet de Péking. Après avoir perdu un de ses bâtiments englouti dans la baie de Yédo, sous l'irrésistible influence d'un tremblement de terre, et conclu un traité avec le gouvernement japonais, l'amiral Poutiatine échappe à la croisière, rejoint l'escadre de l'Amour, remonte en grande partie le cours de ce fleuve et se rend par terre à Saint-Pétersbourg, où il instruit son souverain des succès politiques obtenus, dans ces lointains parages, par l'initiative hardie de ses généraux.

Les Russes s'établissent au sud de l'Amour.

1855. — 6 *janvier* : Un détachement de marins français, appartenant aux équipages de *la Jeanne d'Arc* et du *Colbert*, tente de pénétrer dans la ville de Shang-haï. Il escalade les remparts, mais il est contraint de se retirer après une lutte acharnée de cinq heures dans laquelle succombent 2 officiers [1] et 7 matelots.

Attaque malheureuse des Français contre Shang-haï.

---

1. Le lieutenant de vaisseau Durun de la *Jeanne-d'Arc* et l'enseigne Petit du *Colbert*.

De sages mesures, arrêtées de concert entre le Taotaï et M. Alcock, conformes d'ailleurs aux règlements en vigueur, font évacuer par la population chinoise les habitations récemment construites sur la rive nord du Yan-king-pang, et permettent à *Ki* de rapprocher ses lignes d'attaque.

Février 17. — Le consul américain, d'après l'ordre de son gouvernement et malgré la décision de M. Mac-Lane, annule les promissary-notes, souscrites par ses nationaux au profit de la douane de Shang-haï depuis le 7 septembre 1853 jusqu'au 13 juillet 1854.

Shang-haï évacué par les rebelles. Pendant la nuit du 17, les rebelles, surpris par les impériaux, abandonnent la cité de Shang-haï. Attaqué dans sa fuite par un détachement de l'armée de *Ki*, le chef *Liéou* est pris et décapité. Les plus beaux quartiers de Shang-haï sont la proie des flammes. L'intervention française conjure en partie les sanglantes représailles du vainqueur.

Le gouvernement des États-Unis échange avec celui du Japon (21 février) les ratifications de leur récent traité.

Mars. — Funérailles solennelles des officiers et des marins français qui ont succombé dans l'attaque de Shang-haï. Leurs dépouilles reposent sous un monument élevé près du consulat de France.

Une proclamation du Tao-taï *Lan* (20 mars) expose à ses nationaux les formalités qu'ils doivent remplir pour acquérir des terrains sur les concessions étrangères.

Sir J. Bowring se rend à Siam où il conclut, au nom de la Grande-Bretagne, un traité de commerce et de navigation.

9 *avril.* — M. Alcock est nommé consul à Canton. M. *Robertson* lui succède au consulat de Shang-haï.

Mai. — *Tchaou*, récemment nommé Ta-otaï, rappelle

officiellement les lois de l'empire qui défendent l'exportation des métaux et des grains.

Développement rapide du commerce étranger à Foutchéou.

Juillet. — Le vice-roi du Min-tché, Ouang-i-tih, flétrit publiquement, en termes énergiques, les abus auxquels a donné lieu, près de Ning-po, l'embarquement de plusieurs jeunes filles sur des navires étrangers et réclame le concours des agents de tous les pays dans le but de supprimer cet odieux trafic.

<small>Protestation de Ouang-i-tih contre les abus de l'émigration chinoise.</small>

3 *Août.* — Une flotte pirate de 50 jonques bien armées est détruite, en partie, par les Anglais et les Américains non loin de Hong-kong, dans les eaux de Kaoloun, tandis qu'au nord le *Bittern*, le *Confucius* et le *Paou-chan*, livrent plusieurs combats aux forbans qui infestent le golfe du Pé-tchi-li.

Le Tao-taï *Tchaou*, prévient les consuls qu'à partir du 11 août, il fera rigoureusement saisir et confisquer l'opium débarqué à Shang-haï.

M. Wade se rend en Tourane. Il est chargé de faire parvenir à l'empereur annamite une communication de sir John Bowring. Sa mission échoue complètement.

<small>Stérile mission de M. Wade auprès du gouvernement annamite.</small>

Le 1er *septembre*, *Tchaou* publie une longue notification à l'effet d'imposer aux négociants et banquiers de son district l'obligation de recevoir, à l'avenir, les principales monnaies étrangères dont les valeurs respectives, par rapport au taël d'argent pur, ont été soigneusement et publiquement vérifiées dans son yamoun, en présence des consuls étrangers.

Le *Bittern*, capitaine *Vansittart*, et le *Paou-chan* livrent dans la journée du 18 un combat acharné, près du port de Chi-pou, à une nombreuse flotte de pirates qu'ils détruisent presqu'entièrement. Les marchands indigènes offrent aux matelots du *Bittern* une somme de 200,000 francs en témoignage de leur reconnaissance.

Novembre. — Le ministre de France, M. de Bourboulon, s'embarque pour la France où il va se reposer quelque temps des fatigues de sa mission, après avoir accrédité M. *le comte de Courcy*, en qualité de chargé d'affaires, auprès du gouvernement chinois.

Élargissement et renvoi à Canton d'un missionnaire français, M. *Jacquemin*, détenu illégalement, depuis cinq mois, dans les prisons de Kia-in-tchéou (province du Kouang-tong).

M. *l'amiral Guérin*, qui a remplacé M. *Laguerre* dans le commandement de notre escadre, conclut un traité, à l'imitation du commodore Perry, avec le gouvernement des îles Lou-tchou[1]. Le 9 novembre un traité est conclu entre la Hollande et le Japon.

Décembre. — Les habitants d'Amoy, secrètement encouragés par l'administration locale, s'opposent à la construction du consulat américain sur l'île de Koulang-sou. L'arrivée de la corvette des États-Unis, *Vandalia*, met fin à leurs manifestations hostiles.

1856. — *Janvier.* — Le gouverneur du Kiang-sou, *Ki-eul-hanga*, remet à M. Edan la somme de 10,000 taëls (80,000 francs environ) pour indemniser les familles des marins français qui ont péri, le 6 janvier de l'année précédente, à l'attaque de Shang-haï.

Yé fait part à M. de Courcy des représentations qu'il vient d'adresser aux divers agents de l'empire pour les exhorter à la tolérance envers le christianisme.

Incendie du bazar de Macao. Pendant la nuit du 4 au 5 janvier, le bazar chinois de

---

1. Par ce traité, le gouvernement Oukinien nous concède la liberté de faire le commerce dans le port de *Nafa*, de circuler sans entrave sur son territoire, d'y louer ou acheter des immeubles; il s'engage, en outre, à nous affermer ou à nous vendre, près de *Tou-maï*, un terrain d'une certaine étendue où nous pourrons établir un magasin de charbon et faire flotter nos couleurs nationales.

Macao devient tout entier la proie des flammes. Un détachement de 150 marins français contribue puissamment à éteindre l'incendie qui menaçait de consumer la ville européenne.

Février-mars. — Les représentants de la France, de l'Angleterre, des États-Unis, de l'Espagne, du Portugal, ainsi que les autorités chinoises, prennent des mesures énergiques, chacun en ce qui concerne leurs nationaux et suivant l'étendue de leurs pouvoirs, afin de prévenir le retour des déplorables abus et des sanglantes représailles auxquels a donné lieu, en diverses circonstances, l'expédition de coulis chinois pour San-Francisco, Melbourne, Panama, Cuba et l'Amérique du Sud.

<small>Mesures prises contre les abus de l'émigration.</small>

Deux matelots, l'un Anglais, l'autre Français, qui ont déserté leurs navires et se sont réfugiés en Mandchourie, sont conduits enchaînés à Péking, par la voie de *Ninngouta* et de *Tien-ngan* et envoyés à Shang-haï par les soins de l'administration indigène. Curieux récit de leurs aventures.

Le 29 *février*, un missionnaire français, M. *Chapdeleine*, et deux chrétiens chinois sont mis à mort à Silin, dans le Kouang-si, par l'ordre du sous-préfet de cette ville.

Avril-mai — *Sir J. Stirling* remet à sir *Michaël Seymour* le commandement de l'escadre anglaise.

Les représentants de la France, de l'Angleterre et des États-Unis font connaître officiellement au vice-roi de Canton qu'ils sont chargés par leurs gouvernements de négocier avec le cabinet de Péking la révision des traités et la réparation des griefs dont ces gouvernements ont à se plaindre. *Yé* leur répond que cette révision ne lui paraît nullement opportune et qu'il n'est pas disposé, pour son compte, à y prendre part.

<small>Yé décline de nouveau toute discussion au sujet du renouvellement des traités.</small>

La concession française cesse d'être soumise, à

Shang-haï, au régime commun institué par les *Lands régulations*.

Effrayé des périls que fait courir à la sécurité publique la turbulence des corporations folkiennoise et cantonnaise, le Tao-taï de Shang-haï demande aux trois consuls l'autorisation de faire visiter, par sa police, les navires appartenant à leurs nationaux et d'y saisir les gens suspects. Cette autorisation lui est refusée.

Le gouverneur du Kiang-sou, Ki-eul-hang-a, est tué dans une bataille, sous les murs de Tchin-kiang-fou.

Juin-juillet. — L'amiral Guérin visite successivement *Hakodadi*, la baie de *Castries*, les côtes de la Corée et les îles Liou-Tchou.

Après avoir conclu un traité avec Siam, M. *Townsend-Harris* se rend à Simoda, où il représente les États-Unis auprès du gouvernement japonais en qualité de consul-général.

<small>Le représentant de la France demande satisfaction pour le meurtre du missionnaire Chapdeleine.</small>

M. de Courcy dénonce à *Yé* le meurtre juridique du missionnaire Chapdeleine ; n'ayant point obtenu la satisfaction qu'il réclame, il en maintient les termes et fait connaître au vice-roi qu'il attend les ordres du gouvernement français.

Le consul intérimaire de France à Shang-haï obtient du Tao-taï, par son attitude énergique, la punition de deux magistrats subalternes qui ont injustement sévi contre la chrétienté de Sou-tchéou.

<small>Meurtre de M. Cunningham à Fou-tchéou.</small>

Août-septembre. — Un jeune Américain, M. *Cunningham*, est tué dans une rixe à Fou-tchéou. Le consul des États-Unis autorise ses compatriotes à cesser le payement des droits de douane jusqu'au moment où la punition des coupables aura été obtenue. Le vice-roi du *Min-tché* la promet au docteur Parker dans une entrevue officielle et annonce publiquement, un mois plus tard, que justice a été faite. Ce fonctionnaire refuse de transmettre à sa cour une lettre du président des États-Unis, que M. Parker l'avait prié de faire parvenir à Péking.

Ce dernier informe, à Shang-haï, les hautes autorités du Kiang-sou des instructions qu'il a reçues de son gouvernement relativement à la révision du traité de Wanghia.

8 *Octobre*. — Les autorités cantonnaises font saisir à bord de la lorcha anglaise *Arrow*, sans réclamer l'assistance de M. Parkes, consul de S. M. Britannique, treize Chinois accusés de piraterie. M. Parkes veut s'opposer lui-même à cette arrestation. Ses représentations et son caractère sont méconnus. Il exige, dans un délai de 48 heures, le renvoi des prisonniers à son consulat ainsi qu'une lettre d'excuse du vice-roi. Cette lettre ne lui ayant pas été remise, il refuse d'admettre les treize chinois qui sont conduits, le lendemain, par la police à la porte de sa résidence et fait connaître officiellement à la communauté étrangère que le soin de venger l'honneur national est remis à l'autorité militaire. Les hostilités commencent. Le 23, les forts qui protégent Canton sont attaqués et occupés; le 25, 1,200 paysans armés attaquent les factoreries et sont repoussés avec perte. Sir Michaël ayant demandé au vice-roi une entrevue qu'il n'obtient pas, fait bombarder la ville, le 27, par l'*Encounter* et le *Barracouta*, et ouvrir, le lendemain, une large brèche dans la muraille. Le 29, une compagnie de débarquement entre dans Canton sous le feu plongeant de l'ennemi, pénètre jusqu'au prétoire de *Yé* qu'il trouve vide et le met au pillage. Sollicité par le vice-roi qui désire connaître les nouvelles exigences des autorités britanniques, l'amiral demande la libre admission dans la cité des agents qui représentent les trois puissances. Il ne reçoit point de réponse et fait recommencer le bombardement.

Marginalia: Affaire de *la Lorcha* « Arrow. » — Canton bombardé par les Anglais.

Attitude des représentants de France et d'Amérique.

Dans ces graves conjonctures, le ministre des États Unis et le chargé d'affaires de France déclarent prudemment que jusqu'à nouvel ordre ils resteront neutres. En l'absence de l'escadre française, un détachement de soldats américains, débarqués par le commandant *Foote*, du *Portsmouth*, protége notre consulat. Cependant M. de Courcy, ne cache point à *Yé* ses sympathies pour la cause anglaise. Il proteste énergiquement contre une proclamation du vice-roi qui met à prix les têtes de nos alliés et refuse péremptoirement de rappeler ceux de ses nationaux qui occupent encore les factoreries.

Novembre. — Les Anglais détruisent 23 jonques dans la rivière de Canton, s'emparent successivement de *French-Folly*, des forts du *Bogue* et de *Shamin* et construisent des travaux de défense autour des factoreries.

Le consul de France à Canton abaisse son pavillon.

Tous les résidents français ayant évacué Canton, notre vice-consul, M. *Fritz Bovet*, qui s'est conduit dans ces graves occurrences, avec autant de tact et de mesure que d'énergie et de dévouement, abaisse le pavillon national.

Sir J. Bowring se rend à Canton, il sollicite une audience du vice-roi qui objecte l'impossibilité où il se trouve de le recevoir à cause de l'exaspération populaire.

Le pavillon américain est insulté.

Les forts de la *Barrière* ayant tiré quelques coups de feu sur les canots qui ramenaient de Canton le détachement américain chargé jusqu'alors d'y protéger le pavillon des États-Unis, et le vice-roi ne faisant point d'excuses, le commodore *Armstrong* entre en lice à son tour, s'empare de l'un de ces forts et menace de le faire sauter. *Yé* écrit alors au docteur Parker pour lui exprimer ses regrets au sujet de la fâcheuse méprise qui a eu lieu et lui demander un modèle du pavillon des États-Unis afin qu'elle ne puisse plus se renouveler!

Décembre. — Les factoreries de Canton sont la proie des flammes ; on ne peut éteindre l'incendie, et quand toutes les maisons ont été consumées, les troupes anglaises bivouaquent au milieu des ruines.

<small>Incendie des factoreries.</small>

La terreur règne à Hong-kong dont la population chinoise se montre hostile. Les vivres manquent à Macao. Sans les représentations hardies de M. Guimaraens et l'intervention du chargé d'affaires de France, la colonie portugaise serait affamée.

30 *Décembre.* — 10 soldats chinois s'embarquent comme passagers, et sous un déguisement, à bord du petit steamer, *Thistle,* qui se rend de Whampou à Hong-kong. Ils égorgent l'équipage, pillent, incendient le bâtiment et l'échouent à la côte.

L'amiral Seymour fait connaître, par des proclamations adressées au peuple, qu'il ne fait la guerre ni à la Chine ni à ses habitants, mais seulement au vice-roi *Yé* et aux Cantonnais.

1857. — 15 *janvier.* — *I-chen*, boulanger chinois de Hong-kong, empoisonne, avec un mélange arsenical, le pain qu'il fournit aux habitants européens de la colonie anglaise. Un grand nombre de résidents, entre autres sir J. Bowring, sont gravement malades ; quelques-uns succombent. Les représentants des États-Unis, de la France et du Portugal protestent contre cet odieux attentat.

<small>Tentative d'empoisonnement commise à Hong-kong par un boulanger chinois.</small>

La paix n'est point troublée dans les autres ports de l'empire, mais le gouvernement chinois augmente les fortifications du Pei-ho.

Dans la nuit du 11 janvier, les passagers chinois du bâtiment français, le *Port de Bordeaux*, tentent de s'en emparer, dans la rade même de Macao, d'y mettre le feu et de le jeter à la côte. L'intervention de la corvette russe, *Olivuzza*, sauve le navire et l'équipage.

28 Janvier. — Révolte de 480 émigrants chinois, embarqués à Soua-tao sur le navire français l'*Anaïs*. Les officiers de ce navire sont massacrés et son équipage retenu prisonnier par les habitants des villages voisins. L'*Anaïs* s'échoue sur les rochers de la côte où il est brisé par les coups de mer. Envoyé sur les lieux du sinistre par l'amiral Guérin, M. *Lelieur de la Ville-sur-Arce*, commandant du *Catinat*, recueille les matelots de l'*Anaïs* et tire une vengeance éclatante du sanglant attentat dont ses officiersont été victimes.

<small>Révolte des passagers chinois de l'Anaïs.</small>

10 Février. — Capture du steamer *Queen*, dans les eaux de Canton, et assassinat des passagers anglais qui se trouvent à bord; un seul, M. Cleverly, est sauvé. Plusieurs Portugais faisant partie de l'équipage sont conduits à Canton, et renvoyés quelques jours après sains et saufs.

Mars. — Retour de M. de Bourboulon, auquel M. de Courcy remet le service de la légation française.

Une flotte pirate est attaquée et brûlée en grande partie, par le *Hornet*, dans la baie de Saint-Jean. 17 jonques sont détruites.

Les Anglais reçoivent des renforts.

Avril. — Conférences à Macao entre les trois plénipotentiaires, touchant les nécessités de la coopération et les moyens de l'accomplir.

10 jonques et 3 lorchas de guerre sont capturés dans *Deep-bay*, après une courageuse défense. Plusieurs documents authentiques, trouvés à bord de l'une d'elles, fournissent de curieuses informations sur les dangers qui entourent de toutes parts la colonie britannique.

Périlleuse situation des Indes. Le gouverneur prie instamment sir John Bowring de lui envoyer, sans retard, toutes les troupes et toutes les munitions dont il peut disposer.

Juin. — Destruction de trois flottes de guerre dans

les baies *Escape* et *Sao-chi*, et dans les eaux de Fa-tchan.

Arrivée de *lord Elgin*, ambassadeur de Sa Majesté britannique. Il communique ses instructions au plénipotentiaire de France, et part, le 20 juillet, pour Calcutta, conduisant au gouverneur des Indes tous les renforts qui peuvent le suivre, et lui portant le concours désintéressé de son patriotisme.

<small>Arrivée de lord Elgin et son départ pour les Indes.</small>

18 *Juin*. — Occupation du fort de Chouen-pi.

Juillet. — M. *Rigault de Genouilly* remplace M. le contre-amiral Guérin. Il réunit notre escadre dans la baie de *Castle-Peak*, et y exerce ses équipages en attendant l'action commune.

La garnison de Macao reçoit quelques renforts.

Une rixe survenue à Ning-po, entre les équipages des jonques portugaises et japonaises, y met en péril la sécurité des résidents. L'intervention collective de M. de Montigny et du capitaine de vaisseau *Collier*, commandant la *Capricieuse* et le *Marceau*, rétablit l'ordre dans ce port.

10 *Août*. — Deux bâtiments de guerre autrichiens, la *Novara* et l'*Urbair*, accomplissant une mission scientifique, sous le patronage de l'archiduc Maximilien, jettent l'ancre dans le port de Shang-haï.

Le blocus de Canton est officiellement déclaré par le commandant des forces anglaises. Retour de lord Elgin, son entrevue avec l'amiral russe Poutiatine, qui a voulu entamer des négociations sur les rives de Pei-ho, mais dont les avances ont été repoussées.

15 *Octobre*. — Le *baron Gros*, ambassadeur de France, arrive en Chine à bord de l'*Audacieuse*. Conférences des ambassadeurs et des amiraux. Ils reconnaissent la nécessité de frapper un coup décisif, au sud de l'empire chinois, avant d'ouvrir, au nord, la campagne diplomatique.

<small>Arrivée du baron Gros.</small>

M. *Reed*, qui succède au docteur Parker en qualité de ministre plénipotentiaire des États-Unis, débarque, le 5 novembre, à Hong-kong.

Les Français prennent part aux hostilités.

11 *Décembre*. — L'amiral Rigault notifie le blocus du fleuve par les forces navales placées sous son commandement.

Canton sommée de se rendre.

Le 12. — Les ambassadeurs demandent au vice-roi, par une note collective, la libre admission de leurs nationaux dans la cité cantonnaise, et une indemnité pour les pertes qu'ils ont subies depuis le commencement de la guerre. Ils ne reçoivent point de réponse et font occuper l'île de Honan dans la journée du 16. Le 22, ils exposent au peuple, par une proclamation, l'origine et le but des hostilités, et somment la ville de se rendre.

Occupation de Canton. Capture de Yé.

1858. 1er *Janvier*. — Les forces alliées pénètrent dans Canton et s'y établissent. Le vice-roi cherche à fuir sous un déguisement; il est reconnu et fait prisonnier, ainsi que le gouverneur du Kouang-tong, *Pi-kouëï*, et le général mandchou, *Mouh-ki-te-nar*.

Après s'être entendu avec les notables de la ville sur les dispositions qu'il convient de prendre pour y assurer le maintien de l'ordre, les ambassadeurs en confient l'administration à deux commissaires, MM. *Parkes* et *Martineau des Chenets*. Ceux-ci entrent en fonction le 9 janvier.

Destitution de Yé.

4 *Février*. — Un décret impérial, portant la date du 28, destitue Yé-ming-tching, le prive de ses charges et dignités, et lui donne pour successeur *Houang-tsoung-han*, vice-roi du Setchouen. En attendant l'arrivée de ce fonctionnaire, le gouverneur du Kouang-tong, Pi-kouëï, remplira, par intérim, les fonctions de vice-roi des deux Kouang et de commissaire impérial.

Installation à Whampou des consuls étrangers, et notifications par les amiraux de la levée du blocus.

Le 8. — Les ambassadeurs annoncent, par des proclamations, que la paix est rétablie, mais que les troupes alliées continueront à occuper la ville. Rendu à la liberté et réinstallé publiquement dans ses fonctions, Pi-koueï prête aux deux commissaires une assistance loyale et efficace.

Départ du vice-roi Yé-ming-tching pour Calcutta, où il se rend comme prisonnier de guerre.

Les ambassadeurs de France et d'Angleterre, ainsi que les plénipotentiaires d'Amérique et de Russie, MM. Reed et Poutiatine, se transportent à Shang-haï avec leur suite.

Départ des ambassadeurs pour le nord.

Deux membres des ambassades anglaise et française, MM. *Oliphant* et *de Contades*, sont chargés de se rendre à Sou-tcheou et d'y remettre au vice-roi du Kiang-nan des communications diplomatiques destinées au cabinet de Péking[1]. Ils reviennent à Shang-haï le 17 mars, après s'être acquittés très-heureusement de leur mission.

Mars — Avril. — État déplorable de Canton : l'exaspération de la populace, entretenue par les intrigues des autorités subalternes et les bravades de la milice, y est à son comble. Les guets-apens, les assassinats s'y succèdent. L'état de siège y est proclamé le 28 avril.

Par une note adressée, le 25, au gouvernement chinois, les ambassadeurs sollicitent l'envoi à l'entrée du Peï-ho d'un commissaire impérial avec lequel ils puissent entamer les négociations.

Mai. — Réponse du gouvernement chinois à la demande des ambassadeurs et des plénipotentiaires : « Lord Elgin, le baron Gros, M. Reed, doivent négocier à Canton; quant à l'amiral Poutiatine, il peut s'aboucher avec le commissaire impérial, auquel le gouvernement a ré-

Réponse hautaine du gouvernement chinois à la demande des ambassadeurs.

---

1. M. Oliphant devait remettre au vice-roi, outre la note de lord Elgin, deux dépêches de MM. Reed et Poutiatine.

mis de pleins pouvoirs pour négocier avec la Russie sur les rives du fleuve Amour. »

Départ pour l'embouchure du Pei-ho des escadres alliées et des représentants de la France, de l'Angleterre, de l'Amérique et de la Russie.

<small>Ces derniers se rendent au Pei-ho.</small>

Le cabinet de Péking envoie *Tan-ting-siang* à la rencontre des ambassadeurs. Ce fonctionnaire n'ayant pas de pleins pouvoirs et n'en ayant pu produire dans le délai de six jours qui lui avait été fixé, lord Elgin et le baron Gros prennent la résolution de se rendre à Tien-tsin, pour y attendre les plénipotentiaires du gouvernement chinois, et les commandants des escadres font connaître aux autorités locales leur intention d'occuper les forts du Pei-ho, afin que les représentants de leurs pays puissent accomplir, sans péril, leur entreprise.

Les troupes alliées occupent, le 20 mai, les forts de Takou après une courte résistance.

Les canonnières ayant détruit ou mis en fuite les jonques qui obstruaient le cours du Pei-ho, les deux ambassadeurs se rendent à Tien-tsin dans la journée du 29 novembre. Ils y sont suivis par MM. Reed et Poutiatine.

Juin. — *Kouëi-liang*, membre du cabinet Impérial, et *Houa-cha-na*, directeur du département des affaires civiles, sont munis de pleins pouvoirs et arrivent à Tien-tsin pour commencer les négociations.

<small>Mort de Ki-ing.</small>

Fin tragique de Ki-ing qui devait leur prêter les avis de son expérience et qui se laisse publiquement convaincre par M. Lay, dans une entrevue officielle, d'impéritie et de mauvaise foi.

<small>Conclusion des traités de Tien-tsin.</small>

De nouveaux traités sont conclus, le 26 juin, entre la Chine et l'Angleterre, et le 27 entre la Chine et la France (voir les pièces justificatives). Quelques jours auparavant, les 17 et 18 juin, de nouvelles conventions avaient été signées par M. Reed et l'amiral Poutiatine au nom de leurs gouvernements respectifs ; de son côté, le général Mourawief avait conclu le traité d'Aïgoun [1].

Un corps considérable de milice chinoise qui menaçait Canton est dispersé par un détachement des forces alliées. Les commissaires font saisir une proclamation du vice-roi *Houang* qui fait publiquement appel à la haine de ses administrés contre les Anglais.

Le choléra sévit à Macao dans le courant de juin et y fait de nombreuses victimes.

Juillet. — L'état des affaires à Canton inspire de grandes inquiétudes. Les tentatives d'assassinat s'y multiplient. Dans la nuit du 22 au 23 juillet, plusieurs milliers de *braves* tentent d'escalader la muraille. Cédant aux menaces occultes des autorités cantonnaises, les habitants chinois de Hong-kong et de Macao émigrent en grand nombre. Sir J. Bowring s'efforce de rassurer par des proclamations la colonie britannique.

Tentative des braves contre Canton.

Août. — Retour de M. Alcock à Canton.

Les troupes alliées s'emparent, après une vigoureuse résistance, de la petite ville de Nam-tao, située dans le voisinage de Canton et dont les braves avaient fait un de leurs quartiers généraux.

Octobre. — De retour à Shang-haï, les ambassadeurs négocient activement la révision des tarifs. Ils signalent, en termes énergiques, aux plénipotentiaires chinois les dispositions hostiles des autorités cantonnaises, et leur annoncent que l'occupation de la capitale du Kouang-tong par les forces de la France et de l'Angleterre, devra continuer jusqu'à l'entier rétablissement de la paix.

Révision des tarifs.

---

1. Les traités russes furent refondus plus tard en une seule convention dont on échangea les ratifications à Péking le 10 septembre 1858. Elle étendit la domination du czar sur le territoire compris entre le fleuve Ousouri et la mer et sur d'autres régions, de moindre étendue, situées au sud de l'Amour; stipula, en faveur des Russes, le droit de navigation sur tous les affluents méridionaux de ce fleuve, et institua une commission mixte chargée de la rectification des frontières.

Représentation du gouvernement chinois contre la rigueur des traités.

Novembre. — Le cabinet de Péking représente à lord Elgin les périls que pourrait entraîner la résidence permanente des représentants de l'Angleterre dans la capitale de l'empire et insiste auprès de lui sur l'abandon de la clause qui stipule cette résidence ; lord Elgin lui fait entendre que son gouvernement pourra n'en point exiger la rigoureuse exécution si l'envoyé britannique est gracieusement accueilli à Péking, quand il s'y présentera et si la Chine observe scrupuleusement les conditions du traité.

Lord Elgin visite le Yang tze.

Après avoir approuvé la révision des tarifs, lord Elgin visite les ports du Yang-tze-kiang afin de désigner, par lui-même, ceux qu'il serait le plus avantageux d'ouvrir au commerce étranger.

Décembre. — Expédition française en Cochinchine. Départ de M. Reed pour l'Amérique.

Pacification progressive des environs de Canton.

1859 : *Janvier.* — Les ambassadeurs visitent Canton, où le calme se rétablit progressivement.

Un détachement de marine qui faisait l'exercice aux environs de la cité ayant été traîtreusement assailli, dans la journée du 4, par une bande de *braves*, une expédition est dirigée, le 8, contre les villages qu'ils occupent et ces villages sont détruits.

Le 20, plusieurs canonnières à bord desquelles se trouvent le général anglais *Straubenzée*, l'amiral *Seymour*, le commandant *d'Aboville* et un certain nombre de mandarins délégués par Pi-kouei, se rendent à Fatchan où la population les accueille avec empressement.

Février. — Les agents des puissances alliées et les fonctionnaires cantonnais s'appliquent à calmer, par leurs démarches conciliantes, l'effervescence hostile des populations cantonnaises et achèvent de dissoudre la ligue formée contre les Anglais par les *braves* des 96 villages. L'expédition pacifique envoyée à Ta-youen, où fonctionnait le conseil de cette ligue, lui porte le dernier coup.

Mars. — Le vice-roi Houang est destitué; Ho-koueï-tsing le remplace.

Le baron Gros s'embarque pour la France. *Départ du baron Gros*

Lord Elgin visite les côtes méridionales de la Chine; il retourne à Canton et désigne le terrain où devront s'élever les nouvelles factoreries.

Plusieurs canonnières remontent le Si-kiang au-delà des frontières du Kouang-si, et un détachement de troupes alliées parcourt les villages situés sur le versant nord des montagnes du *Nuage-Blanc*. Résultats favorables de ces expéditions pacifiques.

M. *Bruce*, le frère de lord Elgin, est nommé ministre plénipotentiaire à Péking ; M. Alcock, consul-général au Japon ; MM. Robertson et Parkes, consuls à Canton et à Shang-haï. *M. Bruce, ministre anglais en Chine.*

Mai. — Arrivée de M. Bruce et de M. *John Ward*, ministre des États-Unis. Départ de lord Elgin que les commissaires impériaux ont pris soin de rassurer officiellement au sujet de la réception à Péking du plénipotentiaire britannique. *Départ de lord Elgin.*

Mort de Pi-koueï, à Canton, et de Yé-ming-tching, à Calcutta. Les restes de l'ex vice-roi des deux Kouang sont transportés en Chine et reçus avec beaucoup de respect par la population cantonnaise, *Mort de Yé.*

Sir John Bowring remet à M. *Hercules Robinson* le gouvernement de Hong-kong; le contre-amiral *Hope* succède à sir M. Seymour.

Juin-Juillet. — M. de Bourboulon et M. Bruce se rendent à l'entrée du Pei-ho. Ils sont porteurs des ratifications qui doivent être échangées à Péking. Vaines tentatives du gouvernement chinois pour que cet échange ait lieu à Shang-haï ou aux environs de Ta-kou. Les ministres trouvent la principale branche du Peï-ho complétement barrée ; ils font savoir aux commandants des forts qu'ils passeront outre, de gré ou de force. Le 22, nos marins attaquent les fortifications de Ta-kou et sont repoussés avec une grande perte. Trois canonnières sont coulées. L'amiral Hope est blessé grièvement. Les deux ministres retournent à Shang-haï, ils envoient en Europe leurs secrétaires: MM. *Kleczkowski* et *Rumbolt*, pour y rendre compte de la situation et repoussent résolûment toutes les avances du cabinet de Péking, qui, effrayé des conséquences de sa victoire, essaie de renouer avec eux des relations directes.

Échec subi par les forces anglo-françaises au Peï-ho.

Dans ces graves conjonctures, M. John Ward se conduit avec beaucoup de prudence. Il subit les exigences du gouvernement chinois, sans accepter toutefois les humiliations auxquelles on veut le soumettre ; se rend à Péking en voiture fermée ; y éprouve beaucoup d'ennuis et de dégoûts et retourne à Shang-haï, après avoir échangé, dans la ville de Pe-tang, les ratifications du traité américain.

Conduite prudente de M. Ward.

Tentative d'assassinat commise à Shang-haï, contre M. Lay, surintendant de l'inspectorat étranger des douanes chinoises.

Résistance des Chinois embarqués dans ce port sur le navire français *la Gertrude*. M. de Bourboulon ordonne une enquête sévère et donne satisfaction au légitime mécontentement de la communauté étrangère tout en sauvegardant les droits des armateurs.

Curieux rapports adressés à l'empereur par le général prince Sang-Ko-lin-sin, relativement aux affaires de Ta-kou.

Mise en vigueur du traité américain.

Novembre. — Décembre. — Le traité des États-Unis entre en vigueur. Les ports de *Soua-tao* et de *Taï-ouan-fou* sont ouverts. Le gouvernement chinois déclare que les négociants anglais et français seront admis, par la bienveillance de l'empereur, à jouir immédiatement des bénéfices que ce traité assure aux Américains.

Les préparatifs des nouvelles expéditions se poursuivent activement en France et en Angleterre.

Un règlement relatif à la surveillance de l'émigration chinoise est publié à Canton, le 4 novembre, par les commissaires des puissances alliées, de concert avec les autorités locales.

L'émigration chinoise réglementée à Canton.

1860. — *Janvier.* — M. Lay organise, non sans résistance et sans difficulté, le système de l'inspectorat étranger des douanes chinoises.

Un règlement relatif à l'organisation et à la police du pilotage est publié à Shang-haï, le 21 janvier, par les consuls des trois puissances.

De nouvelles dispositions sanctionnées par les consuls, complètent le règlement publié, le 4 novembre 1859, à Canton, concernant la police de l'émigration chinoise.

Février. — En vertu d'un ultimatum notifié par les deux plénipotentiaires, la France et l'Angleterre exigent des excuses formelles au sujet des événements de Takou, la réception et la résidence de leurs représentants à Péking, et une indemnité de 60 millions de francs pour chacune des deux puissances. Un délai d'un mois est accordé au cabinet de Péking pour accepter ou rejeter cet ultimatum.

Ultimatum signifié au gouvernement chinois.

Mars. — Rejet formel de l'ultimatum par le cabinet de Péking. Le 8, le général *Montauban*, commandant l'expédition française, arrive à Shang-haï. Le 14, à la suite d'un conseil de guerre tenu à la légation britannique, les deux ministres déclarent officiellement aux commandants des forces alliées que l'action diplomatique doit faire place à l'action militaire et l'occupation de *Tchou-san* est résolue.

Reprise des hostilités.

21 *Avril*. — Occupation de Ting-haï et des îles Tchou-san, dont l'administration est remise à deux commissaires anglais et français, MM. *Hugues* et de *Méritens*.

Le baron Gros et lord Elgin envoyés de nouveau en Chine.

Lord Elgin et M. le baron Gros sont envoyés de nouveau en Chine comme ambassadeurs. Les commandants alliés doivent rester sur la réserve jusqu'à leur arrivée.

Mai. — Les autorités provinciales du Kiang-sou demandent la protection des forces alliées contre les rebelles qui viennent d'occuper Sou-tchéou. Destitution de *Ho-Kouëï-Tsing*, vice-roi du Kiang-nan.

30 *Juin*. — Les deux ambassadeurs arrivent à Shanghaï.

Juillet. — Ils rejoignent les troupes alliées qui ont opéré leur débarquement à *Tché-fou* et à *Ta-lien-Ouan* sur les côtes du Tchi-li. Il est résolu que toute tentative de négociation sera repoussée jusqu'au moment où l'on aura enlevé les forts de Ta-kou et occupé militairement Tien-tsin.

Capture des forts de Ta-kou et occupation de Tien-tsin.

Août. — Le 21, les alliés attaquent les forts de Ta-kou, dont ils s'emparent après cinq heures de combat; ils se dirigent, le lendemain, sur Tien-tsin qu'ils occupent sans résistance. Kouëï-liang et *Heng-fou*, vice-roi du Tchi-li, sont désignés, par le cabinet de Péking, pour négocier avec les barbares.

Les rebelles se rapprochent de Shang-haï; vives alarmes de la communauté étrangère. Proclamation menaçante des insurgés.

Les rebelles sont repoussés à Shang-haï.

4 *Septembre*. — Les rebelles attaquent Shang-haï. Ils sont repoussés avec perte par les faibles détachements de marins qui protégent les concessions. Plusieurs compagnies de volontaires s'organisent pour la défense commune.

5 *Septembre*. — Ouverture des conférences de Tien-tsin entre les deux ambassadeurs et les envoyés chinois.

Koueï-liang, ayant été contraint d'avouer qu'il n'avait pas de pleins pouvoirs, ces conférences sont rompues dans la journée du 8. Les ambassadeurs font savoir au gouvernement chinois qu'ils ne négocieront plus qu'à *Tong-tchéou* et adressent aux généraux l'invitation de marcher sur Péking.

Rupture des conférences de Tien-tsin.

17 *Septembre*. — Le prince de *Y* et *Mou*, chef du département de la guerre, ont une entrevue à Tong-tchéou avec les représentants des deux ambassades. Ceux-ci leur notifient les conditions auxquelles la paix pourra être établie.

Entrevue et trahison de Tong-tchéou.

18 *Septembre*. — Arrestation de M. Parkes qui avait pris part, au nom de Lord Elgin, à l'entrevue de Tong-théou, et de la plupart des officiers qui accompagnaient dans cette ville les représentants des deux ambassadeurs. M. *de Bastard*, premier secrétaire de M. le baron Gros et M. de Méritens reviennent sains et saufs au camp après avoir couru les plus grands périls. Attaquée immédiatement par les troupes anglo-françaises, l'armée chinoise est détruite en partie près de *Tchang-kia-ouan*, et les forces alliées s'avancent sur Péking.

Combat de Tchang-kia-ouan.

21 *Septembre*. — L'armée tartare qui protége les abords de la capitale, sous le commandement de Sang-ko-lin-sin, est battue et dispersée à *Pa-li-kiao*. Les troupes alliées campent à quelques milles de Péking, attendant leur matériel de siége.

et de Pa-li-kiao.

9 *Octobre*. — MM. *Parkes*, *Loch*, et *d'Escayrac de Lauture* sont ramenés au camp. Ils ont subi, pendant plusieurs jours, d'indignes traitements dans les prisons chinoises. Le capitaine *Brabazon*, le colonel *Grandchamps*, l'abbé *Luc*, l'intendant *Dubus*, MM. *Bowlby*, de *Normann*, *Anderson* et plusieurs soldats ont succombé aux horribles fatigues de leur captivité. — Occupation et pillage du *Youen-ming-youen*, palais d'été de

l'empereur; ce dernier quitte sa capitale, franchit la grande muraille et se retire en Mandchourie.

Péking capitule. 13 *Octobre*. — Capitulation de Péking, quinze cadavres mutilés sont remis à nos troupes. On les ensevelit, en grande pompe, dans le cimetière catholique et le cimetière russe.

Incendie du Youen-ming-youen. 18 *Octobre*. — Lord Elgin fait détruire, par le feu, le palais du Youen-ming youen, pour châtier le gouvernement chinois de la trahison commise par lui à Tong-Tchéou et perpétuer le souvenir de cette vengeance nationale.

Conventions de Péking. 25 *Octobre*. — De nouvelles conventions sont conclues à Péking, avec le gouvernement chinois, par les ambassadeurs d'Angleterre et de France et les ratifications des traités de Tien-tsin sont échangées entre ces ambassadeurs et le prince de *Kong*, frère de l'empereur. (Voir les pièces justificatives.)

M. de Bourboulon et M. Bruce se rendent à Shang-haï et à Tien-tsin.

L'Empereur ratifie les traités. 1ᵉʳ *Novembre*. — Le prince de Kong annonce aux représentants des puissances que l'empereur vient de ratifier les conventions de Tien-tsin et de Péking. Il délivre successivement à M. le baron Gros les établissements que les catholiques possédaient autrefois dans la capitale de l'empire, et fait remettre aux deux ambassadeurs les sommes destinées aux familles des victimes de Tong-tchéou.

La destitution de Sang-ko-lin-sin et du ministre *Choui-ling* est officiellement annoncée aux ambassadeurs.

Ceux-ci sont prévenus que les principales autorités de l'empire recevront immédiatement des copies officielles de tous les actes diplomatiques conclus à Péking, et un certain nombre de ces copies sont livrées à M. le baron Gros, afin qu'il les fasse passer lui-même au vice-roi des deux Kouang.

HISTOIRE

Il est convenu entre les deux ambassadeurs que MM. Bruce et de Bourboulon ne prendront pas leurs résidences à Péking avant le printemps de 1861, que les forces françaises continueront à occuper Tché-fou et que Tchou-san sera immédiatement évacué.

M. le baron Gros quitte Péking le 10 novembre, et Tien-tsin le 16, après avoir accrédité M. de Bourboulon auprès du prince de Kong.

Départ du baron Gros.

En *décembre* il se rend à Canton où le vice-roi *Tchao* l'accueille avec empressement et cordialité.

Le 18 du même mois, il quitte la Chine, ramenant avec lui les dépouilles de son premier secrétaire, M. de Bastard, mort à Hong-kong, 16 jours auparavant, d'une fièvre cérébrale.

Un corps de troupes, placé sous les ordres du général *Collineau*, occupe Tien-tsin après l'embarquement de la plus grande partie des forces expéditionnaires.

Le 15 *décembre*, le général *Ignatieff* obtient du gouvernement chinois un traité additionnel qui étend en Mandchourie les frontières russes jusqu'à la rivière *Toumen* et recule ces frontières, sur les bords de la mer Jaune, jusqu'à la 42ᵉ parallèle. A la suite de cette convention sont jetés les fondements du port de Vladi-Vostoch.

Nouvelle cession de territoire faite à la Russie.

Janvier 1861. — Retour de lord Elgin à Hong-kong; il passe quelques jours à Canton et quitte la Chine.

Départ de lord Elgin.

Tchou-san est évacué.

Cession effective de *Kaou-long* au gouvernement britannique.

Réembarquement à Hong-kong de la plus grande partie des troupes anglaises.

Un département dont les fonctions spéciales consistent à traiter les affaires de l'empire avec les nations étrangères est institué à Péking et la direction en est remise au prince de Kong.

Institution à Péking d'un département des affaires étrangères.

Février. — Plusieurs bâtiments anglais, sous les ordres directs de l'amiral Hope, remontent le Yang-tze-kiang jusqu'à Nanking ; une mission commerciale accompagne l'expédition militaire. Assurances pacifiques données à l'amiral par les chefs rebelles.

Mars. — Publication d'un règlement provisoire relatif à la navigation commerciale du Yang-tze-kiang.

MM. Bruce et de Bourboulon s'établissent à Péking.

Avril. — Le steamer américain *Mee-lee* est capturé dans les eaux de Canton, et son équipage est en grande partie massacré par les pirates.

Mai. — Une escadre anglaise bombarde le village de Tsiao-tchéou dont les habitants ont pillé les magasins de MM. Braddley à Soua-tao.

Capture par une jonque pirate du brick le *North-Star*, dans les eaux de Hong-kong.

Juin. — Négociation du traité prussien avec la Chine par le comte *d'Eulenbourg*.

Juillet. — Tentative d'assassinat commise au Japon contre les membres de la légation britannique.

Mort de l'empereur.

17 *Août*. — L'empereur Hien-foung meurt, à 30 ans, d'épuisement et de tristesse, dans son palais de Jé-hol en Mandchourie. Son fils aîné, *Tsaï-tchoun*, lui succède sous le nom de Ki-siang. Un conseil de régence dont les membres appartiennent au vieux parti de la guerre et où siégent deux hommes particulièrement hostiles aux étrangers, *Tsaï-youen*, prince de Y, et *Mou-Yin*, ministre de la guerre [1], administrent l'empire au nom du jeune prince.

Conseil de régence.

2 *Septembre*. — Signature du traité prussien à Tientsin.

Octobre. — Deux missionnaires protestants sont massacrés par les rebelles à Tchi-fou.

---

1. Les négociateurs de Tong-tchéou et probablement les auteurs de la trahison qui amena la bataille de Tchang-kia-ouan.

M. *Aanson Burlingame*, plénipotentiaire des Etats-Unis, arrive à Hong-kong.

Le 21, les troupes alliées évacuent Canton.

Le 30, les règlements relatifs aux droits de transit, aux droits de douane, ainsi qu'à l'organisation du commerce anglais dans les ports du Yang-tsé-kiang, sont publiés par le consul britannique. Ces règlements ont reçu l'approbation du prince de Kong.

Novembre. — Sous l'influence du prince de Kong et de l'impératrice douairière, un coup d'État a lieu dans la capitale de l'empire. La régence est confiée aux deux impératrices [1]; le pouvoir sera exercé par un conseil que préside le prince de Kong, en qualité de premier ministre, et dans lequel siége Koueï-liang; le prince de Y (Tsaï-youen) et *Touan-houa* se donneront eux-mêmes la mort; leur collègue *Sou-choun* sera publiquement décapité, les autres membres de l'ancien conseil sont condamnés à l'exil. Le nom de *Tong-tchih* remplacera celui de *Ki-siang* qui avait été donné au nouveau règne. Retour à Péking du jeune empereur. (Voir pièces justificatives.)

Coup d'État.

Un décret impérial sanctionne et organise l'institution de l'inspectorat étranger des douanes chinoises.

Progrès du commerce étranger à Kiou-kiang et Hankéou.

3 *Décembre.* — Par un décret rendu sur la représentation du prince de Kong, l'empereur rappelle la protection que Kang-hi accorda jadis aux catholiques, assimile le culte chrétien à celui de Boudha et de Tao et proclame la tolérance dont le traité de Tien-tsin lui fait une obligation envers le gouvernement français.

Décret de tolérance en faveur du christianisme.

Le 18, Ning-po tombe au pouvoir des rebelles. La communauté étrangère n'est point inquiétée.

1. La femme légitime de l'empereur Hien-foung et celle de ses concubines qui est la mère du jeune empereur.

Les rebelles menacent Shang-haï.

1862. — *Janvier, mars.* — Les rebelles s'emparent de Hang-tchéou le 18 janvier, s'avancent jusqu'à Vou-song, semant sur leurs pas le meurtre et le pillage, et menacent Shang-haï où le commerce est complétement suspendu. La nécessité d'une protection efficace qu'on ne peut attendre de l'administration locale, conduit les autorités étrangères à se départir du rôle de neutralité suivi jusque-là. Défense est faite aux rebelles de s'approcher à plus de trente milles des ports ouverts par les traités. Ils sont chassés des villages qu'ils occupaient aux environs de Shang-haï par les forces anglo-françaises, lesquelles coopèrent, sous la direction de l'amiral Hope, avec les soldats impériaux, à la défense commune. Plusieurs engagements ont lieu sur la rivière. L'américain *Ward*

Organisation du corps de Ward.

groupe autour de lui quelques centaines de Manilois et de déserteurs, reçoit du gouvernement chinois le titre de colonel, discipline quelques compagnies indigènes et entre en campagne contre les insurgés. M. Lay est chargé de faire à Londres, pour le compte de ce gouvernement, l'acquisition de plusieurs navires qui seront armés contre la rébellion et dont le commandement sera confié à M. *Osborn*, officier de la marine britannique.

Un réglement douanier, concernant le port d'Amoy, est publié, le 26 mars, par les soins de l'inspecteur, M. *Wallace-Ward*.

Cessions de terrains faites à Canton au gouvernement français et aux missions catholiques.

Deux conventions, portant la date du 6 mars et le sceau du vice-roi des deux Kouang, cèdent au gouvernement français, pour y établir son consulat, une partie des terrains occupés à Canton avant la guerre par le prétoire du trésorier, et aux missions, pour y bâtir une cathédrale, ceux où se trouvait, à la même époque, le Yamoun du vice-roi Yé-ming-tching.

Délimitation à Tché-fou et à Tien-tsin des concessions françaises.

Avril. — Les habiles négociations et la ferme politique du ministre de France obtiennent, en faveur du christianisme, un nouveau décret portant la date du 5 avril et précédé de considérants très explicites par lesquels le gouvernement chinois s'engage à faire disparaître du code national toutes les clauses infamantes ou prohibitives qui concernent le culte des chrétiens. (Voir les pièces justificatives.)

<small>Nouveau décret en faveur du christianisme.</small>

Organisation à Ning-po d'un corps *franco-chinois*, dont le commandement est confié à M. *Lebreton*.

Engagements meurtriers près de Shang-haï. Les villes de *Nan-chiang* et de *Ka-ding* sont reprises aux rebelles.

<small>Organisation d'un corps franco-chinois.</small>

Mai. — Provoquées par les bravades de la garnison rebelle qui occupe Ning-po, les forces anglo-françaises l'expulsent le 10 mai, et remettent la ville aux autorités impériales.

Les troupes alliées et le régiment de M. Ward poursuivent activement leurs succès contre l'insurrection à laquelle *Tsing-pou*, *Nan-jao* et *Tcho-lin* sont successivement reprises. Mort de l'amiral *Protet*, frappé d'une balle au cœur, le 17 mai, à l'attaque de Nan-jao.

<small>Mort de l'amiral Protet.</small>

M. et Mme de Bourboulon quittent Péking et retournent en France par la Sibérie[1]. M. le comte Kleczkowski dirige la légation de France en qualité de chargé d'affaires.

Assassinat juridique du père *Neel* et de neuf chrétiens indigènes dans le Kouei-tchéou. Représentations énergiques de M. Kleczkowski.

<small>Martyre du père Néel.</small>

8 Août. — Un traité est conclu entre la Belgique et

---

1. Le curieux récit de ce pénible et intéressant voyage qu'une femme européenne accomplissait ainsi pour la première fois, a été publié, sous les auspices de Mme de Bourboulon, dans le journal le *Tour du Monde*.

la Chine; M. *Bols*, consul-général et plénipotentiaire de S. M. le roi des Belges, en est le négociateur au nom de son gouvernement.

13 Août. — Signature d'un traité entre le Portugal et l'Empire du Milieu. M. *Guimaraens*, gouverneur de Macao, y appose sa signature en qualité de plénipotentiaire de S. M. T. F. Il quitte la Chine, deux mois plus tard, après l'arrivée de son successeur, M. *Amaral*.

<small>Mort de Ward. Burgevine est son successeur.</small>

Septembre. — Ward est tué, près de Ning-po, dans un combat qu'il livre aux rebelles. Le gouvernement chinois décrète qu'un temple sera élevé à sa mémoire. M. *Burgevine* lui est donné pour successeur.

Evacuation de Tien-tsin par les forces alliées.

Ravages exercés, dans le sud du Kouang-tong, par une nombreuse troupe de bandits. Alarme à Canton. Sur la demande du vice-roi *Lao*, les représentants de France et d'Angleterre autorisent l'envoi d'un détachement des forces alliées dans la capitale des deux Kouang.

Octobre. — *Foung-houa*, près de Ning-po et *Ka-ding*, près de Shang-haï, sont reprises aux rebelles. Nombreux succès remportés dans le Fo-kien et le Tche-kiang, par le corps franco-chinois que commandent MM. *Giquel* et *Lebreton*.

<small>Destitution de Lao.</small>

Novembre. — Le conseil de régence destitue le vice-roi *Lao*, accusé de malversation dans le recouvrement des taxes foncières, et lui donne pour successeur *Liou-tchang-you*, gouverneur du Kouang-si.

Après une vigoureuse résistance, les rebelles sont chassés par les troupes de Burgevine des fortifications qu'ils occupaient à *Pao-kong*, dans le Kiang-sou.

L'amiral Hope quitte la Chine.

De nouvelles modifications sont apportées aux règlements relatifs à la navigation commerciale du Yang-tze-kiang.

Décembre. — Les rebelles sont chassés de *Chang-you*, dans le Tche-kiang.

Funérailles de l'empereur Hien-foung.

1863. — *Janvier.* — Burgevine ayant saisi de force, à Shang-haï, dans les caisses du gouvernement, la solde arriérée de ses troupes, est destitué par le Ta-otaï. Le capitaine Holland puis le major Gordon, lui succèdent dans son commandement. Réorganisation du corps anglo-chinois.

Burgevine destitué.

Les ratifications du traité prussien sont échangées, le 14, à Shang-haï.

Le 11, M. Lay, inspecteur-général des douanes, adresse aux chambres de commerce de Shang-haï et de Hong-kong, un mémoire explicatif et justificatif, sur la réorganisation du service confié par le gouvernement chinois à sa direction [1].

Février. — Arrivée de M. *Berthemy*, ministre plénipotentiaire de France à Péking, et de M. *Mauboussin*, consul-général de France à Shang-haï.

Les troupes impériales et le corps anglo-chinois sont repoussées, avec perte, à l'assaut de *Taï-tsan*.

L'ancien vice-roi du Kiang-nan, *Ho-kouëi-tsing*, qui avait laissé prendre Sou-tchéou par les rebelles, est décapité à Péking.

Mars. — MM. *Lebreton* et *Tardif de Moidrey*, commandants du corps franco-chinois, ayant été tués successivement devant *Chao-king-fou*, M. le lieutenant de vaisseau D'*Aiguebelle* prend la direction de ce corps.

Chao-king tombe au pouvoir des Impériaux.

Alarmes causées à Tien-tsin par les déprédations que l'armée des *Nien-fei* commet dans le voisinage.

Avril. — *Fou-chan* et *Taï-tsan*, dans le Kiang-sou, rentrent au pouvoir des Impériaux.

1. Voir le n° du journal l'*Overland-china-mail* du 13 mai 1863.

A la requête de M. le baron de Méritens, inspecteur des douanes à Fou-tchéou, deux nouveaux ports, *Kilong* et *Takao*, sont ouverts dans l'île de Formose au commerce étranger.

Mai. — Retour de M. Lay à Péking.

Mort du révérend père *Lemaître*, supérieur de la mission des Jésuites.

Capture de Kouin-san par le major *Gordon*.

Succès de Gordon.

Juin-août. — Belle campagne du major *Gordon* dans le Kiang-sou. Chassé de *Vou-Kiang* et des fortifications qu'elle occupait près de cette ville, l'armée rebelle se replie sur *Sou-tchéou* où elle se renferme.

Burgevine s'empare, par surprise, d'un petit steamer sur le canal de Sou-tchéou, et passe à l'insurrection. Sa tête est mise à prix par le gouverneur du Kiang-sou, malgré les représentations du corps consulaire.

Une convention négociée entre les gouvernements du Danemark et de la Chine, par *Hang-ki*, *Tsong-hao*, surintendant des ports du nord et le colonel *Raasloff*, est signée le 13 juillet à Péking.

M. Lay échoue dans ses négociations.

Octobre. — Les négociations entreprises par M. Lay à Péking, pour organiser la flotte anglo-chinoise, dont la direction est réservée au capitaine Osborne, échoue complétement sous l'influence de *Tsen-Kouo-fan*, vice-roi du Kiang-nan, qui veut maintenir, avec raison, dans toute l'étendue de son gouvernement, la plénitude de son autorité administrative.

Le consul général de France, M. Mauboussin, meurt le 25 à Shang-haï.

Novembre. — Plusieurs engagements ont lieu, sous les murs de Sou-tchéou, entre les insurgés et les troupes du major Gordon. Les Impériaux en sortent presque toujours victorieux.

Capturé, pendant une attaque nocturne qu'il dirige contre le steamer *Fi-loung*, un des bâtiments de la flottille qui sert à ravitailler les forces impérialistes, Burgevine est conduit à la prison du consulat américain.

Démission de M. Lay.

Décembre. — Le gouvernement chinois provoque la démission de M. Lay, directeur général de l'inspectorat des douanes chinoises, et confie à M. R. Hart les fonctions qu'il remplissait.

Réoccupation de Sou-tchéou.

Les ouvrages extérieurs qui protégeaient Sou-tchéou ayant été emportés d'assaut, le général rebelle négocie avec les autorités provinciales, par l'entremise de M. Gordon, l'évacuation de cette importante cité qui ouvre ses portes aux vainqueurs le 5 décembre. *Tching*, commandant des Impériaux, fait mettre à mort les chefs rebelles au mépris de la foi jurée. Gordon témoigne énergiquement son indignation au gouverneur du Kiang-sou et le menace de sa démission.

Fondation de la cathédrale de Canton.

Le 8 décembre, une belle et imposante cérémonie, inaugurée par un touchant discours de M. *le baron de Trenqualye*, consul de France, a lieu dans la capitale du Kouang Tong. En présence des hautes autorités provinciales et du corps consulaire, sont jetés les fondements de la cathédrale qui s'élève, au centre de Canton dompté et pacifié, sur les ruines du prétoire de Yé-ming-tching, l'orgueilleux vice-roi des deux Kouang.

1864, *février.* — Réconciliation du gouverneur *Li* et de Gordon. Ce dernier s'avance vers Nanking pour combiner ses mouvements avec ceux de Tseng-Kouo-fan qui assiége cette ville. Il rétablit successivement le pouvoir de l'empereur à *Yi-Sing* et *Li-Yang*, mais ses troupes sont repoussées avec perte et il est blessé, lui-même, à l'attaque de *Kin-tang*.

Réoccupation de Hang-tchéou.

31 *Mars.* — Le corps franco-chinois, commandé par M. d'Aiguebelle, s'empare de *Hang-tchéou* que les insurgés occupaient depuis plus de deux ans et restitue ainsi à l'empereur l'une des plus grandes ville de ses États.

11 Mai. — Après une vigoureuse résistance, *Tchang-tchéou* est emportée d'assaut par les troupes du gouverneur *Li* et du major Gordon. Ce dernier considérant sa tâche comme accomplie, renonce à son commandement. Les corps anglo-chinois et franco-chinois sont dissous et se fondent dans l'armée de Tsang-Kouo-fan.

Juin. — Départ de sir F. Bruce pour la Grande-Bretagne. M. *Wade* dirige la légation anglaise en qualité de chargé d'affaires.

Par suite d'un malentendu, portant sur l'interprétation du texte chinois, l'échange des ratifications du traité portugais est indéfiniment ajourné.

Juillet. — Le major Gordon institue, près de Shanghaï, avec l'autorisation des consuls, un camp de manœuvre pour l'instruction des troupes chinoises.

Prise de Nanking. Nanking est prise d'assaut dans la journée du 19 par les troupes de Tsang-Kouo-fan. L'empereur rebelle disparaît dans le combat. Une partie de ses troupes prend la fuite sous les ordres de son premier lieutenant, le Tchong-ouang. Cette importante victoire donne le coup de mort à l'insurrection qui désolait, depuis dix ans, les plus riches provinces de la Chine. L'heureux vice-roi du Kiang-nan est comblé de louanges et d'honneurs. Son influence aux yeux du peuple et son crédit dans les conseils de l'empire grandissent rapidement, malgré les jalouses manœuvres de Tsang-ko-lin-sin.

1865 : *Janvier.* — Un chef rebelle, le *Chih-ouang*, réunit dans le Fokien ses compagnons dispersés, s'empare de *Tchang-tchéou*, chef-lieu du département où se trouve la ville d'Amoy, et cherche à relever les affaires de l'insurrection. Deux proclamations revêtues de son sceau, sont affichées aux environs d'Amoy. L'une, dont le langage est à la fois paternel et sévère, engage les habitants des villages à reprendre sans crainte le cours de leurs paisibles travaux et les menace des plus rigoureux châtiments, s'ils ne se hâtent point d'acquitter les taxes foncières. L'autre, rédigée en termes polis et séduisants, s'adresse aux nations étrangères, que le Shi-ouang convie à seconder ses efforts contre la dynastie mandchoue, par l'attrait d'une vengeance et d'une proie communes.

Les mahométans du Ho-nan lèvent l'étendard de la révolte. Une des villes de cette province, *Lo-yang*, tombe en leur pouvoir.

Mars. — Nommé gouverneur de Ceylan, sir Hercules Robinson quitte Hong-kong pour se rendre dans sa nouvelle résidence.

<small>Départ de sir Hercules.</small>

Sur la demande des autorités impériales, la légation britannique prend de sages mesures pour guider l'inexpérience des touristes anglais qui visitent Péking, et prévenir les incidents fâcheux qu'elle peut faire naître.

Un décret de la reine (*China and Japan order in council*), daté du 9 mars, organise la juridiction civile et criminelle dont les sujets britanniques, résidant en Chine et au Japon, dépendront à l'avenir. Cette juridiction est entièrement distincte du système judiciaire établi à Hong-kong. Elle embrasse tous les tribunaux consulaires. A sa tête est placée une cour suprême et d'appel, dont les sessions ordinaires se tiendront à Shang-haï.

Avril. — Deux décrets impériaux concernant le prince de Kong, sont publiés, à quelques jours d'intervalle, dans la *Gazette officielle*. L'un, prenant en considération ses velléités d'indépendance, le prive de ses rang et dignités; l'autre lui restitue la direction des affaires étrangères, dont le précédent avait investi *Ouensiang*.

<small>Disgrâce du prince de Kong</small>

Mai. — Un régiment de *braves* s'insurge aux environs de *Han-kéou*; terreur des résidents étrangers que protégent deux canonnières anglaises.

Mort de Tsang-ko-lin-sin. Unis aux révoltés du Ho-nan, les bandes des *Nien-feï* ravagent le nord du Shan-tong et les districts méridionaux du Tchi-li. Tsang-ko-lin-sin est tué dans une sanglante affaire, en les combattant à la tête de sa cavalerie.

Juillet. — Arrivée en Chine de *sir Edmond Hornby*, président de la cour suprême de Shang-haï.

Les troupes impériales s'emparent de Tchang-tchéou. Burgevine y est pris les armes à la main. Dirigé sous escorte vers Sou-tchéou, il périt au passage d'un gué, victime d'un accident fortuit, ou noyé plutôt à dessein par l'ordre du vice-roi du Kiang-nan, qui se débarrasse ainsi d'un prisonnier compromettant.

Tsang-kouo-fan est nommé général en chef de l'armée du Chang-tong qui guerroie contre les *Nien-feï*. Les rapports officiels portent le nombre de ces derniers à 300,000 hommes.

Martyre de M. Martineau. *Août.* — Un prêtre français des Missions étrangères, M. *Martineau*, est lapidé par la populace près de *You-yang*, dans le Sé-tchouen.

Repoussés du Chan-tong, les *Nien-feï* se réfugient dans le Ho-nan.

Liou, gouverneur intérimaire du Kiang-sou, interdit aux négociants chinois de Shang-haï d'affréter, à l'avenir, aucun navire étranger pour le transport de leurs marchandises.

Arrivée dans cette ville du nouveau consul anglais, le docteur *Winchester*, dont le prédécesseur, *sir H. Parkes*, a été nommé ministre plénipotentiaire au Japon.

Septembre. — Sur la représentation du consul britannique résidant à Canton, un habitant de cette ville, *You-a-hi*, qui avait prononcé, en présence d'un Anglais, l'épithète insultante de *Fan-kouei* (diable étranger), est puni publiquement de la cangue [1].

Octobre. — *Ta-kou* est évacué par la garnison anglo-française que les deux gouvernements y avaient maintenue depuis la conclusion des traités.

Évacuation de Ta-kou.

Par suite d'un conflit de juridiction, le conseil municipal qui administre, à Shang-haï, les intérêts de la concession française, est dissous par M. *Brénier,* consul général de France.

Un décret impérial envoie *Soui-liou,* gouverneur intérimaire des deux Kouang, à *Tchao-tchao,* pour préparer, conformément aux exigences des traités, l'administration des étrangers dans cette ville [2].

Novembre — Deux Français, l'un officier de marine, l'autre négociant, ayant été traîtreusement assaillis et cruellement frappés aux environs de Han-kéou par une troupe de *braves,* notre consul, M. *Dabry,* demande et obtient une réparation aussi éclatante que rigoureuse.

Le prince de Kong est rétabli dans ses titres et dignités par un décret impérial du 11 novembre, et reprend ainsi les fonctions de ministre dirigeant.

Réintégration du prince de Kong.

Une proclamation des ministres étrangers au Japon, portant la date du 25, annonce que les traités conclus par le Taï-koun avec les puissances qu'ils représentent, ont reçu la ratification définitive du Mikado.

Décembre. — Le nouveau plénipotentiaire anglais, sir *Rutherford Alcock* se rend à Péking, où M. Wade lui remet le service de la légation britannique [3].

Sir R. Alcock, nommé plénipotentiaire à Péking.

---

1. Ce fait insignifiant, en apparence, a cependant une remarquable portée. Avant les événements de 1857, Canton était le boulevard de l'arrogance chinoise. L'entrée en était interdite aux étrangers que les habitants de ses faubourgs poursuivaient, sans cesse, de leurs outrageantes moqueries.

2. *Tchao-tchao* a pour port *Soua-tao*. Le commerce étranger n'y avait pas encore pénétré, bien que les conventions de Tien-tsin l'autorisassent à s'y établir.

3. Sir Rutherford est l'un des Européens qu iconnaissent le mieux

Kiachta étant relié à la Russie par un fil électrique, le commerce anglais entreprend d'établir des communications régulières et rapides entre cette ville et Tien-tsin par *Ourga, Kalgan* et *Péking*.

Nous terminons ici le dernier chapitre de cet ouvrage. Les faits dont nous venons de voir le résumé chronologique, tracent, en quelques lignes, la marche de nos conquêtes dans l'extrême Orient. Ils y racontent nos progrès d'abord mystérieux, isolés, obscurs, bientôt moins lents et moins timides, s'affirmant, au début de ce siècle et à la face du monde, par des victoires et des traités, rapides enfin, depuis l'expédition de 1858, hardis, éclatants, décisifs. Ils montrent l'Empire du Milieu exposé désormais de toutes parts, par les entreprises de notre commerce, par le contact incessant de notre industrie, par la libre propagande de nos missions, par l'action immédiate et persévérante de nos ambassadeurs, par notre intervention directe dans ses affaires administratives, à l'irrésistible influence de notre civilisation.

l'extrême Orient, où il réside depuis vingt années et où il a successivement rempli, avec talent et vigueur, les fonctions de consul à Shang-haï et à Canton et de plénipotentiaire à Yédo.

FIN

ANNEXES

I

(Page 553.)

Innocent, évêque, serviteur des serviteurs de Dieu, au souverain des Tartares et à son peuple.

Attendu que non-seulement les hommes, mais encore les êtres dépourvus de raison et même les éléments matériels du monde physique, doivent être unis entre eux par des liens harmonieux, à l'exemple des hôtes célestes dont Dieu a fondé l'éternelle et paisible hiérarchie, nous n'avons pas appris, sans étonnement, que vos soldats ont envahi et horriblement dévasté un grand nombre de régions habitées par des peuples de toute croyance et de toute origine et que, poussé par une incroyable fureur de destruction, vous portez, sur toute chose, une main cruelle et violente, n'épargnant ni l'âge, ni la condition, ni le sexe. C'est pourquoi, nous conformant aux préceptes du Prince de paix et désirant que tous les hommes ne forment qu'une et même famille unie par la crainte de Dieu, nous vous adressons nos exhortations, nos avertissements et, au besoin, nos prières, afin que vous ne commettiez plus, à l'avenir, de tels outrages et que vous ne persécutiez plus les nations chrétiennes. Nous vous engageons à faire pénitence devant l'Être tout-puissant dont vos actions ont, sans aucun doute, offensé la majesté divine et provoqué la colère, et qui ne permettra pas plus longtemps que les peuples de l'univers se tiennent humblement prosternés devant votre face. Dieu supporte quelquefois l'orgueil des enfants du siècle ; mais, s'ils ne s'humilient pas à la fin, il leur inflige, en ce monde, des châtiments terribles.

Nous avons envoyé vers vous, avec des présents, Jean, notre frère bien-aimé et plusieurs autres religieux. Ce sont des hommes très-versés dans la science des saintes Écritures, d'une foi et d'une loyauté reconnues.

Nous espérons que vous les accueillerez avec faveur, que vous les traiterez aussi honorablement que vous nous traiteriez nous-même, que vous leur ferez pleinement connaître les motifs qui vous ont poussé à l'extermination des peuples, que vous leur communiquerez vos intentions actuelles, et qu'enfin ils recevront de vous un sauf-conduit ainsi que toutes les choses nécessaires pour assurer leur prompte et paisible retour vers notre personne.

Nous vous avons envoyé des religieux dont la science est profonde et dont l'humilité, semblable à celle de notre Sauveur, peut vous fournir de salutaires exemples. Nous eussions confié notre mission à des princes de l'Église ou à des personnages importants, si nous avions cru que cela vous fût plus agréable ou plus utile.

II

(Page 553.)

Réponse du souverain des Tartares au seigneur Pape.

Kou-youk Khan, la Force de Dieu et le Souverain du monde, au grand Pape.

Vous et les peuples chrétiens qui habitent l'Occident, vous nous avez envoyé des ambassadeurs pour faire la paix. C'est ce qu'ils nous ont dit eux-mêmes et ce que confirment vos lettres.

Si vous désirez conclure la paix, vous tous, Pape, Empereurs, Rois et Gouverneurs des cités, hâtez-vous de vous rendre en notre présence pour recevoir notre réponse et connaître notre volonté.

Vous nous écrivez que nous devrions nous faire baptiser

et devenir chrétiens; nous vous répondrons, en deux mots, que nous ne savons ce que vous voulez dire.

Nous ne comprenons pas, non plus, les reproches que vous nous adressez au sujet du massacre qu'ont fait nos soldats des nations occidentales, particulièrement des chrétiens, et entre autres des Hongrois, des Polonais et des Moraviens. Toutefois, pour ne pas laisser de tels reproches entièrement sans réponse, nous vous ferons connaître que ces peuples ont méconnu les préceptes de Dieu, désobéi aux ordres de Gengis-khan et que, cédant à de pernicieux conseils, ils ont égorgé nos ambassadeurs[1]. C'est pourquoi Dieu a voulu qu'ils fussent détruits et les a livrés entre nos mains. — Si Dieu ne les avait pas condamnés, comment les eussions-nous vaincus? Mais vous autres, habitants de l'Occident, vous croyez que vous seuls êtes chrétiens et vous méprisez les autres peuples, comme si l'Être tout-puissant vous avait confié le secret de ses faveurs.

Nous adorons Dieu, et, avec son aide, nous conquerrons le monde d'Orient en Occident. — S'il ne nous accordait la force, que pourrions-nous faire dans notre propre impuissance?

III

(Page 582.)

Proclamation du préfet de Kia-in-tchao contre le christianisme.

Ouan, préfet du département de Kia-in-tchao, etc.,

Exhorte sérieusement ses administrés, par la proclamation suivante, à redresser leurs cœurs et à respecter les lois établies.

Qu'il soit connu qu'il existe, à l'Occident, une doctrine du Seigneur du ciel qui tire son origine de Jésus. Tant que les barbares se contentent de l'enseigner et de la pratiquer entre eux, il est inutile de s'en occuper. Mais il leur

---

[1] Les Russes avaient massacré les ambassadeurs tartares après la bataille de Kalka.

est défendu de pénétrer dans l'intérieur du pays pour la propager et les habitants de la Chine qui se liguent avec les hommes des pays éloignés, pour enflammer l'esprit public, qui excitent les femmes à se joindre à leur secte, ou commettent d'autres offenses contraires aux lois, sont punissables, suivant les statuts encore en vigueur. Les dispositions du code sont explicites : qui osera les enfreindre ?

Dans ce département, la science littéraire est tenue en haute estime. Les instincts de ses habitants sont nobles et élevés; unis aux fonctionnaires publics par les liens de la parenté ou de l'éducation, tout pleins encore de réminiscences classiques, ils ne sont certainement pas disposés à déserter les leçons des sages et des illustres de l'empire, pour courir follement après d'autres enseignements. Il est venu cependant à ma connaissance que l'ignorante population du village de Tchu-kang a reçu dernièrement dans son sein des hommes de l'Occident et a fait entrer des femmes dans leur société. Infraction sérieuse aux lois! Il est de mon devoir de faire rechercher les coupables, de les punir conformément à la loi et de publier une proclamation sévère pour l'instruction de tous.

Vous devriez tous savoir que Jésus (né au temps de Ngaï-ti, de la dynastie des Han) ne fut pas supérieur à Houa-to, à Tchou-ya et à tant d'autres qui connaissaient, comme lui, l'art de soulager et de guérir l'humanité. En nourrissant 3,000 hommes avec 7 gâteaux, il ne fit rien de plus extraordinaire et ne se montra pas plus habile que les prêtres de Tao lorsqu'ils transportent à leur gré, par leurs sortiléges, tel ou tel objet d'un lieu à un autre. Quant à son titre extravagant de créateur du ciel, rappelez-vous que les 3 souverains (3369-2622 avant J.-C.), les 5 empereurs (2169), Yao, Shun, Yu, Tang (1745), Ouan, Vou (1105), le duc Tchao et Kong (Confucius), le philosophe (500), ont propagé, au loin, la civilisation, comme les messagers du ciel, durant 1,000 et 10,000 ans. Les contrées au delà de la mer avaient aussi à une époque très-reculée, des rois, des princes, des gouvernements et des lois. Est-ce que tout cela n'existait pas lorsque Jésus fit son apparition au temps des Han ?

On trouve dans le Hai-kouoh-tu-tchi que Marie, la mère de Jésus, était la femme d'un nommé Joseph; que Jésus se sépara de son père et, prétendant qu'il avait été conçu dans le sein d'une vierge, osa réclamer une origine céleste. Sa doctrine interdisait d'offrir des sacrifices aux mânes des ancêtres, aux souverains, aux images sacrées; elle remplissait les esprits de doutes et enseignait aux hommes le mépris du Tien (ciel), des lois, du père, du gouvernement, détruisant ainsi les sentiments de piété filiale, de sincérité, de fraternité, en un mot, toutes les vertus morales que nous devons pratiquer. C'est pourquoi le ciel fit tomber sur Jésus le poids de sa colère. Arrêté par les ordres du roi de Judée, il fut jugé, convaincu, et cloué sur une croix suivant les lois de son pays. Son sang coula jusqu'à ce que son corps en fût inondé; il ne pouvait plus faire aucun mouvement et, le 7e jour, il mourut. Les autorités locales reçurent l'ordre de l'ensevelir, mais ses disciples racontèrent faussement qu'au bout de 3 jours il ressuscita et que, 40 jours après, il prit son vol vers les cieux. Cette histoire était une fable. Ne raconte-t-on pas aussi en Chine, avec la même apparence de vérité, que San-ngan, après s'être noyé au moment où ses troupes faisaient défection, fut changé, aux yeux de ses compagnons, en fantôme, et que plusieurs rebelles de la société du Lys blanc ayant été coupés en morceaux, leurs esprits revêtirent d'autres corps et allèrent habiter parmi les êtres surnaturels?

Quoi de plus absurde que de telles fictions? Comment supposer qu'un être tout-puissant se soit laissé mettre à mort par de simples mortels? Quoi de plus ridicule aussi que l'assertion de ses disciples affirmant qu'il a souffert tous les maux pour la rédemption de l'humanité? Est-il raisonnable de croire que l'Être surnaturel, qui était le grand ministre du ciel et de la terre, pouvait tout faire excepté de remettre aux hommes la punition de leurs fautes, et qu'en conséquence il a été forcé d'en subir pour eux le châtiment?

Cette doctrine a la prétention d'encourager la vertu et de réprimer le vice; mais n'est-ce pas là aussi notre prétention à nous autres lettrés? Elle enseigne que ceux qui croient dans le Seigneur du ciel seront heureux et qu'après leur mort leurs esprits monteront aux cieux; que ceux qui n'ont pas cette croyance seront misérables et qu'après leur mort leurs esprits entreront, pour l'éternité, dans les prisons de l'enfer. Ces dogmes n'ont pas plus de sens que cette maxime de *Vou-san-szé* : « Ceux qui sont bons pour moi, sont bons ; ceux qui ne m'aiment pas, sont méchants. » Comment, si les chrétiens sont des voleurs ou des pervers, ils nageront un jour dans les félicités uniquement parce qu'ils croient en leur Dieu, et l'homme juste, l'homme méritant sera condamné à l'éternel supplice uniquement parce qu'il n'y croit pas ! Jamais le sublime principe en vertu duquel la vertu est récompensée et le crime puni, ne reçut une interprétation aussi confuse, aussi radicalement contraire aux enseignements de la loi naturelle.

Ces expressions « Palais du Ciel », « Prison de l'Enfer » sont empruntées aux œuvres les plus vulgaires du *boudhisme*. Les chrétiens cependant méprisent les boudhistes et les regardent comme étant condamnés au feu éternel. Est-ce qu'ils les ont vus brûler ? Par le fait, la croix des chrétiens, l'arbre des épées et la montagne des armes (de l'enfer boudhiste) sont des fictions du même ordre et des fables de la même valeur.

De tous les pays situés au delà de la mer, aucun n'a autant de foi dans le Dieu des chrétiens que l'Allemagne. Cependant, ses habitants sont dispersés, son gouvernement menace ruine, son territoire a été sans cesse partagé. Pourquoi ces vrais croyants n'ont-ils pas été comblés de bénédictions ? Aucune nation, au contraire, n'a moins de foi dans le Dieu des chrétiens que la nation japonaise ; dans tous ses ports se trouve une croix que les marchands étrangers doivent fouler aux pieds sous peine de décapitation, et elle enfouit à demi dans la terre, près des portes de ses cités, une image de Jésus à laquelle tous les passants jettent leurs insultes. Cependant le royaume japonais existe depuis 2,000 années. Pourquoi donc le Dieu des chrétiens ne l'a-t-il pas accablé de maux ? Vous voyez donc bien que leur théorie sur la cause et l'origine des biens et des maux n'a pas le moindre fondement. Leur doctrine vous interdit de réjouir les mânes de vos ancêtres par le doux parfum de l'encens et la bonne odeur des sacrifices, et vous menace, après votre mort, des feux éternels ! En vérité, voilà une doctrine bien consolante !

D'après les croyances antiques des sectateurs de la *doctrine lumineuse* : « Aloa fit le signe de la croix pour déterminer les quatre points cardinaux » et ce fut là, sans doute, l'origine de la fiction chrétienne du crucifiement. Mais, en admettant la vraisemblance de cette origine, on ne comprend pas pourquoi les chrétiens adorent l'instrument du supplice de leur Dieu et se refusent à en fouler aux pieds l'emblème. Comment! si votre père était tué d'un coup d'épée ou de fusil, vous rendriez à cette épée ou à ce fusil les mêmes honneurs qu'à sa mémoire! mais cela n'a pas le sens commun.

Bien que les Barbares aient été autorisés par un décret de date récente à faire circuler leur livres religieux, ils n'ont aucun droit de pénétrer dans l'empire, de fréquenter ses habitants ou d'y propager leur religion. Si quelques-uns d'entre vous les attiraient dans leur société et conspiraient avec eux pour troubler l'esprit public, séduire et convertir les femmes, ou commettaient quelque autre crime de ce genre, ils seraient condamnés, suivant l'ancienne législation, soit à être pendus immédiatement, soit à être pendus après avoir subi la peine de la prison, soit à être transportés dans les pays lointains ou à être fustigés avec le gros bambou. La loi ne saurait admettre aucun tempérament. Mais, si les coupables viennent trouver le magistrat, témoignent de leur repentir et foulent aux pieds le crucifix, leur punition sera abaissée d'un degré. La loi est froide et positive, mais elle tient compte du repentir. S'il en est parmi vous qui aient été séduits et entraînés, qu'ils ne perdent pas un instant, qu'ils secouent leur torpeur pour ne pas tomber dans les filets de la justice! Quant à ceux qui ne se montreront pas dociles à mes avertissements et qui persisteront dans leurs erreurs, il faudra bien que je les juge et que je les punisse pour effrayer les stupides et terrifier les méchants. Les familles qui ont le bonheur de compter parmi leurs membres quelques lettrés ou quelques fonctionnaires, qui jouissent de quelque illustration officielle et qui sont tenues ainsi de donner l'exemple, doivent rédiger et exposer, dans le temple de leurs ancêtres, une règle de conduite sur ces importantes matières; elles doivent repousser de leur sein tous ceux qui ont adopté le christianisme et rompu ainsi, de leur plein gré, tous les liens qui les unissaient à leurs parents; elles doivent, dans l'occasion, les dénoncer aux magistrats et soumettre leurs crimes à l'inquisition judiciaire. Les anciens et les habitants des villages doivent faire de minutieuses enquêtes et, s'ils découvrent des propagateurs de la doctrine de Jésus, ils doivent prendre contre eux des informations, les dénoncer à leurs supérieurs et concourir à leur arrestation de peur qu'on ne les tienne pour responsables de leurs méfaits. C'est par de tels moyens qu'on redressera chaque jour les mauvais instincts du peuple et que les lois seront ponctuellement obéies.—C'est mon désir sincère qu'il en soit ainsi.

Que chacun tremble et obéisse ; — que personne ne résiste. Proclamation spéciale !

IV

(Page 606.)

Traité d'amitié, de commerce et de navigation conclu entre la France et la Chine, le 27 juin 1858.

Sa Majesté l'empereur des Français et Sa Majesté l'empereur de la Chine, animés l'un et l'autre du désir de mettre un terme aux différends qui se sont élevés entre les deux empires, et voulant rétablir et améliorer les relations d'amitié, de commerce et de navigation qui ont existé entre les deux puissances, comme aussi en régulariser l'existence, en favoriser le développement et en perpétuer la durée, ont résolu de conclure un nouveau traité, basé sur l'intérêt commun des deux pays, et ont, en conséquence, nommé pour leurs plénipotentiaires, savoir :

Sa Majesté l'empereur des Français, le sieur Jean-Baptiste-Louis, *baron Gros*, grand officier de la Légion d'honneur, grand croix de l'ordre du Sauveur de Grèce, commandeur de l'ordre de la Conception de Portugal, etc., etc., etc.

Et Sa Majesté l'empereur de la Chine, *Kouei-Liang*, haut commissaire impérial de la dynastie Ta-Tsing, grand ministre du palais oriental, directeur général des affaires du conseil de justice, etc., etc., etc.; et *Houa-Cha-Na*, haut commissaire impérial de la dynastie Ta-Tsing, président du conseil des finances, général de l'armée sino-tartare de la bannière bordée d'azur, etc.

Lesquels, après avoir échangé leurs pleins pouvoirs qu'ils ont trouvés en bonne et due forme, sont convenus des articles suivants :

Art. 1er. — Il y aura paix constante et amitié perpétuelle entre Sa Majesté l'empereur des Français et Sa Majesté l'empereur de la Chine, ainsi qu'entre les sujets des deux empires, sans acception de personnes ni de lieux.

Ils jouiront tous également, dans les États respectifs des hautes parties contractantes, d'une pleine et entière protection pour leurs personnes et leurs propriétés.

Art. 2. — Pour maintenir la paix si heureusement rétablie entre les deux empires, il a été convenu entre les hautes parties contractantes qu'à l'exemple de ce qui se pratique chez les nations de l'Occident, les agents diplomatiques dûment accrédités par Sa Majesté l'empereur des Français auprès de Sa Majesté l'empereur de la Chine, pourront se rendre éventuellement dans la capitale de l'empire, lorsque des affaires importantes les y appelleront.

Il est convenu, entre les hautes parties contractantes que, si l'une des puissances qui ont un traité avec la Chine obtenait, pour ses agents diplomatiques, le droit de résider à poste fixe à Péking, la France jouirait immédiatement du même droit.

Les agents diplomatiques jouiront réciproquement dans le lieu de leur résidence, des priviléges et immunités que leur accorde le droit des gens ; c'est-à-dire que leur personne, leur famille, leur maison et leur correspondance seront inviolables, qu'ils pourront prendre à leur service les employés, courriers, interprètes, serviteurs, etc., qui leur seront nécessaires.

Les dépenses de toute espèce qu'occasionneront les missions diplomatiques de France en Chine seront supportées par le gouvernement français. Les agents diplomatiques qu'il plaira à Sa Majesté l'empereur de la Chine d'accréditer auprès de Sa Majesté l'empereur des Français, seront reçus en France avec tous les honneurs et toutes les prérogatives dont jouissent, à rang égal, les agents diplomatiques des autres nations accrédités à la cour de Sa Majesté l'empereur des Français.

ART. 3. — Les communications officielles des agents diplomatiques et consulaires français avec les autorités chinoises seront écrites en français, mais seront accompagnées, pour faciliter le service, d'une traduction chinoise aussi exacte que possible, jusqu'au moment où le gouvernement impérial de Péking, ayant des interprètes pour parler et écrire correctement le français, la correspondance diplomatique aura lieu dans cette langue pour les agents français et en chinois pour les fonctionnaires de l'empire. Il est convenu que jusque-là, et en cas de dissidence dans l'interprétation à donner au texte français et au texte chinois au sujet des clauses arrêtées d'avance dans les conventions faites de commun accord, ce sera le texte français qui devra prévaloir.

Cette disposition est applicable au présent traité. Dans les communications entre les autorités des deux pays, ce sera toujours le texte original et non la traduction qui fera foi.

ART. 4. — Désormais, les correspondances officielles entre les autorités et les fonctionnaires des deux pays seront réglées suivant les rangs et les positions respectifs et d'après les bases de la réciprocité la plus absolue. Ces correspondances auront lieu entre les hauts fonctionnaires français et les hauts fonctionnaires chinois, dans la capitale ou ailleurs, par *dépêche* ou *communication*; entre les fonctionnaires français en sous-ordre et les hautes autorités des provinces, pour les premiers, par *exposé*, pour les seconds par *déclaration*; entre les officiers en sous-ordre des deux nations, comme il est dit plus haut, sur le pied d'une parfaite égalité.

Les négociants, et généralement tous les individus qui n'ont pas de caractère officiel, se serviront réciproquement de la formule *représentation* dans toutes les pièces adressées ou destinées pour renseignements aux autorités respectives.

Toutes les fois qu'un Français aura à recourir à l'autorité chinoise, sa représentation devra d'abord être soumise au consul qui, si elle lui paraît raisonnable et convenablement rédigée, lui donnera suite et qui, s'il en est autrement, en fera modifier la teneur ou refusera de la transmettre. Les Chinois, de leur côté, lorsqu'ils auront à s'adresser au consulat, devront suivre une marche analogue auprès de l'autorité chinoise, laquelle agira de la même manière.

Art. 5. — Sa Majesté l'empereur des Français pourra nommer des consuls ou des agents consulaires dans les ports de mers ou de rivières de l'empire chinois, dénommés dans l'article 6 du présent traité, pour servir d'intermédiaires entre les autorités chinoises et les négociants et les sujets français et veiller à la stricte observation des règlements stipulés.

Ces fonctionnaires seront traités avec la considération et les égards qui leurs sont dus. Leurs rapports avec les autorités du lieu de leur résidence seront établis sur le pied de la plus parfaite égalité. S'ils avaient à se plaindre des procédés de ladite autorité, ils s'adresseraient directement à l'autorité supérieure de la province et en donneraient immédiatement avis au ministre plénipotentiaire de l'empereur.

En cas d'absence du consul français, les capitaines et les négociants français auraient la faculté de recourir à l'intervention du consul d'une puissance amie, ou, s'il était impossible de le faire, ils auraient recours au chef de la douane, qui aviserait au moyen d'assurer à ces capitaines et négociants le bénéfice du présent traité.

Art. 6. — L'expérience ayant démontré que l'ouverture de nouveaux ports au commerce étranger est une des nécessités de l'époque, il a été convenu que les ports de *Kiung-tchan* et de *Chaou-chaou*, dans la province du Kouang-tong, de *Tai-ouan* et de *Taashwi*, dans l'île de Formose (province du Fo-kien), de *Tan-tchau*, dans la province de Chan-tong et de *Nanking*, dans la province de Kiang-nan, jouiront des mêmes priviléges que Canton, Chang-haï, Ning-po, Amoy et Fou-tchéou.

Quant à Nanking, les agents français en Chine ne délivreront de passe-ports à leurs nationaux pour cette ville que lorsque les rebelles en auront été expulsés par les troupes impériales.

Art. 7. — Les Français et leurs familles pourront se transporter, s'établir et se livrer au commerce ou à l'industrie, en toute sécurité et sans entrave d'aucune espèce, dans les ports et villes de l'empire chinois, situés sur les côtes maritimes et sur les grands fleuves, dont l'énumération est contenue dans l'article précédent.

Ils pourront circuler librement de l'un à l'autre, s'ils sont munis de passe-ports; mais il leur est formellement défendu de pratiquer, sur la côte, des ventes ou des achats clandestins sous peine de confiscation des navires et des marchandises engagés dans ces opérations, et cette confiscation aura lieu au profit du gouvernement chinois, qui devra cependant, avant que la saisie et la confiscation soient également prononcées, en donner avis au consul français du port le plus voisin.

Art. 8. — Les Français qui voudront se rendre dans les villes de l'intérieur, ou dans les ports où ne sont pas admis les navires étrangers, pourront le faire en toute sûreté, à la condition expresse d'être munis de passe-ports rédigés en français et en chinois, légalement délivrés par les agents diplomatiques ou les consuls de France en Chine et visés par les autorités chinoises.

En cas de perte de ce passe-port, le Français qui ne pourra pas le présenter, lorsqu'il en sera requis légalement, devra, si l'autorité chinoise du lieu où il se trouve se refuse à lui donner un permis de séjour pour lui laisser le temps de demander un autre passe-port au consul, être reconduit au consulat le plus voisin, sans qu'il soit permis de le maltraiter ni de l'insulter en aucune manière.

Ainsi que cela était stipulé dans les anciens traités, les Français résidant ou de passage dans les ports ouverts au commerce étranger, pourront circuler, sans passe-port, dans leur voisinage immédiat, et y vaquer à leurs occupations aussi librement que les nationaux; mais ils ne pourront dépasser certaines limites, qui seront fixées, de commun accord, entre le consul et l'autorité locale.

Les agents français en Chine ne délivreront de passeports à leurs nationaux que pour les lieux où les rebelles ne seront pas établis dans le moment où ce passe-port sera demandé.

Ces passe-ports ne seront délivrés par les autorités françaises qu'aux personnes qui leur offriront toutes les garanties désirables.

Art. 9. — Tous les changements apportés, d'un commun accord, avec l'une des puissances signataires des traités avec la Chine au sujet des améliorations à introduire au tarif actuellement en vigueur ou à celui qui le serait plus tard, comme aussi aux droits de douane, de tonnage, d'importation, de transit et d'exportation, seront immédiatement applicables au commerce et aux négociants français par le seul fait de leur mise à exécution.

Art. 10. — Tout Français qui, conformément aux stipulations de l'article 6 du présent traité, arrivera dans l'un des ports ouverts au commerce étranger pourra, quelle que soit la durée de son séjour, y louer des maisons et des magasins pour déposer ses marchandises, ou bien affermer des terrains et y bâtir lui-même des maisons et des magasins. Les Français pourront de la même manière établir des églises, des hôpitaux, des hospices, des écoles et des cimetières. Dans ce but, l'autorité locale, après s'être concertée avec le consul, désignera les quartiers les plus convenables pour la résidence des Français et les endroits dans lesquels pourront avoir lieu les constructions précitées.

Le prix des loyers et des fermages sera librement débattu entre les parties intéressées et réglé, autant que faire se pourra, conformément à la moyenne des prix locaux.

Les autorités chinoises empêcheront leurs nationaux de surfaire ou d'exiger des prix exorbitants, et le consul veillera, de son côté, à ce que les Français n'usent pas de violence ou de contrainte pour forcer le consentement des propriétaires. Il est bien entendu, d'ailleurs, que le nombre des maisons et l'étendue des terrains à affecter aux Français dans les ports ouverts au commerce étranger, ne seront point limités, et qu'ils seront déterminés d'après les besoins et les convenances des ayants droit. Si des Chinois violaient ou détruisaient des églises ou des cimetières français, les coupables seraient punis suivant toute la rigueur des lois du pays.

Art. 11. — Les Français, dans les ports ouverts au commerce étranger, pourront choisir librement, et à prix débattu entre les parties, ou sous la seule intervention des consuls, des compradors, interprètes, écrivains, ouvriers, bateliers et domestiques. Ils auront, en outre, la faculté d'engager les lettrés du pays pour apprendre à parler ou à écrire la langue chinoise et toute autre langue ou dialecte usités dans l'empire, comme aussi de se faire aider par eux, soit pour leurs écritures, soit pour les travaux scientifiques ou littéraires. Ils pourront également enseigner à tout sujet chinois la langue de leur pays ou des langues étrangères, et vendre, sans obstacle, des livres français ou acheter eux-mêmes toutes sortes de livres chinois.

Art. 12. — Les propriétés de toute nature appartenant à des Français dans l'empire chinois seront considérées par les Chinois comme inviolables et seront toujours respectées par eux. Les autorités chinoises ne pourront, quoi qu'il arrive, mettre embargo sur les navires français, ni les frapper de réquisitions pour quelque service public ou privé que ce puisse être.

Art. 13. — La religion chrétienne ayant pour objet essentiel de porter les hommes à la vertu, les membres de toutes les communions chrétiennes jouiront d'une entière sécurité pour leurs personnes, leurs propriétés et le libre exercice de leurs pratiques religieuses et une protection efficace sera donnée aux missionnaires qui se rendront pacifiquement dans l'intérieur du pays, munis des passeports réguliers dont il est parlé dans l'article 8. Aucune entrave ne sera apportée, par les autorités de l'empire chinois, au droit qui est reconnu à tout individu en Chine d'embrasser, s'il le veut, le christianisme, et d'en suivre les pratiques sans être passible d'aucune peine infligée pour ce fait.

Tout ce qui a été précédemment écrit, proclamé ou publié en Chine, par ordre du gouvernement, contre le culte chrétien, est complétement abrogé, et reste sans valeur dans toutes les provinces de l'empire.

Art. 14. — Aucune société de commerce privilégiée ne pourra désormais s'établir en Chine, et il en sera de même de toute coalition organisée dans le but d'exercer un monopole sur le commerce.

En cas de contravention au présent article, les autorités chinoises, sur les représentations du consul ou de l'agent consulaire, aviseront aux moyens de dissoudre de semblables associations, dont elles s'efforceront, d'ailleurs, de prévenir l'existence par des prohibitions préalables, afin d'écarter tout ce qui pourrait porter atteinte à la libre concurrence.

Art. 15. — Lorsqu'un bâtiment français arrivera dans les eaux de l'un des ports ouverts au commerce étranger, il aura la faculté d'engager tel pilote qui lui conviendra, pour se faire conduire immédiatement dans le port; et de même, quand après avoir acquitté toutes les charges légales, il sera prêt à mettre à la voile, on ne pourra pas lui refuser des pilotes pour le sortir du port sans retard ni délai.

Tout individu qui voudra exercer la profession de pilote pour les bâtiments français, pourra, sur la présentation de trois certificats de capitaines de navire, être commissionné par le consul de France, de la même manière que cela se pratiquerait pour d'autres nations.

La rétribution payée aux pilotes sera réglée selon l'équité, pour chaque port en particulier, par le consul ou agent consulaire, lequel la fixera convenablement en raison de la distance et des circonstances de la navigation.

ART. 16. — Dès que le pilote aura introduit un navire de commerce français dans le port, le chef de la douane déléguera un ou deux préposés pour surveiller le navire et empêcher qu'il ne se pratique aucune fraude. Ces préposés pourront, selon leurs convenances, rester dans leurs propres bateaux ou se tenir à bord du bâtiment.

Les frais de leur solde, de leur nourriture et de leur entretien seront à la charge de la douane chinoise, et ils ne pourront exiger aucune indemnité ou rétribution quelconque des capitaines ou des consignataires. Toute contravention à cette disposition entraînera une punition proportionnelle au montant de l'exaction, laquelle sera, en outre, intégralement restituée.

ART. 17. — Dans les vingt-quatre heures qui suivront l'arrivée d'un navire de commerce français dans l'un des ports ouverts au commerce étranger, le capitaine, s'il n'est dûment empêché et, à son défaut, le subrécargue ou le consignataire, devra se rendre au consulat de France et remettre entre les mains du consul les papiers de bord, les connaissements et le manifeste. Dans les vingt-quatre heures suivantes, le consul enverra au chef de la douane une note détaillée indiquant le nom du navire, le rôle d'équipage, le tonnage légal du bâtiment et la nature de son chargement. Si, par suite de la négligence du capitaine, cette dernière formalité n'avait pas pu être accomplie dans les quarante-huit heures qui suivront l'arrivée du navire, le capitaine sera passible d'une amende de 50 piastres par jour de retard au profit du gouvernement chinois; ladite amende, toutefois, ne pourra dépasser la somme de 200 piastres.

Aussitôt après la réception de la note transmise par le consulat, le chef de la douane délivrera le permis d'ouvrir la cale. Si le capitaine, avant d'avoir reçu le permis précité, avait ouvert la cale et commencé à décharger, il pourrait être condamné à une amende de 500 piastres, et les marchandises débarquées pourraient être saisies, le tout au profit du gouvernement chinois.

Art. 18. — Les capitaines et négociants français pourront louer telles espèces d'allèges et d'embarcations qu'il leur plaira pour transporter des marchandises et des passagers, et la rétribution à payer pour ces allèges sera réglée de gré à gré par les parties intéressées, sans l'intervention de l'autorité chinoise et, par conséquent, sans sa garantie en cas d'accident, de fraude ou de disparition desdites allèges. Le nombre n'en sera pas limité, et le monopole n'en pourra être concédé à qui que ce soit, non plus que celui de transport par portefaix des marchandises à embarquer ou à débarquer.

Art. 19. — Toutes les fois qu'un négociant français aura des marchandises à embarquer ou à débarquer, il devra d'abord en remettre la note détaillée au consul ou agent consulaire, qui chargera immédiatement un interprète reconnu du consulat d'en donner communication au chef de la douane. Celui-ci délivrera, sur-le-champ, un permis d'embarquement ou de débarquement. Il sera alors procédé à la vérification des marchandises dans la forme la plus convenable pour qu'il n'y ait chance de perte pour aucune des parties.

Le négociant français devra se faire représenter sur le lieu de la vérification (s'il ne préfère y assister lui-même) par une personne réunissant les qualités requises, à l'effet de veiller à ses intérêts au moment où il sera procédé à cette vérification pour la liquidation des droits; faute de quoi, toute réclamation ultérieure restera nulle et non avenue.

En ce qui concerne les marchandises taxées *ad valorem*, si le négociant ne peut tomber d'accord avec l'employé chinois sur la valeur à fixer, chaque partie appellera deux ou trois négociants chargés d'examiner les marchandises, et le prix le plus élevé qui sera offert par l'un d'eux sera réputé constituer la valeur desdites marchandises.

Les droits seront prélevés sur le poids net ; on déduira, en conséquence, le poids des emballages et contenants. Si le négociant français ne peut s'entendre avec l'employé chinois sur la fixation de la taxe, chaque partie choisira un certain nombre de caisses et de ballots parmi les colis objets du litige ; ils seront d'abord pesés bruts, puis tarés ensuite, et la tare moyenne des colis pesés servira de tare pour tous les autres.

Si, pendant le cours de la vérification, il s'élève quelque difficulté qui ne puisse être résolue, le négociant français pourra réclamer l'intervention du consul, lequel portera, sur-le-champ, l'objet de la contestation à la connaissance du chef des douanes, et tous deux s'efforceront d'arriver à un arrangement amiable ; mais la réclamation devra avoir lieu dans les vingt-quatre heures, sinon, il n'y sera pas donné suite. Tant que le résultat de la contestation restera pendant, le chef de la douane n'en portera pas l'objet sur ses livres, laissant ainsi toute latitude pour l'examen et la solution de la difficulté.

Les marchandises importées qui auraient éprouvé des avaries, jouiront d'une réduction de droits proportionnée à leur dépréciation. Celle-ci sera déterminée équitablement et, s'il le faut, par expertise contradictoire, ainsi qu'il a été stipulé plus haut pour la fixation des droits *ad valorem*.

ART. 20. — Tout bâtiment, entré dans l'un des ports de la Chine, et qui n'a point encore levé le permis de débarquement mentionné dans l'article 19, pourra, dans les deux jours de son arrivée, quitter le port et se rendre dans un autre port sans avoir à payer ni droits de tonnage, ni droits de douane, attendu qu'il les acquittera ultérieurement dans le port où il effectuera la vente de ses marchandises.

ART. 21. — Il est établi, de commun accord, que les droits d'importation seront acquittés par les capitaines ou négociants français au fur et à mesure du débarquement des marchandises et après leur vérification. Les droits d'exportation le seront de la même manière, lors de l'embarquement. Lorsque les droits de tonnage et de douane dus par un bâtiment français auront été intégralement acquittés, le chef de la douane délivrera une quittance générale, sur l'exhibition de laquelle le consul rendra ses papiers de bord au capitaine et lui permettra de mettre à la voile.

Le chef de la douane désignera une ou plusieurs maisons de change qui seront autorisées à recevoir la somme due par les négociants français au compte du gouvernement chinois, et les récépissés de ces maisons de change pour tous les payements qui leur auront été faits, seront réputés acquits du gouvernement chinois. Ces payements pourront s'opérer, soit en lingots, soit en monnaies étrangères dont le rapport avec l'argent *sycé* sera déterminé, de commun accord, entre le consul ou agent consulaire français et le chef de la douane dans les différents ports, suivant le temps, le lieu et les circonstances.

ART. 22. — Après l'expiration des deux jours mentionnés dans l'article 20 et avant de procéder au déchargement, chaque bâtiment de commerce français acquittera intégralement les droits de tonnage ainsi réglés : pour les navires de cent cinquante tonneaux, de la jauge légale et au-dessus, à raison de cinq macés (un demi-taël) par tonneau ; pour les navires jaugeant moins de cent cinquante tonneaux, à raison d'un mace (un dixième de taël) par tonneau. Toutes les rétributions et surcharges additionnelles antérieurement imposées à l'arrivée et au départ, sont expressément supprimées et ne pourront être remplacées par aucune autre.

Lors du payement du droit précité, le chef de la douane délivrera au capitaine ou au consignataire un reçu en forme de certificat constatant que le droit de tonnage a été intégralement acquitté, et, sur l'exhibition de ce certificat au chef de la douane de tout autre port où il lui conviendrait de se rendre, le capitaine sera dispensé de payer de nouveau pour son bâtiment le droit de tonnage ; tout navire français ne devant en être passible qu'une seule fois à chacun de ses voyages d'un pays étranger en Chine.

Sont exceptés des droits de tonnage, les barques, les goëlettes, bateaux caboteurs et autres embarcations françaises, pontées ou non employées au transport des passagers, bagages, lettres, comestibles et généralement de tous objets non sujets aux droits. Si lesdites embarcations transportaient, en outre, des marchandises, elles resteraient dans la catégorie des navires jaugeant moins de cent cinquante tonneaux et payeraient à raison d'un dixième de taël (un mace) par tonneau.

Les négociants français pourront toujours affréter des jonques et autres embarcations chinoises, lesquelles ne seront soumises à aucun droit de tonnage.

ART. 23. — Toutes marchandises françaises, après avoir acquitté, dans l'un des ports de la Chine, les droits de douane liquidés d'après le tarif, pourront être transportées dans l'intérieur sans avoir à subir aucune autre charge supplémentaire que le payement des droits de transit suivant le taux modéré actuellement en vigueur, lesquels droits ne seront susceptibles d'aucune augmentation future.

Si des agents de la douane chinoise, contrairement à la teneur du présent traité, exigeaient des rétributions illégales ou prélevaient des droits plus élevés, ils seraient punis suivant les lois de l'empire.

ART. 24. — Tout navire français, entré dans l'un des ports ouverts au commerce étranger, et qui voudra n'y décharger qu'une partie de ses marchandises, ne payera les droits de douane que pour la partie débarquée; il pourra transporter le reste de sa cargaison dans un autre port et l'y vendre. Les droits seront alors acquittés.

Dans le cas où des Français, après avoir acquitté, dans un port, les droits sur des marchandises, voudraient les réexporter et aller les vendre dans un autre port, ils en préviendraient le consul ou agent consulaire; celui-ci, de son côté, en informera le chef de la douane, lequel, après avoir constaté l'identité de la marchandise et la parfaite intégrité des colis, remettra aux réclamants une déclaration attestant que les droits afférents auxdites marchandises ont été effectivement acquittés.

Munis de cette déclaration, les négociants français n'auront, à leur arrivée dans l'autre port, qu'à la présenter par l'entremise du consul au chef de la douane, qui délivrera pour cette partie de la cargaison, sans retard et sans frais, un permis de débarquement en franchise de droits; mais, si l'autorité découvrait de la fraude ou de la contrebande parmi ces marchandises ainsi réexportées, celles-ci seraient, après vérification, confisquées au profit du gouvernement chinois.

ART. 25. — Aucun transbordement de marchandises ne

pourra avoir lieu que sur permis spécial, et dans un cas d'urgence. S'il devient indispensable d'effectuer cette opération, il devra en être référé au consul, qui délivrera un certificat sur le vu duquel le transbordement sera autorisé par le chef de la douane. Celui-ci pourra toujours déléguer un employé de son administration pour y assister.

Tout transbordement non-autorisé, sauf le cas du péril en la demeure, entraînera la confiscation, au profit du gouvernement chinois, de la totalité des marchandises illicitement transbordées.

Art. 26. — Dans chacun des ports ouverts au commerce étranger, le chef de la douane recevra pour lui-même et déposera au consulat français des balances légales pour les marchandises et pour l'argent, ainsi que des poids et mesures exactement conformes aux poids et aux mesures en usage à la douane de Canton et revêtus d'une estampille et d'un cachet constatant cette conformité. Ces étalons seront la base de toutes les liquidations de droits et de tous les payements à faire au gouvernement chinois. On y aura recours en cas de contestation sur le poids et la mesure des marchandises, et il sera statué d'après les résultats qu'ils auront donnés.

Art. 27. — Les droits d'importation et d'exportation prélevés en Chine sur le commerce français, seront réglés conformément au tarif annexé au présent traité sous le sceau et la signature des plénipotentiaires respectifs. Ce tarif pourra être révisé de sept en sept années, pour être mis en harmonie avec les changements de valeur apportés par le temps sur les produits du sol et de l'industrie des deux empires.

Moyennant l'acquit de ces droits, dont il est expressément interdit d'augmenter le montant dans le cours des sept années susmentionnées et que ne pourra aggraver aucune espèce de charge ou de surtaxe quelconque, les Français seront libres d'importer en Chine, des ports français ou étrangers, et d'exporter également de Chine pour toute destination, toutes les marchandises qui ne seraient pas, au jour de la signature du présent traité, et d'après la classification du tarif ci-annexé, l'objet d'une prohibition formelle ou d'un monopole spécial.

Le gouvernement chinois renonçant à la faculté d'augmenter, par la suite, le nombre des articles réputés contrebande ou monopole, aucune modification ne pourra être apportée au tarif qu'après une entente préalable avec le gouvernement français et de son plein et entier consentement.

A l'égard du tarif, aussi bien que pour toute stipulation introduite ou à introduire dans les traités existants ou qui seraient ultérieurement conclus, il demeure bien et dûment établi que les négociants, et en général tous les citoyens français en Chine, auront droit toujours et partout au traitement de la nation la plus favorisée.

Art. 28. — La publication d'un tarif convenable et régulier ôtant désormais tout prétexte à la contrebande, il n'est pas à présumer qu'aucun acte de cette nature soit commis par les bâtiments du commerce français dans les ports de la Chine. S'il en était autrement, toute marchandise introduite en contrebande par des navires ou par des négociants français dans ces ports, quelles que soient d'ailleurs sa valeur et sa nature, comme aussi toute denrée prohibée, débarquée frauduleusement, sera saisie par l'autorité locale et confisquée au profit du gouvernement chinois. En outre, celui-ci pourra, si bon lui semble, interdire l'entrée de la Chine aux bâtiments surpris en contravention et les contraindre à partir aussitôt après l'apuration de leurs comptes. Si quelque navire étranger se couvrait frauduleusement du pavillon de la France, le gouvernement français prendrait les mesures nécessaires pour la répression de cet abus.

Art. 29. — Sa Majesté l'empereur des Français pourra faire stationner un bâtiment de guerre dans les ports principaux de l'empire où sa présence serait jugée nécessaire pour maintenir le bon ordre et la discipline parmi les équipages des navires marchands et faciliter l'exercice de l'autorité consulaire. Toutes les mesures nécessaires seraient prises pour que la présence de ces navires de guerre n'entraînât aucun inconvénient, et leurs commandants recevraient l'ordre de faire exécuter les dispositions stipulées dans l'article 33, par rapport aux communications avec la terre et à la police des équipages. Les bâtiments de guerre ne seront assujettis à aucun droit.

Art. 30. — Tout bâtiment de guerre français croisant pour la protection du commerce sera reçu en ami et traité comme tel dans tous les ports de la Chine où il se présentera. Ces bâtiments pourront s'y procurer les divers objets de rechange et de ravitaillement dont ils auraient besoin, et, s'ils ont fait des avaries, les réparer et acheter dans ce but les matériaux nécessaires, le tout sans la moindre opposition.

Il en sera de même à l'égard des navires de commerce français qui, par suite d'avaries majeures ou pour toute autre cause, seraient contraints de chercher refuge dans un port quelconque de la Chine.

Si quelqu'un de ces bâtiments venait à se perdre sur la côte, l'autorité chinoise la plus proche, dès qu'elle en serait informée, porterait sur-le-champ assistance à l'équipage, pourvoirait à ses premiers besoins et prendrait les mesures d'urgence nécessaires pour le sauvetage du navire et la préservation des marchandises. Puis elle portera le tout à la connaissance du consul ou agent consulaire le plus à portée du sinistre, pour que celui-ci, de concert avec l'autorité compétente, pût aviser aux moyens de rapatrier l'équipage et de sauver les débris du navire et de la cargaison.

Art. 31. — Dans le cas où, par la suite des temps, la Chine entrerait en guerre avec une autre puissance, cette circonstance ne porterait aucune atteinte au libre commerce de la France avec la Chine ou avec la nation ennemie. Les navires français pourraient toujours, sauf le cas de blocus effectif, circuler sans obstacle des ports de l'une aux ports de l'autre, y trafiquer comme à l'ordinaire, y importer et en exporter toute espèce de marchandises non prohibées.

Art. 32. — S'il arrive que des matelots ou autres individus désertent des bâtiments de guerre ou s'évadent des navires de commerce français, l'autorité chinoise, sur la réquisition du consul, ou, à son défaut, du capitaine, fera tous ses efforts pour découvrir et restituer sur-le-champ, entre les mains de l'un ou de l'autre, les susdits déserteurs ou fugitifs.

Pareillement, si des Chinois déserteurs ou prévenus de quelque crime vont se réfugier dans des maisons françaises ou à bord des navires appartenant à des Français, l'autorité locale s'adressera au consul, qui, sur la preuve de la culpabilité des prévenus, prendra immédiatement les mesures nécessaires pour que leur extradition soit effectuée. De part et d'autre, on évitera soigneusement tout recel et toute connivence.

Art. 33. — Quand des matelots descendront à terre, ils seront soumis à des règlements de discipline spéciale qui seront arrêtés par le consul et communiqués à l'autorité locale, de manière à prévenir, autant que possible, toute occasion de querelle entre les marins français et les gens du pays.

Art. 34. — Dans le cas où des navires de commerce français seraient attaqués ou pillés par des pirates dans des parages dépendants de la Chine, l'autorité civile et militaire du lieu le plus rapproché, dès qu'elle aura connaissance du fait, en poursuivra activement les auteurs et ne négligera rien pour qu'ils soient arrêtés et punis conformément aux lois. Les marchandises enlevées, en quelque lieu et dans quelque état qu'elles se trouvent, seront remises entre les mains du consul, qui se chargera de les restituer aux ayants droit. Si l'on ne peut s'emparer des coupables ni recouvrer la totalité des objets volés, les fonctionnaires chinois subiront la peine infligée par la loi en pareille circonstance, mais ils ne sauraient être rendus pécuniairement responsables.

Art. 35. — Lorsqu'un sujet français aura quelque motif de plainte ou quelque réclamation à formuler contre un Chinois, il devra d'abord exposer ses griefs au consul, qui, après avoir examiné l'affaire, s'efforcera de l'arranger à l'amiable. De même, quand un Chinois aura à se plaindre d'un Français, le consul écoutera ses réclamations avec intérêt et cherchera à ménager un arrangement à l'amiable; mais si, dans l'un ou l'autre cas, la chose était impossible, le consul requerra l'assistance du fonctionnaire chinois compétent, et tous deux, après avoir examiné conjointement l'affaire, statueront suivant l'équité.

Art. 36. — Si dorénavant des citoyens français éprouvaient quelques dommages ou s'ils étaient l'objet de quelque insulte ou vexation de la part de sujets chinois, ceux-ci seraient poursuivis par l'autorité locale, qui prendra les mesures nécessaires pour la défense et la protection des Français; à bien plus forte raison, si des malfaiteurs ou quelque partie égarée de la population tentaient de piller, de détruire, ou d'incendier les maisons et les magasins des Français ou tout autre établissement formé par eux, la même autorité, soit à la réquisition du consul, soit de son propre mouvement, enverrait en toute hâte la force armée pour dissiper l'émeute, s'emparer des coupables, les livrer à toute la rigueur des lois ; le tout sans préjudice des poursuites à exercer par qui de droit pour indemnisation des pertes éprouvées.

Art. 37. — Si des Chinois, à l'avenir, deviennent débiteurs de capitaines ou de négociants français et leur font éprouver des pertes par fraude ou de toute autre manière, ceux-ci n'auront plus à se prévaloir de la solidarité qui résulterait de l'ancien état de choses ; ils pourront seulement s'adresser, par l'entremise de leurs consuls, à l'autorité locale, qui ne négligera rien, après avoir examiné l'affaire, pour contraindre les prévenus à satisfaire à leurs engagements suivant la loi du pays. Mais, si le débiteur ne peut être retrouvé, s'il est mort ou en faillite, et s'il ne reste rien pour payer, les négociants français ne pourront point appeler l'autorité chinoise en garantie.

En cas de fraude ou de non-payement de la part des négociants français, le consul prêtera de la même manière assistance aux réclamants, sans que, toutefois, ni lui ni son gouvernement puissent en aucune manière être rendus responsables.

Art. 38. — Si, malheureusement, il s'élevait quelque rixe ou quelque querelle entre des Français et des Chinois, comme aussi dans le cas où, durant le cours d'une semblable querelle, un ou plusieurs individus seraient tués ou blessés, soit par des coups de feu, soit autrement, les Chinois seront arrêtés par l'autorité chinoise, qui se chargera de les faire examiner et punir, s'il y a lieu, conformément aux lois du pays. Quant aux Français, ils seront arrêtés à la diligence du consul, et celui-ci prendra toutes les mesures nécessaires pour que les prévenus soient livrés à l'action régulière des lois françaises dans la forme et suivant les dispositions qui seront ultérieurement déterminées par le gouvernement français.

Il en sera de même en toute circonstance analogue et non prévue dans la présente convention, le principe étant que, pour la répression des crimes et délits commis par eux en Chine, les Français seront constamment régis par les lois françaises.

Art. 39. — Les Français en Chine dépendront également,

pour toutes les difficultés ou les contestations qui pourraient s'élever entre eux, de la juridiction française. En cas de différends survenus entre Français et étrangers, il est bien stipulé que l'autorité chinoise n'aura à s'en mêler en aucune manière. Elle n'aura pareillement à exercer aucune action sur les navires français, ceux-ci ne relèveront que de l'autorité française et du capitaine.

Art. 40. — Si, dorénavant, le gouvernement de Sa Majesté l'empereur des Français jugeait convenable d'apporter des modifications à quelques-unes des clauses du présent traité, il sera libre d'ouvrir, à cet effet, des négociations avec le gouvernement chinois, après un intervalle de douze années révolues à partir de l'échange des ratifications. Il est d'ailleurs entendu que toute obligation non consignée expressément dans la présente convention ne saura être imposée aux consuls ou aux agents consulaires non plus qu'à leurs nationaux, tandis que, comme il a été stipulé, les Français jouiront de tous les droits, priviléges, immunités et garanties quelconques qui auraient été ou qui seraient accordés par le gouvernement chinois à d'autres puissances.

Art. 41. — Sa Majesté l'empereur des Français, voulant donner à Sa Majesté l'empereur de la Chine une preuve des sentiments qui l'animent, consent à stipuler, dans des articles séparés ayant la même force et valeur que s'ils étaient insérés mot à mot au présent traité, les arrangements convenus entre les deux gouvernements au sujet des questions antérieures aux événements de Canton et aux frais qu'ils ont occasionnés au gouvernement de Sa Majesté l'empereur des Français.

Art. 42. — Les ratifications du présent traité d'amitié, de commerce et de navigation seront échangées à Péking dans l'intervalle d'un an, à partir du jour de la signature, ou plus tôt si faire se peut, par Sa Majesté l'empereur des Français et par Sa Majesté l'empereur de la Chine.

Après l'échange de ces ratifications, le traité sera porté à la connaissance de toutes les autorités supérieures de l'empire, dans les provinces et dans la capitale, afin que sa publicité soit bien établie.

En foi de quoi, les plénipotentiaires respectifs ont signé le présent traité et y ont apposé leurs cachets.

Fait à Tien-Tsin, en quatre expéditions, le vingt-septième jour du mois de juin, de l'an de grâce 1858, correspondant au dix-septième jour de la cinquième lune de la huitième année de Hien-Foung.

(L. S.) Signé : Baron GROS.

(L. S.) Les signatures des plénipotentiaires chinois.

V

(Page 606.)

Articles séparés servant de complément au traité conclu entre Sa Majesté l'empereur des Français et Sa Majesté l'empereur de la Chine à Tien-tsin, dans la province de Tché-li, le 27 juin 1858.

ART. 1er. — Le magistrat de Si-Lin-Hien, coupable du meurtre du missionnaire français *Auguste Chapdeleine*, sera dégradé et déclaré incapable d'exercer désormais aucun emploi.

ART. 2. — Une communication officielle, adressée à Son Excellence M. le Ministre de France en Chine, lui annoncera l'exécution de cette mesure, qui sera rendue publique et motivée convenablement dans la Gazette de Pékin.

ART. 3. — Une indemnité sera donnée aux Français et aux protégés de la France dont les propriétés ont été pillées ou incendiées par la populace de Canton avant la prise de cette ville par les troupes alliées de la France et de l'Angleterre.

ART. 4. — Les dépenses occasionnées par les armements considérables qu'ont motivés les refus obstinés des autorités chinoises d'accorder à la France les réparations et les indemnités qu'elle a réclamées, seront payées au gouvernement de Sa Majesté l'empereur des Français par les caisses de la douane de la ville de Canton.

Ces indemnités et ces frais d'armements s'élevant à peu près à une somme de deux millions de taëls (2,000,000), cette somme sera versée entre les mains du ministre de France en Chine qui en donnera quittance.

Cette somme de deux millions de taëls sera payée à Son Excellence M. le Ministre de France en Chine par sixièmes, payables d'année en année, et pendant six ans, par la caisse des douanes de Canton; elle pourra l'être, soit en numéraire, soit en bons de douane, qui seront reçus par cette administration en payement des droits d'importation et d'exportation et pour un dixième seulement de la somme qu'on aurait à lui payer, c'est-à-dire que, si un négociant doit à la douane de Canton une somme de dix mille taëls, par exemple, pour droit d'importation ou d'exportation, il pourra en payer neuf mille en espèces et mille en bons dont il s'agit.

Le premier sixième sera payé dans le cours de l'année qui suivra la signature du présent traité, à compter du jour où elle aura lieu.

La douane de Canton pourra, si elle le veut, ne recevoir chaque année, en payement de droits, que le sixième des bons émis, c'est-à-dire pour une somme de trois cent trente-trois mille trois cent trente-trois taëls et trente-quatre centièmes.

Une commission mixte, nommée à Canton par l'autorité chinoise et par le ministre de France, fixera d'avance le mode d'émission de ces bons et les règlements qui en détermineront la forme, la valeur et le mode de destruction dès qu'ils auront servi.

ART. 5. — L'évacuation de Canton par les troupes françaises s'effectuera aussitôt que possible après le payement intégral de la somme de deux millions de taëls stipulée ci-dessus; mais, pour hâter la retraite de ces troupes, ces bons de douanes pourront être émis d'avance par série de six années et déposés dans la chancellerie de la légation de France en Chine.

ART. 6. — Les articles ci-dessus auront même force et valeur que s'ils étaient inscrits mot à mot dans le traité dont ils font partie, et les plénipotentiaires respectifs les ont signés et y ont apposé leurs sceaux et leurs cachets.

Fait à Tien-Tsin, en quatre expéditions, le vingt-septième jour du mois de juin de l'an de grâce 1858, correspondant au dix-septième jour de la cinquième lune de la huitième année de Hien-Foung.

(L. S.) Signé : Baron GROS.

(L. S.) Les signatures des plénipotentiaires chinois.

(Suivent les tarifs et les règlements de commerce.)

VI

(Page 614.)

Convention de paix additionnelle au traité de Tien-Tsin, conclue le 25 octobre 1860.

Sa Majesté l'empereur des Français et Sa Majesté l'empereur de la Chine, voulant mettre un terme au différend qui s'est élevé entre les deux empires, rétablir et assurer à jamais les relations de paix et d'amitié qui existaient entre eux et que de regrettables événements ont interrompues, ont nommé pour leurs plénipotentiaires respectifs, savoir :

Sa Majesté l'empereur des Français : le sieur Jean-Baptiste-Louis, baron Gros, sénateur de l'empire, ambassadeur et haut commissaire de France en Chine, grand-officier de l'ordre impérial de la Légion d'honneur, chevalier grand'croix de plusieurs ordres, etc.;

Et Sa Majesté l'empereur de la Chine, le prince Kong, membre de la famille impériale et haut commissaire;

Lesquels, après avoir échangé leurs pleins pouvoirs, trouvés en bonne et due forme, sont convenus des articles suivants :

Article Premier. — Sa Majesté l'empereur de la Chine a vu avec peine la conduite que les autorités militaires chinoises ont tenue à l'embouchure de la rivière de Tien-Tsin dans le mois de juin de l'année dernière, au moment où les ministres plénipotentiaires de France et d'Angleterre s'y présentaient pour se rendre à Péking, afin d'y procéder à l'échange des ratifications des traités de Tien-Tsin.

Art. 2. — Lorsque l'ambassadeur haut commissaire de Sa Majesté l'empereur des Français se trouvera dans Péking pour y procéder à l'échange des ratifications du traité de Tien-Tsin, il sera traité, pendant son séjour dans la capitale, avec les honneurs dus à son rang, et toutes les facilités possibles lui seront données par les autorités chinoises pour qu'il puisse remplir, sans obstacle, la haute mission qui lui est confiée.

Art. 3. — Le traité signé à Tien-Tsin, le 27 juin 1858, sera fidèlement mis à exécution dans toutes ses clauses immédiatement après l'échange des ratifications dont il est parlé dans l'article précédent, sauf, bien entendu, les modifications que peut y apporter la présente convention.

Art. 4. — L'article 4 du traité de Tien-Tsin, par lequel Sa Majesté l'empereur de la Chine s'engage à faire payer au gouvernement français une indemnité de deux millions de taëls, est annulé et remplacé par le présent article, qui élève à la somme de huit millions de taëls le montant de cette indemnité.

Il est convenu que les sommes déjà payées par la douane de Canton à compte sur la somme de deux millions de taëls stipulée par le traité de Tien-Tsin, seront considérées comme ayant été payées d'avance et à compte sur les huit millions de taëls dont il est question dans cet article.

Les dispositions prises dans l'article 4 du traité de Tien-Tsin sur le mode de payement établi au sujet des deux millions de taëls sont annulées. Le montant de la somme qui reste à payer par le gouvernement chinois sur les huit millions de taëls stipulés par la présente convention, le sera en y affectant le cinquième des revenus bruts des douanes des ports ouverts au commerce étranger, et de trois mois en trois mois, le premier terme commençant au 1er octobre de cette année et finissant au 31 décembre suivant. Cette somme, spécialement réservée pour le payement de l'indemnité due à la France, sera comptée, en piastres mexicaines ou en argent *sycé*, au cours du jour du payement, entre les mains du ministre de France ou de ses délégués.

Une somme de cinq cent mille taëls sera payée cependant à compte, d'avance, en une seule fois, et à Tien-Tsin, le 20 novembre prochain, ou plus tôt si le gouvernement chinois le juge convenable.

Une commission mixte, nommée par le ministre de France et par les autorités chinoises, déterminera les règles à suivre pour effectuer les payements de toute l'indemnité, en vérifier le montant, en donner quittance et remplir enfin toutes les formalités que la comptabilité exige en pareil cas.

Art. 5. — La somme de huit millions de taëls est allouée

au gouvernement français pour l'indemniser des dépenses que ses armements contre la Chine l'ont obligé de faire, comme aussi pour dédommager les Français et les protégés de la France qui ont été spoliés lors de l'incendie des factoreries de Canton, et indemniser aussi les missionnaires catholiques qui ont souffert dans leurs personnes ou leurs propriétés. Le gouvernement français répartira cette somme entre les parties intéressées dont les droits ont été légalement établis devant lui et en raison de ces mêmes droits, et il est convenu, entre les parties contractantes, qu'un million de taëls sera destiné à indemniser les sujets français ou protégés par la France, des pertes qu'ils ont éprouvées, ou des traitements qu'ils ont subis, et que les sept millions de taëls restants seront affectés aux dépenses occasionnées par la guerre.

Art. 6. — Conformément à l'édit impérial rendu le 20 mars 1846 par l'auguste empereur Tao-Kouang, les établissements religieux et de bienfaisance qui ont été confisqués aux chrétiens pendant les persécutions dont ils ont été les victimes, seront rendus à leurs propriétaires par l'entremise de Son Excellence le ministre de France en Chine, auquel le gouvernement impérial les fera délivrer avec les cimetières et les autres édifices qui en dépendaient.

Art. 7. — La ville et le port de Tien-Tsin, dans la province du Pé-tchi-li, seront ouverts au commerce étranger, aux mêmes conditions que le sont les autres villes et ports de l'empire où ce commerce est déjà permis, et cela à dater du jour de la signature de la présente convention, qui sera obligatoire pour les deux nations sans qu'il soit nécessaire d'en échanger les ratifications, et qui aura la même force et valeur que si elle était insérée mot à mot dans le traité de Tien-Tsin.

Les troupes françaises qui occupent cette ville pourront, après le payement des cinq cent mille taëls dont il est question dans l'article 4 de la présente convention, l'évacuer pour aller s'établir à Takou et sur la côte nord du Chan-Tong, d'où elles se retireront ensuite dans les mêmes conditions qui présideront à l'évacuation des autres points qu'elles occupent sur le littoral de l'empire. Les commandants en chef des forces françaises auront cependant le droit de faire hiverner leurs troupes de toutes armes à

Tien-Tsin, s'ils le jugent convenable, et de ne les en retirer qu'au moment où les indemnités dues par le gouvernement chinois auraient été entièrement payées, à moins cependant qu'il ne convienne aux commandants en chef de les en faire partir avant cette époque.

Art. 8. — Il est également convenu que, dès que la présente convention aura été signée, et que les ratifications du traité de Tien-Tsin auront été échangées, les forces françaises qui occupent Chusan évacueront cette île, et que celles qui se trouvent devant Péking se retireront à Tien-Tsin, à Takou, sur la côte nord du Chan-Tong ou dans la ville de Canton, et que dans tous ces lieux, ou dans chacun d'eux, le gouvernement français pourra, s'il le juge convenable, laisser des troupes, jusqu'au moment où la somme totale de huit millions de taëls sera payée en entier.

Art. 9. — Il est convenu, entre les hautes parties contractantes que, dès que les ratifications du traité de Tien-Tsin auront été échangées, un édit impérial ordonnera aux autorités supérieures de toutes les provinces de l'empire de permettre à tout Chinois qui voudrait aller dans les pays situés au delà des mers, pour s'y établir ou y chercher fortune, de s'embarquer, lui et sa famille, s'il le veut, sur les bâtiments français qui se trouveront dans les ports de l'empire ouvert au commerce étranger.

Il est convenu aussi que, dans l'intérêt de ces émigrés, pour assurer leur entière liberté d'action et sauvegarder leurs intérêts, les autorités chinoises compétentes s'entendront avec le ministre de France en Chine pour faire les règlements qui devront assurer à ces engagements, toujours volontaires, les garanties de moralité et de sûreté qui doivent y présider.

Art. 10 et dernier. — Il est bien entendu, entre les parties contractantes, que le droit de tonnage, qui, par erreur, a été fixé dans le traité français de Tien-Tsin à cinq maces par tonneau sur les bâtiments qui jaugent cent cinquante tonneaux et au-dessus, et qui, dans les traités signés avec l'Angleterre et les États-Unis, en 1858, n'est porté qu'à la somme de quatre maces, ne s'élèvera qu'à cette même somme de quatre maces, sans avoir à invoquer le dernier paragraphe de l'article 27 du traité de Tien-Tsin, qui donne à la France le droit formel de réclamer le traitement de la nation la plus favorisée.

La présente convention de paix a été faite à Péking, en quatre expéditions, le 25 octobre 1860, et y a été signée par les plénipotentiaires respectifs, qui y ont apposé le sceau de leurs armes.

(L. S.) Baron GROS.

(L. S.) *Signé*, Prince KONG.

VII

(Page 617.)

Décret relatif à la dissolution du conseil de régence nommé par le dernier empereur avant de mourir et à la désignation de l'impératrice douairière, comme régente de l'empire avec l'assistance du prince de Kong, en qualité de premier ministre.

Le 3ᵉ jour de la 9ᵉ lune (2 novembre), le grand conseil a eu l'honneur de recevoir, par ordre de S. M., communication du décret impérial suivant :

Les princes nobles et dignitaires de l'empire doivent être instruits par les présentes que l'expédition, débarquée l'année dernière sur nos côtes et les malheurs dont la capitale fut le théâtre, furent causés uniquement par la funeste politique que suivirent les princes et hommes d'État qui se trouvaient alors aux affaires. Le prince de Y (Tsaï-youen) et son collègue, Mou-yin, loin de faire aucun effort pour la conclusion de la paix, ne trouvèrent rien de mieux, afin de dégager leur responsabilité, que de proposer l'enlèvement de l'envoyé anglais M. Parkes, et se rendirent, par là, coupables de forfaiture vis-à-vis des nations étrangères, qui se vengèrent de ce manque de foi par la destruction du palais de Youen-ming-youen, que notre feu empereur dut abandonner pour se rendre à Jého, nécessité qui brisa son âme de douleur. Un peu plus tard, le prince et les dignitaires chargés de la direction du nouveau ministère des affaires étrangères, ayant réglé, avec intelligence et équité, toutes les questions pendantes, et rendu à l'empire la paix dont il jouissait auparavant, notre feu empereur insista, à plusieurs reprises, pour que les ministres et dignitaires, composant alors son conseil, arrêtassent le décret annonçant son retour dans sa capitale; mais Tsaï-youen (le prince de Y), Touan-hoa (prince de Tchen), Sou-choun et autres, s'entendirent pour le tromper, lui représentant les sentiments des puissances étrangères comme tout autres qu'ils étaient réellement et ne laissant pas arriver jusqu'à lui les réclamations de la nation entière. Sa Majesté en fut affectée au point de ne pouvoir prendre ni nourriture ni sommeil, pas plus le jour que la nuit. Sur ces entrefaites le froid étant devenu des plus intenses au delà de la grande muraille, la santé de la personne sacrée (l'empereur) déclina de jour en jour jusqu'au 17e jour de la 7e lune de cette année (22 août), époque à laquelle il monta vers les routes éthérées sur le dos du dragon (il rendit le dernier soupir). Alors la douleur nous brûla le cœur comme un tison ardent, nous fîmes retentir l'air de nos cris, comprenant bien, dès l'origine, que ce malheur était dû aux fourberies précédentes de Tsaï-youen et de ses complices. Il était impossible assurément de mettre ces sentiments sur le compte d'une haine personnelle, car ils sont aujourd'hui, comme alors, ceux de l'empire tout entier. Aussi, dès notre avénement au trône, avons-nous eu l'intention de punir les crimes de ces malheureux avec la dernière rigueur; mais, songeant qu'ils avaient reçu les derniers ordres de notre bien-aimé Père à son lit de mort, nous prîmes la résolution de leur pardonner et de voir s'ils rachèteraient, dans l'avenir, les fautes de leur passé. Ce fut tout le contraire qui advint. Le 11e jour de la 8e lune (15 septembre), nous convoquâmes devant nous Tsaï-youen et ses collègues pour leur communiquer, en notre présence, un placet qui nous avait été adressé par le censeur Tong-youen-chun, et par lequel ce dignitaire nous suppliait de conférer la régence de l'empire à l'impératrice douairière jusqu'au moment où nous pourrions prendre nous-même en mains le gouvernement de nos États, et d'adjoindre à l'impératrice, pour l'assister dans le maniement des affaires, un ou deux princes de notre maison, ainsi que de désigner un ou deux des grands dignitaires de l'empire pour remplir les fonctions de notre gouvernement. Cette proposition obtint notre assentiment sans réserve, bien que, sous notre dynastie, il n'y ait pas d'exemple qu'une impératrice soit devenue régente de l'empire; mais l'empereur défunt nous a légué une lourde tâche, celle de pacifier l'empire et d'assurer le bonheur de nos peuples, et il n'est pas possible de suivre les règles ordinaires dans des situations exceptionnelles; il faut de toute nécessité alors recourir à des mesures nouvelles. Aussi avons-nous donné l'ordre formel à Tsaï-youen et à ses collègues de rédiger un décret en conformité avec ce qui nous était proposé. Ces conseillers osèrent se récrier en notre présence contre cet ordre et se livrer à des discussions sans fin. N'est-ce point oublier complétement les devoirs et la subordination que les sujets doivent à leur souverain? Puis ils eurent l'audace de changer, de leur autorité privée, le décret que nous leur avions ordonné de préparer. Quel mobile les a donc fait agir? Tsaï-youen et ses collègues prétendent n'avoir jamais eu l'intention de s'attribuer le pouvoir souverain; mais ne se sont-ils pas, dans cette occasion, mis au lieu et placé de leur souverain? En résumé, ils ont voulu abuser de notre jeunesse et de l'inexpérience de l'impératrice dans les affaires de l'État pour nous tromper l'un et l'autre, et nous demandons si l'on peut se jouer impunément de l'empire et s'il est permis de montrer une aussi noire ingratitude pour les bienfaits sans nombre dont l'empereur défunt les a comblés? Si nous tardions plus longtemps à sévir, comment pourrions-nous lever les yeux vers notre Père, comment pourrions-nous imposer silence aux murmures de l'empire? Nous ordonnons donc que Tsaï-youen, Touen-hoa et Sou-chun soient destitués de leurs fonctions, que Hing-chéou, Mou-yn, Kouang-youen, Touhan, Tchun-yéou soient chassés du grand conseil de l'empire, et nous ordonnons, en outre, que le prince de Kong, assisté des ministres d'État, des membres des neuf cours, des académiciens et des censeurs de l'empire se réuniront pour examiner les crimes de ces malheureux, en apprécier la gravité ainsi que la pénalité dont ils sont punis par les lois existantes, et nous faire un rapport sur ce procès.

Quant à la régence à décerner à l'impératrice, les mêmes dignitaires en délibéreront en conseil et nous feront connaître leur sentiment à ce sujet. — Décret extraordinaire.

VIII

(Page 619.)

Requête du prince de Kong et des hauts dignitaires du ministère des affaires étrangères à l'empereur.

C'est humblement prosternés que nous présentons cette requête à Votre Majesté, en la priant de daigner nous donner son avis.

En nous référant à ce qui a trait à la propagande de la religion catholique, nous voyons que Votre Majesté a déjà autorisé la libre pratique de cette religion, et qu'en outre, par son dernier édit du mois de janvier, Elle ordonnait à tous les magistrats de son empire d'avoir à juger désormais, dans le plus bref délai et sur le pied de la plus parfaite égalité, — après les avoir préalablement étudiées avec soin, — toutes les affaires dans lesquelles des chrétiens seraient intéressés.

Il est évident que tout chrétien honnête, s'acquittant fidèlement de ses devoirs et ne transgressant pas les lois, n'en continue pas moins, comme par le passé, à être compté au nombre des sujets de l'empire et devra par conséquent, pour cette raison, être traité sur le même pied que ceux qui ne suivent pas la religion catholique, car le seul fait d'être chrétien ne saurait l'exposer à encourir de mauvais traitements.

Nous nous sommes fidèlement conformés aux volontés de Votre Majesté en les faisant connaître à tous les magistrats, pour qu'ils aient à y obéir.

D'après une nouvelle communication qui nous a été adressée par S. E. M. de Bourboulon, ministre plénipotentiaire de France en Chine, il résulte que les ordres de Votre Majesté ont été éludés dans plusieurs parties de l'empire.

Le noble ministre de France attribue la cause principale de cette désobéissance à l'obligation où les habitants de l'intérieur de l'empire veulent mettre les chrétiens de contribuer, pour leur part, à l'entretien des pagodes, aux offrandes aux idoles et à la construction des théâtres, etc.,

— toutes contributions qui ne regardent en rien les chrétiens, mais que les magistrats persistent, nonobstant cela, à vouloir exiger d'eux au même titre que des autres habitants.

C'est pourquoi S. E. M. de Bourboulon nous demande de donner des ordres aux magistrats pour faire cesser cet état de choses

Le noble ministre de France nous a, en même temps qu'il nous donnait l'assurance que les missionnaires catholiques étaient des hommes de la plus grande probité, demandé qu'ils soient honorablement reçus par les magistrats chinois toutes les fois qu'ils désireront les voir.

Après un profond examen, nous ferons humblement observer à Votre Majesté : que les chrétiens de l'empire, tout en observant la doctrine chrétienne, n'en restent pas moins des sujets chinois, cette doctrine, — ainsi que le déclare S. E. M. de Bourboulon, — recommandant *par-dessus tout* le respect envers l'empereur et l'obéissance aux lois de l'empire.

Il n'y a donc aucun inconvénient à ce que les chrétiens en agissent à leur guise, car nous montrerons par là même d'une manière évidente que nous n'établissons pas la plus petite différence entre eux et le reste des sujets de l'empire.

Il est de plus bien évident que les contributions pour les cérémonies religieuses n'étant pas considérées comme un impôt obligatoire, quand bien même les chrétiens se refuseraient à les payer, on ne pourrait pas les y obliger.

Nous avons déjà expédié de ce ministère des instructions dans ce sens à tous les magistrats de l'empire, pour leur faire savoir qu'à l'avenir les chrétiens ne devraient participer qu'aux contributions pour cause d'utilité publique, et resteraient désormais affranchis de celles pour les cérémonies religieuses en dehors de leur culte.

En nous référant à la demande relative à la réception par les magistrats des missionnaires catholiques, attendu que ce sont des gens respectés dans tous les pays étrangers, nos magistrats devront en agir de même envers eux et les traiter avec les égards qui leur sont dus, toutes les fois qu'ils demanderont à les voir.

C'est aussi dans ce sens qu'étaient formulées nos instructions aux différents magistrats de l'empire.

ANNEXES

Il ne saurait être mis en doute, ainsi que nous l'a déclaré S. E. M. de Bourboulon, ministre plénipotentiaire de France en Chine, que non-seulement les ordres émanés de Votre Majesté, mais encore les instructions provenant de ce ministère, n'ont pas encore à ce moment été mises en application par les magistrats de plusieurs villes, toutes les fois qu'il s'est agi de traiter des affaires intéressant les chrétiens.

Nous, ministre, avons en effet reconnu que bon nombre de magistrats traitent les affaires sans suite ni méthode, et n'ont pas même aujourd'hui, ainsi que le déclare S. E. M. de Bourboulon, obéi aux ordres de Votre Majesté ni aux instructions parties de ce ministère.

Nous pensons donc qu'il devient urgent d'en appeler de nouveau aux lumières de Votre Majesté, en la priant de nous faire connaître les instructions qu'elle désire envoyer aux vice-rois et gouverneurs de chaque province, pour qu'ils ordonnent de nouveau à tous les magistrats placés sous leur juridiction d'avoir à apporter désormais la plus grande égalité et l'équité la plus parfaite dans toutes les affaires qui intéressent les chrétiens, peu importe d'ailleurs leur opinion personnelle à cet égard (opinion qu'ils devront mettre complétement de côté), en même temps qu'ils leur défendront expressément de tarder plus longtemps à obéir aux ordres de Votre Majesté, car s'il en était autrement les chrétiens seraient injustement traités.

Il est mentionné dans l'art. 13 du traité français que les chrétiens seront désormais exemptés de l'application de toutes les mesures prohibitives dont leur religion a été l'objet précédemment, dans des publications écrites ou imprimées.

Tout en reconnaissant la véracité des faits qui précèdent, on n'ignore pas que la publication de ces écrits a eu lieu à une époque où la religion catholique était encore interdite, mais aujourd'hui qu'elle jouit de la plus grande liberté, il devient inutile d'en faire mention ; c'est pourquoi, nous demandons à Votre Majesté d'en autoriser l'entière abolition, en même temps qu'elle en interdira la réimpression lors de la nouvelle publication du code des lois de l'empire, et ordonnera l'entière destruction des anciennes planches qui y étaient affectées.

Nous pensons qu'il serait aussi convenable, pour plus

de clarté, de remplacer à l'avenir dans l'article 13 du traité français, le mot *pardonner* par l'expression *abolir*, qui nous paraît plus conforme au sens exprimé dans cet article.

Dans le cas où Votre Majesté serait de notre avis, nous la prions de daigner nous faire connaître ses volontés.

C'est humblement prosternés que nous lui soumettons la présente requête.

IX

(Page 619.)

Édit impérial rendu, conformément à la précédente requête, le sixième jour du troisième mois de la première année du règne de Tong-tché (5 avril 1862.)

« Déjà, dans une de ses précédentes communications,
» le ministère des affaires étrangères mentionnait que les
» missionnaires catholiques français n'avaient d'autre
» objet en vue que de prêcher le bien et que l'empereur
» Kang-hi avait lui-même autorisé la libre pratique de la
» religion catholique. Ce fut ce qui me détermina à pu-
» blier, à cette époque, un édit ordonnant, à tous les ma-
» gistrats de mon empire, d'avoir à traiter désormais
» équitablement toutes les affaires intéressant les chré-
» tiens.

» Mais voici que, contrairement à mon attente, je viens
» d'apprendre, par la dernière communication des mem-
» bres de ce même ministère, que bon nombre de ma-
» gistrats n'ont pas plus tenu compte de mes ordres
» que des instructions qu'ils leur avaient envoyées à ce
» sujet.

» J'ordonne donc, en conséquence, aux vice-rois et
» gouverneurs de chaque province de prendre des me-
» sures efficaces pour que tous les magistrats placés sous
» leur juridiction obéissent sur-le-champ à cet édit, en
» apportant désormais l'équité la plus parfaite dans toutes
» les affaires intéressant les chrétiens. Affaires qu'ils de-

» vront, en outre, terminer dans le plus bref délai, sans
» tenir compte de leur opinion personnelle ; c'est ainsi
» qu'ils montreront que notre amour est égal pour tous
» nos sujets.

» J'autorise donc et ordonne, dès à présent, la mise
» en application de tout ce qui est mentionné dans la
» requête qui vient de m'être adressée. »

Respectez ceci !

TABLE DES MATIÈRES

LIVRE PREMIER

GÉOGRAPHIE

CHAPITRE PREMIER
NOTIONS GÉNÉRALES

Noms qui désignent l'empire du Milieu et ses habitants. — Son étendue; ses limites. — Ses montagnes, ses fleuves, ses lacs. — La grande muraille et le grand canal. — Aspect général du pays et des côtes. — Différentes races de l'empire. — Divisions administratives et politiques.................................... 1

CHAPITRE II
LA CHINE PROPREMENT DITE OU LES DIX-HUIT PROVINCES

Étendue. — Limites. — Divisions naturelles. — Divisions politiques. — Notions géographiques. — Climat. — Population... 33

CHAPITRE III
LES PAYS TRIBUTAIRES ET LES COLONIES

Limites, divisions administratives, mœurs, gouvernements, climats de la Mandchourie, de la Mongolie, du Ko-ko-nor, de l'Ili et du Thibet. — Notions historiques sur l'Ili et le Thibet. 110

CHAPITRE IV
HISTOIRE NATURELLE

Notions générales sur la minéralogie, la zoologie et la botanique chinoises. — L'herbier chinois. — Sa méthode et ses divisions. 145

LIVRE DEUXIÈME

MŒURS ET RELIGION

CHAPITRE PREMIER

DES MŒURS ET DES RELATIONS SOCIALES

Caractère national. — Noms, prénoms, sobriquets. — Séparation des sexes. — Mariage; ses formalités et sa législation. — Costume national. — Alimentation publique. — Jeux, divertissements, spectacles. — Cérémonial. — Mode de voyage et de transports.. 183

CHAPITRE II

DOCTRINES RELIGIEUSES, CULTES, SUPERSTITIONS

Religion d'État. — Secte des lettrés. — Culte de la raison. — Boudhisme. — Judaïsme. — Islamisme. — Missions nestoriennes, catholiques, protestantes. — Croyances populaires. — Culte de Kouan-yin. — Culte des ancêtres. — Cercueils, tombeaux. — Superstitions populaires. — Institutions charitables. — Infanticides... 218

LIVRE TROISIÈME

GOUVERNEMENT, LÉGISLATION

ET ADMINISTRATION DE L'EMPIRE

CHAPITRE PREMIER

DU GOUVERNEMENT ET DE LA LÉGISLATION

L'empereur, la cour et la famille impériale. — Distinctions sociales. — Hiérarchie et costumes officiels. — Titres de noblesse. — Les deux grands conseils du gouvernement. — Les six départements et les principaux corps de l'État. — Le code et ses divisions. — Édits provinciaux. — Arrêtés municipaux...... 277

CHAPITRE II

ADMINISTRATION DE L'EMPIRE

Hiérarchie administrative. — Fonctionnaires spéciaux. — Rangs officiels des fonctionnaires. — Leurs traitements, leurs prétoires, leurs cortéges. — Administration de la justice. — Procédure. — Les cinq peines légales et les corrections. — Police. — Administration des finances, de l'armée, de la marine. — Pratiques et abus de l'administration en général. — Clans. — Corporations. — Clubs. — Sociétés secrètes. — Piraterie...... 300

LIVRE QUATRIÈME

DES SCIENCES ET DES ARTS

CHAPITRE PREMIER

DE LA LANGUE

Formation du langage écrit. — Symboles primitifs. — Éléments phonétiques. — Nombre et classification des caractères. — Radicaux. — Les modes et les tons. — Les trois principaux dialectes. — Grammaires. — Dictionnaires. — Les six textes d'écriture. — Encre, papier, pinceau. — Imprimerie. — Texte, formats, prix des livres........................... 333

CHAPITRE II

DE L'ÉDUCATION ET DES EXAMENS LITTÉRAIRES

Antiquité de l'instruction. — Ses titres au respect national. — Écoles primaires. — Le Siaou-kio et le San-tsé-king. — Colléges. — Examens littéraires. — Bacheliers, licenciés, docteurs, académiciens. — Conditions des lettrés. — Gradués militaires. — Éducation des femmes........................ 348

CHAPITRE III

DES SCIENCES

État de la science en général. — Les principaux classiques. — Sciences philosophique, historique, géographique, astronomique, mathématique. — Poids et mesures. — Médecine. — Physique. — Chimie................................... 361

CHAPITRE IV
DES BEAUX-ARTS

Poésie. — Romans. — Proverbes. — Architecture. — Construction des habitations, des navires et des bateaux. — Temples. — Monuments honorifiques. — Sculpture. — Peinture. — Musique. — Confucius et Mencius. 387

LIVRE CINQUIÈME

DE L'AGRICULTURE, DE L'INDUSTRIE
ET DU COMMERCE

CHAPITRE PREMIER
AGRICULTURE

Honneurs et encouragements dont elle est l'objet. — Instruments de culture. — Engrais, amendements, irrigations. — Conditions de la culture en général. — Cultures alimentaires : riz et thés. — Cultures industrielles : coton, mûrier, chanvre, orties, arbre à suif, cassier, camphrier, pavot, tabac, sésame. — Fabrication et usage de l'opium. — Jardins. — Fléaux de l'agriculture... 421

CHAPITRE II
INDUSTRIE

Conditions de l'industrie en général. — Ses procédés. — Métallurgie. — Industrie séricicole. — Étoffes de coton. — Toiles. — Étoffes de laine. — Cuirs. — Céramique. — Poteries. — Verrerie. — Laque. — Sculpture et gravure en relief. — Fabrication des lanternes. — Pêcheries et pisciculture. — Éclosion artificielle. — Progrès de l'industrie..................... 444

CHAPITRE III
COMMERCE

Aptitudes du peuple au commerce. — Commerce intérieur : monts-de-piété, droits de transit, participation des étrangers au commerce intérieur. — Commerce extérieur. — Historique du commerce étranger : commerce russe, portugais, espagnol, hollandais, américain, anglais; contrebande de l'opium; régime établi par les traités de 1842 et 1844; les cinq ports; Hong-kong; Macao; régime établi par les traités de 1858 et de 1860; nouveaux ports ouverts; inspectorat des douanes; émigration chinoise; agents monétaires des échanges; crédit commercial; transports maritimes; informations statistiques sur les importations, les exportations, l'entrée et la sortie des navires; conditions particulières du commerce français.................. 469

LIVRE SIXIÈME

HISTOIRE

CHAPITRE PREMIER

NOTIONS SUR L'HISTOIRE NATIONALE

Période légendaire. — Le premier homme. — Les cinq souverains. — Les vingt et une dynasties...................... 525

CHAPITRE II

RELATIONS DES PEUPLES CIVILISÉS AVEC LA CHINE

Relations de la Chine avec l'Occident sous l'empire romain, sous le bas-empire, au moyen âge. — Missions nestoriennes. — Ambassades envoyées par Innocent IV et saint Louis. — Voyages de Marco-Polo et des Arabes. — Entreprises des Portugais, des Espagnols, des Russes, des Hollandais, des Français, des Américains, des Anglais. — Trafic de l'opium. — Guerres de 1840. — Traités de 1842 et 1844. — Événements de Canton. — Politique des puissances à l'égard des rebelles. — Événements militaires et diplomatiques de 1858 et 1860. — La Chine ouverte aux nations étrangères.................. 550

TABLE ALPHABÉTIQUE

A

Abeel (missionnaire protestant), p. 257.
Abstinence (temple de l'), p. 44.
Abus administratifs, p. 326.
Abuzaïd (voyageur arabe), p. 476, 552.
Actea aspera (plante), p. 175.
Acteurs chinois, p. 208.
Administration de la Chine propre, p. 109.
Administration de l'empire, p. 300.
Agar-agar (denrée comestible), p. 168, 503.
Aglaia-odorata (arbuste), p. 176.
Agriculture, p. 421.
Aguilar (d'), général anglais, p. 577, 579.
Aïgoun (traité d'), p. 607.
Aiguebelle (d'), officier français, p. 621, 623.
Aïmacks (tribus mongoles), p. 29.
Aisin Gioro (chef de la dynastie actuelle), p. 280.
Aktag et Aïtératag (montagnes), p. 8.
Ala-chan (montagnes), p. 9.
Alak (montagnes), p. 8.
Alanor (lac), p. 13.
Alcock (sir Rutherford), diplomate anglais, p. 576, 588, 590, 594, 609, 627.
Alexandre VII (sentence du pape), p. 241.
Algues, p. 168.
Alimentation publique, p. 199.

Almanach impérial, p. 375.
Altaï (montagnes), p. 7.
Alun, p. 147.
Amban (prince mongol), p. 123.
Amavang (ministre d'État), p. 544.
Amaral (gouverneur de Macao), p. 576, 581.
Amherst (ambassadeur anglais), p. 562.
Amour (fleuve), p. 15.
Amoursana (khan mongole), p. 133.
Amoy (ville), p. 72.
Amoy (événements d'), p. 557, 559, 569, 480, 482, 489, 586 et suiv.
Amoy (commerce d'), p. 489, 498.
Amulettes, p. 273.
Anciens (conseil des), p. 303.
Andrade (Fernand et Simon), navigateurs portugais, p. 555.
Animaux fabuleux, p. 165.
Animaux féroces, p. 152.
Ankoi (collines), p. 73.
Année chinoise, p. 376.
Anson (commodore anglais), p. 560.
Anson-Burlingame (plénipotentiaire des États-Unis), p. 619.
Arabdan (khan mongol), 133.
Arachides, p. 174.
Arbres fruitiers, p. 174.
Arbre à pain, p. 172.
Architecture, p. 393.
Arec (noix d'), p. 503.
Argémone (plante), p. 176.
Argent, p. 148, 447.
Argoun (rivière), p. 16, 111.
Armée (administration, effectif, organisation), p. 318 et suiv.

TABLE ALPHABÉTIQUE

Armes offensives et défensives, p. 322.
Armstrong (commodore américain), p. 600.
Arrêtés municipaux, p. 299.
Arrow (affaire de l'), p. 599.
Artabotryx (plante), p. 175.
Arum (plante), p. 170.
Ascelin (ambassadeur du Saint-Siége), 553.
Aspect du paysage chinois, p. 26.
Associations populaires, p. 327, 331.
Astronomique (science), p. 374.
Auberges chinoises, p. 204.
Aulick (commodore américain), p. 584.
Avoués chinois, p. 308.
Axis (cerf), 155.

B

Badiane (plante), p. 175.
Back-duties (engagements envers la douane), p. 487.
Baï (ville), p. 129.
Balkash (lac), p. 126.
Bambou, p. 168.
Bamo (ville), p. 100.
Bananiers, p. 171.
Bannières (les huit), p. 319.
Bannière verte, p. 319.
Bannissement (peine du), p. 310.
Banques chinoises, p. 471.
Banques étrangères en Chine, p. 501.
Barkoul (ville, pays de), p. 81.
Bateaux chinois (bateaux de voyage, bateaux-maisons, bateaux de fleurs, bateaux de transport, de police), p. 216, 398.
Bateaux-dragon (fête des), p. 270.
Basilan (île de), p. 574.
Bastard (comte de), diplomate français, p. 613, 615.
Batou (khan tartare), p. 553.
Bauhinie (arbuste), p. 173.
Bayan-kara (montagnes), p. 9.
Beaux-arts, p. 387.
Bélour-tag (montagnes), p. 8.
Beltistan (région), p. 144.
Benincasa-cerifera (plante), p. 174.
Bentro (Nicolas de), missionnaire catholique, p. 235.
Berthemy (plénipotentiaire français), p. 621.
Bétel (poivre), p. 172.
Biddle (commodore américain), p. 574.

Biche de mer (met aphrodisiaque), p. 202, 504.
Bijoux chinois, p. 199.
Bod (pays de), p. 134.
Bœuf chinois, p. 154.
Bogdo-oula (montagne), p. 8.
Boissons des Chinois, p. 203.
Bols (diplomate belge), p. 620.
Bonham (sir George), diplomate anglais, p. 582, 586.
Bonnard (missionnaire français), p. 585.
Bonne aventure (diseurs de), p. 273.
Bornes de l'empire, p. 5.
Bort (amiral hollandais), p. 558.
Bostang (lac), p. 17, 19.
Bouche du tigre, p. 88.
Boudha, p. 225.
Boudhisme, p. 225.
Bouka (lac), p. 135.
Boukhour (ville), p. 128.
Bourboulon (de), plénipotentiaire français, p. 583, 585, 587, 591, 596, 602, 609, 619.
Boussole chinoise, p. 384.
Bouvet (missionnaire jésuite), p. 243.
Bovet (Fritz), consul de France, p. 600.
Bowring (sir John), diplomate anglais, p. 580, 589, 591, 594, 604, 607, 609.
Brahmapoutra (fleuve), p. 134.
Bréboung (monastère), p. 140.
Brémer (sir Gordon), amiral anglais, p. 567.
Brénier (consul de France), p. 627.
Bridgman (missionnaire protestant), p. 256.
Brouette chinoise, p. 217.
Bruce (sir Frédéric), plénipotentiaire anglais, p. 609, 624.
Bubale chinois, p. 155.
Buffle chinois, p. 155.
Burgevine (commandant du corps anglo-chinois), p. 620 et suiv. 626.

C

Cabinet impérial, p. 288.
Cache (monnaie), p. 380.
Cactus (plante), p. 174.
Cadeaux (envoi de), p. 214.
Caladium (plante), p. 170.
Caleb-Cushing (plénipotentiaire américain), p. 573.
Calamus (plante), p. 170.

Cambalu (ancien nom de Péking), p. 38.
Camphre (préparation), p. 438.
Campou ou Canfou (ville), p. 67.
Cangue (supplice de la), p. 311.
Canne à sucre, p. 429.
Canton (ville de), p. 85.
Canton (commerce de), p. 488.
Canton (événements de), p. 481 et suiv., 488, 560 et suiv., 575 et suiv., 580, 584, 586, 599 et suiv., 619, 620.
Caractère national des Chinois, p. 184.
Caractères du langage (classification, nombre), p. 336.
Carambolier (plante), p. 174.
Cardoza (gouverneur de Macao), p. 583.
Carlozzi (Séraphino), missionnaire italien, p. 587, 592.
Carpini (ambassadeur du Saint-Siège), p. 553.
Carthamus-tinctorius (plante), p. 176.
Casse (commerce de la), p. 511.
Cassier (plante), p. 174, 437.
Cécile (amiral français), p. 573.
Censeurs, p. 294.
Céramique chinoise, p. 456.
Cercueils chinois, p. 264.
Céréales, p. 168, 200, 428.
Cérémonial des Chinois, p. 210.
Cerfs de la Chine, p. 155.
Chagar (ville), p. 129.
Chaise à porteurs, 216.
Chamanisme (secte boudhique), p. 229.
Chancelier littéraire, p. 301.
Chang (deuxième dynastie), p. 531.
Chang-chu (présidence des ministères), p. 290.
Chanhaï-kouan (ville), p. 22.
Chan-si (province), p. 49.
Chan-tong (province), p. 47.
Chanvre, p. 436.
Chao-king-fou (ville), p. 89.
Chao-tchéou (ville), p. 90.
Chapdeleine (missionnaire français), p. 250, 597.
Châtaigne d'eau, p. 172.
Chauffage des maisons, p. 398.
Chênes de la Chine, p. 171.
Chen-kan (vice-royauté), p. 80.
Chen-si (province), p. 79.
Cheval, p. 154.
Chevrotin (porte-musc), p. 155.
Chiens blancs (île des), p. 75.
Chiens chinois, p. 151.
Chi-king (un des classiques), p. 365.
Chi-lan (conseillers assesseurs des ministres), p. 290.
Chi-tsoung (empereur), p. 541.
Chi-ouang (général rebelle), p. 624.
Chilka (fleuve), p. 15.
Chimie, p. 385.
Chin (heures chinoises), p. 376.
Chine proprement dite, p. 33.
Chinese repository, p. 256.
Ching-jen (hommes saints), p. 223.
Chin-king (province), p. 113.
Chin-nong (empereur), p. 44, 422, 527.
Chou-king (un des classiques), p. 364.
Choun (empereur), p. 529.
Choun-tien (ville), p. 38.
Choun-tchi (empereur), p. 544.
Christianisme chinois, p. 232.
Chronologie chinoise, p. 527.
Chu (royaume de), p. 535.
Cinabre, p. 149.
Clans, p. 328.
Classique littérature, p. 362.
Clément XI (sentence du pape), p. 242.
Climat de la Chine proprement dite, p. 101.
Cloches (fabrication des), p. 446.
Clubs chinois, p. 329.
Cobdo (province et ville de), p. 123.
Cochons chinois, p. 153.
Co-chi (disciple de Confucius), p. 365.
Code chinois (et ses divisions), p. 296.
Cogoué (prince thibétain), p. 142.
Colaos (premiers ministres d'État), p. 288.
Cochinchine (expéditions de), p. 577, 578, 585, 595.
Colutea (plante), p. 173.
Colledge (missionnaire protestant), p. 256.
Colléges chinois, p. 353.
Collége national, p. 354.
Collier (officier français), p. 603.
Collines (divisions de la Chine), p. 55.
Collineau (général français), p. 613.
Colonies (département des), p. 293.
Commerce de la Chine, p. 469.
Commerce étranger (historique du), p. 475.
Commerce français, p. 520.
Commerce des frontières, p. 477.
Commerce intérieur, p. 471.
Commissaires impériaux, p. 303.
Concessions étrangères, p. 484.

TABLE ALPHABÉTIQUE

Concessions françaises (à Shanghaï), p. 581, 597.
Concubines, p. 192.
Confucius, p. 47, 261, 288, 414.
Consulaires (établissements), p. 500.
Constantin (prince chinois), p. 238.
Contrebande (abus de la), p. 486.
Corée (pays tributaire), p. 143, 578, 583.
Cormorans, p. 158, 464.
Cornes (de buffles et de rhinocéros), p. 505, 510.
Corporations, p. 328.
Corrections légales, p. 311.
Cortéges officiels, p. 307.
Costumes nationaux, p. 194.
Costumes officiels, p. 196, 285.
Côtes (configuration des), p. 20.
Coton, p. 175, 435, 450, 504, 510.
Cou-cok (île), p. 95.
Coulis chinois, p. 216.
Cour (administration de la), p. 280.
Courcy (comte de), diplomate français, p. 588, 596, 598, 600.
Cour suprême anglaise, p. 625.
Couvents boudhistes, p. 228.
Cristal de roche, p. 146.
Crustacées, p. 163.
Cucurbitacées, p. 174.
Cuirs (industrie des), p. 452.
Cuisine chinoise, p. 199.
Cuivre, p. 148, 446.
Cuivre blanc, p. 447.
Culte de Confucius, p. 261.
Culte de Fô, p. 225.
Culte de Kouan-yin, p. 262.
Culte des lettrés, p. 222.
Culte des morts, p. 263, 267.
Culte officiel, p. 219.
Culte primitif des Chinois, p. 218.
Culte de la raison, p. 223.
Cultures alimentaires, p. 423.
Culture (instruments de), p. 424.
Cultures industrielles, p. 434.
Cumming (missionnaire protestant), p. 257.
Cunha (de), gouverneur de Macao, p. 582.
Curcuma (commerce du), p. 511.
Curiosités (commerce des), p. 511.
Cycles sexagénaires, p. 377.

Daour (montagne), p. 7.
Davis (sir John), diplomate anglais, p. 563, 564, 575.
Davis (John W.), plénipotentiaire américain, p. 580.
Déba (fonctionnaires thibétains), p. 141.
Décorations officielles, p. 286.
Déluge chinois, p. 528.
Dialectes chinois, p. 338.
Dictionnaires chinois, p. 340.
Diners chinois (invitations, mets), p. 214.
Diplomatique (représentation), p. 490.
Diplômes littéraires, p. 359.
Divorce, p. 193.
Discipline militaire, p. 321.
Distinctions sociales, p. 283.
Divertissements publics, p. 206.
Divinités chinoises, p. 220.
Divisions administratives et politiques, p. 32.
Divisions administratives de la Chine propre, p. 35.
Divisions naturelles de la Chine propre, p. 34.
Division du temps, p. 377.
Djassak (chefs mongols), p. 119.
Dje-ho (rivière), p. 38.
Doctrines philosophiques des Chinois, p. 370.
Douanes chinoises, p. 315, 473, 486, 520.
Dracæna (plante), p. 170.
Dragon (animal fabuleux), p. 166.
Dragon de la mer (fête du), p. 270.
Dryandra cordata (plante), p. 172.
Drogues chinoises (commerce des), p. 511.
Dutch Folly (île), p. 88.
Dyer-Ball (missionnaire protestant), p. 257, 347.
Dynasties (les cinq), p. 540.
Dzaï-zang (lac), p. 119.
Dzang-bou (rivière), p. 135.
Dzang-tsou (rivière), p. 140.
Dzargoutchi (fonctionnaires mantchoux), p. 123.
Dzaring (lac), p. 20, 119.
Dzassactou (khanat mongol), p. 120.

D

Dabry (consul français), p. 627.
Daim blanc (vallée du), p. 61.
Dalaï-lama (chef des lamas), p. 229.

E

Eclosion artificielle (méthode d'), p. 465.
Ecriture (les six modes d'), p. 243.
Ecoles primaires, p. 350.

Edan (consul de France), p. 587, 589, 596.
Edits impériaux et provinciaux, p. 296, 299, 325.
Edits favorables et hostiles au christianisme, p. 239, 247, 573, 576, 617 et suiv., 244, 252.
Education de la jeunesse, p. 348.
Education des femmes, p. 359.
Eleuths (tribu mongole), p. 127.
Elgin (lord) ambassadeur anglais, p. 603, 606, 608, 609, 612, 615.
Elliot (le capitaine), agent britannique, p. 564 et suiv.
Emigration chinoise, p. 489, 496, 500, 597, 611.
Empereur (priviléges, titres officiels), p. 278.
Encre de Chine, p. 344.
Encyclopédiques (ouvrages), p. 369.
Esclaves (condition des), p. 284.
Etendue de l'empire, p. 5.
Etendue de la Chine propre, p. 33.
Etain, p. 148.
Etiquette officielle, p. 211.
Etrangers (situation légale), p. 284.
Etrangers (nom donnés aux), p. 294.
Eugénia (végétal), p. 174.
Eulembourg (comte d'), diplomate prussien, p. 616.
Eunuques, p. 282.
Evêque de Péking (sa résidence), p. 42.
Everett (plénipotentiaire américain), p. 576.
Examens littéraires, p. 349, 355.
Examens militaires, p. 321, 359.
Expédition anglaise, p. 485, 547, 567.
Expédition anglo-française, p. 548, 603 et suiv., 611 et suiv.
Exportations (principales), p. 499, 510, 518.
Exposition publique des criminels, p. 311.

F

Fabre (missionnaire catholique), p. 238.
Factoreries de Canton, p. 88.
Fa-hien (prêtre boudhiste), p. 373.
Faisans (diverses espèces de), p. 159
Famille impériale, p. 281.
Fantan (jeu chinois), p. 205.
Fan-ta (voir Pou-tching-se).
Fao-liang (ville), p. 61.
Fauconnerie (art de la), p. 157.
Fausses-Selles (île), p. 67.

Faïence (fabrication de la), p. 457.
Feï-tze (personnage historique), p. 3.
Femmes (séquestration des), p. 188.
Fer, p. 148.
Fermages (condition des) p. 298.
Fêtes publiques, p. 267.
Feun (rivière), p. 14, 49.
Finances (administration des), p. 314.
Flagellation des criminels, p. 310.
Flint (agent de la compagnie des Indes), p. 564.
Fleurs de la Chine, p. 167 et suiv.
Fleuve Bleu, p. 14.
Fleuves de l'empire, p. 13 et suiv.
Fleuve Jaune, p. 13.
Fo-kien (province), p. 69.
Fonctionnaires (hiérarchie, rangs officiels, titres, traitements, etc.), p. 300, 305, 325.
Fong-yang (ville), p. 59.
Foote (officier américain), p. 600.
Formose (île), p. 73.
Formose (événements de), p. 481, 558, 570, 622.
Fortifications (système), p. 323, 405.
Forth-Rouen (diplomate français), p. 578.
Fossiles de la Chine, p. 149.
François Xavier (saint) p. 235.
Fruits comestibles, p. 201.
Fou (département), p. 31.
Fou-tchan ou Fatchan (ville), p. 90.
Fou-hi ou Fo-hi (premier empereur), p. 363, 527.
Fou-ta (voir Fou-youen).
Fou-tchéou (ville), p. 71.
Fou-tchéou (commerce, événements de), p. 489, 498, 582, 598.
Fou-tsan (préfet), p. 302.
Fou-tsiang (généraux de brigade), p. 319.
Fou-you-en (gouverneur de province), p. 300.
Foung-houang (ville), p. 114.
Foung-tao (inventeur de la lithographie), p. 345.
Foung-tien (ville), p. 113.
Funérailles (cérémonies des), p. 263.

G

Gabelle, p. 315.
Gan-dis-ri (montagnes), p. 10.
Galanga officinal (plante), p. 171.
Gange, p. 135.

Galdan (monastère), p. 140.
Geisinger (commodore américain), p. 580.
Généraux chinois et tartares, p. 301, 319.
Genesek-khan (empereur), p. 542.
Géographie de l'empire, p. 1 et suiv.
Géographique (science), p. 36, 272.
Gigartina tenax (plante marine), p. 168.
Gingembre, p. 171.
Ginseng, p. 174, 505.
Gioro (nom de la famille régnante), p. 280.
Gioro (les), princes impériaux, p. 281.
Glacières chinoises, p. 66.
Gloire et Victorieuse (naufrage de la), p. 578.
Glouton, p. 151.
Gobi ou Cha-moh (désert), p. 11 et suiv.
Golowine (ambassadeur russe), p. 557.
Gomme-gutte, p. 506.
Gong, p. 446.
Gordon (commandant le corps anglo-chinois), p. 622 et suiv.
Gough (sir Hughe), général anglais, p. 568 et suiv.
Goummi (ville), p. 131.
Gouvernement de l'empire, p. 278.
Goyavier (arbre fruitier), p. 174.
Goyer (ambassadeur hollandais), p. 558.
Grades littéraires, p. 355.
Grammaires chinoises, p. 339.
Graminées, p. 168.
Grand canal, p. 23.
Grande muraille, p. 21 et suiv.
Granits, p. 146.
Grass-cloth (étoffe), p. 436, 451.
Gravure (art de la), p. 460.
Griswold (consul américain), p. 581.
Gros (baron), ambassadeur français, p. 246, 603, 612, 614.
Guérin (amiral français), p. 596, 598, 603.
Guimaraens (don Isidoro), gouverneur de Macao, p. 582, 601.
Gutzlaff (missionnaire protestant), p. 256, 583.
Gypse cristallisé, p. 147.

Haï-nan (île), p. 90.
Haï-tan (île), p. 75.

Haï-tchouang-tse (temple), p. 87.
Hami (ville), p. 81.
Han (cinquième dynastie), p. 534.
Han postérieurs (seizième dynastie), p. 541.
Hang-tchong (ville), p. 79.
Han-haï (lac), p. 12.
Han-keou (ville), p. 76, 498.
Han-kiang (rivière), p. 15, 76, 79, 85.
Han-lin (académicien), p. 358.
Han-lin-youen (académie), p. 41, 293.
Han-tchéou (ville), p. 63, 618, 623.
Han-tsou (empereur), p. 530.
Hao-tsang (division du Thibet), p. 140.
Hao-yan-tching (ville), p. 143.
Harachar (ville), p. 128.
Harem impérial, p. 282.
Hart (inspecteur général des douanes), p. 623.
Heh-long-kiang (fleuve), p. 15.
Hélène (impératrice chinoise), p. 238.
Hen-kiang (rivière), p. 18.
Heng-fou (commissaire impérial), p. 612.
Henné (végétal), p. 174.
Hia (première dynastie), p. 529.
Hiamoun (voir Amoy).
Hiang-chan (île), p. 94.
Hiao-king (un des classiques), p. 367.
Hiao-ouang (empereur), p. 3.
Hien (arrondissements), p. 31.
Hien-foung (empereur), p. 547.
Hiérarchie administrative, p. 300.
Hiérarchie officielle, p. 284.
Himalaya (montagnes), p. 10.
Hingan (montagnes), p. 9, 111.
Hing-houa (ville), p. 73.
Hing-pou (un des ministères), p. 292.
Hink-haï (lac), p. 19, 111.
Hin-king (ville), p. 113.
Hio-tching (chanceliers littéraires), p. 301.
Hiouen-kiang (rivière), p. 18.
Histoire légendaire de la Chine, p. 525.
Histoire nationale de la Chine, p. 523.
Histoire naturelle, p. 145 et suiv.
Hoaï (rivière), p. 58.
Hoaï-ngan-fou (ville), p. 24, 57.
Hoang-ho (fleuve), p. 13.
Hochoits (tribu tartare), p. 124.
Hoeï-tchéou-fou (ville), p. 59.
Honan (province), p. 50.
Honan (île près de Canton), p. 87.

Honaï-tse (fonctionnaire chinois), p. 564.
Hong (marchands privilégiés), p. 482, 560, 562.
Hong-kong, p. 94, 491, 520, 574.
Hong-tsi (lac), p. 19.
Hong-siou-tsiouen (chef des rebelles), p. 547.
Hong-vou (empereur), p. 52, 542.
Hope (amiral anglais), p. 610, 616, 618.
Horlogerie (commerce de l'), p. 506.
Hornby (sir Edmond), magistrat anglais, p. 626.
Hospices, p. 274.
Houa-cha-na (fonctionnaire chinois), p. 606, 609.
Houaï (rivière), p. 51.
Houaï-tsong (empereur), p. 543.
Houang (vice-roi de Canton), p. 575, 576.
Houang-pi (arbre fruitier), p. 176.
Houang-pou (rivière), p. 56.
Houang-tsoung-han (vice-roi de Canton), p. 604, 607.
Houang-tchou-ki (attentat commis à), p. 578.
Houang-ti (empereur), p. 377, 527.
Houi-youen (ville), p. 126.
Houilles, p. 149.
Hou-kouang (province), p. 76.
Hou-lân (ville), p. 117.
Hou-nan (province), p. 77.
Hou-péh (province), p. 76.
Hou-pou (ministère), p. 291.
Hourkha (rivière), p. 115.
Houroum (lac), p. 19, 111.
Houroun-pir (district et ville), p. 19, 117.
Hu-tï (rivière), p. 37.
Hypothèques, p. 298.

I

Ibn-batouta (diplomate arabe), p. 476, 554.
Icoan (chef de pirates), p. 544.
Igname, p. 170, 429.
Ignatius (Martin), ambassadeur espagnol, p. 556.
Ignatieff (général russe), p. 615.
Iki-aral (lac), p. 119.
Ilchi (ville), p. 130.
Iles d'Argent et d'Or, p. 55.
Ile danoise, p. 88.
Ile française, p. 88.
Ili (région), p. 125.
Ili proprement dit, p. 126.
Ili (rivière), p. 126.

Ili (ville), p. 126.
I-li-pou (commissaire impérial), p. 568, 570.
Imil (rivière), p. 126.
Importations principales, p. 499, 503, 518.
Impôts divers, p. 314.
Impôt foncier, p. 315.
Imprimerie, p. 345.
In-chan (montagnes), p. 9.
Indus (fleuve), p. 134.
Industrie chinoise (état actuel, procédés, produits), p. 444 et suiv.
Infanticide (pratique de l'), p. 274.
Ingoda (rivière), p. 16.
Innocent X (sentence du pape). p. 240.
Insectes de la Chine, p. 163.
Inspecteurs et surintendants généraux, p. 304.
Inspectorat étranger des douanes chinoises, p. 486, 496, 499, 590, 611, 618.
Instruction publique (son antiquité), p. 348.
Instruction primaire, p. 350.
Instruments de musique, p. 410.
Intendants, p. 302.
Intérêt de l'argent, p. 472.
Insurrections contre les Mantchoux, p. 547, 582, 585, 590, 612, 618 et suiv., 625.
Ipomea (plante), p. 177.
Irraouady (fleuve), p. 135.
Irrigations, p. 423.
Irtish (rivière), p. 126, 129.
Isaac (prêtre nestorien), p. 234.
Isatis-indigotica (plante), p. 453.
Islamisme chinois, p. 230.
Ismailoff (ambassadeur russe), p. 557.
Issikoul (lac), p. 19, 126.
Ithi (inventeur du vin), p. 203.
Ivoire (commerce de l'), p. 506.
Ixora, p. 176.

J

Jacquemin (missionnaire français), p. 596.
Jade, p. 146.
Japon (événements du), p. 586, 589, 591, 594, 596, 616, 627.
Jardins de plaisance, p. 406, 442
Jéhangir (khan mongol), p. 133.
Jésuites (missions des), p. 236 et suiv.

TABLE ALPHABÉTIQUE

Jeu (passion du peuple pour le), p. 205.
Jeux chinois, p. 205.
Jongleurs, p. 207.
Jonques chinoises, p. 400.
Jou-kiao (secte des lettrés), p. 222.
Jou-ho (rivière), p. 51.
Judaïsme chinois, p. 231.
Jugements (appel des), p. 309.
Juge provincial, p. 301.
Justice (administration de la), p. 307.

K

Kachgar (ville), p. 129.
Kaï-dou (rivière), p. 19.
Kaï-foung (ville), p. 51.
Kaï-la-sa (montagne), p. 11, 74.
Kalgan (ville), p. 120.
Kalkas (tribu tartare), p. 124.
Kalkas-sainoin (khanat mongole), p. 120.
Kalmouks (tribu mongole), p. 127.
Kang-hi (empereur), p. 132, 239, 242, 545.
Kan-kiang (rivière), p. 14, 18, 60.
Kan-kia-ping (censeur), p. 243.
Kan-sou (province), p. 80.
Kan-tchéou (ville), p. 61.
Kaoulong (ville), p. 615.
Kaotse (ustensiles divinatoires), p. 273.
Kao-tï (empereur), p. 537.
Kaotsou (empereur), p. 534, 536, 538.
Kao-you (lac), p. 52.
Karakash (ville), p. 131.
Karakoroum (montagne), p. 8.
Karpon (fonctionnaire thibétain), p. 141.
Katsi (montagnes), p. 134.
Keizer (ambassadeur hollandais), p. 558.
Kerlon (fleuve), p. 16, 119.
Khagiour (préceptes boudhiques), p. 226.
Khans (chefs tartares), p. 294.
Khoten (ville), p. 130.
Kiachta (ville), p. 122, 478.
Kiaking (empereur), p. 243, 546.
Kialing (rivière), p. 15, 83.
Kiang-kin-houn (amiral chinois), p. 569.
Kiang-nan (province), p. 36.
Kiang-ning (ville), p. 52.
Kiang-si (province), p. 60.
Kiang-sou (province), p. 51.
Kiao-kouan (ville), p. 81.

Kiaoli (substance vitrée), p. 458.
Kia-tsing (empereur), p. 543.
Kichen (commissaire impérial), p. 568 et suiv.
Kienlong (empereur), p. 133, 142, 546.
Kié-kouei (empereur), p. 531.
Kien-youen (période chronologique), p. 527.
Ki-heul-hang-a (fonctionnaire chinois), p. 589, 591, 596, 598.
Kihlien-chan (montagne), p. 9.
Kih-ngan (ville), p. 60.
Ki-ing (commissaire impérial), p. 249, 570 et suiv., 606.
Kiloung (ville), p. 74.
Kin (poids), p. 379.
Kin (tribu tartare), p. 541, 543.
Kinchan (montagne), p. 7.
Kinchan (île), p. 55.
King (rivière), p. 79.
King-chan (jardins), p. 42.
King-soui (ville), p. 127.
King-te-tching (ville), p. 61, 454.
King-tchao (gazette officielle), p. 289.
King-tsing (prêtre nestorien), p. 233.
Kin-ki-tao (ville), p. 143.
Kin-moun ou Quémoy (île), p. 73.
Kin-tchaï (commissaires impériaux), p. 303.
Kin-tchao (ville), p. 77.
Kin-tchéou (ville), p. 114.
Kin-teh (montagne), p. 118.
Kin-tien-kien (collège astronomique), p. 295.
Kiou (général chinois), p. 238.
Kiou-chan (île), p. 67.
Kiou-kiang (ville), p. 62, 498.
Kioun-ki-tchou (grand conseil du gouvernement), p. 289.
Kioun-tchéou (ville), p. 91.
Ki-ou-ouan (ville), p. 114.
Kiou-sien-chan (colline des neuf génies), p. 71.
Ki-rin (province), p. 115.
Kirréa (ville), p. 131.
Kisilbash (lac), p. 19, 119.
Kiu-jin (licencié), p. 356.
Kitan (peuplade tartare), p. 540.
Kleczkowski (comte), diplomate français), p. 591, 610.
Ko-ching-a (pirate chinois), p. 544, 558.
Kolmin-chang-hin-alin (montagnes), p. 10, 111.
Kong (prince de), ministre dirigeant, p. 549, 614, 615, 617, 625, 627.

Kon-kien-i-tchi (ouvrage historique), p. 370.
Kong-pou (ministère), p. 292.
Kouan (désignation des fonctionnaires), p. 285, 305.
Kouan (amiral chinois), p. 568.
Kouan-houa (dialecte officiel), p. 339.
Kouang-si (province), p. 96.
Kouang-tchéou (ville), p. 85.
Kouang-toung (province), p. 84.
Kouang-vou (empereur), p. 534.
Kouantï (divinité), p. 220.
Kouan-yin (divinité), p. 220.
Koubilaï (khan tartare), p. 38, 541.
Kouëi-liang (fonctionnaire chinois), p. 606, 612, 617.
Kouëi-lin (ville), p. 96.
Kouëi-tchéou (province), p. 97.
Kouëi-yang (ville), p. 97.
Kou-kou-daban (montagne), p. 118.
Koulang-sou (île), p. 72.
Kouldcha (ville), p. 126.
Koulkoun (montagnes), p. 8.
Kouoh-tchou (temple des), p. 43.
Kouo-tse-kien (collége national), p. 354.
Kourka-tchi (montagnes), p. 134.
Kour-kasa-ousou (province et ville), p. 126, 127.
Kourli (ville), p. 128.
Kouroun (ville), p. 120.
Koussogol (lac), p. 119.
Koutché (ville), p. 129.
Kou-tchoun (bannières mongoles), p. 119.
Koutouktou (grand conseil des lamas), p. 121.
Kou-youk (khan tartare), p. 553.
Ksoma-di-koros (voyageur au Thibet), p. 140.

L

Lacs de l'empire, p. 18 et suiv.
Lac de l'Ouest, p. 64.
Ladack, p. 143.
Ladrone (île), p. 95.
Lagrené (de), plénipotentiaire français), p. 247, 573.
Laguerre (amiral français), 591 et suiv.
Lapierre (officier français), p. 577.
Laine (étoffes de), p. 452, 506.
Lama (prêtre boudhiste), p. 229.
Lamas (du Thibet), p. 137.
Lamyt (île), p. 75.
Land régulations (règlement territorial à Shanghai), p. 590.

Langue chinoise, p. 333.
Langage écrit (formation, caractères, etc.), p. 334 et suiv.
Lantao (montagne,) p. 88.
Lan-tchéou (ville), p. 81.
Lanternes (fabrication des), p. 461.
Lanternes (fête des), p. 269.
Lan-tsan (rivière), p. 99.
Lao (vice-roi de Canton), p. 620.
Lao-tse (chef de secte), p. 223.
Laque (fabrication de la), p. 458.
Larmille des Indes (plante), p. 168.
Lassa (ville), p. 140.
Lay (surintendant des douanes), p. 606, 610, 618, 621.
Leao-ho (rivière), p. 18, 111, 119.
Lebreton (commandant du corps franco-chinois), p. 619 et suivantes.
Lefebre de Bécourt (consul français), p. 574.
Légumes chinois (commerce des), p. 512.
Léh (ville), p. 144.
Lelieur de la Ville-sur-Arce (officier français), p. 602.
Leturdu (missionnaire français), p. 582.
Lettrés chinois, p. 354, 359.
Li (décrets impériaux), p. 296.
Li (poids), p. 380.
Li (mesure de longueur), p. 379.
Li (gouverneur du Kiang-sou), p. 623.
Liang (poids), p. 379.
Liang (dynastie), p. 537.
Liang postérieurs (dynastie), p. 540.
Liang-afah (chrétien chinois), p. 255.
Liang-hou (vice-royauté), p. 77.
Liuh-nu-tchouen (ouvrage biographique), p. 373.
Liéou (chef rebelle), p. 587, 594.
Li-fan-youen (département des colonies), p. 293.
Li-ki (classique), p. 221, 365.
Li-kouëi (compilateur du code), p. 296.
Limace de mer, p. 205.
Li-ma-hon (chef de pirates), p. 556.
Li-mou (rivière), p. 90.
Li-mou (montagnes), p. 90.
Lin-ché (mort lente), p. 310.
Lin-kouëi (fonctionnaire chinois), p. 583.
Lin-tin (île), p. 89.
Lin-tse-tsu (commissaire impérial), p. 566, 582 et suiv.
Lin-tsing-tchao (ville), p. 24, 48.
Liou-tchang-you (vice-roi), p. 620.

TABLE ALPHABÉTIQUE

Liou (gouverneur du Kiang-sou), p. 626.
Li-pou (ministère), p. 291.
Li-taï-pé (poëte chinois), p. 388.
Li-tchi (fruit), p. 176.
Li-chi-tsin (savant naturaliste), p. 178.
Liuh (lois), p. 296.
Liuh-li (code chinois), p. 296.
Livres chinois (format, composition, reliure), p. 346.
Lij-pou (ministère), p. 290.
Lockart (missionnaire américain), p. 257.
Loh-kiang (rivière), p. 79.
Lois chinoises, p. 296.
Lop-nor (lac), p. 17, 19.
Loquat (arbre fruitier), p. 176.
Lou (rivière), p. 14.
Lou (territoire mongol), p. 120.
Loung-chan (montagne), p. 80.
Loung-kiang (rivière), p. 70.
Louo-han (les), p. 228.
Louh-pou (les six ministères), p. 290.
Louh-tchao (auteur chinois), p. 360.
Lou-tchéou (presqu'île), p. 85.
Lo-yang (ville), p. 3, 534.
Lowrie (missionnaire protestant), p. 580.
Lu (montagnes), p. 61.
Lunettes chinoises, p. 458.
Lun-yu (classique), p. 367.

M

Macao (colonie portugaise), p. 91, 492, 556, 561, 568, 575, 576, 581, 596, 601, 607.
Macartney (ambassadeur anglais), p. 561.
Macgowan (missionnaire protestant), p. 257.
Mac-Lane (plénipotentiaire américain), p. 588, 591 et suiv.
Magasins chinois, p. 402.
Magistrats inférieurs, p. 302.
Mackerara (île), p. 92.
Magnolias, p. 175.
Maigrot (évêque catholique), p. 241.
Mai-ma-tchin (ville), p. 122, 478.
Main-d'œuvre (prix de la), p. 427.
Maisons chinoises (construction, architecture, mobilier, etc.), p. 393 et suiv.
Maires chinois, p. 305.
Malabathrum (plante aromatique), p. 552.

Maladies communes en Chine, p. 383.
Manassa-ráoua, p. 135.
Mandchourie, p. 111.
Mânes errantes (fête des), p. 271.
Mangou (khan tartare), p. 553.
Manille (colonie chinoise de), p. 557.
Mao (mesure superficielle), p. 379.
Maoutan (plante), p. 175.
Marbres, p. 147.
Marc-Aurèle (ambassade envoyée par), p. 551.
Marco-Polo (voyageur vénitien), p. 554.
Mariage (formalités, législation), p. 189.
Marine de guerre, p. 320.
Maritime (service), p. 501.
Marshall (Humphrey), plénipotentiaire américain), p. 585.
Martinez (missionnaire jésuite), p. 241.
Martineau des Chenets (officier français), p. 604.
Martineau (missionnaire catholique,) p. 626.
Mas (Sinibaldo de), plénipotentiaire espagnol, p. 579.
Mathématique (science), p. 378.
Ma-touan-lin (auteur), p. 373.
Ma-tsou-chan (île), p. 75.
Ma-tsou-pou (divinité), p. 65.
Mauboussin (consul français), p. 621.
Mauricastre (Mgr de), p. 243.
Médecine (académie de), p. 295.
Médecine chinoise, p. 382.
Medhurst (missionnaire protestant), p. 256.
Medhurst (agent britannique), p. 582, 590.
Mee-lee (capture du steamer), p. 616.
Mei-hi (impératrice), p. 531.
Mei-ling (montagnes), p. 9.
Mei-kong (fleuve), p. 99, 435.
Mei-nam (rivière), p. 99.
Mencius (philosophe), p. 368, 416.
Mendiants chinois, p. 328.
Menuiserie (art de la), p. 460.
Mercure (emplois industriels), p. 148, 506.
Meritens (baron de), p. 612, 613, 622.
Mesures de longueur et de superficie, p. 379.
Métaux, p. 147.
Metello (ambassadeur portugais), p. 556.

Mezzabarba (légat apostolique), p. 242.
Miaotze, p. 28, 98.
Midi (église du), p. 251.
Milne (missionnaire protestant), p. 256.
Mi-lo-fo (un des noms de Boudha), p. 228.
Min (impératrice), p. 530.
Minéralogie, p. 145.
Min-fou (voir Tché-hien).
Ming (rivière), p. 17.
Ming (dynastie), p. 542.
Ming-ti (empereur), p. 535.
Ming-kiang (rivière), p. 15, 70.
Ministères d'Etat, p. 288.
Ministères (les six), p. 290.
Min-ngan-hien (ville), p. 70.
Min-ti (empereur), p. 225.
Miroirs métalliques, p. 447.
Missions catholiques, p. 234 et suiv.
Missions nestoriennes, p. 232.
Missions protestantes, p. 254.
Mœurs des Chinois p. 184.
Moines tao-sé, p. 224.
Moines boudhistes, p. 228.
Mollusques, p. 163.
Mongolie, p. 117.
Mongolie intérieure, p. 119.
Mongolie extérieure, p. 120.
Monnaies chinoises, p. 380.
Monnaies en usage dans le commerce, p. 500.
Montagnes de l'empire, p. 7 et suiv.
Montagnards du Kouang-si, p. 96.
Monts-de-piété, p. 472.
Monte-Corvino (missionnaire catholique), p. 235.
Montauban (général français), p. 611.
Montigny (consul de France), p. 581, 583, 584, 603.
Monuments chinois, p. 403.
Moralès (dominicain), p. 237.
Morrisson (missionnaire protestant), p. 254, 562.
Mort (peine de), p. 310.
Mou-kan-chan (montagnes), p. 74.
Mouk-den (ville), p. 113.
Mourous-oussou (fleuve), p. 14.
Moussons, p. 105.
Moutons chinois, p. 153.
Mou-yin (commissaire impérial), p. 613, 616, 617.
Mouz-daban (défilé), p. 8.
Mouz-tag (montagne), p. 8.
Municipalités étrangères à Shanghaï, p. 491.

Mûriers, p. 172, 436.
Murraya-exotica (plante), p. 176.
Murs de pieux, p. 23.
Musc, p. 155, 512.
Musique, 292, 409.

N

Nacre (commerce de la), p. 506.
Nan-chan (montagnes), p. 9.
Nang-gan (ville), p. 61.
Nan-hioung (ville), p. 89.
Nang-kang (ville), p. 61.
Nanking (ville), p. 52.
Nanking (événements de), p. 570, 585, 586 et suiv., 590, 624.
Nan-ling (montagnes), p. 9.
Nan-tchang (ville), p. 60.
Nan-ting (rivière), p. 99.
Napier (surintendant du commerce anglais), p. 563.
Nattes (fabrication), p. 462.
Navarette (missionnaire catholique), p. 241.
Navires (construction, mâture, pavillon, etc.), p. 400.
Néel (prêtre martyr), p. 252, 619.
Nélumbium (plante), p. 175.
Nénuphar blanc (société du), p. 329.
Nerpruns, p. 173.
Nertcha (rivière), p. 16.
Ngan-cha-se (grand juge), p. 301.
Ngan-hoeï (province), p. 58.
Ngan-king (ville), p. 59.
Nids d'hirondelles, p. 202.
Nié-fei (insurgés chinois), p. 625 et suiv.
Nieou-tchouang (ville), p. 114, 498.
Nié-ta (voir Ngan-cha-se).
Ning-hia (ville), p. 81.
Ningouta (ville), p. 115.
Ningpo (ville), p. 64.
Ningpo (commerce de), p. 489, 498.
Ningpo (événements de), p. 489, 555, 589, 561, 569, 584, 590, 593, 603, 617, 619.
Nitre, p. 147.
Noms par lesquels on désigne la Chine, p. 2 et suiv.
Noms et prénoms des Chinois, p. 186.
Nonni (rivière), p. 16 et 116.
Noubra (ville), p. 144.
Noui-hi (barbares indigènes), p. 294.
Noui-fan (étrangers intérieurs), p. 294.

TABLE ALPHABÉTIQUE

Noui-kien (commissaire impérial), p. 570.
Noui-ko (cabinet impérial), p. 288.
Noui-vou-fou (conseil administratif de la cour), p. 280.
Nou-kiang (rivière), p. 99.
Nourriture animale, p. 202.
Nourriture végétale, p. 200.
Nouvel an (fête du), p. 268.
Nuages blancs (collines des), p. 87.
Numéral système, p. 378.

Ourga (ville), p. 121.
Our-haï (lac), p. 100.
Ousbeks (tribu mongole), p. 127.
Oushi (ville), p. 129.
Ou-sam-qua (tao-taï de Shanghaï), p. 579, 591.
Ousouri (rivière), p. 16, 111.

O

Ockseou (île), p. 75.
Odes pour la jeunesse (classique), p. 369.
Odéric (le moine), p. 554.
Oiseaux de la Chine, p. 156.
Oksou (ville), p. 129.
Oling (lac), p. 20, 119.
Oliviers, p. 168.
Olopoun (prêtre nestorien), p. 234.
Omitifo (nom du Boudha), p. 228.
Onon (rivière), p. 13, 119.
Opium (préparation, usage, effets, commerce de l'), p. 439, 483, 485, 495, 507, 512, 564, 566.
Or, p. 148, 447, 507, 512.
Orchidées, p. 171.
Orkhon (rivière), p. 119.
Oroumtsi (ville), p. 82.
Orpiment, p. 149.
Ortie (plante industrielle), p. 436.
Ortous (tribu mongole), p. 119.
Ouaï-i (barbares extérieurs), p. 294.
Ouaï-fan (étrangers extérieurs), p. 294.
Ouan (préfet de Kia-ing-tchéou), p. 582.
Ouang (désignation des princes), p. 281.
Ouang-ouang (prince philosophe et guerrier), p. 363, 531.
Ouang-tchao-kong (temple impérial), p. 279.
Ouang-i-tih (vice-roi), p. 595.
Oueï (rivière), p. 13, 79.
Oueï (territoire militaire), p. 31.
Oueï (royaume de), p. 535, 538.
Oueï-haï (ville), p. 48.
Ouen (nom des fonctionnaires civils), p. 285.
Ouen (commissaire impérial), p. 592.
Oui-chan (montagne), p. 9.
Ou-liang-haï (province), p. 123.
Ou-lia-sou-taï (ville), p. 123.
Oupsa-nor (lac), p. 119.

P

Paccio (missionnaire jésuite), p. 236.
Pagodes, p. 403.
Pagodes (île), p. 71.
Paka (lac), p. 20.
Palikiao (bataille de), p. 613.
Palmiers, p. 169.
Palti (lac), p. 20.
Pandanus utilis, p. 170.
Pangolin, p. 153.
Pan-houi-pan (femme savante), p. 360.
Panthères chinoises, p. 152.
Pantoja (missionnaire jésu te), p. 236.
Paons chinois, p. 159.
Paoting (ville), p. 45.
Papayer (végétal), p. 174.
Papier, p. 345.
Parker (Peter), plénipotentiaire américain, p. 257, 579, 583, 598.
Parker (sir Williams), amiral anglais, p. 589.
Parkes (sir Harry), plénipotentiaire anglais, p. 599, 604, 609, 613, 626.
Patang (ville), p. 136.
Patates, p. 170.
Pavillons des navires, p. 402.
Pavot (culture), p. 176, 438.
Pays tributaires et colonies, p. 110.
Pêche (industrie de la), p. 462.
Pé-hou (rivière), p. 37.
Peï-ho (rivière), p. 18, 37.
Peï-ho (événements du), p. 561, 568, 582, 592, 606, 609.
Peines (rachat des), p. 312.
Peines légales, p. 310.
Peinture chinoise, p. 407.
Pékiang (rivière), p. 17, 85.
Péking, p. 38 et suiv.
Péking (traités de), p. 250, 614, 656.
Péling (montagnes), p. 10.
Pelleteries (commerce des), p. 508, 513.
Pentapetes phœnicia (plante), p. 175.

Perboyre (missionnaire catholique), p. 247.
Perestrello (navigateur portugais), p. 555.
Persécutions des catholiques, p. 237, 238, 243.
Pescadore (îles), p. 75, 558.
Petchily (province), p. 37 et suiv.
Petit Bokhara, p. 127.
Petit Thibet, p. 143.
Pétong (métal), p. 148.
Petits pieds des femmes, p. 197.
Pétuné (ville), p. 116.
Phénix (animal fabuleux), p. 166.
Philanthropiques (institutions), p. 273.
Physique chinoise, p. 384.
Pi-cha (montagne), p. 112.
Pi-chan (volcan), p. 8.
Pierres précieuses, p. 146.
Pih-kouan (île), p. 75.
Pih-pe-chan (montagnes), p. 143.
Pih-siang (île), p. 75.
Pi-kos (chefs de clans mongols), p. 131.
Pi-kouei (gouverneur du Kouang-tong), p. 584, 604, 608, 609.
Pelti ou Pourak (ville), p. 144.
Piment, p. 177.
Pins et sapins, p. 168.
Pinceau à écrire, p. 344.
Ping-pou (ministère), p. 292.
Ping-ti (empereur), p. 3.
Pir (lac), p. 19, 111.
Pirates (opérations contre les), p. 581, 582, 595, 602.
Piraterie, p. 330.
Pires (Thomé), ambassadeur portugais, p. 555.
Pisciculture (chinoise), p. 464.
Pivoines, p. 175.
Pi-y (homme d'Etat), p. 530.
Plaine (la) une des divisions naturelles de l'empire, p. 34.
Plantes de la Chine, p. 167 et suiv.
Plomb, p. 148.
Poeï-gueï (homme d'Etat, p. 230).
Poêles chinois, p. 466.
Poésie chinoise, p. 388.
Poids et mesures, p. 379.
Poinciana (arbuste), p. 173.
Pois et fèves (commerce des), p. 513.
Poissons de la Chine, p. 161.
Police chinoise, p. 312.
Politesse officielle, p. 211.
Politesse entre particuliers, p. 213.
Polygonum tinctorium, p. 453.
Polythéisme officiel, p. 260.

Ponts (architecture des), p. 404.
Population de la Chine propre, p. 105.
Porcelaine (fabrication, commerce), p. 453, 513.
Ports ouverts au commerce étranger, p. 484, 494.
Port de Bordeaux (révolte à bord du), p. 602.
Promissory-notes (régime des), p. 591, 592, 594.
Poterie (fabrication), p. 457.
Pottinger (sir Henry), plénipotentiaire anglais, p. 569.
Pouankou (le 1er homme), p. 525.
Pouan-loung-chan (montagnes), p. 143.
Pouchtikour (montagne), p. 8.
Poudre à canon, p. 386.
Poué-ko-tchim (région) p. 134.
Pou-fou (broderies officielles), p. 285.
Poules domestiques, p. 159.
Poun-tsao (histoire naturelle), p. 178.
Pou-tching-se (trésoriers), p. 301.
Pou-tek (ville), p. 117.
Poutiatine (amiral russe), 586, 605, 606.
Pouto (île), p. 68.
Po-yang (lac), p. 18, 60.
Préfets chinois, p. 302.
Prémare (sinologue français), p. 337.
Presse (régime de la), p. 347.
Prétoires des fonctionnaires, p. 306.
Primitifs (caractères), p. 336, 342.
Prisons chinoises, p. 311.
Prix (distribution de), p. 354.
Priviléges légaux, p. 283.
Procédure, p. 308.
Propriété territoriale, p. 427.
Prosodie chinoise, p. 390.
Protet (amiral français), p. 619.
Proverbes chinois, p. 392.

Q

Quartz chinois, p. 146.
Queen (massacre à bord du), p. 602.
Quémoy ou Kin-moun (île), p. 73.

R

Raasloff (colonel danois), p. 622.
Races qui peuplent l'empire, p. 27.
Radicaux (caractères), p. 336, 342.

TABLE ALPHABÉTIQUE

Ratti-Menton (comte de), consul de France, p. 572.
Ravanrad (lac), p. 135.
Recensements de la population, p. 105.
Recherches sur l'antiquité (ouvrage historique), p. 373.
Reed (plénipotentiaire américain), p. 604, 606, 608.
Régis (missionnaire jésuite), p. 243.
Relations des peuples civilisés avec la Chine, p. 550 et suiv.
Religions des Chinois, p. 218 et suiv.
Renouées (famille des), p. 173.
Reptiles (classe des), p. 161.
Restaurants chinois, p. 204.
Revenus publics, p. 314.
Rhamnus utilis, p. 173.
Rhaphis (végétal), p. 170.
Rhubarbe, p. 173.
Ricci (missionnaire jésuite), p. 236.
Ricin, p. 172.
Rigault de Genouilly (amiral français), p. 603.
Rites (cour des), p. 211.
Riz, p. 168, 200, 428, 509, 513.
Roberts (missionnaire protestant), p. 257.
Robert Bowne (révolte à bord du), p. 584.
Robertson (consul anglais), p. 594, 609.
Robinson (sir Hercules), gouverneur de Hong-kong, p. 609, 625.
Robinson (agent de la compagnie des Indes), p. 564.
Romans chinois, p. 390.
Rongeurs (tribu des), p. 153.
Routes de l'empire, p. 25.
Royaumes (les trois), p. 535.
Rubruquis (ambassadeur de saint Louis), p. 553.
Rues chinoises, p. 403.
Ruggiero (jésuite), p. 236.

S

Saghalien (fleuve), p. 15.
Saghalien (ville), p. 117.
Sagittaria sinensis, p. 170.
Saï-ci (lingots d'argent), p. 381.
Saint-Jean (île), p. 95.
Saï-rim (ville), p. 129.
Sakia-mouni (nom de Boudha), p. 226.
Sakia-sinha (nom de Boudha), p. 226.
Salouen (rivière), p. 99, 135.
Saluts (les huit), p. 211.
Sam-chou (eau-de-vie), p. 203.
Samsah (île), p. 75.
Samyé (monastère), p. 140.
Sanang-setsen (historien), p. 141.
Sandal (industrie, commerce), p. 509.
Sang-kan (rivière), p. 46.
Sang-koï (rivière), p. 99.
San-kouo-tchi (ouvrage historique), p. 370.
San-tsing (ville), p. 116.
San-tchéou (île), p. 95.
San-tchouen (île), p. 95.
San-tsaï-ta (ouvrage philosophique), p. 369.
San-tse-king (classique trimétrique), p. 351, 362.
Sapèque (monnaie), p. 380.
Savarthasidda (un des noms de Boudha), p. 226.
Savonier (arbre), p. 176.
Sciences chinoises, p. 333, 361.
Science militaire, p. 322.
Sculpture (art de la), p. 406.
Sé-chou (les quatre livres), p. 368.
Sé-ki (ouvrage historique), p. 369.
Sel commun et ammoniacal, p. 147.
Sélenga (rivière), p. 119.
Seng (dénomination des provinces), p. 31.
Séra (monastère), p. 140.
Sérissa (arbuste), p. 176.
Sésame, p. 441.
Sé-ta-ki-tchou (roman), p. 391.
Sé-tchouen (province), p. 83.
Settledge (fleuve), p. 134.
Seymour (sir Michaël), p. 597, 599, 601.
Schaal (jésuite), p. 238.
Shanghaï (ville), 56.
Shanghaï (commerce de), p. 487, 497.
Shanghaï (événements de), p. 487, 575, 579, 581, 583, 587 et suiv., 590 et suiv., 593 et suiv., 598, 610, 612, 626.
Sia-kia-ling (montagnes), p. 69.
Sialkoï ou Soyorti (montagnes), p. 10, 111.
Siang (rivière), p. 15, 78.
Siang-kouan (personnage historique), p. 3.
Siang-yang (ville), p. 77.
Siaou-kio (classique), p. 349, 369.
Sien (lac), p. 100.
Si-fan (région), p. 124.
Si-hi-ti (montagnes), p. 10, 111.
Si-ka-vé (établissement de), p. 579.
Si-kiang (rivière), p. 17, 85, 96, 97.

Silveira Pinto (gouverneur de Macao), p. 572.
Sinhd (rivière), p. 144.
Si-ngan (ville), p. 79.
Si-ngan (inscription de), p. 233.
Singes de la Chine, p. 150.
Sing-su-haï (lac), p. 13, 20.
Si-ning (ville), p. 81, 124.
Sin-kiang (province), p. 127.
Sing-li-ta-tsouen (ouvrage philosophique), p. 223.
Sing-pou (ouvrage biographique), p. 373.
Siong-kien (magistrats inférieurs), p. 303.
Si-ouan-houa (ville), p. 46.
Sioué-ling (montagnes), p. 9.
Sioung-chan (île), p. 55.
Siou-tsaï (bacheliers), p. 355.
Siro-mouren (rivière), p. 119.
Siu (fonctionnaire chinois), p. 236, 237.
Si-youen (jardins publics), p. 42.
Sma-kouang (historien), p. 370.
Sma-tsien (historien), p. 369.
So (nom par lequel sont désignés les cantons), p. 31.
Sociétés secrètes, p. 329.
Soï (substance alimentaire), p. 173.
Soie (fabrication, commerce), p. 448, 450, 513.
Soldats chinois, p. 320.
Song (dynastie), p. 541.
Sort (consultation du), p. 272.
Souan-pan (abaque chinois), p. 379.
Souatao (ville), p. 73, 486, 498.
Soui (dynastie), p. 538.
Soui-jin (un des souverains mythologiques), p. 526.
Soui-tching (ville), p. 127.
Soui-youen (ville), p. 119.
Soung (dynastie), p. 536.
Soungari (rivière), p. 16, 112.
Soungarie (province), p. 126.
Sources d'eau chaude, p. 149.
Sou-tchéou (ville), p. 54, 623.
Sou-tong-po (poète chinois), p. 388.
Souverains (les trois), p. 526.
Souverains (les cinq), p. 527.
Stations navales étrangères, p. 490.
Statistique commerciale, p. 517 et suiv.
Stercullier (végétal), p. 172.
Stillingia (végétal), p. 172.
Stirling (sir James), amiral anglais, p. 591, 597.
Stramonium, p. 177.
Styles (trois sortes de), p. 340.

Succession au trône, p. 280.
Sucre (fabrication, commerce), p. 429, 514.
Suif (arbre à), p. 437.
Su-kouang-tsin (vice-roi), p. 484, 577, 580, 584.
Sulfures (divers), p. 149.
Superstitions des Chinois, p. 272.
Surintendants, inspecteurs généraux, p. 304.
Su-tchao (ville), p. 84.
Syn (auteur chinois), p. 422.
Sy-youh ou Sy-yih (région), p. 124.
Sz (un des noms qui désignent les cantons), p. 31.

T

Tabac, p. 177, 441.
Tabletterie (commerce de la), p. 515.
Tablettes funéraires, p. 266.
Tabraca (Mgr) missionnaire, p. 253.
Tachan (montagne), p. 47.
Tachbalig (ville), p. 130.
Taël ou Liang (unité monétaire), p. 380.
Tagouri (tribu mandchoue), p. 116.
Tahio (un des classiques), p. 367.
Ta-hioz (ministres d'Etat), p. 288.
Ta-houng-a (général tartare), p. 571.
Taï-hou (lac), p. 18, 52.
Taï-miao (temple), p. 41.
Taï-ouan (ville), p. 74.
Taï-tsong (empereur), p. 349, 538.
Ta-jen (titre donné aux grands Kouan), p. 305.
Ta-ki (le grand principe), p. 222.
Ta-kiang (rivière), p. 14.
Ta-kou (forts de), p. 606, 610, 612.
Ta-li (ville), p. 100.
Ta-li-sze (haute cour criminelle), p. 295.
Ta-mo (divinité), p. 228.
Tam-tchouk (montagne), p. 135.
Tan (poids), p. 379.
Tan-choui (ville), p. 74.
Tang (symbole mystérieux), p. 306.
Tang (dynastie), p. 538.
Tang-nou (montagnes), p. 8.
Tang postérieurs (dynastie), p. 540.
Tang-tchao (ville), p. 48, 498.
Tan-kas (sorte de bateau), p. 399.
Tan-ting-siang (fonctionnaire), p. 606.
Tao (division administrative), p. 32.
Tao (mesure de capacité), p. 380.

TABLE ALPHABÉTIQUE

Tao-i-youen (académie de médecine), p. 295.
Tao-kia (culte de la raison), p. 223.
Tao-kouang (empereur), p. 547.
Tao-se (docteurs de la raison), p. 225.
Tao-ta (intendants), p. 302.
Ta-ping-ouang (chef de rebelles), p. 548.
Tarbagataï (province), p. 126.
Tarifs commerciaux, p. 484, 572.
Tarim (fleuve), p. 17, 126.
Tarok (lac), p. 20.
Tartares, p. 30.
Tartarie chinoise, p. 110.
Tartash-ling (montagnes), p. 8.
Ta-tien (encyclopédie), p. 369.
Ta-toung (rivière), p. 81.
Ta-tsieh (rivière), p. 65.
Ta-tsiu-ho (rivière), p. 48.
Ta-ye (personnage historique), p. 2.
Ta-youen-fou (ville), p. 50.
Tcha-ho (rivière), p. 23.
Tchaï (territoires militaires), p. 31.
Tchang (rivière), p. 61.
Tchang (mesure de longueur), p. 379.
Tchang-tcha (ville), p. 78.
Tchang-tchéou (ville), p. 73.
Tchang-kiang (général chinois), p. 551.
Tchang-kia-ouan (combat de), p. 613.
Tchang-ling (général chinois), p. 133.
Tchang-ming (vice-roi), p. 244.
Tchang-pé-chan (montagne), p. 10, 111.
Tchang-ti (empereur), p. 535, 551.
Tchang-tchoun (ville), p. 116.
Tchao (dynastie), p. 532.
Tchao (le duc), p. 532.
Tchao (vice-roi), p. 615.
Tchao-ho (rivière), p. 81.
Tchao-king (ville), p. 66, 455.
Tchao - postérieurs (dynastie), p. 541.
Tchao-sin (empereur), p. 531.
Tchao-tchi (sous-préfets), p. 302.
Tchao (territoires administratifs), p. 31.
Tcha-pou (ville), p. 66.
Tché-kiang (province), p. 62.
Tchen-kouang (divinités), p. 221.
Tchéou-kong (prince philosophe), p. 363, 365.
Tchi (mesure de longueur), p. 379.

Tchéfou (voir Foutsun).
Tchi-hien (sous-préfets), p. 302.
Tchi-hoang-ti (empereur), p. 363, 533.
Tchi-ly (province), p. 37.
Tchin (territoire administratif), p. 31.
Tchin (lac), p. 100.
Tchin (désignation impériale), p. 279.
Tchin (dynastie), p. 537.
Tching (général chinois), p. 623.
Tching-fou-tse (philosophe), p. 367.
Tching-ouang-miao (temple), p. 40, 71.
Tching-tou (ville), p. 84.
Tching-tsong (empereur), p. 542.
Tching-yi (chef de pirates), p. 546.
Tchin-haï (ville), p. 66.
Tchin-kiang (ville), p. 55.
Tchin-tang (empereur), p. 531.
Tchin-tchao (historien), p. 370.
Tchin-si (ville), p. 81.
Tchi-ta (voir Tsong-tou), p. 300.
Tchong-ouang (général rebelle), p. 624.
Tchong-tsong (empereur), p. 539.
Tchong-yong (classique), p. 367.
Tchouang-tse (philosophe), p. 223.
Tchouen-hou (empereur), p. 2.
Tchou-hi (philosophe), p. 61, 222, 366.
Tchou-kiang (rivière), p. 17, 85.
Tchoulan (plante), p. 172.
Tchousan (îles), p. 67.
Tchousan (événements de), p. 567, 584, 612, 615.
Tchou-youen-tchang (chef de dynastie), p. 542.
Tchun-siou (classique), p. 365.
Téchou-lama (prêtre boudhiste), p. 141.
Téchou-lombou (ville), p. 140.
Teinturerie, p. 453.
Télégraphie électrique, p. 628.
Temples (architecture des), p. 403.
Teng-ki-ri (lac), p. 20, 135.
Teng-youé (ville), p. 100.
Terre (possession, morcellement, valeur, culture), p. 297, 427.
Thé (culture, récolte, préparation, commerce), p. 175, 430, 515.
Théâtre, p. 208, 209.
Thibet, p. 134 et suiv.
Thistle (massacre à bord du), p 601.
Thoms (missionnaire protestant), p. 347.
Ti (divinité), p. 220.

44

Tien (le ciel), p. 220.
Tien-chan (montagnes), p. 8, 125.
Tien-chan-nan-lou (province), p. 127.
Tien-chan-pé-lou (province), p. 126.
Tien-ching-chou (général chinois), p. 252.
Tien-héou (divinité), p. 220.
Tien-ming (chef mandchou), p. 543.
Tien-tang (temple), p. 43.
Tien-ti (titre impérial), p. 279.
Tien-tsang (province), p. 140.
Tien-tse (titre impérial), p. 279.
Tien-tsin (ville), p. 46, 498.
Tien-tsin (traité de), p. 250.
Tien-tsong (chef mandchou), p. 543.
Timour-khan (empereur), p. 542.
Timour-tou (lac), p. 126.
Ting (territoire administratif), p. 31.
Ting-haï (ville), p. 67.
Ting-tsen (globules officiels), p. 285.
Tin-tien-ho (ministre de Ta-ping-ouang), p. 587.
Ti-oua-tchéou (ville), p. 82.
Ti-siang (empereur), p. 530.
Tita (voir Titou).
Titou (commandant les troupes de la province), p. 301, 319.
Titres de noblesse, p. 286.
Ti-tsang (divinité), p. 228.
To-la (rivière), p. 119.
Tombeaux des Chinois, p. 265.
Tong-kien-kong-muh (ouvrage historique), p. 370.
Tong-shing-tse (cour intermédiaire), p. 295.
Tong-tchéou (ville), p. 46, 613.
Tonnage (droit de), p. 484, 495.
Toro (rivière), p. 119.
Tortue (animal fabuleux), p. 167.
Torture, p. 309.
Townsend-Harris (diplomate américain), p. 598.
Tougoutchouk (ville), p. 127.
Toumets (tribu mongole), p. 119.
Toumin (classe d'hommes vils), p. 284.
Toung-kiang (rivière), p. 17, 85.
Toung-lié (empereur), p. 238.
Toun-ngan (ville), p. 73.
Toung-ting (lac), p. 18, 78.
Toung-young (îles), p. 75.
Tou-po (région), p. 134.
Tourbeths (tribu mongole), p. 128.
Tour de porcelaine, p. 54.

Tourfan (région), p. 124.
Tourgouths (tribu tartare), p. 124.
Tournon (cardinal de), p. 242.
Tou-sz (territoires administratifs), p. 32.
Tou-tcha-youen (cour des censeurs), p. 294.
Tou-tche-tou (khanat mongol), p. 120.
Traités et conventions avec la Chine (principaux), p. 494.
Traités américains avec la Chine, p. 573, 606, 610.
Traité belge, p. 619.
Traité danois, p. 622.
Traité de Kiachta, p. 557.
Traité de Nanking, p. 484, 570.
Traités de Péking, p. 494, 614.
Traité portugais, p. 620, 624.
Traité prussien, p. 616.
Traités russes, p. 478, 558, 593, 606, 615.
Traité supplémentaire anglo-chinois, p. 572.
Traités de Tien-tsin, p. 494, 590, 597, 606, 614.
Traité de Whampou, p. 573.
Traité de Whanghia, p. 573.
Traitements des fonctionnaires, p. 305.
Transit (droits de), p. 473, 495.
Trenqualye (baron de), consul de France, p. 623.
Trépieds (fabrication), p. 446.
Trésorier provincial, p. 301.
Triade (société secrète), p. 329.
Tripang (limace de mer), p. 203.
Tsaï-youen (prince de Y), p. 613, 616, 617.
Tsakars (tribu mongole), p. 120.
Tsang (vice-roi), p. 565.
Tsang-ko-lin-sin (général [tartare), p. 548, 610, 613, 626.
Tsang-kouo-fan (vice-roi), p. 622, 624, 626.
Tsang-tan (disciple de Confucius), p. 367.
Tsan-tah (ville), p. 100.
Tsao-hou (lac), p. 19.
Tsé (rivière), p. 78.
Tsi (dynastie), p. 537.
Tsiang-kioun (généraux tartares), p. 301, 319.
Tsieh (périodes chronologiques), p. 375, 377.
Tsien-tang (rivière), p. 18, 62.
Tsien-tse-ouan (classique), p. 368.
Tsih (rivière), p. 17.
Tsin (dynastie), p. 2, 280, 533, 536.

TABLE ALPHABÉTIQUE

Tsin *ou* li (monnaie courante), p. 380.
Tsi-nan (ville), p. 48.
Tsing (dynastie), p. 544.
Tsing-hai (région), p. 124.
Tsing-hai *ou* Ko-ko-nor (lac), p. 124.
Tsing-laï (auteur chinois), p. 373, 374.
Tsining-tchao (ville), p. 48.
Tsin postérieurs (dynastie), p. 540.
Tsin-se (docteurs), p. 358.
Tsin-tchao (ville), p. 3.
Tsiou (vin chinois), p. 203.
Tsiouen-tchéou (ville), p. 73.
Tsi-pou (mélanges poétiques), p. 388.
Tsi-tsen (khanat mongol), p. 120.
Tsi-tsi-kar (province et ville), p. 116.
Tsong (fonctionnaire chinois), p. 592.
Tsong-chih (branche de la famille impériale), p. 281.
Tsong-jin-fou (ministère de la famille impériale), p. 281.
Tsong-tou (vice-roi), p. 300.
Tso-se (descendant de Confucius), p. 367.
Tsoung-ling (montagnes), p. 8.
Tsoung-ming (île), p. 14, 57.
Tsoung-tché (empereur), p. 549, 617.
Tsyen (flèches divinatrices), p. 273.
Turkestan chinois, p. 127.
Turkestan oriental, p. 127.
Typhon, p. 104.
Tzioun (montagne), p. 114.

U

Unicorne (animal fabuleux), p. 165.
Uniformes des troupes, p. 324.
Unona odorata (plante), p. 175.

V

Valthéria (plante), p. 175.
Van Braam (consul hollandais), p. 559.
Van Hoorn (ambassadeur hollandais), p. 559.
Van-lié (empereur), p. 236, 543.
Vazir (fonctionnaire thibétain), p. 141.
Végétaux de la Chine, p. 167.
Verbiest (jésuite), p. 239.
Vers à soie, p. 165.

Vert végétal, p. 173, 453.
Verrerie (fabrication), p. 457.
Victoria (capitale de Hon-kong), p. 94.
Victory (révolte à bord), p. 584.
Vils (hommes), p. 284.
Vizdelou (savant jésuite), p. 2.
Vin chinois, p. 203.
Voitures chinoises, p. 216.
Volailles (éducation des), p. 465.
Vou (fonctionnaire militaire), p. 285.
Vou (royaume de), p. 535.
Vou-hi (montagne), p. 75.
Vou-hou (ville), p. 59.
Vou-kiang (rivière), p. 97.
Vou-king (les cinq classiques), p. 366.
Vou-ouang (empereur), p. 532.
Vou-sang-kouei (général chinois), p. 543.
Vou-song (rivière et ville), p. 57.
Vou-tchang (ville), p. 76.
Vou-tcheou (ville), p. 96.
Vou-tchi-chan (montagne), p. 91.
Vou-tï (empereur), p. 535, 537.
Voyages (coutumes observées en), p. 215.
Vou-yé (empereur), p. 531.

W

Wade (diplomate anglais), p. 590, 595, 624.
Wahal (voyageur arabe), p. 552.
Wanghia (traité de), p. 573.
Ward (John), diplomate américain, p. 609, 610.
Ward (commandant du corps anglo-chinois), p. 618, 620.
Weddel (navigateur anglais), p. 560.
Wells-Williams (missionnaire et diplomate américain), p. 256.
Whampou (île), p. 88.
Whampou (traité de), p. 247, 573.
Winchester (consul anglais), p. 626.

Y

Yablonoï-krebet (montagne), p. 10.
Yah-loung-kiang (fleuve), p. 14, 83.
Yahou-yen (rivière), p. 48.
Yak (ruminant), p. 136, 155.
Yakoutes (tribu sibérienne), p. 116.
Ya-lu (rivière), p. 113.
Yamorouk (lac), p. 20, 135.

Ya-moun (demeure des magistrats), p. 306.
Yang (principe mâle), p. 222.
Yang-kien (prince), p. 538.
Yang-ping-nan (auteur), p. 36.
Yang-tze-kiang (fleuve), p. 13.
Yang-tze (ports du), p. 499, 617.
Yang-tze (expéditions du), p. 570, 608. 616.
Yao (souverain de la Chine), p. 376.
Yao (empereur), p. 528.
Yaotchéou (ville), p. 61.
Yarbrokiou (lac), p. 135.
Yarkand (ville), p. 130.
Yé-min-tching (vice-roi), p. 579, 585, 596, 599, 604, 609.
Yichan (commissaire impérial), p. 568.
Yih (lac), p. 20.
Yiking (classique), p. 363.
Yiking (général chinois), p. 569.
Yin (principe femelle), p. 222.
Ying (division militaire), p. 319.
Yingkichar (ville), p. 130.
Yoh-tchéou (ville), p. 78.
Yong-loh (empereur), p. 542.
Yong-tching (empereur), p. 243, 546.
You (empereur), p. 529.
Youen (rivière), p. 15, 78.
Youen (dynastie), p. 541.
Youen-fi (impératrice), p. 42.
Youen-ming-youen (parc impérial), p. 44, 613.
Youen-tchin-pe-tchong (recueil dramatique), p. 389.
You-nan (province), p. 99.
You-nan (ville), p. 100.
Youn-ho (rivière), p. 23.
Youn-kouei (vice-royauté), p. 99.
Youn-ling (montagne), p. 9.
You-pi-ta-tsi (tribu tartare), p. 115.
You-tchao (souverain mythologique), p. 526.
Ysbrandt-Ides (ambassadeur russe), p. 557.
Yu-lin (ville), p. 80.
Yuh-ti (divinité), 224.

Z

Zaïtoun (ville), p. 554.
Zang (montagne), p. 11.
Zanskar (ville), p. 144.
Zealandia (fort hollandais), p. 558.
Zikassé (ville), p. 140.
Zodiaque chinois, p. 377.
Zoïa (rivière), p. 46.
Zoologie, p. 150.

Imprimerie L. Toinon et Cᵉ, à Saint-Germain.

www.ingramcontent.com/pod-product-compliance
Lightning Source LLC
Chambersburg PA
CBHW050321020526
44117CB00031B/1328